Langenscheidt Universal Dictionary

Spanish

Spanish — English
English — Spanish

Langenscheidt

Based on Langenscheidt's Pocket Spanish Dictionary compiled by LEXUS.

Neither the presence nor the absence of a designation indicating that any entered word constitutes a trademark should be regarded as affecting the legal status thereof.

No part of this book may be reproduced, stored in a retrieval system or transmitted in any form or means electronic, mechanical, photocopying, recording or otherwise without written permission from the publisher.

1. Auflage 2025 (1,01 - 2025)
© PONS Langenscheidt GmbH,
Stöckachstraße 11, 70190 Stuttgart 2025
All Rights Reserved.

www.langenscheidt.com

Print: Publikum d.o.o

ISBN 978-3-12-614016-4

Contents
Índice

Abbreviations / Abreviaturas............................ 4
La pronunciación del inglés 8
Spanish – English / Español – Inglés.................... 11
English – Spanish / Inglés – Español................... 273
Los verbos irregulares ingleses 570
Numbers / Numerales................................... 573

Abbreviations
Abreviaturas

stands for the headword	~	sustituye a la voz-guía
and	&	y
see	☞	véase
registered trademark	®	marca registrada
adjective	*adj*	adjetivo
adverb	*adv*	adverbio
agriculture	AGR	agricultura
anatomy	ANAT	anatomía
Argentina	*Arg*	Argentina
architecture	ARQUI	arquitectura
article	*art*	artículo
astronomy	AST	astronomía
astrology	ASTR	astrología
attributive	*atr*	atributivo
motoring	AUTO	automóvil
aviation	AVIA	aviación
biology	BIO	biología
Bolivia	*Bol*	Bolivia
botany	BOT	botánica
British English	*Br*	inglés británico
Central America	*C.Am.*	América central
Chile	*Chi*	Chile
Colombia	*Col*	Colombia
commerce, business	COM	comercio
computers, IT term	COMPUT	informática
conjunction	*conj*	conjunción
Southern Cone	*CSur*	Cono Sur
sports	DEP	deporte
contemptuous	*desp*	despectivo

education (schools, universities)	EDU	educación, enseñanza (sistema escolar y universitario)
electronics, electronic engineering	ELEC	electrónica, electrotecnia
Spain	*Esp*	España
familiar, colloquial	F	familiar
feminine	*f*	femenino
feminine noun and adjective	*f/adj*	sustantivo femenino y adjetivo
railroad	FERR	ferrocarriles
figurative	*fig*	figurativo
financial	FIN	finanzas
physics	FÍS	física
formal	*fml*	formal
photography	FOT	fotografía
feminine plural	*fpl*	femenino plural
feminine singular	*fsg*	femenino singular
gastronomy	GASTR	gastronomía
geography	GEOG	geografía
geology	GEOL	geología
grammatical	GRAM	gramática
historical	HIST	histórico
IT term	INFOR	informática
interjection	*int*	interjección
interrogative	*interr*	interrogativo
invariable	*inv*	invariable
law	JUR	jurisprudencia
Latin America	*L.Am.*	América Latina
law	LAW	jurisprudencia
masculine	*m*	masculino
masculine noun and adjective	*m/adj*	sustantivo masculino y adjetivo
nautical	MAR	navegación, marina

mathematics	MAT	matemáticas
mathematics	MATH	matemáticas
medicine	MED	medicina
meteorology	METEO	meteorología
Mexico	*Mex*	México
Mexico	*Méx*	México
masculine and feminine	m/f	masculino y femenino
masculine and feminine plural	*m/fpl*	masculino y femenino plural
military	MIL	militar
mineralogy	MIN	mineralogía
motoring	MOT	automóvil
masculine plural	*mpl*	masculino al plural
music	MUS	música
music	MÚS	música
noun	*n*	sustantivo
nautical	NAUT	navegación, náutica
negative	*neg*	negativo
noun plural	*npl*	sustantivo al plural
noun singular	*nsg*	sustantivo al singular
oneself	o.s.	sí mismo
popular, slang	P	popular
past participle	*part*	participio (del pasado)
Peru	*Pe*	Perú
pejorative	*pej*	peyorativo
photography	PHOT	fotografía
physics	PHYS	física
painting	PINT	pintura
plural	*pl*	plural
politics	POL	política
preposition	*prep*	preposición
pronoun	*pron*	pronombre
preposition	*prp*	preposición

psychology	PSI	psicología
psychology	PSYCH	psicología
chemistry	QUÍM	química
radio	RAD	radio
railroad	RAIL	ferrocarriles
relative	*rel*	relativo
religion	REL	religión
River Plate	*Rpl*	Río de la Plata
South America	S.Am.	América del Sur
singular	sg	singular
someone	s.o.	alguien
sports	SP	deporte
Spain	*Span*	España
something	sth	algo, alguna cosa
subjunctive	*subj*	subjuntivo
bullfighting	TAUR	tauromaquia
also	*tb*	también
theater, theatre	TEA	teatro
technology	TÉC	técnica, tecnología
technology	TECH	técnica, tecnología
telecommunications	TELEC	telecomunicaciones
theater, theatre	THEA	teatro
typography, typesetting	TIP	tipografía
transportation	TRANSP	transportes
television	TV	televisión
vulgar	V	vulgar
auxiliary verb	v/*aux*	verbo auxiliar
verb	*vb*	verbo
Venezuela	*Ven*	Venezuela
intransitive verb	v/i	verbo intransitivo
impersonal verb	v/*impers*	verbo impersonal
transitive verb	v/t	verbo transitivo
West Indies	W.I.	Antillas
zoology	ZO	zoología

La pronunciación del inglés

A. Vocales y diptongos

[ɑː] sonido largo parecido al de *a* en *raro*: *far* [fɑːr].

[ʌ] *a* abierta, breve y oscura, que se pronuncia en la parte anterior de la boca sin redondear los labios: *butter* ['bʌtər], *come* [kʌm], *blood* [blʌd].

[æ] sonido breve, bastante abierto y distinto, algo parecido al de *a* en *parra*: *fat* [fæt], *ran* [ræn].

[ɒː] vocal larga, bastante cerrada, entre *y* y *o*; más cercana a la *a* que a la *o*: *fall* [fɒːl], *fault* [fɒːlt].

[e] sonido breve, medio abierto, parecido al de *e* en *perro*: *bed* [bed], *less* [les], *hairy* ['heri].

[aɪ] sonido parecido al de *ai* en *estáis*, *baile*: *I* [aɪ], *lie* [laɪ], *dry* [draɪ].

[aʊ] sonido parecido al de *au* en *causa*, *sauce*: *house* [haʊs], *now* [naʊ].

[eɪ] *e* medio abierta, pero más cerrada que la *e* de *hablé*; suena como si la siguiese una [ɪ] débil, sobre todo en sílaba acentuada: *date* [deɪt], *play* [pleɪ].

[ə] 'vocal neutra', siempre átona; parecida al sonido de la *a* final de *cada*: *about* [ə'baʊt], *connect* [kə'nekt].

[iː] sonido largo, parecido al de *i* en *misa*, *vino*: *scene* [siːn], *sea* [siː], *feet* [fiːt], *ceiling* ['siːlɪŋ].

[ɪ] sonido breve, abierto, parecido al de *i* en *silba*, *tirria*, pero más abierto: *big* [bɪg], *city* ['sɪti].

[oʊ] *o* larga, más bien cerrada, sin redondear los labios ni levantar la lengua: *note* [noʊt], *boat* [boʊt], *below* [bɪ'loʊ].

[ɔː]	vocal larga, bastante cerrada; es algo parecida a la *o* de *por*: *abnormal* [æbˈnɔːrml], *before* [bɪˈfɔːr].
[ɔɪ]	diptongo cuyo primer elemento es una *o* abierta, seguido de una *i* abierta pero débil; parecido al sonido de *oy* en *doy*: *voice* [vɔɪs], *boy* [bɔɪ].
[ɜː]	forma larga de la 'vocal neutra' (ə), algo parecida al sonido de *eu* en la palabra francesa *leur*: *word* [wɜːrd], *girl* [gɜːrl].
[uː]	sonido largo, parecido al de *u* en *cuna*, *duda*: *fool* [fuːl], *shoe* [ʃuː], *you* [juː], *rule* [ruːl].
[ʊ]	*u* pura pero muy rápida, más cerrada que la *u* de *burra*: *put* [pʊt], *look* [lʊk].

B. Consonantes

[b]	como la *b* de *cambiar*: *bay* [beɪ], *brave* [breɪv].
[d]	como la *d* de *andar*: *did* [dɪd], *ladder* [ˈlædər].
[f]	como la *f* de *filo*: *face* [feɪs], *baffle* [ˈbæfl].
[g]	como la *g* de *golpe*: *go* [goʊ], *haggle* [ˈhægl].
[h]	se pronuncia con aspiración fuerte, sin la aspereza gutural de la *j* en *Gijón*: *who* [huː], *ahead* [əˈhed].
[j]	como la *y* de *cuyo*: *you* [juː], *million* [ˈmɪljən].
[k]	como la *c* de *casa*: *cat* [kæt], *kill* [kɪl].
[l]	como la *l* de *loco*: *love* [lʌv], *goal* [goʊl].
[m]	como la *m* de *madre*: *mouth* [maʊθ], *come* [kʌm].
[n]	como la *n* de *nada*: *not* [nɑːt], *banner* [ˈbænər].
[p]	como la *p* de *padre*: *pot* [pɑːt], *top* [tɑːp].
[r]	Cuando se pronuncia, es un sonido muy débil, más bien semivocal, que no tiene nada de la vibración fuerte que caracteriza la *r* española; se articula elevando la punta de la lengua hacia el

	paladar duro: *rose* [rouz], *pride* [praɪd], *there* [ðer].
[s]	como la *s* de *casa*: *sit* [sɪt], *scent* [sent].
[t]	como la *t* de *pata*: *take* [teɪk], *patter* ['pætər].
[v]	inexistente en español; a diferencia de *b*, *v* en español, se pronuncia juntando el labio inferior con los dientes superiores: *vein* [veɪn], *velvet* ['velvɪt].
[w]	como la *u* de *huevo*: *water* ['wɔːtər], *will* [wɪl].
[z]	como la *s* de *mismo*: *zeal* [ziːl], *hers* [hɜːrz].
[ʒ]	inexistente en español; como la *j* en la palabra francesa *jour*: *measure* ['meʒər], *leisure* ['liːʒər]. Aparece a menudo en el grupo [dʒ], que se pronuncia como el grupo *dj* de la palabra francesa *adjacent*: *edge* [edʒ], *gem* [dʒem].
[ʃ]	inexistente en español; como *ch* en la palabra francesa *chose*: *shake* [ʃeɪk], *washing* ['wɑːʃɪŋ]. Aparece a menudo en el grupo [tʃ], que se pronuncia como la *ch* en *mucho*: *match* [mætʃ], *natural* ['nætʃrəl].
[θ]	como la *z* de *zapato* en castellano: *thin* [θɪn], *path* [pæθ].
[ð]	forma sonorizada del anterior, algo como la *d* de *todo*: *there* [ðer], *breathe* [briːð].
[ŋ]	como la *n* de *banco*: *singer* ['sɪŋər], *tinker* ['tɪŋkər].

A

a ◇ *dirección* to; **al este de** to the east of; **ir** ~ **la cama** / **al cine** go to bed / to the movies ◇ *situación* at; **al sol** in the sun; **está** ~ **cinco kilómetros** it is five kilometers away ◇ *tiempo*: ~ **las tres** at three o'clock; **estamos** ~ **quince de febrero** it's February fifteenth; ~ **los treinta años** at the age of thirty ◇ *modo*: ~ **la española** the Spanish way; ~ **mano** by hand; ~ **pie** on foot; ~ **50 kilómetros por hora** at fifty kilometers an hour ◇ *precio*: **¿** ~ **cómo** *o* **cuánto está?** how much is it? ◇ *objeto indirecto*: **dáselo** ~ **tu hermano** give it to your brother ◇ *objeto directo*: **vi** ~ **mi padre** I saw my father ◇ *para introducir pregunta*: **¿** ~ **que no lo sabes?** I bet you don't know; ~ **ver...** OK..

abad *m* abbot

abajo 1 *adv* ◇ *situación* below, underneath; *en edificio* downstairs; **ponlo ahí** ~ put it down there; **el cajón de** ~ **siguiente** the drawer below; **último** ~ the bottom drawer ◇ *dirección* down; *en edificio* downstairs; **empuja hacia** ~ push down ◇ *con cantidades*: **de diez para** ~ ten or under **2** *int*: **¡** ~ **los traidores!** down with the traitors!

abalanzarse rush *o* surge forward; ~ **sobre algo / alguien** pounce on sth / s.o.

abandonar *lugar* leave; *objeto, a alguien* abandon; *a esposa, hijos* desert; *idea, actividad* give up; **abandonarse** let o.s. go; ~ **a** abandon o.s. to; **abandono** *m* abandonment; DEP *de carrera* retirement; **en un estado de** ~ in a state of neglect

abanicar fan; **abanicarse** fan o.s.; **abanico** *m* fan; *fig* range

abaratar reduce the price of; *precio* reduce

abarcar cover; *L.Am.* (*acaparar*) hoard; ~ **con la vista** take in

abarrotado packed; **abarrotes** *mpl L.Am.* groceries; (**tienda de**) ~ grocery store, *Br* grocer's

abastecer supply (**de** with); **abastecimiento** *m* supply

abatible collapsible, folding *atr*; **abatimiento** *m* gloom; **abatir** *edificio* knock down; *árbol* cut down; AVIA shoot *o* bring down; *fig* kill; (*deprimir*) depress

abdicación *f* abdication; **abdicar** abdicate

abecé *m fig* ABCs *pl*, *Br* ABC
abedul *m* birch
abeja f ZO bee; **abejorro** *m* bumblebee
abertura f opening
abeto *m* fir (tree)
abierto 1 *part* ☞ **abrir 2** *adj* open
abismo *m* abyss; *fig* gulf
ablandar *tb fig* soften
abnegación f self-denial; **abnegado** selfless
abogado *m*, **-a** f lawyer; *en tribunal superior* attorney, *Br* barrister; *no le faltaron ~s fig* there were plenty of people who defended him; **abogar: ~ por alguien** defend; *algo* advocate
abolición f abolition; **abolir** abolish
abominable abominable; **abominar** detest, loathe
abonable COM payable; **abonado** *m*, **-a** f subscriber; *a teléfono, gas, electricidad* customer; *a ópera, teatro* season-ticket holder; **abonar** COM pay; AGR fertilize; *Méx* pay on account; **~ el terreno** *fig* sow the seeds; **abonarse a espectáculo** buy a season ticket (**a** for); *a revista* take out a subscription (**a** to); **abono** *m* COM payment; AGR fertilizer; *para espectáculo, transporte* season ticket
abordar MAR board; *tema, asunto* broach, deal with; *problema* tackle, deal with; *a una persona* approach
aborigen 1 *adj* native, indigenous **2** *m/f* native
aborrecer loathe, detest; **aborrecimiento** *m* loathing
abortar 1 *v/i* MED miscarry; *de forma provocada* have an abortion **2** *v/t plan* foil; **aborto** *m* miscarriage; *provocado* abortion; *fig* F freak F
abrasar 1 *v/t* burn **2** *v/i del sol* burn; *de bebida, comida* be boiling hot; **abrasarse: ~ de sed** F be parched F; **~ de calor** F be sweltering F
abrazar hug; **abrazarse** embrace; **abrazo** *m* hug; **un ~ en carta** best wishes; **más íntimo** love
abrelatas *m inv* can opener, *Br tb* tin opener
abreviar shorten; *palabra* abbreviate; *texto* abridge; **abreviatura** f abbreviation
abridor *m* bottle opener
abrigar wrap up; *esperanzas* hold out; *duda* entertain; **abrigarse** wrap up warm; **abrigo** *m* coat; *(protección)* shelter; **ropa de ~** warm clothes; **al ~ de** in the shelter of
abril *m* April
abrir 1 *v/t* open; *túnel* dig; *grifo* turn on **2** *v/i de persona* open up; *de ventana, puerta* open; **en un ~ y cerrar de ojos** in the twinkling of an eye
abrochar, abrocharse do up; *cinturón de seguridad* fasten

abrumar overwhelm (*con o de* with)
abrupto *terreno* rough; *pendiente* steep; *tono, respuesta* abrupt; *cambio* sudden
absolución *f* absolution
absolutamente absolutely; **no entendió ~ nada** he didn't understand a thing; **absoluto** absolute; **en ~** not at all
absolver JUR acquit; REL absolve
absorber absorb; (*consumir*) take; COM take over; **absorción** *f* absorption; COM takeover
abstemio 1 *adj* teetotal **2** *m*, **-a** *f* teetotaler, *Br* teetotaller
abstención *f* abstention; **abstenerse** refrain (*de* from); POL abstain; **abstinencia** *f* abstinence; **síndrome de ~** MED withdrawal symptoms *pl*
abstracción *f* abstraction; **hacer ~ de** exclude; **abstracto** abstract; **abstraerse** shut o.s. off (*de* from); **abstraído 1** *adj* preoccupied; **~ en algo** engrossed in sth **2** *part* ☞ *abstraer*
absurdo 1 *adj* absurd **2** *m*: **es un ~ que** it's absurd that
abuchear boo
abuela *f* grandmother; **abuelo** *m* grandfather; **~s** grandparents
abultar be bulky; **no abulta casi nada** it takes up almost no room at all
abundancia *f* abundance; **comida en ~** plenty of food; **abundante** plentiful, abundant; **abundar** be plentiful *o* abundant
aburrido (*que aburre*) boring; (*que se aburre*) bored (*de* with); **aburrimiento** *m* boredom; **aburrir** bore; **aburrirse** get bored (*de* with)
abusar: ~ de abuse; *persona* take advantage of; **~ sexualmente de** sexually abuse; **abuso** *m* abuse; **~s deshonestos** indecent assault
a.C. (= *antes de Cristo*) BC (= before Christ)
acá here; **de ~ para allá** from here to there; **de entonces para ~** since then
acabado *m* finish; **acabar** finish; **acabé haciéndolo yo** I finished up *o* ended up doing it myself; **~ con** put an end to; *caramelos* finish off; *persona* destroy; **~ de hacer algo** have just done sth; **va a ~ mal** F *persona* he'll come to no good; **esto va a ~ mal** F this is going to end badly; **acabarse** *de actividad* finish, end; *de pan, dinero* run out; **se nos ha acabado el azúcar** we've run out of sugar; **¡se acabó!** that's that!
academia *f* academy; **~ de idiomas** language school
acallar *tb fig* silence
acalorado *fig* heated; **estar ~** be agitated; **acalorar** *fig* in-

acalorarse

flame; **acalorarse** *(enfadarse)* get worked up; *(sofocarse)* get embarrassed
acampada *f* camp; **ir de ~** go camping; **acampar** camp
acantilado *m* cliff
acaparar hoard, stockpile; *tiempo* take up; *interés* capture; *(monopolizar)* monopolize
acariciar caress; *perro* stroke; *idea* toy with
acarrear carry; *fig* give rise to, cause; **acarreo** *m* transportation
acaso perhaps; *por si ~* just in case
acatamiento *m* compliance **(de** with); **acatar** comply with, obey
acatarrarse catch a cold
acaudalado wealthy, well-off
acceder *(ceder)* agree (**a** to), accede (**a** to) *fml*; **~ a lugar** gain access to; *cargo* accede to *fml*
accesible accessible; **acceso** *m tb* INFOR access; *de fiebre* attack; *de tos* fit; **de difícil ~** inaccessible; **accesorio 1** *adj* incidental **2** *m* accessory
accidentado 1 *adj terreno* rough; *viaje* eventful **2** *m*, **-a** *f* casualty; **accidental** *(no esencial)* incidental; *(casual)* chance *atr*; **accidente** *m* accident; *(casualidad)* chance; GEOG feature; **~ de tráfico** *o* **de circulación** road traffic accident; **~ laboral** industrial accident

acción *f* action; **acciones** COM stock, shares; **poner en ~** put into action; **accionar** activate; **accionista** *m/f* stockholder, shareholder
acebo *m* holly
aceite *m* oil; **~ de girasol / oliva** sunflower / olive oil; **aceitera** *f* TÉC oilcan; GASTR cruet; **aceituna** *f* olive
aceleración *f* acceleration; **acelerador** *m* accelerator; **acelerar 1** *v/t motor* rev up; *fig* speed up; *aceleró el coche* she accelerated **2** *v/i* accelerate
acento *m* accent; *(énfasis)* stress, emphasis; **acentuar** stress; *fig* accentuate, emphasize
aceptable acceptable; **aceptación** *f* acceptance; *(éxito)* success; **aceptar** accept
acequia *f* irrigation ditch
acera *f* sidewalk, *Br* pavement; **ser de la otra ~** be gay
acerbo sharp
acerca de: **~ de** about
acercar bring closer; **~ a alguien a un lugar** give s.o. a ride *o Br* lift somewhere; **acercarse** approach; *(ir)* go; *de grupos, países* come closer together; *de fecha* draw near; **¡acércate!** come closer
acero *m* steel; **~ inoxidable** stainless steel
acertado *comentario* apt;

acoso

elección good, wise; *estar muy ~* be dead right; **acertante** m/f *de apuesta* winner; **acertar 1** v/t *respuesta* get right; *al hacer una conjetura* guess **2** v/i be right; **acertijo** m riddle, puzzle

achacar attribute (*a* to)

achaque m ailment

achicar make smaller; MAR bail out; **achicarse** get smaller; *fig* feel intimidated

acidez f acidity; *~ de estómago* heartburn; **ácido 1** *adj* SG fig sour, acid **2** m acid

acierto m idea good idea; *respuesta* correct answer; *habilidad* skill

aclamación f acclaim; **aclamar** acclaim

aclarar 1 v/t *problema* clarify, clear up; *ropa, vajilla* rinse **2** v/i *de día* break; *del tiempo* clear up; **aclararse**: *~ la voz* clear one's throat; *no me aclaro* F I don't understand; *por cansancio etc* I can't think straight

aclimatarse acclimatize, become acclimatized

acné m acne

acobardar daunt; **acobardarse** get frightened

acogedor welcoming; *lugar* cozy, Br cosy; **acoger** receive; *en casa* take in; **acogerse**: *~ a algo* have recourse to sth; **acogida** f reception

acolchar quilt, pad

acometer 1 v/t attack; *tarea* tackle **2** v/i attack; *~ contra algo* attack sth

acomodado well-off; **acomodador** m usher; **acomodar** adapt; *a alguien* accommodate

acompañamiento m accompaniment; **acompañante** m/f companion; MÚS accompanist; **acompañar** (*ir con*) go with, accompany *fml*; (*permanecer con*) keep company; MÚS, GASTR accompany

acondicionador m conditioner; **acondicionar** *un lugar* equip, fit out; *pelo* condition

acongojar grieve, distress

aconsejable advisable; **aconsejar** advise

acontecer take place, occur; **acontecimiento** m event

acoplar *piezas* fit together

acorazado armored, Br armoured; **acorazar** armour-plate, Br armour-plate; **acorazarse** fig protect o.s.

acordar agree; **acordarse** remember; *¿te acuerdas de él?* do you remember him?; **acorde 1** *adj*: *~ con* in keeping with **2** m MÚS chord

acordeón m accordion

acordonar cordon off

acortar 1 v/t shorten **2** v/i take a short cut

acosar hound, pursue; *con preguntas* bombard; **acoso** m fig hounding, harassment;

~ sexual sexual harassment
acostar put to bed; **acostarse** go to bed; (*tumbarse*) lie down; **~ con alguien** go to bed with s.o.
acostumbrado (*habitual*) usual; **estar ~ a algo** be used to sth; **acostumbrar 1** v/t get used (**a** to) **2** v/i: **acostumbraba a venir** he used to come; **acostumbrarse** get used (**a** to)
acotar *terreno* fence off; *texto* annotate
acrecentar increase
acreditado well-known, reputable; **acreditar** *diplomático etc* accredit (**como** as); (*avalar*) prove; **acreditarse** get a good reputation
acreedor *m,* **~a** *f* creditor; **acreencia** *f L.Am.* credit
acróbata *m/f* acrobat
acta(s) *f(pl)* minutes *pl*
actitud *f* (*disposición*) attitude; (*posición*) position
activar activate; (*estimular*) stimulate; **actividad** *f* activity; **activo 1** *adj* active; **en ~** on active service **2** *m* COM assets *pl*
acto *m* (*acción*), TEA act; *ceremonia* ceremony; **~ seguido** immediately afterward; **en el ~** instantly
actor *m* actor; **actriz** *f* actress
actuación *f* TEA performance; (*intervención*) intervention; **actual** present, current; **un tema muy ~** a very topical issue; **actualidad** *f* current situation; **en la ~** at present, presently; (*hoy en día*) nowadays; **~es** current affairs; **actualizar** bring up to date, update; **actualmente** currently
actuar (*obrar, ejercer*), TEA act; MED work, act
acuarela *f* watercolor, *Br* watercolour
acuario *m* aquarium
Acuario *m/f inv* ASTR Aquarius
acuático aquatic; **deporte ~** water sport
acuchillar stab
acudir come; **~ a alguien** turn to s.o.; **~ a las urnas** go to the polls
acueducto *m* aqueduct
acuerdo *m* agreement; **estar de ~ con** agree with; **llegar a un ~, ponerse de ~** come to *o* reach an agreement; **de ~ con algo** in accordance with sth; **¡de ~!** alright!, OK!
acumulador *m* ELEC accumulator, storage battery; **acumular, acumularse** accumulate
acuñar *monedas* mint; *expresión* coin
acuoso watery
acupuntura *f* acupuncture
acusación *f* accusation; **acusado** *m,* **-a** *f* defendant; **acusar** accuse (**de** of); JUR charge (**de** with); (*manifestar*) show; **~ recibo de** acknowledge receipt of; **acuse**

adjudicar

m: **~ de recibo** acknowledg(e)ment

acústico acoustic

adaptación *f* adaptation; **~ cinematográfica** movie version; **adaptador** *m* adaptor; **adaptar, adaptarse** adapt (***a*** to)

adecuado suitable, appropriate

adelantado advanced; **por ~** in advance; **ir ~** *de un reloj* be fast; **adelantamiento** *m* AUTO passing maneuver, *Br* overtaking manoeuvre; **adelantar 1** *v/t* move forward; *reloj* put forward; AUTO pass, *Br* overtake; *dinero* advance; *(conseguir)* achieve, gain **2** *v/i de un reloj* be fast; *(avanzar)* make progress; AUTO pass, *Br* overtake; **adelantarse** *mover* move forward; *(ir delante)* go on ahead; *de estación, cosecha* be early; *de un reloj* gain; **se me adelantó** she got there first; **adelante** *en espacio* forward; **seguir ~** carry on, keep going; **¡~!** come in; **más ~** *en tiempo* later on; **de ahora en ~** from now on; **salir ~** fig: *de persona* succeed; *de proyecto* go ahead; **adelanto** *m tb* COM advance

adelfa *f* BOT oleander

adelgazar 1 *v/t* lose **2** *v/i* lose weight

además 1 *adv* as well, besides **2** *prp*: **~ de** as well as

adentro 1 *adv* inside; **mar ~** out to sea; **~ de** *L.Am.* inside **2** *mpl*: **para sus ~s** to oneself

aderezar *con especias* season; *ensalada* dress; *fig* liven up; **aderezo** *m* GASTR seasoning; *para ensalada* dressing

adeudado owe; **~ en cuenta** debit an account; **adeudarse** get into debt

adherir stick; **adherirse** *a superficie* stick (***a*** to), adhere (***a*** to) *fml*; **~ a una organización** become a member of *o* join an organization; **~ a una idea** support an idea; **adhesión** *f* adhesion; **adhesivo** *m/adj* adhesive

adicción *f* addiction; **~ a las drogas** drug addiction

adición *f* MAT addition; *Rpl en restaurante* check, *Br* bill; **adicional** MAT additional; **adicionar** MAT add, add up

adicto 1 *adj* addicted (***a*** to); **ser ~ al régimen** be a supporter of the regime **2** *m*, **-a** *f* addict

adiestrar train

adinerado wealthy

adiós 1 *int* goodbye, bye; *al cruzarse* hello **2** *m* goodbye; **decir ~** say goodbye (***a*** to)

aditivo *m* additive

adivinar guess; *de adivino* foretell; **adivino** *m* fortune teller

adjetivo *m* adjective

adjudicar award

adjunto

adjunto 1 *adj* deputy *atr*; **profesor ~** assistant teacher; *en universidad* associate professor, *Br* lecturer **2** *m*, **-a** *f* assistant **3** *adv*: **~ le remitimos** please find enclosed

administración *f* administration; *de empresa etc* management; **~ pública** civil service; **administrador** *m*, **~a** *f* administrator; *de empresa etc* manager; **administrar** *medicamento* administer, give; *empresa* run, manage; *bienes* manage; **administrativo 1** *adj* administrative **2** *m*, **-a** *f* administrative assistant

admirable admirable; **admiración** *f* admiration; **signo de ~** exclamation mark; **admirador** *m*, **~a** *f* admirer; **admirar** admire; *(asombrar)* amaze; **admirarse** be amazed *(de* at *o* by*)*

admisible admissible; **admisión** *f* admission; **admitir** *(aceptar)* accept; *(reconocer)* admit

ADN (= ácido desoxirribonucleico) DNA (= deoxyribonucleic acid)

adobar GASTR marinate

adobe *m* adobe

adolescencia *f* adolescence; **adolescente** *m/f* adolescent

adonde where

adónde where

adopción *f* adoption; **adoptar** adopt; **adoptivo** *padres* adoptive; *hijo* adopted

adoquín *m* paving stone

adorable lovable, adorable; **adorar** love, adore; REL worship

adormecedor soporific; **adormecerse** doze off

adornar decorate; **adorno** *m* ornament; *de Navidad* decoration

adquirir acquire; *(comprar)* buy; **adquisición** *f* acquisition; **hacer una buena ~** make a good purchase; **adquisitivo: poder ~** purchasing power

adrede on purpose, deliberately

adrenalina *f* adrenaline

aduana *f* customs; **aduanero 1** *adj* customs *atr* **2** *m*, **-a** *f* customs officer

aducir *argumentos* give, put forward; *(alegar)* claim

adueñarse: ~ de take possession of

adulación *f* flattery; **adulador** flattering *atr*; **adular** flatter

adúltera *f* adulteress; **adulterar** adulterate; **adulterio** *m* adultery; **adúltero 1** *adj* adulterous **2** *m* adulterer

adulto 1 *adj* adult; **edad -a** adulthood **2** *m*, **-a** *f* adult

adverbio *m* adverb

adversario *m*, **-a** *f* adversary, opponent; **adverso** adverse; **adversidad** *f* adversity, hard times *pl*

advertencia *f* warning; **advertir** warn **(de** about); *(notar)* notice

afrenta

adviento *m* REL Advent
adyacente adjacent
aéreo air *atr*, *vista*, *fotografía* aerial; **compañía -a** *f* **aerodeslizador** *m* hovercraft; **aerodinámico** aerodynamic; **aeródromo** *m* airfield, aerodrome; **aerograma** *m* air mail letter; **aeromozo** *m*, **-a** *f L.Am.* flight attendant; **aeronáutica** *f* aeronautics; **aeronave** *f* airplane, *Br* aeroplane; **aeropuerto** *m* airport; **aerosol** *m* aerosol; **aerotaxi** *m* air taxi
afable pleasant, affable
afamado famous
afán *m* (*esfuerzo*) effort; (*deseo*) eagerness; **sin ~ de lucro** *organización* not-for-profit; **afanarse** make an effort
afear: ~ algo / a alguien make sth / s.o. look ugly
afección *f* MED complaint, condition; **afectado** (*afligido*) upset (*por* by); (*amanerado*) affected; **afectar** affect; (*conmover*) upset, affect; (*fingir*) feign; **afectivo** emotional; **afecto** *m* affection; **tener ~ a alguien** be fond of s.o.; **afectuoso** affectionate
afeitado *m* shave; **afeitadora** *f* electric razor; **afeitar** shave; *barba* shave off; **afeitarse** shave, have a shave
afeminado effeminate
aferrado stubborn
afición *f* love (*por* of); (*pasatiempo*) pastime, hobby; **la ~** DEP the fans; **aficionado 1** *adj*: **ser ~ a** be interested in 2 *m*, **-a** *f* enthusiast; *no profesional* amateur; **aficionarse** become interested (**a** in)
afilado sharp; **afilador** *m* sharpener; **afilar** sharpen; *L.Am.* F (*halagar*) butter up F; *S.Am.* (*seducir*) seduce
afiliación *f* affiliation (**a** to), becoming a member (**a** of); **afiliado** *m* member; **afiliarse: ~ a** become a member of, join
afinar MÚS tune; *punta* sharpen; *fig* fine-tune
afinidad *f* affinity
afirmación *f* statement; *declaración positiva* affirmation; **afirmar** state, declare; **afirmativo** affirmative
aflicción *f* grief, sorrow
afligir afflict; (*apenar*) upset; *L.Am.* F (*golpear*) beat up; **afligirse** get upset
aflojar *v/t nudo* loosen; F *dinero* hand over **2** *v/i de tormenta* abate; *de viento, fiebre* drop
afluencia *f fig* influx, flow; **horas de ~** peak times; **afluente** *m* tributary; **afluir** flock, flow
afónico: está ~ he has lost his voice
afortunadamente fortunately, luckily; **afortunado** lucky, fortunate
afrenta *f* insult, affront;

afrentar insult, affront

África Africa; **africano 1** adj African **2** m, **-a** f African; **afroamericano 1** adj African-American **2** m, **-a** f African-American; **afroantillano, afrocaribeño 1** adj Afro-Caribbean **2** m, **-a** f Afro-Caribbean

afrontar face (up to)

afuera outside; **afueras** fpl outskirts

agacharse bend down; (acuclillarse) crouch down; L.Am. (rendirse) give in

agalla f ZO gill; **tener ~s** F have guts F

agarradera f L.Am. handle

agarrado fig F mean, stingy F; **agarrar 1** v/t (asir) grab; L.Am. (tomar) take; L.Am. (atrapar, pescar) catch; resfriado catch; L.Am. velocidad pick up; **~ una calle** L.Am. go along a street **2** v/i (asirse) hold on; de planta take root; L.Am. por un lugar go; **agarró y se fue** he upped and went; **agarrarse** (asirse) hold on; L.Am. a golpes get into a fight

agasajar fête

agencia f agency; **~ inmobiliaria** real estate office, Br estate agency; **~ de viajes** travel agency

agenda f diario diary; programa schedule; de mitin agenda

agente m/f agent; **~ de cambio y bolsa** stockbroker; **~ de policía** police officer

ágil agile

agitación f POL unrest; **agitar** shake; brazos, pañuelo wave; fig stir up

aglomeración f de gente crowd; **aglomerar** pile up

agobiado fig stressed out; **~ de trabajo** snowed under with work; **agobiante** oppressive

agolparse crowd together

agonía f agony; **agonizante** dying; **agonizar** de persona be dying; de régimen be crumbling

agosto m August

agotado exhausted (vendido) sold out; **agotador** exhausting; **agotamiento** m exhaustion; **agotar** exhaust; **agotarse** (cansarse) exhaust o.s.; (terminarse) run out; (venderse) sell out

agraciado persona attractive

agradable pleasant, nice; **agradar: me agrada la idea** fml I like the idea; **nos ~ía mucho que...** fml we would be delighted if ...

agradecer: ~ algo a alguien thank s.o. for sth; **te lo agradezco** I appreciate it; **agradecido** grateful, appreciative; **agradecimiento** m appreciation; **agrado** m: **ser del ~ de alguien** to be to s.o.'s liking

agrandar make bigger

agrario land atr, agrarian; política agricultural

agravante 1 *adj* JUR aggravating *atr* **2** *f* aggravating factor; **agravar** make worse, aggravate; **agravarse** get worse, deteriorate

agraviar offend, affront; **agravio** *m* offense, Br offence

agregado *m*, **-a** *f* en *universidad* senior lecturer; *en colegio* senior teacher; POL attaché; ~ **cultural** cultural attaché

agregar add

agresión *f* aggression; **agresividad** *f* aggressiveness; **agresivo** aggressive; **agresor** *m*, ~a *f* aggressor

agriarse *de vino* go sour; *de carácter* become bitter

agrícola agricultural, farming *atr*; **agricultor** *m*, ~a *f* farmer; **agricultura** *f* agriculture

agridulce bittersweet

agrietarse crack; *de manos, labios* chap

agrio *fruta* sour; *disputa, carácter* bitter

agrios *mpl* BOT citrus fruit

agrónomo: **ingeniero** ~ agriculture specialist, agronomist

agrupar group, put into groups

agua *f* water; ~ **corriente** running water; ~ **dulce** fresh water; ~ **mineral** mineral water; ~ **oxigenada** (hydrogen) peroxide; ~ **potable** drinking water; **es** ~ **pasada** it's water under the bridge; **se me hace la boca** ~ it makes my mouth water; ~**s residuales** effluent, sewage

aguacate *m* BOT avocado

aguacero *m* downpour

aguafiestas *m/f inv* party pooper F

aguafuerte *f* etching

aguamarina *f* aquamarine

aguantar 1 *v/t un peso* bear, support; *respiración* hold; (*soportar*) put up with; **no lo puedo** ~ I can't stand *o* bear it **2** *v/i* hang on; **aguantarse** *contenerse* keep quiet; **me tuve que aguantar** *conformarme* I had to put up with it; **aguante** *m* patience; *física* stamina

aguar *fiesta* spoil

aguardar 1 *v/t* wait for **2** *v/i* wait

aguardiente *m* fruit-based alcoholic spirit

aguarrás *m* turpentine

agudeza *f de sonido* high pitch; MED intensity; (*perspicacia*) sharpness; ~ **visual** sharp-sightedness; **agudo** acute; (*afilado*) sharp; *sonido* high-pitched; (*perspicaz*) sharp

aguijón *m* ZO sting; *fig* spur

águila *f* eagle; **¿**~ **o sol?** Méx heads or tails?

aguja *f* needle; *de reloj* hand

agujerear make holes in; **agujero** *m* hole

agujetas *fpl* stiffness; **tener** ~ be stiff

aguzar

aguzar sharpen; **~ el oído** prick up one's ears

ahí there; **está por ~** it's (somewhere) over there; *dando direcciones* it's that way

ahijada f goddaughter; **ahijado** m godson

ahínco m effort; **trabajar con ~** work hard

ahogado en agua drowned; **ahogar** (*asfixiar*) suffocate; *en agua* drown; AUTO flood; *protestas* stifle; **ahogarse** choke; (*asfixiarse*) suffocate; *en agua* drown; AUTO flood; **ahogo** m breathlessness

ahondar: **~ en algo** go into sth in depth

ahora now; (*pronto*) in a moment; **~ mismo** right now; **por ~** for the time being; **~ bien** however; **desde ~**, **de ~ en adelante** from now on; **¡hasta ~!** see you soon

ahorcar hang; **ahorcarse** hang o.s.

ahorrador 1 *adj* thrifty **2** *m*, **-a** *f* saver, investor; **ahorrar 1** *v/t* save; **~ algo a alguien** save s.o. sth **2** *v/i* save (up); **ahorro** m saving; **~s** savings; **caja de ~s** savings bank

ahumado smoked; *cristal* ~ tinted glass; **ahumar** smoke

airado angry

airbag m AUTO airbag; **airbus** m AVIA airbus

aire m air; **~ acondicionado** air-conditioning; **al ~ libre** in the open air; **a mi ~** in my own way; **hace mucho ~** it is very windy; **airear** tb fig air

airoso: **salir ~ de algo** do well in sth

aislado isolated; **aislante 1** *adj* insulating **2** *m* insulator

aislar isolate; ELEC insulate; **aislador** m insulator; **aislamiento** m TÉC, ELEC insulation; *fig* isolation

ajado *flores* withered; (*desgastado*) worn

ajedrez m chess

ajeno *propiedad, problemas etc* someone else's; **me era totalmente ~** it was completely alien to me; **estar ~ a** be unaware of; **por razones -as a nuestra voluntad** for reasons beyond our control

ajetrearse F get het up; **ajetreo** m bustle

ajo m BOT garlic; **estar en el ~** F be in the know F

ajuar m *de novia* trousseau

ajustable adjustable; **ajustado** tight; **ajustar 1** *v/t máquina etc* adjust; *tornillo* tighten; *precio* set; **~ cuentas** *fig* settle a score **2** *v/i* fit; **ajuste** m: **~ de cuentas** settling of scores

ajusticiar execute

al *prp* **a** y *art* **el**; **~ entrar** on coming in, when we / they *etc* came in

ala f wing; MIL flank; **~ delta** hang glider

alabanza f acclaim; **alabar**

praise, acclaim
alabastro *m* alabaster
alacena *f* larder
alacrán *m* ZO scorpion
alado winged
alambique *m* still
alambrado *m* wire netting
alambre *m* wire; ~ **de espino** *o* **de púas** barbed wire
alarde *m* show, display
alargador *m* TÉC extension cord, *Br* extension lead; **alargar** lengthen; *prenda* let down; *en tiempo* prolong; *mano, brazo* stretch out; **alargarse** *de sombra, día* get longer
alarido *m* shriek
alarma *f* alarm; **dar la voz de** ~ raise the alarm; **alarmar** alarm; **alarmarse** become alarmed
alba *f* dawn
albahaca *f* BOT basil
albañil *m* bricklayer
albarán *m* delivery note
albaricoque *m* BOT apricot; **albaricoquero** *m* apricot tree
albergue *m* refuge, shelter; ~ **juvenil** youth hostel
albóndiga *f* meatball
albornoz *m* bathrobe
alborotador *m*, ~**a** *f* rioter; **alborotar** **1** *v/t* stir up; *(desordenar)* disturb **2** *v/i* make a racket; **alboroto** *m* commotion
albufera *f* lagoon
álbum *m* album
alcachofa *f* BOT artichoke; *de*
ducha shower head
alcalde *m* mayor; **alcaldía** *f* mayor's office, city hall
alcance *m* reach; *de arma etc* range; *de medida* scope; *de tragedia* extent, scale; **al ~ de la mano** within reach; **dar ~ a alguien** catch up with s.o.
alcanfor *m* camphor
alcantarillado *m* sewer system; *de sumideros* drainage system
alcanzar 1 *v/t* reach; *a alguien* catch up with; *cantidad* amount to **2** *v/i* en altura reach; *en cantidad* be enough; ~ *a oír* manage to hear
alcaparra *f* BOT caper
alcázar *m* fortress
alcoba *f* S.Am. bedroom
alcohol *m* alcohol; ~ **de quemar** denatured alcohol, *Br* methylated spirits *sg*; **alcoholemia** *f* blood alcohol level; **prueba de** ~ drunkometer test, *Br* Breathalyzer® test; **alcohólico 1** *adj* alcoholic **2** *m, -a f* alcoholic; **alcoholismo** *m* alcoholism
aldaba *f* doorknocker
aldea *f* (small) village
aleación *f* alloy
alegar 1 *v/t motivo* cite; ~ **que** claim that **2** *v/i L.Am. (discutir)* argue; *(quejarse)* moan; **alegato** *m* JUR *fig* speech; *Andes* argument
alegoría *f* allegory

alegrar

alegrar make happy; (*animar*) cheer up; **alegrarse** cheer up; F *bebiendo* get tipsy; ~ **por alguien** be pleased for s.o. (*de* about); **alegre** happy; F *bebido* tipsy; **alegría** *f* happiness

alejamiento *m* removal, separation; *fig* distancing

alemán 1 *m/adj* German **2** *m*, **-ana** *f persona* German; **3** *m idioma* German; **Alemania** Germany

alentar (*animar*) encourage; *esperanzas* cherish

alergia *f* allergy; **alérgico** allergic (**a** to)

alerta 1 *adv*: **estar ~** be on the alert **2** *f* alert; **dar la ~** raise the alarm; **poner en ~** alert

aleta *f* ZO fin; *de buzo* flipper; *de la nariz* wing

aletear flap its wings

alevosía *f* treachery

alfabético alphabetical; **alfabeto** *m* alphabet

alfalfa *f* BOT alfalfa

alfarería *f* pottery; **alfarero** *m*, **-a** *f* potter

alféizar *m* sill, windowsill

alférez *m* second lieutenant

alfil *m* bishop

alfiler *m* pin; **~ de gancho** *Arg* safety pin

alfombra *f* carpet; *más pequeña* rug; **alfombrado** *m* L.Am. carpeting, carpets *pl*; **alfombrilla** *f* mouse mat

alga *f* BOT alga; **marina** seaweed

álgebra *f* algebra

álgido *fig* decisive

algo 1 *pron* something; *en frases interrogativas o condicionales* anything; **~ es ~** it's something, it's better than nothing **2** *adv* rather, somewhat

algodón *m* cotton

alguacil *m*, **-esa** *f* bailiff

alguien somebody, someone; *en frases interrogativas o condicionales* anybody, anyone

algún *en frases* some; *en frases interrogativas o condicionales* any; **~ día** some day

alguno 1 *adj* some; *en frases interrogativas o condicionales* any; **no la influyó de modo ~** it didn't influence her in any way; **¿has estado alguna vez en…?** have you ever been to …? **2** *pron: persona* someone, somebody, **~s opinan que…** some people think that …; **~ se podrá usar** *objeto* we'll be able to use some of them

alhaja *f* piece of jewelry *o Br* jewellery; *fig* gem; **~s** jewelry

aliado *m*, **-a** *f* ally; **alianza** *f* POL alliance; (*anillo*) wedding ring; **aliarse** form an alliance

alias *m inv* alias

alicatado *m* tiling, tiles *pl*

alicates *mpl* pliers

aliciente *m* (*estímulo*) incentive; (*atractivo*) attraction

aliento *m* breath; *fig* encouragement

aligerar *carga* lighten; **~ el paso** quicken one's pace
alijo *m* MAR consignment
alimentación *f* (*dieta*) diet; *acción*: feeding; ELEC power supply; **alimentar** 1 *v/t* feed; ELEC power 2 *v/i* be nourishing; **alimento** *m* (*comida*) food; **tiene poco ~** it has little nutritional value; **alimentario, alimenticio** food *atr*, **industria -a** food industry; **producto ~** foodstuff
alinear align
aliñar dress
alisar smooth
alistar MIL draft; **alistarse** enlist; *L.Am.* (*prepararse*) get ready
aliviar alleviate, relieve; **alivio** *m* relief
aljibe *m* cistern, tank
allá *de lugar* (over) there; **~ por los años veinte** back in the twenties; **más ~** further on; **más ~ de** beyond; **el más ~** the hereafter; **~ ella** F that's up to her
allanar (*alisar*) smooth; (*aplanar*) level (out); *obstáculos* overcome
allegado *m*, **-a** *f* relation, relative
allí there; **por ~** over there; *dando direcciones* that way; **¡~ está!** there it is!
alma *f* soul
almacén *m* warehouse; (*tienda*) store, shop; **grandes almacenes** department store;
almacenar *tb* INFOR store

almanaque *m* almanac
almeja *f* ZO clam
almendra *f* almond; **almendro** *m* almond tree
almíbar *m* syrup
almidón *m* starch; **almidonar** starch
almirante *m* admiral
almohada *f* pillow; **consultarlo con la ~** sleep on it; **almohadilla** *f* small cushion; TÉC pad
almorranas *fpl* piles
almorzar *al mediodía* have lunch; *a media mañana* have a mid-morning snack; **almuerzo** *m* *al mediodía* lunch; *a media mañana* mid-morning snack; **~ de trabajo** working lunch
alojamiento *m* accommodations *pl*, *Br* accommodation
alojar accommodate; **alojarse** stay
alondra *f* ZO lark
alpargata *f* espadrille
alpinismo *m* mountaineering; **alpinista** *m/f* mountaineer, climber
alquilar *de usuario* rent; *de dueño* rent out; **alquiler** *m* *acción*: *de coche etc* rental; *de casa* renting; *dinero* rental, *Br tb* rent; **~ de coches** car rental, *Br tb* car hire
alquitrán *m* tar
alrededor 1 *adv* around **2** *prp*: **~ de** around; **alrededores** *mpl* surrounding area
alta *f* MED discharge; **darse de ~** *en organismo* register

altanería *f* arrogance, disdain; **altanero** arrogant

altar *m* altar

altavoz *m* loudspeaker

alteración *f* alteration; **alterado** *persona* upset; **~ genéticamente** genetically altered *o* modified; **alterar** alter; **~ a alguien** upset; **~ el orden público** cause a breach of the peace; **alterarse** get upset (*por* because of)

altercado *m* argument

alternar *v/t* alternate **2** *v/i* mix; **alternativa** *f* alternative; **alternativo** alternative; **alterno** alternate; **corriente -a** ELEC alternating current

alterne *m* F hospitality in hostess bars; **bar de ~** hostess bar; **chica de ~** hostess

altiplanicie *f*, **altiplano** *m* high plateau; **El Altiplano** the Bolivian plateau, the Bolivian Altiplano

altisonante high-flown

altitud *f* altitude

altivo haughty

alto[1] **1** *adj persona* tall; *precio, número, montaña* high; **-as presiones** high pressure; **~ horno** blast furnace; **clase -a** high class; **en -a mar** on the high seas; **en voz -a** out loud **2** *adv volar, saltar* high; **hablar ~** speak loudly; **pasar por ~** overlook; **poner más ~** TV, RAD turn up **3** *m* (*altura*) height; *Chi* pile

alto[2] *m* halt; (*pausa*) pause; **hacer un ~** stop; **~ el fuego** ceasefire

altoparlante *m L.Am.* loudspeaker

altramuz *m* lupin

altura *f* MAT height; MÚS pitch; AVIA altitude, height; GEOG latitude; **a estas ~s de algo** be up to sth; **estar a la ~ de algo** be up to it

alubia *f* BOT kidney bean

alucinar 1 *v/i* hallucinate **2** *v/t* F amaze; **alucine** *m*: **de ~** F amazing; **alucinógeno** *m* hallucinogen

alud *m* avalanche

aludir: **~ a** allude to

alumbrado 1 *adj* lit **2** *m* lighting; **alumbramiento** *m* birth; **alumbrar 1** *v/t* (*dar luz a*) light (up) **2** *v/i* give off light

aluminio *m* aluminum, *Br* aluminium; **papel de ~** aluminum foil

alumno *m*, **-a** *f* student

alunizar land on the moon

alusión *f* allusion (**a** to)

alza *f* rise; **en ~** *en bolsa* rising; **alzamiento** *m* MIL, POL uprising; **alzar** *barrera, brazo* lift, raise; *precios* raise

ama *f* (*dueña*) owner; **~ de casa** housewife; **~ de llaves** housekeeper

amabilidad *f* kindness; **amable** kind (**con** to)

amaestrar train

amago *m* threat; **hizo ~ de levantarse** she made as if to get up; **~ de infarto** minor heart attack

amainar *de lluvia* ease up
amamantar *bebé* breastfeed; *cría* feed
amanecer 1 v/i get light; *de persona* wake up **2** m dawn
amansar break in, tame; **amansarse** become tame, become quieter
amante 1 *adj* loving; **es ~ de ...** he's fond of ... **2** m/f lover
amar love
amaraje m AVIA landing *on water*; **amarar** AVIA land *on water*
amargar *ocasión* spoil; **~ a alguien** make s.o. bitter; **amargo** *tb fig* bitter; **amargura** *f tb fig* bitterness
amarillento yellowish; **amarillo** m/adj yellow
amarra f MAR mooring rope; **tener buenas ~s** *fig* have contacts; **amarrar** *L.Am.* (*atar*) tie; **amarre** m MAR mooring, berth
amasar *pan* knead; *fortuna* amass
amazona *f* horsewoman
Amazonas: el ~ the Amazon
ambages *mpl*: **decirlo sin ~** say it straight out
ámbar m amber; **el semáforo está en ~** the lights are yellow, *Br* the lights are at amber
ambición *f* ambition; **ambicionar** aspire to; **ambicioso** ambitious
ambientador m air freshener; **ambiental** environmental; **ambiente 1** *adj*: **medio ~** environment; **temperatura ~** room temperature **2** m (*entorno*) environment; (*situación*) atmosphere
ambigú m buffet
ambigüedad *f* ambiguity; **ambiguo** ambiguous
ámbito m area; (*límite*) scope
ambos, ambas 1 *adj* both **2** *pron* both (of us / you / them)
ambulancia *f* ambulance; **ambulante 1** *adj* traveling, *Br* travelling **2** m/f *L.Am.* (*vendedor*) street seller; **ambulatorio 1** *adj* MED out-patient *atr* **2** m out-patient clinic
amén 1 m amen **2** *prp*: **~ de** as well as
amenaza *f* threat; **~ de bomba** bomb scare; **amenazador** threatening; **amenazante** threatening; **amenazar 1** v/t threaten (**con, de** with) **2** v/i: **~ con** threaten to
ameno enjoyable
América America; **América Central** Central America; **América Latina** Latin America; **América del Norte** North America; **América del Sur** South America; **americana** *f* American (woman); *prenda* jacket; **americano** m/adj American
ametralladora *f* machine gun
amianto m asbestos
amiba *f* ameba, *Br* amoeba
amígdala *f* tonsil; **amigdali-**

amigo

tis f tonsillitis

amigo 1 adj friendly; **ser ~ de algo** be fond of sth **2** m, -a f friend; **hacerse ~s** make friends

aminorar reduce; **~ la marcha** slow down

amistad f friendship; **~es** friends; **amistoso** friendly; **partido ~** DEP friendly (game)

amnistía f amnesty

amo m (dueño) owner; HIST master

amodorramiento m drowsiness

amoldar adapt (**a** to); **amoldarse** adapt (**a** to)

amonestación f warning; DEP caution; **amonestar** reprimand; DEP caution

amoníaco, amoniaco m ammonia

amontonar pile up; **amontonarse** pile up; **de gente** crowd together

amor m love; **~ mío** my love, darling; **~ propio** self-respect; **hacer el ~** make love; **amoroso** amorous

amortiguador m AUTO shock absorber; **amortiguar** impacto cushion; sonido muffle

amortización f repayment, redemption; **amortizar** pay off

amparar protect; (ayudar) help; **amparo** m protection; (cobijo) shelter; **al ~ de** under the protection of

amperio m ampere, amp

ampliación f de casa, carretera extension; FOT enlargement; **ampliar** plantilla increase; negocio expand; plazo, edificio extend; FOT enlarge; **amplificación** f amplification; **amplificador** m amplifier; **amplificar** amplify; **amplio** casa spacious; gama, margen wide; falda full; **amplitud** f breadth

ampolla f MED blister; (botellita) vial, Br phial

amputar amputate

amueblar furnish

amuleto m charm

analfabeto 1 adj illiterate **2** m, -a f illiterate

analgésico 1 adj painkilling, analgesic **2** m painkiller, analgesic

análisis m inv analysis; **~ de mercado** market research; **~ de sangre** blood test; **analista** m/f analyst; **analizar** analyze

analogía f analogy; **analógico** analog, Br analogue; **análogo** analogous

ananá(s) m S.Am. pineapple

anaquel m shelf

anarquía f anarchy

anatomía f anatomy

anca f haunch; **~s de rana** frogs' legs

ancho 1 adj wide, broad; **a sus ~as** at ease, relaxed **2** m width; **~ de vía** FERR gauge; **dos metros de ~** two meters wide

anchoa f anchovy

anchura f width
anciana f old woman; **ancianidad** f old age; **anciano 1** adj old **2** m old man
ancla f anchor; **anclar** anchor
andamio m scaffolding
andar 1 v/i (*caminar*) walk; (*funcionar*) work; *andando* on foot; ~ **bien** / **mal** fig go well / badly; ~ **con cuidado** be careful; ~ **en algo** (*buscar*) rummage in sth; ~ **haciendo algo** be doing sth; **¡anda!** come on! **2** v/t walk
andén m platform; *L.Am.* sidewalk, *Br* pavement
Andes mpl Andes; **andinismo** m *L.Am.* mountaineering, climbing; **andinista** m/f *L.Am.* mountaineer, climber; **andino** Andean
andrajoso ragged
anécdota f anecdote
anejo 1 adj attached **2** m annex, *Br* annexe
anemia f anemia, *Br* anaemia; **anémico** anemic, *Br* anaemic
anestesia f anesthesia *Br* anaesthesia
anexión f POL annexation; **anexionar** POL annex; **anexo 1** adj attached **2** m edificio annex, *Br* annexe
anfiteatro m amphitheater, *Br* amphitheatre; *de teatro* dress circle
anfitrión m host; **anfitriona** f hostess
ánfora f *L.Am.* POL ballot box; HIST amphora

ángel m angel; ~ *custodio* guardian angel
angina f: ~**s** sore throat, strep throat; ~ *de pecho* angina
angosto narrow
angostura f angostura
anguila f eel; **angula** f elver
angular 1 adj angular; *piedra* ~ cornerstone **2** m TÉC angle iron; *gran* ~ FOT wide-angle lens sg; **ángulo** m MAT, fig angle; **anguloso** angular
angustia f anguish; **angustiar** distress; **angustiarse** agonize (*por* over); **angustioso** agonizing
anhelar long for; **anhelo** m longing, desire (*de* for)
anidar nest
anilla f ring; *cuaderno de* ~**s** ring binder
anillo m ring
ánima f REL soul; TÉC bore
animación f liveliness; *en películas* animation; *hay mucha* ~ it's very lively; **animado** lively; **animador** m host; ~ *turístico* events organizer; **animadora** f hostess; DEP cheerleader
animal 1 adj animal atr; fig stupid **2** m tb fig animal; ~ *doméstico* mascota pet; *de granja* domestic animal
animar cheer up; (*alentar*) encourage; **animarse** cheer up
ánimo m spirit; (*coraje*) encouragement; *estado de* ~ state of mind; *con* ~ *de* with the intention of; **¡~!** cheer up!

animosidad

animosidad f animosity
animoso spirited
aniquilar annihilate
anís m BOT aniseed; *bebida* anisette
aniversario m anniversary
ano m ANAT anus
anoche last night; *antes de ~* the night before last; **anochecer 1** v/i get dark **2** m dusk
anomalía f anomaly; **anómalo** anomalous
anónimo 1 adj anonymous **2** m poison pen letter
anorak m anorak
anormal abnormal
anotar note down
ansia f yearning; (*inquietud*) anxiousness; **ansiar** yearn for, long for; **ansiedad** f anxiety; **ansioso** anxious; *está ~ por verlos* he's longing to see them
ante[1] m suede; ZO moose; *Méx (postre)* egg and coconut dessert
ante[2] prp *posición* before; *dificultad* faced with; *~ todo* above all
anteanoche the night before last
anteayer the day before yesterday
antebrazo m forearm
antecedente m precedent; *~s penales* previous convictions; *poner a alguien en ~s* put s.o. in the picture; **anteceder** precede, come before; **antecesor** m, **-a** f predecessor
antelación f: *con ~* in advance
antemano: *de ~* beforehand
antena f *de radio, televisión* antenna, Br aerial; ZO antenna; *~ parabólica* satellite dish
anteojos mpl binoculars
antepasado m, **-a** f ancestor
antepecho m *de ventana* sill; (*barandilla*) parapet
anteponer: *~ algo a algo* put sth before sth
anterior previous, former; **anterioridad** f: *con ~* before, previously; *con ~ a* before
antes 1 adv before; *cuanto ~ lo ~ posible* as soon as possible; *poco ~* shortly before; *~ que nada* first of all **2** prp: *~ de* before
antesala f lobby
antibala(s) bulletproof
antibiótico m antibiotic
anticición m anticyclone
anticipación f anticipation; *con ~* in advance; **anticipado** *pago* advance atr; *elecciones* early; *por ~* in advance; **anticipar** *sueldo* advance; *fecha, viaje* move up, Br bring forward; *información* give a preview of
anticonceptivo m contraceptive
anticongelante m antifreeze
anticuado antiquated; **anticuario** m antique dealer
antideslizante non-slip
antídoto m MED antidote; fig

cure
antifaz m mask
antigüedad f age; *en el trabajo* length of service; **~es** antiques; **antiguo** old; *del pasado remoto* ancient
antipatía f antipathy, dislike; **antipático** disagreeable, unpleasant
antirrobo m AUTO antitheft device
antiséptico m/adj antiseptic
antiterrorista atr; **la brigada ~**, **la lucha ~** the fight against terrorism
antojarse: se le antojó salir he felt like going out; **se me antoja que...** it seems to me that ...; **antojo** m whim; *de embarazada* craving; **a mí ~** as I please
antología f anthology; **de ~** fig F incredible F
antorcha f torch
antro m F dive F, dump F
antropófago m, **-a** f cannibal
anual annual; **anualidad** f annual payment
anuario m yearbook
anublarse cloud over
anudar knot
anular[1] cancel; *matrimonio* annul; *gol* disallow
anular[2] adj ring-shaped; **dedo ~** ring finger
anunciar announce; COM advertise; **anuncio** m domés (*presagio*) sign; COM advertisement; **~ luminoso** illuminated sign; **~s por palabras, pequeños**

~s classified advertisements
anverso m obverse
añadidura f: **por ~** in addition; **añadir** add
añejo mature
año m year; **~ bisiesto** leap year; **~ fiscal** fiscal year, Br financial year; **~ luz** light year; **~ nuevo** New Year; **¿cuándo cumples ~s?** when's your birthday?; **¿cuántos ~s tienes?** how old are you?; **a los diez ~s** at the age of ten; **los ~s veinte** the twenties
añoranza f yearning (**de** for); **añorar** miss
apacible mild-mannered
apaciguar pacify, calm down
apadrinar be godparent to; *político* support, back; *artista etc* sponsor; **~ a la novia** give the bride away
apagado *fuego* out; *luz* off; *persona* dull; *color* subdued; **apagar** *televisor, luz* turn off; *fuego* put out; **apagarse** *de luz* go off; *de fuego* go out; **apagón** m blackout
apalear beat
apañado F resourceful; **apañarse** manage; **apañárselas** manage, get by
aparador m sideboard; *Méx* (*escaparate*) shop window
aparato m piece of equipment; *doméstico* appliance; BIO, ANAT system; *de partido político* machine; **al ~** TELEC speaking; **aparatoso** spectacular

aparcamiento *m* parking lot, *Br* car park; **~ subterráneo** underground parking garage, *Br* underground car park; **aparcar 1** *v/t* park; *proyecto* shelve **2** *v/i* park

aparecer appear

aparejador *m*, **~a** *f* architectural technician, *Br* quantity surveyor; **aparejo** *m*: **~s de pesca** fishing gear; **aparejar** prepare; *caballo* saddle; MAR rig; **traer aparejado** entail, bring with it

aparentar pretend; **no aparenta la edad que tiene** she doesn't look her age; **aparente** (*evidente*) apparent; (*fingido*) feigned; **aparición** *f* appearance; (*fantasma*) appearance; **apariencia** *f* appearance; **en ~** outwardly

apartado *m* section; **~ de correos** PO box; **apartamento** *m* apartment, *Br* flat; **apartamiento** *m* separation; *L.Am.* (*apartamento*) apartment, *Br* flat; **apartar** separate; *para después* set aside; *de un sitio* move away (*de* from); **~ a alguien de hacer algo** dissuade s.o. from doing sth; **apartarse** move aside (*de* from); **~ del tema** stray from the subject; **aparte** to one side; (*por separado*) separately; **~ de** aside from, *Br* apart from; **punto y ~** new paragraph

apasionado 1 *adj* passionate **2** *m/f* enthusiast; **apasionar** fascinate; **apasionarse** develop a passion (*por* for)

apatía *f* apathy; **apático** apathetic

apearse get off, alight *fml*

apedrear throw stones at; *matar* stone

apego *m* attachment

apelación *f* JUR appeal; **apelar** *tb* JUR appeal (*a* to)

apellido *m* surname; **~ de soltera** maiden name

apenar sadden

apenas 1 *adv* hardly, scarcely **2** *conj* as soon as

apéndice *m* appendix; **apendicitis** *f* appendicitis

aperitivo *m comida* appetizer; *bebida* aperitif

apero *m* utensilio implement; *L.Am.* (*arneses*) harness

apertura *f* opening; FOT aperture; POL opening up

apestar 1 *v/t* stink out F **2** *v/i* reek (*a* of)

apetecer: **¿qué te apetece?** what do you feel like?; **apetecible** appetizing

apetito *m* appetite; **apetitoso** appetizing

ápice *m*: **ni un ~** *fig* not an ounce; **no ceder ni un ~** *fig* not give an inch

apicultura *f* beekeeping

apilar pile up

apio *m* BOT celery

apisonadora *f* steamroller; **apisonar** roll

aplacar *hambre* satisfy; *sed* quench; *a alguien* calm down

aplanar level, flatten; **~ las calles** *C.Am.*, *Pe* hang around the streets; **aplanarse** *fig* (*descorazonarse*) lose heart

aplastar *tb fig* crush

aplaudir 1 *v/i* applaud, clap **2** *v/t tb fig* applaud; **aplauso** *m* round of applause

aplazar *visita* put off, postpone; *Arg* fail

aplicable applicable; **aplicación** *f* application; **aplicar** apply

aplique *m* wall light

apoderado *m* COM agent; **apoderar** authorize; **apoderarse** take possession *o* control (**de** of)

apodo *m* nickname

apoplejía *f* apoplexy; **ataque de ~** stroke

aportar contribute; **~ pruebas** JUR provide evidence

apostar 1 *v/t* bet (**por** on) **2** *v/i* bet; **~ por algo** opt for sth

apóstol *m* apostle

apoyar lean (**en** against), rest (**en** against); (*respaldar, confirmar*) support; **apoyo** *m fig* support

app *f* IT app

apreciable (*visible*) appreciable, noticeable; (*considerable*) considerable, substantial; **apreciación** *f* appreciation; **apreciado** valued; **apreciar** appreciate; (*sentir afecto por*) be fond of; **aprecio** *m* respect

apremio *m* pressure

aprender, aprenderse learn; **aprendiz** *m*, **~a** *f* apprentice, trainee; **aprendizaje** *m* apprenticeship

aprestar, aprestarse get ready

apresurar hurry; **apresurarse** hurry up; **~ a hacer algo** hurry *o* rush to do sth

apretado tight; **apretar 1** *v/t botón* press; (*pellizcar, pinzar*) squeeze; *tuerca* tighten; **~ el paso** quicken one's pace; **~ los puños** clench one's fists **2** *v/i de ropa, zapato* be too tight

aprieto *m* predicament

aprisa quickly

aprisionar *fig* trap

aprobación *f* approval; **de ley** passing; **aprobado** *m* EDU pass; **aprobar** approve; *comportamiento, idea* approve of; *examen* pass

apropiación *f* appropriation

apropiado appropriate, suitable; **apropiarse: ~ de algo** take sth

aprovechable usable; **aprovechado 1** *adj desp* opportunistic **2** *m*, **-a** *f desp* opportunist; **aprovechamiento** *m* exploitation, use; **~ de residuos** use of waste material; **aprovechar 1** *v/t* take advantage of; *tiempo, espacio* make good use of **2** *v/i* take the opportunity (**para** to); **¡que aproveche!** enjoy your meal!

aprovisionamiento *m* provi-

aprovisionar

sioning, supply; **aprovisionar** provision, supply; **aprovisionarse** stock up (*de* on); **aproximación** *f* approximation; (*acercamiento*) approach; *en lotería* consolation prize; **aproximadamente** approximately; **aproximado** approximate; **aproximar** bring closer; **aproximarse** approach; **aproximativo** approximate, rough
apuesta *f* bet
apuntado pointed
apuntador *m*, **~a** *f* TEA prompter
apuntalar *edificio* shore up; *fig* prop up
apuntar 1 *v/t* (*escribir*) note down; TEA prompt; *en curso etc* put down (**en**, **a** on); *para* for); **~ con el dedo** point at o to **2** *v/i con arma* aim; **apúnteme** note
apuñalar stab
apurado *L.Am.* (*con prisa*) in a hurry; (*pobre*) short of cash); **apurar 1** *v/t vaso* finish off; *a alguien* pressure **2** *v/i Chi*: **no me apura** I'm not in a hurry for it; **apurarse** worry; *L.Am.* (*darse prisa*) hurry (up); **apuro** *m* predicament; *vergüenza* embarrassment; *L.Am.* rush; **me da ~** I'm embarrassed
aquejado: **estar ~ de** be suf-

fering from
aquel, aquella, aquellos, aquellas that; *pl* those
aquél, aquélla, aquéllos, aquéllas that (one); *pl* those (ones)
aquello that
aquí here; *en el tiempo* now; **desde ~** from here; **por ~** here
árabe 1 *m/f* & *adj* Arab **2** *m idioma* Arabic
Arabia Saudí Saudi Arabia
arado *m* plow, *Br* plough
arancel *m* tariff; **arancelario** tariff *atr*
arándano *m* blueberry
araña *f* ZO spider; *lámpara* chandelier
arañar scratch; **arañazo** *m* scratch
arar plow, *Br* plough
arbitraje *m* arbitration; **arbitrar** *en fútbol, boxeo* referee; *en tenis, béisbol* umpire; *en conflicto* arbitrate; **arbitrario** arbitrary; **árbitro** *m en fútbol, boxeo* referee; *en tenis, béisbol* umpire; *en conflicto* arbitrator
árbol *m* tree; **~ genealógico** family tree
arbusto *m* shrub, bush
arca *f* chest; **~ de Noé** Noah's Ark
arcada *f* MED: **me provocó ~s** it made me retch
arcaico archaic
arcángel *m* archangel
arce *m* BOT maple
arcén *m* shoulder, *Br* hard

shoulder
archifamoso very famous
archipiélago *m* archipelago
archivador *m* file cabinet, *Br* filing cabinet; **archivar** *documentos* file; *asunto* shelve; **archivo** *m* archive; INFOR file
arcilla *f* clay
arco *m* ARQUI arch; MÚS bow; *L.Am.* DEP goal; **~ iris** rainbow
arder burn; *estar muy caliente* be very hot; **ardiente** *persona, amor* passionate; *defensor* ardent; *bebida* scalding
ardilla *f* squirrel
ardor *m* entusiasmo fervor, *Br* fervour; **~ de estómago** heartburn
arduo arduous
área *f* area; DEP **~ de castigo** *o* **de penalty** penalty area; **~ de servicio** service area
arena *f* sand; **~s movedizas** quicksand; **arenoso** sandy
arenque *m* herring
arete *m L.Am. joya* earring
Argel Algiers; **Argelia** Algeria; **argelino 1** *adj* Algerian **2** *m*, **-a** *f* Algerian
Argentina Argentina; **argentino 1** *adj* Argentinian **2** *m*, **-a** *f* Argentinian
argolla *f L.Am.* ring
argucia *f* clever argument; **argüir** argue; **argumentación** *f* argumentation; **argumentar** argue; **argumento** *m razón* argument; *de libro etc* plot

aria *f* aria
aridez *f* aridity, dryness; **árido** arid, dry; *fig* dry
Aries *m/f inv* ASTR Aries
arisco unfriendly
arista *f* MAT edge; BOT beard
aristocracia *f* aristocracy; **aristocrático** aristocratic
arma *f* weapon; **~ blanca** knife; **~ de fuego** firearm; **alzarse en ~s** rise up in arms; **armada** *f* navy; **armadura** *f* armor, *Br* armour; **armamento** *f* armaments *pl*; **armar** MIL arm; TÉC assemble; **~ un escándalo** F make a scene
armario *m* closet, *Br* wardrobe; *de cocina* cabinet, *Br* cupboard
armazón *f* skeleton, framework
armería *f* gunstore
armiño *m* ZO stoat; *piel* ermine
armisticio *m* armistice
armonía *f* harmony; **armónica** *f* harmonica, mouth organ; **armónico** *m/adj* harmonic
arnés *m* harness; *para niños* leading strings *pl, Br* leading reins *pl*
aro *m* hoop; *L.Am.* (*pendiente*) earring
aroma *m* aroma; *de flor* scent; **aromático** aromatic
arpa *f* harp; **arpista** *m/f* harpist
arpón *m* harpoon
arquear *espalda* arch; *cejas*

arqueo raise

arqueo *m* MAR capacity; COM: ~ *(de caja)* cashing up

arqueología *f* archeology, *Br* archaeology

arquitecto *m*, **-a** *f* architect; **arquitectura** *f* architecture

arrabal *m* poor outlying area

arraigado entrenched

arrancar 1 *v/t planta, página* pull out; *vehículo* start (up); *(quitar)* snatch **2** *v/i de vehículo, máquina* start (up); INFOR boot (up); *Chi (huir)* run away; **arranque** *m* AUTO starter; *(energía)* drive; *(ataque)* fit

arrastrar 1 *v/t por el suelo*, INFOR drag *(por* along); *(llevarse)* carry away **2** *v/i por el suelo* trail on the ground; **arrastrarse** crawl; *fig (humillarse)* grovel *(delante de* to); **arrastre** *m*: **estar para el** ~ *fig* F be fit to drop F

arrebatador breathtaking; **arrebatar** snatch *(a* from); **arrebatarse** get excited; **arrebato** *m* fit

arrecife *m* reef

arredrarse be intimidated *(ante* by)

arreglado neat; **si empieza a llover estamos ~s** if it starts to rain, that'll be just dandy; **arreglar** *(reparar)* fix, repair; *(ordenar)* tidy (up); *(solucionar)* sort out; MÚS arrange; ~ **cuentas** settle up; *fig* settle scores; **arreglarse** get ready; *de problema* get sorted out; *(apañarse)* manage; **arreglárselas** manage; **arreglo** *m (reparación)* repair; *(solución)* solution; *(acuerdo)*, MÚS arrangement; ~ **de cuentas** settling of scores; **con ~ a** in accordance with

arremeter: ~ **contra** charge (at); *fig (criticar)* attack

arrendamiento *m* renting; **arrendar** *L.Am. (dar en alquiler)* rent (out); *(tomar en alquiler)* rent; **se arrenda** for rent; **arrendatario** *m*, **-a** *f* tenant

arrepentirse be sorry; *(cambiar de opinión)* change one's mind; ~ **de algo** regret sth

arrestar arrest; **arresto** *m* arrest

arriba 1 *adv* up; *en edificio* upstairs; **el cajón de ~ siguiente** the next drawer up, *último* the drawer above; **el cajón de ~ del todo** right at the top; **sigan hacia ~** keep going up; **me miró de ~ abajo** *fig* she looked me up and down; **de diez para ~** ten or above **2** *int* long live

arribada *f*, **arribaje** *m* MAR arrival; **arribar** MAR arrive, put in

arribista *m/f* social climber

arriesgar risk

arrimar move closer

arrinconar *(acorralar)* corner; *libros etc* put away; *persona* cold-shoulder

arroba *f* INFOR "at" symbol

arrodillarse kneel (down)
arrogancia f arrogance; **arrogante** arrogant
arrojar throw; *resultado* produce; (*vomitar*) throw up; **arrojarse** throw o.s.; **arrojo** m bravery
arrollador overwhelming; **arrollar** AUTO run over; fig crush
arropar wrap up; fig protect
arroyo m stream; *sacar a alguien del ~* fig lift s.o. out of the gutter
arroz m rice; *~ con leche* rice pudding
arruga f wrinkle; **arrugar** wrinkle
arruinar ruin
arsenal m arsenal
arsénico m arsenic
arte m (pl f) art; *~ dramático* dramatic art; *bellas ~s* fine art; *malas ~s* guile
artefacto m (*dispositivo*) device
arteria f artery
arterio(e)sclerosis f arteriosclerosis
artesa f trough
artesana f craftswoman; **artesanía** f (handi)crafts pl; **artesano** m craftsman
articulación f ANAT, TÉC joint; *de sonidos* articulation; **articulado** articulated; **articular** articulate
artículo m article; COM product, item
artífice m author
artificial artificial

artificio m trick; (*artefacto*) device; **artificioso** sly; (*falto de naturalidad*) affected
artillería f artillery
artista m/f artist; **artístico** artistic
artritis f arthritis
artrosis f rheumatoid arthritis
arveja f Rpl, Chi, Pe pea
arzobispo m archbishop
as m tb fig ace
asa f handle
asado m/adj roast
asalariado m, **-a** f wage earner; *de empresa* employee
asaltar attack; *banco* rob; **asalto** m attack (*a* on); *robo* robbery, raid; *en boxeo* round
asamblea f reunión meeting; *ente* assembly
asar roast; *~ a la parrilla* broil, Br grill
ascendente 1 adj rising, upward **2** m ASTR ascendant; **ascender 1** v/t *a empleado* promote **2** v/i *de temperatura etc* rise; *de montañero* climb; DEP, *en trabajo* be promoted (*a* to); **ascendiente** m ancestor; **ascensión** f ascent; **ascenso** m *de temperatura, precios* rise (*de* in); *de montaña* ascent; *en trabajo* promotion; **ascensor** m elevator, Br lift; **ascensorista** m/f elevator operator
asceta m/f ascetic; **ascético** ascetic
asco m disgust; *me da ~* I find

ascua

it disgusting; **¡qué ~!** how disgusting!

ascua f ember; **estar en** o **sobre ~s** be on tenterhooks

asediar tb fig besiege

asegurado 1 adj insured 2 m, -a f insured; **aseguradora** f insurance company; **asegurar** (afianzar) secure; (prometer) assure; (garantizar) guarantee; COM insure; **asegurarse** make sure

asemejarse: **~ a** look like

asentimiento m approval, agreement; **asentir** agree (**a** to); **con la cabeza** nod

aseo m cleanliness; (baño) restroom, toilet

asequible precio affordable; obra accessible

asesinar murder; POL assassinate; **asesinato** m murder; POL assassination; **asesino** m, -a f murderer; POL assassin

asesor m, -a f consultant, advisor, Br adviser; **~ de imagen** public relations consultant

asesoramiento m advice; **asesorar** advise; **asesoría** f consultancy

asfalto m asphalt

asfixia f asphyxiation; **asfixiar, asfixiarse** asphyxiate, suffocate

así 1 adv (de este modo) like this; (de ese modo) like that; **~ no más** S.Am. just like that; **~ pues** so; **~ que** so; **~ de grande** this big; **~ ~** so

so 2 conj: **~ como** al igual que while, whereas

Asia Asia; **asiático** 1 adj Asian 2 m, -a f Asian

asiduidad f frequency; **con ~** con frecuencia regularly; **asiduo** regular

asiento m seat; **tomar ~** take a seat

asignar allocate; persona, papel assign; **asignatura** f subject

asilado, -a f POL asylum seeker; **asilo** m home, institution; POL asylum; **~ de ancianos** old people's home

asimilar assimilate

asimismo (también) also; (igualmente) likewise

asistencia f (ayuda) assistance; a lugar attendance (**a** at); **~ en carretera** AUTO roadside assistance; **~ médica** medical care; **asistenta** f cleaner; **asistente** m/f (ayudante) assistant; **~ social** social worker; **los ~s** those present; **asistir** 1 v/t help, assist 2 v/i be present

asma f asthma; **asmático** asthmatic

asno m ZO donkey; persona idiot

asociación f association; **asociar** associate

asomarse lean out (**por** of)

asombrar amaze, astonish; **asombro** m amazement, astonishment; **asombroso** amazing, astonishing

asomo m: **ni por ~** no way

aspecto m de persona, cosa look, appearance; (faceta) aspect; **tener buen ~** look good

aspereza f roughness; **áspero** superficie rough; sonido harsh; persona abrupt

aspiraciones fpl aspirations

aspirador m, **~a** f vacuum cleaner; **aspirante** m/f a cargo candidate (**a** for); a título contender (**a** for); **aspirar** v/t suck up; al respirar inhale, breathe in 2 v/i: **~ a** aspire to

aspirina f aspirin

asquear disgust; **asqueroso 1** adj (sucio) filthy; (repugnante) revolting, disgusting **2** m, **-a** f creep

asta f flagpole; (pitón) horn

asterisco m asterisk

astilla f splinter; **~s para fuego** kindling; **hacer ~s algo** fig smash sth to pieces

astillero m shipyard

astracán m astrakhan

astro m AST, fig star; **astrología** f astrology; **astrólogo** m, **-a** f astrologer; **astronauta** m/f astronaut; **astronave** f spaceship; **astronomía** f astronomy

astucia f shrewdness, astuteness; **astuto** shrewd, astute

asumir assume; (aceptar) accept, come to terms with

asunto m matter; F (relación) affair; **~s exteriores** foreign affairs; **no es ~ tuyo** it's none of your business

asustar frighten, scare

atacar attack

atajar 1 v/t check the spread of, contain; L.Am. pelota catch **2** v/i take a short cut; **atajo** m L.Am. short cut

atalaya 1 f watchtower **2** m/f sentinel

ataque m (agresión) attack; (acceso) fit; **~ cardíaco** o **al corazón** heart attack; **le dio un ~ de risa** she burst out laughing

atar tie (up); fig tie down

atardecer 1 v/i get dark **2** m dusk

atareado busy

atasco m traffic jam

ataúd m coffin, casket

ate m Méx quince jelly

atención f attention; (cortesía) courtesy; **¡~!** your attention, please!; **llamar la ~ a alguien** reñir tell s.o. off; por ser llamativo attract s.o.'s attention; **prestar ~** pay attention (**a** to)

atender 1 v/t a enfermo look after; en tienda serve **2** v/i pay attention (**a** to)

atenerse: **~ a** normas abide by; consecuencias accept; **saber a qué ~** know where one stands

atentado m attack (contra, a on); **~ terrorista** terrorist attack; **~ con coche bomba** car bomb attack

atento attentive; **estar ~ a** pay attention to

atenuante JUR extenuating; **atenuar** lessen, reduce

ateo 1 *adj* atheistic 2 *m*, **-a** *f* atheist

aterrizaje *m* AVIA landing; **~ forzoso** *o* **de emergencia** emergency landing; **aterrizar land**

aterrorizar terrify; *(amenazar)* terrorize

atestado overcrowded

atestiguar JUR testify; *fig* bear witness to

ático *m piso* top floor; *apartamento* top floor apartment *o Br* flat; *(desván)* attic

atizar *fuego* poke; *pasiones* stir up; **le atizó un golpe** she hit him

atleta *m/f* athlete; **atletismo** *m* athletics

atmósfera *f* atmosphere

atolondrado scatterbrained

atómico atomic; **átomo** *m* atom; **ni un ~ de** *fig* not an iota of

atónito astonished, amazed

atontado dazed, stunned

atormentar torment

atornillar screw on

atosigar pester

atracadero *m* MAR mooring; **atracar** 1 *v/t banco* hold up; *a alguien* mug; *Chi F* make out with F 2 *v/i* MAR dock

atracción *f* attraction

atraco *m* robbery; *de persona* mugging

atractivo 1 *adj* attractive 2 *m* appeal, attraction; **atraer** attract

atrapar catch, trap

atrás *posición* at the back, behind; *movimiento* back; **años ~** years ago *o* back; **hacia ~** back, backward; **quedarse ~** get left behind; **atrasado** *en estudios*, *pago* behind (**en** *o* with); *reloj* slow; *pueblo* backward; **ir ~ de un reloj** be slow; **atrasar** 1 *v/t reloj* put back; *fecha* postpone, put back 2 *v/i de reloj* lose time; **atraso** *m* backwardness; COM **~s** arrears

atravesar cross; *(perforar)*, *crisis* go through

atrevido daring; **atreverse** dare

atribuir attribute (**a** to); **atributo** *m* attribute

atril *m* lectern

atrocidad *f* atrocity

atropellado in a rush; **atropellar** knock down; **atropello** *m* running over; *escándalo* outrage

atroz appalling, atrocious

ATS (= **ayudante técnico sanitario**) registered nurse

atún *m* tuna (fish)

aturdido in a daze

audacia *f* audacity; **audaz** bold, audacious

audible audible

audición *f* TEA audition; JUR hearing

audiencia *f* audience; JUR court; **índice de ~** TV ratings *pl*

audífono *m* hearing aid; **audiovisual** audiovisual

audioguía f audioguide, audio guide

auditivo auditory; *problema hearing atr*

auditor m, **-a** f auditor; **auditorio** m (*público*) audience; *sala* auditorium

aula f classroom; *en universidad* lecture hall, Br lecture theatre

aumentar 1 v/t increase **2** v/i increase, go up; **aumento** m increase (**de** in); *de sueldo* raise, Br rise; **ir en ~** be increasing

aun even; **~ así** even so

aún still; *en oraciones negativas* yet; *en comparaciones* even; **~ no** not yet

aunque although, even though; + *subj* even if

aureola f halo

auricular m *de teléfono* receiver; **~es** headphones, earphones

auscultar: **~ a alguien** listen to s.o.'s chest

ausencia f *de persona* absence; *no existencia* lack (**de** of); **ausentarse** leave, go away; **ausente** absent

austeridad f austerity; **austero** austere

austral southern

Australia Australia; **australiano 1** *adj* Australian **2** m, **-a** f Australian

Austria Austria; **austriaco 1** *adj* Austrian **2** m, **-a** f Austrian

auténtico authentic

autostopista

autismo m autism

auto m JUR order; *L.Am.* AUTO car

autoadhesivo self-adhesive

autobanco m ATM, cash machine

autobiografía f autobiography

autobús m bus

autocaravana f camper van

autocar m bus

autocine m drive-in movie theater

autodefensa f self-defense, Br self-defence

autodisparador m FOT automatic shutter release

autoescuela f driving school

autógrafo m autograph

automático automatic

automóvil m car, automobile; **automovilismo** m driving; **automovilista** m/f motorist

autonomía f autonomy; *en España* automous region

autopista f freeway, Br motorway

autopsia f autopsy

autor m, **-a** f author; *de crimen* perpetrator

autoridad f authority; **autorización** f authority; **autorizar** authorize; **autorizado** (*permitido*) authorized; (*respetado*) authoritative

autorradio m car radio

autoservicio m supermarket; *restaurante* self-service restaurant

autostop m hitchhiking; **hacer ~** hitchhike; **autostopis-**

autovía

ta m/f hitchhiker
autovía f divided highway, Br dual carriageway
auxiliar 1 adj auxiliary; *profesor* assistant **2** m/f assistant; **~ de vuelo** stewardess, flight attendant **3** help; **auxilio** m help; **primeros ~s** first aid
aval m guarantee
avalancha f avalanche
avance m advance
avanzar advance, move forward; MIL advance (**hacia** on)
avaricia f avarice; **avaro 1** adj miserly **2** m, **-a** f miser
ave f bird; *S.Am.* (*pollo*) chicken; **~ de presa** o **de rapiña** bird of prey
avellana f hazelnut
avena f oats m/
avenencia f agreement
avenida f avenue
aventura f adventure; *riesgo* venture; *amorosa* affair; **aventurar** risk; *opinión* venture; **aventurero** adventurous
avergonzar (*aborchornar*) embarrass; **le avergüenza algo reprensible** she's ashamed of it; **avergonzarse** be ashamed (**de** of)
avería f TÉC fault; AUTO breakdown; **averiado** broken down
averiguar find out
aversión f aversion
avestruz m ostrich
aviación f aviation; MIL air force; **aviador** m, **-a** f pilot,
aviator
avicultura f poultry farming
avidez f eagerness; **ávido** eager (**de** for), avid (**de** for)
avión m plane; **por ~ mandar una carta** (by) airmail; **avioneta** f light aircraft
avisador m warning light; *sonoro* alarm; *L.Am.* (*anunciante*) advertiser; **avisar** notificar let know, tell; *de peligro* warn; (*llamar*) send for; **aviso** m notice; (*advertencia*) warning; *L.Am.* (*anuncio*) advertisement; **hasta nuevo ~** until further notice; **sin previo ~** without any warning
avispa f wasp
avispado bright, sharp
axila f armpit
ay ow!, ouch!; *de susto* oh!
ayer yesterday; **~ por la mañana** yesterday morning
ayuda f help, assistance; **ayudante** m/f assistant; **ayudar** help
ayunar fast; **ayunas: estoy en ~** I haven't eaten anything
ayuntamiento m city council, town council; *edificio* city hall
azafata f flight attendant; **~ de congresos** hostess
azafrán m saffron
azahar m orange / lemon blossom
azotea f flat roof
azúcar m (*also* f) sugar; **~ glas** confectioner's sugar, Br ic-

ing sugar
azufre *m* sulfur, *Br* sulphur
azul 1 *adj* blue; ~ *celeste* sky-blue; ~ *marino* navy(-blue) **2** *m* blue
azulejo *m* tile

B

B.A. (= **Buenos Aires**) Buenos Aires
babero *m* bib
babor *m* MAR port
baca *f* AUTO roof rack
bacalao *m* cod
bache *m* pothole; *fig* rough patch
bachiller *m/f* high school graduate; **bachillerato** *m Esp* high school leaver's certificate
bacteria *f* bacteria
bagatela *f* trinket
bahía *f* bay
bailador 1 adj: *ser muy* ~ love dancing **2** *m*, ~*a f* dancer; **bailaor** *m*, ~*a f* flamenco dancer; **bailar** dance; **bailarín** *m*, **-ina** *f* dancer; **baile** *m* dance; *fiesta formal* ball; ~ *de salón* ballroom dancing
baja *f* fall, drop; *estar de* ~ (*por enfermedad*) be off sick; ~*s* MIL casualties; **bajada** *f* fall; **bajar 1** *v/t voz*, *precio* lower; *escalera* go down; ~ *algo de arriba* get sth down **2** *v/i* go down; *de intereses* fall, drop
bajeza *f* (*calidad*) baseness; (*acto*) despicable thing to do
bajo 1 *adj* low; *persona* short; *por lo* ~ at least **2** *m* MÚS bass; *piso* first floor, *Br* ground floor **3** *adv cantar*, *hablar* quietly, softly; *volar* low **4** *prp* under; *tres grados* ~ *cero* three degrees below zero
bala *f* bullet; *ni a* ~ *L.Am.* F no way
balance *m* COM balance; **balancear** caderas swing; **balancearse** swing, sway; MAR rock; **balancín** *m* TÉC rocker; (*mecedora*) rocking chair; **balanza** *f* scales *pl*; ~ *comercial* balance of trade; ~ *de pagos* balance of payments
balaor *m* F flamenco dancer
balbucear, balbucir stammer; *de niño* babble
balcón *m* balcony
balde: *de* ~ for nothing; *en* ~ in vain
baldío 1 *adj* uncultivated; *fig* useless **2** *m* uncultivated land
baldosa *f* floor tile
Baleares *fpl* Balearics; **baleárico** *adj* Balearic
baliza *f* MAR buoy
ballena *f* ZO whale
ballet *m* ballet
balneario *m* spa
balón *m* ball; **baloncesto** *m*

basketball; **balonmano** *m* handball; **balonvolea** *m* volleyball

balsa *f* raft

bálsamo *m* balsam

baluarte *m* stronghold; *persona* pillar, stalwart

bambú *m* bamboo

banal banal

banana *f L.Am., Rpl, Pe, Bol* banana

banca *f actividad* banking; *conjunto de bancos* banks *pl*; *en juego* bank; DEP, *Méx* (*asiento*) bench; **~ electrónica** on-line banking

banco *m* COM bank; *para sentarse* bench; **~ de arena** sand bank; **~ de datos** data bank

banda *f* MÚS, (*grupo*) band; *de delincuentes* gang; (*cinta*) sash; *en fútbol* touchline; **~ sonora** soundtrack

bandeja *f* tray

bandera *f* flag; **banderilla** *f* TAUR banderilla (*dart stuck into bull's neck during bullfight*); **banderola** *f* flag

bandido *m*, **-a** *f* bandit

bandolero *m*, **-a** *f* bandit

banquero *m*, **-a** *f* banker

banquete *m* banquet; **~ de bodas** wedding reception

banquillo *m* JUR dock; DEP bench

bañador *m* swimsuit; **bañar** bathe; **bañarse** have a bath; *en el mar* go for a swim; **bañera** *f* (bath)tub, bath; **bañera de hidromasaje** whirlpool, Jacuzzi®; **baño** *m en la bañera* bath; *en el mar* swim; *esp L.Am.* bathroom; (*ducha*) shower; **baño de sangre** blood bath; **baño de sol** sunbathing session; **baños de sol** sunbathing

baqueta *f* MÚS drumstick

bar *m* bar

baraja *f* deck of cards

barajar 1 *v/t naipes* shuffle; *fig* consider **2** *v/i* quarrel

baranda *f en billar* cushion

barandilla *f* handrail, banister

baratear sell off

baratija *f* trinket

barato cheap

barba *f* beard

barbacoa *f* barbecue

barbaridad *f* barbarity; **costar una ~** cost a fortune; **¡qué ~!** what a thing to say / do!; **bárbaro 1** *adj* F tremendous, awesome F; **¡qué ~!** amazing! **2** *m*, **-a** *f* F punk F

barbero *m* barber

barbilla *f* chin

barbudo bearded

barca *f* boat; **barcaza** *f* barge; **barco** *m* boat; *más grande* ship; **~ de vela** sailing ship

barítono *m* baritone

barman *m* bartender, *Br* barman

barniz *m* varnish; **barnizar** varnish

barómetro *m* barometer

barquero *m* boatman

barquillo *m* wafer; *Méx,*

baloncesto

C.Am. ice-cream cone
barra *f de metal, en bar* bar; *de cortinas* rod; **~ de labios** lipstick; **~ de pan** baguette; **~ espaciadora** space-bar; **~ de herramientas** INFOR tool bar; **~ invertida** backslash
barraca *f (chabola)* shack; *de tiro* stand; *de feria* stall; *L.Am. (deposito)* shed; **~s** *L.Am.* shanty town
barranco *m* ravine
barredera 1 *f* street sweeper **2** *adj*: **red ~** trawl net
barrena *f* gimlet; AVIA: **entrar en ~** go into a spin
barrera *f* barrier; **~ del sonido** sound barrier
barricada *f* barricade
barriga *f* belly; **rascarse la ~** *fig* F sit on one's butt F
barril *m* barrel
barrio *m* neighborhood, *Br* neighbourhood, area; **~ de chabolas** *Esp* shanty town
barro *m* mud
barroco *m/adj* baroque
barruntar suspect
barullo *m* uproar, racket
basar base (**en** on)
báscula *f* scales
base *f* QUÍM, MAT, MIL base; **~ de datos** INFOR database; **~s** *de concurso etc* conditions; **a ~ de** by dint of; **básico** basic
basílica *f* basilica
básquetbol *m L.Am.* basketball
bastante 1 *adj* enough; *número o cantidad considerable* plenty of; **2** *adv* quite, fairly; **bebe ~** she drinks quite a lot; **bastar** be enough; **basta con uno** one is enough; **¡basta!** that's enough!
bastos *mpl* suit in Spanish deck of cards
basura *f tb fig* trash, *Br* rubbish; **cubo de la ~** trash can, *Br* rubbish bin; **basurero** *m* garbage collector, *Br* dustman
bata *f* robe, *Br* dressing gown; MED (white) coat; TÉC lab coat
batalla *f* battle; **batallón** *m* battalion
batata *f* BOT sweet potato
batería *f* MIL, ELEC, AUTO battery; MÚS drums, drum kit; **~ de cocina** set of pans; **aparcar en ~** AUTO parallel park
batida *f de caza* beating; *de policía* search
batido 1 *adj camino* well-trodden **2** *m* GASTR milkshake; **batidora** *f* mixer
batiente *m* jamb
batir beat; *nata* whip; **récord** break
batuta *f* baton; **llevar la ~** *fig* F be the boss F
baúl *m* chest, trunk; *L.Am.* AUTO trunk, *Br* boot
bautismo *m* baptism, christening; **bautizar** baptize, christen; *barco* name; *vino* F water down; **bautizo** *m* baptism, christening
baya *f* berry

bayeta

bayeta f cloth
baza f en naipes trick; fig trump card
bazar m hardware and fancy goods store; mercado bazaar
bazo m ANAT spleen
beatificar REL beatify; **beatitud** f beatitude; **beato 1** adj desp overpious 2 m, -a f desp over-pious person
bebé m baby
bebedor m, **~a** f drinker; **beber** drink; **bebida** f drink
beca f scholarship, grant
béchamel f béchamel (sauce)
beige beige
béisbol m baseball
belén m nativity scene
belga m/f & adj Belgian; **Bélgica** Belgium
Belice Belize; **beliceño 1** adj Belizean 2 m, -a f Belizean
bélico war atr; **belicoso** warlike, bellicose; fig persona belligerent
belleza f beauty; **bello** beautiful
bemol m MÚS flat
bencina f benzine; Pe, Bol (gasolina) gas, Br petrol
bendecir bless
beneficencia f charity; **beneficiar** benefit; Rpl ganado slaughter; **beneficiarse** benefit (**de, con** from); **beneficio** m benefit; COM profit; Rpl slaughterhouse; C.Am. coffee-processing plant; **en ~ de** in aid of; **beneficioso** beneficial; **benéfico** charity atr

benévolo benevolent, kind; (indulgente) lenient
benigno MED benign
berberecho m ZO cockle
berenjena f egg plant, Br aubergine
bermudas mpl, fpl Bermuda shorts
berro m BOT watercress
berza f BOT cabbage
besar kiss; **beso** m kiss
bestia 1 f beast **2** m/f fig F brute F; mujer bitch F; **bestial** F tremendous F; **bestialidad** f act of cruelty
besugo m ZO bream; fig F idiot
betún m shoe polish
biberón m baby's bottle
Biblia f Bible; **bíblico** biblical
biblioteca f library; mueble bookcase; **bibliotecario** m, **-a** f librarian
bicarbonato m: **~ (de sodio)** bicarbonate of soda
bicho m bug; (animal) creature; fig F persona nasty piece of work; **~s** vermin; **¿qué ~ te ha picado?** what's eating you?
bici f F bike; **bicicleta** f bicycle; **ir o montar en ~** go cycling; **~ de montaña** mountain bike; **~ eléctrica** e-bike, electric bicycle
bidé m bidet
bidón m drum
biela f TÉC connecting rod
bien 1 m good; **~es** goods, property; **~es de consumo** consumer goods; **~es in-**

muebles real estate 2 *adv* well; (*muy*) very; *más* ~ rather; *o* ~... *o*... either ... or ...; *¡está…!* it's OK!, it's alright!; *¡~ hecho!* well done!

bienal 1 *adj* biennial **2** *f* biennial event

bienaventurado REL blessed; **bienestar** *m* wellness; *centro m de* ~ wellness center, *Br* wellness centre; *hotel m de* ~ wellness hotel; **bienestar** *m* well-being; **bienhechor 1** *adj* beneficent **2** *m* benefactor; **bienvenida** *f* welcome; *dar la* ~ *a alguien* welcome s.o.; **bienvenido** welcome

bife *m Rpl* steak

biftec *m* steak

bifurcarse fork

bigamia *f* bigamy

bigote *m* mustache, *Br* moustache; ~*s de gato etc* whiskers

bigudí *m* hair curler

bikini *m* bikini

bilateral bilateral

bilingüe bilingual

bilis *f* bile; *fig* F bad mood

billar *m* billiards; ~ *americano* pool

billete *m* ticket; ~ *abierto* open ticket; ~ *de autobús* bus ticket; ~ *de banco* bill, *Br* banknote; ~ *de ida*, ~ *sencillo* one-way ticket, *Br* single (ticket); ~ *de ida y vuelta* round-trip ticket, *Br* return (ticket); **billetero** *m* billfold, *Br* wallet

billón *m* trillion

bimensual twice-monthly

bimotor 1 *adj* twin-engined **2** *m* twin-engined plane

biodegradable biodegradable

biografía *f* biography; **biográfico** biographical

biología *f* biology; **biológico** biological; AGR organic

biombo *m* folding screen

biopsia *f* MED biopsy

biquini *m* bikini

birria *f* F piece of junk F; *va hecha una* ~ F she looks a real mess

bis *m* encore; *9* ~ 9A

bisabuela *f* great-grandmother; **bisabuelo** *m* great-grandfather

bisagra *f* hinge

bisiesto: *año* ~ leap year

bisnieta *f* great-granddaughter; **bisnieto** *m* great-grandson

bisoñé *m* hairpiece, toupee

bisté, bistec *m* steak

bisturí *m* MED scalpel

bisutería *f* costume jewelry *o Br* jewellery

bizco cross-eyed

bizcocho *m* sponge (cake)

blanca *f persona* white; MÚS half-note, *Br* minim; *estar sin* ~ *fig* F be broke F; **blanco 1** *adj* white; (*sin escrito*) blank; *arma -a* white **2** *m persona* white; (*diana*), *fig* target; *dar en el* ~ hit the nail on the head; **Blancanieves** *f* Snow White; **blancura** *f*

blando

whiteness
blando soft; **blandura** f softness
blanquear whiten; *pared* whitewash; *dinero* launder
blasfemar curse, swear; REL blaspheme; **blasfemia** f REL blasphemy
blindado armored, *Br* armoured; *puerta* reinforced; ELEC shielded; **blindaje** m *de vehículo* armor *o Br* armour plating
bloc m pad
bloque m block; POL bloc; ~ **de apartamentos** apartment building, *Br* block of flats; **en** ~ en masse; **bloquear** block; DEP obstruct; *(atascar)* jam; MIL blockade; COM freeze; **bloqueo** m blockade
blusa f blouse
boa f boa constrictor
boato m ostentation
bobada f piece of nonsense
bobina f bobbin; FOT reel, spool; ELEC coil
bobo 1 *adj* silly, foolish **2** m, -a f fool
boca f mouth; ~ **a** ~ mouth to mouth; ~ **de metro** subway entrance; ~ **abajo** face down; ~ **arriba** face up; *se me hace la* ~ *agua* my mouth is watering; **bocacalle** f side street; **bocadillo** m sandwich; **bocado** m mouthful, bite; **bocajarro**: **a** ~ at point-blank range; *fig decir* point-blank; **bocazas** m/f *inv* F loudmouth F
boceto m sketch
bochorno m sultry weather; *fig* embarrassment; **bochornoso** *tiempo* sultry; *fig* embarrassing
bocina f MAR, AUTO horn
bocio m MED goiter, *Br* goitre
boda f wedding
bodega f wine cellar; MAR, AVIA hold; *L.Am.* bar; *C.Am., Pe, Bol* grocery store
bodegón m PINT still life
bofetada f slap
boga f: *estar en* ~ *fig* be in fashion
boicot m boycott; **boicotear** boycott
boina f beret
boj m BOT box
bola f ball; TÉC ball bearing; *de helado* scoop; F *(mentira)* fib F; ~ *de nieve* snowball
bolera f bowling alley
bolero 1 m MÚS bolero **2** m/f *Méx* bootblack
boleta f *L.Am.* ticket; *(pase)* passt; *(voto)* ballot paper; **boletería** f *L.Am.* ticket office; *en cine, teatro* box office; **boletero** m, -a f *L.Am.* ticket clerk; *en cine, teatro* box office employee
boletín m bulletin, report; ~ **de evaluación** report card; ~ **meteorológico** weather report; **boleto** m *L.Am.* ticket; ~ **de autobús** *L.Am.* bus ticket; ~ **de ida y vuelta** *L.Am.*, ~ **redondo** *Méx* round-trip ticket, *Br* return

bólido *m fig* racing car
bolígrafo *m* ball-point pen
Bolivia Bolivia; **boliviano 1** *adj* Bolivian **2** *m*, **-a** *f* Bolivian
bollería *f* bakery
bollo *m* bun; (*abolladura*) bump
bolo *m* pin; *C.Am.*, *Méx* christening present; **bolos** *mpl* bowling
bolsa *f* bag; COM stock exchange; *L.Am.* (*bolsillo*) pocket; ~ **de agua caliente** hot-water bottle
bolsillo *m* pocket; **meterse a alguien en el** ~ F win s.o. over; **bolso** *m* purse, *Br* handbag
bomba *f* bomb; TÉC pump; *S.Am.* gas station; ~ **de relojería** time bomb; **caer como una** ~ *fig* F come as a bombshell; **pasarlo** ~ F have a great time; **bombardear** bomb; **bombardero** *m* bomber; **bombear** *líquido* pump; *balón* lob
bombero *m*, **-a** *f* firefighter
bombilla *f* light bulb; *Rpl* metal straw for the mate gourd
bombón *m* chocolate; *fig* F babe F; **bombona** *f* cylinder; **bombonería** *f* candy store, *Br* sweet shop
bonachón good-natured
bondad *f* goodness, kindness; **tenga la** ~ **de** please be so kind as to; **bondadoso** caring

boniato *m* sweet potato
bonificación *f* (*gratificación*) bonus; (*descuento*) discount; **bonificar** (*gratificar*) give a bonus to; (*descontar*) give a discount of
bonito 1 *adj* pretty **2** *m* ZO tuna
bono *m* voucher; COM bond
boquerón *m* anchovy
boquiabierto *fig* F speechless
boquilla *f* MÚS mouthpiece; *de manguera* nozzle
borbotar bubble
borda *f* MAR gunwale; **echar por la** ~ throw overboard
bordado 1 *adj* embroidered **2** *m* embroidery; **bordar** embroider; ~ **algo** *fig* do sth brilliantly
borde *m* edge; **al** ~ **de** *fig* on the verge *o* brink of
bordillo *m* curb, *Br* kerb
bordo *m*: **a** ~ on board
borla *f* tassel
borrachera *f* drunkenness; **agarrar una** ~ get drunk; **borracho 1** *adj* drunk **2** *m*, **-a** *f* drunk
borrador *m* eraser; *de texto* draft; (*boceto*) sketch; **borrar** erase; INFOR *tb* delete; *pizarra* clean; *recuerdo* blot out
borrasca *f* area of low pressure
borrego *m* lamb
borrón *m* blot; *mancha extendida* smudge; **hacer** ~ **y cuenta nueva** *fig* wipe the slate clean; **borroso**

bosque

blurred, fuzzy

bosque *m* wood; *grande* forest

bosquejar *dibujo* sketch; *fig plan* outline; **bosquejo** *m* sketch; *fig* outline

bostezar yawn; **bostezo** *m* yawn

bota *f* boot; **~ de montar** riding boot

botadura *f* MAR launch

botánica *f* botany; **botánico 1** *adj* botanical **2** *m*, **-a** *f* botanist

botar 1 *v/t* MAR launch; *pelota* bounce; *L.Am.* (*echar*) throw; *L.Am.* (*desechar*) throw out; *L.Am.* (*despedir*) fire **2** *v/i* de pelota bounce

bote *m* (*barco*) boat; *L.Am.* (*lata*) can; (*tarro*) jar; **~ de la basura** *Méx* trash can, *Br* rubbish bin; **~ salvavidas** lifeboat; **de ~ en ~** packed out

botella *f* bottle

botellero *m* wine rack

botica *f* pharmacy, *Br tb* chemist's (shop); **boticario** *m*, **-a** *f* pharmacist, *Br tb* chemist

botijo *m* container with a spout for drinking from

botín *m* loot; *calzado* ankle boot

botiquín *m* medicine chest; *estuche* first-aid kit

botón *m* button; BOT bud; **botones** *m inv* bellhop, bellboy

bóveda *f* vault

bovino bovine

boxeador *m*, **-a** *f* boxer; **boxear** box; **boxeo** *m* boxing

boya *f* buoy; *de caña* float; **boyante** *fig* buoyant

bozal *m para perro* muzzle

bracero *m*, **-a** *f* agricultural laborer *o Br* labourer; **de ~** arm in arm

bragas *fpl* panties

bragueta *f* fly

bramar roar; *del viento* howl; **bramido** *m* roar

brandy *m* brandy

branquia *f* ZO gill

brasa *f* ember; *a la* **~** GASTR char-broiled, *Br* char-grilled; **brasero** *m* brazier; *eléctrico* electric heater

Brasil Brazil; **brasileño 1** *adj* Brazilian **2** *m*, **-a** *f* Brazilian

bravo *animal* fierce; *mar* rough; *persona* brave; *L.Am.* (*furioso*) angry; **¡~!** well done!; *en concierto etc* bravo!; **bravura** *f* de animal ferocity; *de persona* bravery

braza *f* breaststroke; **brazalete** *m* bracelet; (*banda*) armband; **brazo** *m* arm; **con los ~s abiertos** with open arms

brea *f* tar, pitch

brecha *f* breach; *fig* F gap; MED gash F

bregar struggle; *trabajar* work hard

breve brief; **en ~** shortly; **brevedad** *f* briefness, brevity

brezo *m* BOT heather

bribón *m*, **-ona** *f* rascal

bricolaje *m* do-it-yourself,

DIY
brida f de caballo bridle; TÉC clamp; *a toda ~* at top speed
brillante 1 adj bright; fig brilliant **2** m diamond; **brillar** f shine; **brillo** m shine; de estrella, luz brightness; *dar o sacar ~ a algo* polish sth; **brillantez** f brilliance
brincar jump up and down; **brinco** m F leap, bound; *dar ~s* jump
brindar v/t offer F v/i drink a toast (*por* to); **brindis** m inv toast
brío m fig F verve, spirit; **brioso** F spirited, lively
brisa f MAR breeze
británico 1 adj British **2** m, -a f Briton, Brit F
broca f TÉC drill bit
brocado m brocade
brocha f brush
broche m broach, Br brooch; (*cierre*) fastener; L.Am. (*pinza*) clothes pin
broma f joke; *en ~* as a joke; *gastar ~s* play jokes; **bromear** joke; **bromista** m/f joker
bronce m bronze; **bronceado 1** adj tanned **2** m suntan; **bronceador** m suntan lotion; **broncearse** get a tan
bronco voz harsh, gruff
bronquial bronchial; **bronquios** mpl bronchial tubes; **bronquitis** f bronchitis
brotar BOT sprout, bud; fig appear, arise; **brote** m BOT shoot; MED, fig outbreak;

buitre

~s de bambú bamboo shoots; *~s de soja* beansprouts
bruja f witch; **brujo** m wizard; **brujería** f witchcraft
brújula f compass
bruma f mist; **brumoso** misty
brusco sharp, abrupt
brutal brutal; P *fiesta* incredible F; **brutalidad** f brutality; **bruto 1** adj brutish; (*inculto*) ignorant; (*torpe*) clumsy; COM gross **2** m, **-a** f brute, animal
bucal oral
buceador m, **~a** f diver; **bucear** dive; fig delve (*en* into)
buche m de ave crop; de persona F belly F
bucle m (*rizo*) curl; INFOR loop
budín m pudding
budismo m Buddhism
buenaventura f fortune
bueno good; (*bondadoso*) kind; (*sabroso*) nice; *por las -as* willingly; *de -as a primeras* without warning; *ponerse ~* get well; *¡~!* well!; *¿~?* Méx hello; *-a voluntad* goodwill; *¡-as!* hello!; *-os días* good morning; *-as noches* good evening; *-as tardes* good evening
buey m ox
búfalo m buffalo
bufanda f scarf; fig F perk
bufete m lawyer's office
buhardilla f attic
búho m owl
buitre m vulture

bujía

bujía *f* AUTO spark plug
bulbo *m* bulb
Bulgaria Bulgaria; **búlgaro 1** *adj* Bulgarian **2** *m*, **-a** *f* Bulgarian **3** *m idioma* Bulgarian
bullicio *m* din; *(actividad)* bustle; **bullir** boil; *de lugar* swarm (**de** with)
bulo *m* F rumor, *Br* rumour
bulto *m* package; MED lump; *en superficie* bulge; *(silueta)* vague shape; *(pieza de equipaje)* piece of baggage
buñuelo *m Esp* fritter
buque *m* ship; **~ de guerra** warship
burbuja *f* bubble
burdel *m* brothel
burdo rough
burgués 1 *adj* middle-class, bourgeois **2** *m*, **-esa** *f* member of the bourgeoisie; **burguesía** *f* middle class, bourgeoisie
burla *f* joke; *(engaño)* trick;

hacer ~ de alguien F make fun of s.o.; **burlar** F get around; **burlarse** make fun (**de** of); **burlesco** *tono* joking; *gesto* rude
burlón 1 *adj* mocking **2** *m*, **-ona** *f* mocker
burocracia *f* bureaucracy; **burócrata** *m/f* bureaucrat; **burocrático** bureaucratic
burro *m* donkey
bus *m* bus
busca 1 *f* search; **en ~ de** in search of **2** *m* F pager; **buscar** search for, look for; **búsqueda** *f* search
busto *m* bust
butaca *f* armchair; TEA seat
butano *m* butane
butifarra *f* type of sausage
buzo *m* diver
buzón *m* mailbox, *Br* postbox; INFOR mailbox; **~ de voz** TELEC voice mail; **buzoneo** *m* direct mailing

C

C (= **Centígrado**) C (= Centigrade); (= **compañía**) Co. (= Company); **c** (= **calle**) St. (= Street)
cabal: no estar en sus ~es not be in one's right mind
cabalgadura *f* mount; **cabalgar** ride; **cabalgata** *f* procession
caballa *f* ZO mackerel
caballería *f* MIL cavalry; *(caballo)* horse

caballería *f* MIL cavalry; *(caballo)* horse
caballero 1 *adj* gentlemanly **2** *m* gentleman; HIST knight; *trato* sir; (**servicio de**) **~s** men's room, gents; *en tienda de ropa* menswear; **caballeroso** gentlemanly
caballete *m* PINT easel; TÉC trestle
caballo *m* horse; *en ajedrez* knight; **~ balancín** rocking

horse; *a ~ entre* halfway between; *montar o andar Rpl a ~* ride (a horse); *ir a ~* go on horseback

cabaña *f* cabin

cabaret *m* cabaret

cabecear 1 *v/i* nod **2** *v/t el balón* head; **cabecera** *f* head; *de periódico* masthead; *de texto* top

cabecilla *m/f* ringleader

cabellera *f* hair; *de cometa* tail

cabello *m* hair; **cabelludo** hairy

caber fit; *caben tres litros* it holds three liters; *cabemos todos* there's room for all of us; *no cabe duda* *fig* there's no doubt

cabestrillo *m* MED sling

cabestro *m* halter

cabeza 1 *f* head; *~ de ajo* bulb of garlic; *~ (de ganado)* head of (cattle); *~ nuclear* nuclear warhead; *el equipo a la ~ o en ~* the team at the top **2** *m/f:* *~ de familia* head of the family; *~ de turco* scapegoat; *~ rapada* skinhead

cabezota pig-headed

cabida *f* capacity; *dar ~ a* hold

cabina *f* cabin; *~ telefónica* phone booth

cabizbajo dejected

cable *m* ELEC cable; MAR line, rope; *echar un ~ a alguien* give s.o. a hand; **cablear** wire up

cabo *m* end; GEOG cape; MAR rope; MIL corporal; *al ~ de* after; *de ~ a rabo* F from start to finish; *llevar a ~* carry out

cabra *f* goat; *estar como una ~* F be nuts F; **cabrearse** P get mad F; **cabritilla** *f* kid (skin)

cabrón *m* V bastard P, son of a bitch V

cacahuate *m Méx* peanut

cacahuete *m* peanut

cacao *m* cocoa; *de labios* lip salve

cacarear 1 *v/i de gallo* crow; *de gallina* cluck **2** *v/t* F crow about F

cacería *f* hunt

cacerola *f* pan

cacharro *m* pot; *Méx, C.Am.* F (*trasto*) piece of junk; *Méx, C.Am.* F *coche* junkheap; *lavar los ~s Méx, C.Am.* wash the dishes

cachear frisk; **cacheo** *m* frisk

cachete *m* cheek

cacho *m* F bit; *Rpl* (*cuerno*) horn; *Ven, Col* F (*marijuana*) joint; *jugar al ~ Bol, Pe* play dice

cachondeo *m:* *estar de ~* F be joking; *tomar a ~* F take as a joke; **cachondo** F (*caliente*) horny F; (*gracioso*) funny

cachorro *m* pup

cacique *m* chief; POL *local political boss*; *fig* F tyrant

caco *m* F thief

cactus *m inv* cactus

cada each; *con énfasis en la totalidad* every; *~ uno, ~ cual*

cadáver

each one; **~ vez** every time, each time; **~ vez más** more and more; **~ tres días** every three days; **uno de ~ tres** one out of every three

cadáver *m* (dead) body, corpse

cadena *f* chain; **de perro** leash; TV channel; **~ perpetua** life sentence

cadencia *f* MÚS rhythm

cadera *f* hip

cadete *m* MIL cadet; *Rpl, Chi* office junior, errand boy

caducar expire; **caducidad** *f*: **fecha de ~** expiration date, *Br* expiry date; *de alimentos, medicinas* use-by date; **caduco** BOT deciduous; *persona* senile; *belleza* faded

caer fall; **me cae bien / mal** *fig* I like / don't like him; **dejar ~ algo** drop sth; **estar al ~** be about to arrive; **~ enfermo** fall ill

café *m* coffee; (*bar*) café; **~ instantáneo** instant coffee; **~ solo** black coffee; **cafeína** *f* caffeine; **cafetera** *f* coffee maker; **para servir coffee pot**; **cafetería** *f* coffee shop

cagar V have a shit P; **cagarse** shit o.s. P

caída *f* fall

caído 1 *adj* fallen; *hombros* sagging; **~ de ánimo** downhearted **2** *mpl*: **los ~s** MIL the fallen

caimán *m* ZO alligator; *Méx, C.Am. útil* monkey wrench

caja *f* box; *de reloj, ordenador* case; COM cash desk; *en supermercado* checkout; **~ de ahorros** savings bank; **~ de cambios** gearbox; **~ de caudales**, **~ fuerte** safe; **~ de cerillas** matchbox; **~ de música** music box; **~ postal** post office savings bank; **~ registradora** cash register; **cajero** *m*, **-a** *f* cashier; *de banco* teller; **~ automático** ATM

cajón *m* drawer; *L.Am.* casket, coffin

cal *f* lime

cala *f* cove

calabacín *m* zucchini, *Br* courgette; **calabaza** *f* pumpkin

calabozo *m* cell

calado soaked

calamar *m* squid

calambre *m* ELEC shock; MED cramp

calamidad *f* calamity

calar 1 *v/t* (*mojar*) soak; *persona, conjura* see through **2** *v/i de zapato* leak; *de ideas* take root; **~ hondo en** make a big impression on; **calarse de motor** stall; **~ hasta los huesos** get soaked to the skin

calavera *f* skull

calcar trace

calceta *f*: **hacer ~** knit; **calcetín** *m* sock

calcio *m* calcium

calco *m* tracing; *fig* copy

calcomanía *f* decal, *Br* transfer

calculable calculable; **calculadora** *f* calculator; **calcular**

cámara

tb fig calculate; **cálculo** *m* calculation; MED stone; **~ biliar** gallstone; **~ renal** kidney stone

caldear warm up; **ánimos** inflame

caldera *f* boiler; *Rpl, Chi* kettle; **calderilla** *f* small change

calderón *m* GASTR stock; **~ de cultivo** *fig* breeding ground

calefacción *f* heating; **~ central** central heating; **calefactor** *m* heater

calendario *m* calendar; (*programa*) schedule

calentador *m* heater; **~ de agua** water heater; **calentamiento** *m*: **~ global** global warming; **calentar** heat (up); **~ a alguien** *fig* provoke s.o.; **calentura** *f* fever

calidad *f* quality; **en ~ de médico** as a doctor

cálido *tb fig* warm

caliente hot; F (*cachondo*) horny F; **en ~** in the heat of the moment

calificación *f* description; EDU grade, *Br* mark; **calificado** qualified; *trabajador* skilled; **calificar** describe (**de** as); EDU grade, *Br* mark; **calificativo 1** *adj* qualifying **2** *m* description

callado quiet; **callar 1** *v/i* go quiet; (*guardar silencio*) be quiet; **¡calla!** be quiet!, shut up! **2** *v/t* silence

calle *f* street; DEP lane; **calle-**

jón *m* alley; **~ sin salida** blind alley; dead end; **callejear** stroll (around the streets); **callejero 1** *adj* street *atr* **2** *m* street directory

callista *m/f* podiatrist, *Br* chiropodist

callo *m* callus; **~s** GASTR tripe

calma *f* calm; **calmante 1** *adj* soothing **2** *m* MED sedative; **calmar** calm (down)

calor *m* heat; *fig* warmth; **hace mucho ~** it's very hot; **tengo ~** I'm hot; **caloría** *f* calorie

calumnia *f* oral slander; *por escrito* libel; **calumniar** orally slander; *por escrito* libel; **calumnioso** oral slanderous; *por escrito* libelous, *Br* libellous

caluroso hot; *fig* warm

calva *f* bald patch

calvicie *f* baldness; **calvo 1** *adj* bald **2** *m* bald man

calzada *f* road (surface); **calzado** *m* footwear; **calzador** *m* shoe horn

calzón *m* DEP shorts *pl*; *L.Am. de hombre* shorts *pl*, *Br* (under)pants *pl*; *L.Am. de mujer* panties *pl*

calzoncillos *mpl* shorts, *Br* (under)pants

cama *f* bed; **~ de matrimonio** double bed; **irse a la ~** go to bed

camaleón *m* chameleon

cámara *f* FOT, TV camera; (*sala*) chamber; **~ de comercio e industria** chamber of com-

camarada

merce and industry; **a ~ lenta** in slow motion; **~ de vídeo** video camera

camarada m/f comrade; *de trabajo* colleague, co-worker
camarera f waitress; **camarero** m waiter
camarón m L.Am. shrimp, Br prawn
camarote m MAR cabin
cambiable changeable; **cambiante** changing; *tiempo* changeable; **cambiar 1** v/t change (**por** for); *compra* exchange (**por** for) **2** v/i change; **~ de lugar** change places; **~ de marcha** AUTO shift gear, Br change gear; **cambiarse de ropa** change (one's clothes); **cambio** m change; COM exchange rate; **~ de marchas** AUTO gear shift, Br tb gear change; **~ de sentido** U-turn; **a ~ de** in exchange for; **en ~** on the other hand; **~ climático** climate change
camello 1 m ZO camel **2** m/f F (*vendedor de drogas*) dealer
camerino m TEA dressing room
caminar walk; fig move; **caminando** on foot; **camino** m (*senda*) path; (*ruta*) way; **a medio ~** halfway; **de ~ a** on the way to; **por el ~** on the way; **abrirse ~** fig make one's way; **ir por buen / mal ~** fig be on the right / wrong track; **ponerse en ~** set out
camión m truck, Br lorry; Méx bus; **camionero**, **-a** f truck driver, Br tb lorry driver; Méx bus driver; **camioneta** f van
camisa f shirt, **camiseta** f T-shirt; **camisón** m nightdress
camorra f F fight; **armar ~** F cause trouble
campamento m camp
campana f bell; **~ extractora** extractor hood; **campanada** f chime; **campanario** m bell tower
campaña f campaign
campechano down-to-earth
campeón, **-ona** f champion; **campeonato** m championship; **de ~** F terrific F
campesino 1 *adj* rural, country *atr* **2** m, **-a** f farmer; **muy pobre** peasant; **campestre** rural, country *atr*
camping m campground, Br tb campsite
campista m/f camper
campo m field; DEP field, Br tb pitch; (*estadio*) stadium, Br tb ground; **el ~** (*área rural*) the country; **~ de batalla** battlefield; **~ de golf** golf course; **~ visual** MED field of vision; **a ~ traviesa**, **~ a través** cross-country
camposanto m cemetery
camuflaje m camouflage; **camuflar** camouflage
cana f gray o Br grey hair
Canadá m Canada; **canadiense** m/f & adj Canadian
canal m channel; TRANSP canal; **canalizar** channel

canalla *m* swine F, rat F
canalón *m* gutter
Canarias *fpl* Canaries; *Islas ~* Canary Islands
canario 1 *adj* Canary *atr* **2** *m* ZO canary
canasta *f* basket; *juego* canasta; **canasto** *m* basket
cancelar cancel; *deuda, cuenta* settle, pay
cáncer *m* cancer; **Cáncer** *m/f inv* ASTR Cancer
cancha *f* DEP court; *L.Am. de fútbol* field, *Br tb* pitch; *~ de tenis* tennis court; *¡~! Rpl* F gangway! F
canciller *m* Chancellor; *S.Am. de asuntos exteriores* Secretary of State, *Br* Foreign Minister
canción *f* song; *siempre la misma ~* F the same old story F
candado *m* padlock
candela *f L.Am.* fire; *¿me das ~?* have you got a light?
candelero *m*: *estar en el ~* be in the limelight
candidato *m*, **-a** *f* candidate; **candidatura** *f* candidacy
cándido naive
canela *f* cinnamon
cangrejo *m* crab
canguro 1 *m* ZO kangaroo **2** *m/f* F baby-sitter
canica *f* marble
canilla *f L.Am.* faucet, *Br* tap
canje *m* exchange; **canjear** exchange (*por* for)
canoa *f* canoe
canonizar canonize

cansado tired; **cansar** *v/t (aburrir)* bore; **cansarse** get tired; *(aburrirse)* get bored; *~ de algo* get tired of sth
cantábrico: *(mar)* **Cantábrico** Bay of Biscay
cantante *m/f* singer; **cantar 1** *v/t & v/i* sing **2** *m*: *ése es otro ~* fig F that's a different story
cántaro *m* pitcher; *llover a ~s* F pour down
cantautor *m*, **-a** *f* singer-songwriter
cantera *f* quarry
cantidad *f* quantity, amount; *había ~ de* there was (*pl* were) a lot of
cantina *f* canteen
canto[1] *m* singing; *de pájaro* song
canto[2] *m* edge; *(roca)* stone; *~ rodado* boulder
cantor 1 *adj* singing; *niño ~* choirboy; *pájaro ~* songbird **2** *m*, **-a** *f* singer
caña *f* BOT reed; *(tallo)* stalk; *cerveza* small glass of beer; *L.Am.* straw; *muebles de ~* cane furniture; *~ de azúcar* sugar cane; *~ de pescar* fishing rod
cáñamo *m* hemp; *L.Am.* marijuana plant
cañería *f* pipe
caño *m* pipe; *de fuente* spout
cañón **1** *m* cannon; *antiaéreo, antitanque etc* gun; *de fusil* barrel; GEOG canyon **2** *adj* F fantastic F
caoba *f* mahogany

caos

caos *m* chaos; **caótico** chaotic

capa *f* layer; *prenda* cloak; **~ de ozono** ozone layer; **~ de pintura** coat of paint

capacidad *f* capacity; *(aptitud)* competence

capataz *m* foreman; **capataza** *f* forewoman

capaz able *(de* to); **ser ~ de** be capable of

capilar capillary *atr*; **loción** hair *atr*

capilla *f* chapel; **~ ardiente** chapel of rest

capital 1 *adj importancia* prime; **pena ~** capital punishment **2** *f de país* capital **3** *m* COM capital; **capitalismo** *m* capitalism; **capitalista 1** *adj* capitalist **2** *m/f* capitalist

capitán *m* captain; **capitanear** captain

capitulación *f* capitulation, surrender; *(pacto)* agreement; **capitular** surrender, capitulate

capítulo *m* chapter

capó *m* AUTO hood, *Br* bonnet

capota *f* AUTO top, *Br* hood

capricho *m* whim; **caprichoso** capricious

Capricornio *m/f inv* ASTR Capricorn

cápsula *f* capsule; **~ espacial** space capsule

captar understand; RAD pick up; *negocio* take; **captura** *f* capture; **en pesca** catch; **tasa de ~s** fishing quota; **capturar** capture

cara *f* face; *(expresión)* look; *fig* nerve; **~ a algo** facing sth; **~ a ~** face to face; **de ~ a** facing; *fig* with regard to; **dar la ~** face the consequences; **echar algo en ~ a alguien** remind s.o. of sth; **tener buena / mala ~ de comida** look good / bad; **de persona** look well / sick; **~ o cruz** heads or tails

caracol *m* snail; **¡~es!** wow! F; *enfado* damn! F

carácter *m* character; **característica** *f* characteristic; **característico** characteristic *(de* of); **caracterizar** characterize; TEA play

caradura *m/f* F guy / woman with a nerve, *Br* cheeky devil F

carajillo *m* coffee with a shot of liquor

caramba wow!; *enfado* damn! F

caramelo *m dulce* candy, *Br* sweet; *(azúcar derretida)* caramel

carátula *f de disco* jacket; *L.Am. de reloj* face

caravana *f (remolque)* trailer, *Br* caravan; *de tráfico* traffic jam; *Méx (reverencia)* bow

carbohidrato *m* carbohydrate

carbón *m* coal; **carbonizar** char; **carbono** *m* carbon

carburador *m* AUTO carburetor, *Br* carburettor; **carbu-**

rante *m* fuel
carcajada *f* laugh, guffaw; **reír a ~s** roar with laughter
cárcel *f* prison; **carcelero** *m*, **-a** *f* warder, jailer
carcoma *f* woodworm
cardenal *m* REL cardinal; (*hematoma*) bruise
cardíaco, cardiaco cardiac; **cardiólogo** *m*, **-a** *f* cardiologist
cardo *m* BOT thistle
carecer: **~ de algo** lack sth; **carencia** *f* lack (**de** of)
careo *m* confrontation
carestía *f* high cost
careta *f* mask
carga *f* load; *de buque* cargo; MIL, ELEC charge; (*responsabilidad*) burden; **~ fiscal** *o* **impositiva** tax burden; **ser una ~ para alguien** be a burden to s.o.; **cargado** loaded (**de** with); *aire* stuffy; *ambiente* tense; *café* strong; **cargamento** *m* load; **cargar 1** *v/t arma, camión* load; *batería, acusado* charge; COM charge (**en** to); *L.Am.* (*traer*) carry; **esto me carga** *L.Am.* P I can't stand this **2** *v/i* (*apoyarse*) rest (**sobre** on); (*fastidiar*) be annoying; **~ con algo** carry sth; **cagarse con algo**, *peso, responsabilidad* weigh o.s. down; F (*matar*) bump off F; F (*romper*) wreck F
cargo *m* position; JUR charge; **alto ~** *persona* high-ranking official; **está a ~ de Gómez** Gómez is in charge of it; **hacerse ~ de algo** take charge of sth
Caribe *m* Caribbean; **caribeño** Caribbean
caricatura *f* caricature
caricia *f* caress
caridad *f* charity
caries *f* MED caries
cariño *m* affection, fondness; **hacer ~ a alguien** *L.Am.* (*acariciar*) caress s.o.; (*abrazar*) hug s.o.; **¡~!** darling!; **con ~** with love; **cariñoso** affectionate
carioca of / from Rio de Janeiro
caritativo charitable
carlinga *f* cockpit
carnaval *m* carnival
carne *f* meat; *de persona* flesh; **~ de gallina** *fig* goose bumps *pl*; **~ picada** ground meat, *Br* mince
carnero *m* ram
carnet *m* card; **~ de conducir** driver's license, *Br* driving licence; **~ de identidad** identity card
carnicería *f* butcher's; *fig* carnage; **carnicero** *m*, **-a** *f* butcher
caro expensive, dear; **costar ~** *fig* cost dear
carpa *f* *de circo* big top; ZO carp; *L.Am. para acampar* tent; *L.Am. de mercado* stall
carpeta *f* file
carpintería *f* carpentry; *de obra* joinery; **carpintero** *m* carpenter; *de obra* joiner
carrera *f* race; EDU degree

carreta

course; *profesional* career; **a las ~s** at top speed; **~s de coches** motor racing
carreta f cart; **carrete** m FOT (roll of) film; **~ de hilo** reel of thread
carretera f highway, (main) road; **~ de circunvalación** beltway, Br ring road; **carretilla** f wheelbarrow
carril m lane; **~-bici** cycle lane; **~-bus** bus lane
carrito m cart, Br trolley; **~ de bebé** buggy; **carro** m cart; L.Am. car; L.Am. (taxi) taxi, cab; **~ de combate** tank; **~-patrulla** L.Am. patrol car
carrocería f AUTO bodywork
carta f letter; GASTR menu; (*naipe*) (playing) card; (*mapa*) chart; **~ certificada** f registered letter; **~ urgente** special-delivery letter; **a la ~** a la carte; **dar ~ blanca a alguien** give s.o. carte blanche; **poner la ~s boca arriba** fig put one's cards on the table; **carta-bomba** f letter bomb; **cartabón** m set square
cartel m poster; **estar en ~ de película** be on
cartelera f billboard; *de periódico* listings pl
cartera f wallet; (*maletín*) briefcase; COM, POL portfolio; *de colegio* knapsack, Br satchel; L.Am. purse, Br handbag; *mujer* mailwoman, Br postwoman; **cartero** m mailman, Br postman

cartón m cardboard; *de tabaco* carton; **~ piedra** pap(i)er-mâché
cartucho m *de arma* cartridge
cartuja f monastery
casa f house; (*hogar*) home; **en ~** at home; **a casa** home; **voy a casa de Marta** I'm going to Marta's (house); **~ cuna** children's home; **~ de huéspedes** rooming house, Br boarding house; **~ matriz** head office; **~ de socorro** first aid post
casado married; **casamiento** m marriage; **casar** fig match (up); **~ con** go with; **casarse** get married; **~ con alguien** marry s.o.
cascada f waterfall
cascanueces m inv nutcrackers
cascar crack; *algo quebradizo* break; *fig* F whack F; **~la** peg out F
cáscara f *de huevo* shell; *de naranja, limón* peel
casco m helmet; *de barco* hull; (*botella vacía*) empty (bottle); *edificio* empty building; *de caballo* hoof; *de vasija* fragment; **~s** (*auriculares*) headphones; **~ urbano** urban area; **~s azules** MIL blue berets, UN peacekeeping troops
casera f landlady; **casero 1** adj home-made; **comida ~** home cooking **2** m landlord
caseta f hut; *de feria* stall
casete m (*also* f) cassette

casi almost, nearly; *en frases negativas* hardly
casilla *f en formulario* box; *en tablero* square; *de correspondencia* pigeon hole; *S.Am.* post office box
casino *m* casino
caso *m* case; **en ~ de que, ~ de** in the event that, in case of; **hacer ~** take notice; **en todo ~** in any case, in any event; **en el peor de los ~s** if the worst comes to the worst; **en último ~** as a last resort
caspa *f* dandruff
cassette *m* (*also f*) cassette
casta *f* caste
castaña *f* chestnut; **castaño 1** *adj* color chestnut, brown **2** *m* chestnut (tree); *color* castaño, chestnut, brown; **castañuela** *f* castanet; **estar como unas ~s** F be over the moon F
castellano 1 *adj* Castilian **2** *m*, **-a** *f* Castilian **3** *m* (Castilian) Spanish
castidad *f* chastity
castigar punish; **castigo** *m* punishment
castillo *m* castle; **~ de fuegos artificiales** firework display
castizo pure
casto chaste
castor *m* beaver
castrar castrate; *fig* emasculate
casual chance *atr*; **casualidad** *f* chance, coincidence; **por** *o* **de ~** by chance

cáustico

catalán 1 *adj* Catalan **2** *m*, **-ana** *f* Catalan **3** *m idioma* Catalan
catalizador *m* catalyst; AUTO catalytic converter
catálogo *m* catalog, *Br* catalogue
catar taste
catarata *f* GEOG waterfall; MED cataract
catarro *m* cold; *inflamación* catarrh
catástrofe *f* catastrophe; **~ climática** climate catastrophe
catear F flunk F
cátedra *f* EDU chair
catedral *f* cathedral
catedrático *m*, **-a** *f* EDU head of department
categoría *f* category; *social, de local, restaurante* class; (*estatus*) standing; **actor de primera ~** first-rate actor; **categórico** categorical
catolicismo *m* (Roman) Catholicism; **católico 1** *adj* (Roman) Catholic **2** *m*, **-a** *f* (Roman) Catholic
catorce fourteen
catre *m* bed
caucho *m* rubber; *L.Am.* (*neumático*) tire, *Br* tyre
caución *f* guarantee, security
caudal *m de río* volume of flow; *fig* wealth
caudillo *m* leader
causa *f* cause; (*motivo*) reason; JUR lawsuit; **a ~ de** because of; **causar** cause
cáustico *tb* caustic

cautela

cautela *f* caution; **cauteloso** cautious

cautivar *fig* captivate; **cautiverio** *m*, **cautividad** *f* captivity; **cautivo 1** *adj* captive **2** *m*, **-a** *f* captive

cauto cautious

cava *m* cava, sparkling wine

cavar dig

caverna *f* cavern

caviar *m* caviar

cavidad *f* cavity

caza 1 *f* hunt; *actividad* hunting; **~ mayor / menor** big / small game; **andar a la ~ de algo / alguien** be after sth / s.o. **2** *m* AVIA fighter; **cazador** *m* hunter; **cazadora** *f* hunter; *prenda* jacket;

cazar 1 *v/t animal* hunt; *fig: información* track down; (*pillar, captar*) catch; **~ un buen trabajo** get o.s. a good job **2** *v/i* hunt; **ir a ~** go hunting

cazo *m* saucepan

cazuela *f pan; de barro, vidrio* casserole

c/c (= **cuenta corriente**) C/A (= checking account)

CD *m* (= **disco compacto**) CD; **reproductor** CD-player; **CD-ROM** *m* CD-ROM

cebada *f* barley

cebar fatten; *anzuelo* bait; *L.Am. mate* prepare; **cebo** *m* bait

cebolla *f* onion; **cebolleta** *f*, **cebollino** *m planta* scallion, *Br* spring onion

cebra *f* zebra; **paso de ~** crosswalk, *Br* zebra crossing

cecear *en acento regional* pronounce Spanish "s" as "th"; *como defecto* lisp

ceder 1 *v/t* give up; (*traspasar*) transfer, cede; **~ el paso** AUTO yield, *Br* give way **2** *v/i* give way, yield; *de viento, lluvia* ease off

cedro *m* cedar

cédula *f L.Am.* identity document

cegar blind; *tubería* block; **ceguera** *f tb fig* blindness

ceja *f* eyebrow

cejar give up

celador *m*, **~a** *f* orderly; *de cárcel* guard; *de museo* attendant

celda *f* cell

celebración *f* celebration; **celebrar** *misa* celebrate; *reunión, fiesta* have, hold; **célebre** famous; **celebridad** *f* fame; *persona* celebrity

celeste light blue, sky blue; **celestial** celestial; *fig* heavenly

celibato *m* celibacy; **célibe** *m/f* & *adj* celibate

celo *m* zeal; (*cinta adhesiva*) Scotch® tape, *Br* Sellotape®; **en ~** ZO in heat; **~s** jealousy; **tener ~s de** be jealous of; **celoso** jealous

célula *f* cell; **celular** cellular; **celulitis** *f* cellulite; **celulosa** *f* cellulose

cementerio *m* cemetery; **cemento** *m* cement

cena *f* dinner

cenar 1 *v/t*: **~ algo** have sth for

dinner **2** v/i have dinner
cenicero m ashtray
Cenicienta f Cinderella
ceniza f ash; **~s** ashes
censo m census; **~ electoral** voting register, electoral roll; **censor** m, **-a** f censor; **censura** f censorship; **censurar** censor; *tratamiento* condemn
cent (= **céntimo**) cent
centavo m cent
centella f spark; *(rayo)* flash of lightning
centenario 1 *adj* hundred-year-old *atr* **2** *m* centennial, *Br* centenary
centésimo 1 *adj* hundredth **2** *m*, **-a** *f* hundredth
centígrado centigrade; **centímetro** m centimeter, *Br* centimetre
céntimo m cent; **estar sin un ~** not have a red cent F
centinela m/f sentry; *de banda criminal* lookout
centolla f, **centollo** m ZO spider crab
central 1 *adj* central **2** *f* head office; **~ atómica** o **nuclear** nuclear power station; **~ eléctrica** power station; **~ telefónica** telephone exchange; **~ térmica** thermal power station; **centralita** f TELEC switchboard; **centralizar** centralize; **centrar** *tb* DEP center, *Br* centre; *esfuerzos* focus (**en** on); **centrarse** concentrate (**en** on); **céntrico** central; **centrifugadora** f centrifuge; *para ropa* spin-dryer; **centrifugar** spin; **centro** m center, *Br* centre; **~ comercial** (shopping) mall, *Br tb* shopping centre; **~ urbano en señal** town center; **Centroamérica** Central America; **centroamericano** Central American

ceñido tight; **ceñirse**: **~ a algo** fig stick to sth
cepa f de vid stock
cepillar brush; **cepillo** m brush; **~ de dientes** toothbrush
cepo m trap; AUTO Denver boot, *Br* (wheel) clamp
cera f wax
cerámica f ceramics
cerca¹ f fence
cerca² *adv* near, close; **de ~** close up; **~ de** near, close to; *(casi)* nearly
cercado m fence
cercanía f: **tren de ~s** suburban train; **cercano** nearby; **~ a** close to, near to; **cercar** surround; *con valla* fence in
cerciorarse make sure (**de** of)
cerco m ring; *de puerta* frame; *L.Am.* fence; **poner ~ a** lay siege to
cerda f *animal* sow; *fig* F *persona* pig F; *de brocha* bristle; **cerdo** m hog, *Br* pig; *fig* F *persona* pig F
cereal m cereal; **~es** (breakfast) cereal
cerebelo m ANAT cerebellum; **cerebral** cerebral; **cerebro**

m ANAT brain; *fig: persona* brains *sg*
ceremonia *f* ceremony; **ceremonial** *m/adj* ceremonial; **ceremonioso** ceremonious
cereza *f* cherry; **cerezo** *m* cherry (tree)
cerilla *f* match
cero *m* zero, *Br tb* nought; *en fútbol etc* zero, *Br* nil; *en tenis* love; **bajo / sobre ~** below / above zero; **empezar desde ~** *fig* start from scratch
cerrado closed; *persona* narrow-minded; *(tímido)* introverted; *cielo* overcast; **curva -a** tight curve; **cerradura** *f* lock; **cerrajero** *m*, **-a** *f* locksmith; **cerrar 1** *v/t* close; *tubería* block; *grifo* turn off; **~ con llave** lock **2** *v/i* close
cerro *m* hill
cerrojo *m* bolt; **echar el ~** bolt the door
certamen *m* competition
certero accurate
certeza *f* certainty
certidumbre *f* certainty
certificado 1 *adj carta* registered **2** *m* certificate; **certificar** certify; *carta* register
cervecería *f* bar
cerveza *f* beer; **~ de barril o de presión** draft, *Br* draught (beer); **fábrica de ~** brewery
cesación *f* cessation; **cesar** stop; **no ~ de hacer algo** keep on doing sth; **sin ~** non-stop
cesárea *f* MED Cesarean, *Br* Caesarean
cese *m* cessation
cesión *f* transfer
césped *m* lawn
cesta *f* basket; **~ de la compra** shopping basket; **cesto** *m* large basket
chabacano vulgar, tacky F
chabola *f* shack; **barrio de ~s** shanty town
chacal *m* jackal
chacha *f* F maid
cháchara *f* chatter
chafar *squash; cosa erguida* flatten; F *planes etc* ruin
chaflán *m* corner
chal *m* shawl
chalado F crazy F (**por** about)
chalet *m* chalet; **~ adosado** house sharing one or more walls with other houses; **~ pareado** duplex, *Br* semi-detached house
chalupa *f* MAR small boat; *Méx* stuffed tortilla
chamaca *f C.Am., Méx* girl; **chamaco** *m C.Am., Méx* boy
chamba *f Méx* F job
champán *m*, **champaña** *m* champagne
champiñón *m* mushroom
champú *m* shampoo
chamuscar scorch; *pelo* singe
chance 1 *m L.Am.* chance; **dame ~** let me have a try **2** *conj Méx* perhaps
chancho *m L.Am.* hog, *Br* pig; *carne* pork
chanchullo *m* F trick, scam F
chancleta *f* thong; *S.Am.*

baby girl
chándal *m* sweats *pl*, *Br* tracksuit
chantaje *m* blackmail; **chantajear** blackmail
chanza *f* wisecrack
chapa *f* (*tapón*) cap; (*plancha*) sheet (of metal); (*insignia*) badge; AUTO bodywork; **chapado** plated; **~ a la antigua** old-fashioned
chaparro *Méx* small
chaparrón *m* downpour; *fig* **~** *de insultos* barrage
chapistería *f* AUTO body shop
chapotear splash
chapucear botch
chapucero 1 *adj* shoddy **2** *m*, **-a** *f* shoddy worker
chapurrear: **~** *el francés* speak poor French
chapuza *f* shoddy piece of work; (*trabajo menor*) odd job
chapuzar duck; **chapuzarse** dive in; **chapuzón** *m* dip; *darse un* **~** go for a dip
chaqué *m* morning coat; **chaqueta** *f* jacket; **~** *de punto* cardigan; **chaquetón** *m* three-quarter length coat
charanga *f* brass band
charca *f* pond; **charco** *m* puddle
charcutería *f* delicatessen
charla *f* chat; *organizada* talk; **charlar** chat
charnela *f* hinge
charol *m* patent leather
chárter charter *atr*

chasco *m* joke; *llevarse un* **~** be disappointed
chasis *m inv* AUTO chassis
chasquear click; *látigo* crack
chatarra *f* scrap; **chatarrero** *m*, **-a** *f* scrap merchant
chato *nariz* snub; *L.Am. nivel* low
chaval *m* F kid F, boy; **chavala** *f* F kid F, girl
chaveta *f* TÉC (cotter) pin; *estar* **~** be nuts F; *perder la* **~** F go off one's rocker F
checo 1 *adj* Czech **2** *m*, **-a** *f* Czech **3** *m idioma* Czech
cheque *m* check, *Br* cheque; **~** *sin fondos* bad check (*Br* cheque); **~** *de viaje* traveler's check, *Br* traveller's cheque; **chequear** check; **chequeo** *m* MED check-up; **chequera** *f* checkbook, *Br* chequebook
chic *m*/*adj* chic
chica *f* girl
chicharrones *mpl* cracklings, *Br* pork scratchings
chichón *m* bump
chicle *m* chewing gum
chico 1 *adj* small, little **2** *m* boy
chiflado F crazy F (*por* about)
Chile Chile; **chileno 1** *adj* Chilean **2** *m*, **-a** *f* Chilean
chillar shriek; *de cerdo* squeal; **chillón 1** *adj voz* shrill; *color* loud **2** *m*, **-ona** *f* loudmouth
chimenea *f* chimney; *de salón* fireplace
chimpancé *m* chimpanzee

China China; **china** *f* Chinese woman; **chino** *m* serving girl; **china** *f* (*niñera*) nursemaid
chinche *f* ZO bedbug; *L.Am.* (*chincheta*) thumbtack; *Br* drawing pin
chincheta *f* thumbtack, *Br* drawing pin
chinela *f* slipper
chinesco Chinese; **chino 1** *adj* Chinese **2** *m* Chinese man; *idioma* Chinese; **trabajo de ~s** F hard work
chip *m* INFOR chip
chipirón *m* baby squid
chiquilla *f* girl, kid F; **chiquillo** *m* boy, kid F; **chiquillada** *f* childish trick
chirimoya *f* custard apple
chirona *f*: **en ~** F in the can F, inside F
chirriar squeak; **chirrido** *m* squeak
chisme *m* F bit of gossip; *objeto* doodad F, *Br* doodah F; **chismorrear** F gossip; **chismoso 1** *adj* gossipy **2** *m*, **-a** *f* F gossip
chispa *f* spark; (*cantidad pequeña*) spot; *fig* F wit; **chispear** spark; *fig* sparkle; *de lluvia* spit
chisporrotear *de leña* crackle; *de aceite* spit
chiste *m* joke
chistera *f* top hat
chistoso funny
chivarse F grass (**a** to); **chivato** *m*, **-a** *f* F stool pigeon F
chivo *m* ZO kid; *C.Am.*, *Méx* wages *pl*

chocante startling; *que ofende* shocking; (*extraño*) odd; *L.Am.* (*antipático*) unpleasant; **chocar** crash (**con**, **contra** into); **~le a alguien** surprise s.o.; (*ofender*) shock s.o.; **~ con un problema** come up against a problem
chocho senile; **estar ~ con** dote on
chocolate *m* chocolate; F (*hachís*) hash F
chófer *L.Am.*, **chofer** *m* driver
chollo *m* F bargain
choque *m* collision, crash; DEP, MIL clash; MED shock
chorizo *m* chorizo (*spicy cured sausage*); F thief; *Rpl* (*filete*) rump steak
chorrear gush out, stream; (*gotear*) drip; **chorro** *m* *líquido* jet, stream; *fig* stream; *C.Am.* faucet, *Br* tap
choza *f* hut
christmas *m* Christmas card
chubasco *m* shower
chuchería *f* knick-knack; (*golosina*) candy, *Br* sweet
chufa *f* BOT tiger nut
chuleta *f* GASTR chop
chulo F fantastic F; *Méx* (*guapo*) attractive; (*presuntuoso*) cocky F
chumbera *f* *C.Am.* prickly pear
chupada *f* suck; *de cigarrillo* puff; **chupado** F (*delgado*) skinny; F (*fácil*) dead easy F; *L.Am.* F drunk; **chupar** suck; (*absorber*) soak up;

chupete *m de bebé* pacifier, *Br* dummy; *(sorbete)* Popsicle®, *Br* ice lolly
chupi *F* great F, fantastic F
churrasco *m Rpl* steak
churro *m* fritter; *(chapuza)* botched job
chusco 1 *adj* funny **2** *m* piece of bread
chusma *f desp* rabble *desp*
chutar DEP shoot;: **chutarse** F *con drogas* shoot up F
Cía. (= *Compañía*) Co. (= Company)
ciática *f* MED sciatica
ciber... cyber...
cicatriz *f* scar; **cicatrizar** scar
ciclismo *m* cycling; **ciclista** *m/f* cyclist; **ciclo** *m* cycle; *de cine* season; **ciclomotor** *m* moped
ciclón *m* cyclone
cicuta *f* BOT hemlock
ciega *f* BOT blind woman; **ciego 1** *adj* blind; *a* **-as** blindly **2** *m* blind man
cielo *m* sky; REL heaven; **ser un ~** F be an angel F; **~ raso** ceiling
cien *a o* one hundred
ciencia *f* science; **~ ficción** science fiction; **a ~ cierta** for certain, for sure; **científico 1** *adj* scientific **2** *m*, **-a** *f* scientist
cieno *m* silt
ciento *a o* one hundred; **el cinco por ~** five percent
cierre *m* fastener; *de negocio* closure; **~ centralizado** AUTO central locking; **~ relám-**

pago *L.Am.* zipper; **~ zip** zip
cierto certain; **es ~** it's true; **~ día** one day; **por ~** incidentally; **estar en lo ~** be right
ciervo *m* deer; **~ volante** stag beetle
cifra *f* figure; **cifrar** write in code; **~ su esperanza en** pin one's hopes on; **cifrarse: ~ en** amount to
cigala *f* ZO crayfish
cigarra *f* ZO cicada
cigarrillo *m* cigarette; **cigarro** *m* cigar; *L.Am.* cigarette
cigüeña *f* ZO stork
cigüeñal *m* AUTO crankshaft
cilindrada *f* AUTO cubic capacity; **cilíndrico** cylindrical; **cilindro** *m* cylinder
cima *f* summit; *fig* peak
cimentar lay the foundations of; *fig* base (**en** on); **cimientos** *mpl* foundations
cinc *m* zinc
cincel *m* chisel; **cincelar** *metal* engrave; *piedra* chisel
cinco five; **cincuenta** fifty
cine *m* movies *pl*, cinema; **cineasta** *m/f* film-maker
cínico 1 *adj* cynical **2** *m*, **-a** *f* cynic; **cinismo** *m* cynicism
cinta *f* ribbon; *de música, vídeo* tape; **~ adhesiva** adhesive tape; **~ aislante** friction tape, *Br* insulating tape; **~ métrica** tape measure; **~ de vídeo** video tape
cintura *f* waist; **cinturón** *m* belt; **~ de seguridad** AUTO seatbelt
ciprés *m* BOT cypress

circo *m* circus
circuito *m* circuit; **corto ~** ELEC short circuit; **circulación** *f* movement; FIN, MED circulation; AUTO traffic; **circular 1** *adj* circular **2** *v/i* circulate; AUTO drive, travel; *de persona* move (along); **círculo** *m* circle; **~ vicioso** vicious circle
circunferencia *f* circumference
circunscribir limit (*a* to)
circunspecto circumspect, cautious
circunstancia *f* circumstance
circunvalación *f*: (*carretera de*) **~** beltway, *Br* ring-road
ciruela *f* plum; **~ pasa** prune
cirugía *f* surgery; **~ estética** cosmetic surgery; **cirujano** *m*, **-a** *f* surgeon
cisne *m* ZO swan
cisterna *f de WC* cistern
cita *f* appointment; *de texto* quote, quotation; **citar** *a reunión* arrange to meet; *a juicio* summon; (*mencionar*) mention; *de texto* quote; **citarse** arrange to meet; **citatorio** *m* JUR summons *sg*, subpoena
cítrico *m* citrus fruit
ciudad *f* town; *más grande* city; **Ciudad de México** Mexico City; **~ universitaria** university campus; **ciudadanía** *f* citizenship; **~ europea**, **~ de la Unión Europea** EU citizenship; **ciudadano** *m*, **-a** *f* citizen; **ciudadela** *f* citadel

cívico civic; **civil** civil; ***casarse por lo ~*** have a civil wedding; **civilización** *f* civilization; **civilizado** civilized; **civilizar** civilize; **civilizarse** become civilized
clamar: **~ por algo** clamor *o Br* clamour for sth; **clamor** *m* roar; *fig* clamor, *Br* clamour
clandestino POL clandestine, underground
claqué *m* tap-dancing
clara *f de huevo* white; *bebida* shandy-gaff, *Br* shandy
claraboya *f* skylight
claridad *f* light; *fig* clarity; **clarificar** clarify
clarín *m* bugle
clarinete *m* clarinet
claro *tb fig* clear; *color* light; (*luminoso*) bright; *salsa* thin; **¡~!** of course!; **hablar ~** speak plainly
clase *f* class; (*variedad*) kind, sort; **~ particular** private class; **dar ~ (s)** teach
clásico classical
clasificación *f* DEP league table; **clasificar** classify; **clasificarse** DEP qualify; **~ tercero** come in third
claudicar give in
claustro *m* ARQUI cloister
cláusula *f* clause
clausura *f de acto* closing ceremony; *de bar, local* closure; REL cloister; **clausurar** *acto oficial* close; *por orden oficial* close down
clavar stick (*en* into); *clavos*

cochinillo

drive (**en** into); *uñas* sink (**en** into); **~ a alguien por algo** F overcharge s.o. for sth

clave 1 *f* key; **en ~** in code **2** *adj* (*importante*) key

clavel *m* BOT carnation

clavícula *f* ANAT collarbone

clavija *f* ELEC pin

clavo *m de metal* nail; GASTR clove; *CSur* F *persona* dead loss F; **dar en el ~** hit the nail on the head

claxon *m* AUTO horn

clemencia *f* clemency, mercy; **clemente** clement, merciful

clérigo *m* priest, clergyman

clic *m* INFOR click; **hacer ~ en** click on

clienta, cliente *m/f de tienda* customer; *de empresa* client; **clientela** *f* clientele, customers *pl*

clima *m* climate; **climatizador** *m* air conditioner

clínica *f* clinic

clip *m para papeles* paperclip; *para el pelo* bobby pin, *Br* hairgrip

cloaca *f tb fig* sewer

clon *m* clone; **clonación** *f*; **clonar** *v/t* clone

cloro *m* chlorine

cloroformo *m* chloroform

club *m* club; **~ náutico** yacht club

clueca *f* broody hen

coagularse coagulate; *de sangre* clot

coalición *f* coalition

coartada *f* JUR alibi

cobarde 1 *adj* cowardly **2** *m/f* coward; **cobardía** *f* cowardice

cobaya *m/f* guinea pig

cobertizo *m* shed; **cobertura** *f* cover; TV *etc* coverage

cobra *f* cobra

cobrador *m*, **~a** *f a domicilio* collector; *v/t* **cobrar 1** *v/t* charge; *subsidio, pensión* receive; *deuda* collect; *cheque* cash; *salud, fuerzas* recover; *importancia* acquire **2** *v/i* be paid, get paid

cobre *m* copper

cobro *m* charging; *de subsidio* receipt; *de deuda* collection; *de cheque* cashing

cocaína *f* cocaine; **cocainómano** *m*, **-a** *f* cocaine addict

cocer cook; *en agua* boil; *al horno* bake

coche *m*, *Méx* (*taxi*) cab, taxi; **~ de caballos** horse-drawn carriage; **~ cama** sleeping car; **~ comedor** *L.Am.* dining car; **~ de línea** (long-distance) bus; **~s compartidos** car sharing; **cochecito** *m*: **~ de niño** stroller, *Br* pushchair; **coche-bomba** *m* car bomb; **cochecito** *m*: **~ de niño** stroller, *Br* pushchair; **coche-literas** *m* sleeping car; **coche-restaurante** *m* restaurant car

cochina *f* sow; F *persona* pig F; **cochino 1** *adj* filthy, dirty; (*asqueroso*) disgusting **2** *m* hog, *Br* pig; F *persona* pig F ; **cochinillo** *m* suck-

cocido

(l)ing pig
cocido 1 *adj* boiled **2** *m* stew
cocina *f habitación* kitchen; *aparato* cooker, stove; *actividad* cooking; **cocinar** cook; **cocinero** *m*, **-a** *f* cook
coco *m* BOT coconut; *monstruo* bogeyman F
cocodrilo *m* crocodile
cocotero *m* coconut palm
cóctel *m* cocktail
codicia *f* greed; **codiciar** covet; **codicioso** greedy
código *m* code; **~ de barras** barcode; **~ postal** zip code, *Br* postcode
codo *m* elbow; **~ con ~** *fig* F side by side; **hablar por los ~s** F talk nineteen to the dozen F
codorniz *f* quail
cofre *m de tesoro* chest; *para alhajas* jewelry *o Br* jewellery box
coger 1 *v/t (asir)* take (hold of); *del suelo* pick up; *ladrón, enfermedad* catch; TRANSP catch, take; *(entender)* get; *L.Am.* V screw V **2** *v/i en un espacio* fit; *L.Am.* V screw V; **~ por primera a la derecha** take the first right
cogida *f* TAUR goring
coherencia *f* coherence; **coherente** coherent; **ser ~ con** be consistent with
cohete *m* rocket
coincidencia *f* coincidence; **coincidir** coincide
coito *m* intercourse
cojear *de persona* limp, hobble; *de mesa* wobble
cojín *m* cushion; **cojinete** *m* TÉC bearing
cojo lame; *mesa* wobbly
col *f* cabbage; **~ de Bruselas** Brussels sprout
cola[1] *f (pegamento)* glue
cola[2] *f (de animal)* tail; *de gente* line, *Br* queue; *L.Am.* F *de persona* butt F; **hacer ~** stand in line, *Br* queue
colaboración *f* collaboration; **colaborador** *m*, **-a** *f* collaborator; *en periódico* contributor; **colaborar** collaborate
colación *f*: **traer** *o* **sacar a ~** bring up
colador *m* colander; *para té etc* strainer
colapsar paralyze; *tráfico* bring to a standstill; **colapso** *m* collapse; **provocar un ~ en la ciudad** bring the city to a standstill
colarse F *en un lugar* get in; *en una fiesta* gatecrash; *en una cola* cut in line, *Br* push in
colcha *f L.Am.* bedspread; **colchón** *m* mattress; *fig* buffer
colección *f* collection; **coleccionar** collect; **coleccionista** *m/f* collector; **colecta** *f* collection; **colectivo 1** *adj* collective **2** *m L.Am.* bus; *Méx, C.Am.* taxi
colega *m/f* colleague; F pal
colegiado *m*, **-a** *f* DEP referee
colegio *m* school; **~ profesio-**

nal professional institute
cólera 1 *f* anger; ***montar en ~*** get into a rage **2** *m* MED cholera
colgador *m* *L.Am.* hanger;
colgar 1 *v/t* hang; TELEC put down **2** *v/i* hang (**de** from); TELEC hang up; **colgarse** hang o.s.; INFOR F lock up; **~ de algo** hang from sth; **~ de alguien** hang onto s.o.
colibrí *m* hummingbird
cólico *m* colic
coliflor *f* cauliflower
colilla *f* cigarette end
colina *f* hill
colindante adjoining
colisión *f* collision; *fig* clash;
colisionar collide (**con** with)
collar *m* necklace; *para animal* collar
colmena *f* beehive
colmillo *m* eye tooth; *de perro* fang; *de elefante* tusk
colmo *m*: ***¡es el ~!*** this is the last straw!; ***para ~*** to cap it all
colocación *f* positioning, placing; (*trabajo*) position;
colocar put, place; **~ a alguien en un trabajo** get s.o. a job
Colombia Colombia; **colombiano 1** *adj* Colombian **2** *m*, **-a** *f* Colombian
Colón Columbus
colonia *f* colony; *perfume* cologne; **~ de verano** summer camp; **colonizar** colonize

comercial

color *m* color, *Br* colour; **~ café** coffee-colored; *L.Am.* brown; ***televisión en ~*** color TV; **colorado** red; **colorear** color, *Br* colour
colosal colossal
columna *f* column; **~ vertebral** ANAT spinal column
columpio *m* swing
coma 1 *f* GRAM comma **2** *m* MED coma
comadre *f* *L.Am.* godmother;
comadrona *f* midwife
comandancia *f* *distrito* command; (*cuartel*) command headquarters *sg o pl*; *Méx* police station; **comandante** *m* MIL commander; *rango* major; AVIA captain
comarca *f* area
combate *m* combat; MIL engagement; DEP fight; ***fuera de ~*** out of action; **combatir** fight
combinación *f* combination; *prenda* slip; ***hacer ~*** TRANSP change; **combinado** *m* cocktail; **combinar** combine
combustible *m* fuel; **combustión** *f* combustion
comedia *f* comedy; **comediante** *m* actor
comedor *m* dining room
comentar comment on
comenzar begin
comer 1 *v/t* eat; *a mediodía* have for lunch **2** *v/i* eat; *a mediodía* have lunch; ***dar de ~ a alguien*** feed s.o.
comercial 1 *adj* commercial; *de negocios* business *atr*; ***el***

comercializar

déficit ~ the trade deficit **2** *m/f* representative; **comercializar** market, sell; *desp* commercialize; **comerciante** *m/f* trader; ~ **al por menor** retailer; **comerciar** trade, do business; **comercio** *m* trade; *local* store, shop
comestible 1 *adj* eatable, edible **2** *m* foodstuff; ~**s** food
cometa 1 *m* comet **2** *f* kite
cometer commit; *error* make; **cometido** *m* task
cómic *m* comic; **cómico 1** *adj* comical **2** *m*, **-a** *f* comedian
comida *f* (*comestibles*) food; *ocasión* meal
comienzo *m* beginning
comillas *fpl* quotation marks
comisaría *f* precinct, *Br* police station; **comisario** *m* commissioner; *de policía* captain, *Br* superintendent; **comisión** *f* committee; *de gobierno*, (*recompensa*) commission
comité *m* committee
como 1 *adv* as; **así** ~ as well as; **había** ~ **cincuenta** there were about fifty **2** *conj* if; ~ **si** as if; ~ **no llegó, me fui solo** as *o* since she didn't arrive, I went by myself
cómo how; **¡**~ **me gusta!** I really like it; **¡**~ **dice?** what did you say?; **¡**~ **no!** *Méx* of course!
comodidad *f* comfort
comodín *m en naipes* joker
cómodo comfortable
compacto compact

72

compadecer feel sorry for
compañero *m*, **-a** *f* companion; *en una relación, un juego* partner; ~ **de trabajo** co-worker, colleague; ~ **de clase** classmate; **compañía** *f* company; **hacer** ~ **a alguien** keep s.o. company
comparable comparable; **comparación** *f* comparison; **comparar** compare
comparecer appear
comparsa 1 *f* TEA: **la** ~ the extras *pl* **2** *m/f* TEA extra; *fig* rank outsider
compartimento *m* FERR car, *Br* compartment
compartir share (**con** with)
compás *m* MAT compass; MÚS rhythm; **al** ~ to the beat
compasión *f* compassion; **compasivo** compassionate
compatible INFOR compatible
compatriota *m/f* compatriot
compendio *m* summary
compensación *f* compensation; **compensar 1** *v/t* compensate (**por** for) **2** *v/i fig* be worthwhile
competencia *f* (*habilidad*) competence; *entre rivales* competition; (*incumbencia*) area of responsibility; ~ **desleal** unfair competition; **competente** competent
competición *f* DEP competition; **competidor 1** *adj* rival **2** *m*, ~**a** *f* competitor; **competir** compete (**con** with); **competitivo** competitive

complaciente obliging, helpful
complejo 1 *adj* complex **2** *m* PSI complex; **~ de inferioridad** inferiority complex
complementario complementary; **complemento** *m* complement; **~s de moda** fashion accessories
completar complete; **completo** complete; *autobús, teatro* full; **por ~** completely
complicación *f* complication; **complicar** complicate
cómplice *m/f* accomplice; **complicidad** *f* complicity
componente *m* component; **componer** make up, comprise; *sinfonía, poema etc* compose; *algo roto* fix; **componerse** be made up (**de** of); *L.Am.* MED get better
comportamiento *m* behavior, *Br* behaviour; **comportar** involve, entail; **comportarse** behave
composición *f* composition; **compositor** *m*, **~a** *f* composer
compota *f* compote
compra *f* purchase; **ir de ~s** go shopping; **~s online** online shopping; **comprador** *m*, **~a** *f* buyer, purchaser; **comprar** buy, purchase; **compraventa** *f* buying and selling
comprender understand; *(abarcar)* include; **comprensible** understandable; **comprensión** *f* understanding; *de texto, auditiva* comprehension; **comprensivo** understanding
compresa *f* sanitary napkin, *Br* sanitary towel; **compresión** *f tb* INFOR compression; **compresor** *m* compressor; **comprimido** *m* MED pill; **comprimir** compress
comprobación *f* check; **comprobante** *m* proof; *(recibo)* receipt; **comprobar** check; *(darse cuenta de)* realize
comprometer compromise; *(obligar)* commit; **comprometerse** promise (**a** to); *a una causa* commit o.s.; *de novios* get engaged; **compromiso** *m* commitment; *(obligación)* obligation; *(acuerdo)* agreement; *(apuro)* awkward situation
computadora *f L.Am.* computer; **~ de escritorio** desktop (computer); **~ personal** personal computer; **~ portátil** laptop; **computar** count; *(calcular)* calculate
común common; **por lo ~** generally; **comunal** communal; *elecciones* **~es** *L.Am.* municipal elections
comunicación *f* communication; TRANSP link; **comunicar 1** *v/t* TRANSP connect, link; **~ algo a alguien** inform s.o. of sth **2** *v/i* communicate; TELEC be busy
comunidad *f* community; **~ autónoma** autonomous region

comunión

comunión *f* REL communion
comunismo *m* Communism; **comunista** *m/f* & *adj* Communist
con with; *pan ~ mantequilla* bread and butter; *~ todo eso* in spite of all that; *~ tal de que* provided that, as long as; *~ hacer eso* by doing that
cóncavo concave
concebir conceive
conceder concede; *entrevista, permiso* give; *premio* award
concejal *m*, *~a f* councilor, *Br* councillor; **concejo** *m* council
concentración *f* concentration; *de personas* gathering;
concentrar concentrate
concepción *f* BIO, *fig* conception; *la Inmaculada Concepción* REL the Immaculate Conception; **concepto** *m* concept; *en ~ de algo* COM (in payment) for sth; *bajo ningún ~* on no account
concerniente: *~ a* concerning, regarding; *en lo ~ a* with regard to; **concernir** concern; *en lo que concierne a...* as far as ... is concerned
concertar *cita* arrange; *precio* agree; *esfuerzos* coordinate
concertino *m/f* MÚS concertmaster, *Br* leader (of the orchestra)
concesión *f* concession; COM dealership; **concesionario** *m* dealer
concha *f* ZO shell
conciencia *f* conscience; *a ~* conscientiously; *con plena ~ de* fully conscious of; **concienzudo** conscientious
concierto *m* MÚS concert; *fig* agreement
conciliación *f* JUR reconciliation; **conciliar** reconcile; *~ el sueño* get to sleep
concilio *m* council
conciso concise
concluir conclude; **conclusión** *f* conclusion; *en ~* in short; **concluyente** conclusive
concordar 1 *v/t* reconcile **2** *v/i* agree (*con* with)
concretar specify; (*hacer concreto*) realize; **concretarse** materialize; *de esperanzas* be fulfilled; **concreto 1** *adj* specific; (*no abstracto*) concrete; *en ~* specifically **2** *m L.Am.* concrete
concurrencia *f* audience; *de circunstancias* combination; **concurrido** crowded; **concursante** *m/f* competitor; **concursar** compete; **concurso** *m* competition; COM tender
concurrir: *~ a* attend
conde *m* count
condecoración *f* decoration; **condecorar** decorate
condena *f* JUR sentence; (*desaprobación*) condemnation; **condenar** JUR sentence (*a* to); (*desaprobar*) condemn

condensador *m* condenser; **condensar** condense; *libro* abridge
condesa *f* countess
condescendiente *actitud* accommodating; *desp* condescending
condición *f* condition; *a ~ de que* on condition that; *estar en condiciones de* be in a position to; **condicional** *m/adj* conditional; **condicionar**: *~ algo en* make sth conditional on
condimentar flavor, *Br* flavour; **condimento** *m* seasoning
condiscípulo *m*, **-a** *f en universidad* fellow student; *en colegio* fellow student, *Br* fellow pupil
condón *m* condom
conducción *f* AUTO driving; *de calor, electricidad* conduction; *(tuberías)* piping; *(cables)* cables *pl*
conducir 1 *v/t vehículo* drive; *(dirigir)* lead *(a* to); ELEC, TÉC conduct **2** *v/i* drive; *de camino* lead *(a* to); **conducta** *f* conduct; **conducto** *m* pipe; *fig* channel; *por ~ de* through; **conductor** *m*, **-a** *f* driver; *~ de orquesta* L.Am. conductor
conectar connect
conejillo *m*: *~ de Indias* tb *fig* guinea pig; **conejo** *m* rabbit
conexión *f* connection
confección *f* making; *de vestidos* dressmaking; *de trajes* tailoring; **confeccionar** make
confederación *f* confederation
conferencia *f* lecture; *(reunión)* conference; TELEC long-distance call; **conferenciante** *m/f* lecturer; **conferir** award
confesar 1 *v/t* REL confess; *delito* confess to, admit **2** *v/i* JUR confess; **confesarse** confess; *(declararse)* admit to being; **confesión** *f* confession; **confesionario** *m* confessional; **confeso** self-confessed; **confesor** *m* REL confessor
confiado trusting; **confianza** *f* confidence; *~ en sí mismo* self-confidence; *de ~ persona* trustworthy; *amigo de ~* close friend; **confiar 1** *v/t secreto* confide *(a* to); *~ algo a alguien* entrust sth to s.o., entrust sth to s.o. **2** *v/i* trust *(en* in); *(estar seguro)* be confident *(en* of); **confidencia** *f* confidence; **confidencial** confidential; **confidente 1** *m (soplón)* informer; *(amigo)* confidant **2** *f (soplón)* informer; *(amiga)* confidante
configuración *f* configuration; **configurar** shape; INFOR set up, configure
confirmación *f* confirmation; **confirmar** confirm
confiscación *f* confiscation; **confiscar** confiscate
confitar crystallize

confitería 76

confitería f candy store, Br confectioner's
confitura f preserve
conflictivo *época, zona* troubled; *persona* troublesome; **conflicto** m conflict
confluencia f *de ríos* confluence; *de calles* junction; **confluir** meet, converge
conformar 1 v/t *(constituir)* make up; *(dar forma a)* shape **2** v/i agree **(con** with); **conformarse** make do **(con** with); **conforme 1** *adj* satisfied **(con** with) **2** *prp*: **~ a** in accordance with; **conformidad** f *(acuerdo)* agreement; *(consentimiento)* consent; **de o en ~ con** in accordance with
confort m comfort; **confortable** comfortable; **confortar**: **~ a** comfort
confrontación f confrontation; **confrontar** compare; *a personas* bring face to face; *peligro, desafío* face up to; **confrontarse**: **~ con** face up to
confundir confuse; *(equivocar)* mistake **(con** for); **confundirse** make a mistake; **~ de calle** get the wrong street; **confusión** f confusion; **confuso** confused
congelación f freezing; **~ de precios** price freeze; **congelado** frozen; **congelador** m freezer; **congelar** freeze
congeniar get on well **(con** with)

congénito congenital
congestión f MED congestion; **~ del tráfico** traffic congestion
congoja f anguish
congraciarse ingratiate o.s. **(con** with)
congratulaciones fpl congratulations; **congratular** congratulate; **congratularse**: **~ de o por algo** congratulate o.s. on sth
congregar bring together; **congresista** m/f conference o convention delegate, conventioneer; **congreso** m conference, convention; **Congreso** in EE.UU. Congress; **~ de los diputados** lower house of Spanish parliament
congruencia f consistency; MAT congruence
cónico conical
conífera f BOT conifer
conjetura f conjecture
conjugación f GRAM conjugation; *fig* combination; **conjugar** GRAM conjugate; *fig* combine
conjunción f GRAM conjunction; **conjuntivitis** f MED conjunctivitis; **conjunto 1** *adj* joint **2** m *de personas, objetos* collection; *de prendas* outfit; MAT set; **en ~** as a whole
conjuración f plot, conspiracy
conllevar entail
conmemoración f commem-

oration; **conmemorar** commemorate

conmigo with me

conmoción f shock; (*agitación*) upheaval; **conmocionar** shock; **conmocionarse** be moved; **conmovedor** moving; **conmover** move

conmutador m ELEC switch; L.Am. TELEC switchboard

cono m cone

conocer know; *por primera vez* meet; (*reconocer*) recognize; *dar a* ~ make known; **conocerse** know one another; *por primera vez* meet (one another); *a sí mismo* know o.s.; *se conoce que* it seems that; **conocido 1** *adj* well-known **2** m, -a f acquaintance; **conocimiento** m knowledge; MED consciousness; *perder el* ~ lose consciousness

conque so

conquista f conquest; **conquistador** m conqueror; **conquistar** conquer; *persona* win over

consabido usual

consagrar REL consecrate; (*hacer famoso*) make famous; *vida* devote

consciente MED conscious; ~ *de* aware of, conscious of

consecuencia f consequence; *a* ~ *de* as a result o consequence of; *en* ~ consequently; **consecuente** consistent; **consecutivo** consecutive; *tres años* ~*s*

three years in a row; **conseguir** get; *objetivo* achieve

consejero m, -a f adviser; COM director; ~ *delegado* CEO, chief executive officer; **consejo** m piece of advice; ~ *de administración* board of directors; ~ *de ministros* grupo cabinet; *reunión* cabinet meeting

consentimiento m consent; **consentir 1** v/t allow; *a niño* indulge **2** v/i: ~ *en algo* agree to sth

conserje m/f superintendent, Br caretaker

conserva f: *en* ~ canned, Br *tb* tinned; ~*s* canned food; **conservador** conservative; **conservante** m preservative; **conservar** conserve; *alimento* preserve; **conservatorio** m conservatory

considerable considerable; **consideración** f consideration; **considerar** consider

consigna f order; *de equipaje* baggage room, Br left luggage

consigo with him / her; (*con usted, con ustedes*) with you; (*con uno*) with you, with one *fml*

consiguiente consequent; *por* ~ so, therefore

consistencia f consistency; **consistente** consistent; (*sólido*) solid; **consistir** consist (*en* of)

consolar console

consolidar consolidate

consomé *m* consommé
consonancia *f*: **en ~ con** in keeping with; **consonante** *f* consonant
consorcio *m* consortium
conspiración *f* conspiracy; **conspirar** conspire; **conspirador** *m*, **~a** *f* conspirator
constancia *f* constancy; **dejar ~ de** leave a record of; **constante** constant; **constar** be recorded; **~ de** consist of
constatación *f* verification; **constatar** verify
consternado dismayed
constipado 1 *adj*: **estar ~** have a cold **2** *m* cold; **constiparse** get a cold
constitución *f* constitution; **constitucional** constitutional; **constituir** constitute, make up; *empresa, organismo* set up
construcción *f* construction; (*edificio*) building; **constructor** *m*, **~a** *f* builder; **construir** build, construct
consuelo *m* consolation
cónsul *m*/*f* consul; **consulado** *m* consulate
consulta *f* consultation; MED *local* office, *Br* surgery; **consultar** consult; **consultorio** *m* MED office, *Br* surgery
consumar complete, finish; *crimen* carry out; *matrimonio* consummate; **consumición** *f* consumption; **ya pago yo la ~ en bar** I'll pay; **consumidor** *m*, **~a** *f* COM consumer; **confianza** *f* **del consumidor** consumer confidence; **consumir** consume; **consumo** *m* consumption; **de bajo ~** economical
contabilidad *f* accountancy; **llevar la ~** do the accounts; **contable** *m*/*f* accountant
contactar: **~ con alguien** contact s.o.; **contacto** *m* contact; AUTO ignition; **ponerse en ~** get in touch (**con** with)
contado: **al ~** in cash; **contador 1** *m* meter **2** *m*, **~a** *f* *L.Am.* accountant; **contaduría** *f* *L.Am.* accountancy
contagiar *infect*; **~ la gripe a alguien** give s.o. the flu; **contagiarse** get infected; **contagio** *m* contagion; **contagioso** contagious
contaminación *f* contamination; *de río, medio ambiente* pollution; **contaminante 1** *adj* polluting **2** *m* pollutant; **contaminar** contaminate; *río, medio ambiente* pollute
contar 1 *v*/*t* count; (*narrar*) tell **2** *v*/*i* count; **~ con** count on
contemplación *f*: **sin contemplaciones** without ceremony; **contemplar** look at
contemporáneo 1 *adj* contemporary **2** *m*, **-a** *f* contemporary
contenedor *m* TRANSP container; **~ de basura** dumpster, *Br* skip; **~ de vidrio** bot-

tle bank; **contener** contain; *respiración* hold; *muchedumbre* hold back; **contenerse** control o.s.; **contenido** *m* content

contentar please; **contentarse** be satisfied (**con** with); **contento** (*satisfecho*) pleased; (*feliz*) happy

contestación *f* answer; **contestador** *m*: **~ automático** answer machine; **contestar 1** *v/t* answer, reply to **2** *v/i* reply (**a** to), answer (**a** sth); *de forma insolente* answer back

contexto *m* context

contienda *f* conflict; DEP contest

contigo with you

contiguo adjoining, adjacent

continencia *f* continence

continental continental; **continente** *m* continent

continuación *f* continuation; **a ~** (*ahora*) now; (*después*) then; **continuar** continue; **continuo** (*sin parar*) continuous; (*frecuente*) continual

contorno *m* outline

contorsión *f* contortion

contra against; **en ~ de** against

contraataque *m* counterattack

contrabajo *m* double bass

contrabandista *m/f* smuggler; **contrabando** *m* contraband, smuggled goods *pl*; *acción* smuggling; **hacer ~** smuggle; **pasar algo de ~** smuggle sth in

contracción *f* contraction

contracepción *f* contraception; **contraceptivo** *m/adj* contraceptive

contradecir contradict; **contradicción** *f* contradiction; **contradictorio** contradictory

contraer contract; **~ matrimonio** marry

contralto MÚS **1** *m* countertenor **2** *f* contralto

contraluz *f*: **a ~** against the light

contramedida *f* countermeasure

contraorden *f* countermand

contrapartida *f* COM contraentry; **como ~** fig in contrast

contraproducente counterproductive

contrario 1 *adj* contrary; *sentido* opposite; *equipo* opposing; **al ~, por el ~** on the contrary; **de lo ~** otherwise; **ser ~ a algo** be opposed to sth **2** *m*, **-a** *f* adversary, opponent

contrasentido *m* contradiction

contraseña *f* password

contrastar contrast; **contraste** *m* contrast

contratación *f de trabajadores* hiring, recruitment; **~ bursátil** trading; **contratar** contract; *trabajadores* hire

contratiempo *m* setback

contratista *m/f* contractor; **~ de obras** main contractor

contrato *m* contract

contravención *f* contraven-

contravenir contravene

contraventana *f* shutter

contribución *f* contribution; *(impuesto)* tax; **contribuir** contribute (**a** to); **contribuyente** *m/f* taxpayer

control *m* control; *(inspección)* check; **~ remoto** remote control; **controlador** *m*, **~a** *f*: **~ aéreo** air traffic controller; **controlar** control; *(vigilar)* check; **controlarse** control o.s.

controversia *f* controversy; **controvertido** controversial

contumaz obstinate

contusión *f* bruise

convalecencia *f* convalescence; **convalecer** convalesce; **~ de** recover from

convencer convince; **convencimiento** *m* conviction

convención *f* convention; **convencional** conventional

conveniencia *f* de hacer algo advisability; **hacer algo por ~** do sth in one's own interest; **conveniente** convenient; *(útil)* useful; *(aconsejable)* advisable; **convenio** *m* agreement; **convenir 1** *v/t* agree **2** *v/i* be advisable; **no te conviene** it's not in your interest

convento *m* de monjes monastery; *de monjas* convent

conversación *f* conversation; **conversar** make conversation

conversión *f* conversion; **convertible 1** *adj* COM convertible **2** *m L.Am.* convertible; **convertir** convert; **convertirse**: **~ en algo** turn into sth

convexo convex

convicción *f* conviction; **convicto** JUR convicted

convidado *m*, **-a** *f* guest; **convidar** invite (**a** to)

convincente convincing

convivencia *f* living together

convocar summon; *huelga* call; *oposiciones* organize; **convocatoria** *f* announcement; *de huelga* call

convoy *m* convoy

convulsión *f* convulsion; *fig* upheaval; **convulsivo** convulsive

conyugal conjugal; **cónyuge** *m/f* spouse

coñac *m* (*pl* **~s**) brandy, cognac

cooperación *f* cooperation; **cooperar** cooperate; **cooperativa** *f* cooperative; **cooperar** cooperate

coordinación *f* coordination; **coordinar** coordinate

copa *f* de vino etc glass; DEP cup; **tomar una ~** have a drink; **~s** (*en naipes*) suit in Spanish deck of cards

copia *f* copy; **copiadora** *f* (photo)copier; **copiar** copy

copiloto *m/f* copilot

copioso copious

copla *f* verse; *(canción)* popular song

copo *m* flake; **~ de nieve**

snowflake; **~s de maíz** cornflakes
coque m coke
coquetear flirt
coraje m courage; **me da ~** fig F it makes me mad F
coral¹ m ZO coral
coral² f MÚS choir
Corán m Koran
corazón m heart; *de fruta* core; **corazonada** f hunch
corbata f tie
corchea f MÚS eighth note, Br quaver
corchete m hook and eye; *Chi (grapa)* staple; **~s** TIP square brackets
corcho m cork
corcova f hump(back), hunchback; **corcovado** humpbacked, hunchbacked
cordel m string
cordero m lamb
cordial cordial; **cordialidad** f cordiality
cordillera f mountain range
cordón m cord; *de zapato* shoelace; **~ umbilical** umbilical cord
cordura f sanity; *(prudencia)* good sense
Corea Korea; **coreano 1** adj Korean **2** m, **-a** f Korean **3** m idioma Korean
coreografía f choreography; **coreógrafo**, **-a** f choreographer
cornada f TAUR goring
córnea f cornea
corneja f ZO crow
córner m *en fútbol* corner (kick)
corneta f MIL bugle
cornudo 1 adj horned **2** m cuckold
coro m MÚS choir; *de espectáculo, pieza musical* chorus; **a ~** together, in chorus
corona f crown; **~ de flores** garland; **coronación** f coronation; **coronar** crown
coronel m MIL colonel
coronilla f ANAT crown; **estoy hasta la ~** F I've had it up to here F
corpiño m bodice; *Arg (sujetador)* bra
corporación f corporation; **corporal** *placer, estética* physical; *fluido* body *atr*, **corpulento** solidly built
Corpus (Christi) m Corpus Christi
corral m farmyard
correa f lead; *de reloj* strap
corrección f correction; *en el trato* correctness; **correcto** correct; *(educado)* polite; **corrector 1** adj correcting *atr* **2** m, **~a** f: **~ (de pruebas)** proofreader
corredor 1 m, **~a** f DEP runner; COM agent; **~ de bolsa** stockbroker **2** m ARQUI corridor
corregir correct
correo m mail, *Br tb* post; **~s** post office; **~ aéreo** airmail; **~ electrónico** e-mail; **~ de voz** voicemail; **por ~** by mail; **echar al ~** mail, *Br tb* post
correr 1 v/i run; *(apresurarse)*

rush; *de tiempo* pass; **~ con los gastos** pay the expenses; *a todo* ~ at top speed **2** v/i run; *cortinas* draw; *mueble* slide

correspondencia f correspondence; FERR connection; **corresponder: ~ a alguien** de bienes be for s.o., be due to s.o.; *de responsabilidad* be up to s.o.; *de asunto* concern s.o.; *a un favor* repay s.o.; **actuar como corresponde** do the right thing; **correspondiente** corresponding; **corresponsal** m/f correspondent

corretaje m brokerage
corrida f: **~ de toros** bullfight
corriente 1 adj (*actual*) current; (*común*) ordinary; **estar al** ~ be up to date **2** f ELEC, *de agua* current; **~ de aire** draft, Br draught
corroborar corroborate
corroer corrode; fig eat up
corromper corrupt
corrosión f corrosion; **corrosivo** corrosive; fig caustic
corrupción f decay; fig corruption; **corrupto** corrupt
corsario m corsair, privateer
corsé m corset
cortacésped m lawnmower
cortado 1 adj *cut;* calle closed; *leche* curdled; *persona* shy; **quedarse** ~ be embarrassed **2** m coffee with a dash of milk; **cortar 1** v/t cut; *electricidad* cut off; *calle* close **2** v/i cut; **cortarse** cut o.s.; fig F

get embarrassed; **~ el pelo** have one's hair cut; **cortaúñas** m inv nail clippers pl
corte[1] m cut; **~ de luz** power outage, Br power cut; **~ de pelo** haircut; **~ de tráfico** road closure; **me da** ~ F I'm embarrassed
corte[2] f court; *L.Am.* JUR (law) court; **las Cortes** Spanish parliament
cortejo m entourage
cortés courteous; **cortesía** f courtesy
corteza f *de árbol* bark; *de pan* crust; *de queso* rind
cortijo m farmhouse
cortina f curtain
corto short; **~ de vista** nearsighted; **quedarse** ~ fall short; **cortocircuito** m ELEC short circuit; **cortometraje** m short (movie)
corva f back of the knee
corzo m ZO roe deer
cosa f thing; **como si tal** ~ as if nothing had happened; **decir a alguien cuatro ~s** give s.o. a piece of one's mind; **eso es otra** ~ that's something else; **¿qué pasa? – poca ~** what's new? – nothing much; **son ~s de la vida** that's life
cosecha f harvest; **cosechar** harvest; fig gain, win
coser sew; **ser ~ y cantar** F be dead easy T
cosmética f cosmetics; **cosmético** m/adj cosmetic
cosquillas fpl: **hacer ~ a al-**

guien tickle s.o.; ***tener ~*** be ticklish; **cosquilloso** ticklish; *fig* touchy

Costa Rica Costa Rica; **costarricense** *m/f & adj* Costa Rican

costa¹ *f*: ***a ~ de*** at the expense of; ***a toda ~*** at all costs

costa² *f* GEOG coast

costado *m* side; ***por los cuatro ~s*** *fig* throughout

costar 1 *v/t* cost; *trabajo, esfuerzo* etc take **2** *v/i en dinero* cost; ***me costó*** it was hard work; ***cueste lo que cueste*** at all costs; ***~ caro*** *fig* cost dear

coste *m* ☞ **costo**

costear pay for

costilla *f* ANAT rib; GASTR sparerib

costo *m* cost; ***~ de la vida*** cost of living; **costoso** costly

costra *f* MED scab

costumbre *f* custom; *de una persona* habit; ***de ~*** usual

costura *f* sewing; **costurera** *f* seamstress; **costurero** *m* sewing box

cotejar compare; **cotejo** *m* comparison

cotidiano daily

cotización *f (precio)* price; *(cuota)* contribution; *(valor)* value; **cotizar** *de trabajador* pay social security, *Br* pay National Insurance; *de acciones, bonos* be listed

coto *m*: ***~ de caza*** hunting reserve; ***poner ~ a algo*** *fig* put a stop to sth

coyuntura *f* situation; ANAT joint

C.P. (= ***código postal***) zip code, *Br* post code

cráneo *m* ANAT skull, cranium

cráter *m* crater

creación *f* creation; **creador** *m*, **~a** *f* creator; **crear** create; *empresa* set up; **creativo** creative

crecer grow; **crecida** *f* rise in river level; *(inundación)* flooding; **creciente** growing; *luna* waxing; **crecimiento** *m* growth

crédito *m* COM credit; ***a ~*** on credit; ***no dar ~ a sus oídos / ojos*** F not believe one's ears / eyes

crédulo credulous

creencia *f* belief; **creer 1** *v/i* believe *(en* in*)* **2** *v/t* think; *(dar por cierto)* believe; ***¡ya lo creo!*** F you bet! F; **creerse**: ***~ que...*** believe that ...; ***se cree muy lista*** she thinks she's very clever; **creíble** credible

crema *f* GASTR cream

cremación *f* cremation

cremallera *f* zipper, *Br* zip; TÉC rack

crepitar crackle

crepúsculo *m tb fig* twilight

crespo curly

cresta *f* crest

creyente 1 *adj*: ***ser ~*** REL believe in God **2** *m* REL believer

cría *f acción* breeding; *de zo-*

criada

rro, león cub; *de perro* puppy; *de gato* kitten; *de oveja* lamb; **sus ~s** her young; **criada** f maid; **criadero** m *de animales* breeding establishment; *de ratas* breeding ground; *de plantas* nursery; **criado** m servant; **criador** m, **~a** f breeder; **criar** niños raise, bring up; *animales* breed; **criarse** grow up; **criatura** f creature; F (*niño*) baby, child
criba f sieve; **cribar** sift, sieve; fig select
crimen m crime; **criminal** m/f & adj criminal; **criminalidad** f crime
crío m, **-a** f F kid F
criollo 1 adj Creole **2** m, **-a** f Creole
crisantemo m BOT chrysanthemum
crisis f inv crisis
crispado irritated
cristal m crystal; (*vidrio*) glass; (*lente*) lens; *de ventana* pane; **~ líquido** liquid crystal; **cristalería** f *fábrica* glassworks sg; *objetos* glassware
cristiandad f Christendom; **cristianismo** m Christianity; **cristiano 1** adj Christian **2** m, **-a** f Christian; **Cristo** Christ
criterio m criterion; (*juicio*) judg(e)ment
crítica f criticism; **muchas ~s** a lot of criticism; **criticar** criticize; **crítico 1** adj critical **2** m, **-a** f critic

Croacia Croatia; **croata 1** adj Croatian **2** m/f Croat(ian); **3** m idioma Croat(ian)
cromo m QUÍM chrome; (*estampa*) picture card
crónica f chronicle; *en periódico* report
crónico MED chronic
cronista m/f reporter
cronológico chronological
cronometrar DEP time; **cronómetro** m stopwatch
croqueta f croquette
croquis m inv sketch
cruce m cross; *de carreteras* crossroads sg; **~ en las líneas** TELEC crossed line
crucero m cruise
crucial crucial
crucificar crucify; **crucifijo** m crucifix; **crucigrama** m crossword
crudeza f harshness; *de enfrentamiento* severity; *de lenguaje, imágenes* crudeness; **crudo 1** adj alimento raw; fig harsh; *lenguaje, imágenes* crude **2** m crude (oil)
cruel cruel; **crueldad** f cruelty
crujiente GASTR crunchy; **crujir** creak; *al arder* crackle; *de grava* crunch
cruz f cross; **Cruz Roja** Red Cross; **cruzar** cross; **cruzarse** pass one another; **~ de brazos** cross one's arms; **~ con alguien** pass s.o.
cuaderno m notebook; EDU exercise book
cuadra f stable; *L.Am.* (*man-*

zana) block; **cuadrado** *m/adj* square; **al ~** squared
cuadrilla *f* squad, team
cuadro *m* painting (*grabado*) picture; (*tabla*) table; DEP team; **~ de mandos o de instrumentos** AUTO dashboard; **de o a ~s** checked
cuádruple, cuadruplo *m* quadruple
cuajada *f* GASTR curd; **cuajar** *de nieve* settle; *fig*: *de idea, proyecto etc* come together, jell F; **cuajarse** *de leche* curdle; *de nieve* settle
cual 1 *pron rel*: **el ~, la ~** *de cosa* which; *persona* who; **por lo ~** so **2** *adv* like
cualidad *f* quality
cualquier any; **~ cosa** anything; **de ~ modo o forma** anyway; **cualquiera** *persona* anyone, anybody; *cosa* any (one); **un ~** a nobody; **¡~ lo comprende!** nobody can understand it!
cuando 1 *conj* when; *condicional* if **2** *adv* when; **de ~ en ~** from time to time; **de ~ menos ~** at least
cuándo when
cuantía *f* amount, quantity; *fig* importance; **cuantioso** substantial
cuanto 1 *adj*: **~ dinero quieras** as much money as you want; **unos ~s chavales** a few boys **2** *pron* all, everything; **unas -as** a few; **todo ~** everything **3** *adv*: **~ antes, mejor** the sooner the better; **en ~** as soon as; **en ~ a** as for
cuánto 1 *interr* how much; *pl* how many; **¿a ~ están?** how much are they?; **¿a ~s estamos?** what's the date today? **2** *exclamaciones*: **¡~ gente había!** there were so many people!; **¡~ me alegro!** I'm so pleased!
cuarenta forty
cuarentena *f* quarantine; **una ~** a quarantine period
Cuaresma *f* Lent
cuartel *m* barracks *pl*; **~ general** headquarters *pl*
cuarteto *m* MÚS quartet; **~ de cuerda** string quartet
cuarto 1 *adj* fourth **2** *m* (*habitación*) room; (*parte*) quarter; **~ de baño** bathroom; **~ de estar** living room; **~ de hora** quarter of an hour; **de tres al ~** F third-rate; **las diez y ~** quarter after ten, *Br* quarter past ten; **las tres menos ~** a quarter to *o* of three
cuarzo *m* quartz
cuatro four
Cuba Cuba; **cubano 1** *adj* Cuban **2** *m, -a f* Cuban
cuba *f*: **estar como una ~** F be plastered F
cúbico cubic
cubierta *f* MAR deck; AUTO tire, *Br* tyre; **cubierto 1** *part* ☞ **cubrir 2** *m*; **en la mesa** place setting; **~s** flatware, *Br* cutlery
cubilete *m* cup (*for dice*)
cubitera *f* *bandeja* ice tray; (*cubo*) ice bucket

cubito

cubito *m*: **~ de hielo** ice cube
cubo *m* cube; *recipiente* bucket; **~ de la basura** garbage can, *Br* rubbish bin
cubrir cover (**de** with); **cubrirse** cover o.s.
cucaracha *f* cockroach
cuchara *f* spoon; **meter su ~** *L.Am.* F stick one's oar in F; **cucharada** *f* spoonful; **cucharilla** *f* teaspoon; **cucharón** *m* ladle
cuchichear whisper
cuchilla *f* razor blade; **cuchillo** *m* knife
cuclillas: **en ~** squatting
cuco 1 *m* cuckoo; **reloj de ~** cuckoo clock **2** *adj* (*astuto*) sharp
cucurucho *m* de papel etc cone; *sombrero* pointed hat
cuello *m* ANAT neck; *de camisa etc* collar
cuenca *f* GEOG basin; **cuenco** *m* bowl
cuenta *f* (*cálculo*) sum; *de restaurante* check, *Br* bill; COM account; **~ bancaria** bank account; **~ corriente** checking account, *Br* current account; **más de la ~** too much; **darse ~ de algo** realize sth; **pedir ~s a alguien** ask s.o. for an explanation; **perder la ~** lose count; **tener** *o* **tomar en ~** take into account
cuentagotas *m inv* dropper
cuentakilómetros *m inv* odometer, *Br* mileometer
cuento *m* (short) story; (*pre-texto*) excuse; **~ chino** F tall story F; **venir a ~** be relevant
cuerda *f* rope; *de guitarra, violín* string; **~s vocales** ANAT vocal chords
cuerdo sane; (*sensato*) sensible
cuerno *m* horn; *de caracol* feeler; **irse al ~** F fall through, be wrecked; **poner los ~s a alguien** F be unfaithful to s.o.
cuero *m* leather; *Rpl* (*fuete*) whip; **en ~s** F naked
cuerpo *m* body; *de policía* force; **~ diplomático** diplomatic corps
cuervo *m* ZO raven, crow
cuesta *f* slope; **~ abajo** downhill; **~ arriba** uphill; **a ~s** on one's back
cuestión *f* question; **en ~ de...** in a matter of...; **cuestionar** question; **cuestionario** *m* questionnaire
cueva *f* cave
cuidado *m* care; **¡~!** look out!; **andar con ~** tread carefully; **me tiene sin ~** I couldn't care less; **tener ~** be careful; **cuidadora** *f Méx* nursemaid; **cuidadoso** careful; **cuidar 1** *v/t* look after, take care of **2** *v/i*: **~ de** look after, take care of; **cuidarse** look after o.s., take care of o.s.; **~ de hacer algo** take care to do sth
culata *f* butt
culebra *f* ZO snake
culebrón *m* TV soap
culminante: **punto ~** peak,

cuyo

culo *m* V ass F, *Br* arse V; F butt F, *Br tb* bum F
culpa *f* fault; **ser por ~ de alguien** be s.o.'s fault; **tener la ~** be to blame (**de** for); **culpable 1** *adj* guilty **2** *m/f* culprit; **culpar**: **~ a alguien de algo** blame s.o. for sth
cultivador *m* grower; **cultivar** AGR grow; *tierra* farm; *fig* cultivate; **cultivo** *m* AGR crop; BIO culture; **culto 1** *adj* educated **2** *m* worship; **cultura** *f* culture; **cultural** cultural; **culturismo** *m* bodybuilding
cumbre *f tb* POL summit
cumpleaños *m inv* birthday
cumplido *m* compliment; **no andarse con ~s** not stand on ceremony; **cumplidor** reliable
cumplimentar *trámite* carry out; **cumplimiento** *m* *de promesa* fulfillment, *Br* fulfilment; *de ley* compliance (**de** with); **cumplir 1** *v/t orden* carry out; *promesa* fulfill, *Br* fulfil; *condena* serve; **~ diez años** reach the age of ten **2** *v/i*: **~ con algo** carry sth out; **~ con su deber** do one's duty
cuna *f tb fig* cradle
cuneta *f* ditch
cuña *f* wedge
cuñada *f* sister-in-law; **cuñado** *m* brother-in-law
cuota *f* share; *de club, asociación* fee
cupo *m* quota
cupón *m* coupon
cúpula *f* dome; *esp* POL leadership
cura 1 *m* priest **2** *f* cure; (*tratamiento*) treatment; *Méx, C.Am.* F hangover; **curable** curable; **curación** *f* (*recuperación*) recovery; (*tratamiento*) treatment; **curar 1** *v/t tb* GASTR cure; (*tratar*) treat; *herida* dress; *pieles* tan **2** *v/i* MED recover (**de** from); **curarse** MED recover; *Méx, C.Am.* F get drunk
curiosidad *f* curiosity; **curioso 1** *adj* curious **2** *m*, **-a** *f* onlooker
curita *f L.Am.* Band-Aid®, *Br* Elastoplast®
cursar *carrera* take; *orden, fax* send; *instancia* deal with
cursi F *persona* affected; **cursilería** *f* affectation
cursillista *m/f* course participant; **cursillo** *m* short course
cursiva *f* italics *pl*
curso *m* course; **en el ~ de** in the course of
cursor *m* INFOR cursor
curtido 1 *adj* weather-beaten **2** *m* tanning; **~s** tanned hides; **curtir** tan; *fig* harden
curva *f* curve; **curvo** curved
custodia *f* JUR custody; **custodiar** guard
cutáneo skin *atr*; **cutis** *m* skin
cuyo, -a whose

D

daltónico color-blind, *Br* colour-blind; **daltonismo** *m* color-blindness, *Br* colour-blindness

dama *f* lady; **~ de honor** bridesmaid; **(juego de) ~s** checkers *sg*, *Br* draughts *sg*

damasco *m* damask; *L.Am. fruta* apricot

damnificado 1 *adj* affected **2** *m*, **-a** *f* victim

danés 1 *adj* Danish **2** *m*, **-esa** *f* Dane **3** *m idioma* Danish

danza *f* dance; **danzar** dance

dañar harm; *cosa* damage; **dañarse** harm o.s.; *de un objeto* get damaged; **dañino** harmful; *fig* malicious; **daño** *m* harm; *a un objeto* damage; **hacer ~** hurt; **~s** damage; **~s y perjuicios** damages

dar 1 *v/t* give; *beneficio* yield **2** *v/i*: **dame** give it to me, give me it; **~ con algo** come across sth; **~ de sí** de material stretch, give; **¡qué más da!** what does it matter!; **da igual** it doesn't matter

dardo *m* dart

darse *de una situación* arise

dársena *f* dock

datar: **~ de** date from

dátil *m* BOT date

dato *m* piece of information; **~s** information, data *sg*; **~s personales** personal details

D.C. (= *después de Cristo*) AD (= Anno Domini)

de ◇ *origen* from; **..... a** from ... to ◇ *posesión* of; **el coche ~ mi amigo** my friend's car ◇ *material* (made) of; **un anillo ~ oro** a gold ring ◇ *contenido* of; **un vaso ~ agua** a glass of water ◇ *cualidad*: **una mujer ~ 20 años** a 20 year old woman ◇ *causa* with; **temblaba ~ miedo** she was shaking with fear ◇ *hora*: **~ noche** at night, by night; **~ día** by day ◇ *en calidad de as*; **trabajar ~ albañil** work as a bricklayer **~** *by*; **~ Goya** by Goya ◇ *condición* if; **~ haberlo sabido** if I'd known

deambular wander around

debacle *f* debacle

debajo 1 *adv* underneath **2** *prp*: **(por) ~ de** under, below

debate *m* debate, discussion; **debatir 1** *v/t* debate, discuss **2** *v/i* struggle

deber 1 *m* duty; **~es** homework **2** *v/t* owe **3** *v/i en presente* must, have to; *en pretérito* should have; *en futuro* (will) have to; *en condicional* should; **debe de tener quince años** he must be about 15; **debido 1** *part* ☞ **deber 2** *adj*: **como es ~** properly; **~ a** owing to

débil weak; **debilitar** weaken; **debilidad** f
débito m COM debit
debut m début; **debutar** make one's début
década f decade
decadencia f decadence; *de un imperio* decline; **decadente** decadent; **decaer** tb fig decline; *de salud* deteriorate; **decaído 1** part ☞ **decaer 2** adj fig depressed, down F; **decaimiento** m decline; *de salud* deterioration
decapitar behead, decapitate
decatlón m DEP decathlon
decena f: *una ~ de* about ten
decencia f decency
decenio m decade
decente decent
decepción f disappointment; **decepcionar** disappoint
decidido 1 part ☞ **decidir 2** adj decisive; *estar ~* be determined (*a* to); **decidir** decide; **decidirse** make up one's mind, decide
décima f tenth; *tener ~s* MED have a slight fever
decimal adj atr, **décimo 1** adj tenth **2** m *de lotería* share of a lottery ticket
decir 1 v/t say; (*contar*) tell; *querer ~* mean; *~ que sí* say yes; *es ~,* in other words; *¡no me digas!* you're kidding!; *¡quién lo diría!* who would believe it!; *se dice que...* they say that ..., it's said that ... **2** v/i: *¡diga!, ¡dígame!* Esp TELEC hello

defensa

decisión f decision; fig decisiveness; **decisivo** decisive
declamar declaim
declaración f declaration; *~ de la renta* o *de impuestos* tax return; **prestar** *~* JUR testify, give evidence; **declarar 1** v/t state; *bienes* declare; *~ culpable* find guilty **2** v/i JUR give evidence; **declararse** declare o.s.; *de incendio* break out; *~ a alguien* declare one's love for s.o.
declinar decline
declive m fig decline
decodificador m ☞ **descodificador**
decoración f decoration; **decorado** m TEA set; **decorar** decorate
decrecer decrease, diminish
decrépito decrepit; **decrepitud** f decrepitude
decretar order, decree; **decreto** m decree
dedal m thimble
dedicación f dedication; **dedicar** dedicate; *esfuerzo* devote; **dedicatoria** f dedication
dedo m finger; *~ del pie* toe; *~ gordo* thumb; *~ índice* forefinger
deducción f deduction; **deducir** deduce; COM deduct
defecto m defect; *moral* fault; INFOR default; **defectuoso** defective, faulty
defender defend
defensa 1 f JUR, DEP defense,

defensivo

Br defence; *L.Am.* AUTO fender, *Br* wing **2** *m/f* DEP defender; **defensivo** defensive; **defensor** *m*, **~a** *f* defender, champion; JUR defense counsel, *Br* defending counsel; **~ del pueblo** *en España* ombudsman

deficiencia *f* deficiency; **con ~ auditiva** with a hearing problem; **deficiente 1** *adj* deficient; (*insatisfactorio*) inadequate **2** *m/f* handicapped person; **déficit** *m* deficit

definición *f* definition; **definir** define; **definitivo** definitive; *respuesta* definite; **en ~** all in all

deforestación *f* deforestation; **deforestar** deforest

deformar distort; MED deform; **deforme** deformed

defraudación *f* fraud; **defraudar** disappoint; (*estafar*) defraud; **~ a Hacienda** evade taxes

defunción *f* death, demise *fml*

degenerar degenerate (**en** into)

degradación *f* degradation; MIL demotion

degustación *f* tasting; **degustar** taste

dehesa *f* meadow

dejadez *f* slovenliness; (*negligencia*) neglect

dejado 1 *part* ☞ **dejar 2** *adj* slovenly

dejar 1 *v/t* leave; (*permitir*) let, allow; (*prestar*) lend; *benefi-* *cios* yield; **déjame en la esquina** drop me at the corner **2** *v/i*: **~ de hacer algo** (*parar*) stop doing sth; **no deja de fastidiarme** he keeps (on) annoying me; **dejarse** let o.s. go

delantal *m* apron

delante in front; (*más avanzado*) ahead; (*enfrente*) opposite; **por ~** ahead; **~ de** in front of; **el asiento de ~** the front seat; **delantera** *f* DEP forward line; **llevar la ~** lead; **delantero** *m*, **-a** *f* DEP forward

delatar: **~ a alguien** inform on s.o.; *fig* give s.o. away; **delator** *m*, **~a** *f* informer

delegación *f* delegation; (*oficina*) local office; **~ de Hacienda** tax office; **delegado** *m*, **-a** *f* delegate; COM representative

deleitar delight; **deleite** *m* delight

deletrear spell

delfín *m* ZO dolphin

delgadez *f* *de cuerpo* slimness; (*esbeltez*) thinness; **delgado** slim; *lámina*, *placa* thin

deliberación *f* deliberation; **deliberar** deliberate (**sobre** on)

delicadeza *f* gentleness; *de acabado*, *tallado* delicacy; (*tacto*) tact; **delicado** delicate

delicia *f* delight; **delicioso** delightful; *comida* delicious

delimitar delimit

delincuencia *f* crime; **delincuente** *m/f* criminal
delineante *m/f* draftsman, *Br* draughtsman; **mujer** *f* draftswoman, *Br* draughtswoman
delinear draft; *fig* draw up
delirante delirious; *fig:* idea crazy; **delirar** be delirious; **¡tú deliras!** *fig* you must be crazy!; **delirio** *m* MED delirium; **tener ~ por el fútbol** be mad about soccer; **~s de grandeza** delusions of grandeur
delito *m* offense, *Br* offence
demanda *f* demand (**de** for); JUR lawsuit, claim; **demandado, -a** *f* JUR defendant; **demandante** *m/f* JUR plaintiff; **demandar** JUR sue
demarcación *f* demarcation; **demarcar** demarcate
demás 1 *adj* remaining **2** *adv:* **lo ~** the rest; **los ~** the rest, the others; **por lo ~** apart from that; **demasiado 1** *adj* too much; *antes de pl* too many **2** *adv* **antes de adj,** *adv* too; *con verbo* too much
demencia *f* MED dementia; *fig* madness; **demente 1** *adj* demented, crazy **2** *m/f* mad person
democracia *f* democracy; **demócrata 1** *adj* democratic **2** *m/f* democrat; **democrático** democratic
demoler demolish; **demolición** *f* demolition
demonio *m* demon; **¡~s!** F

departamento

hell! F, damn! F
demora *f* delay; **demorar 1** *v/i* stay on; *L.Am.* (*tardar*) be late; **no demores** don't be long **2** *v/t* delay
demostración *f* proof; *de método* demonstration; *de fuerza, sentimiento* show; **demostrar** prove; (*enseñar*) demonstrate; (*mostrar*) show; **demostrativo** demonstrative
denegar refuse
denigrar degrade; (*criticar*) denigrate
denominación *f* name; **~ de origen** guarantee of quality of a wine; **denominador** *m:* **~ común** *tb* fig common denominator; **denominar** designate
denotar show, indicate
densidad *f* density; **denso** *bosque* dense; *fig* weighty
dentadura *f:* **~ postiza** false teeth *pl*, dentures *pl*; **dentífrico** *m* toothpaste; **dentista** *m/f* dentist; **dentición** *f* teething; (*dientes*) teeth *pl*
dentro 1 *adv* inside; **por ~** inside **2 ~ de** *en espacio* in, inside; *en tiempo* in, within
denuncia *f* report; **poner una ~** make a formal complaint; **denunciante** *m/f* person who reports a crime; **denunciar** report; *fig* condemn, denounce
departamento *m* department; *L.Am.* (*apartamento*) apartment, *Br* flat

dependencia

dependencia f dependence (**de** on); COM department; **depender** depend (**de** on); **~ de alguien** en una jerarquía report to s.o.; **eso depende** that all depends; **dependiente 1** adj dependent **2** m, -a f sales clerk, Br shop assistant

depilar con cera wax; con pinzas pluck; **depilatorio** m depilatory

deplorable deplorable; **deplorar** deplore

deporte m sport; **deportista** m/f sportsman; mujer sportswoman; **deportivo** sports atr; actitud sporting

deposición f deposition; **depositar** tb fig put, place; dinero deposit (**en** in); **depósito** m COM deposit; (almacén) store; de agua, AUTO tank; **~ de cadáveres** morgue, Br mortuary

depravado depraved; **depravar** deprave

depreciación f depreciation; **depreciar** lower the value of; **depreciarse** depreciate, lose value

depresión f depression; **deprimido** depressed; **deprimir** depress

depuración f purification; POL purge; **depuradora** f purifier; **depurar** purify; agua treat; POL purge

derecha f tb POL right; **a la ~ posición** on the right; dirección to the right

derecho 1 adj lado right; (recto) straight; C.Am. fig straight, honest **2** adv straight **3** m (privilegio) right; JUR law; **del ~** on the right side; **~ de asilo** right to asylum; **~s de autor** royalties; **~s humanos** human rights; **no hay ~** it's not fair, it's not right; **tener ~ a** have a right to **4** mpl: **~s** fees

derivación f derivation; **derivar** derive (**de** from); de barco drift

dermatólogo m, -a f dermatologist

derramar spill; luz, sangre shed; (esparcir) scatter; **derramarse** spill; de gente scatter; **derrame** m MED: **~ cerebral** stroke

derrapar AUTO skid

derretir melt; **derretirse** melt; fig be besotted (**por** with)

derribar edificio, persona knock down, demolish; avión shoot down; POL bring down; **derribo** m de edificio demolition; de persona knocking down; de avión shooting down; POL overthrow

derrocar POL overthrow

derrochador m, **-a** f spendthrift; **derrochar** waste; salud, felicidad burst with; **derroche** m waste

derrota f defeat; **derrotar** MIL defeat; DEP beat, defeat

derrumbamiento m acciden-

tal collapse; *intencionado* demolition; **derrumbarse** collapse, fall down; *de una persona* go to pieces

desabrido (*soso*) tasteless; *persona* surly; *tiempo* unpleasant

desabrochar undo, unfasten

desacatar *orden* disobey; *ley, regla* break; **desacato** *m* JUR contempt

desacertar be wrong; **desacierto** *m* mistake

desaconsejar advise against

desacoplar uncouple

desacostumbrar: ~ *a alguien de algo* get s.o. out of the habit of sth; **desacostumbrarse**: ~ *a algo* get out of the habit of sth

desacreditar discredit

desacuerdo *m* disagreement; *estar en* ~ *con* disagree with

desafiar challenge; *peligro* defy

desafinado out of tune; **desafinar** be out of tune

desafío *m* challenge; *al peligro* defiance

desafortunadamente unfortunately; **desafortunado** unfortunate

desagradable unpleasant, disagreeable; **desagradecido** ungrateful; *tarea* thankless; **desagrado** *m* displeasure

desagüe *m* drain; *acción* drainage; (*cañería*) drainpipe

desahogado spacious; **desahogarse** *fig* F let off steam F

desahuciar: ~ *a alguien* declare s.o. terminally ill; (*inquilino*) evict s.o.; **desahucio** *m* JUR eviction; *demanda de* ~ eviction order

desairar snub; **desaire** *m* snub

desalentar discourage; **desaliento** *m* discouragement

desalinización *f* desalination

desaliñado slovenly

desalmado 1 *adj* heartless **2** *m*, -a *f* heartless person

desalojar *ante peligro* evacuate; (*desahuciar*) evict; (*vaciar*) vacate

desamparado defenseless, *Br* defenceless; **desamparo** *m* neglect

desangrarse bleed to death

desanimado discouraged, disheartened; **desanimar** discourage, dishearten; **desanimarse** become discouraged *o* disheartened

desapacible nasty, unpleasant

desaparecer 1 *v/i* disappear, vanish **2** *v/t* L.Am. disappear F; **desaparición** *f* disappearance

desapercibido unnoticed

desaprensivo unscrupulous

desaprobación *f* disapproval; **desaprobar** disapprove of

desaprovechado wasted; **desaprovechar** *oportunidad* waste

desarmar

desarmar MIL disarm; TÉC take to pieces, dismantle; **desarme** m MIL disarmament

desarraigar tb fig uproot; **desarraigo** m fig rootlessness

desarreglar make untidy; *horario* disrupt; **desarreglo** m disorder; *de horarios* disruption

desarrollar develop; *tema* explain; *trabajo* carry out; **desarrollarse** develop, evolve; *(ocurrir)* take place; **desarrollo** m development; *país en vías de ~* developing country

desaseado F scruffy

desasosegar make uneasy; **desasosegarse** become uneasy; **desasosiego** m disquiet, unease

desastre m tb fig disaster; **desastroso** disastrous

desatar untie; fig unleash

desatención f lack of attention, inattention; **desatender** neglect; *(ignorar)* ignore; **desatento** *(desconsiderado)* discourteous; *(distraído)* inattentive

desatinado foolish; **desatinar** *(actuando)* act foolishly; *(hablando)* talk nonsense; **desatino** m mistake

desatornillar unscrew

desavenencia f disagreement

desaventajado unfavorable, Br unfavourable

desayunar 1 v/i have breakfast **2** v/t: *~ algo* have sth for breakfast; **desayuno** m breakfast

desbancar fig displace, take the place of

desbarajuste m mess

desbloquear *carretera* clear; *mecanismo* free up, unjam; *cuenta bancaria* unfreeze

desbordar 1 v/t *de un río* overflow, burst; *de un multitud* break through; *de un acontecimiento* overwhelm; fig exceed **2** v/i overflow; **desbordarse** *de un río* burst its banks; fig get out of control

descabellado: *idea -a* F hare-brained idea

descafeinado decaffeinated; fig watered-down

descalabro m calamity

descalificación f disqualification; **descalificar** disqualify

descalzo barefoot

descansar rest, have a rest; *¡que descanses!* sleep well; **descanso** m rest; DEP half time; TEA interval; *sin ~* without a break

descapotable m AUTO convertible

descarado rude, impertinent

descarga f ELEC, MIL discharge; *de mercancías* unloading; INFOR download; **descargar** *arma*, ELEC discharge; fig: *ira etc* take out *(en, sobre* on); *mercancías*

desconsuelo

unload; INFOR download; *de responsabilidad*, culpa clear (**de** of); **descargo** *m* defense, *Br* defence

descaro *m* nerve

descarrilamiento *m* FERR derailment; **descarrilar** derail

descartar rule out

descendencia *f* descendants *pl*; **descendente** downward; *escala* descending; **descender 1** *v/i* go down, descend; *para indicar acercamiento* come down, descend; *fig* go down, decrease; **~ de** descend from **2** *v/t escalera* go down; *para indicar acercamiento* come down; **descendiente 1** *adj* descended **2** *m/f* descendant; **descenso** *m* de precio *etc* drop; *de montaña*, AVIA descent; DEP relegation

descentralizar decentralize

descifrar decipher; *fig* work out

descodificador *m* decoder; **descodificar** decode

descolgar take down; *teléfono* pick up

descolorar bleach; **descolorarse** fade; **descolorido** faded; *fig* colorless, *Br* colourless

descomedido immoderate; (*descortés*) rude

descomponer (*dividir*) break down; (*pudrir*) cause to decompose; *L.Am.* (*romper*) break; **descomponerse** (*pudrirse*) decompose, rot; TÉC break down; *Rpl* (*emocionarse*) break down (in tears); **se le descompuso la cara** he turned pale; **descomposición** *f* breaking down; *putrefacción* decomposition; (*diarrea*) diarrhea, *Br* diarrhoea; **descompuesto 1** *part* ☞ **arr; descomponer 2** *adj alimento* rotten; *cadáver* decomposed; *persona* upset; *L.Am.* tipsy; *L.Am. máquina* broken down

descomunal enormous

desconcertado disconcerted; **desconcertar** *a persona* disconcert; **desconcertarse** be disconcerted, be taken aback

desconectar 1 *v/t* ELEC disconnect **2** *v/i fig* switch off

desconfiado mistrustful, suspicious; **desconfianza** *f* mistrust, suspicion; **desconfiar** be mistrustful, be suspicious (**de** of)

descongelar *comida* thaw, defrost; *refrigerador* defrost; *precios* unfreeze

descongestionar MED clear; *tráfico* relieve

desconocer not know; **desconocido 1** *adj* unknown **2** *m*, **-a** *f* stranger; **desconocimiento** *m* ignorance

desconsiderado inconsiderate

desconsolado inconsolable; **desconsuelo** *m* grief; **des-**

consolar distress
descontar COM deduct, take off; *fig* exclude
descontento 1 *adj* dissatisfied **2** *m* dissatisfaction
desconvocar call off
descortés impolite, rude; **descortesía** *f* discourtesy, impoliteness
descoser *costura* unpick; **descoserse** *de dobladillo etc* come unstitched; *de prenda* come apart at the seams
descrédito *m* discredit; **caer en ~** be discredited
describir describe; **descripción** *f* description
descubierto 1 *part* ☞ **descubrir 2** *adj* uncovered; *persona* bareheaded; *cielos* clear; *piscina* open-air; **al ~** in the open; **quedar al ~** be exposed **3** *m* COM overdraft
descubrimiento *m* discovery; *(revelación)* revelation;
descubrir discover; *poner de manifiesto* uncover, reveal; *estatua* unveil
descuento *m* discount; DEP stoppage time
descuidado careless; **descuidar 1** *v/t* neglect **2** *v/i*: **¡descuida!** don't worry!; **descuidarse** get careless; *en cuanto al aseo* let o.s. go; *(despistarse)* let one's concentration drop; **descuido** *m* carelessness; *(error)* mistake; *(omisión)* oversight; **en un ~** *L.Am.* in a moment of carelessness

desde 1 *prp en el tiempo* since; *en el espacio, en escala* from; **~ 1993** since 1993; **~ hace tres días** for three days; **~... hasta...** from ... to ... **2** *adv*: **~ luego** of course; **~ ya** *Rpl* right away
desdén *m* disdain, contempt; **desdeñar** scorn; **desdeñoso** disdainful, contemptuous
desdicha *f* *(desgracia)* misfortune; *(infelicidad)* unhappiness; **desdichado 1** *adj* unhappy; *(sin suerte)* unlucky **2** *m*, **-a** *f* poor soul
deseable desirable; **desear** wish for; *suerte etc* wish; **¿qué desea?** what would you like?
desecar dry
desechable disposable; **desechar** *(tirar)* throw away; *(rechazar)* reject; **desechos** *mpl* waste
desembalar unpack
desembarcar disembark; **desembarco** *m*, **desembarque** *m de personas* disembarkation; *de mercancías* landing
desembocadura *f* mouth; **desembocar** flow (**en** into); *de calle* come out (**en** into); *de situación* end (**en** in)
desembolsar pay out; **desembolso** *m* expenditure
desembragar 1 *v/t* embrague release **2** *v/i* release the clutch, declutch; **desembrague** *m* declutching

desempaquetar unwrap
desempate *m* POL: *una votación de* ~ a vote to decide the winner; *(partido de)* ~ DEP decider, deciding game
desempeñar *tarea* carry out; *cargo* hold; *papel* play; **desempeño** *m de tarea, papel* performance
desempleo *m* unemployment
desempolvar *v/t* dust; *fig* dust off; *conocimientos teóricos* brush up
desencadenar *fig* trigger; **desencadenarse** *fig* be triggered
desencantar *fig* disillusion, disenchant; **desencanto** *m fig* disillusionment
desenchufar ELEC unplug
desenfadado self-assured; *programa* light, undemanding; **desenfado** *m* ease
desenfrenado frenzied, hectic; **desenfreno** *m* frenzy
desenganchar *caballo* unhitch; *carro* uncouple; **desengancharse** get loose; *fig* F kick the habit F
desengañar disillusion; **desengañarse** become disillusioned (**de** with); *(dejar de engañarse)* stop kidding o.s.; **desengaño** *m* disappointment
desenlace *m* outcome
desenmascarar *fig* unmask, expose
desenredar untangle; *situación confusa* straighten out, sort out
desenvoltura *f* ease; **desenvuelto 1** *part* ☞ **desenvolver 2** *adj* self-confident
desenvolver unwrap; **desenvolverse** *fig* cope
deseo *m* wish; **deseoso:** ~ *de hacer algo* eager to do sth
desequilibrado 1 *adj* unbalanced **2** *m,* **-a** *f:* **ser un** ~ **mental** be mentally unbalanced; **desequilibrar** unbalance; ~ *a alguien* throw s.o. off balance
deserción *f* desertion; **desertar** MIL desert; **desertor** *m,* **~ora** *f* deserter
desescombro *m* clearing (up), removal
desesperación *f* despair; **desesperado** in despair; **desesperar 1** *v/t* infuriate, exasperate **2** *v/i* despair (**de** of); **desesperarse** get exasperated
desestabilizar POL destabilize
desestimar *queja* reject
desfachatez *f* impertinence
desfalco *m* embezzlement
desfallecer faint; **desfallecimiento** *m (debilidad)* weakness; *(desmayo)* fainting fit
desfase *m* gap; ~ *horario* jet lag
desfavorable unfavorable, *Br* unfavourable
desfigurar disfigure
desfilar parade; **desfile** *m* parade; ~ *de modelos o de modas* fashion show

desgana

desgana *f* loss of appetite; *con* ~ *fig* half-heartedly
desgarrador heartrending; **desgarrar** tear up; *corazón* break; **desgarro** *m* MED tear
desgastado worn out; **desgastar** wear out; *defensas* wear down; **desgaste** *m* wear (and tear)
desglose *m* breakdown, itemization
desgracia *f* misfortune; *suceso* accident; *por* ~ unfortunately; **desgraciado 1** *adj* unfortunate; *(miserable)* wretched **2** *m*, -a *f* wretch; *(sinvergüenza)* swine F
desgravar 1 *v/t* deduct **2** *v/i* be tax-deductible
desgreñar dishevel
desguazar scrap
deshabitado uninhabited
deshacer undo; *maleta* unpack; *planes* wreck; *(suspender)* cancel; **deshacerse** *de nudo de corbata, lazo etc* come undone; *de hielo* melt; ~ *de* get rid of; **deshecho 1** *part* ☞ **deshacer 2** *adj* F *anímicamente* devastated F; *de cansancio* beat F
deshelar, deshelarse thaw
desheredar disinherit
deshielo *m* thaw
deshonesto dishonest; **deshonra** *f* dishonor, *Br* dishonour; **deshonrar** dishonor, *Br* dishonour
deshora *f*: *a* ~ *(s)* at the wrong time
desierto 1 *adj* empty, deserted; *isla* -*a* desert island **2** *m* desert
designación *f* appointment, naming; *de lugar* selection; *de candidato* designation; **designar** appoint, name; *lugar* select
desigual unequal; *terreno* uneven; **desigualdad** *f* inequality
desilusión *f* disappointment; **desilusionar** disappoint; *(quitar la ilusión)* disillusion
desinfección *f* disinfection; **desinfectante** *m* disinfectant; **desinfectar** disinfect
desintegración *f tb* FÍS disintegration; **desintegrarse** disintegrate; *de grupo de gente* break up
desinterés *m* lack of interest; *(generosidad)* unselfishness; **desinteresado** unselfish
desintoxicación *f* detoxification
desistir give up, stop
desleal disloyal
desleír dissolve; **desleírse** dissolve
deslenguado 1 *adj* foulmouthed **2** *m*, -a *f* foulmouthed person
desligar separate (*de* from); *fig: persona* cut off (*de* from)
desliz *m fig* F slip-up F; **deslizar 1** *v/t* slide, run (*por* along); *idea, frase* slip in **2** *v/i* slide; **deslizarse** slide
deslucido tarnished; *colores* dull, drab; **deslucir** tarnish; *fig* spoil; **deslucirse** *de colo-*

despectivo

res fade; *de persona* be discredited
deslumbrar *fig* dazzle
desmán *m* outrage
desmantelar dismantle
desmaquillar remove make-up from; **desmaquillarse** take one's make-up off
desmarcarse DEP lose one's marker; **~ de** distance o.s. from
desmayado *persona* unconscious; *voz* weak; *color* pale; **desmayarse** faint; **desmayo** *m* fainting fit; **sin ~** without flagging
desmedido excessive
desmejorar 1 *v/t* spoil **2** *v/i* MED get worse, go downhill; **desmejorarse** MED get worse, go downhill; (*perder esplendor*) lose one's looks
desmentido *m* denial; **desmentir** deny; *a alguien* contradict
desmenuzar crumble up; *fig* break down
desmesurado excessive
desmontable easily dismantled; **desmontar 1** *v/t* dismantle, take apart; *tienda de campaña* take down **2** *v/i* dismount
desmoronarse *tb fig* collapse
desnivel *m* unevenness; *entre personas* disparity
desnudar undress; *fig* fleece; **desnudarse** undress; **desnudez** *f* nudity; *fig* nakedness; **desnudismo** *m* nudism; **desnudo 1** *adj* naked; (*sin decoración*) bare **2** *m* PINT nude
desobedecer disobey; **desobediencia** *f* disobedience; **desobediente** disobedient
desocupación *f L.Am.* unemployment; **desocupado 1** *adj apartamento* empty; *L.Am. sin trabajo* unemployed **2** *mpl:* **los ~s** the unemployed; **desocupar** vacate
desodorante *m* deodorant
desolación *f* desolation; **desolado** desolate; *fig* devastated; **desolador** devastating; **desolar** *tb fig* devastate
desorden *m* disorder; **desordenado** untidy, messy; *fig* disorganized; **desordenar** make untidy
desorganización *f* lack of organization; **desorganizado** disorganized
desorientarse get disoriented, lose one's bearings; *fig* get confused
despachar 1 *v/t a persona, cliente* attend to; *problema* sort out; (*vender*) sell; (*enviar*) send, dispatch **2** *v/i* meet (**con** with); **despacho** *m* office; *diplomático* dispatch; **~ de billetes** ticket office
despacio slowly; *L.Am.* (*en voz baja*) in a low voice
desparramar scatter; *líquido* spill; *dinero* squander; **desparramarse** spill; *fig* scatter
despectivo contemptuous;

despedazar 100

GRAM pejorative
despedazar tear apart
despedida f farewell; ~ **de soltero** stag party; ~ **de soltera** hen party; **despedir** see off; *empleado* dismiss; *perfume* give off; *de jinete* throw; **despedirse** say goodbye (**de**)
despegar 1 v/t remove, peel off **2** v/i AVIA, fig take off; **despegue** m AVIA, fig take-off
despejado *cielo*, *cabeza* clear; **despejar** clear; *persona* wake up; **despejarse** *de cielo* clear up; *fig* wake o.s. up
despensa f larder
desperdicio m waste; ~**s** waste; *no tener* ~ be worthwhile
desperfecto m (*defecto*) flaw; (*daño*) damage
despertador m alarm (clock); **despertar 1** v/t wake; *apetito* whet; *sospecha* arouse; *recuerdo* reawaken **2** v/i wake up; **despertarse** wake (up)
despido m dismissal
despierto awake; *fig* bright
despilfarrar squander
despistado scatterbrained
desplazamiento m trip; (*movimiento*) movement; **desplazar** move; (*suplantar*) take over from; **desplazarse** travel
desplegar unfold, open out; MIL deploy
desplomarse collapse

despoblar depopulate; **despoblarse** become depopulated o deserted
despojar strip (**de** of)
despreciar look down on; *propuesta* reject; **desprecio** m contempt; (*indiferencia*) disregard; *acto* slight
desprender detach, separate; *olor* give off; **desprenderse** come off; ~ **de** *fig* part with; *de estudio* emerge; **desprendimiento** m detachment
despreocupado (*descuidado*) careless; (*sin preocupaciones*) carefree
desprevenido unprepared; *pillar* o *L.Am.* **agarrar** ~ catch unawares
después (*más tarde*) afterward, later; *seguido en orden* next; *en el espacio* after; *yo voy* ~ I'm next; ~ **de** after; ~ **de que se vaya** after he's gone
desquite m compensation; *tomarse el* ~ F get one's own back
destacado outstanding; **destacar** stand out
destajo m: *a* ~ piecework
destapar open, take the lid off; *fig* uncover
desterrar exile; **destierro** m exile
destilación f distillation; **destilar** distill; *fig* exude
destinar *fondos* allocate (*para* for); *a persona* post (*a* to); **destinatario** m, -a f addressee; **destino** m fate; *de viaje*

etc destination; *en el ejército etc* posting
destituir dismiss
destornillador *m* screwdriver; **destornillar** unscrew
destreza *f* skill
destrozar destroy; *emocionalmente* shatter, devastate
destrucción *f* destruction; **destructor 1** *adj* destructive; **máquina ~a de documentos** document shredder **2** *m barco* destroyer; **destruir** destroy; *(estropear)* ruin, wreck
desunión *f* lack of unity
desusado obsolete
desvalijar rob; *apartamento* burglarize, burgle
desván *m* attic
desvelar keep awake; *secreto* reveal; **desvelo** *m* sleeplessness; **~s** efforts
desventaja *f* disadvantage; **desventajoso** disadvantageous
desventura *f* misfortune; **desventurado 1** *adj* unfortunate **2** *m*, **-a** *f* unfortunate
desvergonzado shameless
desviación *f* diversion; **desviar** *golpe* deflect; *tráfico, río* divert; **~ la conversación** change the subject; **~ a alguien del buen camino** lead s.o. astray; **desvío** *m* diversion
detallado detailed; **detalle** *m* detail; *fig* thoughtful gesture; **al ~** retail; **detallista** *m/f* COM retailer
detectar detect; **detective** *m/f* detective; **~ privado** private detective
detención *f* detention; **orden de ~** arrest warrant; **detener** stop; *de policía* arrest, detain; **detenerse** stop
detergente *m* detergent
deteriorar damage
determinación *f (intrepidez)* determination; *(decisión)* decision; **determinado** certain; **determinar** determine; **determinarse** decide (**a** to)
detestar detest
detrás behind; **por ~** at the back; *fig* behind your / his etc back; **~ de** behind; **uno ~ de otro** one after the other; **estar ~ de algo** *fig* be behind sth
detrimento *m*: **en ~ de** to the detriment of
deuda *f* debt; **estar en ~ con alguien** *fig* be in s.o.'s debt; **agencia** *f* **de calificación de ~** FIN rating agency; **deudor** *m*, **-a** *f* debtor
devaluación *f* devaluation; **devaluar** devalue
devastar devastate
devoción *f tb* fig devotion
devolución *f* return; *de dinero* refund; **devolver** give back, return; *fig: visita, saludo* return; F *(vomitar)* throw up F; **devolverse** *L.Am.* go back
devorar devour
devoto 1 *adj* devout **2** *m*, **-a** *f*

DF

devotee

DF (= *Distrito Federal*) Mexico City

día *m* day; **~ de fiesta** holiday; **~ festivo** holiday; **~ hábil o laborable** work day; **poner al ~** update, bring up to date; **a los pocos ~s** a few days later; **algún ~, un ~** some day, one day; **de ~** by day; **ya es de ~** it's light already; **el ~ menos pensado** when you least expect it; **hace mal ~ tiempo** it's a nasty day; **hoy en ~** nowadays; **todos los ~s** every day; **un ~ sí y otro no** every other day; **¡buenos ~s!** good morning

diabetes *f* diabetes; **diabético 1** *adj* diabetic **2** *m*, **-a** *f* diabetic

diablo *m* devil; **mandar a alguien al ~** tell s.o. to go to hell

diafragma *m* diaphragm

diagnóstico 1 *adj* diagnostic **2** *m* diagnosis

diagonal 1 *adj* diagonal **2** *f* diagonal (line)

diagrama *m* diagram

dialecto *m* dialect

diálogo *m* dialog, *Br* dialogue

diamante *m* diamond

diámetro *m* diameter

diapositiva *f* FOT slide, transparency

diario 1 *adj* daily **2** *m* diary; (*periódico*) newspaper; **a ~** daily

diarrea *f* MED diarrhea, *Br* diarrhoea

dibujante *m/f* draftsman, *Br* draughtsman; *mujer* draftswoman, *Br* draughtswoman; *de viñetas* cartoonist; **dibujar** draw; *fig* describe; **dibujo** *m* drawing; *estampado* pattern; **~s animados** cartoons; **película de ~ s animados** animation

diccionario *m* dictionary

dicha *f* (*felicidad*) happiness; (*suerte*) good luck

dicho 1 *part* ☞ **decir 2** *adj* said; **~ y hecho** no sooner said than done; **mejor ~** or rather **3** *m* saying

dichoso happy; F (*maldito*) damn F

diciembre *m* December

dictado *m* dictation; **dictador** *m*, **~a** *f* dictator

dictamen *m* (*informe*) report; (*opinión*) opinion; **emitir un ~** make out a report; **dictaminar** state

dictar dictate; *ley* announce; **~ sentencia** JUR pass sentence

diecinueve nineteen; **dieciocho** eighteen; **dieciséis** sixteen; **diecisiete** seventeen

diente *m* tooth; **~ de ajo** clove of garlic; **~ de león** BOT dandelion; **poner los ~s largos a alguien** make s.o. jealous

diesel *m* diesel

diestro 1 *adj*: **a ~ y siniestro** *fig* F left and right **2** *m* TAUR bullfighter

dieta *f* diet; **estar a ~** be on a

dirección

diet; **~s** traveling o Br travelling expenses

diez ten

difamación f defamation; *de palabra* slander; *por escrito* libel; **difamar** slander, defame; *por escrito* libel

diferencia f difference; **a ~ de** unlike; **con ~** fig by a long way; **diferencial** m differential; **diferenciar** differentiate; **diferente** different

diferido TV: **en ~** prerecorded

diferir 1 v/t postpone **2** v/i differ (**de** from)

difícil difficult; **dificultad** f difficulty; **poner ~es** make it difficult

dificultar hinder

difteria f MED diphtheria

difundir spread; (*programa*) broadcast; **difundirse** spread

difunto 1 adj late **2** m, -a f deceased

digerir digest; **digestible** f digestible; **digestión** f digestion; **digestivo** digestive

digital digital

dignarse deign; **dignidad** f dignity; **dignatario** m, -a f dignitary; **digno** worthy; *trabajo* decent

dilapidar waste

dilatación f dilation; **dilatar 1** v/t dilate; (*prolongar*) prolong; (*aplazar*) postpone **2** v/i Méx (*tardar*) be late; **no me dilato** I won't be long

dilema m dilemma

diligencia f diligence; *vehículo* stagecoach; **~s** JUR procedures, formalities; **diligente** diligent

diluir dilute

diluvio m downpour; fig deluge

dimensión f dimension; fig size, scale; **dimensiones** measurements

diminuto tiny, diminutive

dimisión f resignation; **dimitir** resign

Dinamarca Denmark

dinamita f dynamite

dínamo, dinamo f o L.Am. m dynamo

dinero m money; **~ en efectivo, ~ en metálico** cash

dinosaurio m dinosaur

Dios m God; **¡~ mío!** my God!; **¡por ~!** for God's sake!

diosa f goddess

diploma m diploma; **diplomacia** f diplomacy; **diplomático 1** adj diplomatic **2** m, -a f diplomat

diputación f deputation; **diputado** m, -a f representative, Br Member of Parliament

dique m dike, Br dyke

dirección f tb TEA, *de película* direction; COM management; POL leadership; *de coche* steering; *en carta* address; **en aquella ~** that way; **~ asistida** AUTO power steering; **~ de correo electrónico** e-mail address; di-

directivo

rectivo 1 *adj* governing; COM managing **2** *m*, **-a** *f* COM manager; **directo** direct; **en~** TV, RAD live; **director 1** *adj* leading **2** *m*, **-a** *f* manager; EDU principal, *Br* head (teacher); TEA, *de película* director; **~ de orquesta** conductor; **directorio** *m* TB INFOR directory; **directriz** *f* guideline

dirigir TEA, *película* direct; COM manage, run; MÚS conduct; **-a una carta a** address a letter to; **~ una pregunta a** direct a question to; **dirigirse** make, head (**a**, *hacia*) for)

discapacidad *f* disability; **discapacitado 1** *adj* disabled **2** *m*, **-a** *f* disabled person

disciplina *f* discipline; **discípulo** *m*, **-a** *f* REL, *fig* disciple

disco *m* disk, *Br* disc; MÚS record; (*discoteca*) disco; DEP discus; **~ compacto** compact disc; **~ duro**, *L.Am.* **~ rígido** INFOR hard disk

discordia *f* discord; (*colección de discos*) record collection

discoteca *f* disco

discreción *f* discretion; **a ~ disparar** at will; **a ~ de** at the discretion of

discrepancia *f* discrepancy; (*desacuerdo*) disagreement; **discrepar** disagree

discreto discreet

discriminar discriminate against; (*diferenciar*) differentiate

disculpa *f* apology; **disculpar** excuse

discurso *m* speech; *de tiempo* passage, passing

discusión *f* discussion; (*disputa*) argument; **discutir 1** *v/t* discuss **2** *v/i* argue (**sobre** about)

disentería *f* MED dysentery

diseñador *m*, **-a** *f* designer; **diseñar** design; **diseño** *m* design; **~ gráfico** graphic design

disfraz *m* *para ocultar* disguise; *para fiestas* costume, fancy dress; **disfrazarse** *para ocultarse* disguise o.s. (**de** as); *para divertirse* dress up (**de** as)

disfrutar 1 *v/t* enjoy **2** *v/i* have fun, enjoy o.s.; **~ de buena salud** be in *o* enjoy good health

disgustado upset (**con** with); **disgustar** upset; **disgustarse** get upset; **disgusto** *m*: **me causó un gran ~** I was very upset; **llevarse un ~** get upset; **a ~** unwillingly

disidente *m/f* dissident

disimular 1 *v/t* disguise **2** *v/i* pretend

disipar *duda* dispel

diskette *m* diskette, floppy (disk)

dislexia *f* dyslexia; **disléxico 1** *adj* dyslexic **2** *m*, **-a** *f* dyslexic

dislocación *f* MED dislocation; *fig* distortion

disminución *f* decrease; **disminuido 1** *adj* handicapped **2** *m*, **-a** *f* handicapped person; **disminuir 1** v/t reduce, cut; *velocidad* reduce **2** v/i decrease, diminish

disolución *f* dissolution; **disolver** dissolve; *manifestación* break up

disparador *m* FOT shutter release; **disparar 1** v/t *tiro*, *arma* fire; *foto* take; *precios* send up **2** v/i shoot, fire; **dispararse** *de arma*, *alarma* go off; *de precios* shoot up, rocket F

disparate *m* piece of nonsense; **es un ~ hacer eso** it's crazy to do that

disparo *m* shot

dispensar dispense; *recibimiento* give; (*eximir*) excuse (**de** from)

dispersar disperse

disponer 1 v/t (*arreglar*) arrange; (*preparar*) prepare; (*ordenar*) stipulate **2** v/i: **~ de algo** have sth at one's disposal; **disponible** available; **disposición** *f* disposition; *de objetos* arrangement; **~ de ánimo** state of mind; **estar a ~ de alguien** be at s.o.'s disposal

dispositivo *m* device

dispuesto 1 *part* ☞ **disponer 2** *adj* ready (**a** to)

disputar 1 v/t dispute; *partido* play **2** v/i argue (**sobre** about)

disquete *m* INFOR diskette, floppy (disk)

distancia *f tb fig* distance; **distante** *tb fig* distant

distensión *f* MED strain; *fig*: *de ambiente* easing; POL détente

distinción *f* distinction; **a ~ de** unlike; **distinguido** distinguished; **distinguir** distinguish (**de** from); (*divisar*) make out; *con un premio* honor, Br honour; **distintivo** *m* emblem; MIL insignia; **distinto** different; **~s** (*varios*) several

distorsión *f* distortion

distracción *f* distraction; (*descuido*) absent-mindedness; (*diversión*) entertainment; (*pasatiempo*) pastime; **distraer** distract; *la radio la distrae* she enjoys listening to the radio; **distraído 1** *part* ☞ **distraer 2** *adj* absent-minded; *temporalmente* distracted

distribución *f* distribution; **distribuidor** *m* distributor; **distribuir** distribute; *beneficio* share out

distrito *m* district

disturbio *m* disturbance

disuadir dissuade; POL deter; **~ a alguien de hacer algo** dissuade s.o. from doing sth

diurno day *atr*

divagar digress

diversidad *f* diversity

diversión *f* fun; (*pasatiempo*) pastime; *aquí no hay mu-*

diverso

chas diversiones there's not much to do around here; **diverso** diverse; **~s** several, various
divertido funny; (*entretenido*) entertaining; **divertir** entertain; **divertirse** have fun, enjoy o.s.
dividir divide
divino *tb fig* divine
divisa *f* currency; **~s** foreign currency
división *f* division
divorciado 1 *adj* divorced **2** *m*, **-a** *f* divorcee; **divorciarse** get divorced; **divorcio** *m* divorce
divulgar spread
doblar 1 *v/t* fold; *cantidad* double; *película* dub; MAR round; *pierna, brazo* bend; *en una carrera* pass, *Br* overtake; **~ la esquina** go around *o* turn the corner **2** *v/i* turn; **doble 1** *adj* double; *nacionalidad* dual; **~ clic** double click; **hacer ~ clic en** double click on **2** *m*: **el ~** twice as much (**de** as); **el ~ de gente** twice as many people; **~s** *tenis* doubles **3** *m/f en película* double
doce twelve; **docena** *f* dozen
dócil docile
doctor *m*, **~a** *f* doctor
documentación *f* documentation; *de una persona* papers; **documental** *m* documentary; **documentar** document; **documentarse** do research; **documento** *m* docu-

ment; **~ nacional de identidad** national identity card
dogma *m* dogma
dogo *m* ZO mastiff
dólar *m* dollar
dolencia *f* ailment; **doler** *v/t fig* hurt; **me duele el brazo** my arm hurts; **dolido** *fig* hurt; **dolor** *m tb fig* pain; **~ de cabeza** headache; **~ de estómago** stomach-ache; **~ de muelas** toothache; **doloroso** *tb fig* painful
domador *m*, **~a** *f* tamer; **domar** *tb tb fig* tame; *caballo* break in
doméstico 1 *adj* domestic, household *atr* **2** *m*, **-a** *f* servant
domiciliado resident; **domiciliar** *pago* pay by direct billing, *Br* pay by direct debit; **domicilio** *m* residence; **repartir a ~** do home deliveries
dominación *f* domination; **dominante** dominant; *desp* domineering; **dominar** dominate; *idioma* have a good command of
domingo *m* Sunday; **~ de Ramos** Palm Sunday
dominicano 1 *adj* Dominican **2** *m*, **-a** *f* Dominican
dominio *m* control; *fig* command; **ser del ~ público** be in the public domain
don[1] *m* gift; **~ de gentes** way with people
don[2] *m* Mr; **~ Enrique** Mr Sanchez *English uses the surname while Spanish uses the*

duradero

first name
donación *f* donation; **~ de órganos** organ donation; **donar** donate; **donativo** *m* donation
donde **1** *adv* where **2** *prp esp L.Am.*: *fui* **~** *el médico* I went to the doctor
dónde *interr* where?; *¿de ~ eres?* where are you from?; *¿hacia ~ vas?* where are you going?
dongle *m* IT dongle
doña *f* Mrs; **~ Estela** Mrs Sanchez *English uses the surname while Spanish uses the first name*
dopaje, doping *m* doping; **dopar** dope; **doparse** take drugs
dorada *f* ZO gilthead
dorado gold; *montura* gilt
dormido asleep; **quedarse ~** fall asleep; **dormilón** *m*, **-ona** F sleepyhead F; **dormir 1** *v/i* sleep; (*estar dormido*) be asleep **2** *v/t* put to sleep; **~ a alguien** MED give s.o. a general anesthetic *o Br* anaesthetic; **dormirse** go to sleep; (*quedarse dormido*) fall asleep; (*no despertarse*) oversleep; **dormitorio** *m* bedroom
dorsal 1 *adj* dorsal **2** *m* DEP number; **dorso** *m* back
dos two; *de ~ en ~* in twos; *los* **~** both; *cada ~ por tres* all the time
dosis *f inv* dose
dotar equip (*de* with); *fondos* provide (*de* with); *cualidades* endow (*de* with); **dote** *f novia* dowry; **tener ~s para algo** have a gift for sth
draga *f máquina* dredge; *barco* dredger; **dragar** dredge
drama *m* drama; **dramatizar** dramatize; **dramaturgo** *m*, **-a** *f* playwright, dramatist
drástico drastic
drenaje *m* drainage; **drenar** drain
droga *f* drug; **~ de diseño** designer drug; **drogadicto 1** *adj* addicted to drugs **2** *m*, **-a** *f* drug addict; **drogarse** take drugs; **drogodependencia** *f* drug dependency **droguería** *f* store selling cleaning and household products
ducha *f* shower; **ducharse** have a shower, shower
duda *f* doubt; **dudar 1** *v/t* doubt **2** *v/i* hesitate (**en** to); **dudoso** doubtful; (*indeciso*) hesitant
duelo *m* grief; (*combate*) duel
duende *m* imp
dueño *m*, **-a** *f* owner
dulce 1 *adj* sweet; *fig* gentle **2** *m* candy, *Br* sweet; **dulzura** *f tb fig* sweetness
duna *f* dune
dúplex *m* duplex (apartment)
duplicado *m/adj* duplicate; **duplicar** duplicate
duque *m* duke; **duquesa** *f* duchess
duración *f* duration; **duradero** lasting; *ropa, calzado*

durante

hard-wearing; **durante** *indicando duración* during; *indicando período* for; **~ seis meses** for six months; **durar** last

durazno *m L.Am.* BOT peach
dureza *f de material* hardness; *de carne* toughness; *de clima*, *fig* harshness; **duro 1** *adj* hard; *carne* tough; *clima*, *fig* harsh; **~ de oído** F hard of hearing **2** *adv* hard **3** *m* five peseta coin
DVD *m* (= **disco de video digital**) DVD

E

e *conj* (*instead of* **y** *before words starting with* **i, hi**) and
ebanista *m* cabinetmaker;
ébano *m* ebony; **ebanistería** *f* cabinetmaking
ebrio drunk
ebullición *f*: **punto de ~** boiling point
echar 1 *v/t* (*lanzar*) throw; (*poner*) put; *de un lugar* throw out; *humo* give off; *carta* mail, *Br tb* post; **~ a alguien del trabajo** fire s.o.; **~ abajo** pull down, destroy; **~ la culpa a alguien** put the blame on s.o.; **me echó 40 años** he thought I was 40 **2** *v/i*: **~ a** start to, begin to; **~ a correr** start *o* begin to run, start running; **echarse** (*tirarse*) throw o.s.; (*tumbarse*) lie down; (*ponerse*) put on; **~ a llorar** start *o* begin to cry, start crying
eclesiástico ecclesiastical, church *atr*
eclipse *m* eclipse
eco *m* echo; **tener ~** *fig* make an impact

ecografía *f* (ultrasound) scan
ecología *f* ecology; **ecológico** ecological; *alimentos* organic; (*que no daña el medio ambiente*) environmentally friendly; **ecologista** *m/f* ecologist
economía *f* economy; *ciencia* economics *sg*; **~ de mercado** market economy; **~ sumergida** black economy; **económico** economic; (*barato*) economical; **economista** *m/f* economist; **economizar** economize on, save
Ecuador Ecuador
ecuador *m* equator
ecuatorial equatorial
ecuatoriano 1 *adj* Ecuadorean **2** *m*, **-a** *f* Ecuadorean
eczema *m* eczema
edad *f* age; **la Edad Media** the Middle Ages *pl*; **la tercera ~** the over 60s; **a la ~ de** at the age of; **¿qué ~ tienes?** how old are you?, what age are you?
edición *f* edition
edicto *m* edict

edificación f construction, building; **edificar** construct, build; **edificio** m building
editar edit; (*publicar*) publish; **editor** m, **-a** f editor; **editorial 1** m editorial, leading article **2** f publishing company, publisher
edredón m eiderdown
educación f (*crianza*) upbringing; (*modales*) manners pl; ~ **física** physical education, PE; **educado** polite; **mal** ~ rude; **educativo** educational; **educar** educate; (*criar*) bring up; *voz* train
EE.UU. (= *Estados Unidos*) US(A) (= United States (of America))
efectivo 1 adj effective; **hacer** ~ COM cash **2** m: **en** ~ (in) cash; **efecto** m effect; ~ **invernadero** greenhouse effect; ~**s secundarios** side effects; **en** ~ indeed; **surtir** ~ take effect, work; **efectuar** carry out
eficacia f efficiency; **eficaz** (*efectivo*) effective; (*eficiente*) efficient; **eficiencia** f efficiency; ~ **energética** energy efficiency; **eficiente** efficient
efusivo effusive
egipcio 1 adj Egyptian **2** m, **-a** f Egyptian; **Egipto** Egypt
egoísmo m selfishness, egoism; **egoísta 1** adj selfish, egoistic **2** m/f egoist
eje m axis; *de auto* axle; *fig* linchpin

ejecución f (*realización*) implementation, carrying out; *de condenado* execution; MÚS performance; **ejecutar** (*realizar*) carry out, implement; *condenado* execute; INFOR run, execute; MÚS play, perform; **ejecutiva** f executive; **ejecutivo 1** adj executive; **el poder** ~ POL the executive **2** m executive; **el Ejecutivo** the government
ejemplar 1 adj *alumno etc* model atr, exemplary **2** m *de libro* copy; *de revista* issue; *animal, planta* specimen; **ejemplo** m example; **dar buen** ~ set a good example; **por** ~ for example
ejercer 1 v/t *cargo* practice, Br practise; *influencia* exert **2** v/i *de profesional* practice, Br practise; **ejercicio** m exercise; COM fiscal year, Br financial year; **hacer** ~ exercise; **ejercitar** *músculo, derecho* exercise; **ejercitarse** train; ~ **en** practice, Br practise
ejército m army
el *art* the **2** *pron*: ~ **de...** that of ...; ~ **de Juan** Juan's; ~ **que está...** the one who is ...
él *sujeto* he; *cosa* it; *complemento* him; *cosa* it; **de** ~ his; **es** ~ it's him
elaborar produce, make; *metal etc* work; *plan* devise, draw up

elasticidad

elasticidad f elasticity; **elástico 1** adj elastic **2** m elastic; (goma) elastic band
elección f choice; **electo** elect; **elector** m voter; **electoral** election atr, electoral
electricidad f electricity; **electricista** m/f electrician; **eléctrico** luz, motor electric; aparato electrical; **electrizar** tb fig electrify
electrodoméstico m electrical appliance
electrónica f electronics; **electrónico** electronic; *libro* ~ e-book, electronic book; *comercio* ~ e-business; **electrotecnia** f electrical engineering
elefante m elephant; ~ *marino* elephant seal, sea elephant
elegancia f elegance; **elegante** elegant
elegir choose; *por votación* elect
elemental (*esencial*) fundamental, essential; (*básico*) elementary, basic; **elemento** m element
elepé m LP, album
elevación f elevation; **elevado** high; fig elevated; **elevador** m hoist; L.Am. elevator, Br lift; **elevar** raise; **elevarse** rise; *de monumento* stand
eliminar eliminate; *desperdicios* dispose of; **eliminatoria** f DEP qualifying round, heat
élite f elite
ella sujeto she; cosa it; complemento her; cosa it; **de** ~ her; **es de** ~ it's hers; **de** ~ it's her
ellas sujeto they; complemento them; **de** ~ their; **es de** ~ it's theirs; **son** ~ it's them
ello it
ellos sujeto they; complemento them; **de** ~ their; **es de** ~ it's theirs; **son** ~ it's them
elocuencia f eloquence; **elocuente** eloquent
elogiar praise; **elogio** m praise; **elogioso** full of praise, highly complimentary
El Salvador El Salvador
eludir evade, avoid
emanar 1 v/i fml emanate (**de** from) fml; *tallo* fig stem (**de** from) **2** v/t exude, emit
emancipación f emancipation; **emanciparse** become emancipated
embadurnar smear (**de** with)
embajada f embassy; **embajador** m, **~a** f ambassador
embalaje m packing; *paquete* packaging; **embalar** pack
embalse m reservoir
embarazada 1 adj pregnant **2** f pregnant woman; **embarazo** m pregnancy; *interrupción del* ~ termination, abortion; **embarazoso** awkward, embarrassing
embarcación f vessel, craft; **embarcadero** m wharf; **embarcar 1** v/t pasajeros board, embark; mercancías load **2** v/i board, embark; **embarcarse** *en barco* board, em-

bark; *en avión* board; **~ en fig** embark on; **embarco** *m* embarkation
embargar JUR seize; *fig* overwhelm; **embargo** *m* embargo; JUR seizure; **sin ~** however
embarque *m* boarding; *de mercancías* loading
embaucar trick, deceive
embelesar captivate
embellecer make more beautiful; **embellecerse** grow more beautiful
embestir charge (**contra** at)
emblema *m* emblem; **emblemático** emblematic
embolia *f* MED embolism
embolsar, embolsarse pocket
emborrachar make drunk, get drunk; **emborracharse** get drunk
emboscada *f* ambush
embotellamiento *m* traffic jam; **embotellar** bottle
embragar AUTO **1** *v/t* engage **2** *v/i* engage the clutch; **embrague** *m* AUTO clutch
embriagar *fig* intoxicate; **embriaguez** *f* intoxication
embrión *m* embryo; **embrionario** embryonic
embrollar muddle, mix up; **embrollarse** get complicated; *de hilos* get tangled up; **embrollo** *m* tangle; *fig* mess, muddle
embromar *Rpl* F (*molestar*) annoy
embrujar *tb fig* bewitch
embudo *m* funnel
embuste *m* lie; **embustero 1** *adj* deceitful **2** *m*, **-a** *f* liar
emergencia *f* emergency
emerger emerge
emigración *f* emigration; **emigrante** *m* emigrant; **emigrar** emigrate; ZO migrate
eminente eminent
emisión *f* emission; COM issue; RAD, TV broadcast; **emisora** *f* radio station; **emitir** *calor, sonido* give out, emit; *moneda* issue; *opinión* express, give; *veredicto* deliver; RAD, TV broadcast; *voto* cast
emoción *f* emotion; **¡qué ~!** how exciting!; **emocionado** excited; **emocionante** (*excitante*) exciting; (*conmovedor*) moving; **emocionar** excite; (*conmover*) move; **emocionarse** get excited; (*conmoverse*) be moved
emotivo emotional; (*conmovedor*) moving
empalagoso sickly; *fig* sickly sweet
empalmar 1 *v/t* connect, join **2** *v/i* connect, join up (**con** with); *de idea, conversación* follow on (**con** from); **empalme** *m* TÉC connection; *de carreteras* intersection, *Br* junction
empanada *f* pie; **empanar** coat in breadcrumbs
empapado soaked; **empapar** soak; (*absorber*) soak up
empapelar wallpaper
empaquetar pack

emparedado *m* sandwich

empastar muela fill; *libro* bind; **empaste** *m* filling

empatar tie, *Br* draw; (*igualar*) tie the game, *Br* equalize; **empate** *m* tie, draw; **gol del ~** *en fútbol* equalizer

empedernido inveterate, confirmed

empedrado *m* paving; **empedrar** pave

empeine *m* instep

empeñar pawn; **empeñarse** (*endeudarse*) get into debt; (*esforzarse*) make an effort (*en* to); **~ en hacer** obstinarse insist on doing, be determined to do

empeño *m* (*obstinación*) determination; (*esfuerzo*) effort; *Méx lugar* pawn shop

empeoramiento *m* deterioration, worsening; **empeorar 1** *v/t* make worse **2** *v/i* deteriorate, get worse

emperador *m* emperor; *pez* swordfish; **emperatriz** *f* empress

empezar start, begin; **~ a hacer algo** start to do sth, start doing sth; **~ por hacer algo** start *o* begin by doing sth; **empiezo** *m* S.Am. start, beginning

empinado steep

emplasto *m* MED poultice; *fig* soggy mess

emplazamiento *m* site, location; JUR subpena, *Br* subpœna

empleado 1 *adj*: **le está bien ~** it serves him right **2** *m*, **-a** *f* employee; **-a de hogar** maid; **emplear** (*usar*) use; *persona* employ; **empleo** *m* employment; (*puesto*) job; (*uso*) use; **modo de ~** instructions *pl* for use

empobrecerse become impoverished, become poor; **empobrecimiento** *m* impoverishment

empollar F cram F, *Br* swot F; **empollón** *m* F grind F, *Br* swot F

empotrado built-in, fitted

emprendedor enterprising; **emprender** embark on, undertake; **~la con alguien** F take it out on s.o.

empresa *f* company; *fig* venture, undertaking; **empresaria** *f* businesswoman; **empresarial** business *atr*; **ciencias ~es** business studies; **empresario** *m* businessman

empujar push; *fig* urge on; **empujón** *m* push, shove; **empuje** *m* push; *fig* drive

empuñar grasp

en (*dentro de*) in; (*sobre*) on; **~ inglés** in English; **~ la calle** on the street, *Br* tb in the street; **~ casa** at home; **~ coche / tren** by car / train

enagua(s) *f(pl)* petticoat

enajenar JUR transfer; (*trastornar*) drive insane

enamorado in love (**de** with); **enamorarse** fall in love (**de** with)

enano 1 *adj* tiny; *perro, árbol*

encogerse

miniature, dwarf *atr* **2** *m* dwarf

encabezamiento *m* heading; **encabezar** head; *movimiento* lead

encadenar chain (up); *fig* link together

encajar 1 *v/t piezas* fit; *golpe* take **2** *v/i* fit (**en**; **con** with); **encaje** *m* lace

encalar whitewash

encallar MAR run aground

encantado (*contento*) delighted; *castillo* enchanted; **¡~!** nice to meet you; **encantador** charming; **encantar**: **me / le encanta** I love / he loves it; **encanto** *m* (*atractivo*) charm; **como por ~** as if by magic; **eres un ~** you're an angel

encarcelar put in prison, imprison

encarecer put up the price of; **encarecerse** become more expensive; *de precios* increase, rise; **encarecidamente**: **le ruego ~ que...** I beg you to ... ; **encarecimiento** *m de precios* increase, rise; (*alabanza*) (exaggerated) praise; (*empeño*) insistence

encargado *m*, **-a** *f* person in charge; *de un negocio* manager; **encargar** (*pedir*) order; **le encargé que me trajera...** I asked him to bring me ...; **encargarse** (*tener responsabilidad*) be in charge; **yo me encargo de la comida** I'll take care of the food; **encargo** *m* job, errand; COM order; **¿te puedo hacer un ~?** can I ask you to do something for me?; **hecho por ~** made to order

encarnado red; **encarnar** *cualidad etc* embody; TEA play

encéfalo *m* brain

encendedor *m* lighter; **encender 1** *v/t fuego* light; *luz, televisión* switch on, turn on; *fig* inflame, arouse; **encendido 1** *adj luz, televisión* (switched) on; *fuego* lit; *cara* red **2** *m* AUTO ignition

encerar polish, wax

encerrar lock up, shut up; (*contener*) contain

enchufar ELEC plug in; **enchufe** *m* ELEC *macho* plug; *hembra* outlet, *Br* socket; **tener ~** *fig* F have connections

encía *f* gum

enciclopedia *f* encyclopedia

encierro *m protesta* sit-in; *de toros* bull pen

encima on top; **~ de** on top of; **por ~** above, over; **por ~ de todo** above all; **hacer algo muy por ~** do sth very quickly; **no lo llevo ~** I haven't got it on me; **ponerse algo ~** put sth on; **encimera** *f sábana* top sheet; *Esp mostrador* worktop

encina *f* holm oak

encinta pregnant

encogerse *de material* shrink; *fig: de persona* be intimi-

encolerizarse

dated; **~ de hombros** shrug (one's shoulders)

encolerizarse get angry

encomendar entrust (**a** to); **encomendarse** commend o.s. (**a** to)

encomienda *f L.Am.* HIST grant of land and labor by colonial authorities after the Conquest

encontrar find; **encontrarse** (*reunirse*) meet; (*estar*) be; **~ con alguien** meet s.o., run into s.o.; *me encuentro bien* I'm fine

encorvado *persona, espalda* stooped

encorvar hunch; *estantería* buckle

encuadernación *f* binding; **encuadernar** bind

encubridor *m*, **~a** *f* accessory after the fact; **encubrir** *delincuente* harbor, *Br* harbour; *delito* cover up

encuentro *m* meeting, encounter; DEP game; *salir o ir al ~ de alguien* meet s.o.; **~s online** online dating

encuesta *f* survey; (*sondeo*) (opinion) poll

encurtidos *mpl* pickles

endeble weak, feeble

enderezar straighten out; **enderezarse** straighten up; *fig* straighten s.o. out, sort o.s out

endeudarse get into debt

endibia *f* BOT endive

endosar COM endorse; *me lo endosó a mí* F she landed me with it F

endulzar sweeten; (*suavizar*) soften

endurecer harden; *fig* toughen up; **endurecerse** harden, become harder; *fig* become harder, toughen up

enebro *m* BOT juniper

eneldo *m* BOT dill

enema *m* MED enema

enemigo 1 *adj* enemy *atr* **2** *m* enemy; **ser ~ de** *fig* be opposed to, be against; **enemistad** *f* enmity; **enemistarse** fall out

energético *crisis* energy *atr*; *alimento* energy-giving; **energía** *f* energy; **~ solar** solar power, solar energy; **enérgico** energetic; *fig* forceful, strong

enero *m* January

enfadado annoyed (**con** with); (*encolerizado*) angry (**con** with); **enfadar** (*molestar*) annoy; (*encolerizar*) make angry, anger; **enfadarse** (*molestarse*) get annoyed (**con** with); (*encolerizarse*) get angry (**con** with); **enfado** *m* (*molestia*) annoyance; (*cólera*) anger

énfasis *m* emphasis; *poner ~ en* emphasize, stress; **enfático** emphatic

enfermar 1 *v/t* drive crazy **2** *v/i* get sick, *Br tb* get ill; **enfermedad** *f* illness, disease; **enfermería** *f sala* infirmary, sickbay; *carrera* nursing; **enfermero** *m*, **-a** *f* nurse; **enfer-**

enlutarse

mizo unhealthy; **enfermo 1** *adj* sick, ill **2** *m*, **-a** *f* sick person

enfilar *camino* take; *perlas* string

enfocar *cámara* focus; *imagen* get in focus; *fig*: *asunto* look at; **enfoque** *m fig* approach

enfrentamiento *m* clash, confrontation; **enfrentar** confront, face up to; **enfrentarse** DEP meet; ~ **con alguien** confront s.o.; ~ **a algo** face (up to) sth

enfrente opposite; ~ **de** opposite

enfriar *vino* chill; *algo caliente* cool (down); *fig* cool; **enfriarse** (*perder calor*) cool down; (*perder demasiado calor*) get cold, go cold; *fig* cool, cool off; MED catch a cold

enfurecerse get furious

enganchar hook; F *novia*, *trabajo* land F; **engancharse** get caught (*en* on); MIL sign up, enlist; ~ **a la droga** F get hooked on drugs F

engañar 1 *v/t* deceive, cheat; (*ser infiel a*) cheat on; **engaño** *m* (*mentira*) deception, deceit; (*ardid*) trick; **engañoso** *persona* deceitful; *apariencias* deceptive

engatusar F sweet-talk F

engendrar father; *fig* breed, engender *fml*

englobar include, embrace

engordar 1 *v/t* put on, gain **2** *v/i de persona* put on weight;

de comida be fattening; **engorde** *m* fattening (up)

engorroso tricky

engranaje *m* TÉC gears *pl*; *de maquinaria* machinery; **engranar** mesh, engage

engrandecer enlarge; (*ensalzar*) praise; **engrandecerse** grow in stature

engrasar grease, lubricate; **engrase** *m* greasing, lubrication

engreído conceited

engrosar 1 *v/t* swell, increase **2** *v/i* put on weight

engullir bolt (down)

enhorabuena *f* congratulations *pl*; **dar la ~** congratulate (**por** on)

enigma *m* enigma; **enigmático** enigmatic

enjabonar soap

enjambre *m* tb *fig* swarm

enjaular cage; *fig* jail, lock up

enjuagar rinse; **enjuague** *m acto* rinsing; *líquido* mouthwash

enjugar *deuda etc* wipe out; *líquido* mop up; *lágrimas* wipe away

enjuto lean, thin

enlace *m* link, connection; ~ **matrimonial** marriage

enlazar 1 *v/t* link (up), connect; *L.Am. con cuerda* rope, lasso **2** *v/i de carretera* link up; AVIA, FERR connect

enloquecer 1 *v/t* drive crazy *o* mad **2** *v/i* go crazy *o* mad

enlutar plunge into mourning; **enlutarse** go into

enmarañar

mourning

enmarañar *pelo* tangle; *asunto* complicate, muddle

enmascarar hide, disguise

enmendar *asunto* rectify, put right; JUR, POL amend; **~le la plana a alguien** find fault with what s.o. has done; **enmienda** *f* POL amendment

enmohecerse go moldy *o* Br mouldy; *de metal* rust

enmudecer 1 *v/t* silence **2** *v/i* fall silent

enojar (*molestar*) annoy; L.Am. (*encolerizar*) make angry; **enojarse** L.Am. (*molestarse*) get annoyed; (*encolerizarse*) get angry; **enojo** *m* L.Am. anger; **enojoso** (*delicado*) awkward; (*aburrido*) tedious, tiresome

enorgullecerse be proud (**de** of)

enorme enormous, huge

enredar 1 *v/t* tangle, get tangled; *fig* complicate **2** *v/i* make trouble; **enredo** *m* tangle; (*confusión*) mess, confusion; (*intriga*) intrigue; *amoroso* affair

enrejar *ventana* put bars on

enriquecer make rich; *fig* enrich; **enriquecerse** get rich; *fig* be enriched

enrojecer 1 *v/t* turn red **2** *v/i* blush, go red; **enrojecerse** go red

enrollar roll up; *cable* coil; *hilo* wind; **me enrolla** F I like it, I think it's great

ensaimada *f* GASTR pastry in the form of a spiral

ensalada *f* GASTR salad

ensalzar extol, praise

ensamblar assemble

ensanchar widen; *prenda* let out; **ensanche** *m* *de carretera* widening; *de ciudad* new suburb

ensañarse show no mercy (**con** to)

ensayar test, try (out); TEA rehearse; **ensayo** *m* TEA rehearsal; *escrito* essay; **~ general** dress rehearsal

enseguida immediately, right away

ensenada *f* inlet, cove

enseñanza *f* teaching; **~ primaria** elementary education, Br primary education; **~ secundaria** *o* **media** secondary education; **~ superior** higher education; **enseñar** (*dar clases*) teach; (*mostrar*) show

ensillar saddle

ensimismado deep in thought

ensordecedor deafening; **ensordecer 1** *v/t* deafen **2** *v/i* go deaf

ensuciar (get) dirty; *fig* tarnish; **ensuciarse** get dirty; *fig* get one's hands dirty

ensueño *m*: **de ~** *fig* fairy-tale *atr*, dream *atr*

entablar strike up, start

entallado tailored, fitted

entarimado *m* (*suelo*) floorboards *pl*; (*plataforma*) stage, platform; **entarimar**

floor

ente *m* (*ser*) being, entity; F (*persona rara*) oddball F; (*organización*) body

entender understand; **~ de algo** know about sth; **entenderse** get along; **a ver si nos entendemos** let's get this straight; **yo me entiendo** I know what I'm doing; **~ con alguien** get along with s.o.; **entendido 1** *adj* understood; **tengo ~ que** I understand that **2** *m*, **-a** *f* expert, authority; **entendimiento** *m* understanding; (*inteligencia*) mind

enterado knowledgeable, well-informed; **estar ~ de** know about; **darse por ~** get the message; **enterarse** find out, hear (**de** about); **¡para que te enteres!** F so there!; **¡se va a enterar!** F he's in for it! F

enteramente entirely

entereza *f* fortitude

entero 1 *adj* whole, entire; (*no roto*) intact; **por ~** completely, entirely **2** *m* (*punto*) point

enterrador *m*, **-a** *f* gravedigger; **enterramiento** *m* burial; **enterrar** bury; **~ a todos** outlive everybody

entibiar, entibiarse *tb fig* cool down

entidad *f* entity, body

entierro *m* burial; (*funeral*) funeral

entoldado *m de tienda* awning; *para fiesta* tent, *Br* marquee

entonación *f* intonation; **entonar 1** *v/t* intone, sing; *fig* F perk up **2** *v/i* sing in tune

entonces then; **por ~, en aquel ~** in those days, at that time

entorno *m* environment

entorpecer hold up, hinder; *paso* obstruct; *entendimiento* dull

entrada *f acción* entry; *lugar* entrance; *localidad* ticket; *pago* deposit; *de comida* starter; **de ~** from the outset; **entradas** *fpl* receding hairline; **entrante 1** *adj mes etc* next, coming **2** *m* GASTR starter

entrañas *fpl* entrails

entrar 1 *v/i para indicar acercamiento* come in, enter; *para indicar alejamiento* go in, enter; *caber* fit; INFOR log on *o* in; **me entró frío / sueño**, I got cold / sleepy, I began to feel cold / sleepy; **este tipo no me entra** I don't like the look of the guy **2** *v/t para indicar acercamiento* bring in; *para indicar alejamiento* take in

entre *dos cosas, personas* between; *más de dos* among(st); *expresando cooperación* between; **la relación ~ ellos** the relationship between them

entreabierto half-open

entreacto *m* TEA interval

entrecortado *habla* halting; *respiración* difficult, labored, *Br* laboured
entredicho *m*: **poner en ~** call into question, question
entrega *f* handing over; *de mercancías* delivery; *(dedicación)* dedication; **~ a domicilio** (home) delivery; **~ de premios** prize-giving; **hacer ~ de algo a alguien** present s.o. with sth; **entregar** give, hand over; *trabajo, deberes* hand in; *mercancías* deliver; *premio* present; **entregarse** give o.s. up; **~ a** *fig* dedicate o.s. to
entrelazar interweave
entremeses *mpl* GASTR appetizers, hors d'oeuvres
entremeter insert
entrenador *m*, **~a** *f* coach; **entrenamiento** *m* coaching; **entrenar, entrenarse** train
entretanto meanwhile, in the meantime
entretener 1 *v/t* *(divertir)* entertain, amuse; *(retrasar)* detain; *(distraer)* distract **2** *v/i* be entertaining; **entretenerse** *(divertirse)* amuse o.s.; *(distraerse)* keep o.s. busy; *(retrasar)* linger; **entretenido** *(divertido)* entertaining, enjoyable; **estar ~ ocupado** be busy; **entretenimiento** *m* entertainment, amusement
entretiempo *m*: **de ~** *ropa* mid-season; *CSur* DEP half time

entrever make out, see
entrevista *f* interview; **entrevistar** interview; **entrevistarse**: **~ con alguien** meet (with) s.o.
entristecer sadden
entrometerse meddle **(en** in); **entrometido 1** *part* ☞ **entrometerse 2** *adj* meddling *atr*, interfering **3** *m* meddler, busybody
entumecerse go numb, get stiff
enturbiar *tb fig* cloud
entusiasmado excited; **entusiasmar** excite, make enthusiastic; **entusiasmarse** get excited, get enthusiastic *(con* about); **entusiasmo** *m* enthusiasm; **entusiasta 1** *adj* enthusiastic **2** *m/f* enthusiast
enumerar list, enumerate
enunciar state
envasar *en botella* bottle; *en lata* can; *en paquete* pack; **envase** *m* container; *botella* (empty) bottle; **~ de cartón** carton
envejecer age
envenenar *tb fig* poison
envergadura *f* AVIA wingspan; MAR breadth; *fig* magnitude, importance; **de gran o mucha ~** *fig* of great importance
enviado *m*, **-a** *f* POL envoy; *de un periódico* reporter, correspondent; **enviar** send
envidia *f* envy, jealousy; **me da ~** I'm envious *o* jealous;

tener ~ a alguien de algo envy s.o. sth; **envidiar** envy; **~ a alguien por algo** envy s.o. sth; **envidioso** envious, jealous; **envidiable** enviable

envío *m* shipment

envoltorio *m* wrapper; **envoltura** *f* cover, covering; *de regalo* wrapping; *de caramelo* wrapper

envolver wrap (*en* in); (*rodear*) surround; (*involucrar*) involve; **~ a alguien en algo** involve s.o. in sth

enyesar *pared* plaster; MED put in plaster

enzima *f o m* BIO enzyme

eólico wind *atr*; **parque ~** wind farm

epidemia *f* epidemic

epilepsia *f* MED epilepsy; **epiléptico 1** *adj* epileptic **2** *m*, **-a** *f* epileptic

epílogo *m* epilog, *Br* epilogue

episcopal episcopal

episodio *m* episode

época *f* time, period; *parte del año* time of year; GEOL epoch; *hacer* **~** be epoch-making

equilibrado well-balanced; **equilibrar** balance; **equilibrio** *m* balance; FÍS equilibrium; **equilibrista** *m/f* acrobat; *con cuerda* tightrope walker

equinoccio *m* equinox

equipaje *m* baggage, luggage; **~ de mano** hand baggage

equipamiento *m*: **~ de serie** AUTO standard features *pl*;

equipar equip (*con* with)

equiparar put on a level (*a o con* with); **~ algo con algo** *fig* compare sth to sth

equipo *m* DEP team; *accesorios* equipment; **~ de música** *o* **de sonido** sound system

equitación *f* riding

equitativo fair, equitable

equivalente *m/adj* equivalent; **equivaler** be equivalent (*a* to)

equivocación *f* mistake; *por* **~** by mistake; **equivocado** wrong; **equivocar: ~ a alguien** make s.o. make a mistake; **equivocarse** make a mistake; *te has equivocado* you are wrong *o* mistaken; **~ de número** TELEC get the wrong number; **equívoco 1** *adj* ambiguous, equivocal **2** *m* misunderstanding; (*error*) mistake

era *f* era

erección *f* erection; **erecto** erect

erguir raise, lift; (*poner derecho*) straighten; **erguirse** *de persona* stand up, rise; *de edificio* rise

erial *m* uncultivated land

erigir erect

erizado bristling (*de* with); **erizarse** *de pelo* stand on end; **erizo** *m* ZO hedgehog; **~ de mar** ZO sea urchin

ermita *f* hermitage; **ermitaño 1** *m* ZO hermit crab **2** *m*, **-a** *f* hermit

erosión *f* erosion

erótico

erótico erotic; **erotismo** *m* eroticism
erradicar eradicate, wipe out
errante wandering; **errar 1** *v/t* miss; **~ el tiro** miss **2** *v/i* miss; **~ es humano** to err is human; **errata** *f* mistake, error; *de imprenta* misprint, typo
erróneo wrong, erroneous *fml*; **error** *m* mistake, error; **~ de cálculo** error of judg(e)ment
eructar belch F, burp F
erudito 1 *adj* learned, erudite **2** *m* scholar
erupción *f* GEOL eruption; MED rash
esa ☞ **ese**
ésa ☞ **ése**
esbeltez *f* slimness; **esbelto** slim
esbozar sketch; *proyecto etc* outline; **esbozo** *m* sketch; *de proyecto etc* outline
escabeche *m* type of marinade
escabroso rough; *problema* tricky; *relato* indecent
escabullirse escape, slip away
escafandra *f* diving suit; AST space suit
escala *f tb* MÚS scale; AVIA stopover; **~ de cuerda** rope ladder; **~ de valores** scale of values; **a ~** to scale, life-sized
escalada *f* DEP climb, ascent; **~ de los precios** increase in prices; **escalador** *m*, **~a** *f* climber; **escalar** climb

escaldar GASTR blanch; *manos* scald
escalera *f* stairs *pl*, staircase; **~ de caracol** spiral staircase; **~ de incendios** fire escape; **~ de mano** ladder; **~ mecánica** escalator; **escalerilla** *f* de avión steps *pl*; *en barco* gangway
escalofriante horrifying; **escalofrío** *m* shiver
escalón *m* step; *de escalera de mano* rung
escalope *m* escalope
escama *f* ZO scale; *de jabón, piel* flake; **escamar** scale; *fig* make suspicious
escamotear (*ocultar*) hide, conceal; (*negar*) withhold
escandalizar shock, scandalize; **escandalizarse** be shocked; **escándalo** *m* scandal; (*jaleo*) racket, ruckus; **armar un ~** make a scene; **escandaloso** scandalous; (*ruidoso*) noisy, rowdy
escandinavo 1 *adj* Scandinavian **2** *m*, **-a** *f* Scandinavian
escanear scan; **escáner** *m* scan
escaño *m* POL seat
escapada *f* escape; **escapar** escape (*de* from); **dejar ~** *oportunidad* pass up; *suspiro* let out, give; **escaparse** (*huir*) escape (*de* from); *de casa* run away (*de* from); **~ de situación** get out of
escaparate *m* store window
escape *m* de gas leak; AUTO exhaust; **salir a ~** rush out

escarabajo *m* ZO beetle
escarbar 1 *v/i tb* fig dig around (**en** in) **2** *v/t* dig around in
escarcha *f* frost
escardar hoe
escarlata *m/adj inv* scarlet
escarmentar 1 *v/t* teach a lesson to **2** *v/i* learn one's lesson
escarnecer deride; **escarnio** *m* derision
escarpado sheer, steep
escasear be scarce; **escasez** *f* shortage, scarcity; **escaso** *recursos* limited; **andar ~ de algo** *falto* be short of sth; **-as posibilidades de** not much chance of; **falta un mes ~** it's barely a month away
escatimar be mean with; **no ~ esfuerzos** spare no effort
escayola *f* (plaster) cast; **escayolar** put in a (plaster) cast
escena *f* scene; *escenario* stage; **entrar en ~** come on stage; **hacer una ~** fig make a scene; **escenario** *m* stage; fig scene; **escenificar** stage; **escenografía** *f arte* set design; *(decorados)* scenery
escepticismo *m* skepticism, *Br* scepticism; **escéptico 1** *adj* skeptical, *Br* sceptical **2** *m*, **-a** *f* skeptic, *Br* sceptic
esclarecer throw *o* shed light on; *misterio* clear up
esclavitud *f* slavery; **esclavo** *m* slave

esclusa *f* lock
escoba *f* broom; **escobilla** *f* small brush; AUTO wiper blade
escocer sting, smart
escocés 1 *adj* Scottish **2** *m* Scot, Scotsman; **escocesa** *f* Scot, Scotswoman; **Escocia** Scotland
escoger choose, select
escolar 1 *adj* school *atr* **2** *m/f* student; **escolarización** *f* education, schooling; **escolarizar** educate
escollo *m* MAR reef; *(obstáculo)* hurdle, obstacle
escolta 1 *f* escort **2** *m/f motorista* outrider; *(guardaespaldas)* bodyguard; **escoltar** escort
escombros *mpl* rubble
esconder hide, conceal; **esconderse** hide; **escondidas** *fpl S.Am.* hide-and-seek; **a ~** in secret; **escondite** *m* hiding place; *juego* hide-and-seek; **escondrijo** *m* hiding place
escopeta *f* shotgun; **~ de aire comprimido** air gun, air rifle
escoria *f* slag; *desp* dregs *pl*
Escorpio *m/f inv* ASTR Scorpio; **escorpión** *m* ZO scorpion
escotado low-cut; **escote** *m* neckline; *de mujer* cleavage
escotilla *f* MAR hatch
escozor *m* burning sensation, stinging; *fig* bitterness
escribir write; *(deletrear)*

escrito

spell; **~ a máquina** type; **escrito 1** part ☞ **escribir 2** adj written; **por ~** in writing **3** m document; **~s** writings; **escritor** m, **~a** f writer; **escritorio** m desk; **artículos de ~** stationery; **escritura** f writing; JUR deed; **Sagradas Escrituras** Holy Scripture

escrúpulo m scruple; **sin ~s** unscrupulous; **escrupuloso** (*cuidadoso*) meticulous; (*honrado*) scrupulous; (*aprensivo*) fastidious

escrutar scrutinize; *votos* count

escuadra f MAT set square; *de carpintero* square; MIL squad; MAR squadron; DEP *de portería* top corner

escuchar 1 v/t listen to; *L.Am.* (*oír*) hear **2** v/i listen

escudo m arma shield; *insignia* badge; *moneda* escudo; **~ de armas** coat of arms

escuela f school; **~ de comercio** business school; **~ de idiomas** language school; **~ primaria** elementary school, *Br* primary school

escueto succinct, concise

escultor m, **~a** f sculptor; **escultura** f sculpture

escupir 1 v/i spit **2** v/t spit out

escurridizo slippery; *fig* evasive; **escurrir 1** v/t *ropa* wring out; *platos, verduras* drain **2** v/i *de platos* drain; *de ropa* drip-dry; **escurrirse** *de líquido* drain away; (*deslizarse*) slip; (*escaparse*) slip away

ese, esa, esos, esas that; *pl* those

ése, ésa, ésos, ésas *pron singular* that (one); *pl* those (ones)

esencia f essence; **esencial** essential

esfera f sphere; **esférico 1** adj spherical **2** m DEP F ball

esforzar strain; **esforzarse** make an effort, try hard; **esfuerzo** m effort; **sin ~** effortlessly

esfumarse F tb fig disappear

esgrima f fencing; **esgrimir** *arma* wield; *fig: argumento* put forward

esguince m sprain

eslabón m link; **el ~ perdido** the missing link

eslogan m slogan

eslovaco 1 adj Slovak(ian) **2** m, **-a** f Slovak **3** m idioma Slovak; **Eslovaquia** Slovakia

Eslovenia Slovenia; **esloveno 1** adj Slovene, Slovenian **2** m, **-a** f Slovene, Slovenian **3** m idioma Slovene

esmaltar enamel; **~ las uñas** put nail polish on; **esmalte** m enamel; **~ de uñas** nail polish, nail varnish

esmerado meticulous

esmeralda f emerald

esmerarse take great care (**en** over)

esmerilar grind

esmero m care

esnob 1 adj snobbish **2** m

snob; **esnobismo** *m* snobbishness

eso that; **en ~** just then; **~ mismo, ~ es** that's it, that's the way; **a ~ de las dos** at around two; **por ~** that's why; **¿y ~?** what's that?

esófago *m* ANAT esophagus, *Br* oesophagus

espabilado (*listo*) bright, smart; (*vivo*) sharp

espacial *cohete, viaje* space *atr*; FÍS, MAT spatial; **espacio** *m* space; TV program, *Br* programme; **~ de tiempo** space of time; **~ vital** living space; **espacioso** spacious, roomy

espada *f* sword; **~s** (*en naipes*) suit in Spanish deck of cards

espaguetis *mpl* spaghetti *sg*

espalda *f* back; **a ~s de alguien** behind s.o.'s back; **de ~s a** with one's back to; **por la ~** from behind; **nadar a ~** swim backstroke

espantajo *m* scarecrow; *fig* sight; **espantapájaros** *m inv* scarecrow; **espantar** *v/t* (*asustar*) frighten, scare; (*ahuyentar*) frighten away; F (*horrorizar*) horrify; **espanto** *m* (*susto*) fright; *L.Am.* (*fantasma*) ghost; **nos llenó de ~** desagrado we were horrified; **¡qué ~!** how awful!; **de ~** terrible; **espantoso** horrific; *para enfatizar* terrible, dreadful; **hace un calor ~** it's incredibly hot

España Spain; **español 1** *adj* Spanish **2** *m*, **-a** *f* Spaniard; **los ~es** the Spanish **3** *m idioma* Spanish; **españolismo** *m* (*afición*) love of Spain; *cualidad* Spanishness

esparadrapo *m* Band-Aid®, *Br* (sticking) plaster

esparcir *papeles* scatter; *rumor* spread; **esparcirse** *de papeles* be scattered; *de rumor* spread

espárrago *m* asparagus

esparto *m* BOT esparto grass

espasmo *m* spasm

especia *f* spice

especial special; (*difícil*) fussy; **en ~** especially; **especialidad** *f* specialty, *Br* speciality; **especialista** *m/f* specialist; *en cine* stuntman; *mujer* stuntwoman; **especializarse** specialize (**en** in); **especialmente** specially

especie *f* BIO species *sg*; (*tipo*) kind, sort

especificar specify; **específico** specific

espectacular spectacular; **espectáculo** *m* TEA show; (*escena*) sight; **dar el ~** *fig* make a spectacle of o.s.; **espectador** *m*, **-a** *f* *en cine etc* member of the audience; DEP spectator; (*observador*) on-looker

espectro *m* FÍS spectrum; (*fantasma*) ghost

especular speculate

espejismo *m* mirage; **espejo** *m* mirror; **~ retrovisor** rear-

espeluznante 124

view mirror
espeluznante horrific, horrifying
espera f wait; **sala de ~** waiting room; **en ~ de** pending; **estar a la ~ de** be waiting for
esperanza f hope; **~ de vida** life expectancy
esperar 1 v/t (*aguardar*) wait for; *con esperanza* hope; (*suponer, confiar en*) expect **2** v/i (*aguardar*) wait
esperma f sperm
espeso thick; *vegetación, niebla* thick, dense; **espesor** m thickness
espía m/f spy; **espiar 1** v/t spy on **2** v/i spy
espiga f BOT ear, spike
espina f *de planta* thorn; *de pez* bone; **~ dorsal** spine, backbone
espinacas fpl spinach
espinilla f *de la pierna* shin; *en la piel* pimple, spot
espino m BOT hawthorn; **espinoso** tb fig thorny
espionaje m spying, espionage
espiral f/adj spiral (*atr*)
espirar exhale
espíritu m spirit; **espiritual** spiritual
espléndido splendid, magnificent; (*generoso*) generous; **esplendor** m splendor, Br splendour
espliego m lavender
esponja f sponge; **esponjoso** spongy; *toalla* soft, fluffy
espontáneo spontaneous

esposa f wife; **esposas** fpl (*manillas*) handcuffs pl; **esposo** m husband
esprint m sprint
espuma f foam; *de jabón* lather; *de cerveza* froth; **~ de afeitar** shaving foam; **~ moldeadora** styling mousse; **espumoso** frothy, foamy; *caldo* sparkling
esquela f *aviso* death notice, obituary
esqueleto m skeleton; *Méx, C.Am., Pe, Bol* fig blank form
esquema m (*croquis*) sketch, diagram; (*sinopsis*) outline, summary
esquí m ski; *deporte* skiing; **~ de fondo** cross-country skiing; **~ náutico** *o* **acuático** waterskiing; **esquiador** m, **~a** f skier; **esquiar** ski
esquina f corner
esquirol m/f strikebreaker, scab F
esquivar avoid, dodge F
esquizofrenia f schizophrenia; **esquizofrénico** schizophrenic
esta ☞ **este**[2]
estabilidad f stability; **estable** stable
establecer establish; *negocio* set up; **establecimiento** m establishment
establo m stable
estaca f stake
estación f station; *del año* season; **~ espacial** *o* **orbital** space station; **~ de invierno**

o **invernal** winter resort; ~ **de servicio** service station; ~ **de trabajo** INFOR work station; **estacionamiento** *m* AUTO acción parking; *L.Am.* parking parking lot, *Br* car park; **estacionar** AUTO park

estadio *m* DEP stadium

estadística *f cifra* statistic; *ciencia* statistics *sg*

estado *m* state; MED condition; ~ **civil** marital status; **en buen** ~ in good condition; **el Estado** the State; ~ **del bienestar** welfare state; **los Estados Unidos (de América)** the United States (of America)

estadounidense 1 *adj* American, US *atr* 2 *m/f* American

estafa *f* swindle, cheat; **estafador** *m*, **~a** *f* con artist F, fraudster; **estafar** cheat (*a* out of)

estallar explode; *de guerra* break out; *de escándalo* break; **estalló en llanto** she burst into tears; **estallido** *m* explosion; *de guerra* outbreak

estampa *f de libro* illustration; *(aspecto)* appearance; REL prayer card; **estampado** *tejido* patterned; **estampar** *sello* put; *tejido* print; *pasaporte* stamp

estampilla *f L.Am.* stamp

estancar *río* dam up; *fig* bring to a standstill; **estancarse** stagnate; *fig* come to a standstill

estancia *f* stay; *Rpl (hacienda)* farm, ranch

estanco 1 *adj* watertight 2 *m* shop selling cigarettes etc

estándar *m* standard; **estandarizar** standardize

estandarte *m* standard, banner

estanque *m* pond

estante *m* shelf; **estantería** *f* shelves *pl*; *para libros* bookcase

estaño *m* tin

estar be; **¿está Javier?** is Javier in?; **estamos a 3 de enero** it's January 3rd; **ahora estoy con Vd.** I'll be with you in just a moment; ~ **a bien / mal con alguien** be on good / bad terms with s.o.; ~ **de ocupación** work as, be; ~ **en algo** be working on sth; ~ **para hacer algo** be about to do sth; **no ~ para algo** not be in a mood for sth; **está por hacer** it hasn't been done yet; **¡ya estoy!** I'm ready!; **¡ya está!** that's it!; **estarse** stay; ~ **quieto** keep still

estatal state *atr*

estatua *f* statue; **estatura** *f* height; **estatuto** *m* statute; **~s** articles of association

este[1] *m* east

este[2], **esta, estos, estas** this; *pl* these

éste, ésta, éstos, éstas this (one); *pl* these (ones)

estela *f* MAR wake; AVIA, *fig*

estepa trail

estepa *f* steppe

estera *f* mat

estéreo stereo

estéril MED sterile; *trabajo, esfuerzo etc* futile; **esterilizar** *tb persona* sterilize

esterlina: libra ~ pound sterling

esteticista *m/f* beautician; **estético** esthetic, *Br* aesthetic

estiércol *m* dung; *(abono)* manure

estigma *m tb fig* stigma

estilo *m* style; *algo por el ~* something like that; *son todos por el ~* they're all the same

estilográfica *f* fountain pen

estima *f* esteem, respect; **estimación** *f (cálculo)* estimate; *(estima)* esteem, respect; *estimar* respect, hold in high regard; *estimo conveniente que* I consider it advisable to

estimulante 1 *adj* stimulating **2** *m* stimulant; **estimular** stimulate; *(animar)* encourage; **estímulo** *m* stimulus; *(incentivo)* incentive

estío *m literario* summertime

estipulación *f* stipulation

estirar stretch; *(alisar)* smooth out; **estirón** *m (tirón)* tug; *dar un ~* F *de niño* shoot up

estirpe *f* stock

estival summer *atr*

esto this; *~ es* that is to say; *por ~* this is why; *a todo ~* *(mientras tanto)* meanwhile; *(a propósito)* incidentally

estofado stewed

estómago *m* stomach

Estonia Estonia; **estonio 1** *adj* Estonian **2** *m,* **-a** *f* Estonian **3** *m idioma* Estonian

estorbar 1 *v/t (dificultar)* hinder **2** *v/i* get in the way; **estorbo** *m* hindrance

estornino *m* ZO starling

estornudar sneeze

estragón *m* BOT tarragon

estragos *mpl* devastation; *causar ~ entre* wreak havoc among

estrambótico F eccentric; *ropa* outlandish

estrangular strangle

estratagema *f* stratagem; **estrategia** *f* strategy; **estratégico** strategic

estrato *m fig* stratum

estrechar 1 *v/t ropa* take in; *mano* shake; **~ entre los brazos** hug, embrace; **estrecho 1** *adj* narrow; *(apretado)* tight; *amistad* close; **~ de miras** narrow-minded **2** *m* strait, straits *pl*

estrella *f tb de cine etc* star; **~ fugaz** falling star; **~ de mar** ZO starfish; **~ polar** Pole star; **estrellarse** crash *(contra* into*)*

estremecer shock, shake; **estremecerse** shake, tremble; *de frío* shiver; *de horror* shudder; **estremecimiento** *m* shaking, trembling; *de frío* shiver; *de horror* shudder

estreñimiento *m* constipation

estrépito *m* noise, racket; **estrepitoso** noisy

estrés *m* stress; **estresado** stressed out; **estresar** stress; **estresante** stressful

estría *f* en piel stretch mark

estribo *m* stirrup; **perder los ~s** *fig* fly off the handle F

estribor *m* MAR starboard

estricto strict

estridente shrill, strident

estrofa *f* stanza, verse

estropeado (*averiado*) broken; **estropear** *aparato* break; *plan* ruin, spoil

estructura *f* structure

estruendo *m* racket, din

estrujar *f* crumple up; *trapo* wring out; *persona* squeeze

estuche *m* case, box

estuco *m* stucco work

estudiante *m/f* student; **estudiar** study; *estudio m disciplina* study; *apartamento* studio, *Br* studio flat; *de cine, música* studio; **estudioso** studious

estufa *f* heater

estupefaciente *m* narcotic (drug); **estupefacto** stupefied, speechless

estupendo fantastic, wonderful

estupidez *f* cualidad stupidity; *acción* stupid thing; **estúpido 1** *adj* stupid **2** *m*, **-a** *f* idiot

etapa *f* stage

eternidad *f* eternity; **eterno** eternal; *la película se me hizo ~ -a* the movie seemed to go on for ever

etiqueta *f* label; (*protocolo*) etiquette

eucalipto *m* BOT eucalyptus

Europa Europe; **europeo 1** *adj* European **2** *m*, **-a** *f* European

eusquera *m/adj* Basque

evacuación *f* evacuation; **evacuar** evacuate

evadir avoid; *impuestos* evade; **evadirse** *tb fig* escape

evaluación *f* evaluation, assessment; (*prueba*) test; **evaluar** assess, evaluate

evangélico evangelical; **evangelio** *m* gospel

evaporación *f* evaporation; **evaporarse** evaporate; *fig* F vanish into thin air

evasión *f tb fig* escape; **~ de capitales** flight of capital; **~ fiscal** tax evasion; **evasiva** *f* evasive reply; **evasivo** evasive

evento *m* event; **eventual** possible; *trabajo* casual, temporary; **en el caso ~ de** in the event of; **eventualidad** *f* eventuality

evidencia *f* evidence, proof; **poner en ~** demonstrate; **poner a alguien en ~** show s.o. up; **evidente** evident, clear

evitable avoidable; **evitar** avoid; (*impedir*) prevent; *molestias* save; **no puedo ~lo** I can't help it

evocar evoke
evolución f BIO evolution; (*desarrollo*) development;
evolucionar BIO evolve; (*desarrollar*) develop
exactitud f accuracy; **exacto** accurate, exact; **¡~!** exactly!, precisely!
exageración f exaggeration; **exagerar** exaggerate
exaltado adj surplus, worked up; **exaltarse** get excited, get worked up (**por** about)
examen m test, exam; MED examination; (*análisis*) study; **~ de conducir** driving test; **examinar** examine; **examinarse** take an exam
excavación f excavation; **excavadora** f digger; **excavar** excavate; *túnel* dig
excedente adj surplus; *empleado* on extended leave of absence **2** m surplus; **exceder** exceed; **excederse** go too far, get carried away
excelencia f excellence; **Su Excelencia la...** Her Excellency the ...; **por ~** par excellence; **excelente** excellent
excéntrico 1 adj eccentric **2** m, -a f eccentric
excepción f exception; **a ~ de** except for; **excepcional** exceptional; **excepto** except; **exceptuar** except; **exceptuando** with the exception of, except for
excesivo excessive; **exceso** m excess; **~ de equipaje** excess baggage; **~ de velocidad** speeding; **en ~** in excess, too much
excitación f excitement, agitation; **excitante 1** adj exciting; **una bebida ~** a stimulant **2** m stimulant; **excitar** excite; *sentimientos, sexualmente* arouse; **excitarse** get excited; *sexualmente* become aroused
exclamación f exclamation; **exclamar** exclaim
excluir leave out (**de** of), exclude (**de** from); *posibilidad* rule out; **exclusión** f exclusion; **con ~ de** with the exception of; **exclusiva** f *privilegio* exclusive rights pl (**de** to); *reportaje* exclusive; **exclusivo** exclusive
excomulgar REL excommunicate
excremento m excrement
excursión f trip, excursion
excusa f excuse; **~s** apologies
excusar excuse
exento exempt (**de** from); **~ de impuestos** tax-exempt, tax-free
exhausto exhausted
exhibición f display, demonstration; *de película* screening, showing; **exhibir** show, display; *película* screen, show; *cuadro* exhibit
exhortar exhort (**a** to)
exigencia f demand; **exigente** demanding; **exigir** demand; (*requerir*) call for, demand

exiliar exile; **exiliarse** go into exile; **exilio** *m* exile; **en el ~** in exile

existencia *f* existence; *(vida)* life; **~s** COM supplies, stocks; **existir** exist; **existen muchos problemas** there are a lot of problems

éxito *m* success; **~ de taquilla** box office hit; **tener ~** be successful, be a success; **exitoso** successful

exótico exotic

expansión *f* expansion; *(recreo)* recreation; **expansivo** expansive

expatriarse leave one's country

expectación *f* sense of anticipation; **expectante** expectant; **expectativa** *f* *(esperanza)* expectation; **estar a la ~ de algo** be waiting for sth; **~s** *(perspectivas)* prospects

expedición *f* expedition

expediente *m* file, dossier; *(investigación)* investigation, inquiry; **~ académico** student record; **~ disciplinario** disciplinary proceedings *pl*

expedir *documento* issue; *mercancías* send, dispatch

experiencia *f* experience

experimentar 1 *v/t* try out, experiment with 2 *v/i* experiment (**con** on); **experimento** *m* experiment

experto 1 *adj* expert; **~ en hacer algo** expert at doing sth 2 *m* expert (**en** on)

expiar expiate, atone for

expirar expire

explicable explainable, explicable; **explicación** *f* explanation; **explicar** explain; **explicarse** *(comprender)* understand; *(hacerse comprender)* express o.s.; **explicativo** explanatory

exploración *f* exploration; **explorador** *m*, **~a** *f* explorer; MIL scout; **explorar** explore

explosión *f* explosion; **~ demográfica** population explosion; **hacer ~** go off, explode; **explosionar** explode; **explosivo** *m/adj* explosive

explotación *f* de mina, tierra exploitation, working; *de negocio* running, operation; *de trabajador* exploitation; **explotar** 1 *v/t tierra, mina* work, exploit; *situación* take advantage of, exploit; *trabajador* exploit 2 *v/i* go off, explode; *fig* explode

exponer *teoría* set out, put forward; *(revelar)* expose; *pintura* exhibit, show; *(arriesgar)* risk; **exponerse: ~ a algo** *(arriesgarse)* lay o.s. open to sth

exportación *f* export; **exportar** export; **exportador** *m*, **~a** *f* exporter

exposición *f* exhibition; **expositor** *m*, **~a** *f* exhibitor

expresar express; **expresión** *f* expression; **expresivo** expressive

expreso 1 *adj* express *atr*; *tren*

exprimidor

~ express (train) **2** m tren express (train); *café* espresso
exprimidor m lemon squeezer; *eléctrico* juicer; **exprimir** squeeze; *(explotar)* exploit
expropiar expropriate
expulsar expel, throw out F; DEP expel from the game, Br send off; **expulsión** f expulsion; DEP sending off
exquisito *comida* delicious; *(bello)* exquisite; *(refinado)* refined
éxtasis m tb *droga* ecstasy
extender *brazos* stretch out; *(untar)* spread; *tela, papel* spread out; *(ampliar)* extend; **extenderse** *de campos* stretch; *de influencia* extend; *(difundirse)* spread; *(durar)* last; *explayarse* go into detail; **extensible** extending; **extensión** f tb TELEC extension; *superficie* expanse, area; *informe* lengthy, long
extenso extensive, vast; *informe* lengthy, long
exterior 1 adj *aspecto* external, outward; *capa* outer; *apartamento* overlooking the street; POL foreign; **la parte** ~ the outside **2** m *(fachada)* exterior, outside; *aspecto* exterior, outward appearance; **viajar al** ~ *(al extranjero)* travel abroad
exterminar exterminate, wipe out
externo 1 adj *aspecto* external, outward; *influencia* external, outside; *capa* outer; *deuda* foreign **2** m, **-a** f EDU

student who attends a boarding school but returns home each evening, Br day boy / girl
extinción f: **en peligro de** ~ in danger of extinction; **extinguidor** m L.Am.: ~ **(de incendios)** (fire) extinguisher; **extinguir** BIO, ZO wipe out; *fuego* extinguish, put out; **extinguirse** BIO, ZO become extinct, die out; *de fuego* go out; *de plazo* expire; **extintor** m fire extinguisher
extirpar MED remove; *vicio* eradicate, stamp out
extorsión f extortion
extra 1 adj *excelente* top quality; *adicional* extra; **horas** ~ overtime; **paga** ~ extra month's pay **2** m/f *de cine* extra **3** m *gasto* additional expense
extracción f extraction; **extracto** m extract; *(resumen)* summary; GASTR, QUÍM extract; ~ **de cuenta** bank statement; **extractor** m extractor; ~ **de humos** extractor fan
extradición f extradition; **extraditar** extradite
extraer extract, pull out; *conclusión* draw
extranjero 1 adj foreign **2** m, **-a** f foreigner; **en el** ~ abroad
extrañar L.Am. miss; **extrañarse** be surprised *(de* at); **extrañeza** f strangeness; *(sorpresa)* surprise; **extraño 1** adj strange, odd **2** m, **-a** f

fallar

stranger; **extraordinario** extraordinary; **extraterrestre** extraterrestial, alien; **extraviar** lose, mislay; **extraviarse** get lost, lose one's way; **extremar** maximize; **extremaunción** f REL extreme unction; **extremidad** f end; **~es** extremities; **extremista 1** adj extreme **2** m/f POL extremist; **extremo 1** adj extreme **2** m extreme; *parte primera o última* end; *punto* point; **llegar al ~ de** reach the point of **3** m/f: **~ derecho / izquierdo** DEP right / left wing; **en ~** in the extreme; **exuberante** exuberant; *vegetación* lush; **eyacular** ejaculate

F

fabada f GASTR *Asturian stew with pork sausage, bacon and beans*
fábrica f plant, factory; **fabricación** f manufacturing; **fabricante** m manufacturer, maker; **fabricar** manufacture
fabuloso fabulous
faceta f fig facet
facha 1 f look; (*cara*) face **2** m/f desp fascist; **fachada** f tb fig façade
facial facial
fácil easy; **es ~ que** it's likely that; **facilidad** f ease; **tener ~ para algo** have a gift for sth; **~es de pago** credit facilities, credit terms; **facilitar** facilitate, make easier; (*hacer factible*) make possible; *medios, dinero etc* provide
factible feasible
factor m factor
factoría f esp L.Am. plant,

factory
factura f COM invoice; *de luz, gas etc* bill; **facturación** f COM invoicing; *volumen de negocio* turnover; AVIA check-in; **facturar** COM invoice, bill; *volumen de negocio* turn over; AVIA check in
facultad f faculty; (*autoridad*) authority
faena f task, job; **hacer una ~ a alguien** play a dirty trick on s.o.
fagot m MÚS bassoon
faisán m ZO pheasant
faja f *prenda interior* girdle
falda f skirt; *de montaña* side; **falda-pantalón** f divided skirt, culottes pl
falla f fault; *de fabricación* flaw; **fallar 1** v/i fail; (*no acertar*) miss; *de sistema etc* go wrong; JUR find (**en favor de** for; **en contra de** against); **~ a alguien** let

fallecer 132

s.o. down **2** v/t JUR pronounce judg(e)ment in; *pregunta* get wrong; **~ el tiro** miss
fallecer pass away; **fallecimiento** *m* demise
fallo *m* mistake; TÉC fault; JUR judg(e)ment; **~ cardiaco** heart failure
falsedad *f* falseness; (*mentira*) lie; **falsificación** *f* de *moneda* counterfeiting; *de documentos, firma* forgery; **falsificar** *moneda* counterfeit; *documento, firma* forge, falsify; **falso** false; *joyas* fake; *documento, firma* forged; **jurar en ~** commit perjury
falta *f* (*escasez*) lack, want; (*error*) mistake; (*ausencia*) absence; *en tenis* fault; *en fútbol* foul; (*tiro libre*) free kick; **hacerle ~ a alguien** foul s.o.; **~ de** lack of, shortage of; **sin ~** without fail; **buena ~ le hace** it's about time; **echar en ~ a alguien** miss s.o.; **hacer ~** be necessary
faltar be missing; **falta una hora** there's an hour to go; **sólo falta hacer la salsa** there's only the sauce to do; **~ a** be absent from; **~ a alguien** be disrespectful to s.o.; **~ a su palabra** not keep one's word; **falto: ~ de** lacking in, devoid of; **~ de recursos** short of resources
fama *f* fame; (*reputación*) reputation; **tener mala ~** have a bad reputation

familia *f* family; **sentirse como en ~** feel at home; **familiar 1** *adj* family *atr*; (*conocido*), *lenguaje* familiar **2** *m/f* relation, relative
famoso 1 *adj* famous **2** *m*, **-a** *f* celebrity
fanático 1 *adj* fanatical **2** *m*, **-a** *f* fanatic; **fanatismo** *m* fanaticism
fanfarrón 1 *adj* boastful **2** *m*, **-ona** *f* boaster; **fanfarronear** boast, brag
fango *m tb fig* mud
fantasía *f* fantasy; (*imaginación*) imagination; **joyas de ~** costume jewelry *o Br* jewellery; **fantasma** *m* ghost; **fantástico** fantastic
fardo *m* bundle
faringe *f* ANAT pharynx; **faringitis** *f* MED pharyngitis
farmacéutico 1 *adj* pharmaceutical **2** *m*, **-a** *f* pharmacist, *Br* chemist; **farmacia** *f* pharmacy, *Br* chemist's; *estudios* pharmacy; **~ de guardia** 24-hour pharmacist, *Br* emergency chemist; **fármaco** *m* medicine
faro *m* MAR lighthouse; AUTO headlight, headlamp; **~ antiniebla** fog light; **farol** *m* lantern; (*farola*) streetlight, streetlamp; *en juegos de cartas* bluff
farsa *f tb fig* farce; **farsante** *m/f* fraud, fake
fascinación *f* fascination; **fascinar** fascinate
fascismo *m* fascism; **fascista**

m/f & adj fascist
fase f phase
fastidiar annoy; F (*estropear*) spoil; **fastidio** m annoyance; **¡qué ~!** what a nuisance!; **fastidioso** annoying
fatal 1 adj fatal; (*muy malo*) dreadful, awful **2** adv very badly; **fatalidad** f misfortune
fatiga f tiredness, fatigue; **fatigado** tired; **fatigar** tire; **fatigoso** tiring
favor m favor, Br favour; **a ~ de** in favor of; **por ~** please; **hacer un ~** do a favor; **favorable** favorable, Br favourable; **favorecer** favor, Br favour; *de ropa, color* suit; **favoritismo** m favoritism, Br favouritism; **favorito 1** adj favorite, Br favourite **2** m, **-a** f favorite
fax m fax; **enviar un ~ a alguien** send s.o. a fax, fax s.o.
faz f face
fe f faith (**en** in)
fealdad f ugliness
febrero m February
febril feverish
fecha f date; **~ límite de consumo** best before date; **~ de nacimiento** date of birth; **fechar** date
fecundar fertilize; **fecundidad** f fertility; **fecundo** fertile
federación f federation; **federal** federal
felicidad f happiness; **¡~es!** congratulations!; **felicitación** f letter of congratulations; **¡felicitaciones!** congratulations!; **felicitar** congratulate (**por** on); **feliz** happy; **~ Navidad!** Merry Christmas!
felpa f toweling, Br towelling
femenino 1 adj feminine; *moda, equipo* women's **2** GRAM feminine; **femin(e)idad** f femininity; **feminismo** m feminism; **feminista** m/f & adj feminist
fenomenal 1 adj F fantastic F, phenomenal F **2** adv: **lo pasé ~** F I had a fantastic time F; **fenómeno 1** m phenomenon; *persona* genius **2** adj F fantastic F, great F
feo 1 adj ugly; *fig* nasty **2** m: **hacer un ~ a alguien** F snub s.o.
féretro m casket, coffin
feria f COM fair; L.Am. (*mercado*) market; *Méx* (*calderilla*) small change; **~ de muestras** trade fair; **feriado 1** adj L.Am.: **día ~** public holiday **2** m L.Am.: public holiday; **ferial 1** adj: **recinto ~** fairground **2** m fair
fermentación f fermentation; **fermentar** ferment
ferocidad f ferocity; **feroz** fierce; (*cruel*) cruel
férreo tb fig iron atr; *del ferrocarril* rail atr, **ferretería** f hardware store; **ferrocarril** m railroad, Br railway; **ferroviario** rail atr
ferry m ferry
fértil fertile; **fertilidad** f fertil-

fertilizante

ity; **fertilizante** m fertilizer; **fertilizar** v/t fertilize

ferviente fig fervent

festival m festival; **~ cinematográfico** film festival; **festivo** festive

fétido fetid

feto m fetus

fiable trustworthy; *datos, máquina etc* reliable; **fiado: al ~** F on credit; **fiador 1** m TÉC safety catch **2** m, **~a** f JUR guarantor

fiambre m cold cut, Br cold meat; P (*cadáver*) stiff P

fianza f deposit; JUR bail; **bajo ~** on bail

fiar give short credit; **fiarse: ~ de alguien** trust s.o.; **no me fío 1** I don't trust him / them *etc*

fibra f fiber, Br fibre; **~ óptica** optical fiber; **~ de vidrio** fiberglass

ficha f file card, index card; *en juegos de mesa* counter; *en un casino* chip; *en damas* checker, Br draught; *en ajedrez* man, piece; TELEC token; **fichar 1** v/t DEP sign; JUR open a file on **2** v/i DEP sign (*por* for); **fichero** m file cabinet, Br filing cabinet; INFOR file

fidelidad f fidelity

fideo m noodle

fiebre f fever; (*temperatura*) temperature; **~ del heno** hay fever

fiel 1 adj faithful; (*leal*) loyal **2** mpl: **los ~es** REL the faithful pl

fieltro m felt

fiera f wild animal

fierro m L.Am. iron

fiesta f festival; (*reunión social*) party; (*día festivo*) public holiday; **estar de ~** be in a party mood

figura f figure; (*estatuilla*) figurine; (*forma*) shape; *naipes* face card, Br picture card; **figurado** figurative; **figurante** m, **-a** f *en película* extra; TEA walk-on; **figurar** appear (**en** in); **figurarse** imagine

fijación f fixing; (*obsesión*) fixation; **fijador** m FOT, PINT fixative, fixer; **para el pelo** hairspray; **fijar** fix; *cartel* stick; *fecha, objetivo* set; *residencia* establish; *atención* focus; **fijarse** (*establecerse*) settle; (*prestar atención*) pay attention (**en** to); **~ en algo** (*darse cuenta*) notice sth; **fijo** adj fixed; *trabajo* permanent; *fecha* definite; TELEC **número** m **~** landline (number); *m* TELEC landline; **te llamo luego al ~** I'll call you later on the landline

fila f line, Br queue; *de asientos* row; **en ~ india** in single file; **~s** MIL ranks

filete m GASTR fillet

Filipinas fpl Philippines; **filipino 1** adj Philippine, Filipino **2** m, **-a** f Filipino **3** m *idioma* Philipino, Filipino

film(e) m movie, film; **filmación** f filming, shooting; **filmar** film, shoot

filólogo *m*, **-a** *f* philologist
filosofía *f* philosophy; **filosófico** philosophical; **filósofo** *m*, **-a** *f* philosopher
filtrar filter; *(información)* leak; **filtrarse** filter (***por*** through); *de agua, información* leak; **filtro** *m* filter
fin *m* end; *(objetivo)* aim, purpose; **~ de semana** weekend; **a ~es de mayo** at the end of May; **al ~ y al cabo** at the end of the day; **en ~** anyway
final *f*/*adj* final; **finalidad** *f* purpose, aim; **finalista** 1 *adj*: **las dos selecciones ~s** the two teams that reached the final 2 *m*/*f* finalist; **finalización** *f* completion; **finalizado** complete; **finalizar** end, finish; **finalmente** eventually
financiación *f* funding; **financiar** fund, finance; **financista** *m*/*f L.Am.* financier; **finanzas** *fpl* finances
finca *f* *(bien inmueble)* property; *L.Am. (granja)* farm
finés 1 *adj* Finnish 2 *m*, **-esa** *f* Finn 3 *m idioma* Finnish
fineza *f cualidad* fineness; *dicho* compliment
fingir pretend, feign *fml*
finlandés 1 *adj* Finnish 2 *m*, **-esa** *f* Finn 3 *m idioma* Finnish; **Finlandia** *f* Finland
fino *calidad* fine; *libro, tela* thin; *(esbelto)* slim; *modales, gusto* refined; *sentido de humor* subtle; **finura** *f de cali-*

dad fineness; *de tela* thinness; *(esbeltez)* slimness; *de modales, gusto* refinement; *de sentido de humor* subtlety
firma *f* signature; *acto* signing; COM firm; **firmar** sign
firme firm; *(estable)* steady; **en ~** COM firm; **firmeza** *f* firmness
fiscal 1 *adj* tax *atr*, fiscal 2 *m*/*f* district attorney, *Br* public prosecutor
física *f* physics; **físico** 1 *adj* physical 2 *m*, **-a** *f* physicist 3 *m de una persona* physique
fisioterapia *f* physical therapy, *Br* physiotherapy
fisura *f* crack; MED fracture
flác(c)ido flabby
flaco thin; **punto ~** weak point
flamante *(nuevo)* brand-new
flamenco 1 *adj* MÚS flamenco 2 *m* MÚS flamenco; ZO flamingo
flaqueza *f fig* weakness
flash *m* FOT flash
flato *m* MED stitch
flauta *f* flute; *Méx* GASTR fried taco; **~ dulce** recorder; **~ travesera** *(transverse)* flute; **flautista** *m*/*f* flautist
flecha *f* arrow
flequillo *m del pelo* bangs *pl*, *Br* fringe
fletar charter; *(embarcar)* load
flexible flexible
flirtear flirt (**con** with)
flojo loose; *café, argumento* weak; COM *actividad* slack; *redação* poor; *L.Am. (pere-*

flor 136

zoso) lazy
flor f flower; **florecer** BOT flower. bloom; *de negocio, civilización* flourish; **florero** m vase; **florista** m/f florist; **floristería** f florist
flota f fleet; **flotador** m float; **flotar** float
fluctuación f fluctuation; **fluctuar** fluctuate
fluido 1 *adj* fluid; *tráfico* free-flowing; *lenguaje* fluent **2** m fluid; **fluir** flow; **flujo** m flow
fluorescente 1 *adj* fluorescent **2** m strip light
fluvial river *atr*
foca f ZO seal
foco m focus; TEA, TV spotlight; *de infección* center, *Br* centre; *de incendio* seat; *L.Am.* (*bombilla*) lightbulb; *de auto* headlight; *de calle* streetlight
fogón *m de cocina* stove; TÉC burner; *L.Am. fuego* bonfire
follaje m foliage
follar V fuck V, screw V
folleto m pamphlet
follón m argument; (*lío*) mess
fomentar foster; COM promote; *rebelión* foment, incite; **fomento** m COM promotion
fonda f cheap restaurant; (*pensión*) boarding house
fondo m bottom; *de sala, cuarto* back; *de pasillo* end; (*profundidad*) depth; PINT, FOT background; *de un museo* collection; COM fund; ~ *de* **inversión** investment fund; ~ **de pensiones** pension fund; **Fondo Monetario Internacional** International Monetary Fund; ~**s** money, funds; **tiene buen** ~ he's got a good heart; **en el** ~ deep down
fontanería f plumbing; **fontanero** m plumber
footing m DEP jogging; **hacer** ~ go jogging, jog
forastero 1 *adj* foreign **2** m, -a f outsider, stranger
forestal forest *atr*
forjar metal forge
forma f form; (*apariencia*) shape; (*manera*) way; **de todas** ~**s** in any case, anyway; **estar en** ~ be fit; **formación** f formation; (*entrenamiento*) training; ~ **profesional** vocational training; **formal** formal; *niño* well-behaved; (*responsable*) responsible; **formalidad** f formality; **formar** form; (*educar*) educate
formatear format; **formato** m format
formidable huge; (*estupendo*) tremendous
fórmula f formula; **formular** *teoría* formulate; *queja* make, lodge; **formulario** m form
forraje m fodder
fortalecer *tb* fig strengthen; **fortaleza** f strength of character; MIL fortress; **fortificación** f fortification; **fortificar** MIL fortify

fortuito chance *atr*, accidental
fortuna *f* fortune; *(suerte)* luck; **por ~** fortunately, luckily
forzado forced; **forzar** force; *(violar)* rape; **forzoso** *aterrizaje* forced
fosa *f* pit; *(tumba)* grave; **~s nasales** nostrils
fósforo *m* QUÍM phosphorus; *L.Am.* *(cerilla)* match
foso *m* ditch; TEA, MÚS pit; *de castillo* moat
foto *f* photo; **fotocopia** *f* fotocopy; **fotocopiadora** *f* photocopier; **fotocopiar** photocopy; **fotogénico** photogenic; **fotografía** *f* photography; **fotografiar** photograph; **fotógrafo** *m*, **-a** *f* photographer
fracasado 1 *adj* unsuccessful **2** *m*, **-a** *f* loser; **fracasar** fail; **fracaso** *m* failure
fracción *f* fraction; POL faction
fractura *f* MED fracture; **fracturar** MED fracture
frágil fragile
fragmento *m* fragment; *de novela, poema* excerpt, extract
fragua *f* forge
fraile *m* friar, monk
frambuesa *f* raspberry
francés 1 *adj* French **2** *m* Frenchman; *idioma* French; **francesa** *f* Frenchwoman; **Francia** France
franco *(sincero)* frank; *(evidente)* distinct, marked; COM free
franela *f* flannel
franja *f* fringe; *de tierra* strip
franquear *carta* pay the postage on; *camino, obstáculo* clear; **franqueo** *m* postage; **franqueza** *f* frankness
frasco *m* bottle
frase *f* phrase; *(oración)* sentence; **~ hecha** set phrase
fraternal brotherly
fraude *m* fraud; **fraudulento** fraudulent
frecuencia *f* frequency; **con ~** frequently; **frecuentar** frequent; **frecuente** frequent; *(común)* common
fregadero *m* sink; **fregar** *platos* wash; *el suelo* mop; *L.Am.* F bug F; **fregona** *f* mop; *L.Am.* F pain in the neck F
freidora *f* deep fryer; **freír** fry; F *(matar)* waste P
frenar 1 *v/i* AUTO brake **2** *v/t fig* slow down; *impulsos* check; **freno** *m* brake; **poner ~ a algo** *fig* curb sth, check sth; **~ de mano** parking brake, *Br* handbrake
frente 1 *f* forehead **2** *m* MIL, METEO front; **de ~** *colisión* head-on; **de ~ al grupo** *L.Am.* facing the group; **hacer ~ a** face up to **3** *prp*: **~ a** opposite
fresa *f* strawberry
fresco 1 *adj cool; pescado etc* fresh; *persona* F fresh F, *Br* cheeky F **2** *m*, **-a** *f*: **¡eres un ~!** F you've got nerve!

F 3 *m* fresh air; *C.Am. bebida* fruit drink; **frescura** *f* freshness; *(frío)* coolness; *fig* nerve

fresno *m* BOT ash tree
fresón *m* strawberry
frialdad *f tb fig* coldness
fricción *f* TÉC, *fig* friction
frigorífico 1 *adj* refrigerated **2** *m* icebox, *Br* fridge
frijol *m*, **frijol** *m L.Am.* bean
frío 1 *adj tb fig* cold **2** *m* cold; **tener ~** be cold
fritar *L.Am.* fry; **frito 1** *part* ☞ **freír 2** *adj* fried **3** *mpl*: **~s** fried food
frívolo frivolous
frontal frontal; *ataque etc* head-on; *(delantero)* front *atr*
frontera *f* border; **fronterizo** border *atr*
frotar rub
fructuoso *fig* fruitful
fruncir *material* gather; **~ el ceño** frown
frustración *f* frustration; **frustrar** frustrate; *plan* thwart; **frustrarse** fail
fruta *f* fruit; **frutal 1** *adj* fruit *atr* **2** *m* fruit tree; **frutería** *f* fruit store, *Br* greengrocer's; **frutilla** *f S.Am.* strawberry; **fruto** *m tb fig* fruit; *nuez, almendra etc* nut; **~s secos** nuts
fuego *m* fire; **¿tienes ~?** do you have a light?; **~s artificiales** fireworks; **pegar** *o* **prender ~ a** set fire to
fuel(-oil) *m* fuel oil
fuelle *m* bellows *pl*

fuente *f* fountain; *recipiente* dish; *fig* source
fuera 1 *vb* ☞ **ir, ser 2** *adv* outside; *(en otro lugar)* away; *(en otro país)* abroad; **por ~** on the outside; **¡~!** get out! **3** *prp*: **~ de** outside; **¡sal ~ de aquí!** get out of here!; **~ del país** abroad
fuerte 1 *adj* strong; *dolor* intense; *lluvia* heavy; *aumento* sharp; *ruido* loud; *fig* P incredible F **2** *adv* hard **3** *m* MIL fort; **fuerza** *f* strength; *(violencia)* force; ELEC power; **~ aérea** air force; **~ de voluntad** willpower; **~s armadas** armed forces; **~s de seguridad** security forces; **a ~ de** by (dint of)
fuga *f* escape; *de gas, agua* leak; **darse a la ~** flee; **fugarse** run away; *de la cárcel* escape; **fugaz** fleeting; **fugitivo 1** *adj* runaway *atr* **2** *m*, **-a** *f* fugitive
fulana *f* so-and-so; F *(prostituta)* hooker P; **fulano** *m* so-and-so
fulminante sudden
fumador *m*, **-a** *f* smoker; **fumar** smoke
función *f* purpose, function; *en el trabajo* duty; TEA performance; **en ~ de** according to; **funcional** functional; **funcionamiento** *m* working; **funcionar** work; **no funciona** out of order; **funcionario** *m*, **-a** *f* government employee, civil servant

funda *f* cover; *de gafas* case; *de almohada* pillowcase
fundación *f* foundation; **fundador** *m*, **-a** *f* founder
fundamental fundamental; **fundamentalismo** *m* fundamentalism; **fundamentalista** *m/f* fundamentalist; **fundamentalmente** fundamentally; **fundamento** *m* foundation; **~s** (*nociones*) fundamentals; **fundar** *fig* base (**en** on); **fundarse** be based (**en** on)
fundición *f* smelting; (*fábrica*) foundry; **fundir** *hielo* melt; *metal* smelt; COM merge; **fundirse** melt; *de bombilla* fuse; *de plomos* blow; COM merge; *L.Am. de empresa* go under
fúnebre funeral *atr*, *fig*: *ambiente* gloomy; **funeral** *m* funeral; **funeraria** *f* funeral parlor, *Br* undertaker's
funesto disastrous
funicular *m* funicular; (*teleférico*) cable car
furcia *f* P whore P
furgón *m* van; FERR boxcar, *Br* goods van; **~ de equipajes** baggage car, *Br* luggage van; **furgoneta** *f* van
furia *f* fury; **furioso** furious; **furor** *m*: *hacer* **~** *fig* be all the rage F
furtivo furtive
fusible *m* ELEC fuse
fusil *m* rifle; **fusilamiento** *m* execution (*by firing squad*); **fusilar** shoot; *fig* F (*plagiar*) lift F
fusión *f* FÍS fusion; COM merger; **fusionar** COM merge; **fusionarse** merge
fútbol *m* soccer, *Br* football; **~ americano** football, *Br* American football; **~ sala** five-a-side soccer; **futbolín** *m* Foosball®, table football; **futbolista** *m/f* soccer player, *Br* footballer, *Br* football player
futuro *m/adj* future (*atr*)

G

gabardina *f prenda* raincoat; *material* gabardine
gabinete *m* (*despacho*) office; *en una casa* study; POL cabinet; *L.Am. de médico* office, *Br* surgery
gafas *fpl* glasses; **~ de sol** sunglasses
gaita *f* MÚS bagpipes *pl*
gala *f* gala; *traje de* **~** formal dress
galante gallant
galardón *m* award; **galardonar**: *fue galardonado con...* he was awarded ...
galería *f* gallery; **~ de arte** art gallery
galgo *m* greyhound
gallego 1 *adj* Galician; *Rpl* F Spanish **2** *m*, **-a** *f* Galician;

galleta

Rpl F Spaniard **3** *m idioma* Galician
galleta *f* cookie, *Br* biscuit
gallina 1 *f* hen **2** *m* F chicken; **gallinero** *m* henhouse
gallo *m* rooster, *Br* cock
galopar gallop; **galope** *m* gallop
gama *f* range
gamba *f* shrimp, *Br* prawn
gamberro *m*, **-a** *f* troublemaker
gamo *m* fallow deer
gamuza *f* chamois
gana *f*: *de mala ~* unwillingly, grudgingly; *no me da la ~* I don't want to; *... me da ~s de ...* makes me want to; *tener ~s de (hacer) algo* feel like (doing) sth
ganadería *f* stockbreeding; **ganadero** *m*, **-a** *f* stockbreeder; **ganado** *m* cattle *pl*
ganador *m* winner; **ganancia** *f* profit; **ganar 1** *v/t* win; *mediante el trabajo* earn **2** *v/i* *mediante el trabajo* earn; (*vencer*) win; (*mejorar*) improve; **ganarse** earn; *a alguien* win over; *~ la vida* earn a living
ganchillo *m* crochet; **gancho** *m* hook; *L.Am.*, *Arg fig* F sex-appeal; *hacer ~ L.Am.* (*ayudar*) lend a hand; *tener ~* F *de un grupo, una campaña* be popular; *de una persona* have that certain something
gandul *m* lazybones *sg*
ganga *f* bargain

ganso *m* goose; *macho* gander
garaje *m* garage
garantía *f* guarantee; **garantizar** guarantee
garapiñado candied
garbanzo *m* BOT chickpea
garbo *m al moverse* grace
garganta *f* ANAT throat; GEOG gorge; **gargantilla** *f* choker
gárgaras *fpl*: *hacer ~* gargle
garra *f* claw; *de ave* talon; *caer en las ~s de alguien fig* fall into s.o.'s clutches; *tener ~* F be compelling
garrafa *f* carafe
garrapata *f* ZO tick
garza *f* ZO heron
gas *m* gas; *~es* MED gas, wind; *con ~* carbonated, *Br* fizzy; *sin ~* still
gasa *f* gauze
gaseosa *f* lemonade; **gasoducto** *m* gas pipeline; **gas-oil, gasóleo** *m* oil; *para motores* diesel; **gasolina** *f* gas, *Br* petrol; **gasolinera** *f* gas station, *Br* petrol station
gastar *dinero* spend; *energía, electricidad etc* use; (*llevar*) wear; (*desperdiciar*) waste; (*desgastar*) wear out; *¿qué número gastas?* what size do you take?; **gastarse** *dinero* spend; *de gasolina, agua* run out of; *de pila* run down; *de ropa, zapatos* wear out; **gasto** *m* expense
gastronomía *f* gastronomy; **gastrónomo** *m*, **-a** *f* gastro-

gestoría

nome
gata f (female) cat; *Méx* servant, maid; *a ~s* F on all fours; **gatear** crawl
gatillo m trigger
gato m cat; AUTO jack; *cuatro ~s* a handful of people
gavilán m sparrowhawk
gaviota f (sea)gull
gay m/adj gay
gazpacho m gazpacho (*cold soup made with tomatoes, peppers, garlic etc*)
gel m gel
gelatina f gelatin(e); GASTR Jell-O®, *Br* jelly
gemelo 1 adj twin atr **2** mpl: *~s* twins; *de camisa* cuff links; (*prismáticos*) binoculars
Géminis m/f inv ASTR Gemini
gemir moan, groan
generación f generation
generador m ELEC generator; *~ de costes* COM, FIN cost driver
general 1 adj general; *en ~* in general; *por lo ~* generally **2** m general; **generalidad** f (*mayoría*) majority; (*vaguedad*) general nature; **generalizar 1** v/t make more widespread **2** v/i generalize; **generalmente** generally
generar generate
género m (*tipo*) type; *de literatura* genre; GRAM gender; COM goods pl, merchandise
generosidad f generosity; **generoso** generous
genética f genetics; **genéticamente** genetically; *~ modificado* genetically modified; **genético** genetic; **genetista** m/f geneticist
genial brilliant; F (*estupendo*) fantastic F, great F; **genio** m genius; (*carácter*) temper; *tener mal ~* be bad-tempered
genitales mpl genitals
gente f people pl; *L.Am.* (*persona*) person
gentil kind, courteous; REL Gentile; **gentileza** f kindness; *por ~ de* by courtesy of
gentío m crowd
geografía f geography; **geográfico** geographical
geología f geology; **geológico** geological; **geólogo** m, *-a* f geologist
geometría f geometry; **geométrico** geometrical
geranio m geranium
gerencia f management; *oficina* manager's office; **gerente** m/f manager
geriatría f geriatrics
germano 1 adj Germanic **2** m, *-a* f German
germen m germ; **germinar** tb fig germinate
gesticular gesticulate
gestión f management; **gestiones** (*trámites*) formalities, procedure; **gestionar** *trámites* take care of; *negocio* manage
gesto m gesture; (*expresión*) expression
gestoría f *Esp* agency offering clients help with official

documents
giba *f* hump, hunch
gigante *m/adj* giant (*atr*); **gigantesco** gigantic
gilipollas *m/f inv* P jerk P
gilipollez *f Esp* V bullshit V
gimnasia *f* gymnastics; **hacer ~** do exercises; **gimnasio** *m* gymnasium, gym
ginebra *f* gin
ginecólogo *m*, **-a** *f* gynecologist, *Br* gynaecologist
gira *f* tour; **girar 1** *v/i* turn; *alrededor de algo* revolve; *fig (tratar)* revolve (**en torno a** around) **2** *v/t* COM transfer;
girasol *m* BOT sunflower; **giratorio** revolving; **giro** *m* turn; GRAM idiom; **~ postal** COM money order
gitano 1 *adj* gypsy *atr* **2** *m*, **-a** *f* gypsy
glacial icy; **glaciar** *m* glacier
glándula *f* ANAT gland
glaucoma *m* MED glaucoma
glicerina *f* glycerin(e)
global global; *visión, resultado* overall; *cantidad* total; **globalización** f globalization; **globo** *m* aerostático, *de niño* balloon; *terrestre* globe; **~ terráqueo** globe
gloria *f*; *(delicia)* delight; **estar en la ~** F be in seventh heaven; **glorificar** glorify; **glorioso** glorious
glosa *f* gloss; **glosar** gloss; **glosario** *m* glossary
glotón 1 *adj* greedy **2** *m*, **-ona** *f* glutton
glucosa *f* glucose

gluten *m* gluten; **sin ~** gluten-free
glúteo *m* gluteus
gobernador *m* governor; **gobernar** rule, govern; **gobierno** *m* government
goce *m* pleasure, enjoyment
gol *m* DEP goal
golf *m* DEP golf
golfillo *m* (street) urchin
golfista *m/f* golfer
golfo 1 *m* GEOG gulf **2** *m*, **-a** *f* good-for-nothing; *niño* little devil; **Golfo de California** Gulf of California; **Golfo de México** Gulf of Mexico
golondrina *f* ZO swallow
golosina *f* candy, *Br* sweet; **goloso** sweet-toothed
golpe *m* knock, blow; **~ de Estado** coup d'état; *de* suddenly; **no da ~** F she doesn't do a thing; **golpear** hit
goma *f (caucho)* rubber; *(pegamento)* glue; *(banda elástica)* rubber band; F *(preservativo)* condom, rubber P; *C.Am.* F *(resaca)* hangover; **~ (de borrar)** eraser; **~ espuma** foam rubber
gonorrea *f* gonorrhea, *Br* gonorrhoea
gordo 1 *adj* fat **2** *m*, **-a** *f* fat person **3** *m* *premio* jackpot; **gordura** *f* fat
gorila *m* gorilla
gorra *f* cap; **de ~** F for free F
gorrino *m* fig pig
gorrión *m* sparrow
gorro *m* cap; **estar hasta el ~**

de algo F be fed up to the back teeth with sth F
gorrón *m*, **-ona** *f* F scrounger
gota *f* drop; **ni ~** F not a drop; *de pan* not a scrap; **gotear** drip; *filtrarse* leak; **gotera** *f* leak; (*mancha*) stain
gótico *m*/*adj* Gothic
gozar enjoy o.s.; **~ de** (*disfrutar de*) enjoy; (*poseer*) have, enjoy; **gozo** *m* (*alegría*) joy; (*placer*) pleasure; **gozoso** happy
grabación *f* recording; **grabado** *m* engraving; **grabadora** *f* tape recorder; **grabar** *video etc* record; PINT, *fig* engrave
gracia *f*: **tener ~** (*ser divertido*) be funny; (*tener encanto*) be graceful; **me hace ~** I think it's funny; **dar las ~s a alguien** thank s.o.; **~s** thank you; **gracioso** funny
gradas *fpl* DEP stands, grandstand; **graderío** *m* stands
grado *m* degree; **de buen ~** with good grace, readily
graduación *f* TÉC *etc* adjustment; *de alcohol* alcohol content; EDU graduation; MIL rank; **gradual** gradual; **gradualmente** gradually; **graduar** TÉC *etc* adjust; **~ las gafas** *o* **la vista** have one's eyes tested; **graduarse** graduate, get one's degree
gráfico 1 *adj* graphic **2** *m* MAT graph; INFOR graphic; **grafista** *m*/*f* graphic designer

gragea *f* tablet, pill
gramática *f* grammar; **gramático** grammatical
gramo *m* gram
Gran Bretaña Great Britain
gran *short form of* **grande** *before a noun*
granada *f* BOT pomegranate; **~ de mano** MIL hand grenade
grande 1 *adj* big; **a lo ~** in style **2** *m/f* L.Am. (*adulto*) grown-up, adult; (*mayor*) eldest; **pasarlo en ~** F have a great time; **grandeza** *f* greatness; **grandioso** magnificent
grandilocuente grandiloquent
granel *m*: **vender a ~** COM sell in bulk
granizado *m* type of soft drink made with crushed ice; **granizar** hail; **granizo** *m* hail
granja *f* farm
grano *m* grain; *de café* bean; *en la piel* pimple, spot
granuja *m* rascal
grapa *f* staple; **grapadora** *f* stapler
grasa *f* BIO, GASTR fat; *lubricante, suciedad* grease; **sin ~s** fat-free; **grasiento** greasy; **graso** greasy; *carne* fatty; **de bajo contenido ~** low-fat
gratificación *f* gratification; **gratificar** reward; **gratificante** gratifying
gratinar cook au gratin

gratis 144

gratis free; **gratitud** *f* gratitude; **gratuito** free
grato pleasant
grava *f* gravel
gravamen *m* tax; **gravar** tax
grave serious; *tono* grave, solemn; *voz* deep; ***estar ~*** be seriously ill; **gravedad** *f* seriousness, gravity; FÍS gravity
gravilla *f* grave
gravitación *f* gravitation
Grecia Greece
gremio *m* (*oficio manual*) trade; (*profesión*) profession
gres *m* (*arcilla*) earthenware; *para artesano* potter's clay
gresca *f* (*pelea*) fight; (*escándalo*) uproar
griego 1 *adj* Greek **2** *m*, **-a** *f* Greek **3** *m* idioma Greek
grieta *f* crack
grifo 1 *adj Méx* F high **2** *m* faucet, *Br* tap; (*gasolinera*) gas station, *Br* petrol station
grillo *m* ZO cricket
gripe *f* flu, influenza
gris gray, *Br* grey
gritar shout, yell; **griterío** *m* shouting; **grito** *m* cry, shout; ***a ~ pelado*** at the top of one's voice; ***pedir algo a ~s*** F be crying out for sth
grosella *f* redcurrant
grosería *f* rudeness; **grosero 1** *adj* rude **2** *m*, **-a** *f* rude person
grúa *f* crane; AUTO wrecker, *Br* breakdown truck
grueso thick; *persona* stout
grulla *f* ZO crane

gruñir (*quejarse*) grumble; *de perro* growl; *de cerdo* grunt
grupo *m* group
gruta *f* cave; *artificial* grotto
guacho 1 *adj S.Am*. (*sin casa*) homeless; (*huérfano*) orphaned **2** *m*, **-a** *f S.Am. sin casa* homeless person; (*huérfano*) orphan
guadaña *f* scythe
guagua *f W.I., Ven, Canaries* bus; *Pe, Bol, Chi* (*niño*) baby
guante *m* glove; **guantera** *f* AUTO glove compartment
guapo *hombre* handsome, good-looking; *mujer* beautiful; *S.Am.* (*valiente*) bold, gutsy
guarda *m/f* keeper; **guardabarros** *m inv* AUTO fender, *Br* mudguard; **guardabosques** *m/f inv* forest ranger; **guardacoches** *m/f inv* parking lot attendant, *Br* car park attendant; **guardacostas** *m inv* coastguard vessel; **guardaespaldas** *m/f inv* bodyguard; **guarda jurado** security guard; **guardameta** *m/f* DEP goalkeeper
guardar keep; *poner en un lugar* put (away); *recuerdo* have; *apariencias* keep up; INFOR save; ***~ silencio*** keep silent; **guardarse** keep; ***~ de*** refrain from
guardarropa *m* checkroom, *Br* cloakroom; (*ropa, armario*) wardrobe
guardería *f* nursery

guardia 1 *f* guard; *de ~ on duty* **2** *f* MIL guard; *(policía)* police officer; *~ civil Esp* civil guard; *~ de seguridad* security guard; *~ de tráfico* traffic warden
guardián 1 *adj*: *perro ~* guard dog **2** *m*, **-ana** *f* guard; *fig* guardian
guarida *f* ZO den; *de personas* hideout
guarnecer adorn (*de* with); GASTR garnish (*con* with);
guarnición *f* GASTR accompaniment; MIL garrison
guarro 1 *adj* F (*sucio*) filthy **2** *m tb fig* F pig
guasa *f L.Am.* joke; *de ~* as a joke
Guatemala Guatemala; **guatemalteco 1** *adj* Guatemalan **2** *m*, **-a** *f* Guatemalan
guateque *m* party
guay *Esp* F cool F, neat F
gubernamental governmental, government *atr*
guerra *f* war; *~ civil* civil war; *~ mundial* world war; *dar ~ a alguien* F give s.o. trouble;
guerrero 1 *adj* warlike **2** *m* warrior; **guerrilla** *f* guerrillas *pl*; **guerrillero** *m* guerilla
guía 1 *m/f* guide; *~ turístico* tour guide **2** *f libro* guide (book); *~ telefónica o de te-*

léfonos phone book; **guiar** guide
guijarro *m* pebble
guinda 1 *f L.Am.* purple **2** *f fresca* morello cherry; *en dulce* glacé cherry
guindilla *f* GASTR chil(l)i
guiñar: *le guiñó un ojo* she winked at him
guión *m de película* script; GRAM *corto* hyphen; *largo* dash
guirnalda *f* garland
guisante *m* pea; **guisar** GASTR stew, casserole; **guiso** *m* GASTR stew, casserole
guitarra *f* guitar; **guitarrista** *m/f* guitarist, guitar player
gusano *m* worm
gustar: *me gusta viajar* I like to travel, I like traveling; *¿te gusta...?* do you like ...?; *no me gusta* I don't like it; **gusto** *m* taste; *(placer)* pleasure; *a ~* at ease; *con mucho ~* with pleasure; *de buen ~* in good taste, tasteful; *de mal ~* in bad taste; *mucho o tanto ~* how do you do; **gustoso**: *hacer algo ~* do sth gladly
Guyana Francesa French Guyana; **Guyana** Guyana; **guyanés 1** *adj* Guyanese **2** *m*, **-esa** *f* Guyanese

H

haba *f* broad bean
Habana: *La* ~ Havana; **habanero** 1 *adj* of / from Havana, Havana *atr* 2 *m*, **-a** *f* citizen of Havana; **habano** 1 *adj* of / from Havana, Havana *atr* 2 *m*, **-a** *f* citizen of Havana 3 *m* Havana (cigar)
haber 1 *v/aux* have; *hemos llegado* we've arrived; *he de levantarme pronto* I have to *o* I've got to get up early; *has de ver Méx* you ought to see it 2 *v/impers*: *hay* there is *sg*, there are *pl*; *hubo un incendio* there was a fire; *¿qué hay?*, *Méx ¿qué hubo?* how's it going?; *hay que hacerlo* it has to be done; *no hay de qué* not at all 3 *m* asset; *pago fee*; *de cuenta bancaria* credit
habichuela *f* kidney bean
hábil skilled; (*capaz*) capable; (*astuto*) clever, smart; **habilidad** *f* skill; (*capacidad*) ability; (*astucia*) cleverness; **habilitar** *lugar* fit out; *persona* authorize
habitable habitable; **habitación** *f* room; (*dormitorio*) bedroom; ~ *doble* / *individual* double / single room; **habitante** *m/f* inhabitant; **habitar** live (*en* in)
hábito *m tb* REL habit; (*práctica*) knack; **habitual** 1 *adj* usual, regular 2 *m/f* regular; **habituar:** ~ *a alguien a algo* get s.o. used to sth; **habituarse:** ~ *a algo* get used to sth
habla *f* speech; *¡al ~!* TELEC speaking; *quedarse sin ~ fig* be speechless; **hablada** *f L.Am.* piece of gossip; ~**s** gossip; **hablador** talkative; *Méx* boastful; **habladurías** *fpl* gossip; **hablante** *m/f* speaker; **hablar** speak; (*conversar*) talk; ~ *con alguien* talk to s.o., talk with s.o.; ~ *de* or *libro etc* be about; *¡ni ~!* no way!; **hablarse** speak to one another
hacendado 1 *adj* land-owning 2 *m*, **-a** *f* land-owner
hacer 1 *v/t* (*realizar*) do; (*elaborar*, *crear*) make; ~ *una pregunta* ask a question; *¡qué le vamos a ~!* that's life; *le hicieron ir* they made him go 2 *v/i*: *haces bien* / *mal en ir* you are doing the right / wrong thing by going; *me hace mal* it's making me ill; *esto hará de mesa de objeto* this will do as a table; ~ *como que o como si* act as if; *no le hace L.Am.* it doesn't matter; *se me hace qué L.Am.* it seems to me that 3 *v/impers*: *hace calor* / *frío* it's hot /

cold; **hace tres días** three days ago; **desde hace un año** for a year; **hacerse** traje make; *casa* build o.s.; (*cocinarse*) cook; (*convertirse, volverse*) get, become; ~ **viejo** get old; **se hace tarde** it's getting late; ~ **el sordo** pretend to be deaf; ~ **a algo** get used to sth; ~ **con algo** get hold of sth
hacha f ax, Br axe
hachís m hashish
hacia toward; ~ **adelante** forward; ~ **abajo** down; ~ **arriba** up; ~ **atrás** back(ward); ~ **las cuatro** about four (o'clock)
hacienda f L.Am. (*granja*) ranch, estate
Hacienda f *ministerio* Treasury Department, Br Treasury; *oficina* Internal Revenue Service, Br Inland Revenue
hacinar stack
hada f fairy
halagar flatter; **halago** m flattery
halcón m hawk
hall m hall
hallar find; (*descubrir*) discover; *muerte, destino* meet; **hallarse** be; (*sentirse*) feel; **hallazgo** m find; (*descubrimiento*) discovery
halógeno halogen
halterofilia f DEP weight-lifting
hamaca f hammock; (*tumbona*) deck chair; L.Am. (*mecedora*) rocking chair

hambre f hunger; **tener** ~ be hungry **morirse de** ~ fig be starving; **hambriento** tb fig hungry (**de** for)
hamburguesa f hamburger
hampa f underworld
harapiento ragged; **harapo** m rag
harina f flour
hartar 1 v/t: ~ **a alguien con algo** s.o. with sth; ~ **a alguien de algo** give s.o. too much of sth; **harto 1** adj fed up F; (*lleno*) full (**de**) **2** adv very much; *delante del adjetivo* extremely; **me gusta** ~ L.Am. I like it a lot
hasta 1 prp until, till; **llegó** ~ **Bilbao** he went as far as Bilbao; ~ **ahora** so far; ~ **aquí** up to here; **¿~ cuándo?** how long?; ~ **que** until; **¡~ luego!, ¡~ la vista!** see you (later) **2** adv even
hastío m boredom
hato m L.Am. bundle
hay ☞ **haber**
haz m bundle; *de luz* beam
hazaña f achievement
hebilla f buckle
hebra f *de hilo* thread
hechizar fig bewitch; **hechizo** m spell, charm
hecho 1 part ☞ **hacer**, ~ **a mano** hand-made; **¡bien** ~ **!** well done!; **muy** ~ *carne* well-done **2** adj finished; *un hombre* ~ *y derecho* a fully grown man **3** m fact; **de** ~ in fact; **hechura** f *de ropa* making

hectárea f hectare (*approx. 2.5 acres*)

hedor m stink, stench

helada f frost; **heladería** f ice cream parlor o Br parlour; **helado 1** adj frozen; fig icy; **quedarse ~** be stunned **2** m ice cream; **helarse** tb fig freeze

hélice f propeller

helicóptero m helicopter

helipuerto m heliport

hematoma m bruise

hembra f female

hemisferio m hemisphere

hemorragia f MED hemorrhage, Br haemorrhage, bleeding; **hemorroides** fpl MED hemorrhoids, Br haemorrhoids, piles

hender, henderse crack; **hendidura** f crack

heno m hay

hepático liver atr, hepatic; **hepatitis** f MED hepatitis

heredar inherit (**de** from); **heredera** f heiress; **heredero** m heir; **hereditario** hereditary

hereje m heretic; **herejía** f heresy

herencia f inheritance

herida f wound; (*lesión*) injury; **mujer wounded woman**; **mujer lesionada** injured woman; **herir** wound; (*lesionar*) injure

hermana f sister; **hermanastra** f stepsister; **hermanastro** m stepbrother; **hermandad** f de hombres brotherhood, fraternity; **de mujeres** sisterhood; **hermano** m brother

hermoso beautiful; **hermosura** f beauty

hernia f MED hernia

héroe m hero; **heroico** heroic; **heroína** f mujer heroine; droga heroin

herradura f horseshoe

herramienta f tool

herrumbre f rust

hervidero m fig hotbed; **hervir 1** v/i boil; fig seethe (**de** with) **2** v/t boil

hidrato m: **~ de carbono** carbohydrate

hidráulico hydraulic

hidroavión m seaplane; **hidrocarburo** m hydrocarbon; **hidroeléctrico** hydroelectric; **hidrógeno** m hydrogen

hiedra f BOT ivy

hielo m ice

hiena f ZO hyena

hierba f grass; **mala ~** weed; **hierbabuena** f BOT mint

hierro m iron

hígado m liver

higiene f hygiene; **higiénico** hygienic

higo m BOT fig; **higuera** f BOT fig tree

hija f daughter; **hijastra** f stepdaughter; **hijastro** m stepson; **hijo** m son; **~s** children pl; **~ de puta** P son of a bitch V, bastard P; **~ único** only child

hilar 1 v/t spin **2** v/i: **~ delgado** o **fino** fig split hairs; **hilo** m thread; **~ dental** dental floss; **sin ~s** TELEC cordless; **perder el ~** fig lose the thread

himno m hymn; **~ nacional** national anthem

hincapié m: **hacer ~** put special emphasis (**en** on)

hinchado swollen; **hinchar** inflate, blow up; Rpl P annoy; **hincharse** MED swell; fig stuff o.s (**de** with); (mostrarse orgulloso) swell with pride; **hinchazón** f swelling

hinojo m BOT fennel

hipermercado m supermarket, Br tb supermarket; **hipertensión** f MED high blood pressure, hypertension; **hipertexto** m hypertext

hípica f equestrian sports pl

hipo m hiccups pl; **quitar el ~** F take one's breath away

hipócrita 1 adj hypocritical **2** m/f hypocrite

hipódromo m racetrack

hipopótamo m hippopotamus

hipoteca f COM mortgage; **hipotecar** COM mortgage; fig compromise

hipótesis f hypothesis; **hipotético** hypothetical

hirviente boiling

hispánico Hispanic; **hispanidad** f: **la ~** the Spanish-speaking world; **hispano 1** adj Spanish; (hispanohablante) Spanish-speaking; en EE.UU. Hispanic **2** m, -a f (español) Spaniard; (hispanohablante) Spanish speaker; en EE.UU. Hispanic

histérico hysterical

historia f history; (cuento) story; **una ~ de drogas** F some drugs business; **déjate de ~s** F stop making excuses; **histórico** historical; (importante) historic

hito m tb fig milestone

hockey m field hockey, Br hockey; **~ sobre hielo** hockey, Br ice hockey

hogar m fig home

hoguera f bonfire

hoja f BOT leaf; de papel sheet; de libro page; de cuchillo blade; **~ de afeitar** razor blade; **~ de cálculo** INFOR spreadsheet; **hojalata** f tin; **hojear** leaf through

hola hello, hi F

Holanda Holland; **holandés 1** adj Dutch **2** m Dutchman; **los holandeses** the Dutch **3** m idioma Dutch; **holandesa** f Dutchwoman

holgado loose, comfortable; **estar ~ de tiempo** have time to spare

holgazán m idler

hollín m soot

hombre m man; **~ de negocios** businessman; **~ rana** frogman; **¡claro, ~!** you bet!, sure thing!; **¡~, qué alegría!** that's great!

hombrera f shoulder pad; MIL epaulette; **hombro** m shoulder; **~ con ~** shoulder to

homenaje

shoulder
homenaje *m* homage; **homenajear** pay homage to
homeópata *m/f* homeopath
homicidio *m* homicide
homogéneo homogenous
homosexual *m/f* & *adj* homosexual
honda *f de cuero* sling(shot); *Rpl (tirachinas)* slingshot, *Br* catapult
hondo deep; **hondura** *f* depth
Honduras Honduras; **hondureño 1** *adj* Honduran **2** *m*, **-a** *f* Honduran
honesto honorable, decent
hongo *m* fungus
honor *m* honor, *Br* honour; **en ~ a** in honor of; **hacer ~ a** live up to; **palabra de ~** word of honor; **honorable** honorable, *Br* honourable; **honorario** honorary; **honorarios** *mpl* fees; **honra** *f* honor, *Br* honour; **honradez** *f* honesty; **honrado** honest; **honrar** honor, *Br* honour; **honrarse**: **~ de hacer algo** be honored *o Br* honoured to do sth; **honroso** honorable, *Br* honourable
hora *f* hour; **~s extraordinarias** overtime; **~ local** local time; **~ punta** rush hour; **a la ~ de...** *fig* when it comes to ...; **¡ya era ~!** about time too!; **tengo ~ con el dentista** I have an appointment with the dentist; **¿qué ~ es?** what time is it?; **horario**

m schedule, *Br* timetable; **~ comercial** business hours *pl*; **~ flexible** flextime, *Br* flexitime; **~ de trabajo** (working) hours *pl*
horca *f* gallows *pl*
horchata *f* drink made from tiger nuts
horizontal horizontal; **horizonte** *m* horizon
horma *f* form, mold, *Br* mould; *de zapatos* last
hormiga *f* ant
hormigón *m* concrete; **~ armado** reinforced concrete
hormiguero *m* ant hill
hormona *f* hormone
hornillo *m de fogón* burner; *de gas* gas ring; *transportable* camping stove
horno *m* oven; **alto ~** blast furnace
horóscopo *m* horoscope
horquilla *f para pelo* hairpin
horrendo horrendous
horrible horrible, dreadful; **horror** *m* horror (**a** of); **tener ~** be terrified of; **me gusta ~es** F I like it a lot; **¡qué ~!** how awful!; **horroroso** terrible; *(feo)* hideous
hortaliza *f* vegetable
horticultura *f* horticulture
hospedaje *m* accommodations *pl*, *Br* accommodation; **dar ~ a alguien** put s.o. up; **hospedar** put up; **hospedarse** stay (**en** at); **hospital** *m* hospital; **hospitalario** hospitable; MED hospital *atr*; **hospitalidad** *f* hospitali-

ty

hostal *m* hostel; **hostelería** *f* hotel industry; *como curso* hotel management

hostia *f* REL host

hostil hostile; **hostilidad** *f* hostility

hotel *m* hotel; **~ spa** spa hotel

hoy today; **de ~ en adelante** from now on; **~ por ~** at the present time; **~ en día** nowadays

hoyo *m* hole; *(depresión)* hollow; **hoyuelo** *m* dimple

hucha *f* money box

hueco 1 *adj* hollow; *(vacío)* empty; *fig: persona* shallow **2** *m* gap; *(agujero)* hole; *de ascensor* shaft

huelga *f* strike; **~ de celo** work-to-rule; **~ de hambre** hunger strike; **declararse en ~, ir a la ~** go on strike; **huelguista** *m/f* striker

huella *f* mark; *de animal* track; **~s dactilares** finger prints

huérfano 1 *adj* orphan *atr* **2** *m*, **-a** *f* orphan

huerta *f* truck farm, *Br* market garden; **huerto** *m* kitchen garden

hueso *m* bone; *de fruta* pit, stone; *persona* tough guy; *Méx* F cushy number F; *Méx* F *(influencia)* influence, pull F; **~ duro de roer** *fig* F hard nut to crack F

huésped *m/f* guest

huevera *f para servir* eggcup; *para almacenar* egg box;

huevo *m* egg; P *(testículo)* ball P; **~ duro** hard-boiled egg; **~ escalfado** poached egg; **~ frito** fried egg; **~ pasado por agua** soft-boiled egg; **~s revueltos** scrambled eggs; **un ~ de** P a load of F

huida *f* flight, escape; **huir** flee, escape (**de** from); **~ de algo** avoid sth

hule *m* oilcloth; *L.Am. (caucho)* rubber

hulla *f* coal

humanidad *f* humanity; **humano** human

humareda *f* cloud of smoke; **humear** *con humo* smoke; *con vapor* steam

humedad *f* humidity; *de una casa* damp(ness); **humedecer** dampen; **húmedo** humid; *toalla* damp

humildad *f* humility; **humilde** humble; *(sin orgullo)* modest; *clase social* lowly; **humillación** *f* humiliation; **humillante** humiliating; **humillar** humiliate

humo *m* smoke; *(vapor)* steam

humor *m* humor, *Br* humour; **estar de buen / mal ~** be in a good / bad mood; **sentido del ~** sense of humor; **humorista** *m/f* humorist; *(cómico)* comedian

hundimiento *m* sinking; **hundir** sink; *fig: empresa* ruin; *persona* devastate; **hundirse** sink; *fig: de empresa*

húngaro

collapse; *de persona* go to pieces
húngaro 1 *adj* Hungarian **2** *m*, **-a** *f* Hungarian **3** *m idioma* Hungarian; **Hungría**

I

ibérico Iberian; **ibero, íbero** *m*, **-a** *f* Iberian; **iberoamericano** Latin American
ibicenco Ibizan
iceberg *m* iceberg
ida *f* outward journey; (**billete de**) **~ y vuelta** round trip (ticket), *Br* return (ticket)
idea *f* idea; **no tener ni ~** not have a clue; **ideal** *m/adj* ideal; **idealismo** *m* idealism; **idealista 1** *adj* idealistic **2** *m/f* idealist; **idear** think up
idéntico identical; **identidad** *f* identity; **identificación** *f* identification; INFOR user name; **~ genética** genetic fingerprint; **identificar** identify; **identificarse** identify o.s.
ideología *f* ideology
idilio *m* idyll; (*relación amorosa*) romance
idioma *m* language
idiota 1 *adj* idiotic **2** *m/f* idiot; **idiotez** *f* stupid thing to say / do
ídolo *m tb fig* idol
idóneo suitable
iglesia *f* church
ignorancia *f* ignorance; **ignorante** ignorant; **ignorar** not

Hungary
huracán *m* hurricane
hurtadillas *fpl*: **a ~** furtively
hurtar steal; **hurto** *m* theft
husmear F nose around F

know, not be aware of
igual 1 *adj* (*idéntico*) same (**a**, **que** as); (*proporcionado*) equal (**a** to); (*constante*) constant; **al ~ que** like, the same as; **me da ~** I don't mind **2** *m/f* equal; **no tener ~** have no equal; **igualar 1** *v/t precio, marca* equal, match; (*nivelar*) level off; **~ algo** MAT make sth equal (**con**, **a** to) **2** *v/i* DEP tie the game, *Br* equalize; **igualdad** *f* equality; **~ de oportunidades** equal opportunities; **igualmente** equally
ilegal illegal; **ilegalidad** *f* illegality
ilegible illegible
ilegítimo unlawful; *hijo* illegitimate
ileso unhurt
ilícito illicit
ilimitado unlimited
iluminación *f* illumination; **iluminar** *edificio, calle etc* light, illuminate; *fig* light up
ilusión *f* illusion; (*deseo, esperanza*) hope; **iluso 1** *adj* gullible **2** *m*, **-a** *f* dreamer; **ilusorio** illusory
ilustración *f* illustration;

importar

ilustrado illustrated; (*culto*) learned; **ilustrar** illustrate; (*aclarar*) explain; **ilustre** illustrious

imagen f tb fig image; **ser la viva ~ de** be the spitting image of; **imaginable** imaginable; **imaginación** f imagination; **imaginar, imaginarse** imagine; **imaginativo** imaginative

imán m magnet

imbécil 1 adj stupid **2** m/f idiot, imbecile

imitación f imitation; **imitar** imitate

impaciencia f impatience; **impacientarse** lose (one's) patience; **impaciente** impatient

impacto m tb fig impact; **~ de bala** bullet wound

impar *número* odd

imparable unstoppable

imparcial impartial

impartir impart; *clase, bendición* give

impávido fearless

impecable impeccable

impedir prevent; (*estorbar*) impede

impenetrable impenetrable

impensado unexpected

imperar rule; *fig* prevail

imperceptible imperceptible

imperdible m safety pin

imperdonable unpardonable, unforgivable

imperfecto m/adj imperfect

imperial imperial; **imperio** m empire; **imperioso** necesidad pressing; *persona* imperious

impermeable 1 adj waterproof **2** m raincoat

impertérrito unperturbed, unmoved

impertinente 1 adj impertinent **2** m/f: **¡eres un ~!** you've got nerve!

ímpetu m impetus; **impetuoso** impetuous

implacable implacable

implantar *programa* implement; *democracia* establish; *pena de muerte* bring in; MED implant; **implantarse** be introduced

implicar mean, imply; (*involucrar*) involve; *en un delito* implicate (**en** in)

implorar beg for

imponente impressive; F terrific; **imponer 1** v/t impose; *miedo, respeto* inspire **2** v/i be imposing *o* impressive; **imponerse** (*hacerse respetar*) assert o.s.; DEP win; (*prevalecer*) prevail; (*ser necesario*) be imperative; **~ una tarea** set o.s. a task

impopular unpopular

importación f import

importancia f importance; **darse ~** give o.s. airs; **tener ~** be important; **importante** important; **importar** matter; **no importa** it doesn't matter; **eso a ti no te importa** that's none of your business; **¿qué importa?** what does it matter?; **¿le importa...?** do

you mind ...?; **importe** *m* amount; (*coste*) cost
importuno inopportune
imposibilidad *f* impossibility; **imposible** impossible
imposición *f* imposition; (*exigencia*) demand; COM deposit
impotencia *f* impotence, helplessness; MED impotence; **impotente** helpless, impotent; MED impotent
impracticable impracticable
impregnar saturate (**de** with); TÉC impregnate (**de** with)
imprenta *f taller* print shop; *arte, técnica* printing; *máquina* printing press
imprescindible essential; *persona* indispensable
impresión *f* impression; *acto* printing; (*tirada*) print run; **la sangre le da ~** he can't stand the sight of blood; **impresionante** impressive; **impresionar:** *~le a alguien* impress s.o.; (*conmover*) move s.o.; (*alterar*) shock s.o.; **impreso** *m* form; **~s** printed matter; **impresora** *f* INFOR printer; **~ de chorro de tinta** inkjet (printer); **~ de inyección de tinta** inkjet (printer); **~ láser** laser (printer)
imprevisto 1 *adj* unforeseen, unexpected **2** *m* unexpected event
imprimir *tb* INFOR print; *fig* transmit

improbable unlikely, improbable
improductivo unproductive
improvisar improvise
imprudente reckless, rash
impuesto *m* tax; **~ sobre el valor añadido** sales tax, Br value-added tax; **~ sobre la renta** income tax
impugnar challenge
impulsar TÉC propel; COM boost
impulsivo impulsive; **impulso** *m* impulse; (*empuje*) impetus; COM boost; *fig* urge, impulse; **tomar ~** take a run up
impunidad *f* impunity
imputar attribute
inacabable endless; **inacabado** unfinished
inaccesible inaccessible
inaceptable unacceptable
inadmisible inadmissible
inadvertido: pasar ~ go unnoticed
inagotable inexhaustible
inaguantable unbearable
inalámbrico 1 *adj* TELEC cordless **2** *m* TELEC cordless (telephone)
inarrugable crease-resistant
inaudito unprecedented
inauguración *f* official opening, inauguration; **inaugurar** (officially) open, inaugurate
incansable tireless
incapacidad *f* disability; (*falta de capacidad*) inability; (*ineptitud*) incompetence; in-

capaz incapable (**de** of)
incautarse: ~ **de** seize
incauto unwary
incendiar set fire to; **incendio** *m* fire
incentivo *m* incentive
incertidumbre *f* uncertainty
incidente *m* incident
incienso *m* incense
incierto *m* uncertain
incineración *f* de cadáver cremation
incisivo cutting; *fig* incisive; **diente** ~ incisor
incitar incite
inclinación *f* inclination; *de un terreno* slope; *muestra de respeto* bow; *fig* tendency; **inclinar** tilt; ~ **la cabeza** nod (one's head); **me inclina a creer que...** it makes me think that …; **inclinarse** bend (down); *de un terreno* slope; *desde la vertical* lean; *en señal de respeto* bow; ~ **a** *fig* tend to, be inclined to
incluir include; **inclusive** inclusive; **incluso** even
incoherente incoherent
incoloro colorless, *Br* colourless
incomodar inconvenience, (*enfadar*) annoy; **incomodarse** feel uncomfortable; (*enfadarse*) get annoyed (**por** about); **incómodo** uncomfortable; (*fastidioso*) inconvenient
incomparable incomparable
incompatible incompatible
incompetente incompetent
incompleto incomplete
incomprensible incomprehensible
incomunicado isolated, cut off; JUR in solitary confinement
inconfundible unmistakable
inconsciente MED unconscious; (*ignorante*) unaware; (*irreflexivo*) thoughtless
inconstante fickle
incontestable indisputable
inconveniente 1 *adj* (*inoportuno*) inconvenient; (*impropio*) inappropriate **2** *m* (*desventaja*) drawback; (*estorbo*) problem; **no tengo** ~ I don't mind
incorporar incorporate; **incorporarse** sit up; ~ **a** MIL join
incorrecto incorrect, wrong; *comportamiento* impolite; **incorregible** incorrigible
incrédulo incredulous; **increíble** incredible
incremento *m* growth
incubadora *f* incubator; **incubar** incubate
inculpar JUR accuse
inculto ignorant, uneducated
incurable incurable
indecente indecent; *película* obscene
indeciso undecided; *por naturaleza* indecisive
indefinido (*impreciso*) vague; (*ilimitado*) indefinite
indemnización *f* compensation; **indemnizar** compensate (**por** for)

independencia *f* independence; **independiente** independent; **independientemente** independently
indescriptible indescribable
indeterminado indeterminate; *(indefinido)* indefinite
India: (la) ~ India; **indio 1** *adj* Indian **2** *m*, **-a** *f* Indian
indicación *f* indication; *(señal)* sign; **indicaciones** *para llegar* directions; *(instrucciones)* instructions; **indicador** *m* indicator; **indicar** show, indicate; *(señalar)* point out; *(sugerir)* suggest; **índice** *m* index; **dedo ~** index finger; **indicio** *m* indication, sign; *(vestigio)* trace
indiferencia *f* indifference; **indiferente** indifferent; *(irrelevante)* immaterial
indígena 1 *adj* indigenous, native **2** *m/f* native
indigente destitute
indigestión *f* indigestion; **indigesto** indigestible
indignar: ~ a alguien make s.o. indignant; **indignarse** become indignant
indirecta *f* insinuation; *(sugerencia)* hint; **indirecto** indirect
indiscreción *f* indiscretion; *(declaración)* indiscreet remark; **indiscreto** indiscreet
indiscutible indisputable
indisoluble insoluble; *matrimonio* indissoluble
indispensable indispensable
indispuesto indisposed, unwell
indistinto vague; *sonido* faint
individual individual; *cama, habitación* single; **individuo** *m* individual
indivisible indivisible
índole *f* nature
indolencia *f* laziness, indolence; **indolente** lazy, indolent
indomable *animal* untameable; *persona* indomitable
indudable undoubted
indulgencia *f* indulgence
indultar pardon; **indulto** *m* pardon
indumentaria *f* clothing
industria *f* industry; **industrial 1** *adj* industrial **2** *m/f* industrialist
inédito unpublished; *fig* unprecedented
ineficacia *f* inefficiency; *de un procedimiento* ineffectiveness; **ineficaz** inefficient; *procedimiento* ineffective
ineficiencia *f* inefficiency; **ineficiente** inefficient
inepto 1 *adj* inept, incompetent **2** *m*, **-a** *f* incompetent fool
inequívoco unequivocal
inesperado unexpected
inestable unstable; *tiempo* unsettled
inestimable invaluable
inevitable inevitable
inexperto inexperienced
inexplicable inexplicable
infalible infallible

infame loathsome; (*terrible*) dreadful

infamia f (*deshonra*) disgrace; *acción* dreadful thing to do; *dicho* slander, slur

infancia f infancy; **infanta** f infanta, princess

infantería f MIL infantry

infantil children's *atr*, *naturaleza* childlike; *desp* infantile, childish

infarto m MED heart attack

infatigable tireless, indefatigable

infección f MED infection; **infeccioso** infectious; **infectar** infect

infeliz 1 *adj* unhappy, miserable **2** *m/f* poor devil

inferior 1 *adj* inferior (**a** to); *en el espacio* lower (**a** than) **2** *m/f* inferior; **inferioridad** f inferiority

infertilidad f infertility

infestar infest; (*invadir*) overrun

infiel 1 *adj* unfaithful **2** *m/f* unbeliever

infierno m hell

ínfimo *cantidad* very small; *calidad* very poor

infinidad f: **~ de** countless; **infinito 1** *adj* infinite **2** m infinity

inflación f inflation

inflamable flammable; **inflamación** f MED inflammation; **inflamarse** MED become inflamed

inflar inflate; **inflarse** swell (up); *fig* F get conceited

inflexible *fig* inflexible

influencia f influence; **tener ~s** have contacts; **influir**: **~ en alguien / algo** influence s.o. / sth, have an influence on s.o. / sth; **influjo** m influence; **influyente** influential

infografía f computer graphics *pl*

información f information; (*noticias*) news *sg*; **informal** informal; *persona* unreliable; **informar** inform (**de**, **sobre** about); **informática** f information technology, IT; **informático 1** *adj* computer *atr* **2** m, **-a** f IT specialist

informe 1 *adj* shapeless **2** m report; **~s** (*referencias*) references

infracción f offense, Br offence

infraestructura f infrastructure

infrarrojo infrared

infrecuente infrequent

infructuoso fruitless

ingeniero m, **-a** f engineer; **ingenio** m ingenuity; (*aparato*) device; **~ azucarero** L.Am. sugar refinery; **ingenioso** ingenious

Inglaterra England

ingle f groin

inglés 1 *adj* English **2** m Englishman; *idioma* English; **inglesa** f Englishwoman

ingratitud f ingratitude; **ingrato** ungrateful; *tarea* thankless

ingravidez f weightlessness
ingrediente m ingredient
ingresar 1 v/t: ~ **en** en *universidad* go to; *en asociación* join; *en hospital* be admitted to **2** v/t *cheque* pay in; **ingreso** m entry; *en una asociación* joining; *en hospital* admission; COM deposit; **~s** income
inhabitado uninhabited
inhalar inhale
inhibición f inhibition; JUR disqualification
inhumano inhuman
inicial f/adj initial; **iniciar** initiate; *curso* start, begin; **iniciativa** f initiative; **inicio** m start, beginning
inigualable incomparable; *precio* unbeatable
injerencia f interference
injuria f insult; **injuriar** insult
injusticia f injustice; **injusto** unjust
inmediaciones fpl immediate area (**de** of), vicinity (**de** of); **inmediatamente** immediately; **inmediato** immediate; **de ~** immediately
inmejorable unbeatable
inmenso immense
inmigración f immigration; **inmigrante** m/f immigrant; **inmigrar** immigrate
inminente imminent
inmoral immoral
inmortal immortal
inmóvil *persona* motionless; *vehículo* stationary
inmueble m building

inmune immune; **inmunidad** f MED, POL immunity; **inmunizar** immunize; **inmunológico: sistema ~** MED immune system
innato innate, inborn
innecesario unnecessary
innovación f innovation
innumerable innumerable, countless
inocencia f innocence; **inocente** innocent
inodoro m toilet
inofensivo inoffensive, harmless
inolvidable unforgettable
inoportuno inopportune; (*molesto*) annoying
inoxidable: acero ~ stainless steel
inquietar worry; **inquietarse** worry; **inquietud** f worry, anxiety; *intelectual* interest; **inquieto** worried
inquilino m tenant
inquisitivo inquisitive
insalubre unhealthy
insano unhealthy
insatisfacción f dissatisfaction; **insatisfactorio** unsatisfactory; **insatisfecho** dissatisfied
inscribir 1 v/t (*grabar*) inscribe; *en lista* register, enter; *en curso* enroll, *Br* enrol, register; **inscripción** f inscription; *en lista* registration, entry; *en curso* enrollment, *Br* enrolment, registration
insecticida m insecticide; **insecto** m insect

inseguridad f de una persona insecurity; de estructura unsteadiness; (peligro) dangerousness; **inseguro** insecure; estructura unsteady; (peligroso) dangerous, unsafe
insensato foolish
insensible insensitive (**a** to)
insertar insert
inservible useless
insignificante insignificant
insinuar insinuate
insípido insipid
insistir insist; **~ en hacer algo** insist on doing sth; **~ en algo** stress sth
insolación f MED sunstroke
insolencia f insolence; **insolente** insolent
insólito unusual
insoluble insoluble
insolvencia f insolvency
insomnio m insomnia
insonorizar soundproof; **insonoro** soundless
insoportable unbearable, intolerable
inspección f inspection; **inspeccionar** inspect; **inspector** m, **~a** f inspector
inspiración f inspiration; MED inhalation; **inspirar** inspire; MED inhale
instalación f acto installation; *instalaciones deportivas* sports facilities; **instalar** install, Br instal; (colocar) put; un negocio set up; **instalarse** en un sitio install o Br instal o.s.
instancia f JUR petition; (petición por escrito) application; **a ~s de** at the request of
instantánea f FOT snapshot; **instantáneo** immediate, instantaneous; **instante** m moment, instant; **al ~** right away, immediately
instinto m instinct
institución f institution; **instituir** institute; **instituto** m institute; Esp high school, Br secondary school; **~ de belleza** beauty salon; **institutriz** f governess
instrucción f education; (formación) training; MIL drill; INFOR instruction; JUR hearing; *instrucciones de uso* instructions, directions (for use); **instruido** educated; **instruir** educate; (formar) train; JUR pleito hear; **instructivo** educational
instrumento m instrument; (herramienta), fig tool; **~ musical** musical instrument
insuficiencia f lack; MED failure; **insuficiente** adj insufficient, inadequate **2** m EDU nota fail
insultar insult; **insulto** m insult
insuperable insurmountable
intachable faultless
intacto intact; (sin tocar) untouched
integrar integrate; equipo make up; **íntegro** whole, entire; **un hombre ~** fig a man of integrity
intelectual m/f & adj intelec-

inteligencia

tual
inteligencia f intelligence; **inteligente** intelligent
intemperie f: **a la ~** in the open air
intempestivo untimely
intemporal timeless
intención f intention; **doble o segunda ~** ulterior motive; **intencional** intentional
intensidad f intensity; (fuerza) strength; **intensificar** intensify; **intensificarse** intensify; **intensivo** intensive; **intenso** intense; (fuerte) strong
intentar try, attempt; **intento** m attempt, try; Méx (intención) aim; **intentona** f: **~ (golpista)** POL putsch, coup
interacción f interaction; **interactivo** interactive
intercalar insert
intercambio m exchange, swap
interceder intercede (**por** for)
interceptar tb DEP intercept
interés m tb COM interest; desp self-interest; **sin ~** interest-free; **interesado** 1 adj interested 2 m, -a f interested party; **interesante** interesting; **interesar** interest; **interesarse**: **~ por** take an interest in
interface m, **interfaz** f INFOR interface
interferencia f interference; **interferir** 1 v/t interfere with 2 v/i interfere (**en** in)

interino substitute atr; (provisional) provisional, acting atr
interior 1 adj interior; bolsillo inside atr; COM, POL domestic 2 m interior; DEP inside-forward; **en su ~** fig inwardly
interlocutor m, **~a** f speaker; **mi ~** the person I was talking to
intermediario m COM intermediary, middle-man; **intermedio** 1 adj nivel intermediate; tamaño, calidad medium 2 m intermission
intermitente 1 adj intermittent 2 m AUTO turn signal, Br indicator
internacional m/f & adj international
internado m boarding school
internauta m/f INFOR Internet user, Net surfer
internet m Internet; **en ~** on the Internet
interno 1 adj internal; POL doméstic, internal 2 m, -a f EDU boarder; (preso) inmate; MED intern, Br houseman
interpretar interpret; TEA play; **intérprete** m/f interpreter
interrogación f interrogation; **signo de ~** question mark; **interrogar** question; **interrogatorio** m questioning, interrogation
interrumpir 1 v/t interrupt; servicio suspend; vacaciones cut short 2 v/i interrupt; **interrupción** f interruption; de servicio suspension; de va-

caciones cutting short; **sin ~** non-stop; **interruptor** *m* ELEC switch

intervalo *m tb* MÚS interval; *(espacio)* gap

intervención *f* intervention; *en debate* participation; *en película* appearance; MED operation; **intervenir 1** *v/i* intervene; *en debate* take part, participate; *en película* appear **2** *v/t* TELEC tap; *contrabando* seize; MED operate on

intestinal intestinal; **intestino** *m* intestine

intimidad *f* intimacy; *(lo privado)* privacy; **en la ~** in private

intimidar intimidate

íntimo intimate; *(privado)* private; *amigos* close

intolerable intolerable; **intolerante** intolerant

intoxicación *f* poisoning; **intoxicar** poison

intranquilo uneasy; *(nervioso)* restless

intransferible non-transferable

intransigente intransigent

intransitable impassable

intratable: es ~ he is impossible (to deal with)

intravenoso MED intravenous

intrépido intrepid

intriga *f* intrigue; *de novela* plot; **intrigar 1** *v/t (interesar)* intrigue **2** *v/i* plot, scheme

introducción *f* introduction; *acción de meter* insertion; INFOR input; **introducir** introduce; *(meter)* insert; INFOR input

intuición *f* intuition; **intuir** sense

inundación *f* flood; **inundar** flood

inusitado unusual

inútil 1 *adj* useless; MIL unfit **2** *m/f:* **es un ~** he's useless

invadir invade; *de un sentimiento* overcome

invalidar invalidate; **invalidez** *f* disability; **inválido 1** *adj persona* disabled; *documento* invalid **2** *m,* **-a** *f* disabled person

invariable invariable

invasión *f* MIL invasion

invencible invincible; *miedo* insurmountable

invención *f* invention; **inventar** invent; **inventario** *m* inventory; **invento** *m* invention; **inventor** *m* inventor

invernadero *m* greenhouse; **invernal** winter *atr*

inverosímil unlikely

inversión *f* reversal; COM investment; **inverso** opposite; *orden* reverse; **a la -a** the other way round; **inversor** *m,* **~a** *f* investor; **invertir** reverse; COM invest (**en** in)

investigación *f* investigation; EDU, TÉC research; **~ y desarrollo** research and development; **investigador** *m,* **~a** *f* researcher; **investigar** investigate; EDU, TÉC research

invidente *m/f* blind person
invierno *m* winter
invisible invisible
invitación *f* invitation; **invitado** *m*, **-a** *f* guest; **invitar** invite (**a** to); (*convidar*) treat (**a** to)
involuntario involuntary
inyección *f* injection; **inyectar** inject
IP *f* IT; **dirección** *f* ~ IP address
ir 1 *v/i* go (**a** to); **¡ya voy!** I'm coming!; ~ **en avión** fly; **ya voy por algo** go and fetch sth; ~ **bien** / **mal** go well / badly; **iba de amarillo** she was wearing yellow; **van dos a dos** DEP the score is two all; **¿de qué va la película?** what's the movie about?; **¡qué va!** you must be joking!; F; **¡vamos!** come on!; **¡vaya!** well! **2** *v/aux*: **va a llover** it's going to rain; **ya voy comprendiendo** I'm beginning to understand; ~ **para viejo** be getting old; **irse** (away), leave; **¡vete!** go away!; **¡vámonos!** let's go
ira *f* anger
Irak Iraq, Irak
Irán Iran; **iraní** *m/f* & *adj* Iranian
iraquí *m/f* & *adj* Iraqi, Iraki
iris *m inv* ANAT iris; **arco** ~ rainbow
Irlanda Ireland; **irlandés 1** *adj* Irish **2** *m* Irishman; **irlandesa** *f* Irishwoman
ironía *f* irony; **irónico** ironic
irradiación *f* irradiation
irregular irregular; **superficie** uneven; **irregularidad** *f* irregularity; **de superficie** unevenness
irrelevante irrelevant
irreprochable irreproachable
irresistible irresistible
irresponsable irresponsible
irrevocable irrevocable
irrigar MED, AGR irrigate
irritación *f* irritation; **irritar** *tb* MED irritate; **irritarse** get irritated
irrompible unbreakable
irrumpir burst in
isla *f* island
Israel Israel; **israelí** *m/f* & *adj* Israeli
Italia Italy; **italiano 1** *adj* Italian **2** *m*, **-a** *f* Italian; **3** *m idioma* Italian
itinerancia *f* IT roaming
itinerario *m* itinerary
IVA *m* (= **impuesto sobre el valor añadido** o *L.Am.* **agregado**) sales tax, *Br* VAT (= value added tax)
izar hoist
izquierda *f tb* POL left; **izquierdista** POL **1** *adj* leftwing **2** *m/f* left-winger; **izquierdo** left

J

jabalí *m* ZO wild boar
jabalina *f* javelin
jabón *m* soap; **~ de afeitar** shaving soap; **jabonera** *f* soap dish
jacinto *m* hyacinth
jactarse boast (**de** about)
jadear pant
jaguar *m* ZO jaguar
jalea *f* jelly
jaleo *m* (*ruido*) racket, uproar; (*lío*) mess
Jamaica Jamaica; **jamaicano 1** *adj* Jamaican **2** *m*, **-a** *f* Jamaican
jamás never; **¿viste ~ algo así?** did you ever see anything like it?; **nunca ~** never ever; **por siempre ~** for ever and ever
jamón *m* ham; **~ de York** cooked ham; **~ serrano** cured ham
Japón *m* Japan; **japonés 1** *adj* Japanese **2** *m*, **-esa** *f* Japanese **3** *m* idioma Japanese
jaque *m* check; **~ mate** checkmate; **dar ~ a** checkmate
jaqueca *f* MED migraine
jarabe *m* syrup; *Méx* type of folk dance
jardín *m* garden; **~ de infancia** kindergarten; **jardinera** *f* jardinière; **jardinería** *f* gardening; **jardinero** *m*, **-a** *f* gardener
jarra *f* pitcher, *Br* jug; **en ~s** with hands on hips; **jarro** *m* pitcher, *Br* jug
jaula *f* cage
jazmín *m* BOT jasmine
jefatura *f* headquarters *pl*; (*dirección*) leadership; **~ de policía** police headquarters; **jefe** *m*, **-a** *f* de departamento, organización head; (*superior*) boss; POL leader; *de tribu* chief; **~ de cocina** (head) chef; **~ de estado** head of state
jengibre *m* BOT ginger
jeque *m* sheik
jerez *m* sherry
jerga *f* jargon; (*argot*) slang
jersey *m* sweater
jibia *f* ZO cuttlefish
jilguero *m* ZO goldfinch
jinete *m* rider; *en carrera* jockey
jirafa *f* ZO giraffe
jocoso humorous, joking
joder V (*follar*) screw V, fuck V; (*estropear*) screw up V, fuck up V; *L.Am.* F (*fastidiar*) annoy
jornada *f* (working) day; *distancia* day's journey; **~ laboral** work day; **~ partida** split shift; **jornal** *m* day's wage; **jornalero** *m*, **-a** *f* day laborer, *Br* day laborer
joroba *f* hump; *fig* pain F; **jorobado** hump-backed; *fig* F in a bad way F; **jorobar** F

joven

(*molestar*) bug F; *planes* ruin
joven 1 *adj* young **2** *m/f* young man; *mujer* young woman; *los jóvenes* young people
joya *f* jewel; *persona* gem; *~s* jewelry, Br jewellery; **joyería** *f* jewelry store, Br jeweller's; **joyero 1** *m*, **-a** *f* jeweler, Br jeweller **2** *m* jewelry *o* Br jewellery box
juanete *m* MED bunion
jubilación *f* retirement; *~ anticipada* early retirement; **jubilado 1** *adj* retired **2** *m*, **-a** *f* retiree, Br pensioner; **jubilarse** retire; **júbilo** *m* jubilation
judía *f* BOT bean; *~ verde* green bean, runner bean
judicial judicial
judío 1 *adj* Jewish **2** *m*, **-a** *f* Jew
juego *m* game; *acción* play; *por dinero* gambling; (*conjunto de objetos*) set; *~ de azar* game of chance; *~ de café* coffee set; *~ de manos* conjuring trick; *~ de mesa* board game; *~ de sociedad* game; *Juegos Olímpicos* Olympic Games; *estar en ~* fig be at stake; *fuera de ~* DEP offside; *hacer ~ con* go with, match
juerga *f* partying F
jueves *m inv* Thursday
juez *m/f* judge; *~ de línea* in *fútbol* assistant referee; *en fútbol americano* line judge
jugada *f* play, Br move; *en ajedrez* move; *hacerle una mala ~ a alguien* play a dirty trick on s.o.; **jugador** *m*, **-a** *f* player; **jugar 1** *v/t* play **2** *v/i* play; *con dinero* gamble; *~ al baloncesto* play basketball; **jugarse** risk; **jugarreta** *f* F dirty trick F
jugo *m* juice; **jugoso** *tb fig* juicy
juguete *m* toy; **juguetería** *f* toy store, Br toy shop
juicio *m* judg(e)ment; JUR trial; (*sensatez*) sense; (*cordura*) sanity; *a mi ~* in my opinion; *estar en su ~* be in one's right mind; *perder el ~* lose one's mind
julio *m* July
junco *m* BOT reed
jungla *f* jungle
junio *m* June
junta *f* POL (regional) government; *militar* junta; COM board; (*sesión*) meeting; TÉC joint; *~ directiva* board of directors; **juntar** put together; *gente* gather together; *bienes* collect; **juntarse** meet, assemble; *de pareja: empezar a salir* start going out; *empezar a vivir juntos* move in together; *de caminos, ríos* meet, join; *~ con alguien* socially mix with s.o.; **junto 1** *adj* together **2** *prp*: *~ a* next to, near; *~ con* together with
juntura *f* TÉC joint
jurado *m* JUR jury; **juramento** *m* oath; *bajo ~* under oath; **jurar** swear; **jurídico** legal;

jurisdicción f jurisdiction; **jurista** m/f jurist
justicia f justice; **la ~** (*la ley*) the law; **justificante** m *de pago* receipt; *de ausencia, propiedad* certificate; **justificar** *tb* TIP justify; **justo** just, fair; (*exacto*) right, exact; **lo ~** just enough; **¡~!** right!, exactly!
juvenil youthful; **juventud** f youth

K

kárate m karate; **karateca** m/f karate expert
kilo m kilo; *fig* F million; **kilobyte** m kilobyte; **kilogramo** m kilogram, *Br* kilogramme; **kilómetro** m kilometer, *Br* kilometre; **kilovatio** m kilowatt
kiosco m kiosk
kiwi m BOT kiwi (fruit)

L

la 1 *art* the; **~ que está embarazada** the one who is pregnant; **~ más grande** the biggest (one); **dame ~ roja** give me the red one **2** *pron complemento directo sg* her; *a usted* you; *algo* it
laberinto m labyrinth, maze
labia f: **tener mucha ~** have the gift of the gab; **labio** m lip
labor f work; (*tarea*) task, job; **hacer ~es** do needlework; **no estar por la ~** F not be enthusiastic about the idea; **laborable: día ~** workday; **laboral** labor *atr*, *Br* labour *atr*; **laboratorio** m laboratory, lab F; **labrador** m farm worker; **labrar** *tierra* work; *piedra* carve
laca f lacquer; **~ de uñas** nail varnish *o* polish
lactante *madre* nursing; *bebé* being breastfed
lactosa f lactose; **sin ~** lactose-free; **intolerancia** f **a la ~** MED lactose intolerance
ladera f slope
lado m side; (*lugar*) place; **al ~** nearby; **al ~ de** beside, next to; **de ~** sideways; **ir por otro ~** go another way; **por un ~..., por otro ~** on the one hand ... on the other hand
ladrar bark
ladrillo m brick
ladrón m thief
lagartija f ZO small lizard; **lagarto** m ZO lizard
lago m lake
lágrima f tear
laguna f lagoon; *fig* gap
laico lay *atr*

lamentable

lamentable deplorable; **lamentablemente** regretfully; **lamentar** regret, be sorry about; *muerte* mourn; **lamentarse** complain (*de* about); **lamento** *m* whimper; *por dolor* groan
lamer lick
lámina *f* sheet
lámpara *f* lamp; *de pie* floor lamp
lana *f* wool; *Méx* P dough F
lance *m* incident, episode; *de ~* secondhand
lancha *f* launch; *~ fueraborda* outboard
langosta *f insecto* locust; *crustáceo* spiny lobster; **langostino** *m* king prawn
lánguido languid
lanzamiento *m* MIL, COM launch; *~ de disco / de martillo* discus / hammer (throw); *~ de peso* shot put; **lanzar** throw; *cohete, producto* launch; *bomba* drop; **lanzarse** throw o.s. (*en* into); (*precipitarse*) pounce (*sobre* on)
lápiz *m* pencil; *~ de ojos* eyeliner; *~ labial / de labios* lipstick
largarse F clear off F; **largo 1** *adj* long; *persona* tall; *a la ~a* in the long run; *a lo ~ del día* throughout the day; *a lo ~ de la calle* along the street; *¡~!* F scram! F; *pasar de ~* go (straight) past **2** *m* length; **largometraje** *m* feature film
laringe *f* larynx

las 1 *art fpl* the **2** *pron complemento directo pl* them; *a ustedes* you; *llévate ~ que quieras* take the ones *o* those you want; *~ de...* those of ...; *~ de Juan* Juan's
lascivo lewd
láser *m* laser; *rayo ~* laser beam
lástima *f* pity, shame; **lastimarse** hurt o.s.
lastre *m* ballast; *fig* burden
lata *f* can, *Br tb* tin; *fig* F drag F; *dar la ~* F be a drag F
lateral 1 *adj* side *atr* **2** *m* DEP: *~ derecho / izquierdo* right / left back
latido *m* beat
latifundio *m* large estate
látigo *m* whip
latín *m* Latin; **latino** Latin; **Latinoamérica** Latin America; **latinoamericano 1** *adj* Latin American **2** *m*, *-a f* Latin American
latir beat
latitud *f* latitude
latón *m inv* brass
laurel *m* BOT laurel; *dormirse en los ~es fig* rest on one's laurels
lavable washable; **lavabo** *m* washbowl; **lavado** *m* washing; *~ de cerebro fig* brainwashing; **lavadora** *f* washing machine; **lavandería** *f* laundry; **lavaplatos** *m inv* dishwasher; *L.Am.* (*fregadero*) sink; **lavar 1** *v/t* wash; *~ los platos* wash the dishes; *~ la ropa* do the laundry; *~*

en seco dry-clean **2** v/i (*lavar los platos*) do the dishes; *de detergente* clean; **lavarse** wash up, *Br* have a wash; **~ los dientes** brush one's teeth; **~ las manos** wash one's hands; **lavativa** *f* MED enema; **lavavajillas** *m inv* líquido dishwashing liquid, *Br* washing-up liquid; *electrodoméstico* dishwasher

laxante *m/adj* MED laxative
lazo *m* knot; *de adorno* bow; *para atrapar animales* lasso
le *complemento indirecto* (to) him; *(a ella)* (to) her; *(a usted)* (to) you; *(a algo)* (to) it; *complemento directo* him; *(a usted)* you
leal loyal; **lealtad** *f* loyalty
lección *f* lesson
leche *f* milk; **lechería** *f* dairy; **lechero 1** *adj* dairy *atr* **2** *m* milkman
lecho *m tb de río* bed
lechón *m* suckling pig
lechuga *f* lettuce
lechuza *f* ZO barn-owl; *Cuba, Méx* P hooker F
lector *m*, **~a** *f* reader; **lector de libros electrónicos** IT e-book reader; **lectura** *f* reading
leer read
legación *f* legation
legal legal; *fig* F *persona* great F; **legalidad** *f* legality; **legalizar** legalize
legar leave
legendario legendary
legislación *f* legislation; **le-**

gislar legislate; **legislativo** legislative
legitimar justify; *documento* authenticate; **legítimo** legitimate; (*verdadero*) authentic
lego lay *atr*; *fig* ignorant
legua *f*: *se ve a la* **~** *fig* F you can see it a mile off F; *hecho a la* **~** it's blindingly obvious F
legumbre *f* BOT pulse
lejanía *f* distance; *en la* **~** in the distance; **lejano** distant
lejía *f* bleach
lejos 1 *adv* far (away); **Navidad queda ~** Christmas is a long way off; *a lo* **~** in the distance; *ir demasiado* **~** *fig* go too far; *llegar* **~** *fig* go far **2** *prp*: **~ de** far from
lema *m* slogan
lencería *f* lingerie
lengua *f* tongue; **~ materna** mother tongue; *irse de la* **~** let the cat out of the bag;
lenguado *m* ZO sole; **lenguaje** *m* language
lente *f* lens; **~s de contacto** contact lenses; **lentes** *mpl L.Am.* glasses
lenteja *f* BOT lentil
lentejuela *f* sequin
lentillas *fpl* contact lenses
lentitud *f* slowness; **lento** slow; *a fuego* **~** on a low heat
leña *f* (fire)wood; *echar* **~** *al fuego* *fig* add fuel to the fire; **leñador** *m* woodcutter
Leo *m/f inv* ASTR Leo
león *m* lion; *L.Am.* puma; **~ marino** sealion
leopardo *m* leopard

leotardo

leotardo *m de gimnasta* leotard; **~s** tights, *Br* heavy tights
lerdo (*torpe*) slow(-witted)
les *pl complemento indirecto* (to) them; (*a ustedes*) (to) you; *complemento directo* them; (*a ustedes*) you
lesbiana *f* lesbian
lesión *f* injury; **lesionar** injure
letal lethal
letón 1 *adj* Latvian 2 *m*, **-ona** *f* Latvian 3 *m idioma* Latvian; **Letonia** *f* Latvia
letra *f* letter; *de canción* lyrics *pl*; **~ de cambio** COM bill of exchange; **~ de imprenta** block capital; **~ mayúscula** capital letter; **al pie de la ~** word for word; **letrado** 1 *adj* learned 2 *m*, **-a** *f* lawyer
letrero *m* sign
levadura *f* yeast
levantamiento *m* raising; (*rebelión*) rising; *de embargo* lifting; **levantar** raise; *bulto* lift (up); *del suelo* pick up; *edificio, estatua* put up; *embargo* lift; **~ sospechas** arouse suspicion; **¡levanta los ánimos!** cheer up!; **levantarse** get up; (*ponerse de pie*) stand up; *de un edificio, una montaña* rise; *en rebelión* rise up; **levante** *m* east
leve slight; *sonrisa* faint
léxico *m* lexicon
ley *f* law; **con todas las de la ~** fairly and squarely

168

leyenda *f* legend
liar tie (up); *en papel* wrap (up); *cigarillo* roll; *persona* confuse
libanés 1 *adj* Lebanese 2 *m*, **-esa** *f* Lebanese; **Líbano** Lebanon
liberación *f* release; *de un país* liberation; **liberal** liberal; **liberar** (set) free, release; *país* liberate; *energía* release; **libertad** *f* freedom, liberty; **~ bajo fianza** JUR bail; **~ condicional** JUR probation
libertinaje *m* licentiousness
Libia Libya; **libio** 1 *adj* Libyan 2 *m*, **-a** *f* Libyan
libra *f* pound; **~ esterlina** pound (sterling)
Libra *m/f inv* ASTR Libra
librar 1 *v/t* free (**de** from); *cheque* draw; *batalla* fight 2 *v/i*: **libro los lunes** I have Mondays off; **libre** free; **librecambio** *m* free trade
librería *f* bookstore; **librero** *m* bookseller; *L.Am. mueble* bookcase; **libreta** *f* notebook; **~ de ahorros** bankbook, passbook; **libro** *m* book; **~ de bolsillo** paperback (book); **~ de cocina** cookbook; **~ de familia** *booklet recording family births, marriages and deaths*
licencia *f* licence, license, *Br* licence; (*permiso*) permission; MIL leave; **~ de manejar** *o* **conducir** *L.Am.* driver's license, *Br* driving li-

cence; **tomarse demasiadas ~s** take liberties; **licenciado** *m*, **-a** *f* graduate; **licenciar** MIL discharge; **licenciarse** graduate; MIL be discharged; **licenciatura** *f* EDU degree
licitar *L.Am. en subasta* bid for
licor *m* liquor, *Br* spirits *pl*
licuadora *f* blender
líder 1 *m/f* leader **2** *adj* leading
lidia *f* bullfighting
liebre *f* hare
lienzo *m* canvas
liga *f* POL, DEP league; *de medias* garter; **ligamento** *m* ANAT ligament; **ligar 1** *v/t* bind; (*atar*) tie **2** *v/i*: **~ con** F pick up F
ligero 1 *adj* light; (*rápido*) rapid; *movimiento* agile; (*leve*) slight; **de ropa** scantily clad; **a la ~a** (*sin pensar*) lightly **2** *adv* quickly
ligue *m* F: **estar de ~** be on the pick-up F
liguero *m* garter belt, *Br* suspender belt
lija *f*: **papel de ~** sandpaper
lila *f* BOT lilac
lima *f* file; BOT lime; **~ de uñas** nail file; **limar** file; *fig* finish
limitar 1 *v/t* limit **2** *v/i*: **~ con** border on; **limitarse** limit o.s. (*a* to); **límite 1** *m* limit; (*línea de separación*) boundary; **~ de velocidad** speed limit **2** *adj*: **situación ~** life-threatening situation
limón *m* lemon; **limonada** *f* lemonade; **limonero** *m* lemon tree
limosna *f*: **una ~, por favor** can you spare some change?
limpiabotas *m/f inv* bootblack; **limpiaparabrisas** *m inv* AUTO windshield wiper, *Br* windscreen wiper; **limpiar** clean; *con un trapo* wipe; *fig* clean up; **~ a alguien** F clean s.o. out F; **limpieza** *f estado* cleanliness; *acto* cleaning; **~ general** spring cleaning; **~ en seco** dry-cleaning; **limpio** clean; (*ordenado*) neat, tidy; *político* honest; **quedarse ~** *S.Am.* F be broke F; **sacar algo en ~** *fig* make sense of sth
linaje *m* lineage
lince *m* ZO lynx
lindante adjacent (**con** to), bordering (**con** on); **lindar**: **~ con algo** adjoin sth; *fig* border on sth
lindo 1 *adj* lovely; **de lo ~** a lot, a great deal **2** *adv L.Am. jugar, bailar* beautifully
línea *f* line; **en ~** on line; **~ aérea** airline; **mantener la ~** watch one's figure; **de primera ~** *fig* first-rate; **tecnología de primera ~** cutting edge technology; **entre ~s** between the lines
lingüístico linguistic
lino *m* linen; BOT flax

linterna

linterna f flashlight, *Br* torch
lío m bundle; F (*desorden*) mess; F (*jaleo*) fuss; **~ amoroso** F affair; **hacerse un ~** get into a muddle
liposucción f liposuction
liquidación f COM *de deuda* settlement; *de negocio* liquidation; **~ total** clearance sale; **liquidar** *cuenta, deuda* settle; COM *negocio* wind up, liquidate; *existencias* sell off; F (*matar*) liquidate F, bump off F; **líquido 1** *adj* liquid; COM net **2** m liquid
lira f lira
lírica f lyric poetry
lisiado 1 *adj* crippled **2** m cripple
liso smooth; *terreno* flat; *pelo* straight; (*sin adornos*) plain; **-a y llanamente** plainly and simply
lisonja f flattery; **lisonjear** flatter
lista f list; **~ de boda** wedding list; **~ de correos** general delivery, *Br* poste restante; **~ de espera** waiting list; **listado** m INFOR printout; **listín** m: **~ (telefónico)** phone book
listo (*inteligente*) clever; (*preparado*) ready
listón m *de madera* strip; DEP bar
litera f bunk; *de tren* couchette
literario literary; **literatura** f literature
litoral 1 *adj* coastal **2** m coast
litro m liter, *Br* litre

Lituania Lithuania; **lituano 1** *adj* Lithuanian **2** m, **-a** f Lithuanian **3** m *idioma* Lithuanian
liviano light; (*de poca importancia*) trivial
llaga f ulcer
llama f flame; ZO llama
llamada f call; *en una puerta* knock; *en timbre* ring; **~ a cobro revertido** collect call; **~ de auxilio** distress call; **llamamiento** m call; **hacer un ~ a algo** call for sth; **llamar** call; TELEC call, *Br tb* ring; **~ a la puerta** knock at the door; *con timbre* ring the bell; **el fútbol no me llama nada** football doesn't appeal to me in the slightest; **llamarse** be called; **¿cómo te llamas?** what's your name?
llamativo eyecatching; *color* loud
llanito m, **-a** f F Gibraltarian
llano 1 *adj terreno* level; *trato* natural; *persona* unassuming **2** m flat ground
llanta f wheel rim; *C.Am., Méx* (*neumático*) tire, *Br* tyre
llanto m sobbing
llanura f plain
llave f key; *para tuerca* wrench, *Br tb* spanner; **~ de contacto** AUTO ignition key; **~ inglesa** TÉC monkey wrench; **~ en mano** available for immediate occupancy; **bajo ~** under lock and key; **cerrar con ~** lock; **llave-**

ro *m* key ring
llegada *f* arrival; **llegar** arrive; (*alcanzar*) reach; *la comida no llegó para todos* there wasn't enough food for everyone; *me llega hasta las rodillas* it comes down to my knees; *~ a saber* find out; *~ a ser* get to be; *~ a viejo* live to a ripe old age
llenar 1 *v/t* fill; *impreso* fill out *o* in 2 *v/i* be filling; **lleno** (*de* of); *pared* covered (*de* with); *de ~* fully
llevar 1 *v/t* take; *ropa, gafas* wear; *ritmo* keep up; *~ las de perder* be likely to lose; *me lleva dos años* he's two years older than me; *llevo ocho días aquí* I've been here a week 2 *v/i* lead (*a* to); **llevarse** take; *susto, sorpresa* get; *~ bien / mal* get on well / badly; *se lleva el color rojo* red is fashionable
llorar cry, weep
llover rain; *llueve* it is raining
lloviznar drizzle; **lloviznar** drizzle
lluvia *f* rain; *Rpl* (*ducha*) shower; **lluvioso** rainy
lo 1 *art* the; *no sabes ~ difícil que es* you don't know how difficult it is 2 *pron*: *a él* him; *a usted* you; *algo* it; *~ sé* I know 3 *pron rel*: *~ que* what; *~ cual* which
lobo *m* wolf; *~ marino* seal; *~ de mar* fig sea dog
local 1 *adj* local 2 *m* premises *pl*; **localidad** *f* town; TEA

seat; **localizar** locate; *incendio* contain
loción *f* lotion
loco 1 *adj* mad, crazy; *a lo ~* F (*sin pensar*) hastily 2 *m* madman
locomoción *f* locomotion; *medio de ~* means of transport; **locomotora** *f* locomotive
locuaz talkative, loquacious *fml*
locura *f* madness
locutor *m*, *~a f* RAD, TV presenter
lodo *m* mud
lógica *f* logic; **lógico** logical
logrado excellent; **lograr** achieve; (*obtener*) obtain; *~ hacer algo* manage to do sth; **logro** *m* achievement
lombarda *f* BOT red cabbage
lomo *m* back; GASTR loin
lona *f* canvas
loncha *f* slice
Londres London
longaniza *f* type of dried sausage
longitud *f* longitude; (*largo*) length
lonja *f de pescado* fish market; (*loncha*) slice
loro *m* parrot
los 1 *art mpl* the 2 *pron complemento directo pl* them; *a ustedes* you; *llévate ~ que quieras* take the ones *o* those you want; *~ de...* those of ...; *~ de Juan* Juan's
losa *f* flagstone
lote *m en reparto* share, part;

L.Am. (solar) lot; **lotería** f lottery; **lotero** m, **-a** f lottery ticket seller
loza f china
lubina f ZO sea bass
lubri(fi)cante 1 adj lubricating 2 m lubricant; **lubri(fi)car** lubricate
lucha f fight, struggle; DEP wrestling; ~ *libre* DEP all-in wrestling; **luchar** fight (*por* for)
lúcido, **lucido** lucid, clear
luciérnaga f ZO glowworm
lucir 1 v/i shine; *L.Am.* (*verse bien*) look good 2 v/t *ropa, joya* wear; **lucirse** tb irónico excel o.s.
lucrativo lucrative; **lucro** m profit; *sin ánimo de ~* not-for-profit
luego 1 adv (*después*) later; *en orden, espacio* then; *L.Am.* (*en seguida*) right now; ~ ~ *Méx* straight away 2 conj therefore; ~ *que* L.Am. after
lugar m place; ~ *común* cliché; *en* ~ *de* instead of; *en primer* ~ in the first place, first(ly); *fuera de* ~ out of place; *yo en tu* ~ if I were you, (if I were) in your place; *dar* ~ *a* give rise to; *tener* ~ take place
lujo m luxury; **lujoso** luxurious
lumbago m MED lumbago; **lumbar** lumbar
lumbre f fire; **luminoso** luminous; *lámpara, habitación* bright
luna f moon; *de tienda* window; *de vehículo* windshield, *Br* windscreen; ~ *de miel* honeymoon; ~ *llena / nueva* full / new moon; *media* ~ *L.Am.* GASTR croissant; **lunar** 1 adj lunar 2 m *en la piel* mole; *de* ~*es* spotted, polka-dot
lunes m inv Monday
luneta f: ~ *térmica* AUTO heated windshield, *Br* heated windscreen
lupa f magnifying glass; *mirar algo con* ~ fig go through sth with a fine-tooth comb
luso 1 adj Portuguese 2 m, **-a** f Portuguese
lustrar polish; **lustre** m shine; fig luster; *Br* lustre
luto m mourning; *estar de* ~ *por alguien* be in mourning for s.o.
Luxemburgo m Luxemb(o)urg; **luxemburgués** 1 adj of / from Luxemb(o)urg, Luxemb(o)urg atr 2 m, **-guesa** f Luxemb(o)urger
luz f light; ~ *trasera* AUTO rear light; *luces de carretera o largas* AUTO full o main beam headlights; *luces de cruce o cortas* AUTO dipped headlights; ~ *verde* fig green light; *arrojar* ~ *sobre algo* fig shed light on sth.; *dar a* ~ give birth to; *salir a la* ~ fig come to light; *a todas luces* evidently

M

macabro 1 *adj* macabre **2** *m*, **-a** *f* ghoul
macarrones *mpl* macaroni *sg*
macedonia *f*: **~ de frutas** fruit salad
maceta *f* flowerpot
machacar crush; *fig* thrash
machete *m* machete
machismo *m* male chauvinism; **machista 1** *adj* sexist **2** *m* sexist, male chauvinist
macho 1 *adj* male; *(varonil)* tough; *desp* macho **2** *m* male; *apelativo* F man F, *L.Am.* *(plátano)* banana
macizo 1 *adj* solid **2** *m* GEOG massif; *Macizo de Brasil* Brazilian Highlands; **~ de flores** flower bed
madeja *f* hank
madera *f* wood; **tener ~ de** have the makings of; **madero** *m* P cop P
madrastra *F* step-mother
madre 1 *f* mother; **~ soltera** single mother **2** *adj* Méx, *C.Am.* F great F
madrileño 1 *adj* of / from Madrid, Madrid **2** *m*, **-a** *f* native of Madrid
madrina *f* godmother
madrugada *f* early morning; *(amanecer)* dawn; **de ~** in the small hours; **madrugador** *m*, **-a** *f* early riser; **madrugar** *L.Am.* *(quedar despierto)* stay up till the small hours; *(levantarse temprano)* get up early
madurar 1 *v/t* *fig*: *idea* think through **2** *v/i* *de persona* mature; *de fruta* ripen; **madurez** *f mental* maturity; *edad* middle age; *de fruta* ripeness; **maduro** *mentalmente* mature; *de edad* middle-aged; *fruta* ripe
maestría *f* mastery; *Méx* EDU master's (degree); **maestro 1** *adj* master *atr* **2** *m*, **-a** *f* EDU teacher; MÚS maestro
magia *f tb* fig magic; **mágico** magic
magistrado *m* judge; **magistral** masterly
magnético magnetic
magnetófon *m* tape recorder; **magnetoscopio** *m* VCR, video (cassette recorder)
magnífico magnificent
magnitud *f* magnitude
mago *m tb* fig magician; **los Reyes Magos** the Three Wise Men
magro *carne* lean
magulladura *f* bruise
mahometano 1 *adj* Muslim **2** *m*, **-a** *f* Muslim
maíz *m* corn
majadero F **1** *adj* idiotic, stupid **2** *m*, **-a** *f* idiot
majestad *f* majesty; **majestuoso** majestic
majo F nice; *(bonito)* pretty

mal

mal 1 *adj* ☞ **malo 2** *adv* badly; **~ que bien** one way or the other; **¡menos ~!** thank goodness!; **ponerse a ~ con alguien** fall out with s.o.; **tomarse algo a ~** take sth badly **3** *m* MED illness; **el ~ menor** the lesser of two evils

malaria *f* MED malaria

malcriado spoilt

maldad *f* evil

maldecir curse; **maldición** *f* curse; **maldito** F damn F; **¡~ a sea!** (god)damn it!

maleante *m/f & adj* criminal

malecón *m* breakwater

maleducado rude, bad-mannered

malentendido *m* misunderstanding

malestar *m* MED discomfort; *social* unrest

maleta *f* bag, suitcase; *L.Am.* AUTO trunk, *Br* boot; **hacer la ~** pack one's bags; **maletero** *m* trunk, *Br* boot; **maletín** *m* briefcase

maleza *f* undergrowth

malformación *f* malformation

malgastar waste

malhechor *m*, **~a** *f* criminal

malhumorado bad-tempered

malicia *f* (*mala intención*) malice; (*astucia*) cunning; **no tener ~** F be very naive; **malicioso** (*malintencionado*) malicious; (*astuto*) cunning, sly

maligno harmful; MED malignant

malintencionado malicious

malla *f* mesh; *Rpl* (*bañador*) swimsuit

Mallorca *f* Majorca; **mallorquín 1** *adj* Majorcan **2** *m*, **-quina** *f* Majorcan

malo 1 *adj* bad; *calidad* poor; (*enfermo*) sick, ill; **por las buenas** *o* **por las -as** like it or not; **por la fuerza** by force; **ponerse ~** fall ill **2** *m* bad guy, baddy F

malogrado *muerto* dead before one's time; **malograrse** fail; *de plan* come to nothing; *fallecer* die before one's time; (*descomponerse*) break down; (*funcionar mal*) go wrong

maloliente stinking

malparado: salir ~ de algo come out badly from sth

malta *f* malt

maltratar mistreat

maltrecho weakened; *cosa* damaged

malvado evil

malversación *f*: **~ de fondos** embezzlement

Malvinas: las ~ the Falklands, the Falkland Islands

mama *f* breast

mamá *f* mom, *Br* mum

mamar suck; **dar de ~** (breast)feed

mamífero *m* mammal

mampara *f* screen

manada *f* herd; *de lobos* pack

manantial *m* spring

manar flow

mancha *f* (*dirty*) mark; *de grasa, sangre etc* stain; **manchar**

get dirty; *de grasa, sangre etc* stain
Mancha: Canal de la ~ English Channel; **la ~** La Mancha
manco *de mano* one-handed; *de brazo* one-armed
mandamás *m inv* F big shot F
mandar 1 *v/t* order; *(enviar)* send; **~ hacer algo** have sth done **2** *v/i* be in charge; **¿mande?** *Méx* can I help you?; *Méx TELEC* hallo?; *(¿cómo?)* what did you say?
mandarina *f* mandarin (orange)
mandato *m* order; POL mandate
mandíbula *f* ANAT jaw
mandil *m* leather apron
mando *m* command; **~ a distancia** TV remote control; **tablero de ~** AUTO dashboard; **mandón** F bossy F
manecilla *f* hand
manejar 1 *v/t* handle; *máquina* operate; *L.Am.* AUTO drive **2** *v/i L.Am.* AUTO drive; **manejo** *m* handling; *de una máquina* operation
manera *f* way; **~s** manners; *lo hace a su ~* he does it his way; *de ~ que* so (that); *de ninguna ~* certainly not; *no hay ~ de* it is impossible to; *de todas ~s* anyway
manga *f* sleeve; **~ de riego** hosepipe; *en ~s de camisa* in one's shirtsleeves; *traer algo en la ~* F have sth up one's sleeve

mano

mangar P pinch F
mango *m* BOT mango; *CSur (dinero)* dough F; **estoy sin un ~** *CSur* F I'm broke F, I don't have a bean F
manguera *f* hose(pipe)
manguito *m* TÉC sleeve; **~s para nadar** armbands
maní *m S.Am.* peanut
manía *f (costumbre)* habit; *(antipatía)* dislike; *(obsesión)* obsession; *tiene sus ~s* she has her little ways
manicomio *m* lunatic asylum
manicura *f* manicure
manifestación *f* **de gente** demonstration; *(muestra)* show; *(declaración)* statement; **manifestante** *m/f* demonstrator; **manifestar** *(demostrar)* show; *(declarar)* declare, state; **manifestarse** demonstrate; **manifiesto 1** *adj* clear, manifest **2** *m* manifesto
manillar *m* handlebars *pl*
maniobra *f* maneuver, *Br* manoeuvre; **maniobrar** maneuver, *Br* manoeuvre
manipulación *f* manipulation; *(manejo)* handling; **manipular** manipulate; *(manejar)* handle
maniquí 1 *m* dummy **2** *m/f* model
manivela *f* handle
manjar *m* delicacy
mano *f* 1 hand; **~ de obra** manpower; **~ de pintura** coat of paint; **a ~ izquierda** on the lefthand side; **de se-**

manojo

gunda ~ second-hand; *echar una ~ a alguien* give s.o. a hand; *estar a ~s L.Am.* F be even; *traerse algo entre ~s* be plotting sth; *~s libres* hands-free **2** *m Méx* F buddy F; **manojo** *m* handful; *~ de llaves* bunch of keys; *~ de nervios* fig bundle of nerves
manopla *f* mitten
manosear handle; *persona* F grope F
mansión *f* mansion
manso docile; *persona* mild
manta *f* blanket
manteca *f* fat; *Rpl* butter; *~ de cacao* cocoa butter; *~ de cerdo* lard; **mantecado** *m* type of cupcake, traditionally eaten at Christmas
mantel *m* tablecloth; *~ individual* table mat; **mantelería** *f* table linen
mantener (*sujetar*) hold; *techo etc* hold up; (*preservar*) keep; *conversación*, *relación* have; *económicamente* support; (*afirmar*) maintain; **mantenerse** (*sujetarse*) be held; *económicamente* support o.s.; *en forma* keep; **mantenimiento** *m* maintenance; *económico* support; *gimnasia de ~* gymnasium
mantequilla *f* butter
mantilla *f de bebé* shawl
manto *m GEOL* layer, stratum; (*capa*) cloak; *un ~ de nieve* a blanket of snow
mantón *m* shawl

manual *m/adj* manual; **manualidades** *fpl* handicrafts
manuscrito 1 *adj* handwritten **2** *m* manuscript
manutención *f* maintenance
manzana *f* apple; *de casas* block; **manzanilla** *f* camomile tea; **manzano** *m* apple tree
maña *f* skill
mañana 1 *f* morning; *por la ~* in the morning; *por la ~* tomorrow morning; *de la ~ a la noche* from morning until night; *de la noche a la ~* fig overnight **2** *adv* tomorrow; *pasado ~* the day after tomorrow
mapa *m* map; *~ de carreteras* road map
maqueta *f* model
maquillaje *m* make-up; **maquillar** make up; **maquillarse** put on one's make-up
máquina *f* machine; FERR locomotive; *C.Am.*, *W.I.* AUTO car; *~ de afeitar* (electric) shaver; *~ de coser* sewing machine; *~ de fotos* camera; *~ recreativa* arcade game; *~ de respiración asistida* life support machine; *a toda ~* at top speed; **maquinaciones** *fpl* scheming; **maquinador 1** *adj* scheming **2** *m*, *~a f* schemer; **maquinal** *fig* mechanical; **maquinar** plot; **maquinaria** *f* machinery; **maquinilla** *f*: *~ de afeitar* razor; *~ eléctrica* electric razor; **maquinista** *m/f* FERR

mar *m* (*also f*) sea; **llover a ~es** *fig* F pour, bucket down F; **alta ~** high seas *pl*; **Mar Bermejo** Gulf of California; **mar Caribe** Caribbean Sea

maraña *f* de hilos tangle; (*lío*) jumble

maravilla *f* marvel, wonder; BOT marigold; **a las mil ~s** marvelously, *Br* marvellously; **maravillarse** be amazed (*de* at); **maravilloso** marvelous, *Br* marvellous

marca *f* mark; COM brand; **~ registrada** registered trademark; **de ~** brand-name *atr*; **marcador** *m* DEP (*resultado*) score; (*tablero*) scoreboard; **marcapasos** *m inv* MED pacemaker; **marcar** mark; *número de teléfono* dial; *gol* score; *res* brand; *de termómetro, contador etc* read, register

marcha *f* (*salida*) departure; (*velocidad*) speed; (*avance*) progress; MIL march; AUTO gear; **~ atrás** AUTO reverse (gear); **a ~s forzadas** *fig* flat out; **a toda ~** at top speed; **ponerse en ~** get going; **marchante** *m* L.Am. regular customer; **marchar** (*progresar*) go; (*funcionar*) work; (*caminar*) walk; MIL march; **marcharse** leave, go

marchitarse wilt; **marchito** *flor* withered; *juventud* faded

marco *m* de cuadro, puerta frame; *fig* framework

marea *f* tide; **~ alta** high tide; **~ baja** low tide; **~ negra** oil slick; **marearse** feel nauseous, *Br* feel sick; **marejada** *f* heavy sea; **mareo** *m* seasickness

marfil *m* ivory

margarina *f* margarine

margarita *f* BOT daisy

margen *m tb fig* margin; **al ~ de eso** apart from that; **marginal** marginal

maricón *m* P fag P, *Br* poof P; **mariconera** *f* man's handbag

marido *m* husband

marina *f* navy; **~ mercante** merchant navy

marinero **1** *adj* sea *atr* **2** *m* sailor; **marino 1** *adj brisa* sea *atr*; *planta, animal* marine; **azul ~** navy blue **2** *m* sailor

marioneta *f tb fig* puppet

mariposa *f* butterfly

mariquita *f* ladybug, *Br* ladybird

marisco *m* seafood

marítimo maritime

marmita *f* pot, pan

mármol *m* marble

marqués *m* marquis; **marquesa** *f* marchioness

marquesina *f* marquee, *Br* canopy

marrano 1 *adj* filthy **2** *m* hog, *Br* pig; F *persona* pig F

marrón *m* brown

marroquí *m/f & adj* Moroccan; **Marruecos** Morocco

marta *f* ZO marten

martes *m inv* Tuesday
martillar hammer; **martillo** *m* hammer; ~ **neumático** pneumatic drill
mártir *m/f* martyr; **martirio** *m* tb fig martyrdom; **martirizar** tb fig martyr
marzo *m* March
más 1 *adj* more **2** *adv* more; *superlativo* most; MAT plus; ~ **grande** bigger; ~ **importante** more important; **el** ~ **grande** the biggest; **el** ~ **importante** the most important; *trabajar* ~ work harder; ~ **bien** rather; *¿qué* ~? what else?; *no* ~ *L.Am.* ☞ **nomás**; *por* ~ *que* however much; *sin* ~ without more ado
mas *conj* but
masa *f* mass; GASTR dough
masacre *f* massacre
masaje *m* massage; **masajista** *m/f* masseur; *mujer* masseuse
mascar 1 *v/t* chew **2** *v/i L.Am.* chew tobacco
máscara *f* mask; **mascarilla** *f* mask; *cosmética* face pack
mascota *f* mascot; *animal doméstico* pet
masculino masculine
masivo massive
masón *m* mason
masoquismo *m* masochism; **masoquista 1** *adj* masochistic **2** *m/f* masochist
máster *m* master's (degree)
masticar chew
mástil *m* mast; *de tienda* pole
mata *f* bush

matadero *m* slaughterhouse; **matanza** *f* slaughter; **matar** kill; *ganado* slaughter; **matarse** kill o.s.; *morir* be killed
matasellos *m inv* postmark
mate 1 *adj* matt **2** *m en ajedrez* mate; *L.Am.* (*infusión*) maté
matemáticas *fpl* mathematics, math, *Br* maths; **matemático 1** *adj* mathematical **2** *m*, **-a** *f* mathematician
materia *f* matter; (*material*) material; (*tema*) subject; ~ **prima** raw material; **en** ~ **de** as regards; **material** *m/adj* material
maternal maternal; **maternidad** *f* maternity; *casa de* ~ maternity hospital; **materno: por parte -a** on one's mother's side, maternal
matinal morning *atr*
matiz *m de ironía* touch; *de color* shade; **matizar** *comentarios* qualify
matón *m* bully; (*criminal*) thug
matorral *m* thicket
matrícula *f* AUTO license plate, *Br* numberplate; EDU registration; **matricular** register
matrimonial marriage *atr*, marital; **matrimonio** *m* marriage; *boda* wedding
matriz *f* matrix; ANAT womb
matutino morning *atr*
maxilar 1 *adj* maxillary **2** *m* jaw(bone)
máxima *f* maxim; **máximo** maximum

mayo *m* May
mayonesa *f* mayonnaise
mayor ◇ *comparativo: en tamaño* larger, bigger; *en edad* older; *en importancia* greater; **ser ~ de edad** be an adult; JUR be of legal age; **al por ~** COM wholesale ◇ *superlativo:* **el ~ en edad** the oldest, the eldest; *en tamaño* the largest, the biggest; *en importancia* the greatest; **los ~es** adults; **la ~ parte** the majority; **mayoría** *f* majority; **alcanzar la ~ de edad** come of age; **la ~ de** the majority of, most (of); **mayorista** *m/f* wholesaler
mayúscula *f* capital (letter), upper case letter
maza *f* mace
mazapán *m* marzipan
mazorca *f* cob
me *complemento directo* me; *complemento indirecto* (to) me; *reflexivo* myself
mear F pee F
mecánica *f* mechanics; **mecánico 1** *adj* mechanical **2** *m*, **-a** *f* mechanic; **mecanismo** *m* mechanism; **mecanizar** mechanize
mecanografía *f* typing; **mecanógrafo** *m*, **-a** *f* typist
mecedora *f* rocking chair
mecenas *m inv* patron, sponsor
mecer, mercerse rock
mecha *f* wick; *de explosivo* fuse; *del pelo* highlight; *Méx* F fear; **mechero** *m* cigarette lighter; **mechón** *m de pelo* lock
medalla *f* medal; **medallista** *m/f* medalist
media *f* stocking; **~s** pantyhose *pl*, *Br* tights *pl*
mediación *f* mediation; **mediado:** *a* **~s de junio** in mid-June; **mediador** *m*, **~a** *f* mediator; **mediana** *f* AUTO median strip, *Br* central reservation; **mediano** medium, average; **medianoche** *f* midnight; **mediante** by means of; **mediar** mediate
mediático *adj atr*
medicamento *m* medicine, drug; **medicina** *f* medicine; **medicinal** medicinal; **médico 1** *adj* medical **2** *m/f* doctor; **~ de cabecera** *o* **de familia** family doctor; **~ de urgencia** emergency doctor
medida *f* measure; *acto* measurement; *(grado)* extent; **hecho a ~** made to measure; **a ~ que** as
medieval medieval
medio 1 *adj* half; *tamaño* medium; *(de promedio)* average; **las tres y -a** half past three, three-thirty **2** *m* environment; *(centro)* middle; *(manera)* means; **~ ambiente** environment; **por ~ de** by means of; **en ~ de** in the middle of; **~s dinero** means; **~s de comunicación** *o* **de información** (mass) media **3** *adv* half; **hacer algo a -as** half do sth; **ir a -as** go

medioambiental 180

halves; *día por ~ L.Am.* every other day
medioambiental environmental
mediocre mediocre
mediodía *m* midday
medir 1 *v/t* measure **2** *v/i*: *mide 2 metros de ancho / alto* it's 2 meters wide / high
meditación *f* meditation; **meditar 1** *v/t* ponder **2** *v/i* meditate
médula *f* marrow; *~ espinal* spinal cord
medusa *f* ZO jellyfish
mejicano 1 *adj* Mexican **2** *m*, **-a** *f* Mexican; **Méjico** *país* Mexico; *Méx DF* Mexico City
mejilla *f* cheek
mejillón *m* ZO mussel
mejor better; *el ~* the best; *lo ~* the best thing; *lo ~ posible* as well as possible; *a lo ~* perhaps; **mejora** *f* improvement
mejorana *f* BOT marjoram
mejorar improve; *¡que te mejores!* get well soon!; **mejoría** *f* improvement
melena *f* long hair; *de león* mane
mellizo 1 *adj* twin *atr* **2** *m*, **-a** *f* twin
melocotón *m* peach
melón *m* melon
meloso F sickly sweet
membrana *f* membrane
membrete *m* heading, letterhead; *papel con ~* letterhead, headed paper

membrillo *m* quince; *dulce de ~* quince jelly
memorable memorable
memoria *f tb* INFOR memory; (*informe*) report; *de ~* by heart; *~s* (*biografía*) memoirs; **memorizar** memorize
mención *f*: *hacer ~ de* mention; **mencionar** mention
mendigar beg for; **mendigo** *m* beggar
menear shake; *las caderas* sway; *~ la cola* wag its tail
menester *m* (*trabajo*) job; *~es* F tools, gear; *ser ~* (*necesario*) be necessary
menguante decreasing; *luna* waning; **menguar** decrease; *de la luna* wane
meningitis *f* MED meningitis
menopausia *f* menopause
menor less; *en tamaño* smaller; *en edad* younger; *ser ~ de edad* be a minor; *al por ~* COM retail; *el ~ en tamaño* the smallest; *en edad* the youngest
Menorca *f* Minorca; **menorquín 1** *adj* Minorcan **2** *m*, **-quina** *f* Minorcan
menos 1 *adj en cantidad* less; *en número* fewer **2** *adv comparativo en cantidad* less; *superlativo en cantidad* least; MAT minus; *es ~ guapa que Ana* she is not as pretty as Ana; *a ~ que* unless; *al ~*, *por lo ~* at least; *echar de ~* miss; *ni mucho ~* far from it; *son las dos ~ diez* it's ten to two of two, it's ten to two

menospreciar underestimate; (*desdeñar*) look down on; **menosprecio** *m* contempt

mensaje *m* message; **~ de texto** text (message); **mensajero** *m* courrier

menstruación *f* menstruation

mensual monthly; **mensualidad** *f* monthly payment

menta *f* BOT mint

mental mental; **mentalidad** *f* mentality; **mente** *f* mind

mentar mention

mentir lie; **mentira** *f* lie; **mentiroso 1** *adj*: **ser muy ~** tell a lot of lies **2** *m*, **-a** *f* liar

menú *m tb* INFOR menu; **~ de ayuda** help menu

menudeo *m L.Am.* retail trade; **menudo 1** *adj* small; **¡-a suerte!** *fig* F lucky devil!; **a ~** often **2** *m L.Am.* small change; **~s** GASTR giblets

meñique *m/adj*: (*dedo*) **~** little finger

meollo *m fig* heart

mercadería *f L.Am.* merchandise; **mercado** *m* market; **Mercado Común** Common Market; **~ negro** black market; **mercancía** *f* merchandise; **mercantil** commercial

mercenario *m/adj* mercenary

mercería *f* notions *pl*, *Br* haberdashery

mercurio *m* mercury

merecer deserve; **no ~ la pena** it's not worth it

merendar have an afternoon snack

merengue *m* GASTR meringue

meridiano *m/f* meridian; **meridional 1** *adj* southern **2** *m* southerner

merienda *f* afternoon snack

mérito *m* merit

merluza *f* ZO hake

merma *f* reduction, decrease; **mermar 1** *v/t* reduce **2** *v/i* diminish

mermelada *f* jam

mero 1 *adj* mere; **el ~ jefe** *Méx* F the big boss **2** *m* ZO grouper

mes *m* month

mesa *f* table; **poner / quitar la ~** set / clear the table; **meseta** *f* plateau; **mesilla, mesita** *f*: **~ (de noche)** night stand, *Br* bedside table

mesón *m* traditional rustic-style restaurant

mestizo *m* person of mixed race

mesura *f*: **con ~** in moderation; **mesurado** moderate

meta *f* en fútbol goal; en carrera finish line; *fig* (*objetivo*) goal, objective

metabolismo *m* metabolism

metal *m* metal; **metálico 1** *adj* metallic **2** *m*: **en ~** (in) cash

meteorología *f* meteorology; **meteorológico** weather *atr*, meteorological

meter put; (*involucrar*) involve; **meterse**: **~ en algo** get into sth; (*involucrarse*)

meticuloso

get involved in sth; **~ con alguien** pick on s.o.; **¿dónde se ha metido?** where has he got to?

meticuloso meticulous

metódico methodical; **método** *m* method

metro *m medida* meter, *Br* metre; *para medir* rule; *transporte* subway, *Br* underground

metrópolis *f inv* metropolis; **metropolitano** metropolitan

mexicano 1 *adj* Mexican **2** *m*, **-a** Mexican; **México** *país* Mexico; **Méx DF** Mexico City

mezcla *f sustancia* mixture; *de tabaco, café etc* blend; *acto* mixing; *de tabaco, café etc* blending; **mezclar** mix; *tabaco, café etc* blend; **~ a alguien en algo** get s.o. mixed up in sth; **mezclarse** mix; **~ en algo** get mixed up in sth

mezquino mean

mezquita *f* mosque

mí me; *reflexivo* myself

mi, mis my

microbio *m* microbe; **microbús** *m* minibus; **microchip** *m* (micro)chip; **microfilm(e)** *m* microfilm; **micrófono** *m* microphone; **~ oculto** bug; **microondas** *m inv* microwave; **microprocesador** *m* microprocessor; **microscopio** *m* microscope

miedo *m* fear (*a* of); *dar* **~** be frightening; *me da* **~** *la os-*

curidad I'm frightened of the dark; *tener* **~** *de que* be afraid that; *de* **~** F awesome F; **miedoso** timid; **¡no seas tan ~!** don't be scared!

miel *f* honey

miembro *m* member; ANAT limb

mientras 1 *conj* while; **~ que** whereas **2** *adv:* **~ tanto** in the meantime

miércoles *m inv* Wednesday

mierda *f* P shit P, crap P; *una* **~ de película** a crap movie P

miga *f de pan* crumb; *hacer buenas / malas* **~s** *fig* F get on well / badly

migración *f* migration

milagro *m* miracle; **milagroso** miraculous

milicia *f* militia

milímetro *m* millimeter, *Br* millimetre

militar 1 *adj* military **2** *m* soldier; *los* **~es** the military **3** *v/i* POL: **~ en** be a member of

milla *f* mile

millar *m* thousand

millón *m* million; **mil millones** billion; **millonario** *m* millionaire

mimar spoil, pamper

mímica *f* mime

mina *f* MIN mine; *Rpl* F broad F, *Br* bird F; **minar** mine; *fig* undermine

mineral *m/adj* mineral; **minería** *f* mining; **minero 1** *adj* mining **2** *m* miner

minifalda *f* miniskirt

minimizar minimize; **mínimo** m/adj minimum
ministerio m POL department; ~ **de Asuntos Exteriores**, L.Am. ~ **de Relaciones Exteriores** State Department, Br Foreign Office; ~ **de Hacienda** Treasury Department, Br Treasury; ~ **del Interior** Department of the Interior, Br Home Office; **ministro** m, **-a** f minister; ~ **del Interior** Secretary of the Interior, Br Home Secretary; **primer** ~ Prime Minister
minoría f minority
minorista COM **1** adj retail atr **2** m/f retailer
minuciosidad f attention to detail; **minucioso** meticulous, thorough
minúscula f small letter, lower case letter; **minúsculo** tiny, minute
minusválido 1 adj disabled **2** m, **-a** f disabled person; **los** ~**s** the disabled
minuta f GASTR menu; (cuenta de los honorarios) bill
minuto m minute
mío, mía mine; **el** ~ / **la** -**a** mine
miope short-sighted; **miopía** f short-sightedness
mirada f look; **echar una** ~ take a look (**a** at); **mirador** m viewpoint; **mirar 1** v/t look at; (observar) watch; L.Am. (ver) see **2** v/i look; ~ **por la ventana** look out of the window
mirlo m ZO blackbird
misa f REL mass
misal m missal
miserable wretched; **miseria** f poverty; fig misery; **misericordia** f mercy; **mísero** wretched; sueldo miserable
misil m missile
misión f mission; **misionero** m, **-a** f missionary
mismo 1 adj same; **yo** ~ I myself; **me da lo** ~ it's all the same to me **2** adv: **aquí** ~ right here; **ahora** ~ right now
misterio m mystery; **misterioso** mysterious
mística f mysticism; **místico** mystic(al)
mitad f half; **a** ~ **del camino** halfway; **a** ~ **de la película** halfway through the movie; **a** ~ **de precio** half-price
mitigar mitigate; ansiedad, dolor etc ease
mitin m POL meeting
mito m myth; **mitología** f mythology
mixto mixed; comisión joint
mobiliario m furniture
mocedad f youth
mochila f backpack; IT dongle; **mochilero** m, **-a** f backpacker
moción f POL motion
moco m: **tener** ~**s** have a runny nose; **mocoso** m, **-a** f snotty-nosed kid F
moda f fashion; **de** ~ in fashion; **estar pasado de** ~ be out of fashion

modales *mpl* manners
modalidad *f* form; DEP discipline; **~ de pago** method of payment
modelar model; **modelo 1** *m* model **2** *m/f persona* model
moderación *f* moderation; **moderador** *m*, **~a** *f* TV presenter; **moderar** moderate; *impulsos* control; *velocidad, gastos* reduce; *debate* chair
modernización *f* modernization; **modernizar** modernize; **moderno** modern
modestia *f* modesty; **modesto** modest
módico *precio* reasonable
modificar modify
modismo *m* idiom
modista *m/f* dressmaker; *diseñador* fashion designer
modo *m* way; **a ~ de** as; **de ~ que** so that; **de ningún ~** not at all; **en cierto ~** in a way; **de todos ~s** anyway
mofa *f* mockery; **mofarse: ~ de** make fun of
moho *m* mold, *Br* mould; **mohoso** moldy, *Br* mouldy
mojado (*húmedo*) damp, moist; (*empapado*) wet; **mojar** (*humedecer*) dampen, moisten; (*empapar*) wet; *galleta* dunk, dip
mojón *m* tb *fig* milestone
molar P1 *v/t*: **me mola ese tío** I like the guy a lot **2** *v/i* be cool F
molde *m* mold; *Br* mould; *para bizcocho* (cake) tin; **romper ~s** *fig* break the mold;

moldeado *m* molding; *Br* moulding; **moldear** mold; *Br* mould; **moldura** *f* ARQUI molding; *Br* moulding
molécula *f* molecule
moler grind; *fruta* mash: **carne molida** ground meat, *Br* mince
molestar bother, annoy; (*doler*) trouble; **no ~** do not disturb; **molestarse** get upset; (*ofenderse*) take offense *o Br* offence; (*enojarse*) get annoyed; **~ en hacer algo** take the trouble to do sth; **molestia** *f* nuisance; **~s** MED discomfort; **molesto** annoying; (*incómodo*) inconvenient
molinillo *m*: **~ de café** coffee grinder *o* mill; **molino** *m* mill; **~ de viento** windmill
molleja *f* *de ave* gizzard; **~s** GASTR sweetbreads
molusco *m* ZO mollusk, *Br* mollusc
momentáneo momentary; **momento** *m* moment; **al ~** at once; **por el ~, de ~** for the moment
momia *f* mummy
monarca *m* monarch; **monarquía** *f* monarchy
monasterio *m* monastery
mondadientes *m inv* toothpick
mondar peel; *árbol* prune
moneda *f* coin; (*divisa*) currency; **monedero** *m* change purse, *Br* purse; **monetario** monetary
monitor¹ *m* TV, INFOR moni-

tor

monitor² *m*, **~a** *f* (*profesor*) instructor

monja *f* nun; **monje** *m* monk

mono 1 *m* ZO monkey; *prenda* coveralls *pl*, *Br* boilersuit **2** *adj* pretty, cute; **monopatín** *m* skateboard; **monopolio** *m* monopoly; **monótono** monotonous

monovolumen *m* AUTO minivan, *Br* people carrier, MPV

monstruo *m* monster; (*fenómeno*) phenomenon; **monstruosidad** *f* monstrosity; **monstruoso** monstrous

montacargas *m inv* hoist

montador *m*, **~a** *f* TÉC fitter; *de película* editor; **montaje** *m* TÉC assembly; *de película* editing; TEA staging; *fig* F con F

montaña *f* mountain; **~ rusa** rollercoaster; **montañoso** mountainous

montar 1 *v/t* TÉC assemble; *tienda* put up; *negocio* set up; *película* edit; *caballo* mount; **~ la guardia** mount guard **2** *v/i*: **~ en bicicleta** ride a bicycle; **~ a caballo** ride a horse

monte *m* mountain; (*bosque*) woodland

montón *m* pile, heap; **montones de** F piles of F

montura *f de gafas* frame

monumental monumental; **monumento** *m* monument

monzón *m* monsoon

moño *m* bun

moqueta *f* (wall-to-wall) carpet

mora *f de zarza* blackberry; *de morera* mulberry

morado purple

moral 1 *adj* moral **2** *f* (*moralidad*) morals *pl*; (*ánimo*) morale; **moralidad** *f* morality

morboso perverted

morcilla *f* blood sausage, *Br* black pudding

mordaz biting; **morder** bite; **mordisco** *m* bite

moreno *pelo, piel* dark; (*bronceado*) tanned

morfina *f* morphine

morir (*de* of); **morirse** die; **~ por** *fig* be dying for

morisco Moorish

moro 1 *adj* North African **2** *m*, **-a** *f* North African

moroso COM *adj* slow to pay **2** *m*, **-a** *f* slow payer

mortal *adj* mortal; *accidente, herida* fatal; *dosis* lethal **2** *m/f* mortal; **mortalidad** *f* mortality

mortero *m* tb MIL mortar

mortífero lethal

mosaico *m* mosaic

mosca *f* fly; **por si las ~s** F just to be on the safe side

Moscú Moscow

mosquearse F get hot under the collar F; (*sentir recelo*) smell a rat F

mosquitero *m* mosquito net; **mosquito** *m* mosquito

mostaza *f* mustard

mosto *m* grape juice

mostrador

mostrador *m* counter; *en bar* bar; **~ de facturación** check-in desk; **mostrar** show

mote *m* nickname; *S.Am.* boiled corn *o Br* maize

motín *m* mutiny; *en una cárcel* riot

motivar motivate; **motivo** *m* motive, reason; MÚS, PINT motif; **con ~ de** because of

moto *f* motorcycle, motorbike; **~ acuática** *o* **de agua** jet ski; **motocicleta** *f* motorcycle; **motociclista** *m/f* motorcyclist

motor *m* engine; **eléctrico** motor; **motora** *f* motorboat; **motorismo** *m* motorcycling; **motorista** *m/f* motorcyclist

motriz motor

mover move; *(agitar)* shake; *(impulsar, incitar)* drive; **movible** movable; *fig precio, opinión* fickle

móvil 1 *adj* mobile **2** *m* TELEC cell(phone), *Br* mobile (phone); **movilidad** *f* mobility; **movilizar** mobilize; **movimiento** *m* movement; COM, *fig* activity

moza *f* girl; *camarera* waitress; **mozo 1** *adj*: **en mis años ~s** in my young **2** *m* boy; *camarero* waiter

muchacha *f* girl; **muchacho** *m* boy

muchedumbre *f* crowd

mucho 1 *adj cantidad* a lot of, lots of; *esp neg* much; **no tengo ~ dinero** I don't have much money; **~s** a lot of, lots

of, many; *esp neg* many; **no tengo ~s amigos** I don't have many friends; **tengo frío** I am very cold; **es ~ coche para mí** it's too big a car for me **2** *adv* a lot; *esp neg* much; **no me gustó ~** I didn't like it very much; **¿dura / tarda ~?** does it last / take long?; **como ~** at the most; **ni ~ menos** far from it; **por ~ que** however much **3** *pron* a lot, much; **~s** a lot of people, many people

mucosa *f* ANAT mucous membrane; **mucosidad** *f* mucus

muda *f de ropa* change of clothes; **mudanza** *f de casa* move; **mudar** change; ZO shed; **mudarse**: **~ de casa** move house; **~ de ropa** change (one's clothes)

mudo mute; *letra* silent

mueble *m* piece of furniture; **~s** furniture

mueca *f de dolor* grimace; **hacer ~s** make faces

muela *f* tooth; ANAT molar; **~ del juicio** wisdom tooth

muelle *m* TÉC spring; MAR wharf

muerte *f* death; **muerto 1** *part* ☞ **morir 2** *adj* dead **3** *m*, **-a** *f* dead person; **los ~s** the dead

muesca *f* notch, groove

muestra *f* sample; *(señal)* sign; *(exposición)* show

mugre *f* filth; **mugriento** filthy

mujer *f* woman; *(esposa)* wife;

mujeriego *m* womanizer
mula *f* ZO mule; *Méx (basura)* trash, *Br* rubbish
mulato *m* mulatto
muleta *f* crutch; TAUR cape
mulo *m* ZO mule
multa *f* fine; **multar** fine
multicine *m* multiplex; **multicolor** multicolored, *Br* multicoloured; **multicultural** multicultural; **multinacional** *f* multinational
múltiple multiple; **multiplicación** *f* multiplication; **multiplicar, multiplicarse** multiply; **múltiplo** *m* MAT multiple; **multisalas** *m inv* multiplex; **multitarea** *f* multitasking
multitud *f* crowd; **~ de** thousands of; **multitudinario** *m* mass *atr*
multiuso multipurpose
mundial 1 *adj* world *atr* **2** *m*: **el ~ de fútbol** the World Cup; **mundo** *m* world; *todo el ~* everybody, everyone
munición *f* ammunition
municipal municipal; **municipio** *m* municipality
muñeca *f* doll; ANAT wrist; **muñeco** *m* doll; *fig* puppet; **~ de nieve** snowman
mural 1 *adj* mural *atr* **2** *m*: mural; **muralla** *f de ciudad* wall
murciélago *m* ZO bat
murmurar murmur; *criticar* gossip
muro *m* wall
muscular muscular; **músculo** *m* muscle; **musculoso** muscular; **musculatura** *f* muscles *pl*
museo *m* museum; *de pintura* art gallery
musgo *m* BOT moss
música *f* music; **~ de fondo** background music; **musical** *m/adj* musical; **músico** *m*, **-a** *f* musician
muslo *m* thigh
mutación *f* BIO mutation; TEA scene change
mutilado *m*, **-a** *f* disabled person; **mutilar** mutilate
mutuo mutual
muy very; *(demasiado)* too; **~ valorado** highly valued

N

nabo *m* **1** *adj Arg* F dumb F **2** *m* turnip
nácar *m* mother-of-pearl
nacer be born; *de un huevo* hatch; *de una planta* sprout; *de un río, del sol* rise; *(surgir)* arise (**de** from); **nacido** born; *mal ~* wicked; **nacimiento** *m* birth; *de Navidad* crèche, nativity scene
nación *f* nation; **nacional** national; **nacionalidad** *f* nationality; **nacionalizar** COM nationalize; *persona* naturalize
nada 1 *pron* nothing; *no hay ~*

there isn't anything, there's nothing; ~ **más** nothing else; ~ **menos que** no less than; **¡de ~!** you're welcome, not at all; **no es ~** it's nothing **2** *adv* not at all; **no ha llovido ~** it hasn't rained at all **3** *f* nothingness

nadador *m*, **-a** *f* swimmer; **nadar** swim

nadie nobody, no-one; **no había ~** there was nobody there, there wasn't anyone there

nado: atravesar a ~ swim across

naipe *m* (playing) card

nalga *f* buttock

naranja 1 forange; **media ~** F (*pareja*) other half **2** *adj* orange; **naranjo** *m* orange tree

narciso *m* BOT daffodil

narcótico *m*/*adj* narcotic; **narcotráfico** *m* drug trafficking

nariz *f* nose; **¡narices!** F nonsense!

narración *f* narration; **narrar: ~ algo** tell the story of sth

nasal nasal

nata *f* cream; **~ montada** whipped cream

natación *f* swimming

natal native; **natalidad** *f* birthrate

natillas *fpl* custard

nativo *m*, **-a** *f* native

natural 1 *adj* natural; **ser ~ de** come froml **2** *m*: **fruta al ~** fruit in its own juice; **naturaleza** *f* nature; **naturalidad** *f* naturalness; **naturalizar** naturalize; **naturalizarse** become naturalized; **naturalmente** naturally; **naturista 1** *adj* nudist, naturist; *medicina* natural **2** *m*/*f* nudist, naturist

naufragar be shipwrecked; *fig* fail; **naufragio** *m* shipwreck; **náufrago 1** *adj* shipwrecked **2** *m*, **-a** *f* shipwrecked person

náuseas *fpl* nausea

náutico nautical

navaja *f* knife

naval naval; **nave** *f* ship; *de iglesia* nave; **~ espacial** spaceship, spacecraft; **navegable** navigable; **navegación** *f* navigation; **~ a vela** sailing; **navegar 1** *v/i* sail; *por el aire, espacio* fly; **~ por la red** o **por Internet** INFOR surf the Net **2** *v/t* sail

navegador *m* INFOR browser; **navegante** *m*/*f* navigator

Navidad *f* Christmas

naviero *m* shipowner; **navío** *m* ship

neblina *f* mist; **nebuloso** *fig* hazy, nebulous

necesario necessary; **neceser** *m* toilet kit, *Br* toilet bag; **necesidad** *f* need; (*cosa esencial*) necessity; **de primera ~** essential; **en caso de ~** if necessary; **hacer sus ~es** F relieve o.s.; **necesitado** needy; **necesitar** need

necio brainless

necrología f, **necrológica** f obituary

neerlandés 1 adj Dutch **2** m Dutchman; *idioma* Dutch; **neerlandesa** f Dutchwoman

negación f negation; *de acusación* denial; **negar** *acusación* deny; *(no conceder)* refuse; **negarse** refuse (**a** to); **negativa** f refusal; *de acusación* denial; **negativo** m/adj negative

negligencia f JUR negligence; **negligente** negligent

negociación f negotiation; **negociaciones** talks; **negociante** m/f businessman; *mujer* businesswoman; *desp* money-grubber; **negociar** negotiate; **negocio** m business; *(trato)* deal

negra f *pej* black woman; MÚS quarter note, *Br* crotchet; *L.Am. (querida)* honey, dear; **negrita** f bold; **negro 1** adj black; *estar* ~ F be furious **2** m *pej* black man; *L.Am. (querido)* honey, dear

nena f F little girl, kid F; **nene** m F little boy, kid F

neocelandés ☞ **neozelandés**

neoyorquino 1 adj New York atr **2** m, **-a** f New Yorker

neozelandés 1 adj New Zealand atr **2** m, **-esa** f New Zealander

nervio m ANAT nerve; **nerviosismo** m nervousness; **nervioso** nervous; *ponerse* ~ get nervous; *(agitado)* get agitated; *poner a alguien* ~ get on s.o.'s nerves

neto COM net

neumático 1 adj pneumatic **2** m AUTO tire, *Br* tyre

neumonía f MED pneumonia

neuralgia f neuralgia

neurólogo m, **-a** f neurologist

neurosis f inv neurosis; **neurótico** neurotic

neutral neutral; **neutralidad** f neutrality; **neutro** neutral

nevada f snowfall; **nevar** snow; **nevera** f refrigerator, fridge; ~ *portátil* cooler

ni neither; ~.... ~ neither ... nor; ~ *siquiera* not even

Nicaragua Nicaragua; **nicaragüense** m/f & adj Nicaraguan

nicho m niche

nido m nest

niebla f fog

nieta f granddaughter; **nieto** m grandson; ~**s** grandchildren

nieve f snow; *Méx* water ice, sorbet

ninfa f nymph

ningún ☞ **ninguno**

ninguno no; *no hay* ~ *a razón* there's no reason why, there isn't any reason why

niña f girl; *forma de cortesía* young lady; **niñera** f nanny; **niñez** f childhood; **niño 1** adj young; *desp* childish **2** m boy; *forma de cortesía* young man; ~**s** children pl; ~ *de pecho* infant

nipón 1 *adj* Japanese **2** *m*, **-ona** *f* Japanese
níquel *m* nickel
níspero *m* BOT loquat
nitidez *f* clarity; FOT sharpness; **nítido** clear; *imagen* sharp
nitrógeno *m* nitrogen
nivel *m* level; *(altura)* height; ~ **del mar** sea level; ~ **de vida** standard of living; **nivelar** level
no no; *para negar verbo* not; **no entiendo** I don't understand, I do not understand; ~ **te vayas** don't go; ~ **del todo** not entirely; **ya** ~ not any more; ~ **más** L.Am. ☞ **nomás**; **así** ~ **más** L.Am. just like that; **te gusta, ¿**~**?** you like it, don't you?; **te ha llamado, ¿**~**?** he called you, didn't he?
noble *m/f & adj* noble; **nobleza** *f* nobility
noche *f* night; **de** ~, **por la** ~ at night; **¡buenas** ~**s!** *saludo* good evening; *despedida* good night; **Nochebuena** *f* Christmas Eve; **Nochevieja** *f* New Year's Eve
noción *f* notion; **nociones** *mpl* basic knowledge
nocivo harmful
nocturno night *atr*; ZO nocturnal; **clase** **-a** evening class
nogal *m* BOT walnut
nomás L.Am. just; **llévaselo** ~ just take it away; ~ **lo vio** as soon as she saw him
nombrado famous, renowned; **nombramiento** *m* appointment; **nombrar** mention; *para un cargo* appoint; **nombre** *m* name; GRAM noun; ~ **de familia** family name, surname; ~ **de pila** first name name; ~ **de soltera** maiden name
nómina *f* pay slip; **nominal** nominal; **nominar** nominate
nor(d)este *m* northeast
noria *f de agua* waterwheel; *en feria* ferris wheel
norirlandés 1 *adj* of / from Northern Ireland, Northern Ireland *atr* **2** *m*, ~**esa** *f* man / woman from Northern Ireland
norma *f* standard; *(regla)* rule, regulation; **normal** normal; **normalizar** standardize
noroeste *m* northwest
norte *m* north
Norteamérica North America; **norteamericano 1** *adj* North American **2** *m*, **-a** *f* North American
Noruega Norway; **noruego 1** *adj* Norwegian **2** *m*, **-a** *f* Norwegian **3** *m idioma* Norwegian
nos *complemento directo* us; *complemento indirecto* (to) us; *reflexivo* ourselves
nosotros, nosotras we; *complemento* us; **ven con** ~ come with us; **somos** ~ it's us
nostalgia *f* nostalgia; **por la patria** homesickness

nota f tb MÚS note; EDU grade, mark; ~ **a pie de página** footnote; **tomar ~ de algo** make a note of sth; **notable** remarkable, notable; **notar** notice; (*sentir*) feel; **hacer ~ algo a alguien** point sth out to s.o.; **se nota que** you can tell that; **hacerse ~** draw attention to o.s.

notario m, **-a** f notary

noticia f piece of news; **en noticiario** ~**s** news story; ~**s** news sg; ~**s de última hora** TV breaking news

notificación f notification; **notificar** notify

notorio famous, well-known

novato m, **-a** f beginner

novedad f novelty; **cosa** new thing; (*noticia*) piece of news; **acontecimiento** new development; **llegar sin ~** arrive safely; **novela** f novel; ~ **negra** crime novel; ~ **rosa** romantic novel; **novelista** m/f novelist

noveno ninth; **noventa** ninety

novia f girlfriend; **el día de la boda** bride

noviembre m November

novillada f bullfight featuring novice bulls; **novillo** m young bull; **vaca** heifer

novio m boyfriend; **el día de la boda** bridegroom; **los ~s** the bride and groom; (*recién casados*) the newly-weds

nube f cloud; **estar en las ~s** fig be miles away; **nublado 1** adj cloudy **2** m storm cloud; **nublarse** cloud over; **nuboso** cloudy; **nubosidad** f clouds pl

nuca f nape of the neck

nuclear nuclear; **núcleo** m nucleus; **de problema** heart

nudillo m knuckle

nudismo m nudism; **nudista** m/f nudist; **playa ~** nudist beach

nudo m knot

nuera f daughter-in-law

nuestro 1 adj our **2** pron ours

Nueva York New York

Nueva Zelanda New Zealand

nueve nine

nuevo new; (*otro*) another; **de ~** again

nuez f BOT walnut; ANAT Adam's apple

nulo null and void; F **persona** hopeless; (*inexistente*) nonexistent

numeración f numbering; (*números*) numbers pl; **numerar** number; **numérico** numerical; **teclado ~** numeric keypad, number pad; **número** m number; **de publicación** issue; **de zapato** size; **~ secreto** PIN (number); **en ~s rojos** fig in the red; **montar un ~** F make a scene; **numeroso** numerous

nunca never; **~ jamás** o **más** never again; **más que ~** more than ever

nupcial wedding atr

nutria f ZO otter
nutrición f nutrition; **nutrir** nourish; *fig: esperanzas* cherish; **nutritivo** nutritious, nourishing
ñame m BOT yam

ñandú m ZO rhea
ñoñería f feebleness F; **ñoño 1** *adj* feeble F, wimpish F **2** *m*, **-a** *f* drip F, wimp F
ñu m ZO gnu

O

o or; *~... ~* either ... or
oasis m *inv* oasis
obcecado (*terco*) obstinate; (*obsesionado*) obsessed
obedecer obey; *de una máquina* respond; *~ a fig* be due to; **obediencia** f obedience; **obediente** obedient
obertura f MÚS overture
obesidad f obesity; **obeso** obese
obispo m bishop
objeción f objection; **objetar 1** *v/t* object; *tener algo que ~* have any objection **2** *v/i* become a conscientious objector
objetivo 1 *adj* objective **2** *m* objective; MIL target; FOT lens
objeto m object; *con ~ de* with the aim of
objetor m, **-a** f objector
oblea f wafer
oblicuo oblique, slanted
obligación f obligation, duty; COM bond; **obligar**: *~ a alguien* oblige o force s.o. (*a* to); *de una ley* apply to s.o.; **obligarse**: *~ a hacer algo* force o.s. to do sth; **obligatorio** obligatory
oboe m MÚS oboe
obra f work; *~s de construcción* building work; *en la vía pública* road works; *~ de arte* work of art; *~ maestra* masterpiece; *~ de teatro* play; **obrar** act; **obrero 1** *adj* working **2** *m*, **-a** f worker
obsceno obscene
obsequiar: *~ a alguien con algo* present s.o. with sth; **obsequio** m gift
observación f observation; JUR observance; **observar** observe; **observatorio** m observatory
obsesión f obsession; **obsesionar** obsess; **obsesionarse** become obsessed (*con* with); **obsesivo** obsessive
obstaculizar hinder; **obstáculo** m obstacle
obstante: *no ~* nevertheless
obstetricia f obstetrics
obstinación f obstinacy; **obstinado** obstinate; **obstinarse** insist (*en* on)
obstrucción f obstruction, blockage; **obstruir** obstruct, block

obtener get, obtain *fml*
obturador *m* shutter
obvio obvious
oca *f* goose
ocasión *f* occasion; (*oportunidad*) chance, opportunity; **con ~ de** on the occasion of; **de ~** COM cut-price, bargain *atr*; *de segunda mano* second-hand; **ocasionar** cause
ocaso *m del sol* setting; *de un imperio* decline
occidental 1 *adj* western **2** *m/f* Westerner; **occidente** *m* west
océano *m* ocean
ochenta eighty; **ocho** eight
ocio *m* leisure time; *desp* idleness; **ocioso** idle
octava *f* MÚS octave; **octavilla** *f* leaflet; **octavo 1** *adj* eighth **2** *m* eighth; DEP **~s de final** last 16
octubre *m* October
ocular eye *atr*, **oculista** *m/f* ophthalmologist
ocultar hide, conceal; **oculto** hidden; (*sobrenatural*) occult
ocupación *f tb* MIL occupation; (*actividad*) activity; **ocupado** busy; *asiento* taken; **ocupante** *m/f* occupant; **ocupar** *espacio* take up, occupy; (*habitar*) live in, occupy; *obreros* employ; *periodo de tiempo* spend, occupy; MIL occupy; **ocuparse: ~ de** deal with; (*cuidar de*) look after
ocurrencia *f* occurrence; (*chiste*) quip, witty remark; **ocurrente** witty; **ocurrir** happen, occur; **se me ocurrió** it occurred to me, it struck me
odiar hate; **odio** *m* hatred, hate; **odioso** odious, hateful
odontología *f* dentistry; **odontólogo** *m* odontologist
oeste *m* west
ofender offend; **ofenderse** take offense *o Br* offence (**por** at); **ofensa** *f* insult; **ofensiva** *f* offensive
oferta *f* offer; **~ pública de adquisición** takeover bid
oficial 1 *adj* official **2** *m/f* MIL officer; **oficina** *f* office; **~ de correos** post office; **~ de empleo** employment office; **~ de turismo** tourist office; **oficio** *m trabajo* trade; **oficioso** unofficial; **oficialista** *L.Am.* pro-government; **oficinista** *m/f* office worker
ofimática *f* INFOR office automation
ofrecer offer; **ofrecimiento** *m* offer
oftalmólogo *m*, **-a** *f* ophthalmologist
oída *f*: **conocer algo de ~s** have heard of sth; **oído** *m* hearing; **hacer ~s sordos** turn a deaf ear; **ser todo ~s** *fig* be all ears; **oír** *tb* JUR hear; (*escuchar*) listen to; **¡oye!** listen!
ojal *m* buttonhole
ojalá **¡~!** let's hope so; **¡~ venga!** I hope he comes

ojeada

ojeada f glance; **ojeras** fpl bags under the eyes; **ojete 1** m eyelet **2** m/f Méx V bastard P, son of a bitch V; **ojo** m ANAT eye; **¡~!** F watch out!; **~ de la cerradura** keyhole; **a ~** roughly; **andar con ~** F keep one's eyes open F; **no pegar ~** F not sleep a wink F

ola f wave; **~ de calor** heat wave; **~ de frío** cold spell; **oleada** f fig wave, flood; **oleaje** m swell

olé olé

oleada f fig wave, flood; **oleaje** m swell

óleo m oil; **oleoducto** m (oil) pipeline; **oleoso** oily

oler smell (**a** of); **olfatear** sniff; **olfato** m sense of smell; fig nose

olimpíada, **olimpiada** f Olympics pl

oliva f BOT olive; **olivo** m olive tree

olla f pot; **~ exprés** o **a presión** pressure cooker

olor m smell; agradable tb scent; **~ corporal** BO; **oloroso** scented

olvidar forget; **olvidarse: ~ de algo** forget sth; **olvido** m oblivion

ombligo m ANAT navel

omisión f omission; **omitir** omit, leave out

omnipotente omnipotent; **omnisciente** omniscient

omóplato, **omoplato** m ANAT shoulder blade

once eleven

onda f wave; **estar en la ~** F be with it F; **ondear** de bandera wave; **ondulación** f undulation; **ondular 1** v/i undulate **2** v/t pelo wave

oneroso onerous

onoro sonorous

onza f ounce

OPA f (= **oferta pública de adquisición**) takeover bid

opaco opaque

ópera f MÚS opera; **~ prima** first work

operación f operation; **operador** m, **-a** f TELEC, INFOR operator; **~ turístico** tour operator; **operar 1** v/t MED operate on; cambio bring about **2** v/i operate; COM do business (**con** with); **operarse** MED have an operation (**de** on); de un cambio occur; **operario** m, **-a** f operator, operative

opereta f MÚS operetta

opinar 1 v/t think (**de** about) **2** v/i express an opinion; **opinión** f opinion

opio m opium

oponente m/f opponent; **oponer** resistencia put up (**a** to); razón, argumento put forward (**a** against); **oponerse** be opposed (**a** to); (manifestar oposición) object (**a** to)

oporto m port

oportunidad f opportunity; **oportunista 1** adj opportunistic **2** m/f opportunist; **opor-**

tuno timely; *momento oportune*; *respuesta, medida* suitable

oposición f POL opposition; **oposiciones** official entrance exams

opresión f oppression; **oprimir** oppress; *botón* press; *de zapatos* be too tight for

optar (*elegir*) opt (*por* for); **~ a** be in the running for

óptica f optician, Br optician's; FÍS optics; *fig* point of view; **óptico 1** *adj* optical **2** *m*, **-a** f optician

optimismo *m* optimism; **optimista 1** *adj* optimistic **2** *m/f* optimist

óptimo ideal

opuesto 1 *part* ☞ **oponer 2** *adj* opposite

opulencia f opulence; **opulento** opulent

oración f REL prayer; GRAM sentence

oráculo *m* oracle

orador *m*, **-a** f orator; **oral** oral; *prueba de inglés* **~** English oral (exam)

orden 1 *m* order; **~ del día** agenda; **poner en ~** tidy up **2** f (*mandamiento*) order; **¡a la ~!** yes, sir; **por ~ de** by order of; **ordenado** tidy; **ordenador** *m* INFOR computer; **~ de escritorio** desktop (computer); **~ personal** personal computer; **~ portátil** laptop; **asistido por ~** computer aided; **ordenanza 1** f by-law **2** *m* office junior, gofer F; MIL orderly; **ordenar** *habitación* tidy up; **alfabéticamente** arrange; (*mandar*) order

ordeñar milk

ordinario ordinary; *desp* vulgar; **de ~** ordinarily

oreja f ear; **orejeras** *fpl* earmuffs

orfanato *m* orphanage

orfebre *m/f* goldsmith / silversmith

orgánico organic

organillo *m* barrel organ

organismo *m* organism; POL agency, organization

organista *m/f* organist

organización f organization; **Organización de las Naciones Unidas** United Nations; **organizador 2** *adj* organizing **2** *m*, **-a** f organizer; **organizar** organize

órgano *m* MÚS, ANAT, *fig* organ

orgasmo *m* orgasm

orgía f orgy

orgullo *m* pride; **orgulloso** proud (**de** of)

orientación f orientation; (*ayuda*) guidance; **sentido de la ~** sense of direction

oriental 1 *adj* oriental, eastern **2** *m/f* Oriental

orientar (*aconsejar*) advise; **~ algo hacia algo** turn sth toward sth; **orientarse** get one's bearings; *de una planta* turn (**hacia** toward)

oriente *m* east; **Oriente** Orient; **Oriente Medio** Middle

orificio 196

East; *Extremo o Lejano Oriente* Far East
orificio *m* hole; *en cuerpo* orifice
origen *m* origin; *dar ~ a* give rise to; **original** *m/adj* original; **originalidad** *f* originality; **originar** give rise to; **originario** original; *(nativo)* native (**de** of)
orilla *f* shore; *de un río* bank
orín *m* rust
orina *f* urine; **orinal** *m* urinal; **orinar** urinate
ornamentar adorn; **ornamento** *m* ornament; **~s** REL vestments
oro *m* gold; **~s** *(en naipes)* suit in Spanish deck of cards
orquesta *f* orchestra
orquídea *f* BOT orchid
ortiga *f* BOT nettle
ortodoncia *f* MED orthodontics
ortodoxo orthodox
ortografía *f* spelling
ortopédico 1 *adj* orthopedic, *Br* orthopaedic **2** *m*, **-a** *f* orthopedist, *Br* orthopaedist
oruga *f* ZO caterpillar; TÉC (caterpillar) track
orujo *m* liquor made from the remains of grapes
orzuelo *m* MED stye
os *complemento directo* you; *complemento indirecto* (to) you; *reflexivo* yourselves
osado daring; **osar** dare
oscilar oscillate; *de precios* fluctuate
oscurecer 1 *v/t* darken; *logro*, *triunfo* overshadow **2** *v/i* get dark; **oscuridad** *f* darkness; **oscuro** dark; *fig* obscure; *a -as* in the dark
óseo bone *atr*
oso *m* bear; **~ hormiguero** anteater; **~ panda** panda; **~ polar** polar bear
ostensible obvious
ostentar flaunt; *cargo* hold
ostra *f* oyster; *¡~s!* F hell! F
OTAN *f* (= *Organización del Tratado del Atlántico Norte*) NATO (= North Atlantic Treaty Organization)
otoñal fall *atr*, *Br* autumnal; **otoño** *m* fall, *Br* autumn
otorgar award; *favor* grant
otorrino F, **otorrinolaringólogo** *m* MED ear, nose and throat specialist
otro 1 *adj* (*diferente*) another; *con el, la* other; **~s** other; **~s dos libros** another two books **2** *pron* (*adicional*) another (one); (*persona distinta*) someone *o* somebody else; (*cosa distinta*) another one, a different one; **~s** others **3** *siguiente*: *¡hasta -a!* see you soon **4** *pron recíproco*: *amar el uno al ~* love one another
ovación *f* ovation
oval, **ovalado** oval
ovario *m* ANAT ovary
oveja *f* sheep
ovillo *m* ball
ovino *m* sheep; **~s** sheep *pl*
óvulo *m* egg
oxidarse rust, go rusty; **óxido**

m QUÍM oxide; (*herrumbre*) rust; **oxígeno** *m* oxygen
oyente *m/f* listener

ozono *m* ozone; *capa de ~* ozone layer

P

pabellón *m* pavilion; *edificio* block; MÚS bell; MAR flag
pacer graze
paciencia *f* patience; **paciente** *m/f & adj* patient
pacífico 1 *adj* peaceful; *persona* peaceable **2** *m*: **el Pacífico** the Pacific; **pacifista** *m/f & adj* pacifist
pacotilla *f*: *de ~* third-rate, lousy F
pactar 1 *v/t* agree; *~ un acuerdo* reach (an) agreement **2** *v/i* reach (an) agreement; **pacto** *m* agreement, pact
padecer suffer; *~ de* have trouble with
padrastro *m* step-father; **padre** *m* father; REL Father; *~s* parents; *¡qué ~!* Méx F brilliant!; **padrenuestro** *m* Lord's Prayer; **padrino** *m en bautizo* godfather; (*en boda*) man who gives away the bride
paga *f* pay; *de niño* allowance, *Br* pocket money
pagano pagan
pagar pay; *compra, gastos, crimen* pay for; *favor* repay; *¡me las pagarás!* you'll pay for this!; **pagaré** *m* IOU
página *f* page; *~ web* web page; *~s amarillas* yellow pages
pago *m* payment; *Rpl* (*quinta*) piece of land
país *m* country; *los Países Bajos* the Netherlands; **paisaje** *m* landscape; **paisajista** *m/f* landscape artist; *jardinero* landscape gardener
paisano *m*: *de ~* MIL in civilian clothes; *policía* in plain clothes
paja *f* straw; **pajar** *m* hayloft
pajarita *f* corbata bow tie; **pájaro** *m* bird; *fig* nasty piece of work F; *~ carpintero* woodpecker
pala *f* spade; *raqueta* paddle; *para servir* slice; *para recoger* dustpan
palabra *f* tb *fig* word; *bajo ~* on parole; *tomar la ~* speak; **palabrota** *f* swearword
palacio *m* palace; *~ de deportes* sports center *o Br* centre; *~ de justicia* law courts
paladar *m* palate
palanca *f* lever; *~ de cambios* AUTO gearshift, *Br* gear lever
palangana *f* washbowl, *Br* washing-up bowl
palco *m* TEA box
paleta *f* PINT palette; TÉC trowel; **paletilla** *f* GASTR

paliar shoulder
paliar alleviate; *dolor* relieve
palidecer *de persona* turn pale; **palidez** *f* paleness; **pálido** pale
palillo *m para dientes* toothpick; *para comer* chopstick
paliza 1 *f* beating; (*derrota*) thrashing **F 2** *m*/*f* **F** drag F
palma *f* palm; *dar ~s* clap (one's hands); **palmada** *f* pat; (*manotazo*) slap
palmera *f* BOT palm tree; (*dulce*) heart-shaped pastry
palmo *m* hand's breadth; *~ a ~* inch by inch
palo *m de madera etc* stick; MAR mast; *de portería* post, upright; *~ de golf* golf club; *~ mayor* MAR mainmast; *a medio ~* L.Am. F half-drunk; *a ~ seco* whisky straight up, Br neat; *ser un ~* L.Am. F be fantastic
paloma *f* pigeon; *blanca* dove
palomita *f* Méx checkmark, Br tick; *~s de maíz* popcorn
palpable *fig* palpable; **palpar** feel
palpitación *f* palpitation; **palpitar** *del corazón* pound; Rpl *fig* have a hunch F
paludismo *m* MED malaria
pampa *f* pampa, prairie; *a la ~* Rpl in the open
pan *m* bread; *un ~* a loaf; *~ integral* wholewheat o Br wholemeal bread; *~ de molde* sliced bread; *~ de barra* French bread; *~ rallado*
breadcrumbs *pl*; *~ tostado* toast
pana *f* corduroy
panacea *f* panacea
panadería *f* bakery; **panadero** *m*, *-a f* baker
panal *m* honeycomb
Panamá Panama; *el Canal de ~* the Panama Canal; *Ciudad de ~* Panama city; **panameño 1** *adj* Panamanian **2** *m*, *-a f* Panamanian
pancarta *f* placard
páncreas *m inv* ANAT pancreas
pandereta *f*, **pandero** *m* tambourine
pandilla *f* group; *de delincuentes* gang
panecillo *m* (bread) roll
pánico *m* panic
pantaleta *f* C.Am., Méx panties *pl*
pantalla *f* TV, INFOR screen; *de lámpara* shade
pantalón *m*, **pantalones** *mpl* pants *pl*, Br trousers *pl*
pantano *m* reservoir
pantanoso swampy
pantera *f* ZO panther
pantorrilla *f* ANAT calf
panty *m* pantyhose *pl*, Br tights *pl*
panza *f de persona* belly
pañal *m* diaper, Br nappy
paño *m* cloth; *~ de cocina* dishtowel; **pañuelo** *m* handkerchief
papa 1 *m* Pope **2** *f* L.Am. potato
papá *m* F pop F, dad F; *~s*

L.Am. parents; **Papá Noel** Santa Claus
papada *f* double chin
papagayo *m* ZO parrot
papaya *f* BOT papaya
papel *m* paper; *trozo* piece of paper; TEA, *fig* role; **~ de aluminio** aluminum foil, *Br* aluminium foil; **~ de envolver** wrapping paper; **~ de regalo** giftwrap; **~ higiénico** toilet paper; **papelera** *f* waste basket, *Br* wastepaper basket; **papelería** *f* stationery store, stationer's shop
paperas *fpl* MED mumps
papilla *f para bebés* baby food; *para enfermos* purée
paquete *m* package, parcel; *de cigarrillos* packet
Paquistán Pakistan; **paquistaní** *m/f & adj* Pakistani
par 1 *f par;* **a la ~ que** as well as **2** *m* pair; **abierto de ~ en ~** wide open
para for; *dirección* toward; *ir ~* head for; *diez ~ las ocho L.Am.* ten of eight, ten to eight; *lo hace ~ ayudarte* he does it (in order) to help you; **~ que** so that; **¿~ qué te marchas?** what are you leaving for?; *lo heredó todo ~ morir a los 30* he inherited it all, only to die at 30
parabólica *f* satellite dish
parabrisas *m inv* AUTO windshield, *Br* windscreen; **paracaídas** *m inv* parachute; **paracaidista** *m/f* parachutist; MIL paratrooper, para; **parachoques** *m inv* AUTO bumper
parada *f* stop; **~ de autobús** bus stop; **~ de taxis** taxi stand, *Br* taxi rank
paradero *m* whereabouts *sg;* *L.Am.* ☞ **parada**
parado 1 *adj* unemployed; *L.Am.* (*de pie*) standing (up); **salir bien / mal ~** come off well / badly **2** *m*, **-a** *f* unemployed person
paradójico paradoxical
parador *m Esp* parador (*state-run luxury hotel*)
paraguas *m inv* umbrella
Paraguay Paraguay; **paraguayo 1** *adj* Paraguayan **2** *m*, **-a** *f* Paraguayan
paraíso *m* paradise; **~ fiscal** tax haven
paraje *m* place, spot
paralela *f* MAT parallel; DEP **~s** parallel bars; **paralelo** *m/adj* parallel
parálisis *f tb fig* paralysis; **paralítico 1** *adj* paralytic **2** *m*, **-a** *f* person who is paralyzed; **paralizar** MED paralyze; *actividad* bring to a halt; **paralizarse** *por miedo* be paralyzed (**por** by); *fig actividad* be brought to a halt
paranoia *f* paranoia; **paranoico 1** *adj* paranoid **2** *m*, **-a** *f* person suffering from paranoia
parapente *m* hang glider; *actividad* hang gliding
parapeto *m* parapet
parapléjico 1 *adj* MED para-

plegic *m*, **-a** *f* paraplegic
parar 1 *v/t* stop; *L.Am. (poner de pie)* stand up **2** *v/i* stop; *en alojamiento* stay; **~ de llover** stop raining; **pararse** stop; *L.Am. (ponerse de pie)* stand up
pararrayos *m inv* lightning rod, *Br* lightning conductor
parásito *m* parasite
parasol *m* parasol; *en la playa* (beach) umbrella
parcela *f* lot, *Br* plot
parche *m* patch
parcial *(partidario)* bias(s)ed
parco moderate, frugal; **es ~ en palabras** he's a man of few words
pardo 1 *adj color* dun; *L.Am. desp* half-breed *desp*, *Br tb* half-caste *desp* **2** *m color* dun; *L.Am. desp* half-breed *desp*
parecer 1 *m* opinion, view; *al ~* apparently **2** *v/i* seem, look; *¿qué te parece?* what do you think?; **parecerse** resemble each other; **~ a alguien** resemble s.o.; **parecido 1** *adj* similar **2** *m* similarity
pared *f* wall
pareja *f* pair; *en una relación* couple; *de una persona* partner; *de un objeto* other one
parentela *f* relatives *pl*, family; **parentesco** *m* relationship
paréntesis *m inv* parenthesis; *fig* break; *entre ~ fig* by the way

paridad *f* COM parity
pariente *m/f* relative
parir 1 *v/i* give birth **2** *v/t* give birth to
parking *m* parking lot, *Br* car park
parlamento *m* parliament
paro *m* unemployment; *estar en ~* be unemployed; **~ cardíaco** cardiac arrest
parodia *f* parody; **parodiar** parody
parpadear blink; **párpado** *m* eyelid
parque *m* park; *para bebé* playpen; **~ de atracciones** amusement park; **~ de bomberos** fire station; **~ natural** nature reserve; **~ temático** theme park
parqué *m* parquet
parquímetro *m* parking meter
párrafo *m* paragraph
parrilla *f* broiler, *Br* grill; *a la ~* broiled, *Br* grilled; **parrillada** *f L.Am.* barbecue
párroco *m* parish priest; **parroquia** *f* REL parish; COM clientele, customers *pl*; **parroquiano** *m*, **-a** *f* parishioner
parte 1 *m* report; *dar ~ a alguien* inform s.o. **2** *f trozo* part; JUR party; *alguna ~* somewhere; *ninguna ~* nowhere; *otra ~* somewhere else; *de ~ de* on behalf of; *en ~* partly; *en o por todas ~s* everywhere; *por otra ~* moreover; *estar de ~ de al-*

guien be on s.o.'s side; **tomar ~ en** take part in
parterre *m* flowerbed
participación *f* participation; **participante** *m/f* participant; **participar 1** *v/t una noticia* announce **2** *v/i* take part (**en** in), participate (**en** in)
particular 1 *adj clase, propiedad* private; *asunto* personal; (*específico*) particular; (*especial*) peculiar; **en ~** in particular **2** *m* (*persona*) individual; **~es** particulars; **particularidad** *f* peculiarity
partida *f en juego* game; (*remesa*) consignment; *documento* certificate; **~ de nacimiento** birth certificate; **partidario 1** *adj*: **ser ~ de** be in favor *o* Br favour of **2** *m*, **-a** *f* supporter; **partido** *m* POL party; DEP game; **sacar ~ de** take advantage of; **tomar ~** take sides
partir 1 *v/t* (*dividir, repartir*) split; (*romper*) break open, split open; (*cortar*) cut **2** *v/i* (*irse*) leave; **a ~ de hoy** (starting) from today; **a ~ de ahora** from now on; **~ de** *fig* start from
parto *m* birth; *fig* creation
party line *f* chatline
parvulario *m* kindergarten
pasa *f* raisin
pasada *f con trapo* wipe; *de pintura* coat; **de ~** in passing; **¡qué ~!** F that's incredible! F; **pasado 1** *adj tiempo* last; *el lunes ~* last Monday **2** *m* past
pasador *m para el pelo* barrette, *Br* (hair) slide; (*pestillo*) bolt; GASTR strainer
pasaje *m* (*billete*) ticket; MÚS, *de texto* passage; **pasajero 1** *adj* temporary; *relación* brief **2** *m*, **-a** *f* passenger
pasamano(s) *m* handrail
pasaporte *m* passport
pasar 1 *v/t* pass; *tiempo* spend; *un lugar* go past; *frontera* cross; *problemas, dificultades* experience; AUTO (*adelantar*) pass, *Br* overtake; *una película* show; **para ~ el tiempo** to pass the time; **~lo bien** have a good time **2** *v/i* (*suceder*) happen; *en juegos* pass; **paso de coger el teléfono** F I can't be bothered to pick up the phone; **pasé a visitarla** I dropped by to see her; **~ de moda** go out of fashion; **~ por** go by; **pasa por aquí** come this way; **dejar ~ oportunidad** miss; **hacerse ~ por** pass o.s. off as; **pasaré por tu casa** I'll drop by your house; **¡pasa!** come in; **¿qué pasa?** what's happening?, what's going on?; **¿qué te pasa?** what's the matter?; **pasarse** *tb fig* go too far; *del tiempo* pass, go by; (*usar el tiempo*) spend; *de molestia, dolor* go away; **~ al enemigo** go over to the enemy; **se le pasó llamar** he forgot to call
pasarela *f de modelos* run-

Pascua

way, *Br* catwalk
Pascua f Easter; **¡felices ~s!** Merry Christmas!
pase m tb DEP, TAUR pass; *en el cine* showing; **~ de modelos** fashion show
pasearse walk; **paseo** m walk; **marítimo** seafront; **dar un ~** go for a walk
pasillo m corridor; *en avión, cine* aisle
pasión f passion
pasivo passive
pasmar amaze; **pasmarse** be amazed; **~ de frío** freeze
paso m step; (*manera de andar*) walk; (*ritmo*) pace, rate; *de agua* flow; *de tráfico* movement; (*cruce*) crossing; *de tiempo* passing; (*huella*) footprint; **~ a nivel** grade crossing, *Br* level crossing; **~ de peatones** crosswalk, *Br* pedestrian crossing; **de ~** on the way; **estar de ~** be passing through
pasota F *actitud* couldn't-care-less
pasta f *sustancia* paste; GASTR pasta; P (*dinero*) dough P; **~ de dientes** toothpaste
pastel m GASTR cake; *pintura, color* pastel; **pastelería** f cake shop
pastilla f tablet; *de jabón* bar; **a toda ~** F at top speed F
pasto m (*hierba*) grass; **a todo ~** F for all one is worth F; **pastor** m shepherd; REL pastor; **~ alemán** German shepherd

pata f leg; **a cuatro ~s** on all fours; **meter la ~** F put one's foot in it F; **patada** f kick; **dar una ~** kick; **patalear** stamp one's feet
Patagonia Patagonia; **patagónico** Patagonian
patata f potato; **~s fritas** *de sartén* French fries, *Br* chips; *de bolsa* chips, *Br* crisps
paté m paté
patear *L.Am. de animal* kick
patente 1 *adj* clear, obvious **2** f patent; *L.Am.* AUTO license plate, *Br* numberplate
paternal paternal, fatherly; **paternidad** f paternity, fatherhood; **paterno** paternal
patético pitiful
patíbulo m scaffold
patilla f *de gafas* arm; **~s** barba sideburns
patín m skate; **~ (de ruedas) en línea** rollerblade®, in-line skate; **patinador** m, **~a** f skater; **patinaje** m skating; **~ artístico** figure skating; **sobre hielo** ice-skating; **sobre ruedas** roller-skating; **patinar** skate; **patinete** m scooter
patio m courtyard, patio; **~ de butacas** TEA orchestra, *Br* stalls *pl*
pato m ZO duck
patológico pathological
patraña f tall story
patria f homeland; **patrimonio** m heritage; **patriota** m/f patriot; **patriótico** patriotic

patrocinador m, **~a** f sponsor; **patrocinar** sponsor
patrón m (*jefe*) boss; REL patron saint; *para costura* pattern; (*modelo*) standard; MAR skipper; **patrona** f (*jefa*) boss; REL patron saint
patrulla f patrol; **patrullar** patrol
paulatino gradual
pausa f pause; *en una actividad* break; MÚS rest; **~ publicitaria** commercial break; **pausado** slow, deliberate
pava f *animal* (hen) turkey; F (*colilla*) cigarette butt
pavimento m pavement, Br road surface
pavo 1 *adj* L.Am. F stupid **2** m ZO turkey; **~ real** peacock
payaso m clown
paz f peace; ***dejar en ~*** leave alone
peaje m toll
peatón m pedestrian
peca f freckle
pecado m sin; **pecador** m, **~a** f sinner; **pecar** sin; **~ de ingenuo / generoso** be very naive / generous
pecho m (*caja torácica*) chest; (*mama*) breast; ***tomar algo a ~*** take sth to heart; **pechuga** f GASTR breast; L.Am. fig F (*caradura*) nerve F
pecoso freckled
peculiar peculiar, odd; (*característico*) typical
pedagógico educational
pedal m pedal
pedante 1 *adj* pedantic; (*presuntuoso*) pretentious **2** m/f pedant; (*presuntuoso*) pretentious individual; **pedantería** f pedantry; (*presunción*) pretentiousness
pedazo m piece, bit; ***hacer~s*** F smash to bits F
pediatra m/f pediatrician, Br paediatrician
pedicura f pedicure
pedido m order; **pedir 1** v/t ask for; (*necesitar*) need; *en restaurante* order; **me pidió que no fuera** he asked me not to go **2** v/i *mendigar* beg; *en restaurante* order
pedo 1 *adj* drunk **2** m F fart F
pegadizo catchy; **pegajoso** sticky; *fig*: *persona* clingy; **pegamento** m glue; **pegar 1** v/t (*golpear*) hit; (*adherir*) stick, glue; *bofetada, susto, resfriado* give **2** v/i (*golpear*) hit; (*adherir*) stick; *del sol* beat down; (*armonizar*) go (together); **pegarse** *resfriado* catch; *acento* pick up; *susto* give o.s.; **~ un golpe / un tiro** hit / shoot o.s.; **pegatina** f sticker
peinado m hairstyle; **peinar 1** v/t tb *fig* comb; **~ a alguien** comb s.o.'s hair; **peine** m comb; **peineta** f ornamental comb
p. ej. (*= por ejemplo*) eg (= for example)
pelaje m ZO coat; *fig* (*aspecto*) look; **pelar** *manzana, patata etc* peel

peldaño *m* step
pelea *f* fight; **pelear, pelearse** fight
peletería *f* furrier
película *f* movie, film; FOT film; *del Oeste* Western; *de ~* F awesome F
peligro *m* danger; *correr ~* be in danger; *poner en ~* endanger, put at risk; **peligroso** dangerous
pelirrojo red-haired, red-headed
pellejo *m de animal* skin, hide
pellizcar pinch
pelo *m de persona, de perro* hair; *de animal* fur; *a ~* F (*sin preparación*) unprepared; *montar a ~* ride bareback; *tomar el ~ a alguien* F pull s.o.'s leg F
pelota 1 *f* ball; *~s* F nuts F, balls F; *en ~s* F stark naked **2** *m/f* F creep F
peluca *f* wig
peluche *m* soft toy; *oso de ~* teddy bear
peludo *persona* hairy; *animal* furry
peluquería *f* hairdressing salon, *Br* hairdresser's; **peluquero** *m*, **-a** *f* hairdresser; **peluquín** *m* hairpiece
pelusa *f* fluff
pelvis *f inv* ANAT pelvis
pena *f* (*tristeza*) sadness, sorrow; (*congoja*) grief; (*lástima*) pity; JUR sentence; *~ capital* death penalty, capital punishment; *~ de muerte* death penalty; *no vale o no merece la ~* it's not worth it; *¡qué ~!* what a shame *o* pity!; *a duras ~s* with great difficulty; *me da ~* F I'm ashamed; **penal** penal; *derecho ~* criminal law; **penalizar** penalize
pender hang (*sobre* over); **pendiente 1** *adj* unfinished; *sonido* piercing; *frío* bitter; *herida* deep; *análisis* incisive; **penetrar** penetrate; (*entrar*) enter; *de un líquido* seep in
penicilina *f* penicillin
península *f* peninsula
penitencia *f* penitence
penoso distressing; *trabajo* laborious
pensamiento *m* thought; BOT pansy; **pensar 1** *v/t* think about; (*opinar*) think; *¡ni ~lo!* don't even think about it **2** *v/i* think (*en* about); **pensativo** thoughtful
pensión *f* rooming house, *Br* guesthouse; *dinero* pension; *~ alimenticia* child support, *Br* maintenance; *~ completa* American plan, *Br* full board; **pensionista** *m/f* pensioner
Pentecostés *m* Pentecost
penúltimo penultimate

penuria *f* shortage (**de** of); (*pobreza*) poverty
peña *f* crag, cliff; (*roca*) rock; F *de amigos* group; **peñón** *m*: **el Peñón de Gibraltar** the Rock of Gibraltar
peón *m* en ajedrez pawn; *trabajador* laborer, *Br* labourer
peor worse; **de mal en ~** from bad to worse
pepinillo *m* gherkin; **pepino** *m* cucumber
pepita *f* pip
pequeñez *f* smallness; **pequeño 1** *adj* small, little; **de ~** when I was small *o* little **2** *m*, **-a** *f* little one
pera *f* pear; **peral** *m* pear tree
perca *f pez* perch
percance *m* mishap
percatarse notice; **~ de algo** notice sth
percebe *m* ZO barnacle
percepción *f* perception; COM *acto* receipt; **perceptible**
percha *f* coat hanger; *gancho* coat hook
percibir perceive; COM *sueldo* receive
percusión *f* MÚS percussion
perdedor *m*, **-a** *f* loser; **perder 1** v/t lose; *tren, avión etc* miss; *el tiempo* waste **2** v/i lose; **echar a ~** ruin; **echarse a ~** *de alimento* go bad; **perderse** get lost; **pérdida** *f* loss
perdigón *m* pellet
perdiz *f* ZO partridge
perdón *m* pardon; REL forgiveness; **pedir ~** say sorry, apologize; **¡~!** sorry; **¿~?** pardon me?; **perdonar** forgive; JUR pardon; **~ algo a alguien** forgive s.o. sth; **¡perdone!** sorry; **perdone, ¿tiene hora?** excuse me, do you have the time?
perdurable enduring; **perdurar** endure
perecedero perishable; **perecer** perish
peregrinación *f* pilgrimage; **peregrinar** go on a pilgrimage; **peregrino** *m*, **-a** *f* pilgrim
perejil *m* BOT parsley
perezoso 1 *adj* lazy **2** *m* ZO sloth
perfección *f* perfection; **a la ~** perfectly, to perfection; **perfeccionar** perfect; **perfecto** perfect
pérfido treacherous
perfil *m* profile; **de ~** in profile, from the side
perfilar *dibujo* outline; *proyecto* put the finishing touches to; **perfilarse** emerge
perforar pierce; *calle* dig up
perfumar perfume; **perfume** *m* perfume; **perfumería** *f* perfume shop
pergamino *m* parchment
pericia *f* expertise
periferia *f* periphery; *de ciudad* outskirts *pl*
perímetro *m* perimeter
periódico 1 *adj* periodic **2** *m* newspaper; **periodismo** *m*

periodista 206

journalism; **periodista** m/f journalist; **período, periodo** m period
peripecia f adventure
periquito m ZO budgerigar
perito 1 adj expert 2 m, **-a** f expert; COM en seguros loss adjuster
perjudicar harm, damage; **perjudicial** harmful, damaging; **perjuicio** m harm, damage; **sin ~ de** without affecting
perjurio m perjury
perla f pearl
permanecer remain, stay; **permanencia** f stay; **permanente** 1 adj permanent 2 f perm
permeable permeable
permisible permissible; **permiso** m permission; documento permit; **~ de conducir** driver's license, Br driving licence; **~ de residencia** residence permit; **estar de ~** be on leave; **permitir** permit, allow
permuta f exchange
pernicioso harmful
pernoctar spend the night
pero 1 conj but 2 m flaw, defect; **no hay ~s que valgan** no excuses
perogrullada f platitude
perpendicular perpendicular
perpetrar crimen perpetrate, commit
perpetuar perpetuate; **perpetuo** fig perpetual

perplejo puzzled, perplexed
perra f dog; **perro** m dog; **~ callejero** stray; **~ guardián** guard dog; **~ lazarillo** seeing eye dog®, Br guide dog; **~ pastor** sheepdog; **hace un tiempo de ~s** F the weather is lousy F
persecución f pursuit; (acoso) persecution; **perseguidor** m, **~a** f persecutor; **perseguir** pursue; delincuente look for; (molestar) pester; (acosar) persecute
perseverancia f perseverance; **perseverante** persistent; **perseverar** persevere (**en** with)
persiana f blind
persignarse cross o.s.
persistencia f persistence; **persistente** persistent; **persistir** persist
persona f person; **quince ~s** fifteen people; **personaje** m TEA character; famoso celebrity; **personal** 1 adj personal 2 m personnel, staff; **personalidad** f personality; **personarse** arrive, turn up; **personificar** personify, embody
perspectiva f perspective; fig point of view; **~s** outlook, prospects
perspicacia f shrewdness, perspicacity; **perspicaz** shrewd, perspicacious
persuadir persuade; **persuasión** f persuasion; **persuasivo** persuasive

pertenecer belong (*a* to); **perteneciente**: ~ *a* belonging to

pértiga *f* pole; *salto con* ~ DEP pole vault

pertinaz persistent; (*terco*) obstinate

pertinente relevant, pertinent

pertrechar equip, supply (*de* with); **pertrecharse** equip o.s.; **pertrechos** *mpl* MIL equipment

perturbación *f* disturbance; **perturbado** *m*, *-a f*: ~ (*mental*) mentally disturbed person; **perturbador** disturbing; **perturbar** disturb; *reunión* disrupt

Perú Peru; **peruano 1** *adj* Peruvian **2** *m*, *-a f* Peruvian

perversidad *f* wickedness, evil; **perversión** *f* perversion; **perverso** perverted; **pervertir** pervert

pesa *f para balanza* weight; DEP shot; *C.Am* butcher's shop

pesadez *f fig* drag F

pesadilla *f* nightmare

pesado 1 *adj objeto* heavy; *libro*, *clase etc* tedious, boring; *trabajo* tough **2** *m*, *-a f* bore; *¡qué* ~ *es!* F he's a real pain F

pesadumbre *f* grief, sorrow

pésame *m* condolences *pl*

pesar 1 *v/t* weigh **2** *v/i* be heavy; (*influir*) carry weight; *fig* weigh heavily (*sobre* on) **3** *m* sorrow; *a* ~ *de* in spite of, despite

pesca *f* actividad fishing; (*peces*) fish *pl*; **pescadería** *f* fish shop; **pescadero** *m*, *-a f* fish dealer, *Br* fishmonger; **pescado** *m* GASTR fish; **pescador** *m* fisherman; **pescar 1** *v/t un pez*, *resfriado etc* catch; (*intentar tomar*) fish for; *trabajo*, *marido etc* land F **2** *v/i* fish

pescuezo *m* neck

pese: ~ *a* despite

pesebre *m* (*comedero*) manger; (*belén*) crèche

pesimismo *m* pessimism; **pesimista 1** *adj* pessimistic **2** *m/f* pessimist

pésimo awful, terrible

peso *m* weight; *moneda* peso; *de* ~ *fig* weighty

pesquisa *f* investigation

pestaña *f* eyelash; **pestañear** flutter one's eyelashes; *sin* ~ *fig* without batting an eyelid

peste *f* MED plague; F *olor* stink F; *echar* ~*s* F curse and swear

pestillo *m* (*picaporte*) door handle; (*cerradura*) bolt

petardo 1 *m* firecracker **2** *m*, *-a f* nerd F

petición *f* request

petrificar petrify (*tb fig*); **petrificarse** become petrified

petróleo *m* oil, petroleum; **petrolero 1** *adj atr* **2** *m* MAR oil tanker

petulancia *f* smugness; **petulante** smug

pez m ZO fish; **~ espada** swordfish; **~ gordo** F big shot F

pezón m nipple

piadoso pious

pianista m/f pianist; **piano** m piano; **~ de cola** grand piano

pica f TAUR goad; *palo de la baraja* spade

picadero m *escuela* riding school; **picadura** f *de reptil, mosquito* bite; *de avispa* sting; *tabaco* cut tobacco

picadillo m GASTR *de lomo*: marinated ground meat

picado 1 adj *diente* decayed; *mar* rough, choppy; *carne* ground, Br minced; *verdura* minced, Br finely chopped; *fig* offended **2** m *L.Am.* dive; **caer en ~ de precios** nosedive

picador m TAUR picador; MIN face worker

picante 1 adj hot, spicy; *chiste* risqué **2** m hot spice

picar 1 v/t *de mosquito, serpiente* bite; *de avispa* sting; *de ave* peck; *carne* grind, Br mince; *verdura* mince, Br finely chop; TAUR jab with a lance; *(molestar)* annoy **2** v/i *tb fig* take the bait; *L.Am. de la comida* be hot; *(producir picor)* itch; *del sol* burn

picardía f *(astucia)* craftiness, slyness; *(travesura)* mischievousness; Méx *(taco, palabrota)* swearing, swearwords pl

pícaro *persona* crafty, sly; *comentario* mischievous

picarse *(agujerearse)* rust; *(cariarse)* decay; F *(molestarse)* get mad F

pichón m *L.Am. pollo* chick; F *(novato)* rookie F

pico m ZO beak; F *(boca)* mouth; *de montaña* peak; *herramienta* pickax, Br pickaxe; **a las tres y ~** some time after three o'clock

picor m itch

picotear peck

pie m foot; *de estatua, lámpara* base; **a ~** on foot; **de ~** standing; **no tiene ni ~ s ni cabeza** I can't make head nor tail of it

piedad f pity; *(clemencia)* mercy

piedra f tb MED stone

piel f *de persona, fruta* skin; *de animal* hide, skin; *(cuero)* leather; **abrigo de ~es** fur coat

pienso m animal feed

pierna f leg; **dormir a ~ suelta** sleep like a log

pieza f *de un conjunto*, MÚS piece; *de aparato* part; TEA play; *(habitación)* room; **~ de recambio** spare part

pijama m pajamas pl, Br pyjamas pl

pila f ELEC battery; *(montón)* pile; *(fregadero)* sink

pilar m tb fig pillar

píldora f pill

pileta f Rpl sink; *(alberca)* swimming pool

pillar (*tomar*) seize; (*atrapar*) catch; (*atropellar*) hit; *chiste* get

pillo 1 *adj* mischievous **2** *m*, **-a** F rascal

pilotar AVIA fly, pilot; AUTO drive; MAR steer; **piloto** *m* AVIA, MAR pilot; AUTO driver; ELEC pilot light; **~ automático** autopilot

pimentón *m* paprika; **pimienta** *f* pepper; **pimiento** *m* pepper; **me importa un ~** F I couldn't care less F

pincel *m* paintbrush

pinchadiscos *m/f* F disc jockey, DJ

pinchar 1 *v/t* prick; MED puncture; TELEC tap; F (*molestar*) bug F; **~le a alguien** MED give s.o. a shot **2** *v/i* prick; AUTO get a flat (tire), *Br* get a puncture; **pinchazo** *m herida* prick; *dolor* sharp pain; AUTO flat (tire), *Br* puncture; F (*fracaso*) flop F

pincho *m* GASTR bar snack

pingüino *m* ZO penguin

pino *m* BOT pine; **hacer el ~** do a handstand

pinta *f* pint; *aspecto* looks *pl*; **tener buena ~** *fig* look inviting

pintada *f* graffiti; **~s** graffiti *pl o sg*

pintar paint; **no ~ nada** *fig* F not count; **pintarse** put on one's make-up

pintor *m*, **-a** *f* painter; **~ (de brocha gorda)** (house) painter; **pintoresco** picturesque; **pintura** *f sustancia* paint; *obra* painting

pinza *f* clothes pin, *Br* clothes peg; ZO claw; **~s** tweezers; *L.Am.* (*alicates*) pliers

piña *f del pino* pine cone; *fruta* pineapple; **piñón** *m* BOT pine nut; TÉC pinion

pío pious

piojo *m* ZO louse; **~s** lice *pl*

pionero 1 *adj* pioneering **2** *m*, **-a** *f tb fig* pioneer

pipa *f* pipe; **~s semillas** sunflower seeds; **pasarlo ~** F have a great time

pipí *m* F pee F; **hacer ~** F pee F

pique *m* resentment; (*rivalidad*) rivalry; **irse a ~** *fig* go under

piqueta *f herramienta* pickax, *Br* pickaxe; *en cámping* tent peg

piquete *m* POL picket

piragüismo *m* canoeing

pirámide *f* pyramid

pirata *m/f* pirate; **~ informático** hacker; **piratería** *f* piracy

pirenaico Pyrenean; **Pirineos** *mpl* Pyrenees

piropo *m* compliment

pirotécnico fireworks *atr*

pisada *f* footstep; **huella** footprint; **pisar** step on; *uvas* tread; *fig* (*maltratar*) walk all over; *idea* steal; **~ a alguien** step on s.o.'s foot

Piscis *m/f inv* ASTR Pisces

piscina *f* swimming pool

piso *m* apartment, *Br* flat; (*planta*) floor

pisotear trample
pisota f track, trail; (*indicio*) clue; *de atletismo* track; **~ de aterrizaje** AVIA runway; **~ de baile** dance floor; **~ de tenis / squash** tennis / squash court
pistacho m BOT pistachio
pistola f pistol; **pistolero** m gunman
pistón m piston
pita f BOT agave, pita
pitar 1 v/i whistle; *con bocina* hoot; L.Am. (*fumar*) smoke; **salir pitando** F dash off F 2 v/t (*abuchear*) whistle at; *penalti, falta etc* call, Br blow for; *silbato* blow
pitillera f cigarette case; **pitillo** m cigarette; *hecho a mano* roll-up
pito m whistle; (*bocina*) horn
piyama m L.Am. pajamas pl, Br pyjamas pl
pizarra f blackboard; *piedra* slate
placa f (*lámina*) sheet; (*plancha*) plate; (*letrero*) plaque; Méx AUTO license plate, Br number plate; INFOR motherboard; **~ madre** INFOR motherboard; **~ (dental)** plaque; **~ de matrícula** AUTO license plate, Br number plate
placer 1 v/i please; MED pleasure 2 m pleasure
plaga f AGR pest; MED plague; *fig* scourge; (*abundancia*) glut; **plagado** infested; (*lleno*) full; **~ de gente** swarming with people

plan m plan
plancha f *para planchar* iron; *en cocina* broiler, Br grill; *de metal* sheet; F (*metedura de pata*) goof F; **a la ~** GASTR broiled, Br grilled; **planchado-1** adj F shattered F 2 m ironing; **planchar** iron; *Méx F (dar plantón)* stand up F; *L.Am. (lisonjear)* flatter
planeador m glider; **planear 1** v/t plan **2** v/i AVIA glide
planeta m planet
planicie f plain
planificar plan
plano 1 adj flat **2** m ARQUI plan; *de ciudad* map; *en cine* shot; MAT plane; *fig* level
planta f BOT plant; (*piso*) floor; **~ del pie** sole of the foot; **plantación** f plantation; **plantar** 1 v/t *árbol etc* plant; *tienda de campaña* put up; **~ a alguien** F stand s.o. up F
plantear *problema* pose, create; *cuestión* raise
plantilla f *para zapato* insole; (*personal*) staff; DEP squad; *para cortar,* INFOR template
plantón m: **dar un ~ a alguien** F stand s.o. up F
plástico m plastic
plata f silver; L.Am. F (*dinero*) cash, dough F
plataforma f tb POL platform; **~ petrolífera** oil rig
plátano m banana
platea f TEA orchestra, Br stalls pl
plateado Méx wealthy

platicar 1 v/t *L.Am.* tell **2** v/i *Méx* chat, talk
platillo m: **~ volante** flying saucer; **~s** MÚS cymbals
platina f *de microscopio* slide; *de estéreo* tape deck
platino m platinum
plató m *de película* set; TV studio
plato m plate; GASTR dish; **~ combinado** mixed platter; **~ hondo** soup dish; **~ preparado** ready meal; **~ principal** main course; **~ sopero** soup dish
playa f beach; **~ de estacionamiento** *L.Am.* parking lot, *Br* car park; **playeras** fpl canvas shoes
plaza f square; (*vacante*) job opening; *en vehículo* seat; *de trabajo* position; **~ de toros** bull ring
plazo m period; (*pago*) installment, *Br* instalment; **a corto / largo ~** in the short / long term; **a ~s** in installments
plegable collapsible; folding; **plegar** fold (up); **plegarse** fig submit (**a** to)
pleito m JUR lawsuit; fig dispute; **poner un ~ a alguien** sue s.o.
pleno 1 adj full; **en ~ día** in broad daylight **2** m plenary session
pliego 1 vb ☞ **plegar 2** m (*hoja de papel*) sheet (of paper); (*carta*) sealed letter *o* document; **pliegue** m fold, crease
plomero m *Méx* plumber; **plomo** m lead; ELEC fuse; fig F drag F; **sin ~** AUTO unleaded
pluma f feather; *para escribir* fountain pen
plural m/adj plural
población f *gente* population; (*ciudad*) city, town; (*pueblo*) village; *Chi* shanty town; **poblado 1** adj populated; *barba* bushy; **~ de** fig full of **2** m (*pueblo*) settlement; **poblador** m, **~a** f *Chi* shanty town dweller; **poblar** populate
pobre 1 adj poor **2** m/f poor person; **los ~s** the poor; **pobreza** f poverty
pocilga f pigpen, *Br* pigsty
poco 1 adj sg little, not much; pl few, not many; **~ de** a little; **unos ~s** a few **2** adv little; **trabaja ~** he doesn't work much; **estuvo ~ por aquí** he wasn't around much; **~ a ~** little by little; **dentro de ~** soon, shortly; **hace ~** a short time ago, not long ago; **por ~** nearly **3** m: **un ~** a little, a bit
podar AGR prune
poder 1 v/aux capacidad can, be able to; *permiso* can, be allowed to; *posibilidad* may, might; **no pude hablar con ella** I wasn't able to talk to her; **¿puedo ir contigo?** can *o* may I come with you?; **¡podías habérselo dicho!** you could have *o* you might have told him **2** v/i:

poderoso

~ con (*sobreponerse a*) manage, cope with; **me puede** he can beat me; **no puedo más** I can't take any more, I've had enough; **puede ser** perhaps, maybe; **puede que** perhaps, maybe; **¿se puede?** may I come in? **3** *m tb* POL power; **en ~ de alguien** in s.o.'s hands; **poderoso** powerful

podio *m* podium

podólogo *m*, **-a** *f* MED podiatrist, *Br* chiropodist

podrido *tb fig* rotten

poema *m* poem; **poesía** *f* género poetry; (*poema*) poem; **poeta** *m/f* poet; **poético** poetic; **poetisa** *f* poet

polaco 1 *adj* Polish **2** *m*, **-a** *f* Pole **3** *m idioma* Polish

polea *f* TÉC pulley

policía 1 *f* police **2** *m/f* police officer, policeman; **mujer** police officer, policewoman; **policíaco, policiaco** detective *atr*

polideportivo *m* sports center, *Br* sports centre

polifacético versatile, multifaceted

poligamia *f* polygamy

polilla *f* ZO moth

polio *f* MED polio

política *f* politics; **político 1** *adj* political **2** *m*, **-a** *f* politician

póliza *f* policy; **~ de seguros** insurance policy

polizón *m/f* stowaway

pollo *m* ZO, GASTR chicken

polo *m* GEOG, ELEC pole; *prenda* polo shirt; DEP pole; **Polo Norte** North Pole; **Polo Sur** South Pole

Polonia Poland

polución *f* pollution; **polucionar** pollute

polvo *m* dust; *en química, medicina etc* powder; **~s de talco** talcum powder; **echar un ~** V have a screw V; **pólvora** *f* gunpowder; **polvoriento** dusty

pomada *f* cream

pomelo *m* BOT grapefruit

pompa *f* pomp; **~ de jabón** bubble; **~s fúnebres** ceremonia funeral ceremony; *establecimiento* funeral home

ponedero *m* nest(ing) box

ponencia *f* presentation; EDU paper

ponente *m/f* speaker

poner put; (*añadir*) put in; RAD, TV turn on, switch on; *la mesa* set; *ropa* put on; (*escribir*) put down; *en libro etc* say; *negocio* set up; *huevos* lay; **~ a alguien furioso** make s.o. angry; **~le una multa a alguien** fine s.o.; **pongamos que** let's suppose *o* assume that; **ponerse** *ropa* put on; **ponte en el banco** go and sit on the bench; **se puso ahí** she stood over there; **dile que se ponga** TELEC tell her to come to the phone; **~ pálido** turn pale; **~ furioso** get angry; **~ enfermo** become *o*

fall ill; **~ a start to**
popa f MAR stern
popular popular; *(del pueblo)* folk *atr*; *barrio* lower-class;
popularizar popularize
por *motivo* for, because of; **lo hizo ~ amor** she did it out of love ◊ *medio* by; **~ avión** by air ◊ *tiempo*: **~ un segundo** *L.Am.* for a second; **~ la mañana** in the morning ◊ *movimiento*: **~ la calle** down the street; **~ un tunel** through a tunnel; **~ aquí** this way ◊ *posición aproximada* around, about; **está ~ aquí** it's around here (somewhere) ◊ *cambio*: **~ cincuenta pesos** for fifty pesos ◊ *otros usos*: **~ hora** an *o* per hour; **dos ~ dos** two times two; **¿~ qué?** why?
porcelana f porcelain, china
porcentaje m percentage
porche m porch
porción f portion
pornografía f pornography
poro m pore; **poroso** porous
porque because; **~ sí** just because
porqué m reason
porquería f filth; F *cosa de poca calidad* piece of trash F
porra f baton; *(palo)* club
porro m F joint F
porrón m *container from which wine is poured straight into the mouth*
portaaviones m *inv* aircraft carrier

portada f TIP front page; *de revista* cover; ARQUI front
portador m, **~a** f COM bearer; MED carrier
portal m foyer; *(entrada)* doorway
portaminas m *inv* automatic pencil, *Br* propelling pencil
portarse behave
portátil portable
portavoz m/f spokesman; *mujer* spokeswoman
porte m *(aspecto)* appearance; *(gasto de correo)* postage
porteño *Arg* **1** *adj* of Buenos Aires **2** m, **-a** f native of Buenos Aires
portería f reception; *casa* superintendent's apartment, *Br* caretaker's flat; DEP goal;
portero m doorman; *de edificio* superintendent, *Br* caretaker; DEP goalkeeper;
~ automático intercom, *Br* entryphone
pórtico m portico
portorriqueño 1 *adj* Puerto Rican **2** m, **-a** f Puerto Rican
Portugal Portugal; **portugués 1** m/adj Portuguese **2** m, **-esa** f persona Portuguese **3** m idioma Portuguese
porvenir m future
pos(t)venta after-sales *atr*
posada f *C.Am.*, *Méx* Christmas party; *(fonda)* inn
posar mano lay, place (**sobre** on); **~ la mirada en** gaze at; **posarse** *de ave, insecto*, AVIA land
pose f pose

poseer

poseer possess; (*ser dueño de*) own, possess; **posesión** *f* possession; **tomar ~** (*de un cargo*) POL take up office
posguerra *f* postwar period
posibilidad *f* possibility; **posibilitar** make possible; **posible** possible; **en lo ~** as far as possible; **hacer todo lo ~** do everything possible; **es ~ que...** perhaps ...
posición *f tb* MIL, *fig* position; social standing, status
positivo positive
postal 1 *adj* mail *atr*, postal **2** *f* postcard; **poste** *m* post
postergar postpone
posterior later, subsequent; (*trasero*) rear *atr*, back *atr*; **posterioridad** *f*: **con ~** later, subsequently; **con ~ a** later than, subsequent to
postizo 1 *adj* false **2** *m* hairpiece
postre *m* dessert; **a la ~** in the end
postura *f tb fig* position
potable drinkable; *fig* F passable; **agua ~** drinking water
potaje *m* GASTR stew
potasio *m* potassium
pote *m* (*olla*) pot; GASTR stew
potencia *f* power; **en ~** potential; **potente** powerful
potro *m* ZO colt
práctica *f* practice; **practicable** *tarea* feasible, practicable; *camino* passable; **practicar** practice, *Br* practise; *deporte* play; **~ la equitación** ride; **práctico** practical

214

pradera *f* prairie, grassland; **prado** *m* meadow
pragmático pragmatic; **pragmatismo** *m* pragmatism
precario precarious
precaución *f* precaution
precedente 1 *adj* previous **2** *m* precedent; **preceder** preceede
precintar *paquete* seal; *lugar* seal off; **precinto** *m* seal
precio *m* price; **precioso** (*de valor*) precious; (*hermoso*) beautiful
precipicio *m* precipice
precipitación *f* (*prisa*) hurry, haste; **precipitaciones** rain; **precipitado** hasty, sudden; **precipitar** (*lanzar*) throw, hurl; (*acelerar*) hasten; **precipitarse** rush; *fig* be hasty
precisar (*aclarar*) specify; (*necesitar*) need; **precisión** *f* precision; **preciso** precise, accurate; **ser ~** be necessary
precoz early; *niño* precocious
precursor *m*, **~a** *f* precursor, forerunner
predecesor *m*, **~a** *f* predecessor
predecir predict
predicar preach
predicción *f* prediction
predilecto favorite, *Br* favourite
predispuesto predisposed (*a* to)
predominar predominate; **predominio** *m* predominance
prefacio *m* preface, foreword

preferencia f preference; **preferente** preferential; **preferido 1** part ☞ **preferir 2** adj favorite, Br favourite; **preferir** prefer

prefijo m prefix; TELEC area code, Br dialling code

pregunta f question; **preguntar** ask; ~ **por algo** ask about sth; ~ **por alguien** paradero ask for s.o.; salud etc ask about s.o.

prejuicio m prejudice

prematuro 1 adj premature **2** m, **-a** f premature baby

premiar award a prize to; **premio** m prize

prenda f item of clothing, garment; garantía security; en juegos forfeit

prendedor m broach, Br brooch

prender 1 v/t a fugitivo capture; sujetar pin up; L.Am. fuego light; L.Am. luz turn on; ~ **fuego a** set fire to **2** v/i de planta take; (empezar a arder) catch; de moda catch on

prensa f press; ~ **amarilla** gutter press; **prensar** press

preocupación f worry, concern; **preocupado** worried, concerned (**por** about); **preocupante** worrying; **preocupar** worry, concern; **preocuparse** worry (**por** about); ~ **de** (encargarse) look after, take care of

preparación f preparation; (educación) education; para trabajo training; **preparado** ready, prepared; **preparar** prepare, get ready; **preparativos** mpl preparations

preponderar predominate

preposición f GRAM preposition

presa f (dique) dam; (embalse) reservoir; (víctima) prey; L.Am. para comer bite to eat

prescribir JUR prescribe; **prescripción** f JUR de contrato expiry, expiration

presencia f presence; **buena** ~ smart appearance; **presenciar** witness; (estar presente a) attend, be present at

presentación f presentation; COM launch; entre personas introduction; **presentador** m, ~**a** f TV presenter; **presentar** present; a alguien introduce; producto launch; solicitud submit; **presentarse en sitio** show up; (darse a conocer) introduce o.s.; a examen take; de problema, dificultad arise; a elecciones run

presente 1 adj present; **tener algo** ~ bear sth in mind; **¡~!** here! **2** m tiempo present **3** m/fpl: **los ~s** those present

presentir foresee; **presiento que...** I have a feeling that ...

preservar protect; **preservativo** m condom

presidencia f presidency; de compañía presidency, Br chairmanship; de comité

presidente

chairmanship; **presidente** *m*, **-a** *f* president; *de gobierno* premier, prime minister; *de compañía* president, *Br* chairman, *Br* **mujer** chairwoman; *de comité* chair

presidio *m* prison

presidir be president of; *reunión* chair

presión *f* pressure; **~ sanguínea** blood pressure; **presionar** *botón* press; *fig* put pressure on, pressure

preso 1 *part* ☞ **prender 2** *m*, **-a** *f* prisoner

prestación *f* provision; **~ social sustitutoria** MIL community service in lieu of military service; **préstamo** *m* loan; **~ bancario** bank loan; **prestar** *dinero* lend; *ayuda* give; *L.Am.* borrow; **~ atención** pay attention

prestidigitador *m*, **-a** *f* conjurer

prestigio *m* prestige; **prestigioso** prestigious

presumido conceited; *(coqueto)* vain; **presumir 1** *v/t* presume **2** *v/i* show off; **~ de algo** boast about sth; **presume de listo** he thinks he's very clever; **presunto** alleged, suspected; **presuntuoso** conceited

presuponer assume; **presupuesto 1** *part* ☞ **presuponer 2** *m* POL budget

pretencioso pretentious

pretender: *pretendía convencerlos* he was trying to persuade them; **pretendiente** *m de mujer* suitor; **pretensión** *f L.Am. (arrogancia)* vanity; **sin ~ pretensiones** unpretentious

pretexto *m* pretext

prevención *f* prevention; **prevenir** prevent; *(avisar)* warn *(contra* against); **preventivo** preventive, preventative

prever foresee

previo previous; **sin ~ aviso** without (prior) warning

previsión *f (predicción)* forecast; *(preparación)* foresight

prima *f de seguro* premium; *(pago extra)* bonus

primavera *f* spring; BOT primrose

primer first; **primero 1** *adj* first; **~s auxilios** first aid **2** *m*, **-a** *f* first (one) **3** *adv* first

primitivo primitive; *(original)* original

primo *m*, **-a** *f* cousin

primordial fundamental

princesa *f* princess

principal main, principal; **lo ~** the main *o* most important thing

príncipe *m* prince

principiante 1 *adj* inexperienced **2** *m/f* beginner; **principio** *m* principle; *en tiempo* beginning; **a ~s de abril** at the beginning of April

prioridad *f* priority; **prioritario** priority *atr*

prisa *f* hurry, rush; **darse ~** hurry (up); **tener ~** be in a hurry o rush

prisión f prison, jail; **prisionero 1** adj captive **2** m, **-a** f prisoner

prismáticos mpl binoculars

privado 1 part ☞ **privar 2** adj private; **privar:** ~ **a alguien de algo** deprive s.o. of sth; **privarse** deprive o.s.; **privatizar** privatize

privilegiado privileged; (*excelente*) exceptional; **privilegiar** privilege; (*dar importancia a*) favor, Br favour; **privilegio** m privilege

proa f MAR bow

probabilidad f probability; **probable** probable, likely

probar 1 v/t teoría test, try out; (*comer un poco de*) taste, try; (*comer por primera vez*) try **2** v/i try; ~ **a hacer** try doing; **probeta** f test tube

problema m problem; **problemático** problematic

procedencia f origin; **procedente:** ~ **de** from; **proceder 1** v/i come (**de** from); (*actuar*) proceed; (*ser conveniente*) be fitting; ~ **a** proceed to; ~ **contra alguien** initiate proceedings against s.o. **2** m conduct; **procedimiento** m procedure, method; JUR proceedings pl

procesamiento m: ~ **de textos** word processing; **procesar** INFOR process; JUR execute; **procesión** f procession; **proceso** m process; JUR trial; ~ **de datos / textos** data / word processing

proclamación f proclamation; **proclamar** proclaim

procurador m, **-a** f JUR attorney, lawyer; **procurar** try

prodigio m wonder, miracle; *persona* prodigy

producción f production; **producir** produce; (*causar*) cause; **productividad** f productivity; **productivo** productive; *empresa* profitable; **producto** m product; **productor** m, **-a** f producer

profanar defile, desecrate

profesión f profession; **profesional** m/f & adj professional; **profesor** m, **-a** f teacher; *de universidad* professor, Br lecturer

profeta m prophet

profundidad f depth; **profundo** deep; *pensamiento, persona* profound

programa m program, Br programme; INFOR program; EDU syllabus; ~ **de estudios** syllabus, curriculum; **programador** m, **-a** f programmer; **programar** *aparato* program, Br programme; INFOR program; (*planear*) schedule

progresar progress, make progress; **progresivo** progressive; **progreso** m progress

prohibición f ban (**de** on); **prohibido** forbidden; ~ **fumar** no smoking; **prohibir** forbid, ban

prolijo

prolijo long-winded; (*minucioso*) detailed
prólogo *m* preface
prolongar extend, prolong
promedio *m* average
promesa *f* promise; **prometedor** bright, promising; **prometer** promise; **prometida** *f* fiancée; **prometido 3** *m* fiancé
prominente prominent
promoción *f* promotion; EDU year; **promocionar** promote; **promotor** *m*, **~a** *f* promoter; **~ inmobiliario** developer; **promover** promote; (*causar*) provoke, cause
promulgar *ley* promulgate
pronombre *m* GRAM pronoun
pronóstico *m* prognosis; **~ del tiempo** weather forecast
pronto 1 *adj* prompt **2** *adv* (*dentro de poco*) soon; (*temprano*) early; **de ~** suddenly; **tan ~ como** as soon as
pronunciación *f* pronunciation; **pronunciar** pronounce; (*decir*) say; **~ un discurso** give a speech
propagación *f* spread; **propaganda** *f* advertising; POL propaganda; **propagar** spread
propenso prone (**a** to)
propicio favorable, Br favourable
propiedad *f* property; **propietario** *m*, **-a** *f* owner, proprietor

propina *f* tip
propio own; (*característico*) characteristic (**de** of), typical (**de** of); (*adecuado*) suitable (**para** for); **la -a directora** the director herself
proponer propose, suggest; **proponerse: ~ hacer algo** decide to do sth
proporción *f* proportion; **proporcional** proportional; **proporcionar** provide, supply; *satisfacción* give
proposición *f* proposal, suggestion
propósito *m* (*intención*) intention; (*objetivo*) purpose; **a ~** on purpose; (*por cierto*) by the way
propuesta *f* proposal
propulsión *f* TÉC propulsion
prórroga *f* DEP overtime, Br *tb* extra time; **prorrogar** plazo extend
prosa *f* prose
proseguir carry on, continue
prospecto *m* directions for use pl; *de propaganda* leaflet
prosperar prosper, thrive; **prosperidad** *f* prosperity; **próspero** prosperous, thriving
prostitución *f* prostitution; **prostituta** *f* prostitute
protagonista *m/f personaje* main character; *actor, actriz* star; *de una hazaña* hero; *mujer* heroine
protección *f* protection; **proteger** protect (**de** from)
proteína *f* protein

protesta f protest; **protestante** m/f Protestant; **protestar 1** v/t protest **2** v/i (*quejarse*) complain (**por**, *de* about); (*expresar oposición*) protest (**contra**, *de* against, about)

protocolo m protocol

provecho m benefit; **¡buen ~!** enjoy (your meal); **sacar ~ de** benefit from; **provechoso** beneficial

proveedor m, **~a** f supplier; **~ de (acceso a) Internet** Internet Service Provider, ISP; **proveer** supply; **~ a alguien de algo** supply s.o. with sth

proverbio m proverb

providencia f providence

provincia f province; **provincial** provincial

provisión f provision; **provisional** provisional; **provisorio** *S.Am.* provisional

provocar cause; *al enfado* provoke; *sexualmente* lead on; **¿te provoca un café?** *S.Am.* how about a coffee?; **provocativo** provocative

proxeneta m pimp

proximidad f proximity; **próximo** (*siguiente*) next; (*cercano*) near, close

proyección f MAT, PSI projection; *de película* showing; **proyectar** project; (*planear*) plan; *película* show; *sombra* cast; **proyectil** m missile; **proyecto** m plan; *trabajo* project; **~ de ley** bill; **tener en ~ hacer algo** plan to do sth; **proyector** m projector

prudencia f caution, prudence; **prudente** careful, cautious

prueba f tb TIP proof; JUR piece of evidence; DEP event; EDU test; **a ~ de bala** bulletproof; **poner algo a ~** put sth to the test

psicología f psychology; **psicológico** psychological; **psicólogo** m, **-a** f psychologist; **psicópata** m/f psychopath

psiquiatra m/f psychiatrist; **psiquiatría** f psychiatry; **psiquiátrico** psychiatric; **psíquico** psychic

púa f ZO spine, quill; MÚS plectrum, pick

publicación f publication; **publicar** publish; **publicarse** come out, be published; **publicidad** f (*divulgación*) publicity; COM advertising; (*anuncios*) advertisements *pl*; **publicitario 1** *adj* advertising *atr* **2** *m*, **-a** f advertising executive; **público 1** *adj* public; *escuela* public, *Br* state **2** *m* public; TEA audience; DEP spectators *pl*, crowd

puchero m GASTR (cooking) pot; **hacer ~s** *fig* pout

pudín m pudding

pudor m modesty

pudrirse rot; **~ de envidia** be green with envy

pueblo m village; *más grande* town

puente m bridge; **hacer ~**

puerco

have a day off between a weekend and a public holiday

puerco 1 *adj* dirty; *fig* filthy F **2** *m* ZO pig; **~ espín** porcupine

pueril childish, puerile

puerro *m* BOT leek

puerta *f* door; *en valla* gate; DEP goal; **~ de embarque** gate

puerto *m* MAR port; GEOG pass

Puerto Rico Puerto Rico

pues well; *fml (porque)* as, since; **~ bien** well; **¡~ sí!** of course!

puesta *f*: **~ a punto** tune-up; **~ de sol** sunset

puesto 1 *part* ☞ **poner 2** *m lugar* place; *en mercado* stand, stall; MIL post; **~ (de trabajo)** job **3** *conj*: **~ que** since, given that

pulcro immaculate

pulga *f* ZO flea

pulgada *f* inch; **pulgar** *m* thumb

pulgón *m* ZO aphid, *Br* greenfly

pulido 1 *adj* polished **2** *m acción* polishing; *efecto* polish; **pulir** polish

pulmón *m* lung; **pulmonar** pulmonary, lung *atr*; **pulmonía** *f* MED pneumonia

pulpa *f* pulp

púlpito *m* pulpit

pulpo *m* ZO octopus

pulsación *f* beat, *de tecla* keystroke; **pulsar** *m botón, tecla*

press

pulso *m* pulse; *fig* steady hand; **tomar el ~ a alguien** take s.o.'s pulse

pulverizador *m* spray; **pulverizar** spray; *(convertir en polvo)* pulverize, crush

puma *m* ZO puma, mountain lion

punible punishable

punta *f*: **~** *extremo* end; *de lápiz*, GEOG point; *L.Am.* *(grupo)* group; **sacar ~ a** sharpen; **puntada** *f* stitch; **puntapié** *m* kick; **puntilla** *f*: **de ~s** on tippy-toe, *Br* on tiptoe

punto *m* point; *señal* dot; *signo de puntuación* period, *Br* full stop; *en costura*, *sutura* stitch; **dos ~s** colon; **~ muerto** AUTO neutral; **~ de vista** point of view; **~ y coma** semicolon; **a ~** *(listo)* ready; *(a tiempo)* in time; **de ~** knitted; **en ~** on the dot; **estar a ~ de** be about to; **hacer ~** knit

puntuación *f* punctuation; DEP score; EDU grade, *Br* mark; **puntual** punctual; **puntualidad** *f* punctuality; **puntualizar** *(señalar)* point out; *(aclarar)* clarify

puñal *m* dagger

puñetazo *m* punch

puño *m* fist; *de camisa* cuff; *de bastón, paraguas* handle

pupila *f* pupil

pupitre *m* desk

puré *m* purée; *sopa* cream; **~ de patatas** *o L.Am.* **papas**

mashed potatoes
pureza *f* purity
purgante *m/adj* laxative, purgative; **purgar** MED, POL purge; **purgarse** take a laxative; **purgatorio** *m* REL purgatory
purificar purify; **puro 1** *adj* pure; *Méx (único)* sole, only; **la -a verdad** the honest truth **2** *m* cigar
púrpura *f* purple
pus *m* pus
pústula *f* MED pustule
puta *f* P whore P; **putada** *f* P dirty trick

Q

que 1 *pron rel sujeto: persona* who, that; *cosa* which, that; *complemento: persona* that, whom *fml*; *cosa* that, which; **el coche ~ ves** the car you can see, the car that *o* which you can see **2** *conj* that; **lo mismo ~ tú** the same as you; **más grande ~** bigger than; **¡~ entre!** tell him to come in; **¡~ descanses!** sleep well; **¡~ sí!** I said yes; **¡~ no!** I said no; **es ~...** the thing is ...; **yo ~ tú** if I were you
qué 1 *adj & pron interr* what; **¿~ día es?** what day is it? **2** *adj & pron int*: **¡~ moto!** what a motorbike!; **¡~ de flores!** what a lot of flowers! **3** *adv*: **¡~ alto es!** he's so tall!; **¡~ bien!** great!
quebradizo brittle; **quebrado 1** *adj* broken **2** *m* MAT fraction; **quebrar 1** *v/t* break **2** *v/i* COM go bankrupt *o* bust F
quedar (*permanecer*) stay; *en un estado* be; (*sobrar*) be left;

te queda bien / mal de estilo it suits you / doesn't suit you; *de talla* it fits you / doesn't fit you; **~ cerca** be nearby; **~ con alguien** F arrange to meet (with) s.o.; **~ en algo** agree to sth; **quedarse** stay; **~ ciego** go blind; **~ con algo** keep sth; **me quedé sin comer** I ended up not eating
quehaceres *mpl* tasks
queja *f* complaint; **quejarse** complain (**a** to; **de** about)
quema *f* burning; **quemadura** *f* burn; **quemar 1** *v/t* burn; *con agua* scald; F *recursos* use up; F *dinero* blow **2** *v/i* be very hot
querella *f* JUR lawsuit
querer (*desear*) want; (*amar*) love; **~ decir** mean; **sin ~** unintentionally; **quisiera...** I would like ...; **querido 1** *part* ☞ **querer 2** *adj* dear **3** *m*, **-a** *f* darling
queso *m* cheese
quicio *m*: **sacar de ~ a alguien** F drive s.o. crazy F

quiebra *f* COM bankruptcy
quien *rel sujeto* who, that; *objeto* who, whom *fml* that
quién who; *¿de ~ es este libro?* whose is this book?, who does this book belong to?
quieto still; **quietud** *f* peacefulness
quilate *m* carat
quilla *f* keel
química *f* chemistry; **químico 1** *adj* chemical **2** *m*, **-a** *f* chemist
quince fifteen; **quincena** *f* two weeks, *Br* fortnight
quiniela *f* lottery where the winners are decided by soccer results, *Br* football pools
quinientos five hundred
quinina *f* quinine
quinta *f* MIL draft, *Br* call-up; *es de mi ~* he's my age
quinto 1 *adj* fifth **2** *m* MIL conscript
quiosco *m* kiosk; *~ de prensa* newsstand, *Br* newsagent's
quirófano *m* operating room, *Br* operating theatre
quirúrgico surgical
quitaesmalte *m* nail varnish remover; **quitamanchas** *m inv* stain remover; **quitanieves** *m* snowplow, *Br* snowplough
quitar 1 *v/t ropa* take off, remove; *obstáculos* remove; *~ algo a alguien* take sth (away) from s.o.; *~ la mesa* clear the table **2** *v/i*: *¡quita!* get out of the way!; **quitarse** *ropa, gafas* take off; *(apartarse)* get out of the way; *~ algo / a alguien de encima* get rid of sth / s.o.
quitasol *m* sunshade
quizá(s) perhaps, maybe

R

rabanito *m* BOT wild radish; **rábano** *m* BOT radish
rabia *f* MED rabies *sg*; *dar ~ a alguien* make s.o. mad; *tener ~ a alguien* have it in for s.o.; **rabiar**: *~ de dolor* be in agony; *~ por* be dying for
rabioso MED rabid; *fig* furious
rabo *m* tail
racha *f* spell
racial racial
racimo *m* bunch
ración *f* share; *(porción)* serving, portion; **racional** rational; **racionalizar** rationalize; **racionar** ration
racismo *m* racism; **racista** *m/f* & *adj* racist
radar *m* radar
radiación *f* radiation; **radiactividad** *f* radioactivity; **radiactivo** radioactive; **radiador** *m* radiator; **radiante** radiant; **radiar** radiate

radical m/f & adj radical
radio 1 m MAT radius; QUÍM radium; *L.Am.* radio; **~ de acción** range **2** f radio; **~ despertador** clock radio; **radioaficionado** m radio ham; **radiocasete** m radio cassette player; **radiografía** f X-ray; **radiología** f radiology; **radiopatrulla** f radio patrol car; **radiotaxi** m radio taxi; **radioterapia** f radiotherapy; **radioyente** m/f listener
ráfaga f gust; *de balas* burst
rafia f raffia
raído threadbare
rail, raíl m rail
raíz f root; **~ cuadrada** MAT square root; **a ~ de** as a result of
raja f (*rodaja*) slice; (*corte*) cut; (*grieta*) crack; **rajar 1** v/t *fruta* cut, slice; *cerámica* crack; *neumático* slash **2** v/i F gossip; **rajarse** fig F back out
rallador m grater; **rallar** GASTR grate
rama f branch; POL wing; **andarse por las ~s** beat about the bush
ramera f whore, prostitute
ramificarse branch out
ramo m COM sector; **~ de flores** bunch of flowers
rampa f ramp; **~ de lanzamiento** launch pad
rana f ZO frog
rancho m *Méx* small farm; *L.Am.* (*barrio de chabolas*) shanty town

rancio rancid; *fig* ancient
ranura f slot
rapaz 1 adj predatory **2** m, **-a** f F kid F
rape m *pescado* anglerfish; **al ~ pelo** cropped
rapidez f speed, rapidity; **rápido 1** adj quick, fast **2** m rapids pl
rapiña f pillage
raptar kidnap; **rapto** m kidnap
raqueta f racket
rareza f scarcity, rarity; **raro** rare
ras m: **a ~ de tierra** at ground level
rascacielos m inv skyscraper; **rascar** scratch; *superficie* scrape, scratch
rasgar tear (up); **rasgo** m feature; **a grandes ~s** broadly speaking
rasguñar scratch; **rasguño** m MED scratch
raso 1 adj flat, level; **soldado ~** private **2** m material satin; **al ~** in the open air
raspado m *Méx* water ice; **raspar 1** v/t scrape; *con lija* sand **2** v/i be rough
rastrear 1 v/t *persona* track; *bosque, zona* comb **2** v/i rake; **rastrillo** m rake; **rastro** m flea market; (*huella*) trace; **rastrojo** m stubble
rata f ZO rat
ratero, -a f petty thief
raticida m rat poison
ratificar POL ratify
rato m time; **~s libres** spare

ratón

time; *al poco* ~ after a short time *o* while; *todo el* ~ all the time

ratón *m* ZO, INFOR mouse; **ratonera** *f* mouse trap

raya *f* GRAM dash; ZO ray; *de pelo* part, *Br* parting; *a o de* ~*s* striped; *pasarse de la* ~ overstep the mark, go too far; **rayado** *disco*, *superficie* scratched

rayar 1 *v/t* scratch; *(tachar)* cross out **2** *v/i* border (*en* on)

rayo *m* FÍS ray; METEO (bolt of) lightning; ~ *láser* laser beam; ~ **X** X-ray

raza *f* race; *de animal* breed

razón *f* reason; *a* ~ *de* precio at; *dar la* ~ *a alguien* admit that s.o. is right; *entrar en* ~ see sense; *perder la* ~ lose one's mind; *tener* ~ be right; **razonable** *precio* reasonable

reacción *f* reaction (*a* to); *avión a* ~ jet (aircraft); **reaccionar** react (*a* to); **reaccionario 1** *adj* reactionary **2** *m*, **-a** *f* reactionary

reacio reluctant (*a* to)

reactor *m* reactor; (*motor*) jet engine

real (*regio*) royal; (*verdadero*) real; **realidad** *f* reality; *en* ~ in fact, in reality; **realista 1** *adj* realistic **2** *m/f* realist; **realizador** *m*, ~**a** *f de película* director; RAD, TV producer; **realizar** *tarea* carry out; RAD, TV produce; COM realize

realzar highlight

reanimar revive

reanudar resume

rebaja *f* reduction; ~**s** *de verano* summer sale; **rebajar** reduce

rebanada *f* slice

rebaño *m* flock

rebasar *Méx* AUTO pass, *Br* overtake

rebatir *razones* rebut, refute

rebeca *f* cardigan

rebelarse rebel; **rebelde 1** *adj* rebel *atr* **2** *m/f* rebel; **rebelión** *f* rebellion

rebosar overflow

rebotar 1 *v/t* bounce; (*disgustar*) annoy **2** *v/i* bounce; **rebote** *m* bounce; *de* ~ on the rebound

rebozar GASTR coat

rebuscado over-elaborate

recado *m* errand; *Rpl* (*arnés*) harness; *dejar un* ~ leave a message

recaer *fig*: *de responsabilidad* fall (*en* to); MED have a relapse; JUR reoffend; **recaída** *f* MED relapse

recalcar *comida* warm *o* heat up

recargar *batería* recharge; *recipiente* refill; ~ *un 5%* charge 5% extra; **recargo** *m* surcharge

recauchutado *m* retread

recaudación *f acción* collection; *cantidad* takings *pl*; **recaudador** *m*, ~**a** *f* collector; **recaudar** *impuestos*, *dinero* collect

recelar suspect; ~ *de alguien*

not trust s.o.; **receloso** *m* mistrust; **receloso** suspicious
recepción *f* reception; **recepcionista** *m/f* receptionist; **receptor** *m* receiver
receta *f* GASTR recipe; **~ médica** prescription; **recetar** MED prescribe
rechazar reject; MIL repel; **rechazo** *m* rejection
rechinar creak, squeak
recibir receive; **recibo** *m* (sales) receipt
reciclable recyclable; **reciclado, reciclaje** *m* recycling; **reciclar** recycle
recién newly; *L.Am.* (*hace poco*) just; **~ casados** newlyweds; **~ nacido** newborn; **~ pintado** wet paint; **~ llegamos** we've only just arrived; **reciente** recent
recinto *m* premises *pl*; *área* grounds *pl*
recipiente *m* container
recíproco reciprocal
recital *m* recital; **recitar** recite
reclamación *f* complaint; POL claim, demand; **reclamar 1** *v/t* claim, demand **2** *v/i* complain
reclamo *m* lure
reclinar rest; **reclinarse** lean, recline (*contra* against)
recluta *m/f* recruit; **reclutar** recruit
recobrar recover
recodo *m* bend
recogedor *m* dustpan; **recoger** pick up, collect; *habitación* tidy up; AGR harvest; (*mostrar*) show; **recogida** *f* collection; **~ de basuras** garbage collection, *Br* refuse collection; **~ de equipajes** baggage reclaim
recolección *f* harvest; **recolectar** harvest
recomendable recommendable; **recomendación** *f* recommendation; **recomendar** recommend
recompensa *f* reward; **recompensar** reward
reconciliación *f* reconciliation; **reconciliar** reconcile; **reconciliarse** make up (*con* with), be reconciled (*con* with)
reconocer recognize; *errores* admit, acknowledge; *area* reconnoiter, *Br* reconnoitre; MED examine; **reconocido** grateful; **reconocimiento** *m* recognition; *de error* acknowledge(e)ment; MED examination, check-up; MIL reconnaissance
reconquista *f* reconquest
reconstruir *fig* reconstruct
récord 1 *adj* record(-breaking) **2** *m* record
recordar remember, recall; **~ algo a alguien** remind s.o. of sth
recorrer *distancia* cover; *a pie* walk; *territorio, país* travel around; *camino* go along, travel along; **recorrido** *m* route; DEP round
recortar cut out; *fig* cut; **recorte** *m fig* cutback; **~ de pe-**

recrear

riódico cutting, clipping; **~ salarial** salary cut
recrear recreate; **recrearse** amuse o.s.; **recreativo** recreational; ***juegos* ~s** amusements; **recreo** *m* recreation; EDU recess, *Br* break
recriminar reproach
recrudecer worsen; **recrudecerse** intensify
rectángulo *m* rectangle
rectificar correct, rectify; *camino* straighten
recto straight; *(honesto)* honest
recuerdo *m* memory; ***da~s a Luís*** give my regards to Luís
recuperación *f tb fig* recovery; **recuperar** *tiempo* make up; *algo perdido* recover; **recuperarse** recover *(de* from*)*
recurrir 1 *v/t* JUR appeal against **2** *v/i*: **~ a** resort to, turn to; **recurso** *m* JUR appeal; *material* resource; **~s humanos** human resources
red *f* net; INFOR, *fig* network; **caer en las ~es de** *fig* fall into the clutches of
redacción *f* writing; *de editorial* editorial department; EDU essay; **redactar** write, compose; **redactor** *m*, **~a** *f* editor
redada *f* raid
redecilla *f* hairnet
redención *f* redemption; **redimir** redeem
rédito *m* return, yield
redoblar redouble; **redoblarse** double; **redoble** *m* MÚS (drum)roll
redonda *f*: **a la ~** around; **redondear** *para más* round up; *para menos* round down; *(rematar)* round off; **redondo** round; *negocio* excellent; **caer ~** flop down
reducción *f* reduction; MED setting; **reducir** reduce *(a* to*)*; MIL overcome
reeducar reeducate
reelección *f* reelection; **reelegir** re-elect
reembolsar refund; **reembolso** *m* refund; **contra ~** collect on delivery, *Br* cash on delivery, COD
reemplazar replace; **reemplazo** *m* replacement; DEP substitute; MIL recruit
reexpedir forward
referencia *f* reference; **~s** COM references; **referente**: **~ a** referring to; **referir** tell, relate; **referirse** refer *(a* to*)*
refinación *f* refining; **refinado** *1 adj tb fig* refined **2** *m* refining; **refinamiento** *m* refinement; **refinar** refine; **refinería** *f* refinery
reflejar *tb fig* reflect; **reflejo** *m* reflex; *imagen* reflection; **reflexión** *f fig* reflection, thought; **reflexionar** reflect on, ponder; **reflexivo** GRAM reflexive
reflujo *m* ebb
reforestación *f* reforestation; **reforestar** reforest
reforma *f* reform; **~s** *(obras)*

refurbishment; (*reparaciones*) repairs; **reformar** reform; *edificio* refurbish; (*reparar*) repair
reforzar reinforce; *vigilancia* increase, step up
refractario TÉC heat-resistant, fireproof; *fig* **ser ~ a algo** be against sth
refrán *m* saying
refregar scrub
refrescar 1 *v/t tb fig* refresh; *conocimientos* brush up **2** *v/i* cool down; **refresco** *m* soda, *Br* soft drink
refrigeración *f* de alimentos refrigeration; *aire acondicionado* air-conditioning; *de motor* cooling; **refrigerador** *m* refrigerator; **refrigerar** refrigerate; **refrigerio** *m* snack
refuerzo *m* reinforcement; **~s** MIL reinforcements
refugiado *m*, **-a** *f* refugee; **refugiarse** take refuge; **refugio** *m* refuge
refundir rework
refutar refute
regadera *f* watering can; *Méx* (*ducha*) shower; **regadío** *m*: **tierra de ~** irrigated land
regalar: ~ algo a alguien give sth to s.o., give s.o. sth
regaliz *m* BOT licorice, *Br* liquorice
regalo *m* gift, present
regañar 1 *v/t* tell off **2** *v/i* quarrel
regar water; AGR irrigate
regata *f* regatta
regatear DEP get past, dodge; **no ~ esfuerzos** spare no effort; **regateo** *m* haggling
regazo *m* lap
regenerar regenerate
régimen *m* POL regime; MED diet; **estar a ~** be on a diet
regio regal, majestic; *S.Am.* F (*estupendo*) great F
región *f* region; **regional** regional
regir 1 *v/t* rule, govern **2** *v/i* apply, be in force
registrar register; *casa* search; **registro** *m* register; *de casa* search; **~ civil** register of births, marriages and deaths
regla *f* (*norma*) rule; *para medir* ruler; MED period; **por ~ general** as a rule
reglamentar regulate; **reglamentario** regulation *atr*; **reglamento** *m* regulation
regocijo *m* delight
regresar 1 *v/i* return **2** *v/t Méx* return, give back; **regreso** *m* return
regulable adjustable; **regulación** *f* regulation; *de temperatura* control; **regular 1** *adj* regular; (*común*) ordinary; (*no muy bien*) so-so **2** *v/t* TÉC regulate; *temperatura* control; **regularidad** *f* regularity
rehabilitación *f* rehabilitation; ARQUI restoration; **rehabilitar** ARQUI restore
rehén *m* hostage
rehuir shy away from
rehusar refuse, decline
reimpresión *f* reprinting

reina f queen; **reinado** m reign; **reinar** tb fig reign

reincidente 1 adj repeat **2** m/f repeat offender; **reincidir** reoffend

reino m tb fig kingdom; **el Reino Unido** the United Kingdom

reintegrar, reintegrarse return (**a** to); **reintegro** m (en lotería) prize in the form of a refund of the stake money

reír, reírse laugh (**de** at)

reiterar repeat, reiterate

reivindicar claim; **~ un atentado** claim responsibility for an attack

reja f AGR plowshare, Br ploughshare; (barrote) bar, railing; **meter entre ~s** F put behind bars; **rejilla** f FERR luggage rack

rejoneador m bullfighter on horseback

rejuvenecer rejuvenate

relación f relationship; **relaciones públicas** public relations, PR sg; **relacionar** relate (**con** to), connect (**con** with); **relacionarse** be connected (**con** to), be related (**con** to); (mezclarse) mix

relajación f relaxation; **relajar, relajarse** relax

relámpago m flash of lightning; **viaje ~** flying visit

relampaguear: **relampagueó y tronó mucho** there was a lot of thunder and lightning

relativo relative; **~ a** regarding, about

relato m short story

relax m relaxation

relegar relegate

relevar MIL relieve; **~ a alguien de algo** relieve s.o. of sth; **relevo** m MIL change; (sustituto) relief, replacement; **carrera de ~s** relay (race); **tomar el ~ de alguien** take over from s.o., relieve s.o.

relieve m relief; **poner de ~** highlight

religión f religion; **religiosa** f nun; **religiosidad** f religiousness; **religioso 1** adj religious **2** m monk

relinchar neigh

rellano m landing

rellenar fill; GASTR pollo stuff; formulario fill out, fill in; **relleno 1** adj GASTR stuffed; pastel filled **2** m stuffing; **en pastel** filling

reloj m clock; **de pulsera** watch, wristwatch; **~ de sol** sundial; **relojería** f watchmaker's; **relojero** m, **-a** f watchmaker

relucir sparkle, glitter

remachar mesa, silla rivet; orden repeat

remanente m remainder, surplus

remar row

rematar 1 v/t finish off; L.Am. COM auction **2** v/i en fútbol shoot; **remate** m L.Am. COM auction, sale; en fútbol

shot; **ser tonto de ~** be a complete idiot
remediar remedy; **no puedo ~lo** I can't do anything about it; **remedio** m remedy; **sin ~** hopeless; **no hay más que...** there's no alternative but to ...
remendar *con parche* patch; *(zurcir)* darn
remero m rower, oarsman
remesa f *(envío)* shipment, consignment; *L.Am. dinero* remittance
remiendo m *(parche)* patch; *(zurcido)* darn
remilgado fussy, finicky; **remilgo** m; **tener / hacer ~s** be fussy
remisión f remission; **en texto** reference; **remitente** m/f sender; **remitir 1** v/t send, ship; *en texto* refer *(a* to*)* **2** v/i MED go into remission; *de crisis* ease (off)
remo m *pala* oar; *deporte* rowing
remodelar redesign, remodel
remojar soak; *L.Am.* F *acontecimiento* celebrate
remolacha f beet, *Br* beetroot; **~ azucarera** sugar beet
remolcador m tug; **remolcar** AUTO, MAR tow
remolino m *de aire* eddy; *de agua* whirlpool
remolque m AUTO trailer
remordimiento m remorse
remoto remote
remover *(agitar)* stir; *L.Am. (destituir)* dismiss; *C.Am.,*

Méx (quitar) remove
remplazar ☞ **reemplazar**
remuneración f remuneration; **remunerar** pay
Renacimiento m Renaissance
renacuajo m ZO tadpole; F *persona* shrimp F
renal ANAT renal, kidney *atr*
rencor m resentment; **guardar ~ a alguien** bear s.o. a grudge; **rencoroso** resentful
rendición f surrender
rendido exhausted
rendija f crack; *(hueco)* gap
rendimiento m performance; FIN yield; *(producción)* output; **rendir 1** v/t *honores* pay; *beneficio* produce, yield **2** v/i perform; **rendirse** surrender
renegado 1 adj renegade atr **2** m renegade; **renegar: ~ de alguien** disown s.o.; **~ de algo** renounce sth
renglón m line; **a ~ seguido** immediately after
reno m ZO reindeer
renombrado famous, renowned; **renombre** m: **de ~** famous, renowned
renovación f renewal; **renovar** renew
renta f income; *de casa* rent; **rentable** profitable; **rentar** *(arrendar)* rent out; *(alquiler)* rent
renuncia f resignation; **renunciar: ~ a** *tabaco, alcohol etc* give up; *puesto* resign; *demanda* drop

reñir 1 v/t tell off **2** v/i quarrel, fight F
reo m, **-a** f accused
reorganizar reorganize
reparación f repair; fig reparation; **reparar 1** v/t repair **2** v/i: **~ en algo** notice sth; **reparo** m: **poner ~s a** find problems with; **repartir** (dividir) share out, divide up; productos deliver; **reparto** m (división) share-out, distribution; TEA cast; **~ a domicilio** home delivery
repasar trabajo go over again; EDU review, Br revise
repaso m de lección review, Br revision; de últimas novedades review; TÉC de motor service; **dar un ~ a alguien** tell s.o. off
repatriación f repatriation; **repatriarse** go home
repelente 1 adj fig repellent, repulsive; F niño horrible **2** m repellent; **repeler** repel
repente: de ~ suddenly; **repentino** sudden
repercusión f fig repercussion; **repercutir** have repercussions (**en** on)
repertorio m TEA, MÚS repertoire
repetición f repetition; **repetir** repeat
repicar 1 v/t campanas ring; castañuelas click **2** v/i ring out; **repique** m de campanas ringing; de castañuelas clicking
repisa f shelf

repleto full (**de** of)
réplica f replica
replicar reply
repoblación f repopulation, restocking
repollo m BOT cabbage
reponer existencias replace; TEA obra revive; **~ fuerzas** get one's strength back; **reponerse** recover (**de** from)
reportaje m story, report; **reportero** m, **-a** f reporter; **~ gráfico** press photographer
reposacabezas m inv AUTO headrest; **reposado** calm; **reposar** rest; de vino settle
reposición f TEA revival; TV repeat
reposo m rest
repostar refuel
repostería f pastries pl
reprender scold, tell off
represa f dam; (embalse) reservoir
represalia f reprisal
representación f representation; TEA performance; **en ~ de** on behalf of; **representante** m/f representative; **representar** represent; obra put on, perform; papel play; **~ menos años** look younger
represión f repression
reprimenda f reprimand
reprimir tb PSI repress
reprobable reprehensible; **reprobación** f condemnation; **reprobar** condemn; L.Am. EDU fail
reprochar reproach; **repro-**

che *m* reproach
reproducción *f* BIO reproduction; **reproducir** reproduce; **reproducirse** BIO reproduce, breed; **reproductor 1** *adj* breeding **2** *m* breeding animal
reptar creep
reptil *m* ZO reptile
república *f* republic; **República Dominicana** Dominican Republic; **republicano 1** *adj* republican **2** *m*, **-a** *f* republican
repudiar *fml* repudiate; *herencia* renounce
repuesto 1 *part* ☞ **reponer** **2** *m* spare part; **de ~** spare
repugnancia *f* disgust, repugnance; **repugnante** disgusting, repugnant; **repugnar** disgust, repel
repulsión *f* repulsion; **repulsivo** repulsive
reputación *f* reputation; **reputado** reputable
requemar burn
requerimiento *m* request, requirement; **requerir** require; JUR summons
requesón *m* cottage cheese
requisar *Arg, Chi* MIL requisition; **requisito** *m* requirement
res *f L.Am.* bull; **carne f de ~** beef; **~es** cattle *pl*
resaca *f* MAR undertow; *de beber* hangover
resaltar 1 *v/t* highlight, stress **2** *v/i* ARQUI jut out; *fig* stand out

resistir

resbaladizo slippery; *fig* tricky; **resbalar** slide; *fig* slip (up)
rescatar rescue, save; **rescate** *m de peligro* rescue; *en secuestro* ransom
rescindir cancel; *contrato* terminate
resentido resentful; **resentimiento** *m* resentment; **resentirse** get upset; *de rendimiento, calidad* suffer
reseña *f de libro etc* review
reserva 1 *f* reservation; **~ natural** nature reserve; **sin ~s** without reservation; **2** *m/f* DEP reserve; **reservado 1** *adj* reserved **2** *m* private room; **reservar** (*guardar*) set aside, put by; *billete* reserve
resfriado 1 *adj*: **estar ~** have a cold **2** *m* cold; **resfriarse** catch (a) cold
resguardar protect (**de** from); **resguardo** *m* COM counterfoil
residencia *f* residence; **~ de ancianos** *o* **para la tercera edad** retirement home; **residir** reside; **~ en** *fig* lie in; **residuo** *m* residue; **~s** waste
resignación *f actitud* resignation; **resignarse** resign o.s. (**a** to)
resina *f* resin
resistencia *f* resistance; ELEC, TÉC resistor; **resistente** (*fuerte*) strong, tough; **~ al calor** heat-resistant; **~ al fuego** fireproof; **resistir**

resistirse

1 *v/i* resist; *(aguantar)* hold out **2** *v/t tentación* resist; *frío, dolor etc* stand, bear; **resistirse** be reluctant (*a* to)

resolución *f actitud* determination; *de problema* solution (*de* to); JUR ruling; **resolver** *problema* solve; **resolverse** decide (*a* to; *por* on)

resonancia *f* TÉC resonance; **tener ~** have an impact; **resonar** echo

resorte *m* spring

respaldar back, support; **respaldo** *m de silla* back; *fig* backing, support

respectivo respective; **respecto** *m*: **al ~** on the matter; **con ~ a** regarding

respetable respectable; **respetar** respect; **respeto** *m* respect; **respetuoso** respectful

respiración *f* breathing; **estar con ~ asistida** MED be on a respirator; **respirar** breathe; **respiro** *m fig* breather, break

resplandecer shine, gleam; **resplandor** *m* shine, gleam

responder 1 *v/t* answer **2** *v/i*: **~ a** answer, reply to; MED respond to; *descripción* fit, match; *(ser debido a)* be due to

responsabilidad *f* responsibility; **responsable 1** *adj* responsible (*de* for) **2** *m/f* person responsible (*de* for)

respuesta *f (contestación)* reply, answer; *fig* response

232

restablecer re-establish; **restablecerse** recover; **restablecimiento** *m* re-establishment; *de enfermo* recovery

restante 1 *adj* remaining **2** *m/fpl*: **los / las ~s** the rest *pl*, the remainder *pl*; **restar 1** *v/t* subtract; **~ importancia a** play down the importance of **2** *v/i* remain, be left

restaurante *m* restaurant

restaurar restore

restitución *f* restitution; *de confianza, calma* restoration; *en cargo* reinstatement; **restituir** restore; *en cargo* reinstate

resto *m* rest, remainder; **los ~s mortales** the (mortal) remains

restricción *f* restriction; **restringir** restrict, limit

resuelto 1 *part* → **resolver 2** *adj* decisive, resolute

resultado *m* result; **sin ~** without success; **resultar** turn out; **~ caro** turn out to be expensive

resumen *m* summary; **en ~** in short; **resumir** summarize

resurrección *f* REL resurrection

retablo *m* altarpiece

retaguardia *f* MIL rearguard

retal *m* remnant

retama *f* BOT broom

retar challenge; *Rpl (regañar)* scold, tell off

retardar delay; **retardarse** be late

retención *f* MED retention; *de*

revisión

persona detention; **~ fiscal** tax deduction; **retener** *dinero etc* withhold, deduct; *persona* detain

retina *f* ANAT retina

retirada *f* MIL retreat, withdrawal; **retirar** take away, remove; *acusación, dinero* withdraw; **retirarse** MIL withdraw; **retiro** MIL *m lugar* retreat

reto *m* challenge; *Rpl* (*regañina*) scolding

retocar FOT retouch, touch up; (*acabar*) put the finishing touches to

retorcer twist; **retorcerse** writhe

retorno *m* return

retractar retract, withdraw

retransmisión *f* RAD, TV transmission, broadcast; **retransmitir** transmit, broadcast

retrasado 1 *part* ☞ **retrasar 2** *adj tren, entrega* late; *con trabajo, pagos* behind; **está ~ en clase** he's lagging behind in class; **~ mental** mentally handicapped; **retrasar 1** *v/t* hold up; *reloj* put back; *reunión* postpone, put back **2** *v/i de reloj* lose time; *en los estudios* be behind; **retrasarse** (*atrasarse*) be late; *de reloj* lose time; *con trabajo, pagos* get behind; **retraso** *m* delay; **ir con ~** be late

retratar FOT take a picture of; *fig* depict; **retrato** *m* picture; **~-robot** composite photo, E-Fit®

retrete *m* bathroom

retrovisor *m* AUTO rear-view mirror; **~ exterior** wing mirror

retumbar boom

reuma, reúma *m* MED rheumatism

reunificación *f* POL reunification; **reunificar** reunify, reunite

reunión *f* meeting; *de amigos* get-together; **reunir** *personas* bring together; *requisitos* meet; *datos* gather (together); **reunirse** meet up, get together; COM meet

revalorizar revalue

revancha *f* revenge

revelado *m* development; **revelar** FOT develop

reventa *f* resale

reventar 1 *v/i* burst; **lleno a ~** full to bursting **2** *v/t puerta etc* break down; **reventón** *m* AUTO blowout

reverencia *f* reverence; *saludo: de hombre* bow; *de mujer* curtsy

reversible *ropa* reversible; **reverso** *m* reverse, back

revés *m* setback; *tenis* backhand; **al ~ de** back to front; **con el interior fuera** inside out

revestimiento *m* TÉC covering, coating; **revestir** TÉC cover (**de** with); **~ gravedad** be serious

revisar check, inspect; **revisión** *f* check, inspection; AU-

revisor

TO service; **~ técnica** roadworthiness test, *Br* MOT (test); **~ médica** check-up; **revisor** *m*, **~a** *f* FERR (ticket) inspector

revista *f* magazine; **pasar ~ a** MIL inspect, review; *fig* review; **revistero** *m* magazine rack

revocar *pared* render; JUR revoke

revolución *f* revolution; **revolucionar** revolutionize

revolver *pared* render; *estómago* turn; (*desordenar*) mess up **2** *v/i* rummage (**en** in)

revólver *m* revolver

revuelo *m* stir

revuelta *f* uprising

rey *m* king

rezar 1 *v/t oración* say **2** *v/i* pray; *de texto* say

ribera *f* shore, bank

ribete *m* trimming, edging; **~s** *fig* elements

rico 1 *adj* rich; *comida* delicious; F *niño* cute, sweet **2** *m* rich man; **nuevo ~** nouveau riche

ridículo 1 *adj* ridiculous **2** *m* ridicule; **hacer el ~, quedar en ~** make a fool of o.s.

riego 1 *vb* ☞ **regar 2** *m* AGR irrigation; **~ sanguíneo** blood flow

riel *m* FERR rail; **~ para cortinas** curtain rail

rienda *f* rein; **dar ~ suelta a** give free rein to

riesgo *m* risk; **correr el ~** run the risk (**de** of); **agencia** *f* **de calificación de ~s** FIN rating agency; **riesgoso** *L.Am.* risky

rifa *f* raffle

rifle *m* rifle

rigidez *f* rigidity; *de carácter* inflexibility; *fig* strictness; **rígido** rigid; *carácter* inflexible; *fig* strict; **rigor** *m* rigor, *Br* rigour; **riguroso** rigorous, harsh

rima *f* rhyme; **rimar** rhyme

rímel *m* mascara

rincón *m* corner; **rinconera** *f* corner unit

rinoceronte *m* ZO rhinoceros, rhino

riña *f* quarrel, fight

riñón *m* ANAT kidney

riñonera *f* fanny pack, *Br* bum bag

río *m* river; **~ abajo / arriba** down / up river **2** *vb* ☞ **reír**

riqueza *f* wealth

risa *f* laughter; **~s** laughter; **dar ~** be funny; **morirse de ~** kill o.s. laughing; **tomar algo a ~** treat sth as a joke

risueño cheerful

ritmo *m* rhythm; *de desarrollo* rate, pace

rito *m* rite; **ritual** *m/adj* ritual

rival *m/f* rival; **rivalizar: ~ con** rival

rizado curly; **rizar** curl; **rizo** *m* curl

roaming *m* IT roaming

robar *persona, banco* rob; *objeto* steal; *naipe* take

roble *m* BOT oak

robo *m* robbery; *en casa* burglary
robot *m* robot; **~ de cocina** food processor
robusto robust, sturdy
roca *f* rock
rociar spray; **rocío** *m* dew
rodaja *f* slice
rodaje *m* de película shooting, filming; **rodar 1** *v/i* roll; *de coche* go, travel (**a** at); *sin rumbo fijo* wander **2** *v/t* película shoot
rodear surround; **rodeo** *m* detour; *con caballos y vaqueros etc* rodeo; **andarse con ~s** beat about the bush; **hablar sin ~s** not beat about the bush
rodilla *f* knee; **de ~s** kneeling, on one's knees; **hincarse o ponerse de ~s** kneel (down)
roedor *m* rodent; **roer** gnaw; *fig* eat into
rogar ask for; (*implorar*) beg for, plead for; **hacerse de ~** play hard to get
rojo 1 *adj* red; **al ~ vivo** red hot **2** *m* color red **3** *m*, **-a** *f* POL red, commie F
rollo *m* FOT rollo; *fig* F drag F; **buen / mal ~** F good / bad atmosphere
románico *m/adj* Romanesque; **romano 1** *adj* Roman **2** *m*, **-a** *f* Roman; **romántico 1** *adj* romantic **2** *m*, **-a** *f* romantic
romería *f* procession
romper 1 *v/t* break; (*hacer añicos*) smash; *tela, papel* tear **2** *v/i* break; **~ a** start to; **~ con alguien** break up with s.o.
ron *m* rum
roncar snore
ronco hoarse; **quedarse ~** go hoarse
ronda *f* round
ronquera *f* hoarseness
ropa *f* clothes *pl*; **~ de cama** bedclothes *pl*; **~ interior** underwear; **~ íntima** *L.Am.* underwear; **ropero** *m* closet, *Br* wardrobe
rosa 1 *adj* pink **2** *f* BOT rose; **rosado 1** *adj* pink; *vino* rosé **2** *m* rosé; **rosario** *m* REL rosary; *fig* string
rosbif *m* GASTR roast beef
rosca *f* TÉC thread; GASTR F pastry similar to a donut
rostro *m* face
rotación *f* rotation
roto 1 *part* ☞ **romper 2** *adj* pierna *etc* broken; (*hecho añicos*) smashed; *tela, papel* torn **3** *m*, **-a** *f* Chi one of the urban poor
rotonda *f* traffic circle, *Br* roundabout
rotulador *m* fiber-tip, *Br* fibre-tip, felt-tip; **rotular** label; **rótulo** *m* sign
rotura *f* breakage; **una ~ de cadera** MED a broken hip
rozar 1 *v/t* rub; (*tocar ligeramente*) brush; *fig* touch on **2** *v/i* rub
rubeola, rubéola *f* MED German measles *sg*
rubí *m* ruby
rubio blond; **tabaco ~** Virgin-

rudo

ia tobacco
rudo rough
rueda f wheel; **~ dentada** cogwheel; **~ de prensa** press conference; **~ de recambio** spare wheel
ruedo m TAUR bullring
ruego 1 vb ☞ **rogar 2** m request
rufián m rogue
ruido m noise; **mucho ~ y pocas nueces** all talk and no action; **ruidoso** noisy
ruina f ruin; **llevar a alguien a la ~** fig bankrupt s.o.
ruiseñor m ZO nightingale
ruleta f roulette
rulo m roller
Rumania Romania; **rumano**

1 adj Romanian **2** m, **-a** f Romanian **3** m idioma Romanian
rumbo m course; **tomar ~ a** head for; **perder el ~** fig lose one's way
rumor m rumor, Br rumour
ruptura f **de relaciones** breaking off; **de pareja** break-up
rural 1 adj rural **2** m Rpl station wagon, Br estate car; **~es** Méx (rural) police
Rusia Russia; **ruso 1** adj Russian **2** m, **-a** f Russian **3** m idioma Russian
rústico rustic
ruta f route
rutina f routine; **rutinario** routine atr

S

S.A. (= **sociedad anónima**) inc. (= incorporated), Br plc (= public limited company)
sábado m Saturday
sabana f savanna(h)
sábana f sheet; **~ ajustable** fitted sheet
saber 1 v/t know (**de** about); **~ hacer algo** know how to do sth, be able to do sth; **hacer ~ algo a alguien** let s.o. know sth; **¡qué sé yo!** who knows?; **que yo sepa** as far as I know **2** v/i taste (**a** of); **me sabe mal** fig it upsets me **3** m knowledge, learning; **sabido** well-

known
sabio 1 adj wise; (sensato) sensible **2** m, **-a** f wise person; (experto) expert
sable m saber, Br sabre
sabor m flavor, Br flavour, taste; **saborear** savor, Br savour; fig relish
sabotaje m sabotage; **sabotear** sabotage
sabroso tasty; fig juicy; L.Am. (agradable) nice
sacacorchos m inv corkscrew; **sacapuntas** m inv pencil sharpener
sacar v/t take out; mancha take out, remove; información get; disco, libro bring

out; *lengua* stick out; *fotocopias* make; ~ *a alguien a bailar* ask s.o. to dance; ~ *algo en claro* (*entender*) make sense of sth; ~ *de paseo* take for a walk

sacarina *f* saccharin(e)
sacerdote *m* priest
saco *m* sack; *L.Am.* jacket; ~ *de dormir* sleeping bag
sacramento *m* sacrament
sacrificar sacrifice; (*matar*) slaughter; **sacrificio** *m* sacrifice; **sacrilegio** *m* sacrilege; **sacristán** *m* sexton; **sacristía** *f* vestry
sacudida *f* shake, jolt; ELEC shock; **sacudir** *tb fig* shake; F *niño* beat
sagaz shrewd, sharp
Sagitario *m/f inv* ASTR Sagittarius
sagrado sacred, holy
sal 1 *f* salt; ~ *común* cooking salt **2** *vb* ☞ **salir**
sala *f* room, hall; *de cine* screen; JUR court room; ~ *de chat* chat room; ~ *de embarque* AVIA departure lounge; ~ *de espera* waiting room; ~ *de estar* living room; ~ *de fiestas* night club; ~ *de sesiones o de juntas* boardroom
salado salted; (*con demasiada sal*) salty; (*no dulce*) savory, *Br* savoury; *fig* funny, witty; *C.Am.*, *Chi*, *Rpl* F unlucky
salar 1 *v/t* add salt to, salt; *para conservar* salt **2** *m Arg* salt mine

salario *m* salary
salchicha *f* sausage; **salchichón** *m type of spiced sausage*
saldar *disputa* settle; *deuda* settle, pay; *géneros* sell off; **saldo** *m* COM balance; (*resultado*) result; ~ *acreedor* credit balance; ~ *deudor* debit balance; *de* ~ reduced, on sale
salero *m* salt cellar; *fig* wit
salida *f* exit, way out; TRANSP departure; *de carrera* start; ~ *de emergencia* emergency exit
saliente projecting, protruding; *presidente* outgoing
salir leave, go out; (*aparecer*) appear, come out; INFOR log out *o* off; ~ *de* (*ir fuera de*) leave, go out of; (*venir fuera de*) leave, come out of; ~ *a alguien* take after s.o.; ~ *a 1000 dólares* cost 1000 dollars; ~ *bien / mal* turn out well / badly; *no me salió el trabajo* I didn't get the job; ~ *con alguien* date s.o.; ~ *perdiendo* end up losing; **salirse** *de líquido* overflow; (*dejar*) leave; ~ *con la suya* get what one wants
saliva *f* saliva; *tragar* ~ hold one's tongue
salmo *m* psalm
salmón *m* ZO salmon
salón *m* living room; ~ *de actos* auditorium, hall; ~ *de baile* dance hall; ~ *de belle-*

salpicar 238

za beauty salon
salpicar splash, spatter (*con* with); *fig* sprinkle, pepper
salsa *f* GASTR sauce; *baile* salsa; **en su** ~ *fig* in one's element; **salsera** *f* sauce boat
saltar 1 *v/i* jump, leap; ~ **a la vista** *fig* be obvious; ~ **sobre** pounce on; ~ **a la comba** jump rope, *Br* skip **2** *v/t valla* jump
salto *m* leap, jump; ~ **de agua** waterfall; ~ **de altura** high jump; ~ **de longitud** broad jump, *Br* long jump; ~ **mortal** somersault
salubridad *f* L.Am. health; **Salubridad** L.Am. Department of Health
salud *f* health; **¡(a tu) ~!** cheers!; **saludable** healthy; **saludar** say hello to, greet; MIL salute; **saludo** *m* greeting; MIL salute; **~s en carta** best wishes
salvación *f* REL salvation; **salvador** *m* REL savior, *Br* saviour
salvadoreño 1 *adj* Salvador(e)an **2** *m*, **-a** *f* Salvador(e)an
salvaje 1 *adj* wild; (*bruto*) brutal **2** *m/f* savage
salvamento *m* rescue; **buque de ~** lifeboat; **salvar** save; *obstáculo* get over; **salvapantallas** *m inv* INFOR screensaver; **salvavidas** *m inv* life belt
salvia *f* BOT sage
salvo 1 *adj*: **estar a ~** be safe (and sound); **ponerse a ~**

reach safety **2** *adv* & *prp* except, save
San Saint
sanar 1 *v/t* cure **2** *v/i de persona* get well, recover; *de herida* heal; **sanatorio** *m* sanitarium, clinic
sanción *f* JUR penalty, sanction; **sancionar** penalize; (*multar*) fine
sandalia *f* sandal
sandía *f* watermelon
saneamiento *m* cleaning up; COM restructuring; **sanear** clean up; COM restructure
sangrar bleed; **sangre** *f* blood; ~ **fría** *fig* coolness; **a** ~ **fría** *fig* in cold blood; **sangría** *f* GASTR sangria; **sangriento** bloody
sanidad *f* health; **sano** healthy; ~ **y salvo** safe and well; **cortar por lo** ~ take drastic measures
santiguarse cross o.s., make the sign of the cross
santo 1 *adj* holy **2** *m* saint; ~ **y seña** *f* password; **¿a ~ de qué?** F what on earth for? F; **santuario** *m* fig sanctuary
sapo *m* ZO toad
saque *m* en tenis serve; ~ **de banda** en fútbol throw-in; ~ **de esquina** corner (kick); **tener buen** ~ F have a big appetite; **saquear** sack, ransack
sarampión *m* MED measles
sarcasmo *m* sarcasm; **sarcástico** sarcastic
sardina *f* sardine; **como ~s**

en lata like sardines
sargento *m* sergeant
sarna *f* MED scabies *sg*
sarro *m* tartar
sartén *f* frying pan
sastre *m* tailor; **sastrería** *f* tailoring; *(taller)* tailor's shop
satélite *m* satellite; **ciudad ~** satellite town
sátira *f* satire; **satírico 1** *adj* satirical **2** *m*, **-a** *f* satirist
satisfacción *f* satisfaction; **satisfacer** satisfy; *requisito, exigencia tb* meet; *deuda* settle, pay off; **satisfactorio** satisfactory; **satisfecho 1** *part* ☞ **satisfacer 2** *adj* satisfied; *(lleno)* full; **darse por ~** be satisfied **(con** with)
sauce *m* BOT willow; **~ llorón** weeping willow
saúco *m* BOT elder
saudí *m/f* & *adj* Saudi; **saudita** *m/f* Saudi
sauna *f* sauna
sazonar GASTR season
scooter *m* motor scooter
se ◇ *complemento indirecto: a él* (to) him; *a ella* (to) her; *a usted,* (to) you; *a ellos* (to) them; **~ lo daré** I will give it to him / her / you / them ◇ *reflexivo: con él* himself; *con ella* herself; *cosa* itself; *con usted* yourself; *con ustedes* yourselves; *con ellos* themselves; **~ vistió** he got dressed, he dressed himself; **se lavó las manos** she washed her hands; **~ abrazaron** they hugged each other ◇ *oración impersonal:* **~ cree** it is thought; **~ habla español** Spanish spoken

sebo *m* grease, fat
secador *m*: **~ (de pelo)** hair dryer; **secadora** *f* dryer; **secar, secarse** dry
sección *f* section
seco dry; *fig: persona* curt, brusque; **parar en ~** stop dead
secretaria *f* secretary; **~ de dirección** executive secretary; **secretaría** *f* secretary's office; *de organización* secretariat; **secretario** *m tb* POL secretary; **secreto 1** *adj* secret **2** *m* secret; **un ~ a voces** an open secret
secta *f* sect
sector *m* sector
secuela *f* MED after-effect
secuestrar *barco, avión* hijack; *persona* abduct, kidnap; **secuestro** *m* **de barco, avión** hijacking; **de persona** abduction, kidnapping; **~ aéreo** hijacking
secular secular, lay
secundario secondary
sed *f tb fig* thirst; **tener ~** be thirsty
seda *f* silk
sedante *m* sedative
sede *f* **de organización** headquarters; *de acontecimiento* site; **~ social** head office
sediento thirsty; **estar ~ de** *fig* thirst for

seducción

seducción f seduction; (*atracción*) attraction; **seducir** (*atraer*) attract; (*cautivar*) captivate, charm; **seductor 1** *adj* seductive; (*atractivo*) attractive; *oferta* tempting **2** *m* seducer; **seductora** f seductress

segadora f reaper, harvester; **segar** reap, harvest

seguida f: **en ~** at once, immediately; **seguido 1** *adj* consecutive, successive; *ir todo* **~** go straight on **2** *adv* *L.Am.* often, frequently; **seguir 1** *v/t* follow **2** *v/i* continue, carry on; *sigue enfadado conmigo* he's still angry with me

según 1 *prp* according to **2** *adv* it depends

segundo *m/adj* second

seguridad f safety; *contra crimen* security; (*certeza*) certainty; **Seguridad Social** *Esp* Welfare, *Br* Social Security; **seguro 1** *adj* safe; (*estable*) steady; (*cierto*) sure; *es* **~** (*cierto*) it's a certainty; *de sí mismo* self-confident, sure of o.s. **2** *adv* for sure **3** *m* COM insurance; *de puerta, coche* lock; *de puerta, coche* lock; *de*, *puerta,* *coche* lock; *de puerta, coche* lock; (*imperdible*) safety pin; *poner el* **~** lock the door; *ir sobre* **~** be on the safe side

seis six

seísmo *m* earthquake

selección f selection; **~ nacional** DEP national team; **seleccionar** choose, select;

selecto select

sellar seal; **sello** *m* stamp; *fig* hallmark; **~ *discográfico*** (record) label

selva f (*bosque*) forest; (*jungla*) jungle; **~ *tropical*** tropical rain forest

semáforo *m* traffic light

semana f week; **Semana Santa** Holy Week, Easter; **semanal** weekly; **semanario** *m* weekly

sembradora f seed drill; *mujer* sower; **sembrar** sow; *fig*: *pánico etc* spread

semejante 1 *adj* similar; *jamás he oído* **~** *tontería* I've never heard such nonsense **2** *m* fellow human being, fellow creature

semen *m* BIO semen

semestre *m* six-month period; EDU semester

semicírculo *m* semicircle; **semicorchea** f MÚS sixteenth note, *Br* semiquaver; **semifinal** f DEP semifinal

semilla f seed

seminario *m* seminary

sémola f semolina

senado *m* senate; **senador** *m*, **~a** f senator

sencillez f simplicity; **sencillo 1** *adj* simple **2** *m* *L.Am.* small change

senda f path, track; **sendero** *m* path, track

senil senile

seno *m* tb *fig* bosom; **~s** breasts

sensación f feeling, sensa-

tion; **causar** ~ *fig* cause a sensation; **sensacional** sensational
sensato sensible
sensibilidad *f* feeling; (*emotividad*) sensitivity; **sensible** sensitive; (*apreciable*) appreciable, noticeable; **sensual** sensual; **sensualidad** *f* sensuality
sentado sitting, seated; **dar por** ~ *fig* take for granted, assume; **sentar 1** *v/t fig* establish, create **2** *v/i*: ~ **bien a alguien** de comida agree with s.o.; *le sienta bien esa chaqueta* that jacket suits her; **sentarse** sit down
sentencia *f* JUR sentence
sentido *m* sense; (*significado*) meaning; ~ **común** common sense; ~ **del humor** sense of humor *o Br* humour; **perder / recobrar el** ~ lose / regain consciousness
sentimental emotional; **ser** ~ be sentimental; **sentimiento** *m* feeling; *lo acompaño en el* ~ my condolences
sentir 1 *m* feeling, opinion **2** *v/t* feel; (*percibir*) sense; *lo siento* I'm sorry
seña *f* gesture, sign; ~**s** as address; **hacer** ~**s** wave
señal *f* signal; *fig* sign, trace; COM deposit; **en** ~ **de** as a token of; **señalar** indicate, point out
señor 1 *m* gentleman; man; *trato* sir; *escrito* Mr; *el* ~ *López* Mr López; *los* ~**es López** Mr and Mrs López; **señora** *f* lady, woman; *trato* ma'am, *Br* madam; *escrito* Mrs, Ms; *la* ~ *López* Mrs López; *mi* ~ my wife; ~**s y señores** ladies and gentlemen; **señorita** *f* young lady, young woman; *tratamiento* miss; *escrito* Miss; *la* ~ *López* Ms López, Miss López
Señor *m* Lord
separación *f* separation; ~ *de bienes* JUR division of property; **separado** separated; **por** ~ separately; **separar** separate; **separarse** separate, split up F; **separatismo** *m* separatism; **separatista** *m/f & adj* separatist
sepia *f* ZO cuttlefish
septiembre *m* September
séptimo seventh
sepulcro *m* tomb; **sepultar** bury; **sepultura** *f* burial; (*tumba*) tomb; *dar* ~ *a alguien* bury s.o.
sequía *f* drought
séquito *m* retinue, entourage
ser 1 *v/i* be; *es de Juan* it's Juan's, it belongs to Juan; *a no* ~ *que* unless; *¡eso es!* exactly!, that's right!; *es de esperar* it's to be hoped; *¿cuánto es?* how much is it?; *¿qué es de ti?* how's life?, how're things?; *o sea* in other words **2** *m* being
Serbia Serbia; **serbio 1** *adj* Serb(ian) **2** *m*, **-a** *f* Serb **3** *m idioma* Serbian
serenidad *f* calmness, sereni-

sereno

ty; **sereno 1** *m*: *dormir al ~* sleep outdoors **2** *adj* calm, serene

serial *m* TV, RAD series *sg*

serie *f* series *sg*; *fuera de ~* out of this world

seriedad *f* seriousness; **serio** serious; (*responsable*) reliable; *en ~* seriously

sermón *m* sermon

seropositivo MED HIV positive

serpentina *f* streamer; **serpiente** *f* ZO snake; *~ de cascabel* rattlesnake

serrar *v/t* serve; **serrín** *m* sawdust; **serrucho** *m* handsaw

servicio *m* service; *~s* restroom, *Br* toilets; *~ militar* military service; *~ de atención al cliente* customer service; *estar de ~* be on duty; *~ en línea* IT online service; **servidor** *m* INFOR server; **servidumbre** *f* (*criados*) servants *pl*; (*condición*) servitude; **servil** servile; **servilleta** *f* napkin, serviette; **servir 1** *v/t* serve **2** *v/i* be of use; *¿para qué sirve esto?* what is this (used) for?; *no ~ de nada* be no use at all; *servirse* help o.s.; *comida* help oneself to

sésamo *m* sesame

sesenta sixty

sesión *f* session; *en cine, teatro* show, performance

seso *m* ANAT brain; *fig* brains *pl*, sense

seta *f* BOT mushroom; *venenosa* toadstool

setenta seventy

seto *m* hedge

seudónimo *m* pseudonym

severo severe

sexismo *m* sexism; **sexista** *m/f & adj* sexist; **sexo** *m* sex

sexto sixth

sexual sexual; **sexualidad** *f* sexuality

sí 1 *adv* yes **2** *pron tercera persona*: *singular masculino* himself; *femenino* herself; *cosa, animal* itself; *pl* themselves; *usted* yourself; *ustedes* yourselves; *por ~ solo* by himself / itself, on his / its own

si if; *~ no* if not; *como ~* as if; *por ~* in case; *me pregunto si vendrá* I wonder whether he'll come

SIDA *m* (= *síndrome de inmunidad deficiente adquirida*) Aids (= acquired immune deficiency syndrome)

sidra *f* cider

siembra *f* sowing

siempre always; *~ que* providing that, as long as; *lo de ~* the same old story; *para ~* for ever

sien *f* ANAT temple

sierra *f* saw; GEOG mountain range

siesta *f* siesta, nap; *dormir la ~* have a siesta *o* nap

siete seven

sífilis *f* MED syphilis

sifón *m* TÉC siphon

sigla *f* abbreviation, acronym

siglo *m* century; *hace ~s o un ~ que no le veo fig* I haven't seen him in a long long time

significado *m* meaning; **significar** mean, signify; **significativo** meaningful, significant

signo *m* sign; **~ de admiración** exclamation mark; **~ de interrogación** question mark; **~ de puntuación** punctuation mark

siguiente 1 *adj* next, following **2** *pron* next (one)

sílaba *f* syllable

silbar whistle; **silbato** *m* whistle; **silbido** *m* whistle

silenciador *m* AUTO muffler, *Br* silencer; **silenciar** silence; **silencio** *m* silence; **silencioso** silent

silla *f* chair; **~ de montar** saddle; **~ de ruedas** wheelchair; **sillón** *m* armchair, easy chair

silueta *f* silhouette

silvestre wild

simbólico symbolic; **simbolismo** *m* symbolism; **simbolizar** symbolize; **símbolo** *m* symbol

simétrico symmetrical

similar similar

simpatía *f* warmth, friendliness; **simpático** nice, lik(e)able

simple 1 *adj* simple; (*mero*) ordinary **2** *m* simpleton; **simplicidad** *f* simplicity;-

simplificar simplify; **simplista** simplistic

simulación *f* simulation; **simulacro** *m* (*cosa falsa*) pretense, *Br* pretence, sham; (*simulación*) simulation; **~ de incendio** fire drill; **simulador** *m* simulator; **simular** simulate

simultáneo simultaneous

sin without; **~ que** without; **~ preguntar** without asking

sinceridad *f* sincerity; **sincero** sincere

sindical union *atr*; **sindicato** *m* (*labor o Br* trade) union

sinfonía *f* MÚS symphony

singular 1 *adj* singular; *fig* outstanding, extraordinary **2** *m* GRAM singular

siniestro 1 *adj* sinister **2** *m* accident; (*catástrofe*) disaster

sino 1 *m* fate **2** *conj* but; (*salvo*) except

síntesis *f inv* synthesis; (*resumen*) summary; **sintético** synthetic

síntoma *m* symptom

sinvergüenza *m/f* swine; **¡qué ~!** (*descarado*) what a nerve!

siquiera: ni ~ not even; **~ bebe algo** *L.Am.* at least have a drink

sirena *f* siren

sirvienta *f* maid; **sirviente** *m* servant

sistema *m* system; **~ operativo** operating system; **sistemático** systematic

sitiar surround, lay siege to;

situación 244

sitio *m* place; (*espacio*) room; **hacer ~** make room; **en ningún ~** nowhere; **~ web** web site; **situación** *f* situation; **situado** situated; **estar ~** be situated; **bien ~** in a good position; **situar** place, put; **situarse** be
slalom *m* slalom
sobaco *m* armpit
soberbio proud, arrogant; *fig* superb
sobornar bribe; **soborno** *m* bribe
sobra *f* surplus, excess; **hay de ~** there's more than enough; **~s** leftovers; **sobrar:** *sobra comida* there's food left over; **sobrado 1** *adj estar o andar ~ de algo* have plenty of sth; *no andar muy ~ de algo* not have much sth **2** *adv* easily; *te conozco ~* I know you well enough; **sobrante** remaining, left over
sobre 1 *m* envelope **2** *prp* on; **~ esto** about this; **~ las tres** about three o'clock; **~ todo** above all, especially
sobrecargar overload
sobreestimar overestimate
sobremanera exceedingly
sobremesa *f*: *de ~* afternoon *atr*
sobrenombre *m* nickname
sobresaliente outstanding, excellent
sobrevivir survive
sobrina *f* niece; **sobrino** *m* nephew

sobrio sober; *comida*, *decoración* simple; (*moderado*) restrained
socarrón sarcastic, snide F
social social; **socialismo** *m* socialism; **socialista** *m/f* & *adj* socialist
sociedad *f* society; **~ anónima** public corporation, *Br* public limited company; **~ de consumo** consumer society
socio *m*, **-a** *f de club etc* member; COM partner
sociología *f* sociology
socorrer help, assist; **socorro** *m* help, assistance; **¡~!** help!
soda *f* soda (water)
sodio *m* sodium
soez *f* crude, coarse
sofá *m* sofa; **sofá-cama** *m* sofa bed
sofisticación *f* sophistication; **sofisticado** sophisticated
sofocar suffocate; *incendio* put out
soga *f* rope
soja *f* soy, *Br* soya
sol *m* sun; **hace ~** it's sunny; **tomar el ~** sunbathe
solamente only
solar *m* vacant lot
solario, **solárium** *m* solarium
soldado *m/f* soldier
soldar weld, solder
soleado sunny
soledad *f* solitude, loneliness
solemne solemn; **solemnidad** *f* solemnity; *de ~* extremely

soler: ~ *hacer algo* usually do sth; *suele venir temprano* he usually comes early; *solía visitarme* he used to visit me
solicitante m/f applicant; **solicitar** request; *empleo, beca* apply for; **solícito** attentive; **solicitud** f application, request
solidario supportive, understanding
solidez f solidity; *fig* strength; **sólido** solid; *fig* sound
solista m/f soloist
solitaria f ZO tapeworm; **solitario 1** *adj* solitary; *lugar* lonely **2** m solitaire, *Br* patience; *actuó en* ~ he acted alone
sollozar sob; **sollozo** m sob
sólo only, just
solo single; *estar* ~ be alone; *sentirse* ~ feel lonely; *un* ~ *día* a single day; *a solas* alone, by o.s.; *por sí* ~ by o.s.
solomillo m GASTR sirloin
soltar let go of; *(librar)* release, let go; *olor* give off
soltera f single *o* unmarried woman; **soltero 1** *adj* single, not married **2** m bachelor, unmarried man; **solterona** f *desp* old maid
soltura f fluency, ease
soluble soluble; **solución** f solution; **solucionar** solve
solvente m solvent
sombra f shadow; *a la* ~ *de un árbol* in the shade of a tree; *a la* ~ *de* fig under the protection of; ~ *de ojos* eye shadow
sombrero m hat
sombrilla f sunshade, beach umbrella
sombrío fig somber, *Br* sombre
someter subject; ~ *algo a votación* put sth to the vote
somier m bed base
somnífero m sleeping pill
somnolencia f sleepiness; **somnoliento** sleepy
son 1 m sound; *al* ~ *de* to the sound of **2** vb ☞ **ser**
sonar ring out; ~ *a* sound like; *me suena esa voz* I know that voice
sonda f MED catheter; ~ *espacial* space probe; **sondear** fig survey, poll; **sondeo** m: ~ *(de opinión)* survey, (opinion) poll
sonido m sound
sonreír smile; **sonrisa** f smile
sonrojar: ~ *a alguien* make s.o. blush; **sonrojarse** blush; **sonrojo** m blush
soñar dream *(con* about)
soñoliento sleepy
sopa f soup; **sopera** f soup tureen
soplar 1 v/i *del viento* blow **2** v/t *vela* blow out; *polvo* blow away; ~ *algo a la policía* tip the police off about sth; **soplo** m: *en un* ~ F in an instant; **soplón** m F informer
soportable bearable; **soportar** fig put up with, bear; *no puedo* ~ *a José* I can't stand José; **soporte** m sup-

port, stand; **~ lógico** INFOR software; **~ físico** INFOR hardware

soprano MÚS *m/f* soprano
sorber sip
sorbete *m* sorbet; *C.Am.* ice cream
sorbo *m* sip
sordera *f* deafness
sordo 1 *adj* deaf **2** *m*, **-a** *f* deaf person; *hacerse el* ~ turn a deaf ear; **sordomudo 1** *adj* deaf and dumb **2** *m*, **-a** *f* deaf-mute
soroche *m* Pe, Bol altitude sickness
sorprendente surprising; **sorprender** surprise; **sorpresa** *f* surprise; *de o por* ~ by surprise
sortear draw lots for; *obstáculo* get around; **sorteo** *m (lotería)* lottery, (prize) draw
sortija *f* ring
sosiego *m* calm, quiet
soso *adj* tasteless, insipid; *fig* dull **2** *m*, **-a** *f* stick-in-the-mud F
sospecha *f* suspicion; **sospechar 1** *v/t* suspect **2** *v/i* be suspicious; ~ *de alguien* suspect someone; **sospechoso 1** *adj* suspicious **2** *m*, **-a** *f* suspect
sostén *m* brassiere, bra; *fig* pillar, mainstay; **sostener** *familia* support; *opinión* hold
sota *f naipes* jack
sótano *m* basement
su, sus *de él* his; *de ella* her; *de cosa* its; *de usted, ustedes* your; *de ellos* their; *de uno* one's
suave soft, smooth; *sabor, licor* mild; **suavizante** *m de pelo, ropa* conditioner; **suavizar** *tb fig* soften
subasta *f* auction; *sacar a* ~ put up for auction; **subastar** auction (off)
subcontratar subcontract, outsource
súbdito *m* subject
subestimar underestimate
subida *f* rise; **subido**: ~ *de tono fig* risqué, racy; **subir 1** *v/t cuesta, escalera* go up, climb; *objeto* raise, lift; *intereses, precio* raise **2** *v/i para indicar acercamiento* come up; *para indicar alejamiento* go up; *de precio* rise, go up; *a un tren, autobús* get on; *a un coche* get in
súbito: *de* ~ suddenly, all of a sudden
subjetivo subjective
subjuntivo *m* GRAM subjunctive
sublevar *v/t* incite to revolt; *fig* infuriate, get angry
sublime sublime, lofty
submarinismo *m* scuba diving; **submarino 1** *adj* underwater **2** *m* submarine
subnormal subnormal
subordinado 1 *adj* subordinate **2** *m*, **-a** *f* subordinate
subrayar *tb fig* underline
subsidio *m* welfare; *Br* benefit; ~ *de paro o desempleo*

unemployment compensation *o Br* benefit
subsistencia *f* subsistence, survival; *de pobreza, tradición* persistence; **subsistir** live, survive; *de pobreza, tradición* live on, persist
subsuelo *m* subsoil; *Rpl en edificio* basement
subterráneo 1 *adj* underground **2** *m L.Am.* subway, *Br* underground
subtítulo *m* subtitle
suburbio *m* slum area
subvención *f* subsidy
suceder happen, occur; ~ **a** follow; *¿qué sucede?* what's going on?; **sucesión** *f* succession; **sucesivo** successive; **en lo ~** from now on; **suceso** *m* event; **sucesor** *m*, **~a** *f* successor
suciedad *f* dirt; **sucio** *tb fig* dirty
sucumbir succumb, give in
sucursal *f* COM branch
sudadera *f* sweatshirt; **sudar** sweat
Sudáfrica South Africa; **sudafricano 1** *adj* South African **2** *m*, **-a** *f* South African; **Sudamérica** South America; **sudamericano 1** *adj* South American **2** *m*, **-a** *f* South American; **sudeste** *m* southeast; **sudoeste** *m* southwest
sudor *m* sweat; **sudoroso** *a* sweaty
Suecia Sweden; **sueco 1** *adj* Swedish **2** *m*, **-a** *f* Swede **3** *m idioma* Swedish
suegra *f* mother-in-law; **suegro** *m* father-in-law
suela *f* de zapato sole
sueldo *m* salary
suelo *m* en casa floor; *en el exterior* earth, ground; AGR soil; *estar por los ~s* F be at rock bottom F
suelto 1 *adj* loose, free; *un pendiente* ~ a single earring; *andar* ~ be at large **2** *m* loose change
sueño *m* (*estado de dormir*) sleep; (*fantasía, imagen mental*) dream; *tener* ~ be sleepy
suero *m* MED saline solution; *sanguíneo* blood serum
suerte *f* luck; *por* ~ luckily; *echar a ~s* toss for, draw lots for; *probar* ~ try one's luck
suéter *m* sweater
suficiente 1 *adj* enough, sufficient **2** *m* EDU pass
sufrir 1 *v/t fig* suffer, put up with **2** *v/i* suffer (*de* from)
sugerencia *f* suggestion; **sugerir** suggest
suicida 1 *adj* suicidal **2** *m/f* suicide victim; **suicidarse** commit suicide; **suicidio** *m* suicide
Suiza Switzerland; **suizo 1** *adj* Swiss **2** *m*, **-a** *f* Swiss **3** *m* GASTR sugar topped bun
sujetador *m* brassiere; bra; **sujetar** hold (down); keep in place; (*sostener*) hold; **sujeto 1** *adj* secure **2** *m* individual; GRAM subject
suma *f* sum; *en* ~ in short; **su-**

sumar

mamente extremely; **sumar 1** v/t add; *5 y 6 suman 11* 5 and 6 make 11 **2** v/i add up; **sumario** m summary; JUR indictment; **sumarse:** ~ a join

sumergir submerge
sumidero m drain
suministrar supply, provide; **suministro** m supply
sumisión f submission; **sumiso** submissive
sumo supreme; *con ~ cuidado* with the utmost care; *a lo ~* at the most
suntuoso sumptuous
superar *persona* beat; *límite* go beyond, exceed; *obstáculo* overcome, surmount
superávit m surplus
superficial superficial, shallow; **superficie** f surface
superfluo superfluous
superior 1 adj upper; *en jerarquía* superior; **ser ~ a** be superior to **2** m superior; **superioridad** f superiority
supermercado m supermarket
supersónico supersonic
superstición f superstition; **supersticioso** superstitious
suplementario supplementary; **suplemento** m supplement
suplente m/f substitute, stand-in
suplicar *cosa* plead for, beg for; *persona* beg
suplicio m fig torment, ordeal

suponer suppose, assume; **suposición** f supposition
supositorio m MED suppository
supremacía f supremacy; **supremo** supreme
supresión f suppression; *de impuesto, ley* abolition; *de restricción* lifting; *de servicio* withdrawal; **suprimir** suppress; *ley, impuesto* abolish; *restricción* lift; *servicio* withdraw; *puesto de trabajo* cut
supuesto 1 part ☞ **suponer 2** adj supposed, alleged; *por ~* of course **3** m assumption
supurar weep, ooze
sur m south
surafricano ☞ **sudafricano**
suramericano ☞ **sudamericano**
surcar sail
surco m AGR furrow
surf(ing) m surfing; **surfista** m/f surfer
surgimiento m emergence; **surgir** fig emerge; *de problema* come up; *de agua* spout
surtido 1 adj assorted; *bien ~* COM well stocked **2** m assortment, range; **surtidor** m: *~ de gasolina* o *de nafta* gas pump, Br petrol pump; **surtir 1** v/t supply; *~ el efecto deseado* have the desired effect **2** v/i spout
susceptible touchy; *ser ~ de mejora* leave room for improvement
suscitar arouse; *polémica* generate; *escándalo* provoke

suscribir subscribe to; **suscripción** f subscription; **suscriptor** m, **-a** f subscriber

suspender 1 v/t *empleado, alumno* suspend; *objeto* hang; *reunión* adjourn; *examen* fail **2** v/i EDU fail; **suspensión** f suspension; **suspenso 1** adj **alumnos ~s** students who have failed; **en ~** suspended **2** m fail

suspicacia f suspicion; **suspicaz** suspicious

suspirar sigh; **~ por algo** yearn for sth, long for sth; **suspiro** m sigh

sustancia f substance; **sustancial** substantial; **sustantivo** m GRAM noun

sustituir: **~ X por Y** replace X with Y, substitute Y for X; **sustituto** m substitute

susto m fright, scare; **dar** o **pegar un ~ a alguien** give s.o. a fright

sustraer subtract, take away; (*robar*) steal

susurrar whisper; **susurro** m whisper

sutil fig subtle; **sutileza** f fig subtlety

sutura f SUTURE

suyo, suya de él his; de ella hers; de usted, ustedes yours; de ellos theirs; **los ~s** his / her etc folks, his / her etc family; **salirse con la -a** get one's own way

T

tabaco m tobacco
tábano m ZO horsefly
taberna f bar
tabique m partition
tabla f **de madera** board, plank; PINT board; (*cuadro*) table; **~ de planchar** ironing board; **~ de surf** surfboard; **acabar o quedar en ~s** end in a tie
tablado m en un acto platform; de escenario stage
tablero m board, plank; de juego board; **~ de mandos** o **de instrumentos** AUTO dashboard; **tableta** f IT tablet; **ordenador** m **~**, L.Am.

computadora f **~** tablet computer; **PC** m **~** tablet PC; **~ de chocolate** chocolate bar

taburete m stool
tacaño 1 adj F miserly **2** m, **-a** f F miser F
tachar cross out
tácito tacit
taco m F (*palabrota*) swear word; L.Am. heel; GASTR taco (*filled tortilla*)
tacón m de zapato heel; **zapatos de ~** high-heeled shoes
táctica f tactics pl
tacto m (sense of) touch; fig tact, discretion

tafetán *m* taffeta
tajada *f* GASTR slice; **agarrar una ~** F get drunk; **tajante** categorical
tal 1 *adj* such; **no dije ~ cosa** I said no such thing; **un ~ Lucas** someone called Lucas **2** *adv*: **~ como** such as; **dejó la habitación ~ cual la encontró** she left the room just as she found it; **~ para cual** two of a kind; **~ vez** maybe, perhaps; **¿qué ~?** how's it going?; **¿qué ~ la película?** what was the movie like?; **con ~ de que** + *subj* as long as
taladradora *f* drill; **taladrar** drill; **taladro** *m* drill
talar *árbol* fell, cut down
talento *m* talent
talla *f* size; (*estatura*) height; *C.Am*. (*mentira*) lie; **dar la ~** *fig* make the grade; **tallar** carve; *piedra preciosa* cut
tallarín *m* noodle
talle *m* waist
taller *m* workshop; **~ mecánico** AUTO repair shop; **~ de reparaciones** repair shop
tallo *m* BOT stalk, stem
talón *m* ANAT heel; COM stub; **pisar los talones a alguien** be hot on s.o.'s heels; **talonario** *m*: **~ de cheques** check book, *Br* cheque book
tamaño 1 *adj*: **~ problema** such a great problem **2** *m* size
tambalearse stagger, lurch; *de coche* sway

también also, too, as well; **yo ~** me too
tambor *m* drum; *persona* drummer
tamiz *m* sieve
tampoco neither; **él ~ va** he's not going either
tampón *m* tampon; **de tinta** ink-pad
tan so; **~.... como...** as … as …; **~ sólo** merely
tanda *f* series *sg*, batch; (*turno*) shift; *L.Am*. (commercial) break; **~ de penaltis** DEP penalty shootout
tanque *m* MIL tank
tanto 1 *pron* so much; **igual cantidad** as much; **un ~** a little; **~s** so many *pl*; **igual número** as many; **tienes ~** you have so much; **a las ~as de la noche** in the small hours **2** *adv* so much; *igual cantidad* as much; *periodo* as long; **~ mejor** so much the better; **no es para ~** it's not such a big deal; **estar al ~ be** informed (**de** about); **por lo ~** therefore, so **3** *m* point; **~ por ciento** percentage
tapa *f* lid; **~ dura** hardback
tapacubos *m inv* AUTO hubcap
tapadera *f* lid; *fig* front; **tapar** cover; *recipiente* put the lid on
tapete *m* tablecloth; **poner algo sobre el ~** bring sth up for discussion
tapia *f* wall; **más sordo que una ~** as deaf as a post

tapicero *m*, **-a** *f* upholsterer; **tapiz** *m* tapestry; **tapizar** upholster

tapón *m* top, cap; *de baño* plug; *de tráfico* traffic jam; **taponar** block; *herida* swab

taquigrafía *f* shorthand; **taquigrafiar** take down in shorthand; **taquígrafo** *m*, **-a** *f* stenographer, shorthand writer

taquilla *f* ticket office; TEA box-office; *C.Am.* (*bar*) small bar

taquímetro *m* tachometer

tara *f* defect; COM tare

tarántula *f* ZO tarantula

tardanza *f* delay; **tardar** take a long time; *tardamos dos horas* we were two hours overdue *o* late; *¡no tardes!* don't be late; *a más* ~ at the latest; *¿cuánto se tarda …?* how long does it take to …?; **tarde 1** *adv* late; ~ *o temprano* sooner or later **2** *f hasta las 5 ó 6* afternoon; *desde las 5 ó 6* evening; *¡buenas* ~*s!* good afternoon / evening; *por la* ~ in the afternoon / evening; *de* ~ *en* ~ from time to time; **tardío** late

tardo slow

tarea *f* task, job; ~*s domésticas* housework

tarifa *f* rate; *de tren* fare; ~ *plana* flat rate

tarima *f* platform; *suelo de* ~ wooden floor

tarjeta *f* card; ~ *amarilla* DEP

teclado

yellow card; ~ *de crédito* credit card; ~ *de débito* debit card; ~ *de embarque* AVIA boarding card; ~ *de sonido* INFOR sound card; ~ *de visita* (business) card; ~ *gráfica* INFOR graphics card; ~ *inteligente* smart card; ~ *postal* postcard; ~ *roja* DEP red card; ~ *telefónica* phonecard

tarro *m* jar; P (*cabeza*) head

tarta *f* cake; *plana* tart; ~ *helada* ice-cream cake

tartamudear stutter, stammer

tarugo *m* F blockhead F

tasa *f* rate; (*impuesto*) tax; ~ *de desempleo* o *paro* unemployment rate; **tasar** fix a price for; (*valorar*) assess

tasca *f* F bar

tatuaje *m* tattoo

taurino bullfighting *atr*; **Tauro** *m/f inv* ASTR Taurus; **tauromaquia** *f* bullfighting

taxi *m* cab, taxi; **taxista** *m/f* cab *o* taxi driver

taza *f* cup; *del wáter* bowl

te *pron*; *indirecto*: to you; *reflexivo* yourself

té *m* tea

tea *f* torch

teatral *fig* theatrical; **teatro** *m tb fig* theater, *Br* theatre

tebeo *m* children's comic

techo *m* ceiling; (*tejado*) roof; ~ *solar* AUTO sun-roof; *los sin* ~ the homeless; **tocar** ~ *fig* peak

tecla *f* key; **teclado** *m* MÚS,

teclear INFOR keyboard; **teclear key**; **teclista** *m/f* INFOR keyboarder; MÚS keyboard player

técnica *f* technique; **técnico 1** *adj* technical **2** *m/f* technician; *de televisor, lavadora etc* repairman; **tecnología** *f* technology; **alta ~** hi-tech; **~ punta** state-of-the-art technology, leading-edge technology

tedio *m* tedium

teja *f* roof tile; **a toca ~** in hard cash; **tejado** *m* roof

tejano 1 *adj* Texan, of / from Texas **2** *m*, **-a** *f* Texan; **Tejas** Texas; **tejanos** *mpl* jeans

tejer 1 *v/t* weave; *(hacer punto)* knit; F **intriga** devise **2** *v/i* *L.Am.* F plot, scheme; **tejido** *m* fabric; ANAT tissue

tejón *m* ZO badger

tela *f* fabric, material; **~ de araña** spiderweb; **poner en ~ de juicio** call into question; **hay ~ para rato** F there's a lot to be done

telar *m* loom; **telaraña** *f* spiderweb

teleadicto *m*, **-a** *f* F couch potato F, teleaddict F

telecomedia *f* sitcom

telecomunicaciones *fpl* telecommunications

telediario *m* TV (television) news *sg*

teledirigido remote-controlled

teleférico *m* cable car

telefonear call, phone; **telefónico** (tele)phone *atr*; **teléfono** *m* (tele)phone; **~ inalámbrico** cordless (phone); **~ móvil** (phone), *Br* mobile (phone); **~ con cámara** camera phone

telefonema *m* *L.Am.* (phone) message

telenovela *f* soap (opera)

telescopio *m* telescope

telesilla *f* chair lift

telespectador *m*, **-a** *f* (television) viewer

telesquí *m* drag lift

teletexto *m* teletext

teletrabajo *m* teleworking; **teletrabajador** *m*, **-a** *f* teleworker

televidente *m/f* (television) viewer; **televisión** *f* television; **~ por cable** cable (television); **~ de pago** pay-per-view television; **~ vía satélite** satellite television; **televisivo** television *atr*; **televisor** *m* TV, television (set)

telón *m* TEA curtain; **el ~ de acero** POL the Iron Curtain; **~ de fondo** *fig* backdrop, background

tema *m* subject, topic; MÚS, *de novela* theme

temblar tremble, shake; *de frío* shiver; **temblor** *m* trembling, shaking; *de frío* shivering; *L.Am.* (*terremoto*) earthquake; **~ de tierra** earth tremor; **tembloroso** trembling, shaking; *de frío* shivering

temer be afraid of; **temerse**

be afraid; **~ lo peor** fear the worst

temerario rash, reckless; **temeridad** f rashness, recklessness

temeroso fearful, frightened; **temor** m fear

temperamento m temperament; **temperante** Méx teetotal

temperatura f temperature

tempestad f storm; **tempestuoso** tb fig stormy

templado warm; *clima* temperate; *fig* moderate; **templar** *ira, nervios* calm

templo m temple

temporada f season; **una ~** a time, some time; **temporal 1** *adj* temporary **2** m storm; **temprano** early

tenacidad f tenacity; **tenaz** determined, tenacious; **tenaza** f pincer, claw; **~s** pincers; *para las uñas* pliers

tendedero m clotheshorse

tendencia f tendency; (*corriente*) trend; **tendencioso** tendentious

tender 1 *v/t ropa* hang out; *cable* lay; **le tendió la mano** he held out his hand to her **2** *v/i*: **~ a** tend to

tendón m ANAT tendon

tenebroso dark, gloomy

tenedor m fork

tener 1 have; **~ 10 años** be 10 (years old); **~ un metro de ancho / largo** be one meter wide / long; **~ por** consider to be; **tengo que madrugar** I must get up early, I have to o I've got to get up early; **tenerse** stand up; *fig* stand firm; **se tiene por atractivo** he thinks he's attractive

tenia f ZO tapeworm

teniente m/f MIL lieutenant

tenis m tennis; **~ de mesa** table tennis; **tenista** m/f tennis player

tenor m MÚS tenor; **a ~ de** along the lines of

tensión f tension; ELEC voltage; MED blood pressure; **tenso** tense; *cuerda* taut

tentación f temptation; **tentador** tempting; **tentar** tempt, entice

tentativa f attempt

tenue faint

teñir dye; *fig* tinge

teología f theology

teoría f theory; **en ~** in theory; **teórico 1** *adj* theoretical **2** m, **-a** f theorist

terapeuta m/f therapist; **terapéutico** therapeutic; **terapia** f therapy

tercer third; **Tercer Mundo** Third World; **tercero** m/adj third; **tercio** m third

terciopelo m velvet

terco stubborn

termal thermal

termas fpl hot springs

terminación f GRAM ending; **terminal 1** m INFOR terminal **2** f AVIA terminal; **~ de autobuses** bus terminal; **terminar 1** *v/t* end, finish **2** *v/i* end, finish; (*parar*) stop; **tér-**

termomino *m* end, conclusion; (*palabra*) term; **~ municipal** municipal area; **por ~ medio** on average; **poner ~ a algo** put an end to sth

termo *m* thermos® (flask)

termómetro *m* thermometer; **termostato** *m* thermostat

ternera *f* calf; GASTR veal; **ternero** *m* calf

terno *m* C*Sur* suit

ternura *f* tenderness

terraplén *m* embankment; **terrateniente** *m/f* landowner

terraza *f* terrace; (*balcón*) balcony; (*café*) sidewalk *o Br* pavement café

terremoto *m* earthquake

terreno *m* land; *fig* field; **un ~** a plot *o* piece of land; **~ de juego** DEP field

terrestre *animal* land *atr*; *transporte* surface *atr*; **la atmósfera ~** the earth's atmosphere

terrible terrible, awful

territorio *m* territory

terrón *m* lump; **~ de azúcar** sugar lump

terror *m* terror; **terrorismo** *m* terrorism; **terrorista 1** *adj* terrorist *atr* **2** *m/f* terrorist; **~ suicida** suicide bomber

terso smooth

tertulia *f* TV debate, round table discussion

tesis *f inv* thesis

tesorería *f oficio* post of treasurer; *oficina* treasury; (*activo disponible*) liquid assets *pl*

testaferro *m* front man

testamento *m* JUR will

testarudo stubborn

testículo *m* ANAT testicle

testificar 1 *v/t* (*probar, mostrar*) be proof of; **~ que** JUR testify that, give evidence that **2** *v/i* testify, give evidence; **testigo 1** *m/f* JUR witness; **~ de cargo** witness for the prosecution; **~ ocular** *o* **presencial** eye witness **2** *m* DEP baton

testimoniar testify; **testimonio** *m* testimony, evidence

teta *f* F boob F; ZO teat, nipple

tétanos *m* MED tetanus

tetera *f* teapot

tétrico gloomy

textil 1 *adj* textile *atr* **2** *mpl*: **~es** textiles

texto *m* text; **textual** textual

textura *f* texture

tez *f* complexion

ti you; *reflexivo* yourself

tía *f* aunt; F (*chica*) girl, chick F

tibia *f* ANAT tibia

tibio *tb fig* lukewarm

tiburón *m* ZO, *fig* F shark

ticket *m* (*sales*) receipt

tiempo *m* time; (*clima*) weather; GRAM tense; **~ real** INFOR real time; **a ~** in time; **a un ~**, **al mismo ~** at the same time; **antes de ~ llegar** ahead of time, early; *celebrar* too soon; **con ~** in good time, early; **hace buen / mal ~** the weather's fine / bad

tienda *f* store, shop; **~ de campaña** tent; **ir de ~s** go shopping

tierno soft; *carne* tender; *(pan)* fresh

tierra *f* land; *materia* soil, earth; *(patria)* native land; **la Tierra** the earth; **~ firme** dry land, terra firma; **echar por ~** ruin, wreck

tieso stiff, rigid

tiesto *m* flowerpot

tifus *m* MED typhus

tigre *m* ZO tiger; *L.Am.* puma; *L.Am. (leopardo)* jaguar

tijeras *fpl* scissors

tila *f* lime blossom tea

tildar: ~ a alguien de *fig* brand s.o. as

tilde *f* accent; *en ñ* tilde

tilo *m* BOT lime (tree)

timador *m*, **~a** *f* cheat; **timar** cheat

timbal *m* MÚS kettle drum

timbre *m* **de puerta** bell; *Méx (postage)* stamp

timidez *f* shyness, timidity; **tímido** shy, timid

timo *m* confidence trick, swindle

timón *m* MAR, AVIA rudder; **timonel** MAR **1** *m* helmsman **2** *f* helmswoman

tímpano *m* ANAT eardrum

tina *f* large jar; *L.Am. (bañera)* (bath)tub

tinerfeño of / from Tenerife

tinieblas *fpl* darkness

tinta *f* ink; **de buena ~** *fig* on good authority; **medias ~s** *fig* half measures; **tinte** *m* dye; *fig* veneer, gloss

tinto: vino ~ red wine

tintorería *f* dry cleaner

tío *m* uncle; F *(tipo)* guy F; *apelativo* pal F

tiovivo *m* carousel, merry-go-round

típico typical *(de* of); **tipo** *m* type, kind; F *persona* guy F; COM rate; **~ de cambio** exchange rate; **~ de interés** interest rate; **tener buen ~** be well built; *de mujer* have a good figure

tipografía *f* typography

tíquet, tiquete *m L.Am.* receipt

tira *f* strip; **la ~ de** F loads of F; **~ y afloja** *fig* give and take

tirada *f* TIP print run; **de una ~ in one go; tirado** P *(barato)* dirt-cheap F; **estar ~** F *(fácil)* be a piece of cake F

tirador *m* shot, marksman; *de puerta* handle; F **tiradores** *mpl Arg* suspenders, *Br* braces

tiranía *f* tyranny; **tiránico** tyrannical; **tiranizar** tyrannize; **tirano 1** *adj* tyrannical **2** *m*, **-a** *f* tyrant

tirante 1 *adj* taut; *fig* tense **2** *m* strap; **~s** suspenders, *Br* braces; **tirantez** *f fig* tension

tirar 1 *v/t* throw; *edificio, persona* knock down; *(volcar)* knock over; *basura, dinero* throw away; TIP print; F *en examen* fail **2** *v/i* pull, attract; *(disparar)* shoot; **~ a** tend toward; **~ de algo** pull sth; **ir tirando** F get by, manage; **ti-

rarse throw o.s.; F *tiempo* spend

tirita f MED Band-Aid®, Br plaster

tiritar shiver

tiro m shot; **~ al blanco** target practice; **al ~** CSur F right away; **de ~s largos** F dressed up; **ni a ~s** F for love nor money

tiroides m ANAT thyroid (gland)

tirón m tug, jerk; **de un ~** at a stretch, without a break

tiroteo m shooting

tisana f herbal tea

títere m tb fig puppet; **no dejar ~ con cabeza** F spare no-one

titiritero m, **-a** f acrobat

titubear waver, hesitate

titular m de periódico headline; **título** m title; *universitario* degree; JUR title; COM bond; **tener muchos ~s** be highly qualified; **a ~ de** as; **~s de crédito** credits

tiza f chalk

toalla f towel; **toallero** m towel rail

tobillo m ankle

tobogán m slide

tocadiscos m inv record player

tocado: *estar* **~** fig F be crazy

tocador m dressing-table

tocante: *en lo a...* with regard to ...

tocar 1 v/t touch; MÚS play **2** v/i L.Am. *a la puerta* knock (on the door); L.Am. (*sonar la campanita*) ring the doorbell; **te toca jugar** it's your turn

tocino m bacon

tocólogo m, **-a** f obstetrician

todavía still, yet; **~ no ha llegado** he still hasn't come, he hasn't come yet; **~ no** not yet

todo 1 adj all; **~s los domingos** every Sunday; **-a la clase** the whole o the entire class **2** adv all; *estaba* **~** *sucio* it was all dirty; **con ~** all the same; **del ~** entirely, absolutely **3** pron all, everything; pl everybody, everyone; **ir a por -as** go all out

todoterreno m AUTO off-road o all-terrain vehicle

toldo m awning; L.Am. Indian hut

tolerable tolerable; **tolerancia** f tolerance; **tolerante** tolerant; **tolerar** tolerate

toma f FOT shot, take; **~ de conciencia** realization; **~ de corriente** outlet, Br socket; **~ de posesión** POL taking office; **tomar 1** v/t take; *bebida, comida* have; **la con alguien** F have it in for s.o. F; **~ el sol** sunbathe; **¡toma!** here (you are); **toma y daca** give and take **2** v/i L.Am. (*beber*) drink; **~ por la derecha** turn right, take a right

tomate m tomato

tomavistas m inv movie camera

tomillo m BOT thyme

tomo m volume, tome

tonel *m* barrel, cask; **tonelada** *f peso* ton; **tonelaje** *m* tonnage

tónica *f* tonic; **tónico** *m* MED tonic; **tono** *m* MÚS, MED, PINT tone

tontería *f fig* stupid *o* dumb thing; **~s** nonsense; **tonto 1** *adj* silly, foolish **2** *m*, **-a** *f* fool, idiot; **hacer el ~** play the fool; **hacerse el ~** F act dumb F

toparse: **~ con alguien** bump into s.o., run into s.o.

tope *m* limit; *pieza* stop; *Méx en la calle* speed bump; **pasarlo a-.** F have a great time

tópico *m* cliché, platitude

topo *m* ZO mole

topográfico topographic(al)

toque *m*: **~ de queda** MIL, *fig* curfew; **dar los últimos ~s** put the finishing touches (**a** to)

torbellino *m* whirlwind

torcer 1 *v/t* twist; (*doblar*) bend; (*girar*) turn **2** *v/i* turn; **~ a la derecha** turn right; **torcerse** twist, bend; *fig* go wrong; **~ un pie** sprain one's ankle; **torcido** twisted, bent

tordo *m pájaro* thrush; *caballo* dapple-gray, *Br* dapple-grey

torear 1 *v/i* fight bulls **2** *v/t* fight; *fig* dodge, sidestep; **toreo** *m* bullfighting; **torero** *m* bullfighter

tormenta *f* storm; **tormento** *m* torture

torneo *m* competition, tournament

tornillo *m* screw; *con tuerca* bolt; **le falta un ~** F he's got a screw loose F

torniquete *m* turnstile; MED tourniquet

torno *m de alfarería* wheel; **en ~ a** around, about

toro *m* bull; **ir a los ~s** go to a bullfight

torpe clumsy; (*tonto*) dense, dim

torpedo *m* MIL torpedo

torpeza *f* clumsiness; (*necedad*) stupidity

torre *f* tower; **~ de control** AVIA control tower

torrencial torrential; **torrente** *m fig* avalanche, flood

tórrido torrid

torsión *f* twisting; TÉC torsion, torque

torta *f* cake; *plana* tart; F (*bofetada*) slap

tórtola *f* ZO turtledove

tortuga *f* ZO tortoise; *marina* turtle; **a paso de ~** *fig* at a snail's pace

tortuoso *fig* tortuous

tortura *f tb* torture; **torturar** torture

tos *f* cough

tosco *fig* rough, coarse

toser cough

tostada *f* piece of toast; **tostador** *m* toaster; **tostar** toast; *café* roast; *al sol* tan

total 1 *adj* total; **en ~** in total **2** *m* total; **totalidad** *f* totality

tóxico toxic; **toxicómano** *m*,

tozudo

~**-a** *f* drug addict
tozudo obstinate
traba *f* obstacle; **poner ~s** raise objections; **sin ~s** without a hitch
trabajador 1 *adj* hard-working **2** *m*, **~a** *f* worker; **~ eventual** casual worker; **trabajar 1** *v/i* work **2** *v/t* work; *tema, músculos* work on; **trabajo** *m* work; **~ en equipo** team work; **~ a tiempo parcial** part-time work; **trabajoso** hard, laborious
trabar *amistad* strike up
tracción *f* TÉC traction; **~ delantera / trasera** front / rear-wheel drive
tractor *m* tractor
tradición *f* tradition; **tradicional** traditional
traducción *f* translation; **traducir** translate; **traductor** *m*, **~a** *f* translator
traer bring; *de periódico* carry; **~ consigo** involve, entail
traficante *m* dealer; **traficar** deal **(en** in); **tráfico** *m* traffic; **~ de drogas** drug trafficking; **en pequeña escala** drug dealing
tragaluz *m* skylight; **tragaperras** *f inv* slot machine
tragar swallow; *no lo trago* I can't stand him
tragedia *f* tragedy; **trágico** tragic
trago *m* mouthful; F *bebida* drink; *de un ~* in one gulp; **pasar un mal ~** *fig* have a hard time

traición *f* treachery, betrayal; **traicionar** betray; **traidor 1** *adj* treacherous **2** *m*, **~a** *f* traitor
traje 1 *m* suit; **~ de baño** swimsuit **2** *vb* ☞ **traer**
trajín *m* hustle and bustle
trama *f* (*tema*) plot; **tramar** *complot* hatch
tramitación *f* processing; **tramitar** *documento*: *de persona* apply for; *de banco etc* process; **trámite** *m* formality
trampa *f* trap; (*truco*) scam F, trick; **hacer ~s** cheat
trampolín *m* diving board
tramposo *m*, **-a** *f* cheat, crook
trance *m* (*momento difícil*) tough time; **en ~ de médium** in a trance
tranquilidad *f* calm, quietness; **tranquilizar: ~ a alguien** calm s.o. down; **tranquilo** calm, quiet; **¡~!** don't worry; **déjame ~** leave me alone; **quedarse tan ~** not bat an eyelid
transacción *f* COM deal, transaction
transatlántico 1 *adj* transatlantic **2** *m* liner
transbordador *m* ferry; **~ espacial** space shuttle; **transbordo** *m*: **hacer ~** TRANSP transfer, change
transcripción *f* transcription
transcurrir *de tiempo* pass, go by; **transcurso** *m* course; *de tiempo* passing
transeúnte *m/f* passer-by
transferencia *f* COM transfer;

transferible transferable; **transferir** transfer
transformación f transformation; **transformador** m ELEC transformer; **transformar** transform
transfusión f: ~ **de sangre** blood transfusion
transgénico genetically modified, GM
transgredir infringe; **transgresión** f infringement, transgression
transición f transition
transigente accommodating; **transigir** compromise, make concessions
transistor m transistor
transitable passable; **transitar** de persona walk; de vehículo travel (por along)
transitivo GRAM transitive
tránsito m COM transit; L.Am. (circulación) traffic
transmisión f transmission; ~ **de datos** data transmission; **enfermedad de ~ sexual** sexually transmitted disease; **transmitir** spread; RAD, TV broadcast, transmit
transparencia f para proyectar transparency, slide; **transparente** transparent
transpirar perspire
transportar transport; **transporte** m transport; **transportista** m/f haulage contractor
transversal transverse, cross atr
tranvía m streetcar, Br tram

trapecio m trapeze
trapo m viejo rag; para limpiar cloth; **~s** F clothes
tráquea f ANAT windpipe, trachea
tras en el espacio behind; en el tiempo after
trascendental, trascendente momentous; en filosofía transcendental
trasero 1 adj rear atr, back atr **2** m F butt F
trasfondo m background; fig undercurrent
trasladar move; trabajador transfer; **trasladarse** move (**a** to); **se traslada** Méx. en negocio under new management; **traslado** m move; de trabajador transfer; ~ **al aeropuerto** airport transfer
traslucirse be visible; fig be evident, show
trasnochador m night owl; **trasnochar** (acostarse tarde) go to bed late, stay up late; (no dormir) stay up all night; L.Am. (pernoctar) stay the night
traspapelar mislay
traspasar (atravesar) go through; COM transfer; **traspaso** m COM transfer
trasplantar AGR, MED transplant; **trasplante** m AGR, MED transplant
trastero m lumber room; **trasto** m desp piece of junk; persona good-for-nothing
trastornar upset; (molestar) inconvenience; **trastorno** m

trata 260

inconvenience; MED disorder
trata f trade
tratado m esp POL treaty
tratamiento m treatment; **~ de datos / textos** data / word processing; **tratar 1** v/t treat; (*manejar*) handle; (*dirigirse a*) address (**de** as); *gente* come into contact with; *tema* deal with **2** v/i: **~ con alguien** deal with s.o.; **~ de** (*intentar*) try to; **tratarse: ¿de qué se trata?** what's it about?; **trato** m treatment; COM deal; **malos ~s** abuse,; **tener ~ con alguien** have dealings with s.o.; **¡~ hecho!** it's a deal;
tratante m/f dealer, trader
trauma m trauma; **traumatismo** m MED trauma, injury; **traumático** traumatic
través m: **a ~ de** through; **travesaño** m en fútbol crossbar; **travesía** f crossing
travesti m transvestite
travesura f bit of mischief, prank; **travieso** niño mischievous
trayecto m journey; **10 dólares por ~** 10 dollars each way; **trayectoria** f fig course, path
trazado m acción drawing; (*diseño*) plan, design; *de camino* route; (*dibujar*) draw; *ruta* plot, trace; (*describir*) outline, describe; **trazo** m line
trece thirteen

trecho m stretch, distance
tregua f truce, cease-fire; **sin ~** relentlessly
treinta thirty
trekking m SP trekking; **bicicleta** f **de trekking** trekking bike; **bota** f **de trekking** trekking boot; **zapato** m **de trekking** trekking shoe
tremendo awful, dreadful; *éxito, alegría* tremendous
tren m FERR train; **~ de lavado** car wash; **vivir a todo ~** F live in style; **estar como un ~** F be absolutely gorgeous
trenza f braid, Br plait; **trenzar** plait; *pelo* braid, Br plait
trepar climb (**a** up), scale (**a** sth)
trepidar vibrate, shake
tres three
tresillo m living-room suite, Br three-piece suite
triangular triangular; **triángulo** m triangle
tribu f tribe
tribuna f grandstand
tribunal m court
tributario 1 *adj* COM tax *atr* **2** m tributary; **tributo** m tribute; (*impuesto*) tax
triciclo m tricycle
tricolor tricolor, Br tricolour
trigo m wheat
trilladora f thresher; **trillar** AGR thresh
trimestral quarterly; **trimestre** m quarter; *escolar* semester, Br term
trinchar GASTR carve
trinchera f MIL trench

trineo *m* sled, sleigh
trinidad *f* REL trinity
tripa *f* F belly F, gut F
triple *m* triple; *el ~ que el año pasado* three times as much as last year
trípode *m* tripod
tripular grind
triste sad; **tristeza** *f* sadness
triturar grind
triunfador 1 *adj* winning **2** *m*, **-a** *f* winner, victor; **triunfar** triumph, win; **triunfo** *m* triumph, victory; *en naipes* trump
trivial trivial; **trivialidad** *f* triviality
trofeo *m* trophy
trombón *m* MÚS trombone
trompa *f* adj F wasted F **2** *f* MÚS horn; ZO trunk
trompeta *f* MÚS trumpet; **trompetista** *m/f* MÚS trumpeter
trompo *m* spinning top
tronar thunder
tronco *m* trunk; *cortado* log; *dormir como un ~* sleep like a log
trono *m* throne
tropa *f* MIL ordinary soldier; *~s* troops
tropezar trip, stumble
tropical tropical; **trópico** *m* tropic
tropiezo *m* fig setback
trote *m* trot
trozo *m* piece
trucha *f* ZO trout
truco *m* trick; *coger el ~ a*

algo F get the hang of sth F
trueno *m* thunder
trueque *m* barter
trufa *f* BOT truffle
tu, tus your
tú *m* you
tuberculosis *f* MED tuberculosis, TB
tubería *f* pipe; **tubo** *m* tube; *~ de escape* AUTO exhaust (pipe); *por un ~* F an enormous amount
tuerca *f* TÉC nut
tuétano *m*: *hasta los ~s* fig through and through
tulipán *m* BOT tulip
tumba *f* tomb, grave
tumbar knock down; **tumbona** *f* (sun) lounger
tumor *m* MED tumor, Br tumour
tumulto *m* uproar; **tumultuoso** uproarious
tuna *f* Méx fruta prickly pear
tunecino 1 *adj* Tunisian **2** *m*, **-a** *f* Tunisian
túnel *m* tunnel; *~ de lavado* car wash
Túnez *país* Tunisia; *ciudad* Tunis
turbar (*emocionar*) upset; *paz* disturb; (*avergonzar*) embarrass
turbina *f* turbine
turbio cloudy, murky; *fig* shady, murky
turbulencia *f* turbulence; **turbulento** turbulent
turco 1 *adj* Turkish **2** *m*, **-a** *f* Turk **3** *m idioma* Turkish
turismo *m* tourism; *automóvil*

turista sedan, *Br* saloon (car); **turista** *m/f* tourist
turnarse take it in turns; **turno** *m* turn; ~ **de noche** night shift; **por** ~**s** in turns
turquesa *f* turquoise; **azul** ~ turquoise
Turquía Turkey
turrón *m* nougat
tutear address as 'tu'
tutela *f autoridad* guardianship; *cargo* tutorship
tutor *m*, ~**a** *f* EDU tutor
tuyo, tuya yours; **los tuyos** your folks, your family
twittear *v/i, v/t* IT tweet; IT twitter

U

u (*instead of* **o** *before words starting with o*) or
ubicación *f L.Am.* location; (*localización*) finding; **ubicado** located, situated; **ubicar** *L.Am.* place, put; (*localizar*) locate
ubre *f* udder
Ud. ☞ **usted**
Uds. ☞ **ustedes**
úlcera *f* MED ulcer
ulterior subsequent
últimamente lately; **ultimar** finalize; *L.Am.* (*rematar*) finish off; **último** last; (*más reciente*) latest; *piso* top *atr*; **-as noticias** latest news *sg*; **por** ~ finally
ultraje *m* outrage; (*insulto*) insult
ultramar *m*: **de** ~ overseas, foreign
ultrasonido *m* ultrasound
ulular *de viento* howl; *de búho* hoot
umbral *m fig* threshold
un, una *a*; *antes de vocal y h muda* an; ~**os coches / pájaros** some cars / birds; ~**os cuantos** a few, some; **-as mil pesetas** about a thousand pesetas
unánime unanimous
ungüento *m* ointment
únicamente only; **único** only; (*sin par*) unique; **hijo** ~ only child; **lo** ~ **que...** the only thing that ...
unidad *f* MIL, MAT unit; (*cohesión*) unity; ~ **de cuidados intensivos,** ~ **de vigilancia intensiva** MED intensive care unit; ~ **de disco** INFOR disk drive; **unido** united; *familia* close-knit; **unificar** unify
uniformar *fig* standardize; **uniforme 1** *adj* uniform; *superficie* even **2** *m* uniform
unión *f* union; **Unión Europea** European Union
unir join; *personas* unite; *características* combine (**con** with); *ciudades* link; **unirse** join together; ~ **a** join
universal universal

universidad f university; **~ a distancia** university correspondence school, Br Open University; **universitario 1** adj university atr 2 m, **-a** f (*estudiante*) university student

universo m universe

uno 1 pron one; **es la -a** it's one o'clock; **me lo dijo ~** someone o somebody told me; **~ a ~, ~ por ~, de ~ en ~** one by one **2** m one; **el ~ de enero** January first, the first of January

untar spread

uña f ANAT nail; ZO claw; **ser ~ y carne personas** be extremely close

uranio m uranium

urbanismo m city planning, Br town planning; **urbanización** f (*urban*) development; (*colonia*) housing development, Br housing estate; **urbanizar** *terreno* develop; **urbano** urban; (*cortés*) courteous; **guardia ~** local police officer

urgencia f urgency; (*prisa*) haste; MED emergency; **~s** emergency room, Br casualty; **urgente** urgent

urinario m urinal

urna f urn; **~ electoral** ballot box

urólogo m MED urologist

urraca f ZO magpie

Uruguay Uruguay; **uruguayo 1** adj Uruguayan **2** m, **-a** f Uruguayan

usanza f usage, custom; **usado** (*gastado*) worn; (*de segunda mano*) second hand; **usar 1** v/t use; *ropa, gafas* wear **2** v/i: **listo para ~** ready to use; **uso** m (*costumbre*) custom; **en buen ~** still in use

USB m IT USB; **cable** m **~** USB cable; (*llave f de*) **memoria f ~** USB drive, USB stick

usted m you; **de /~es** your; **de ~ /~es** it's yours

usual common, usual

usuario m, **-a** f user; **~ final** end user; **cuenta f de ~** IT user account; **identidad f de ~** IT user ID, user identification; **nombre** m **de ~** IT user name

usura f usury

utensilio m tool; **de cocina** utensil; **~s** equipment; **~s de pesca** fishing tackle

útero m ANAT uterus

útil 1 adj useful **2** m tool; **~es de pesca** fishing tackle; **utilidad** f usefulness; **utilitario 1** adj functional, utilitarian **2** m AUTO compact; **utilizar** use

utopía f utopia; **utópico** utopian

uva f BOT grape; **estar de mala ~** F be in a foul mood; **tener mala ~** F be a nasty piece of work F

úvula f ANAT uvula

V

vaca f cow; GASTR beef; **~ marina** manatee, sea cow

vacaciones fpl vacation, Br holiday; **de ~** on vacation, Br on holiday

vacante 1 adj vacant, empty **2** f job opening, position, Br tb vacancy; **cubrir una ~** fill a position; **vaciar** empty

vacío 1 adj empty **2** m FÍS vacuum; fig espacio void; **~ de poder** power vacuum; **~ legal** loophole; **dejar un ~** fig leave a gap; **envasado al ~** vacuum-packed; **hacer el ~ a alguien** fig ostracize s.o.

vacuna f vaccine; **vacunación** f vaccination; **vacunar** vaccinate

vacuno bovine; **ganado ~** cattle pl

vado m ford; **en la calle** entrance ramp

vagabundo 1 adj perro stray **2** m, **-a** f hobo, Br tramp; **vagar** wander

vagina f ANAT vagina

vago (holgazán) lazy; (indefinido) vague; **hacer el ~** laze around

vagón m de carga wagon; de pasajeros car, Br coach; **~ restaurante** dining car, Br tb restaurant car

vaho m (aliento) breath; (vapor) steam

vaina f BOT pod; S.Am. F (molestia) drag F

vainilla f vanilla

vaivén m to-and-fro; **vaivenes** fig ups and downs

vajilla f dishes pl; juego dinner service, set of dishes

vale m voucher, coupon; **~ de regalo** gift certificate, Br gift token; **valer 1** v/t be worth; (costar) cost **2** v/i de billete, carné be valid; (estar permitido) be allowed; (tener valor) be worth; (servir) be of use; **no ~ para algo** be no good at sth; **vale más caro** it's more expensive; **más vale...** it's better to …; **más te vale...** you'd better …; **¡vale!** okay, sure; **valerse** manage (by o.s.); **~ de** make use of

validez f validity; **válido** valid

valiente brave; irónico fine

valija f (maleta) bag, suitcase, Br tb case

valioso valuable

valla f fence; DEP, fig hurdle; **~ publicitaria** billboard, Br hoarding; **carrera de ~s** DEP hurdles; **vallar** fence in

valle m valley

valor m value; (valentía) courage; **~ añadido**, L.Am. **~ agregado** added value; **objetos de ~** valuables; **~es** COM securities; **valorar** val-

ue (en at)
vals *m* waltz
válvula *f* ANAT, ELEC valve; **~ de escape** *fig* safety valve
vampiresa *f* vamp, femme fatale; **vampiro** *m fig* vampire
vanagloriarse boast (**de** about), brag (**de** about)
vandálico destructive; **vandalismo** *m* vandalism; **vándalo** *m*, **-a** *f* vandal
vanguardia *f* MIL vanguard; **de ~** *fig* avant-garde
vanidad *f* vanity; **vanidoso** conceited, vain; **vano** futile, vain; **en ~** in vain
vapor *m* vapor, Br vapour; **~ de agua** steam; **cocinar al ~** steam; **vaporizador** *m* spray, vaporizer; **vaporizar** vaporize
vaquero 1 *adj tela* denim; **pantalones ~s** jeans **2** *m* cowboy, cowhand; **~(s)** *pantalones* jeans
vara *f* stick; TÉC rod; (*bastón de mando*) staff
variable variable; *tiempo* changeable; **variación** *f* variation; **variado** varied; **variante** *f* variant; **variar** vary; **para ~** for a change
varicela *f* MED chickenpox
variedad *f* variety; **~es** vaudeville, Br variety
vario various; **variopinto** varied, diverse; **varios** several, various
varón *m* man, male; **varonil** manly, virile

velero

vasija *f* container, vessel; **vaso** *m* glass; ANAT vessel
vástago *m* BOT shoot; TÉC rod
vasto vast
vatio *m* ELEC watt
Vd. ☞ **usted**
Vds. ☞ **ustedes**
vecinal neighborhood *atr*, Br neighbourhood *atr*; **vecindad** *f Méx* poor area; **vecindario** *m* neighborhood, Br neighbourhood; **vecino 1** *adj* neighboring, Br neighbouring **2** *m*, **-a** *f* neighbor, Br neighbour
veda *f en caza* closed season; **vedar** ban, prohibit
vega *f* plain
vegetación *f* vegetation; **vegetal 1** *adj* vegetable, plant *atr* **2** *m* vegetable; **vegetar** *fig* vegetate; **vegetariano 1** *adj* vegetarian **2** *m*, **-a** *f* vegetarian
vehemencia *f* vehemence; **vehemente** vehement
vehículo *m tb fig* vehicle; MED carrier
veinte *m/adj* twenty
vejación *f* humiliation
vejez *f* old age
vejiga *f* ANAT bladder
vela *f para alumbrar* candle; DEP sailing; *de barco* sail; **a toda ~** F flat out F; **pasar la noche en ~** stay up all night; **velada** *f* evening; **velar: ~ por algo** look after sth; **velero** *m* MAR sailing ship

veleta 1 *f* weathervane 2 *m/f fig* weathercock
vello *m* (body) hair
velo *m* veil
velocidad *f* speed; (*marcha*) gear; **velocímetro** *m* speedometer; **velocista** *m/f* DEP sprinter
velódromo *m* velodrome
veloz fast, speedy
vena *f* ANAT vein; *estar en ~* F be on form
venado *m* ZO deer
vencedor 1 *adj* winning 2 *m*, **~a** *f* winner; **vencer** 1 *v/t* defeat; *fig* (*superar*) overcome 2 *v/i* win; COM *de plazo etc* expire; **vencimiento** *m* expiration, *Br* expiry; *de bono* maturity
venda *f* bandage; **vendaje** *m* MED dressing; **vendar** MED bandage, dress; *~ los ojos a alguien* blindfold s.o.
vendedor *m*, **~a** *f* seller; **vender** sell; *fig* (*traicionar*) betray; *se vende* for sale
vendimia *f* grape harvest
veneno *m* poison; **venenoso** poisonous
venerar venerate, worship
venezolano 1 *adj* Venezuelan 2 *m*, **-a** *f* Venezuelan; **Venezuela** Venezuela
venganza *f* vengeance, revenge; **vengarse** take revenge (*de* on; *por* for); **vengativo** vengeful
venidero future
venir come; *~ bien* be convenient; *~ mal* be inconvenient; *viene a ser lo mismo* it comes down to the same thing; *el año que viene* next year; *¡venga!* come on; *¿a qué viene eso?* why do you say that?
venta *f* sale; *~ por correo o por catálogo* mail order; *~ al detalle o al por menor* retail; *en ~* for sale
ventaja *f* advantage; DEP *en carrera, partido* lead; **ventajoso** advantageous
ventana *f* window; *~ de la nariz* nostril; **ventanilla** *f* AVIA, AUTO, FERR window; MAR porthole
ventilación *f* ventilation; **ventilador** *m* fan; **ventilar** air; *fig*: *problema* talk over
ventoso windy
ver 1 *v/t* see; *televisión* watch; JUR *pleito* hear; L.Am. (*mirar*) look at; *está por ~* it remains to be seen; *no puede verla fig* he can't stand the sight of her; *no tiene nada que ~ con* it doesn't have anything to do with; *¡a ~!* let's see; *¡hay que ~!* would you believe it!; *ya veremos* we'll see 2 *v/i* L.Am. (*mirar*) look
veraneante *m/f* vacationer, *Br* holidaymaker; **veranear** spend the summer vacation *o Br* holidays; **veraneo** *m* summer vacation *o Br* holidays; *ir de ~* go on one's summer vacation *o Br* holidays; **verano** *m* summer

veras f: **de ~** really, truly
verbal GRAM verbal
verbena f (*fiesta*) party
verbo m GRAM verb
verdad f truth; **a decir ~** to tell the truth; **de ~** real, proper; **no te gusta, ¿~?** you don't like it, do you?; **vas a venir, ¿~?** you're coming, aren't you?; **es ~** it's true, it's the truth; **verdadero** true; (*cierto*) real
verde 1 *adj* green; *fruta* unripe; F *chiste* blue; **viejo ~** dirty old man; **poner ~ a alguien** F criticize s.o. **2** *m* green; **los ~s** POL the Greens
verdugo *m* executioner
verdura f: **~(s)** (*hortalizas*) greens *pl*, (green) vegetables *pl*
vereda f *S.Am.* sidewalk, *Br* pavement
veredicto *m* JUR, *fig* verdict
vergonzoso disgraceful, shameful; (*tímido*) shy; **vergüenza** f shame; (*escándalo*) disgrace; **me da ~** I'm embarrassed
verídico true
verificación f verification; **verificar** verify
verja f railing; (*puerta*) iron gate
vermú, vermut *m* vermouth
verruga f wart
versado well-versed (**en** in)
versátil fickle; *artista* versatile
versión f version; **en ~ original** *película* original language version
verso *m* verse
vértebra f ANAT vertebra
vertedero *m* dump, tip; **verter** dump; (*derramar*) spill; *fig*: *opinión* voice
vertical vertical
vertiente f *L.Am.* (*cuesta*) slope; (*lado*) side
vertiginoso dizzy; (*rápido*) frantic; **vértigo** *m* MED vertigo; **darle a alguien ~** make s.o. dizzy
vesícula f blister; **~ biliar** ANAT gall-bladder
vestíbulo *m* de casa hall; *de edificio público* lobby
vestido *m* dress; *L.Am. de hombre* suit
vestigio *m* vestige, trace
vestir 1 *v/t* dress; (*llevar puesto*) wear **2** *v/i* dress; **~ de negro** wear black, dress in black; **vestirse** get dressed; (*disfrazarse*) dress up; **~ de algo** wear sth
veterano 1 *adj* veteran; (*experimentado*) experienced **2** *m*, **-a** f veteran
veterinario 1 *adj* veterinary **2** *m*, **-a** f veterinarian, vet
vez f time; **a la ~** at the same time; **a su ~** for his / her part; **de ~ en cuando** from time to time; **en ~ de** instead of; **érase una ~** once upon a time, there was; **otra ~** again; **tal ~** perhaps, maybe; **una ~** once; **a veces** sometimes; **muchas veces** (*con frecuencia*) often; **hacer las veces**

vía

de de objeto serve as; *de persona* act as

vía 1 f FERR track; **~ estrecha** FERR narrow gauge; **darle ~ libre a alguien** give s.o. a free hand; **por ~ aérea** by air; **en ~s de** fig in the process of **2** prp via

viable viable, feasible

viaducto m viaduct

viajante m/f sales rep; **viajar** travel; **viaje** m trip, journey; **sus ~s por...** his travels in ...; **~ organizado** package tour; **~ de ida** outward journey; **~ de ida y vuelta** round trip; **~ de novios** honeymoon; **~ de vuelta** return journey; **viajero** m, **-a** f traveler, Br traveller

viario road atr; **educación -a** instruction in road safety

víbora f tb fig viper

vibración f vibration; **vibrar** vibrate

vicepresidente m, **-a** f POL vice-president; COM vice-president, Br deputy chairman

viceversa: **y ~** and vice versa

vicio m vice; **pasarlo de ~** F have a great time F; **vicioso** vicious; (*corrompido*) depraved

víctima f victim

victoria f victory; **cantar ~** claim victory; **victorioso** victorious

vid f vine

vida f life; **de por ~** for life; **en mi ~** never (in my life); **ga-**

268

narse la ~ earn a living; **~ mía** my love

vidente m/f seer, clairvoyant

vídeo m video; **videocámara** f video camera; **videocas(s)et(t)e** m video cassette; **videollamada** f IT, TELEC video call; **videoteca** f video library; **videoteléfono** m videophone

vidriera f L.Am. store o Br shop window; **vidriero** m, **-a** f glazier; **vidrio** m L.Am. glass; (*ventana*) window

viejo 1 adj old **2** m old man; **mis ~s** F my folks F

viento m wind; **hacer ~** be windy; **proclamar a los cuatro ~s** fig shout from the rooftops

vientre m belly

viernes m inv Friday; **Viernes Santo** Good Friday

viga f beam, girder

vigente legislación in force

vigilancia f watchfulness, vigilance; **vigilante 1** adj watchful, vigilant **2** m L.Am. policeman; **~ nocturno** night watchman; **~ jurado** security guard; **vigilar 1** v/i keep watch **2** v/t watch; **a un preso** guard

vigor m vigor, Br vigour; **en ~** in force; **vigoroso** vigorous

vil vile, despicable

villa f town

villancico m Christmas carol

vilo: **en ~** in the air; fig in suspense

vinagre *m* vinegar; **vinagrera** *f* vinegar bottle; *S.Am. (indigestión)* indigestion; **~s** cruet
vínculo *m* link; *fig (relación)* tie, bond
vino 1 *m* wine; **~ blanco** white wine; **~ de mesa** table wine; **~ tinto** red wine **2** *vb* ☞ **venir**
viña *f* vineyard; **viñedo** *m* vineyard
viola *f* MUS viola
violación *f* rape; *de derechos* violation; **violar** rape
violencia *f* violence; **violento** violent; *(embarazoso)* embarrassing; *persona* embarrassed
violeta 1 *f* BOT violet **2** *m/adj* violet
violín *m* violin; **violinista** *m/f* violinist; **violonc(h)elo** *m* cello
viraje *m* MAR tack; AVIA bank; AUTO swerve; *fig* change of direction; **virar** MAR, AVIA turn
virgen 1 *adj* virgin; *cinta* blank; **lana ~** pure new wool **2** *f* virgin
Virgo *m/f inv* ASTR Virgo
viril virile, manly; **virilidad** *f* virility, manhood; *edad* manhood
virtud *f* virtue; **en ~ de** by virtue of; **virtuoso 1** *adj* virtuous **2** *m*, **-a** *f* virtuoso
viruela *f* MED smallpox
virulento MED, *fig* virulent
virus *m inv* MED virus; **~ informático** computer virus
visa *f* L.Am. visa; **visado** *m* visa
vísceras *fpl* guts, entrails
visera *f de gorra* peak; *de casco* visor
visibilidad *f* visibility; **visible** visible; *fig* obvious
visillo *m* sheer; *Br* net curtain
visión *f* vision, sight; *fig* vision; *(opinión)* view; **tener ~ de futuro** be forward looking
visita *f* visit; **~ a domicilio** house call; **~ guiada** guided tour; **visitante 1** *adj* visiting; DEP away **2** *m/f* visitor; **visitar** visit
visón *m* ZO mink
visor *m* FOT viewfinder; *en arma de fuego* sight
víspera *f* eve; **en ~s de** on the eve of
vista *f* (eye)sight; JUR hearing; **~ cansada** MED tired eyes; **a la ~** COM at sight; **a primera ~** at first sight; **con ~s a** with a view to; **en ~ de** in view of; **hasta la ~** bye!, see you!; **tener ~ para algo** *f* have a good eye for sth; **volver a ~ atrás** *tb fig* look back; **vistazo** *m* look; **echar un ~ a** take a (quick) look at
visto 1 *part* ☞ **ver 2** *adj*: **está bien** it's the done thing; **está mal ~** it's not the done thing; **está ~ que** it's obvious that; **por lo ~** apparently **3** *m* check(mark), *Br* tick; **dar el ~ bueno** give one's approval; **vistoso** eye-catching

vital vital; *persona* lively; **vitalidad** *f* vitality, liveliness
vitamina *f* vitamin
viticultor *m*, **-a** *f* wine grower; **viticultura** *f* wine-growing
vitrina *f* display cabinet; *L.Am.* shop window
viuda *f* widow; **viudo 1** *adj* widowed **2** *m* widower; *quedarse* ~ be widowed
vivaz bright, sharp
vivencia *f* experience
víveres *mpl* provisions
vivienda *f* housing; *(casa)* house
vivir 1 *v/t* live through, experience **2** *v/i* live; ~ *de algo* live on sth; **vivo** *adj; color* bright; *ritmo* lively; *fig* F sharp, smart
Vizcaya Biscay; *Golfo de* ~ Bay of Biscay
vocablo *m* word; **vocabulario** *m* vocabulary
vocación *f* vocation
vocal 1 *m/f* member **2** *f* vowel
vocero *m*, **-a** *f esp L.Am.* spokesperson
volante 1 *adj* flying **2** *m* AUTO steering wheel; *de vestido* flounce; MED referral (slip);
volar 1 *v/i* fly; *fig* vanish **2** *v/t* fly; *edificio* blow up
volcán *m* volcano; **volcánico** volcanic
volcar 1 *v/t* knock over; *(vaciar)* empty; *barco, coche* overturn **2** *v/i de coche, barco* overturn
voleibol *m* volleyball
voltaje *m* ELEC voltage; **voltio**

270

m ELEC volt
volumen *m* volume; **voluminoso** bulky; *vientre* ample; *historial* lengthy
voluntad *f* will; *buena / mala* ~ good / ill will; **voluntario 1** *adj* volunteer **2** *m*, **-a** *f* volunteer
voluptuoso voluptuous
volver 1 *v/t página, mirada etc* turn (*a* to; *hacia* toward); ~ *loco* drive crazy **2** *v/i* return; ~ *a hacer algo* do sth again; **volverse** turn around; ~ *loco* go crazy
vomitar 1 *v/t* throw up; *lava* hurl, throw out **2** *v/i* throw up, be sick; *tengo ganas de* ~ I feel nauseous, *Br* I feel sick; **vómito** *m* vomit
voraz voracious; *incendio* fierce
vos *sg Rpl*, *C.Am.*, *Ven* you
vosotros, vosotras *pl* you
votar vote; **voto** *m* vote; ~ *en blanco* spoiled ballot paper
voz *f* voice; *fig* rumor, *Br* rumour; *a media* ~ in a hushed voice; *a* ~ *en grito* at the top of one's voice; *en* ~ *alta* aloud; *en* ~ *baja* in a low voice; *correr la* ~ spread the word; *no tener* ~ *ni voto fig* not have a say; ~ *en off* voice-over
vuelo 1 *vb* ☞ **volar 2** *m* flight; ~ *chárter* charter flight; ~ *nacional* domestic flight; *al* ~ *coger, cazar* in mid-air; *una falda con* ~ a full skirt
vuelta *f* return; *en carrera* lap;

~ *de carnero* L.Am. half-somersault; ~ *al mundo* round-the-world trip; *a la* ~ on the way back; *a la* ~ *de la esquina* fig just around the corner; *dar la* ~ *llave etc* turn; *dar media* ~ turn around; *dar una* ~ go for a walk
vuestro 1 adj your **2** pron yours
vulcanizar vulcanize
vulgar vulgar, common; *abundante* common
vulnerable vulnerable; **vulnerar** violate; fig damage

W

walkman® m personal stereo, walkman®
wáter m bathroom, toilet
Wi-Fi m o f IT wi-fi; *hotspot* m
Wi-Fi wireless hotspot
windsurf(ing) m windsurfing; **windsurfista** m/f windsurfer

X

xenofobia f xenophobia; **xenófobo 1** adj xenophobic **2** m, **-a** f xenophobe
xilófono m MÚS xylophone

Y

y and
ya already; (*ahora mismo*) now; *¡~!* incredulidad oh, yeah!; *comprensión* I know; *asenso* OK, sure; *al terminar* finished!, done!; ~ *no vive aquí* he doesn't live here any more, he no longer lives here; ~ *que* since, as; ~ *lo sé* I know; ~..., ~... either ... or ...
yacer lie; **yacimiento** m MIN deposit
yanqui m/f Yankee
yate m yacht
yaya f grandma; **yayo** m grandpa
yegua f ZO mare
yema f yolk; ~ *del dedo* fingertip
yerba f L.Am. grass; ~ *mate* maté
yerno m son-in-law
yeso m plaster
yo I; *soy* ~ it's me; ~ *que tú* if I were you
yodo m iodine
yogur m yog(h)urt
yugo m yoke

yunque *m* anvil
yunta *f* yoke, team

yute *m* jute
yuyo *m* L.Am. weed

Z

zafiro *m* sapphire
zambullida *f* dive; **zambullirse** dive (**en** into); *fig* throw o.s. (**en** into)
zamparse F wolf down F
zanahoria *f* carrot
zanco *m* stilt
zancudo *m* L.Am. mosquito
zángano *m* ZO drone; *fig* F lazybones *sg*
zanja *f* ditch; **zanjar** *fig problemas* settle; *dificultades* overcome
zapatería *f* shoe store, shoe shop; **zapatero** *m*, **-a** *f* shoemaker; **~ remendón** shoe mender; **zapatilla** *f* slipper; *de deporte* sneaker, *Br* trainer; **zapato** *m* shoe
Zaragoza Saragossa
zarpa *f* paw
zarpar MAR set sail (*para* for)
zarza *f* BOT bramble; **zarzamora** *f* BOT blackberry
zarzuela *f* type of operetta
zigzag *m* zigzag

zinc *m* zinc
zócalo *m* baseboard, *Br* skirting board
zodiaco, zodíaco *m* zodiac
zona *f* area, zone
zonzo L.Am. F stupid
zoo *m* zoo; **zoología** *f* zoology; **zoológico 1** *adj* zoological **2** *m* zoo
zorra *f* ZO vixen; P whore P; **zorro 1** *adj* sly, crafty **2** *m* ZO fox; *fig* old fox
zorzal *m* ZO thrush
zozobrar MAR overturn; *fig* go under
zueco *m* clog
zumbar 1 *v/i* buzz **2** *v/t golpe, bofetada* give
zumo *m* juice
zurcir *calcetines* darn; *chaqueta, pantalones* patch
zurdo *adj* left-handed **2** *m*, *f* left-hander
zurra *f* TÉC tanning; *fig* F hiding F; **zurrar** TÉC tan; **~ a alguien** F tan s.o.'s hide F

A

a [ə] un(a)
abandon [ə'bændən] abandonar
abbreviate [ə'briːvɪeɪt] abreviar; **abbreviation** abreviatura *f*
abduct [əb'dʌkt] raptar
ability [ə'bɪlətɪ] capacidad *f*, habilidad *f*
able [eɪbl] (*skillful*) capaz, hábil; **be ~ to** poder
abnormal [æb'nɔːrml] anormal
aboard [ə'bɔːrd] **1** *prep* a bordo de **2** *adv* a bordo
abolish [ə'buːlɪʃ] abolir; **abolition** abolición *f*
abort [ə'bɔːrt] cancelar; **abortion** *f* (*provocado*); **have an ~** abortar; **abortive** fallido
about [ə'baʊt] **1** *prep* (*concerning*) acerca de, sobre; **what's it ~?** ¿de qué trata? **2** *adv* (*roughly*) más o menos; **be ~ to** (*be going to*) estar a punto de
above [ə'bʌv] **1** *prep* por encima de; **~ all** sobre todo **2** *adv*: **on the floor ~** en el piso de arriba
abrasive [ə'breɪsɪv] *personality* abrasivo
abreast [ə'brest] de frente, en fondo; **keep ~ of** mantenerse al tanto de
abridge [ə'brɪdʒ] abreviar

abroad [ə'brɔːd] *live* en el extranjero; *go* al extranjero
abrupt [ə'brʌpt] brusco
abscess ['æbsɪs] absceso *m*
absence ['æbsəns] *of person* ausencia *f*; (*lack*) falta *f*; **absent** ausente; **absentee** ausente *m/f*; **absenteeism** absentismo *m*; **absent-minded** despistado, distraído
absolute ['æbsəluːt] *power* absoluto; *idiot* completo; *mess* total; **absolution** REL absolución *f*; **absolve** absolver
absorb [əb'sɔːrb] absorber; **absorbent** absorbente; **absorbent cotton** algodón *m* hidrófilo; **absorbing** absorbente
abstain [əb'steɪn] *in vote* abstenerse; **abstention** *in vote* abstención *f*
abstract ['æbstrækt] abstracto
absurd [əb'sɜːrd] absurdo; **absurdity** lo absurdo
abundance [ə'bʌndəns] abundancia *f*; **abundant** abundante
abuse[1] [ə'bjuːs] *n* (*insults*) insultos *mpl*; (*child*) **~** malos tratos *mpl* a menores; *sexual* **~** agresión *f* sexual a menores
abuse[2] [ə'bjuːz] *v/t* abusar de; *verbally* insultar
abysmal [ə'bɪzml] F (*very*

academic

bad) desastroso F

academic [ækə'demɪk] **1** *n* académico(-a) *m(f)*, profesor(a) *m(f)* **2** *adj* académico; **academy** academia *f*

accelerate [ək'seləreɪt] acelerar; **acceleration** aceleración *f*; **accelerator** acelerador *m*

accent ['æksənt] acento *m*; (*emphasis*) énfasis *m*; **accentuate** acentuar

accept [ək'sept] aceptar; **acceptable** aceptable; **acceptance** aceptación *f*

access ['ækses] **1** *n* acceso *m* **2** *v/t also* COMPUT acceder a; **accessible** accesible

accessory [ək'sesərɪ] *for wearing* accesorio *m*; LAW cómplice *m/f*

accident ['æksɪdənt] accidente *m*; **by ~** por casualidad; **accidental** accidental; **accidentally** sin querer

acclimate, acclimatize [ə'klaɪmət, ə'klaɪmətaɪz] aclimatarse

accommodate [ə'kɑ:mədeɪt] alojar; *needs* hacer frente a; **accommodations** alojamiento *m*

accompaniment [ə'kʌmpənɪmənt] MUS acompañamiento *m*; **accompany** *also* MUS acompañar

accomplice [ə'kʌmplɪs] cómplice *m/f*

accomplished [ə'kʌmplɪʃt] consumado; **accomplishment** *of task* realización *f*;

(*talent*) habilidad *f*; (*achievement*) logro *m*

accord [ə'kɔ:rd] acuerdo *m*; **of one's own ~** de motu propio

accordance [ə'kɔ:rdəns]: **in ~ with** de acuerdo con

according [ə'kɔ:rdɪŋ]: **~ to** según; **accordingly** (*consequently*) por consiguiente; (*appropriately*) como corresponde

account [ə'kaʊnt] *financial* cuenta *f*; (*report*) relato *m*, descripción *f*; **give an ~ of** relatar, describir; **on no ~** de ninguna manera; **on ~ of** a causa de; **take sth into ~** tener algo en cuenta; **accountable** responsable (**to** ante); **accountant** contable *m/f*, L.Am. contador(a) *m(f)*; **accounts** contabilidad *f*

accumulate [ə'kju:mjʊleɪt] *v/t* acumular **2** *v/i* acumularse; **accumulation** acumulación *f*

accuracy ['ækjʊrəsɪ] precisión *f*; **accurate** preciso; **accurately** con precisión

accusation [ækju:'zeɪʃn] acusación *f*; **accuse**: **~ s.o. of sth** acusar a alguien de algo; **accused** LAW acusado(-a) *m(f)*; **accusing** acusador

accustom [ə'kʌstəm]: **get ~ed to** acostumbrarse a

ace [eɪs] *in cards* as *m*; (*in tennis: shot*) ace *m*

ache [eɪk] **1** *n* dolor *m* **2** *v/i* doler

achieve [ə'tʃiːv] conseguir, lograr; **achievement** logro *m*

acid ['æsɪd] ácido *m*

acknowledge [ək'nɒːlɪdʒ] reconocer; **~ receipt of** acusar recibo de; **acknowledge(e)ment** reconocimiento *m*

acoustics [ə'kuːstɪks] acústica *f*

acquaint [ə'kweɪnt] *fml*: **be ~ed with** conocer; **acquaintance** *person* conocido(-a) *m(f)*

acquire [ə'kwaɪr] adquirir; **acquisition** adquisición *f*

acquit [ə'kwɪt] LAW absolver; **acquittal** LAW absolución *f*

acre ['eɪkər] acre *m* (4.047*m*²)

across [ə'krɒːs] **1** *prep* al otro lado de; **sail ~ the Atlantic** cruzar el Atlántico navegando **2** *adv* de un lado a otro; **10 m ~** 10 *m* de ancho

act [ækt] **1** *v/i* THEA actuar **2** *n* (*deed*) of *play* acto *m*; *in vaudeville* número *m*; (*law*) ley *f*

action ['ækʃn] acción *f*; **take ~** actuar

active ['æktɪv] activo; *party member* en activo; **activist** POL activista *m/f*; **activity** actividad *f*

actor ['æktər] actor *m*

actress ['æktrɪs] actriz *f*

actual ['æktʃʊəl] verdadero, real; **actually** en realidad

acute [ə'kjuːt] *pain* agudo; *sense* muy fino

AD [eɪ'diː] (= *anno Domini*) D.C. (= después de Cristo)

ad [æd] ☞ *advertisement*

adamant ['ædəmənt] firme

adapt [ə'dæpt] **1** *v/t* adaptar **2** *v/i of person* adaptarse; **adaptability** adaptability *f*; **adaptable** adaptable; **adaptation** *of play etc* adaptación *f*; **adapter** *electrical* adaptador *m*

add [æd] **1** *v/t* añadir; MATH sumar **2** *v/i of person* sumar
◆ **add on** *v/t* sumar
◆ **add up** **1** *v/t* sumar **2** *v/i fig* cuadrar

addict ['ædɪkt] adicto(-a) *m(f)*; **drug ~** drogadicto(-a) *m(f)*; **addicted** adicto; **addiction** adicción *f*; **addictive** adictivo

addition [ə'dɪʃn] MATH suma *f*; *to list, company etc* incorporación *f*; **in ~** además (**to** de); **additional** adicional; **additive** aditivo *m*; **add-on** extra *m*, accesorio *m*

address [ə'dres] **1** *n* dirección *f* **2** *v/t letter* dirigir; *audience* dirigirse a; **addressee** destinatario(-a) *m(f)*

adequate ['ædɪkwət] suficiente; (*satisfactory*) aceptable; **adequately** suficientemente; (*satisfactorily*) aceptablemente
◆ **adhere to** *surface* adherirse a; *rules* cumplir

adhesive [əd'hiːsɪv] adhesivo *m*

adjacent [ə'dʒeɪsnt] adyacen-

adjective

te

adjective ['ædʒɪktɪv] adjetivo *m*

adjoining [ə'dʒɔɪnɪŋ] contiguo

adjourn [ə'dʒɜːrn] *of meeting* aplazar; **adjournment** aplazamiento *m*

adjust [ə'dʒʌst] ajustar, regular; **adjustable** ajustable, regulable; **adjustment** ajuste *m*; *psychological* adaptación *f*

ad lib [æd'lɪb] **1** *adj* improvisado **2** *v/i* improvisar

administer [əd'mɪnɪstər] administrar; **administration** administración *f*; **administrative** administrativo; **administrator** administrador(a) *m(f)*

admirable ['ædmərəbl] admirable; **admiration** admiración *f*; **admire** admirar; **admirer** admirador(a) *m(f)*; **admiring** de admiración; **admiringly** con admiración

admissible [əd'mɪsəbl] admisible; **admission** (*confession*) confesión *f*; ~ **free** entrada gratis; **admit** *to place* dejar entrar; *to organization* admitir; *to hospital* ingresar; (*confess*) confesar; (*accept*) admitir; **admittance** admisión *f*; **no** ~ prohibido el paso

adolescence [ædə'lesns] adolescencia *f*; **adolescent 1** *n* adolescente *m/f* **2** *adj* de adolescente

adopt [ə'dɑːpt] adoptar; **adoption** adopción *f*

adorable [ə'dɔːrəbl] encantador; **adoration** adoración *f*; **adore** adorar

adrenalin [ə'drenəlɪn] adrenalina *f*

adult ['ædʌlt] **1** *n* adulto(-a) *m(f)* **2** *adj* adulto; **adultery** adulterio *m*

advance [əd'væns] **1** *n money* adelanto *m*; *in science, MIL* avance *m*; **in** ~ con anticipación; *get money* por adelantado **2** *v/i MIL* avanzar; (*make progress*) avanzar, progresar **3** *v/t theory* presentar; *money* adelantar; *knowledge, cause* hacer avanzar; **advanced** avanzado

advantage [əd'væntɪdʒ] ventaja *f*; **take** ~ **of** aprovecharse de; **advantageous** ventajoso

adventure [əd'ventʃər] aventura *f*; **adventurous** aventurero; *investment* arriesgado

adverb ['ædvɜːrb] adverbio *m*

adversary ['ædvərseri] adversario(-a) *m(f)*

adverse ['ædvɜːrs] adverso

advertise ['ædvərtaɪz] **1** *v/t* anunciar **2** *v/i* anunciarse, poner un anuncio; **advertisement** anuncio *m*; **advertiser** anunciante *m/f*; **advertising** publicidad *f*

advice [əd'vaɪs] consejo *m*; **some** ~ un consejo; **advisable** aconsejable; **advise** aconsejar; *government* ase-

sorar
advocate ['ædvəkeɪt] abogar por
aerial ['eriəl] *Br* antena *f*; **aerial photograph** fotografía *f* aérea
aerobics [e'roʊbɪks] aerobic *m*
aerodynamic [eroʊdaɪ'næmɪk] aerodinámico
aeroplane ['eroʊpleɪn] *Br* avión *m*
aerosol ['erəsɑːl] aerosol *m*
aesthetic *Br* ☞ **esthetic**
affair [ə'fer] (*matter*) asunto *m*; (*love* ~) aventura *f*, lío *m*
affection [ə'fekʃn] afecto *m*; **affectionate** afectuoso; **affectionately** con afecto
affirmative [ə'fɜːrmətɪv] afirmativo
affluence ['æfluəns] prosperidad *f*; **affluent** próspero
afford [ə'fɔːrd] permitirse
afloat [ə'floʊt] *boat* a flote
afraid [ə'freɪd]: **be** ~ tener miedo (**of** de); **I'm** ~ *expressing regret* me temo
afresh [ə'freʃ] de nuevo
Africa ['æfrɪkə] África; **African 1** *adj* africano **2** *n* africano(-a) *m(f)*; **African-American 1** *adj* afroamericano **2** *n* afroamericano(-a) *m(f)*
after ['æftər] **1** *prep* después de; **it's ten** ~ **two** son las dos y diez **2** *adv* (*afterward*) después; **the day** ~ el día siguiente
afternoon [æftər'nuːn] tarde *f*; **good** ~ buenas tardes

after sales service servicio *m* posventa; **aftershave** after shave *m*; **afterward** después
again [ə'geɪn] otra vez; **I never saw him** ~ no lo volví a ver
against [ə'genst] contra
age [eɪdʒ] **1** *n* edad *f*; (*era*) era *f*; **she's 5 years of** ~ tiene 5 años **2** *v/i* envejecer; **aged:** ~ **16** con 16 años de edad; **age group** grupo *m* de edades; **age limit** límite *m* de edad
agency ['eɪdʒənsɪ] agencia *f*
agenda [ə'dʒendə] orden *m* del día
agent ['eɪdʒənt] agente *m/f*
aggravate ['ægrəveɪt] agravar; (*annoy*) molestar
aggression [ə'greʃn] agresividad *f*; **aggressive** agresivo; **aggressively** agresivamente
aghast [ə'gæst] horrorizado
agile ['ædʒəl] ágil; **agility** agilidad *f*
agitated ['ædʒɪteɪtɪd] agitado; **agitation** agitación *f*; **agitator** agitador(a) *m(f)*
agnostic [æg'nɑːstɪk] agnóstico(-a) *m(f)*
ago [ə'goʊ]: **two days** ~ hace dos días; **long** ~ hace mucho tiempo
agonize ['ægənaɪz] atormentarse (**over** por); **agonizing** *pain* atroz; *wait* angustioso;
agony agonía *f*
agree [ə'griː] **1** *v/i* estar de acuerdo; *of figures* coincidir;

agreeable

(*reach agreement*) ponerse de acuerdo **2** *v/t price* acordar; **agreeable** (*pleasant*) agradable; **agreement** acuerdo *m*
agricultural [ægrɪˈkʌltʃərəl] agrícola; **agriculture** agricultura *f*
ahead [əˈhed] delante; *movement* adelante; *in race* por delante; **be ~ of** estar por delante de; **plan ~** planear con antelación
aid [eɪd] **1** *n* ayuda *f* **2** *v/t* ayudar
aide [eɪd] asistente *m/f*
Aids [eɪdz] sida *m*
ailing [ˈeɪlɪŋ] *economy* débil
ailment [ˈeɪlmənt] achaque *m*
aim [eɪm] **1** *n* (*objective*) objetivo *m* **2** *v/i in shooting* apuntar; **~ to do sth** tener como intención hacer algo **3** *v/t*: **be ~ed at** *of remark* estar dirigido a; *of gun* estar apuntando a; **aimless** sin objetivos
air [er] **1** *n* aire *m*; **by ~** *travel* en avión; *send mail* por correo aéreo; *in the open ~* al aire libre **2** *v/t room, views* airear; **airbag** airbag *m*; **air-conditioned** con aire acondicionado, climatizado; **air-conditioning** aire *m* acondicionado; **aircraft** avión *m*; **aircraft carrier** portaaviones *m inv*; **air force** fuerza *f* aérea; **air hostess** azafata *f*, *L.Am.* aeromoza *f*; **airline** línea *f* aérea; **airliner** avión *m* de pasajeros; **airmail**: **by**

~ por correo aéreo; **airplane** avión *m*; **airport** aeropuerto *m*; **air terminal** terminal *f* aérea; **air-traffic controller** controlador(a) *m(f)* del tráfico aéreo
aisle [aɪl] pasillo *m*
ajar [əˈdʒɑːr]: **be ~** estar entreabierto
alarm [əˈlɑːrm] **1** *n* alarma *f* **2** *v/t* alarmar; **alarming** alarmante; **alarmingly** de forma alarmante
album [ˈælbəm] álbum *m*
alcohol [ˈælkəhɑːl] alcohol *m*; **alcoholic 1** *n* alcohólico(-a) *m(f)* **2** *adj* alcohólico
alert [əˈlɜːrt] **1** *n signal* alerta *f* **2** *v/t* alertar **3** *adj* alerta
alibi [ˈælɪbaɪ] coartada *f*
alien [ˈeɪlɪən] **1** *n* extranjero(-a) *m(f)*; *from space* extraterrestre *m/f* **2** *adj* extraño; **alienate** alienar
align [əˈlaɪn] alinear
alike [əˈlaɪk] **1** *adj*: **be ~** parecerse **2** *adv* igual; *old and young* **~** viejos y jóvenes sin distinción
alimony [ˈælɪmənɪ] pensión *f* alimenticia
alive [əˈlaɪv]: **be ~** estar vivo
all [ɔːl] **1** *adj* todo(-s) **2** *pron* todo; **~ of us / them** todos nosotros / ellos; **for ~ I know** por lo que sé **3** *adv*: **~ at once** (*suddenly*) de repente; (*at the same time*) a la vez; **~ but** (*except*) todos menos; **~** (*nearly*) casi; **~ the better** mucho mejor; **they're not at ~ alike** no

amateurish

se parecen en nada; *not at ~!* ¡en absoluto!; *two ~* SP empate a dos

allegation [ælɪ'geɪʃn] acusación *f*; **allege** alegar; **alleged** presunto; **allegedly** presuntamente

allegiance [ə'liːdʒəns] lealtad *f*

allergic [ə'lɜːrdʒɪk] alérgico

alleviate [ə'liːvɪeɪt] aliviar

alley ['ælɪ] callejón *m*

alliance [ə'laɪəns] alianza *f*

allocate ['æləkeɪt] asignar; **allocation** asignación *f*

allot [ə'lɒt] asignar

allow [ə'laʊ] (*permit*) permitir; (*calculate for*) calcular

◆ **allow for** tener en cuenta

allowance [ə'laʊəns] (*money*) asignación *f*; (*pocket money*) paga *f*

alloy ['ælɔɪ] aleación *f*

all-'purpose multiuso; **all-round** completo

◆ **allude to** [ə'luːd] aludir a

alluring [ə'lʊrɪŋ] atractivo

all-wheel 'drive con tracción a las cuatro ruedas

ally ['ælaɪ] aliado(-a) *m(f)*

almond ['ɑːmənd] almendra *f*

almost ['ɔːlmoʊst] casi

alone [ə'loʊn] solo

along [ə'lɒŋ] **1** *prep* (*situated beside*) a lo largo de; **walk ~ this path** sigue por esta calle **2** *adv*: **would you like to come ~?** ¿te gustaría venir con nosotros?; **~ with** junto con; **~ all** (*all the time*) todo el tiempo

alongside [əlɒŋ'saɪd] (*in cooperation with*) junto a; (*parallel to*) al lado de

aloof [ə'luːf] distante

aloud [ə'laʊd] en voz alta

alphabet ['ælfəbet] alfabeto *m*; **alphabetical** alfabético

already [ɔːl'redɪ] ya

alright [ɔːl'raɪt] (*not hurt, in working order*) bien; **that's ~** (*don't mention it*) de nada; (*I don't mind*) no importa

altar ['ɒltər] altar *m*

alter ['ɒltər] alterar; **alteration** alteración *f*

alternate 1 ['ɒltərneɪt] *v/i* alternar **2** ['ɒltərnət] *adj* alterno

alternative [ɒl't3ːrnətɪv] **1** *n* alternativa *f* **2** *adj* alternativo; **alternatively** no le queda

although [ɔːl'ðoʊ] aunque, si bien

altitude ['æltɪtuːd] altitud *f*; *of mountain* altura *f*

altogether [ɒːltə'geðər] (*completely*) completamente; (*in all*) en total

altruism ['æltruːɪzm] altruismo *m*; **altruistic** altruista

aluminium [æljʊ'mɪnɪəm] *Br*, **aluminum** [ə'luːmənəm] aluminio *m*

always ['ɒːlweɪz] siempre

a.m. ['eɪem] (*= ante meridiem*) a.m.; *at 11 ~* a las 11 de la mañana

amass [ə'mæs] acumular

amateur ['æmətʃʊr] *unskilled* aficionado(-a) *m(f)*; SP amateur *m/f*; **amateurish** *pej*

amaze

chapucero

amaze [əˈmeɪz] asombrar; **amazed** asombrado; **amazement** asombro *m*; **amazing** asombroso; F (*very good*) alucinante F; **amazingly** increíblemente

Amazon [ˈæməzən] *n*: **the ~** el Amazonas

ambassador [æmˈbæsədər] embajador(a) *m(f)*

amber [ˈæmbər] ámbar

ambience [ˈæmbɪəns] ambiente *m*

ambiguity [æmbɪˈgjuːətɪ] ambigüedad *f*; **ambiguous** ambiguo

ambition [æmˈbɪʃn] *also pej* ambición *f*; **ambitious** ambicioso

ambivalent [æmˈbɪvələnt] ambivalente

amble [ˈæmbl] deambular

ambulance [ˈæmbjʊləns] ambulancia *f*

ambush [ˈæmbʊʃ] **1** *n* emboscada *f* **2** *v/t* tender una emboscada a

amend [əˈmend] enmendar; **amendment** enmienda *f*; **amends**: **make ~ for** compensar

amenities [əˈmiːnətɪz] servicios *mpl*

America [əˈmerɪkə] *continent* América; *USA* Estados *mpl* Unidos; **American 1** *adj North American* estadounidense **2** *n North American* estadounidense *m/f*

amicable [ˈæmɪkəbl] amistoso; **amicably** amistosamente

ammunition [æmjʊˈnɪʃn] munición *f*

amnesia [æmˈniːzɪə] amnesia *f*

amnesty [ˈæmnəstɪ] amnistía *f*

among(st) [əˈmʌŋ(st)] entre

amoral [eɪˈmɔːrəl] amoral

amount [əˈmaʊnt] cantidad *f*

◆ **amount to** ascender a

amphibian [æmˈfɪbɪən] anfibio *m*

ample [ˈæmpl] abundante

amplifier [ˈæmplɪfaɪr] amplificador *m*; **amplify** amplificar

amputate [ˈæmpjʊteɪt] amputar; **amputation** amputación *f*

amuse [əˈmjuːz] (*make laugh*) divertir; (*entertain*) entretener; **amusement** (*merriment*) diversión *f*; (*entertainment*) entretenimiento *m*; **amusement park** parque *m* de atracciones; **amusing** divertido

an [æn] ☞ **a**

anaemia *Br* ☞ **anemia**

anaesthetic *Br* ☞ **anesthetic**

analog [ˈænəlɔːg] analógico; **analogy** analogía *f*

analysis [əˈnæləsɪs] análisis *m inv*; PSYCH psicoanálisis *m inv*; **analyst** analista *m/f*; PSYCH psicoanalista *m/f*; **analytical** analítico; **analyze** analizar; PSYCH psicoanalizar

anarchy [ˈænərkɪ] anarquía *f*

ancestor ['ænsestər] antepasado(-a) *m(f)*
anchor ['æŋkər] **1** *n* NAUT ancla *f*; TV presentador(a) *m(f)* **2** *v/i* NAUT anclar
ancient ['eɪnʃənt] antiguo
and [ænd] y
Andean ['ændiən] andino; **Andes: the ~** los Andes
anemia [ə'niːmɪə] anemia *f*; **anemic** anémico
anesthetic [ænəs'θetɪk] anestesia *f*
angel ['eɪndʒl] ángel *m*
anger ['æŋgər] **1** *n* enfado *m* **2** *v/t* enfadar
angle ['æŋgl] ángulo *m*
angry ['æŋgrɪ] enfadado
animal ['ænɪml] animal *m*
animated ['ænɪmeɪtɪd] animado; **animated cartoon** dibujos *mpl* animados; **animation** animación *f*
animosity [ænɪ'mɑːsətɪ] animosidad *f*
ankle ['æŋkl] tobillo *m*
annex ['æneks] **1** *n building* edificio *m* anexo **2** *v/t state* anexionar
annihilate [ə'naɪəleɪt] aniquilar; **annihilation** aniquilación *f*
anniversary [ænɪ'vɜːrsərɪ] aniversario *m*
announce [ə'naʊns] anunciar; **announcement** anuncio *m*; **announcer** TV, RAD presentador(a) *m(f)*
annoy [ə'nɔɪ] irritar; **annoyance** (*anger*) irritación *f*; (*nuisance*) molestia *f*; **an-**

noying irritante
annual ['ænuəl] anual
annul [ə'nʌl] anular; **annulment** anulación *f*
anonymous [ə'nɑːnɪməs] anónimo
anorexia [ænə'reksɪə] anorexia *f*
another [ə'nʌðər] **1** *adj* otro **2** *pron* otro(-a) *m(f)*; **they helped one ~** se ayudaron (el uno al otro)
answer ['ænsər] **1** *n* respuesta *f*, contestación *f*; *to problem* solución *f* **2** *v/t* responder, contestar; **answerphone** contestador *m*
ant [ænt] hormiga *f*
antagonism [æn'tægənɪzm] antagonismo *m*; **antagonistic** hostil; **antagonize** antagonizar, enfadar
Antarctic [ænt'ɑːrktɪk]: **the ~** el Antártico
antenatal [æntɪ'neɪtl] prenatal
antenna [æn'tenə] antena *f*
antibiotic [æntɪbaɪ'ɑːtɪk] antibiótico *m*
anticipate [æn'tɪsɪpeɪt] esperar, prever; **anticipation** expectativa *f*, previsión *f*
antics ['æntɪks] payasadas *fpl*
antidote ['æntɪdoʊt] antídoto *m*
antifreeze ['æntɪfriːz] anticongelante *m*
antipathy [æn'tɪpəθɪ] antipatía *f*
antiquated ['æntɪkweɪtɪd] anticuado

antique

antique [æn'tiːk] antigüedad *f*
antiseptic [æntɪ'septɪk] **1** *adj* antiséptico **2** *n* antiséptico *m*
antisocial [æntɪ'səʊʃl] antisocial, poco sociable
antivirus program [æntɪ-'vaɪrəs] COMPUT antivirus *m inv*
anxiety [æŋ'zaɪətɪ] ansiedad *f*; **anxious** preocupado; (*eager*) ansioso
any ['enɪ] **1** *adj*: **are there ~ glasses?** ¿hay vasos?; **there isn't ~ bread** no hay pan; **have you ~ idea at all?** ¿tienes alguna idea?; *no matter which* cualquier(a) **2** *pron* alguno(-a); **there isn't ~ left** no queda
anybody ['enɪbɒdɪ] alguien; *no matter who* cualquiera; **there wasn't ~ there** no había nadie allí
anyhow ['enɪhaʊ] en todo caso, de todos modos
anyone ['enɪwʌn] ☞ **anybody**
anything ['enɪθɪŋ] algo; *with negatives* nada; **I didn't hear ~** no oí nada; **~ but** todo menos
anyway ['enɪweɪ] ☞ **anyhow**
anywhere ['enɪweə] en alguna parte; **I can't find it ~** no lo encuentro por ninguna parte
apart [ə'pɑːrt] aparte; **~ from** aparte de
apartment [ə'pɑːrtmənt] apartamento *m*, *Span* piso *m*; **apartment block** bloque

m de apartamentos *or* Span pisos
ape [eɪp] simio *m*
aperitif [ə'perɪtiːf] aperitivo *m*
apologize [ə'pɒlədʒaɪz] disculparse; **apology** disculpa *f*
app [æp] IT app *f*, aplicación *f*
appalling [ə'pɔːlɪŋ] horroroso
apparatus [æpə'reɪtəs] aparatos *mpl*
apparent [ə'pærənt] aparente, evidente; **apparently** al parecer, por lo visto
appeal [ə'piːl] (*charm*) atractivo *m*; *for funds etc* llamamiento *m*; LAW apelación *f*
◆ **appeal for** solicitar
◆ **appeal to** (*be attractive to*) atraer a
appealing [ə'piːlɪŋ] *idea, offer* atractivo
appear [ə'pɪr] aparecer; *in court* comparecer; (*seem*) parecer; **appearance** aparición *f*; *in court* comparecencia *f*; (*look*) apariencia *f*, aspecto *m*
appendicitis [əpendɪ'saɪtɪs] apendicitis *m*
appendix [ə'pendɪks] MED, *of book* apéndice *m*
appetite ['æpɪtaɪt] *also fig* apetito *m*; **appetizer** aperitivo *m*; **appetizing** apetitoso
applaud [ə'plɔːd] aplaudir; **applause** aplauso *m*
apple ['æpl] manzana *f*
appliance [ə'plaɪəns] aparato *m*; *household* electrodomés-

tico *m*
applicable [əˈplɪkəbl] aplicable; **applicant** solicitante *m/f*; **application** *for job etc* solicitud *f*; **apply 1** *v/t rules, ointment* aplicar **2** *v/i of rule, law* aplicarse
◆ **apply for** *job, passport* solicitar; *university* solicitar el ingreso en
◆ **apply to** *(contact)* dirigirse a; *(affect)* aplicarse a
appoint [əˈpɔɪnt] *to position* nombrar; **appointment** *to position* nombramiento *m*; *meeting* cita *f*
appraisal [əˈpreɪz(ə)l] evaluación *f*
appreciable [əˈpriːʃəbl] apreciable; **appreciate 1** *v/t (value)* apreciar; *(be grateful for)* agradecer; *(acknowledge)* ser consciente de **2** *v/i* FIN revalorizarse; **appreciative** agradecido
apprehensive [æprɪˈhensɪv] aprensivo, temeroso
approach [əˈproʊtʃ] **1** *n* aproximación *f*; *(proposal)* propuesta *f*; *to problem* enfoque *m* **2** *v/t (get near to)* aproximarse a; *(contact)* ponerse en contacto con; *problem* enfocar; **approachable** accesible
appropriate [əˈproʊprɪət] apropiado, adecuado
approval [əˈpruːvl] aprobación *f*; **approve 1** *v/i*: **my parents don't ~** a mis padres no les parece bien **2** *v/t* apro-

bar
approximate [əˈprɒksɪmət] aproximado; **approximately** aproximadamente
apricot [ˈæprɪkɒt] albaricoque *m*, L.Am. damasco *m*
April [ˈeɪprəl] abril *m*
apt [æpt] *remark* oportuno; **aptitude** aptitud *f*
aquarium [əˈkweərɪəm] acuario *m*
Arab [ˈærəb] **1** *adj* árabe **2** *n* árabe *m/f*; **Arabic 1** *adj* árabe **2** *n* árabe *m*
arbitrary [ˈɑːrbɪtrərɪ] arbitrario
arbitrate [ˈɑːrbɪtreɪt] arbitrar; **arbitration** arbitraje *m*
arch [ɑːrtʃ] arco *m*
archaeology *Br* ☞ **archeology**
archaic [ɑːrˈkeɪɪk] arcaico
archeological [ɑːrkɪəˈlɒdʒɪkl] arqueológico; **archeologist** arqueólogo(-a) *m(f)*; **archeology** arqueología *f*
architect [ˈɑːrkɪtekt] arquitecto(-a) *m(f)*; **architectural** arquitectónico; **architecture** arquitectura *f*
archives [ˈɑːrkaɪvz] archivos *mpl*
Arctic [ˈɑːrktɪk]: **the ~** el Ártico
ardent [ˈɑːrdənt] ardiente
arduous [ˈɑːrdjʊəs] arduo
area [ˈerɪə] área *f*; *f*; **area code** TELEC prefijo *m*
arena [əˈriːnə] SP estadio *m*
Argentina [ɑːrdʒənˈtiːnə] Argentina; **Argentinian 1** *adj*

arguably

argentino **2** *n* argentino(-a) *m(f)*

arguably ['ɑːrgjʊəblɪ] posiblemente; **argue** discutir; *(reason)* argumentar; **argument** discusión *f*; *(reasoning)* argumento *m*

arid ['ærɪd] *land* árido

arise [ə'raɪz] *of situation* surgir

arithmetic [ə'rɪθmətɪk] aritmética *f*

arm[1] [ɑːrm] *n* brazo *m*

arm[2] [ɑːrm] *v/t* armar

armaments ['ɑːrməmənts] armamento *m*

armchair ['ɑːrmtʃer] sillón *m*

armed [ɑːrmd] armado; **armed forces** fuerzas *fpl* armadas; **armed robbery** atraco *m* a mano armada

'armpit sobaco *m*

arms [ɑːrmz] *(weapons)* armas *fpl*

army ['ɑːrmɪ] ejército *m*

around [ə'raʊnd] **1** *prep (enclosing)* alrededor de; **it's ~ the corner** está a la vuelta de la esquina **2** *adv (in the area)* por ahí; *(encircling)* alrededor de; *(roughly)* alrededor de; *(with expressions of time)* en torno a

arouse [ə'raʊz] despertar; *sexually* excitar

arrange [ə'reɪndʒ] *(put in order)* ordenar; *flowers, music* arreglar; *meeting etc* organizar; *time and place* acordar; **I've ~d to meet her** he quedado con ella; **arrangement**

(plan) plan *m*, preparativo *m*; *(agreement)* acuerdo *m*; *(layout)* disposición *f*; *of flowers, music* arreglo *m*

arrears [ə'rɪərz] atrasos *mpl*

arrest [ə'rest] **1** *n* detención *f*, arresto *m* **2** *v/t* detener, arrestar

arrival [ə'raɪvl] llegada *f*; **arrive** llegar

♦ **arrive at** llegar a

arrogance ['ærəgəns] arrogancia *f*; **arrogant** arrogante

arrow ['æroʊ] flecha *f*

arson ['ɑːrsn] incendio *m* provocado

art [ɑːrt] arte *m*

artery ['ɑːrtərɪ] arteria *f*

art gallery museo *m*; *private* galería *f* de arte

arthritis [ɑːr'θraɪtɪs] artritis *f*

artichoke ['ɑːrtɪtʃoʊk] alcachofa *f*, *L.Am.* alcaucil *m*

article ['ɑːrtɪkl] artículo *m*

articulate [ɑːr'tɪkjʊlət] *person* elocuente

artificial [ɑːrtɪ'fɪʃl] artificial

artillery [ɑːr'tɪlərɪ] artillería *f*

artist ['ɑːrtɪst] artista *m/f*; **artistic** artístico

'arts degree licenciatura *f* en letras

as [æz] **1** *conj (while, when)* cuando; *(because, like)* como; **~ if** como si; **~ usual** como de costumbre **2** *adv* como; **~ high ~ ...** tan alto como...; **~ much ~ that?** ¿tanto? **3** *prep* como; **work ~ a teacher** trabajar como profesor; **~ for** por lo que respecta a;

from *or* **of** a partir de
ash [æʃ] ceniza *f*
ashamed [əˈʃeɪmd] avergonzado, *L.Am.* apenado
'ash can cubo *m* de la basura
ashore [əˈʃɔːr] en tierra; ***go ~*** desembarcar
ashtray [ˈæʃtreɪ] cenicero *m*
Asia [ˈeɪʒə] Asia; **Asian 1** *adj* asiático **2** *n* asiático(-a) *m(f)*; **Asian American** norteamericano(-a) *m(f)* de origen asiático
aside [əˈsaɪd] a un lado
ask [æsk] *person* preguntar; *question* hacer; *(invite)* invitar; *favor* pedir; **~ s.o. for sth** pedir algo a alguien
◆ **ask after** *person* preguntar por
◆ **ask for** pedir
◆ **ask out** invitar a salir
asleep [əˈsliːp] dormido; ***fall ~*** dormirse
asparagus [əˈspærəgəs] espárragos *mpl*
aspect [ˈæspekt] aspecto *m*
aspiration [æspəˈreɪʃn] aspiración *f*
aspirin [ˈæsprɪn] aspirina *f*
ass[1] [æs] *(idiot)* burro(-a) *m(f)*
ass[2] [æs] P *(butt)* culo P
assassin [əˈsæsɪn] asesino(-a) *m(f)*; **assassinate** asesinar; **assassination** asesinato *m*
assault [əˈsɔːlt] **1** *n* agresión *f*; *(attack)* ataque *m* **2** *v/t* atacar, agredir
assemble [əˈsembl] **1** *v/t parts*

montar **2** *v/i of people* reunirse; **assembly** *of parts* montaje *m*; POL asamblea *f*; **assembly line** cadena *f* de montaje
assent [əˈsent] asentir
assertive [əˈsɜːrtɪv] *person* seguro y firme
assess [əˈses] *situation* evaluar; *value* valorar; **assessment** evaluación *f*
asset [ˈæset] FIN activo *m*; *fig* ventaja *f*
assign [əˈsaɪn] asignar; **assignment** *(task)* trabajo *m*
assimilate [əˈsɪmɪleɪt] asimilar; *in group* integrar
assist [əˈsɪst] ayudar; **assistance** ayuda *f*, asistencia *f*; **assistant** ayudante *m/f*; **assistant manager** subdirector(a) *m(f)*
associate [əˈsouʃieɪt] **1** *v/t* asociar **2** *v/i*: **~ with** relacionarse con **3** *n* colega *m/f*; **association** asociación *f*
assortment [əˈsɔːrtmənt] *of food* surtido *m*; *of people* diversidad *f*
assume [əˈsuːm] *(suppose)* suponer; **assumption** suposición *f*
assurance [əˈʃʊrəns] garantía *f*, *(confidence)* seguridad *f*; **assure** *(reassure)* asegurar
asthma [ˈæsmə] asma *f*
astonish [əˈstɑːnɪʃ] asombrar; **astonishing** asombroso; **astonishment** asombro *m*
astound [əˈstaʊnd] pasmar

astride [ə'straɪd] a horcajadas sobre
astrology [ə'strɒlədʒɪ] astrología *f*
astronaut ['æstrənɔːt] astronauta *m/f*
astronomer [ə'strɒnəmər] astrónomo(-a) *m(f)*; **astronomical** *price etc* astronómico; **astronomy** astronomía *f*
astute [ə'stjuːt] astuto, sagaz
asylum [ə'saɪləm] asilo *m*; *mental* manicomio *m*
at [æt] *with places in*: ~ *Joe's house* en casa de Joe; ~ *the door* a la puerta; ~ *10 dollars* a 10 dólares; ~ *the age of 18* a los 18 años; ~ *5 o'clock* a las 5; *be good* ~ *sth* ser bueno haciendo algo
atheist ['eɪθɪɪst] ateo(-a) *m(f)*
athlete ['æθliːt] atleta *m/f*; **athletic** atlético; **athletics** atletismo *m*
Atlantic [ət'læntɪk]: *the* ~ el Atlántico
atlas ['ætləs] atlas *m inv*
ATM [eɪtiː'em] (= *automatic teller machine*) cajero *m* automático
atmosphere ['ætməsfɪər] atmósfera *f*; (*ambience*) ambiente *m*
atom ['ætəm] átomo *m*; **atomic** atómico
atone [ə'təʊn] ~ *for* expiar
atrocious [ə'trəʊʃəs] atroz; **atrocity** atrocidad *f*
at-'seat TV televisor en el respaldo del asiento
attach [ə'tætʃ] sujetar, fijar;

importance atribuir; **attachment** *to e-mail* archivo *m* adjunto
attack [ə'tæk] **1** *n* ataque *m* **2** *v/t* atacar
attempt [ə'tempt] **1** *n* intento *m* **2** *v/t* intentar
attend [ə'tend] acudir a
◆ **attend to** ocuparse de
attendance [ə'tendəns] asistencia *f*; **attendant** *in museum etc* vigilante *m/f*
attention [ə'tenʃn] atención *f*; *pay* ~ prestar atención; **attentive** atento
attic ['ætɪk] ático *m*
attitude ['ætɪtjuːd] actitud *f*
attorney [ə'tɜːrnɪ] abogado(-a) *m(f)*
attract [ə'trækt] atraer; **attraction** atracción *f*; **attractive** atractivo
auction ['ɔːkʃn] subasta *f*, *L.Am.* remate *m*
audacity [ɔː'dæsətɪ] audacia *f*
audible ['ɔːdəbl] audible
audience ['ɔːdɪəns] público *m*; TV audiencia *f*
audio ['ɔːdɪəʊ] de audio; **audio guide, audioguide** audioguía *f*; **audiovisual** audiovisual
audit ['ɔːdɪt] **1** *n* auditoría *f* **2** *v/t* auditar; *course* asistir de oyente a
audition [ɔː'dɪʃn] **1** *n* audición *f* **2** *v/i* hacer una prueba
auditor ['ɔːdɪtər] FIN auditor(a) *m(f)*
auditorium [ɔːdɪ'tɔːrɪəm] *of theater etc* auditorio *m*

August ['ɔːɡəst] agosto *m*
aunt [ænt] tía *f*
au pair [ou'per] au pair *m/f*
aura ['ɔːrə] aura *f*
auspicious [ɔː'spɪʃəs] propicio
austere [ɔː'stɪːr] austero; **austerity** austeridad *f*
Australia [ɔː'streɪlɪə] Australia; **Australian 1** *adj* australiano **2** *n* australiano(-a) *m(f)*
Austria ['ɔːstrɪə] Austria; **Austrian 1** *adj* austriaco **2** *n* austriaco(-a) *m(f)*
authentic [ɔː'θentɪk] auténtico; **authenticity** autenticidad *f*
author ['ɔːθər] escritor(a) *m(f)*; *of text* autor(a) *m(f)*
authoritarian [əθɔːrɪ'terɪən] autoritario; **authoritative** autorizado; **authority** autoridad *f*; (*permission*) autorización *f*; **authorization** autorización *f*; **authorize** autorizar
autistic [ɔː'tɪstɪk] autista
autobiography [ɔːtəbaɪ'ɑːɡrəfɪ] autobiografía *f*
autocratic [ɔːtə'krætɪk] autocrático
autograph ['ɔːtəɡræf] autógrafo *m*
automate ['ɔːtəmeɪt] automatizar; **automatic 1** *adj* automático **2** *n car* (coche *m*) automático *m*; **automatically** automáticamente; **automation** automatización *f*

automobile ['ɔːtəmoʊbiːl] automóvil *m*, coche *m*, *L.Am.* carro *m*, *Rpl* auto *m*; **automobile industry** industria *f* automovilística
autonomous [ɔː'tɑːnəməs] autónomo
autopilot ['ɔːtoʊpaɪlət] piloto *m* automático
autopsy ['ɔːtɑːpsɪ] autopsia *f*
autumn ['ɔːtəm] *Br* otoño *m*
auxiliary [ɔːɡ'zɪljərɪ] auxiliar
available [ə'veɪləbl] disponible
avalanche ['ævəlænʃ] avalancha *f*, alud *m*
avenue ['ævənuː] avenida *f*; *fig* camino *m*
average ['ævərɪdʒ] **1** *adj* medio; (*mediocre*) regular **2** *n* promedio *m*, media *f*; **on ~** como promedio, de media
♦ **average out at** salir a
averse [ə'vɜːrs]: **not be ~ to** no ser reacio a; **aversion** aversión *f*
avid ['ævɪd] ávido
avocado [ɑːvə'kɑːdoʊ] aguacate *m*, *S.Am.* palta *f*
avoid [ə'vɔɪd] evitar
await [ə'weɪt] aguardar, esperar
awake [ə'weɪk] despierto
award [ə'wɔːrd] **1** *n* (*prize*) premio *m* **2** *v/t prize, damages* conceder; **awards ceremony** ceremonia *f* de entrega de premios
aware [ə'wer]: **be ~ of sth** ser consciente de algo; **become ~ of sth** darse cuenta de

awareness

algo; **awareness** conciencia f

away [ə'weɪ]: ***look ~*** mirar hacia otra parte; ***it's 5 miles ~*** está a 5 millas; ***take sth ~ from s.o.*** quitar algo a alguien; ***be ~*** estar fuera; **away game** SP partido m fuera de casa

awesome ['ɒːsəm] F alucinante F; **awful** horrible

awkward ['ɔːkwəd] *(clumsy)* torpe; *(difficult)* difícil; *(embarrassing)* embarazoso; ***feel ~*** sentirse incómodo

ax, *Br* **axe** [æks] **1** *n* hacha *f* **2** *v/t project* suprimir; *budget, job* recortar

axle ['æksl] eje *m*

B

baby ['beɪbɪ] bebé *m*; **babysit** hacer de *Span* canguro *or L.Am.* babysitter

bachelor ['bætʃələr] soltero *m*

back [bæk] **1** *n of person, clothes* espalda *f*; *of car, bus, house* parte *f* trasera; *of paper, book* dorso *m*; *of drawer* fondo *m*; *of chair* respaldo *m*; SP defensa *m/f*; ***in ~ in store*** en la trastienda; ***in the ~ (of the car)*** atrás (del coche); ***~ to front*** del revés **2** *adj* trasero **3** *adv* atrás; ***give sth ~ to s.o.*** devolver algo a alguien; ***she'll be ~ tomorrow*** volverá mañana **4** *v/t (support)* apoyar; *horse* apostar por

◆ **back down** echarse atrás

◆ **back out** *of commitment* echarse atrás

◆ **back up 1** *v/t (support)* respaldar; *file* hacer una copia de seguridad de **2** *v/i in car* dar marcha atrás

'**backache** dolor *m* de espalda; **backbone** columna *f* vertebral; **backdate**: ***~d to ...*** con efecto retroactivo a partir del...; **backdoor** puerta *f* trasera; **backer**: ***the ~s of the movie*** las personas que financiaron la película; **background** fondo *m*; *of person* origen *m*; *of situation* contexto *m*; **backhand** *in tennis* revés *m*; **backing** *(support)* apoyo *m*; MUS acompañamiento *m*; **backing group** grupo *m* de acompañamiento; **backlash** reacción *f* violenta; **backlog** acumulación *f*; **backpack** mochila *f*; **backpacker** mochilero(-a) *m(f)*; **back seat** asiento *m* trasero; **back streets** callejuelas *fpl*; *poorer part* zonas *fpl* deprimidas; **backstroke** SP espalda *f*; **backtrack** volver atrás; **backup** *(support)* apoyo *m*; *for police* refuerzos *mpl*; COMPUT copia *f* de seguridad; **backyard** jardín *m* trasero

bacon ['beɪkən] tocino *m*, *Span* bacon *m*

bacteria [bæk'tɪrɪə] bacterias *fpl*

bad [bæd] malo; *before singular masculine noun* mal; *headache etc* fuerte; *mistake, accident* grave; ***that's really too ~*** *(shame)* es una verdadera pena

badge [bædʒ] insignia *f*; *of policeman* placa *f*

bad 'language palabrotas *fpl*; **badly** injured gravemente; *damaged* seriamente; *work etc* fuerte; **he ~ needs ...** necesita urgentemente...

badminton ['bædmɪntən] bádminton *m*

bad-tempered [bæd'tempərd] malhumorado

baffle ['bæfl] confundir

bag [bæg] bolsa *f*; *for school* cartera *f*; *(purse)* bolso *m*, *S.Am.* cartera *f*

baggage ['bægɪdʒ] equipaje *m*; **baggage check** consigna *f*

baggy ['bægɪ] ancho

bail [beɪl] LAW libertad *f* bajo fianza; *(money)* fianza *f*; **on ~** bajo fianza

bait [beɪt] cebo *m*

bake [beɪk] hornear; **baked potato** *Span* patata *f* or *L.Am.* papa *f* asada (*con piel*); **baker** panadero(-a) *m(f)*; **bakery** panadería *f*

balance ['bæləns] **1** *n* equilibrio *m*; *(remainder)* resto *m*; *of bank account* saldo *m* **2** *v/t* poner en equilibrio **3** *v/i* mantenerse en equilibrio; *of accounts* cuadrar; **balanced** *(fair)* objetivo; *diet, personality* equilibrado; **balance sheet** balance *m*

balcony ['bælkənɪ] balcón *m*; *in theater* anfiteatro *m*

bald [bɔːld] calvo; **balding** medio calvo

ball [bɔːl] pelota *f*; *football size* balón *m*, pelota *f*; *billiard-ball size* bola *f*

ballad ['bæləd] balada *f*

ballet [bæ'leɪ] ballet *m*; **ballet dancer** bailarín(-ina) *m(f)*

'ball game *(baseball)* partido *m* de béisbol

ballistic missile [bə'lɪstɪk] misil *m* balístico

balloon [bə'luːn] globo *m*

ballot ['bælət] **1** *n* voto *m* **2** *v/t members* consultar por votación; **ballot box** urna *f*; **ballot paper** papeleta *f*

'ballpark *(baseball)* campo *m* de béisbol; **ballpark figure** F cifra *f* aproximada; **ballpoint (pen)** bolígrafo *m*, *Mex* pluma *f*, *Rpl* birome *m*

balls [bɔːlz] V huevos *mpl* V

bamboo [bæm'buː] bambú *m*

ban [bæn] **1** *n* prohibición *f* **2** *v/t* prohibir

banal [bə'næl] banal

banana [bə'nænə] plátano *m*, *Rpl* banana *f*

band

band [bænd] banda *f*; *pop* grupo *m*
bandage ['bændɪdʒ] **1** *n* vendaje *m* **2** *v/t* vendar
'**Band-Aid**® *Span* tirita *f*, *L.Am.* curita *f*
bandit ['bændɪt] bandido *m*
bandy ['bændɪ] *legs* arqueado
bang [bæŋ] **1** *n noise* estruendo *m*; (*blow*) golpe *m* **2** *v/t door* cerrar de un portazo; (*hit*) golpear
bangle ['bæŋl] brazalete *m*
bangs [bæŋz] flequillo *m*
banisters ['bænɪstərz] barandilla *f*
banjo ['bændʒoʊ] banjo *m*
bank[1] [bæŋk] *of river* orilla *f*
bank[2] [bæŋk] FIN banco *m*
◆ **bank on** contar con
'**bank account** cuenta *f* (bancaria); **banker** banquero *m*; **banker's card** tarjeta *f* bancaria; **banking** banca *f*; **bank loan** préstamo *m* bancario; **bank manager** director(a) *m(f)* de banco; **bank rate** tipo *m* de interés bancario; **bankroll** financiar; **bankrupt** en bancarrota *or* quiebra; *go ~* quebrar; **bankruptcy** quiebra *f*, bancarrota *f*
banner ['bænər] pancarta *f*
banquet ['bæŋkwɪt] banquete *m*
baptism ['bæptɪzm] bautismo *m*; **baptize** bautizar
bar[1] [baːr] *n of iron* barra *f*; *of chocolate* tableta *f*; *for drinks* bar *m*; (*counter*) barra *f*

bar[2] [baːr] *v/t from premises* prohibir la entrada a
barbaric [baːr'bærɪk] brutal
barbecue ['baːrbɪkjuː] **1** *n* barbacoa *f* **2** *v/t* cocinar en la barbacoa
barbed wire [baːrbd] alambre *f* de espino
barber ['baːrbər] barbero *m*
'**bar code** código *m* de barras
bare [ber] desnudo; *room* vacío; *floor* descubierto; **barefoot** descalzo; **bare-headed** sin sombrero; **barely** apenas
bargain ['baːrgɪn] **1** *n* (*deal*) trato *m*; (*good buy*) ganga *f* **2** *v/i* regatear
barge [baːrdʒ] NAUT barcaza *f*
◆ **barge into** *person* tropezarse con; *room* irrumpir en
baritone ['bærɪtoʊn] barítono *m*
bark[1] [baːrk] **1** *n of dog* ladrido *m* **2** *v/i* ladrar
bark[2] [baːrk] *n of tree* corteza *f*
barn [baːrn] granero *m*
barometer [bə'raːmɪtər] *also fig* barómetro *m*
barracks ['bærəks] MIL cuartel *m*
barrel ['bærəl] tonel *m*, barril *m*
barren ['bærən] *land* yermo
barrette [bə'ret] pasador *m*
barricade [bærɪ'keɪd] barricada *f*
barrier ['bærɪər] barrera *f*
'**bar tender** camarero(-a) *m(f)*, *L.Am.* mesero(-a) *m(f)*, *Rpl* mozo(-a) *m(f)*

barter ['bɑːrtər] **1** *n* trueque *m* **2** *v/t* trocar (**for** por)

base [beɪs] **1** *n* base *f* **2** *v/t* basar (**on** en); **baseball** béisbol *m*; **ball** pelota *f* de béisbol; **baseball cap** gorra *f* de béisbol; **baseboard** rodapié *m*; **basement** *of house* sótano *m*

basic ['beɪsɪk] (*rudimentary*) básico; *room* sencillo; *skills* elemental; (*fundamental*) fundamental; **basically** básicamente

basin ['beɪsn] *for washing* barreño *m*; *in bathroom* lavabo *m*

basis ['beɪsɪs] base *f*

bask [bæsk] tomar el sol

basket ['bæskɪt] cesta *f*; *in basketball* canasta *f*; **basketball** *game* baloncesto *m*, *L.Am.* básquetbol *m*; *ball* balón *m* or pelota *f* de baloncesto

Basque [bæsk] **1** *adj* vasco **2** *n person* vasco(-a) *m(f)*; *language* vasco *m*

bass [beɪs] bajo *m*; *instrument* contrabajo *m*

bastard ['bæstərd] P cabrón (-ona) *m(f)* P

bat¹ [bæt] **1** *n baseball* bate *m*; *table tennis* pala *f* **2** *v/i in baseball* batear

bat² [bæt] (*animal*) murciélago *m*

batch [bætʃ] *of students* tanda *f*; *of bread* hornada *f*; *of products* lote *m*

bath [bæθ] baño *m*

bathe [beɪð] bañarse

bathrobe albornoz *m*; **bathroom** cuarto *m* de baño; (*toilet*) servicio *m*, *L.Am.* baño *m*; **bath towel** toalla *f* de baño; **bathtub** bañera *f*

batter ['bætər] asa *f*; *in baseball* bateador(a) *m(f)*; **battered** maltratado

battery ['bætərɪ] pila *f*; *in computer, car* batería *f*

battle ['bætl] **1** *n* batalla *f* **2** *v/i against illness etc* luchar; **battleship** acorazado *m*

bawl [bɔːl] (*shout*) gritar, vociferar; (*weep*) berrear

bay [beɪ] (*inlet*) bahía *f*

BC [biː'siː] (= *before Christ*) A.C. (= antes de Cristo)

be [biː] ◇ *permanent characteristics, profession, nationality* ser; *position, temporary condition* estar; **there is, there are** hay; ◇ **has the mailman been?** ¿ha venido el cartero?; **I've never been to Japan** no he estado en Japón; ◇ *tags:* **that's right, isn't it?** eso es, ¿no?; **she's Chinese, isn't she?** es china, ¿verdad? ◇ *passive:* **he was arrested** fue detenido, lo detuvieron

beach [biːtʃ] playa *f*; **beachwear** ropa *f* playera

beads [biːdz] cuentas *fpl*

beak [biːk] pico *m*

beam [biːm] **1** *n in ceiling etc* viga *f* **2** *v/i* (*smile*) sonreír de oreja a oreja

bean [biːn] judía *f*, alubia *f*,

bear

L.Am. frijol *m*, *S.Am.* poroto *m*
bear¹ [ber] *n animal* oso(-a) *m(f)*
bear² [ber] *v/t weight* resistir; *costs* correr con; *(tolerate)* soportar; **bearable** soportable
beard [bɪrd] barba *f*
beat [biːt] **1** *n of heart* latido *m*; *of music* ritmo *m* **2** *v/i of heart* latir; *of rain* golpear **3** *v/t in competition* derrotar, ganar a; *(hit)* pegar a; *(pound)* golpear
◆ **beat up** dar una paliza a
beaten ['biːtn] *bonito*, **off the ~ track** retirado; **beating** *physical* paliza *f*; **beat-up** F destartalado *f*
beautiful ['bjuːtɪfl] bonito, precioso, *L.Am.* lindo; *smell, taste, meal* delicioso, *L.Am.* rico; *vacation* estupendo; **beautifully** *cooked, done* perfectamente; **beauty** belleza *f*
beaver ['biːvər] castor *m*
because [bɪ'kɔːz] porque; **~ of** debido a, a causa de
become [bɪ'kʌm] hacerse, volverse; *it became clear that...* quedó claro que...; *what's ~ of her?* ¿qué fue de ella?; **becoming** favorecedor
bed [bed] cama *f*; *of flowers* macizo; *of sea* fondo *m*; *of river* cauce *m*; *go to ~* ir a la cama; **bedding** ropa *f* de cama; **bedridden: be ~** estar postrado en cama; **bedroom**

dormitorio *m*, *L.Am.* cuarto *m*; **bedtime** hora *f* de irse a la cama
bee [biː] abeja *f*
beech [biːtʃ] haya *f*
beef [biːf] carne *f* de vaca; **beefburger** hamburguesa *f*
beep [biːp] **1** *n* pitido *m* **2** *v/i* pitar
beer [bɪr] cerveza *f*
beet [biːt] remolacha *f*
beetle ['biːtl] escarabajo *m*
before [bɪ'fɔːr] **1** *prep* antes de **2** *adv* antes; *I've seen this movie ~* ya he visto esta película; *the ~* la semana anterior **3** *conj* antes de que; **beforehand** de antemano
befriend [bɪ'frend] hacerse amigo de
beg [beg] **1** *v/i* mendigar, pedir **2** *v/t*: **~ s.o. to do sth** suplicar a alguien que haga algo; **beggar** mendigo(-a) *m(f)*
begin [bɪ'gɪn] empezar, comenzar (*to do* a hacer); **beginner** principiante *m/f*; **beginning** principio *m*, comienzo *m*; *(origin)* origen *m*
behalf [bɪ'hɑːf]: **on ~ of** en nombre de
behave [bɪ'heɪv] comportarse, portarse; **~** (*yourself*)! ¡pórtate bien!; **behavior**, *Br* **behaviour** comportamiento *m*, conducta *f*
behind [bɪ'haɪnd] **1** *prep* detrás de; **be ~ ...** (*responsible*) estar detrás de...; (*support*) respaldar... **2** *adv* (*at*

betrayal

the back) detrás; ***leave sth ~*** dejarse algo
beige [beɪʒ] beige, *Span* beis
being [ˈbiːɪŋ] ser *m*
belated [bɪˈleɪtɪd] tardío
belch [beltʃ] **1** *n* eructo *m* **2** *v/i* eructar
Belgian [ˈbeldʒən] **1** *adj* belga **2** *n* belga *m/f*; **Belgium** Bélgica
belief [bɪˈliːf] creencia *f*; **believe** creer
◆ **believe in** creer en
believer [bɪˈliːvər] REL creyente *m/f*; *fig* partidario(-a) *m(f)* (**in** de)
Belize [beˈliːz] Belice
bell [bel] timbre *m*; *of church* campana *f*; **bellhop** botones *m inv*
belligerent [bɪˈlɪdʒərənt] beligerante
bellow [ˈbeloʊ] bramar
belly [ˈbeli] estómago *m*; *fat* barriga *f*; *of animal* panza *f*
◆ **belong to** pertenecer a
belongings [bɪˈlɒːŋɪŋz] pertenencias *fpl*
beloved [bɪˈlʌvɪd] querido
below [bɪˈloʊ] **1** *prep* debajo de; *in amount, level* por debajo de **2** *adv* abajo; *in text* más abajo; ***10 degrees ~*** 10 grados bajo cero
belt [belt] cinturón *m*
benchmark [ˈbentʃmɑːrk] punto *m* de referencia
bend [bend] **1** *n* curva *f* **2** *v/t* doblar **3** *v/i* torcer, girar; *of person* flexionarse
◆ **bend down** agacharse

beneath [bɪˈniːθ] **1** *prep* debajo de **2** *adv* abajo
benefactor [ˈbenɪfæktər] benefactor(a) *m(f)*
beneficial [benɪˈfɪʃl] beneficioso
benefit [ˈbenɪfɪt] **1** *n* beneficio *m* **2** *v/t* beneficiar **3** *v/i* beneficiarse
benevolent [bɪˈnevələnt] benevolente
benign [bɪˈnaɪn] agradable; MED benigno
bequeath [bɪˈkwiːð] *also fig* legar; **bequest** legado *m*
beret [bəˈreɪ] boina *f*
berry [ˈberi] baya *f*
berth [bɜːrθ] *on ship* litera *f*; *on train* camarote *m*; *for ship* amarradero *m*
beside [bɪˈsaɪd] al lado de; ***be ~ o.s.*** estar fuera de sí; ***that's ~ the point*** eso no tiene nada que ver
besides [bɪˈsaɪdz] **1** *adv* además **2** *prep* (*apart from*) además de
best [best] **1** *adj & adv* mejor; ***which did you like ~?*** ¿cuál te gustó más? **2** *n*: ***do one's ~*** hacer todo lo posible; ***the ~*** el / la mejor; ***all the ~!*** ¡que te vaya bien!; ***best before date*** fecha *f* de caducidad; ***best man*** *at wedding* padrino *m*
bet [bet] **1** *n* apuesta *f* **2** *v/t & v/i* apostar; ***you ~!*** ¡ya lo creo!
betray [bɪˈtreɪ] traicionar; *husband, wife* engañar; **be-**

trayal traición *f*; *of husband, wife* engaño *m*
better ['betər] **1** *adj* & *adv* mejor; *get* ~ mejorar; *I'd really* ~ *not* mejor no; *I like her* ~ me gusta más ella; **better-off** (*wealthier*) más rico
between [bɪ'twiːn] entre
beware [bɪ'wer]: ~ *of* tener cuidado con
bewilder [bɪ'wɪldər] desconcertar; **bewilderment** desconcierto *m*
beyond [bɪ'jɑːnd] más allá de
bias ['baɪəs] *against* prejuicio *m*; *in favor* favoritismo *m*; **bias(s)ed** parcial
Bible ['baɪbl] Biblia *f*; **biblical** bíblico
bicentennial [baɪsen'tenɪəl] bicentenario *m*
bicker ['bɪkər] reñir, discutir
bicycle ['baɪsɪkl] bicicleta *f*
bid [bɪd] **1** *n* at auction puja *f*; (*attempt*) intento *m* **2** *v/i* at auction pujar; **bidder** postor(a) *m(f)*
biennial [baɪ'enɪəl] bienal
big [bɪg] **1** *adj* grande; *before singular nouns* gran; *my* ~ *brother* / *sister* mi hermano / hermana mayor **2** *adv*: *talk* ~ alardear
bigamist ['bɪgəmɪst] bígamo(-a) *m(f)*
'bighead F creído(-a) *m(f)* F
bigot ['bɪgət] fanático(-a) *m(f)*, intolerante *m/f*
bike [baɪk] F bici *f* F; *motorbike* moto *f* F; **biker** motero(-a) *m(f)*

bikini [bɪ'kiːnɪ] biquini *m*
bilingual [baɪ'lɪŋgwəl] bilingüe
bill [bɪl] *for gas, electricity* factura *f*; (*money*) billete *m*; POL proyecto *m* de ley; (*poster*) cartel *m*; *Br in restaurant etc* cuenta *f*; **billboard** valla *f* publicitaria; **billfold** cartera *f*, billetera *f*
billion ['bɪljən] mil millones *mpl*, millardo *m*
bin [bɪn] cubo *m*
bind [baɪnd] (*connect*) unir; (*tie*) atar; LAW obligar; **binding** *agreement* vinculante
binoculars [bɪ'nɑːkjulərz] prismáticos *mpl*
biodegradable [baɪoʊdɪ-'greɪdəbl] biodegradable
biographer [baɪ'ɑːgrəfər] biógrafo(-a) *m(f)*; **biography** biografía *f*
biological [baɪoʊ'lɑːdʒɪkl] biológico; **biology** biología *f*
bird [bɜːrd] ave *f*, pájaro *m*
biro® ['baɪroʊ] *Br* bolígrafo *m*, *Mex* pluma *f*, *Rpl* birome *m*
birth [bɜːrθ] nacimiento *m*; (*labor*) parto *m*; *give* ~ *to child* dar a luz; *of animal* parir; *date of* ~ fecha *f* de nacimiento; **birth certificate** partida *f* de nacimiento; **birth control** control *m* de natalidad; **birthday** cumpleaños *m inv*; *happy* ~! ¡feliz cumpleaños!
biscuit ['bɪskɪt] bollo *m*, panecillo *m*; *Br* galleta *f*
bisexual ['baɪseksjʊəl] **1** *adj*

bisexual 2 *n* bisexual *m/f*
bishop ['bɪʃəp] obispo *m*
bit [bɪt] (*piece*) trozo *m*; (*part*) parte *f*; *of puzzle* pieza *f*; COMPUT bit *m*; **a~ of** (*a little*) un poco de
bitch [bɪtʃ] **1** *n dog* perra *f*; F *woman* zorra *f* F **2** *v/i* F (*complain*) quejarse
bite [baɪt] **1** *n of dog* mordisco *m*; *of mosquito, snake* picadura *f*; *of food* bocado *m* **2** *v/t* & *v/i of dog* morder; *of mosquito, flea, snake* picar
bitter ['bɪtər] amargo; *person* resentido
black [blæk] **1** *adj* negro; *coffee* solo; *tea* sin leche **2** *n* (*color*) negro *m*; (*person*) negro(-a) *m(f)* neg
◆ **black out** (*faint*) perder el conocimiento
'**blackboard** pizarra *f*, encerado *m*; **black coffee** café *m* solo; **black economy** *f* sumergida; **black eye** ojo *m* morado; **blacklist** lista *f* negra; **blackmail 1** *n* chantaje *m* **2** *v/t* chantajear; **black market** mercado *m* negro; **blackness** oscuridad *f*; **blackout** ELEC apagón *m*; MED desmayo *m*
bladder ['blædər] vejiga *f*
blade [bleɪd] hoja *f*; *of propeller* pala *f*; *of grass* brizna *f*
blame [bleɪm] **1** *n* culpa *f* **2** *v/t* culpar
bland [blænd] *smile* insulso; *food* insípido
blank [blæŋk] **1** *adj* (*not writ-*

blind

ten on) en blanco; *tape* virgen; *look* inexpresivo **2** *n* (*empty space*) espacio *m* en blanco; **blank check**, *Br* **blank cheque** cheque *m* en blanco
blanket ['blæŋkɪt] manta *f*, *L.Am.* frazada *f*
blast [blæst] **1** *n* (*explosion*) explosión *f*; (*gust*) ráfaga *f* **2** *v/t tunnel* abrir (con explosivos); *rock* volar; **~!** F ¡mecachis! F; **blast-off** despegue *m*
blatant ['bleɪtənt] descarado
blaze [bleɪz] **1** *n* (*fire*) incendio *m* **2** *v/i of fire* arder
blazer ['bleɪzər] americana *f*
bleach [bliːtʃ] **1** *n for clothes* lejía *f*; *for hair* decolorante *m* **2** *v/t hair* aclarar, desteñir
bleak [bliːk] *countryside* inhóspito; *weather* desapacible; *future* desolador
bleary-eyed ['blɪriaɪd] con ojos de sueño
bleat [bliːt] *of sheep* balar
bleed [bliːd] sangrar; **bleeding** hemorragia *f*
bleep [bliːp] **1** *n* pitido *m* **2** *v/i* pitar
blemish ['blemɪʃ] imperfección *f*
blend [blend] **1** *n of coffee etc* mezcla *f*; *fig* combinación *f* **2** *v/t* mezclar; **blender** *machine* licuadora *f*
bless [bles] bendecir; **~ you!** *in response to sneeze* ¡Jesús!; **blessing** bendición *f*
blind [blaɪnd] **1** *adj* ciego; *cor-*

blind alley

ner sin visibilidad **2** v/t of sun cegar; **blind alley** callejón m sin salida; **blind date** cita f a ciegas; **blindfold 1** n venda f **2** v/t vendar los ojos a; **blinding** light cegador; headache terrible; **blindly** a ciegas; fig ciegamente; **blind spot** in road punto m sin visibilidad; in driving mirror ángulo m muerto
blink [blɪŋk] parpadear
blizzard ['blɪzərd] ventisca f
bloc [blɑːk] POL bloque m
block [blɑːk] **1** n bloque m; buildings manzana f, L.Am. cuadra f; (blockage) bloqueo m **2** v/t bloquear; sink atascar; **blockage** obstrucción f; **blockbuster** gran éxito m; **block letters** letras fpl mayúsculas
blond [blɑːnd] rubio f; **blonde** woman rubia f
blood [blʌd] sangre f; **blood donor** donante m/f de sangre; **blood group** grupo m sanguíneo; **blood poisoning** septicemia f; **blood pressure** tensión f (arterial); **blood sample** muestra f de sangre; **bloodshed** derramamiento m de sangre; **bloodshot** enrojecido; **bloodstained** ensangrentado; **blood test** análisis m inv de sangre; **bloodthirsty** sanguinario; movie macabro
bloom [bluːm] also fig florecer
blossom ['blɑːsəm] **1** n flores

fpl **2** v/i also fig florecer
blot [blɑːt] mancha f
◆ **blot out** borrar; sun, view ocultar
blouse [blaʊz] blusa f
blow[1] [bloʊ] n golpe m
blow[2] [bloʊ] **1** v/t smoke exhalar; whistle tocar **2** v/i of wind, person soplar; of whistle sonar; of fuse fundirse; of tire reventarse
◆ **blow out 1** v/t candle apagar **2** v/i of candle apagarse
◆ **blow over 1** v/t derribar **2** v/i derrumbarse; of storm amainar; of argument calmarse
◆ **blow up 1** v/t with explosives volar; balloon hinchar; photograph ampliar **2** v/i explotar
'**blow-dry** secar (con secador); **blowout** of tire reventón m
blue [bluː] azul; F movie porno inv F; **blueberry** arándano m; **blue chip** puntero, de primera fila; **blues** MUS blues m inv; **have the ~** estar deprimido
bluff [blʌf] **1** n (deception) farol m **2** v/i ir de farol
blunder ['blʌndər] error m de bulto
blunt [blʌnt] pencil sin punta; knife desafilado; person franco; **bluntly** francamente
blur [blɜːr] **1** n imagen f desenfocada **2** v/t desdibujar
◆ **blurt out** [blɜːrt] soltar
blush [blʌʃ] **1** n rubor m **2** v/i ruborizarse; **blusher** cos-

metic colorete *m*
blustery ['blʌstərɪ] tempestuoso
BO [biː'oʊ] (= ***body odor***) olor *m* corporal
board [bɔːrd] **1** *n* tablón *m*, tabla *f*; *for game* tablero *m*; *for notices* tablón *m*; **~ (of *directors*)** consejo *m* de administración; **on ~** a bordo **2** *v/t airplane etc* embarcar; *train* subir a **3** *v/i of passengers* embarcar
♦ **board up** cubrir con tablas
boarder ['bɔːrdər] *in house* huésped *m/f*; **board game** juego *m* de mesa; **boarding card** tarjeta *f* de embarque; **boarding school** internado *m*; **board meeting** reunión *f* del consejo de administración; **board room** sala *f* de reuniones *or* juntas
boast [boʊst] **1** *n* presunción *f* **2** *v/i* presumir (***about*** de)
boat [boʊt] barco *m*; *small, for leisure* barca *f*
bodily ['bɑːdɪlɪ] **1** *adj* corporal; *needs* físico; *function* fisiológico **2** *adv eject* en volandas; **body** cuerpo *m*; *dead* cadáver *m*; **bodyguard** guardaespaldas *m/f inv*; **bodywork** MOT carrocería *f*
bogus ['boʊgəs] falso
boil[1] [bɔɪl] *n* (*swelling*) forúnculo
boil[2] [bɔɪl] **1** *v/t* hervir; *egg, vegetables* cocer **2** *v/i* hervir
♦ **boil down to** reducirse a
boiler ['bɔɪlər] caldera *f*

boisterous ['bɔɪstərəs] escandaloso
bold [boʊld] **1** *adj* valiente, audaz; *text* en negrita **2** *n print* negrita *f*
Bolivia [bə'lɪvɪə] Bolivia; **Bolivian 1** *adj* boliviano **2** *n* boliviano(-a) *m(f)*
bolster ['boʊlstər] *confidence* reforzar
bolt [boʊlt] **1** *n* on door cerrojo *m*; *with nut* perno *m* **2** *adv*: **~ upright** erguido **3** *v/t* (*fix with bolts*) atornillar; *close* cerrar con cerrojo **4** *v/i* (*run off*) fugarse
bomb [bɑːm] **1** *n* bomba *f* **2** *v/t* MIL bombardear; *of terrorist* poner una bomba en; **bombard** *also fig* bombardear; **bomb attack** atentado *m* con bomba; **bomber** bombardero *m*; *terrorist* terrorista *m/f* (*que pone bombas*); **bomb scare** amenaza *f* de bomba; **bombshell** *fig: news* bomba *f*
bond [bɑːnd] **1** *n* (*tie*) unión *f*; FIN bono *m* **2** *v/i of glue* adherirse
bone [boʊn] hueso *m*; *of fish* espina *f*
bonnet ['bɑːnɪt] *Br of car* capó *m*
bonus ['boʊnəs] *money* plus *m*, bonificación *f*; (*extra*) ventaja *f* adicional
boob [buːb] P (*breast*) teta *f* P
booboo ['buːbuː] F metedura *f* de pata
book [bʊk] **1** *n* libro *m* **2** *v/t* re-

bookcase estantería, librería *f*; **booked up** lleno, completo; *person* ocupado; **bookie** F corredor(a) *m(f)* de apuestas; **booking** reserva *f*; **bookkeeper** tenedor(a) *m(f)* de libros; **bookkeeping** contabilidad *f*; **booklet** folleto *m*; **bookmaker** corredor(a) *m(f)* de apuestas; **books** (*accounts*) contabilidad *f*; **bookseller** librero(-a) *m(f)*; **bookstore** librería *f*

boom[1] [buːm] **1** *n* boom *m* **2** *v/i of business* experimentar un boom

boom[2] [buːm] *n noise* estruendo *m*

boost [buːst] **1** *n* impulso *m* **2** *v/t* estimular; *morale* levantar

boot [buːt] *n* bota *f*; *Br of car* maletero *m*, *C.Am.*, *Mex* cajuela *f*, *Rpl* baúl *m*

◆ **boot up** COMPUT arrancar

booth [buːð] *at market* cabina *f*; *at exhibition* puesto *m*, stand *m*

border ['bɔːrdər] **1** *n* frontera *f*; (*edge*) borde *m* **2** *v/t country* limitar con

◆ **border on** limitar con; (*be almost*) rayar en

bore[1] [bɔːr] *v/t hole* taladrar

bore[2] [bɔːr] **1** *n person* pesado(-a) *m(f)* **2** *v/t* aburrir

bored [bɔːrd] aburrido; **boredom** aburrimiento *m*; **boring** aburrido

born [bɔːrn]: **be ~** nacer

borrow ['baːroʊ] tomar prestado

bosom ['buzm] pecho *m*

boss [baːs] jefe(-a) *m(f)*

◆ **boss around** dar órdenes a

bossy ['baːsɪ] mandón

botanical [bə'tænɪkl] botánico

botch [baːtʃ] arruinar

both [boʊθ] **1** *adj & pron* ambos, los dos; **~ of them** ambos, los dos **2** *adv*: **~ my mother and I** tanto mi madre como yo

bother ['baːðər] **1** *n* molestias *fpl* **2** *v/t* (*disturb*) molestar; (*worry*) preocupar

bottle ['baːtl] botella *f*; *for baby* biberón *m*

◆ **bottle up** *feelings* reprimir

'bottle bank contenedor *m* de vidrio; **bottled water** agua *f* embotellada; **bottleneck** embotellamiento *m*; *in production* cuello *m* de botella; **bottle-opener** abrebotellas *m inv*

bottom ['baːtəm] **1** *adj* inferior, de abajo **2** *n of case, garden* fondo *m*; *of hill, page* pie *m*; *of pile* parte *f* inferior, (*underside*) parte *f* de abajo; *of street* final *m*; (*buttocks*) trasero *m*

◆ **bottom out** tocar fondo

bottom 'line *financial* saldo *m* final; (*real issue*) realidad *f*

boulder ['boʊldər] roca *f* redondeada

bounce [baʊns] **1** *v/t ball* botar **2** v/i of ball (re)botar; of rain rebotar; of check ser rechazado; **bouncer** portero m, gorila m

bound[1] [baʊnd] adj: **he's ~ to ...** (sure to) seguro que...

bound[2] [baʊnd] adj: **be ~ for** of ship llevar destino a

bound[3] [baʊnd] n (jump) salto m

boundary ['baʊndərɪ] límite m; of countries frontera f

bouquet [bu'keɪ] ramo m

bourbon ['bɜːrbən] bourbon m

bout [baʊt] MED ataque m; in boxing combate m

bow[1] [baʊ] **1** n as greeting reverencia f **2** v/i saludar con la cabeza **3** v/t head inclinar

bow[2] [boʊ] n (knot) lazo m; MUS, for archery arco m

bow[3] [baʊ] n of ship proa f

bowels ['baʊəlz] entrañas fpl

bowl[1] [boʊl] n for rice etc cuenco m; for soup plato m sopero; for salad ensaladera f; for washing barreño m

bowl[2] [boʊl] **1** n (ball) bola f v/i in bowling lanzar la bola

bowling ['boʊlɪŋ] bolos mpl; **bowling alley** bolera f

bow tie pajarita f

box[1] [bɑːks] n caja f; on form casilla f

box[2] [bɑːks] v/i boxear

boxer ['bɑːksər] boxeador(a) m(f); **boxing** boxeo m; **boxing glove** guante m de boxeo; **boxing match** combate m de boxeo

'box number at post office apartado m de correos; **box office** taquilla f, L.Am. boletería f

boy [bɔɪ] niño m, chico m

boycott ['bɔɪkɑːt] **1** n boicot m **2** v/t boicotear

'boyfriend novio m

bra [brɑː] sujetador m

bracelet ['breɪslɪt] pulsera f

bracket ['brækɪt] for shelf escuadra f

brag [bræg] fanfarronear

braid [breɪd] in hair trenza f; trimming trenzado m

braille [breɪl] braille m

brain [breɪn] cerebro m; **brainless** F estúpido; **brains** (intelligence) inteligencia f; **brain surgeon** neurocirujano(-a) m(f); **brain tumor**, Br **brain tumour** tumor m cerebral; **brainwash** lavar el cerebro a

brake [breɪk] **1** n freno m **2** v/t frenar

branch [bræntʃ] of tree rama f; of company sucursal f

brand [brænd] **1** n marca f **2** v/t: **be ~ed a liar** ser tildado de mentiroso; **brand image** imagen f de marca

brandish ['brændɪʃ] blandir

brand 'leader marca f líder del mercado; **brand name** nombre m comercial; **brand-new** nuevo, flamante

brandy ['brændɪ] brandy m

brassière [brə'zɪr] sujetador m, sostén m

brat [bræt] *pej* niñato(-a) *m(f)*
brave [breɪv] valiente, valeroso; **bravery** valentía *f*, valor *m*
brawl [brɔːl] **1** *n* pelea *f* **2** *v/i* pelearse
Brazil [brəˈzɪl] Brasil; **Brazilian 1** *adj* brasileño **2** *n* brasileño(-a) *m(f)*
breach [briːtʃ] (*violation*) infracción *f m*; *in party* ruptura *f*; **breach of contract** incumplimiento *m* de contrato
bread [bred] pan *m*
breadth [bredθ] ancho *m*; *of knowledge* amplitud *f*
'**breadwinner: be the ~** ser el que gana el pan
break [breɪk] **1** *n* fractura *f*, rotura *f*; (*rest*) descanso *m* **2** *v/t* *also promise* romper; *rules*, *law* violar; *news* dar; *record* batir **3** *v/i* romperse; *of news* saltar; *of storm* estallar
◆ **break down 1** *v/i* *of vehicle* averiarse, estropearse; *of machine* estropearse; *of talks* romperse; *in tears* romper a llorar; *mentally* venirse abajo **2** *v/t* *door* derribar; *figures* desglosar
◆ **break even** cubrir gastos
◆ **break in** (*interrupt*) interrumpir; *of burglar* entrar
◆ **break up 1** *v/t* *into parts* descomponer; *fight* poner fin a **2** *v/i* *of ice* romperse; *of couple, band* separarse; *of meeting* terminar
breakable [ˈbreɪkəbl] rompible, frágil; **breakage** rotura *f*; **breakdown** *of vehicle, machine* avería *f*; *of talks* ruptura *f*; (*nervous*) crisis *f inv* nerviosa; *of figures* desglose *m*
breakfast [ˈbrekfəst] desayuno *m*; **have ~** desayunar
'**break-in** entrada *f* (*mediante la fuerza*); *robbery* robo *m*; **breaking news** TV noticias *fpl* de última hora; **some breaking news** una noticia de última hora; **breakthrough** *in negotiations* paso *m* adelante; *of technology* avance *m*; **breakup** *of partnership* ruptura *f*, separación *f*
breast [brest] pecho *m*; **breastfeed** amamantar; **breaststroke** braza *f*
breath [breθ] respiración *f*; **be out of ~** estar sin respiración
breathe [briːð] respirar
◆ **breathe in** aspirar, inspirar
◆ **breathe out** espirar
breathing [ˈbriːðɪŋ] respiración *f*
breathtaking [ˈbreθteɪkɪŋ] impresionante
breed [briːd] **1** *n* raza *f* **2** *v/t* criar; *plants* cultivar; *fig* causar **3** *v/i* *of animals* reproducirse; **breeding** *of animals* cría *f*; *of person* educación *f*
breeze [briːz] brisa *f*; **breezy** ventoso
brew [bruː] **1** *v/t* *beer* elaborar **2** *v/i* *of storm* avecinarse; *of trouble* fraguarse; **brewery** fábrica *f* de cerveza
bribe [braɪb] **1** *n* soborno *m*,

brooch

Mex mordida *f*, *S.Am.* coima *f* **2** *v/t* sobornar; **bribery** soborno *m*, *Mex* mordida *f*, *S.Am.* coima *f*
brick [brɪk] ladrillo *m*
bride [braɪd] novia *f* (*en boda*); **bridegroom** novio *m* (*en boda*); **bridesmaid** dama *f* de honor
bridge [brɪdʒ] **1** *n also* NAUT puente *m* **2** *v/t gap* superar
bridle [braɪdl] brida *f*
brief[1] [briːf] *adj* breve, corto
brief[2] [briːf] **1** *n* (*mission*) misión *f* **2** *v/t:* ◆ **s.o. on sth** informar a alguien de algo
'**briefcase** maletín *m*; **briefing** reunión *f* informativa; **briefly** brevemente; (*in few words*) en pocas palabras, (*to sum up*) en resumen; **briefs** *for women* bragas *fpl*; *for men* calzoncillos *mpl*
bright [braɪt] *color* vivo; *smile* radiante; (*sunny*) luminoso; (*intelligent*) inteligente; **brightly** *shine* intensamente; *smile* alegremente
brilliance ['brɪljəns] *of person* genialidad *f*; *of color* resplandor *m*; **brilliant** *sunshine etc* resplandeciente; (*very good*) genial; (*very intelligent*) brillante
brim [brɪm] *of container* borde *m*; *of hat* ala *f*
bring [brɪŋ] traer
◆ **bring back** (*return*) devolver; (*re-introduce*) reinstaurar; *memories* traer
◆ **bring down** *government*

derrocar; *airplane* derribar; *price* reducir
◆ **bring on** *illness* provocar
◆ **bring out** *product* sacar
◆ **bring up** *child* criar; *subject* mencionar; (*vomit*) vomitar
brink [brɪŋk] borde *m*
brisk [brɪsk] *person* enérgico; *walk* rápido; *trade* animado
bristles ['brɪslz] *on chin* pelos *mpl*; *of brush* cerdas *fpl*
Britain ['brɪtn] Gran Bretaña;
British 1 *adj* británico **2** *npl*: **the ~** los británicos
brittle ['brɪtl] frágil
broach [broʊtʃ] *n* broche *m*
broad [brɔːd] **1** *adj* ancho; *smile* amplio; (*general*) general **2** *n* F (*woman*) tía *f* F; *in ~ daylight* a plena luz del día; **broadcast 1** *n* emisión *f* **2** *v/t* emitir; **broadcaster** presentador(a) *m(f)*; **broadjump** salto *m* de longitud; **broadly** en general; **broadminded** tolerante, abierto
broccoli ['brɑːkəlɪ] brécol *m*, brócoli *m*
brochure ['broʊʃər] folleto *m*
broil [brɔɪl] asar a la parrilla; **broiler** *on stove* parrilla *f*; *chicken* pollo *m* (para asar)
broke [broʊk] F: *be ~* estar sin blanca F; *long-term* estar arruinado; **broken** *adj* roto; *home* deshecho; **broker** corredor(a) *m(f)*
bronchitis [brɑːŋ'kaɪtɪs] bronquitis *f*
bronze [brɑːnz] bronce *m*
brooch [broʊtʃ] *Br* broche *m*

brothel ['brɑːθl] burdel *m*
brother ['brʌðər] hermano *m*;
brother-in-law cuñado *m*;
brotherly fraternal
brow [brau] *(forehead)* frente *f*; *of hill* cima *f*
brown [braun] **1** *n* marrón *m*, *L.Am.* color *m* café **2** *adj* marrón; *eyes, hair* castaño; *(tanned)* moreno; **brownie** *(cake)* pastel *m* de chocolate y nueces; **brown paper bag** bolsa *f* de cartón
browse [brauz] *in store* echar una ojeada; COMPUT navegar; **browser** COMPUT navegador *m*
bruise [bruːz] **1** *n* magulladura *f*, cardenal *m*; *on fruit* maca *f* **2** *v/t* magullar; *fruit* dañar; *v/i of person* magullarse; *of fruit* dañarse
brunette [bruːˈnet] morena *f*
brush [brʌʃ] **1** *n* cepillo *m*; *conflict* roce *m* **2** *v/t* cepillar; *(touch lightly)* rozar
♦ **brush aside** hacer caso omiso a
♦ **brush up** repasar
brusque [brusk] brusco
brutal ['bruːtl] brutal; **brutality** brutalidad *f*; **brutally** brutalmente; **brute** bestia *m/f*
bubble ['bʌbl] burbuja *f*
buck[1] [bʌk] *n* F *(dollar)* dólar *m*
buck[2] [bʌk] *v/i of horse* corcovear
bucket ['bʌkɪt] cubo *m*
buckle[1] ['bʌkl] **1** *n* hebilla *f* **2** *v/t belt* abrochar
buckle[2] ['bʌkl] *v/i of metal* combarse

buddy ['bʌdɪ] F amigo(-a) *m(f)*
budge [bʌdʒ] **1** *v/t* mover **2** *v/i* moverse
budget ['bʌdʒɪt] presupuesto *m*
buff [bʌf] aficionado(-a) *m(f)*
buffalo ['bʌfəlou] búfalo *m*
buffet ['bufeɪ] *meal* bufé *m*
bug [bʌg] **1** *n insect* bicho *m*; *virus* virus *m inv*; *of spying* micrófono *m* oculto; COMPUT error *m* **2** *v/t room* colocar un micrófono en; F *(annoy)* fastidiar F
buggy ['bʌgɪ] *for baby* silla *f* de paseo
build [bɪld] **1** *n of person* constitución *f* **2** *v/t* construir
♦ **build up 1** *v/t strength* aumentar; *relationship* fortalecer **2** *v/i of dirt* acumularse; *of pressure* etc aumentar
builder ['bɪldər] albañil *m/f*; *company* constructora *f*; **building** edificio *m*; *activity* construcción *f*; **building site** obra *f*; **building society** *Br* caja *f* de ahorros; **building trade** industria *f* de la construcción; **build-up** acumulación *f*; *after all the* ~ *publicity* después de tantas expectativas; **built-in** *cupboard* empotrado; *flash* incorporado
bulge [bʌldʒ] **1** *n* bulto *m* **2** *v/i of wall* abombarse
bulky ['bʌlkɪ] voluminoso
bull [bul] *animal* toro *m*; **bulldozer** bulldozer *m*

bullet ['bʊlɪt] bala *f*
bulletin ['bʊlɪtɪn] boletín *m*; **bulletin board** tablón *m* de anuncios
'**bullet-proof** antibalas *inv*
'**bull fight** corrida *f* de toros; **bull fighter** torero(-a) *m(f)*; **bull fighting** tauromaquia *f*, los toros; **bull ring** plaza *f* de toros; **bull's-eye** diana *f*, blanco *m*; **bullshit** *n* V *Span* gilipollez *f* V, *L.Am.* pendejada *f* V
bully ['bʊlɪ] **1** *n* matón(-ona) *m(f)*; *child* abusón(-ona) *m(f)* **2** *v/t* intimidar; **bullying** intimidación *f*
bum [bʌm] **F 1** *n* (*tramp*) vagabundo(-a) *m(f)*; (*worthless person*) inútil *m/f* **2** *v/t* (*cigarette etc*) gorronear
bump [bʌmp] **1** *n* (*swelling*) chichón *m*; *on road* bache *m* **2** *v/t* golpear; **bumper** MOT parachoques *m inv*; **bumpy** con baches; *flight* movido
bunch [bʌntʃ] *of people* grupo *m*; *of keys* manojo *m*; *of flowers* ramo *m*; *of grapes* racimo *m*; **thanks a ~ iron** no sabes lo que te lo agradezco
bungle ['bʌŋgl] echar a perder
bunk [bʌŋk] litera *f*
buoy [bɔɪ] NAUT boya *f*
buoyant ['bɔɪənt] optimista; *economy* boyante
burden ['bɜːrdn] **1** *n also fig* carga *f* **2** *v/t*: **~ s.o. with sth** *fig* cargar a alguien con algo
bureau ['bjʊroʊ] (*chest of drawers*) cómoda *f*; (*office*) departamento *m*, oficina *f*; **bureaucrat** burócrata *m/f*; **bureaucratic** burocrático
burger ['bɜːrgər] hamburguesa *f*
burglar ['bɜːrglər] ladrón (-ona) *m(f)*; **burglar alarm** alarma *f* antirrobo; **burglarize** robar; **burglary** robo *m*
burial ['berɪəl] entierro *m*
burn [bɜːrn] **1** *n* quemadura *f* **2** *v/t* quemar **3** *v/i* quemarse
◆ **burn down 1** *v/t* incendiar **2** *v/i* incendiarse
burp [bɜːrp] **1** *n* eructo *m* **2** *v/i* eructar
burst [bɜːrst] **1** *n* in pipe rotura *f* **2** *adj* tire reventado **3** *v/t* & *v/i* reventar; **~ into tears** echarse a llorar; **~ out laughing** echarse a reír
bus [bʌs] *local* autobús *m*, *Mex* camión *m*, *Arg* colectivo *m*, *C.Am.* guagua *f*; *long distance* autobús *m*, *Span* autocar *m*
bush [bʊʃ] *plant* arbusto *m*; **bushy** *beard* espeso
business ['bɪznɪs] negocios *mpl*; (*company*) empresa *f*; (*sector*) sector *m*; (*affair, matter*) asunto *m*; *as subject of study* empresariales *fpl*; **on ~** de negocios; **mind your own ~!** ¡no te metas en lo que no te importa!; **business card** tarjeta *f* de visita; **business class** clase *f* ejecutiva

cutiva; **businesslike** eficiente; **businessman** hombre *m* de negocios; **business meeting** reunión *f* de negocios; **business school** escuela *f* de negocios; **business studies** empresariales *mpl*; **business trip** viaje *m* de negocios; **businesswoman** mujer *f* de negocios, ejecutiva *f*

bust[1] [bʌst] *n of woman* busto *m*

bust[2] [bʌst] *adj* F *(broken)* escacharrado F

'bus station estación *f* de autobuses; **bus stop** parada *f* de autobús

'bust-up F corte *m* F; **busty** pechugona

busy ['bɪzɪ] *also* TELEC ocupado; *of people* abarrotado; *restaurant etc: making money* ajetreado; **busybody** metomentodo *m/f*

but [bʌt] **1** *conj* pero **2** *prep*: *all ~ him* todos excepto él; *the last ~ one* el penúltimo; *~ for you* si no hubiera sido por ti

butcher ['bʊtʃər] carnice-

ro(-a) *m(f)*

butt [bʌt] **1** *n of cigarette* colilla *f*; F *(buttocks)* trasero *m* **2** *v/t of bull* embestir

butter ['bʌtər] mantequilla *f*; **butterfly** mariposa *f*

buttocks ['bʌtəks] nalgas *fpl*

button ['bʌtn] botón *m*; *(badge)* chapa *f*

buy [baɪ] comprar

◆ **buy out** COM comprar la parte de

buyer ['baɪr] comprador(a) *m(f)*

buzz [bʌz] **1** *n* zumbido *m* **2** *v/i of insect* zumbar; **buzzer** timbre *m*

by [baɪ] *to show agent* por; *(near, next to)* al lado de, junto a; *(no later than)* no más tarde de; *mode of transport* en; *~ day* de día; *~ bus* en autobús; *~ my watch* en mi reloj; *a play ~ ...* una obra de...; *~ o.s.* without company solo

bye(-bye) [baɪ] adiós

'bypass circunvalación *f*; MED bypass *m*; **by-product** subproducto *m*; **bystander** transeúnte *m/f*

C

cab [kæb] taxi *m*; *of truck* cabina *f*; **cab driver** taxista *m/f*

cabin ['kæbɪn] *of plane* cabina *f*; *of ship* camarote *m*; **cabin attendant** auxiliar *m/f* de vuelo; **cabin crew** personal

m de a bordo

cabinet ['kæbɪnɪt] armario *m*; POL gabinete *m*

cable ['keɪbl] cable *m*; **cable car** teleférico *m*; **cable television** televisión *f* por cable

'cab stand parada f de taxis
cactus ['kæktəs] cactus m inv
cadaver [kə'dævər] cadáver m
caddie ['kædı] *in golf* caddie m/f
Caesarean *Br* ☞ **Cesarean**
café ['kæfeı] café m; **cafeteria** cafetería f, cantina f
caffeine ['kæfi:n] cafeína f
cage [keɪdʒ] jaula f; **cagey** cauteloso
cake [keɪk] tarta f; *small* pastel m
calculate ['kælkjʊleɪt] calcular; **calculating** calculador; **calculation** cálculo m; **calculator** calculadora f
calendar ['kælɪndər] calendario m
calf[1] [kæf] *of cow* ternero(-a) m(f)
calf[2] [kæf] *of leg* pantorrilla f
caliber, *Br* **calibre** ['kælɪbər] *of gun* calibre m
call [kɔːl] **1** n llamada f; *(demand)* llamamiento m **2** v/t *also* TELEC llamar; *meeting* convocar; *be ... ed ...* llamarse... **3** v/i *also* TELEC llamar; *(visit)* pasarse
◆ **call back 1** v/t *(phone again)* volver a llamar; *(return call)* devolver la llamada; *(summon)* hacer volver **2** v/i *on phone* volver a llamar; *(make another visit)* volver a pasar
◆ **call for** *(collect)* pasar a recoger; *(demand)* pedir, exigir; *(require)* requerir

◆ **call off** cancelar
caller ['kɔːlər] *on phone* persona f que llama; *(visitor)* visitante m/f
calm [kɑːm] **1** adj tranquilo; *weather* apacible **2** n calma f
◆ **calm down 1** v/t calmar **2** v/i calmarse
calmly ['kɑːmlı] con calma, tranquilamente
calorie ['kælərı] caloría f
camcorder ['kæmkɔːrdər] videocámara f
camera ['kæmərə] cámara f; **cameraman** cámara m, camarógrafo m; **camera phone** teléfono m con cámara
camouflage ['kæməflɑːʒ] **1** n camuflaje m **2** v/t camuflar
camp [kæmp] **1** n campamento m **2** v/i acampar
campaign [kæm'peɪn] **1** n campaña f **2** v/i hacer campaña (**for** a favor de)
camper ['kæmpər] campista m/f; *vehicle* autocaravana f; **camping** campada f; *on campsite* camping m; **campsite** camping m
campus ['kæmpəs] campus m
can[1] [kæn] v/aux poder; *~ you swim?* ¿sabes nadar?; *~ you hear me?* ¿me oyes?; *~ I have a beer?* ¿me pones una cerveza?
can[2] [kæn] n *container*: lata f
Canada ['kænədə] Canadá; **Canadian 1** adj canadiense **2** n canadiense m/f
canal [kə'næl] *waterway* canal

Canary Islands

m
Canary Islands, Canaries [kə'nerɪz]: **the** ~ las Islas Canarias
cancel ['kænsl] cancelar; **cancellation** cancelación *f*
cancer ['kænsər] cáncer *m*
candid ['kændɪd] sincero
candidacy ['kændɪdəsɪ] candidatura *f*; **candidate** candidato(-a) *m(f)*
candle ['kændl] vela *f*
candor, *Br* **candour** ['kændər] sinceridad *f*
candy ['kændɪ] *(sweet)* caramelo *m*; *(sweets)* dulces *mpl*
cane [keɪn] caña *f*
canister ['kænɪstər] bote *m*
canned [kænd] enlatado, en lata; *(recorded)* grabado
cannot ['kænɒt] ☞ **can not**
canny ['kænɪ] *(astute)* astuto
canoe [kə'nu:] canoa *f*, piragua *f*
'can opener abrelatas *m inv*
can't [kænt] = **can not**
canteen [kæn'ti:n] *in plant* cantina *f*, cafetería *f*
canvas ['kænvəs] *for painting* lienzo *m*; *material* lona *f*
canyon ['kænjən] cañón *m*
cap [kæp] *hat* gorro *m*; *with peak* gorra *f*
capability [keɪpə'bɪlətɪ] capacidad *f*; **capable** capaz
capacity capacidad *f*; *of engine* cilindrada *f*
capital ['kæpɪtl] *city* capital *f*; *letter* mayúscula *f*; *money* capital *m*; **capitalism** capitalismo *m*; **capitalist 1** *adj* capitalista **2** *n* capitalista *m/f*; **capital punishment** pena *f* capital
capsize [kæp'saɪz] volcar
capsule ['kæpsʊl] cápsula *f*
captain ['kæptɪn] capitán (-ana) *m(f)*; *of aircraft* comandante *m/f*
caption ['kæpʃn] pie *m* de foto
captivate ['kæptɪveɪt] cautivar; **captive 1** *adj* cautivo **2** *n* prisionero(-a) *m(f)*; **captivity** cautividad *f*; **capture 1** *n of city* toma *f*; *of criminal, animal* captura *f* **2** *v/t person, animal* capturar; *city, building* tomar; *market share* ganar
car [kɑːr] coche *m*, *L.Am.* carro *m*, *Rpl* auto *m*; *of train* vagón *m*; **by** ~ en coche; **car bomb attack** atentado *m* con coche bomba
carbon monoxide [kɑːrbən'mɑːksaɪd] monóxido *m* de carbono
carburetor, **carburetter** [kɑːrbʊ'retər] carburador *m*
carcass ['kɑːrkəs] cadáver *m*
card [kɑːrd] *(tarjeta f)* postal *f*; *(post~)* carta *f*, naipe *m*; **card-board** cartón *m*
cardiac ['kɑːrdɪæk] cardíaco
cardinal ['kɑːrdɪnl] REL cardenal *m*
care [ker] **1** *n* cuidado *m*; *medical* asistencia *f* médica; *(worry)* preocupación *f*; **care of** c/o; **take** ~ *(be cautious)*

tener cuidado; **take ~ of** cuidar; (*deal with*) ocuparse de 2 *v/i* preocuparse; *I don't ~!* ¡me da igual!
◆ **care about** preocuparse por
◆ **care for** (*look after*) cuidar
career [kəˈrɪr] carrera *f*
careful [ˈkerfl] cuidadoso; **be ~** tener cuidado; **carefully** con cuidado; *worded etc* cuidadosamente; **careless** descuidado; **carelessly** descuidadamente
caress [kəˈres] acariciar
'**car ferry** ferry *m*, transbordador *m*
cargo [ˈkɑːrgoʊ] cargamento *m*
Caribbean [kəˈrɪbiən]: *the* **~** el Caribe
caricature [ˈkærɪkətʃər] caricatura *f*
carnival [ˈkɑːrnɪvl] feria *f*
carpenter [ˈkɑːrpɪntər] carpintero(-a) *m(f)*
carpet [ˈkɑːrpɪt] alfombra *f*
'**car phone** teléfono *m* de coche; **carpool** compartir el vehículo para ir al trabajo; **car rental** alquiler *m* de automóviles
carrier [ˈkærɪər] *company* transportista *m*; *airline* línea *f* aérea; *of disease* portador(a) *m(f)*
carrot [ˈkærət] zanahoria *f*
carry [ˈkærɪ] 1 *v/t* llevar; *disease* ser portador de; *of ship, bus etc* transportar 2 *v/i of sound* oírse

◆ **carry on** 1 *v/i* continuar 2 *v/t business* efectuar
◆ **carry out** *survey etc* llevar a cabo
car sharing coches *mpl* compartidos
cart [kɑːrt] carro *m*; *for shopping* carrito *m*
carton [ˈkɑːrtn] caja *f* de cartón; *for milk, cigarettes* cartón *m*
cartoon [kɑːrˈtuːn] tira *f* cómica; *on TV* dibujos *mpl* animados
carve [kɑːrv] *meat* trinchar; *wood* tallar
case[1] [keɪs] *container* funda *f*; *of wine etc* caja *f*; *Br* (*suitcase*) maleta *f*
case[2] [keɪs] *instance, criminal, MED* caso *m*; LAW causa *f*; *in ~ ...* por si ...; *in any ~* en cualquier caso
cash [kæʃ] 1 *n* efectivo *m* 2 *v/t check* hacer efectivo; **cash desk** caja *f*; **cash flow** flujo *m* de caja, cash-flow *m*; **cashier** *in store etc* cajero(-a) *m(f)*; **cashpoint** *Br* cajero *m* automático; **cash register** caja *f* registradora
casino [kəˈsiːnoʊ] casino *m*
casket [ˈkæskɪt] (*coffin*) ataúd *m*
casserole [ˈkæsəroʊl] *meal* guiso *m*; *container* cacerola *f*
cassette [kəˈset] cinta *f*, casete *f*; **cassette player, cassette recorder** casete *m*
cast [kæst] 1 *n of play* reparto *m*; (*mold*) molde *m* 2 *v/t*

Castilian

doubt proyectar; *metal* fundir

Castilian [kæs'tılıən] castellano

cast 'iron hierro *m* fundido
castle ['kɑːsl] castillo *m*
casual ['kæʒʋəl] *(chance)* casual; *(offhand)* despreocupado; *(not formal)* informal; **casually** *dressed* de manera informal; *say* a la ligera; **casualty** víctima *f*
cat [kæt] gato *m*
Catalan ['kætəlæn] catalán
catalog, *Br* **catalogue** ['kætəlɔːg] catálogo *m*
catalyst ['kætəlɪst] catalizador *m*
catastrophe [kə'tæstrəfɪ] catástrofe *f*; **catastrophic** catastrófico
catch [kætʃ] **1** *n* parada *f (sin que la pelota toque el suelo); of fish* captura *f*, *(lock)* cierre *m*; *(problem)* pega *f* **2** *v/t ball* agarrar, *Span* coger; *animal* atrapar; *escapee* capturar; *(get on: bus, train)* tomar, *Span* coger; *(not miss: bus, train)* alcanzar, *Span* coger; *fish* agarrar; *illness* agarrar, *Span* coger; **catching** *also fig* contagioso; **catchy** pegadizo
categoric [kætə'gɑːrɪk] categórico; **category** categoría *f*
caterer ['keɪtərər] hostelero(-a) *m(f)*
cathedral [kə'θiːdrəl] catedral *f*
Catholic ['kæθəlɪk] **1** *adj* católico **2** *n* católico(-a) *m(f)*; **Catholicism** catolicismo *m*
cattle ['kætl] ganado *m*
cause [kɔːz] **1** *n* causa *f*; *(grounds)* motivo *m* **2** *v/t* causar, provocar
caution ['kɔːʃn] **1** *n* precaución *f* **2** *v/t (warn)* prevenir;
cautious cauto, prudente;
cautiously cautelosamente
cave [keɪv] cueva *f*
cavity ['kævətɪ] caries *f inv*
CD [siː'diː] (= *compact disc*) CD *m* (= disco *m* compacto);
CD player (reproductor *m* de) CD *m*; **CD-ROM** CD-ROM *m*
cease [siːs] **1** *v/i* cesar **2** *v/t* suspender; **cease-fire** alto *m* el fuego
ceiling ['siːlɪŋ] techo *m*; *(limit)* tope *m*
celebrate ['selɪbreɪt] **1** *v/i*: *let's ~ with a bottle of champagne* celebrémoslo con una botella de champán **2** *v/t* celebrar; **celebrated** célebre; **celebration** celebración *f*; **celebrity** celebridad *f*
cell [sel] *in prison, spreadsheet* celda *f*; BIO célula *f*
cellar ['selər] sótano *m*; *for wine* bodega *f*
cello ['tʃeloʊ] violonchelo *m*
cell phone, cellular phone ['seljələr] (teléfono *m*) móvil *m*, *L.Am.* (teléfono *m*) celular *m*
cement [sɪ'ment] cemento *m*
cemetery ['semətrɪ] cementerio *m*

censor ['sensər] censor(a) m(f)
census ['sensəs] censo m
cent [sent] céntimo m
centenary [sen'ti:nəri] centenario m
centimeter ['sentəmi:tər], Br **centimetre** ['sentimi:tər] centímetro m
center ['sentər] **1** n centro m **2** v/t centrar
centigrade ['sentigreid] centígrado
central ['sentrəl] central; *location, apartment* céntrico; **Central America** Centroamérica, América Central; **Central American 1** adj centroamericano, de (la) América Central **2** n centroamericano(-a) m(f); **central heating** calefacción f central; **centralize** centralizar; **central locking** MOT cierre m centralizado
centre Br ☞ **center**
century ['sentʃəri] siglo m
CEO [si:i:'ou] (= *Chief Executive Officer*) consejero(-a) m(f) delegado
ceramic [sı'ræmık] de cerámica
cereal ['sıriəl] cereal m; *for breakfast* cereales mpl
ceremonial [seri'mouniəl] **1** adj ceremonial **2** n ceremony ceremonia f
certain ['sɜ:rtn] (*sure*) seguro; (*particular*) cierto; **certainly** (*definitely*) claramente; (*of course*) por supuesto; **certainty** (*confidence*) certeza f; (*inevitability*) seguridad f
certificate [sər'tıfıkət] (*qualification*) título m; (*official paper*) certificado m
certified public accountant ['sɜ:rtıfaıd] censor(a) m(f) jurado de cuentas; **certify** certificar
Cesarean [sı'zeriən] cesárea f
CFO [si:ef'ou] (= *Chief Financial Officer*) director(-a) m(f) financiero(-a)
chain [tʃeın] **1** n also of hotels etc cadena f **2** v/t encadenar
chair [tʃer] **1** n silla f; (*arm*⌣) sillón m; at university cátedra f **2** v/t meeting presidir; **chair lift** telesilla f; **chairman** presidente m; **chairmanship** presidencia f; **chairperson** presidente(-a) m(f)
chalk [tʃɔ:k] tiza f; in soil creta f
challenge ['tʃælındʒ] **1** n (*difficulty*) desafío m; in competition ataque m **2** v/t desafiar; (*call into question*) cuestionar; **challenger** aspirante m/f; **challenging** job estimulante
Chamber of 'Commerce Cámara f de Comercio
champagne [ʃæm'peın] champán m
champion ['tʃæmpıən] **1** n SP campeón(-ona) m(f) **2** v/t cause abanderar; **championship** campeonato m
chance [tʃæns] posibilidad f; (*opportunity*) oportunidad f;

change

(*luck*) casualidad *f*; **by ~** por casualidad; **take a ~** correr el riesgo

change [tʃeɪndʒ] **1** *n* cambio *m*; (*small coins*) suelto *m*; *from purchase* cambio *m*, *L.Am.* vuelto *m*; **for a ~** para variar **2** *v/t* cambiar **3** *v/i* cambiar; (*put on different clothes*) cambiarse; (*take different train / bus*) hacer transbordo; **changeover** transición *f* (**to** a); **changing room** SP vestuario *m*; *in shop* probador *m*

channel ['tʃænl] canal *m*

chant [tʃænt] **1** *n* REL canto *m*; *of fans* cántico *m*; *of demonstrators* consigna *f* **2** *v/i* gritar **3** *v/t* corear

chaos ['keɪɒs] caos *m*; **chaotic** caótico

chapel ['tʃæpl] capilla *f*

chapter ['tʃæptər] capítulo *m*

character ['kærɪktər] carácter *m*; *person, in book* personaje *m*; **characteristic 1** *n* característica *f*, **2** *adj* característico; **characterize** (*be typical of*) caracterizar; (*describe*) describir

charge [tʃɑːrdʒ] **1** *n* (*fee*) tarifa *f*; LAW acusación *f*; **free of ~** gratis; **be in ~** estar a cargo **2** *v/t sum of money* cobrar; (*put on account*) pagar con tarjeta; LAW acusar (**with** de); *battery* cargar **3** *v/t* (*attack*) cargar; **charge account** cuenta *f* de crédito; **charge card** tarjeta *f* de compra

charitable ['tʃærɪtəbl] de caridad; *person* caritativo; **charity** caridad *f*; *organization* entidad *f* benéfica

charm [tʃɑːrm] **1** *n* encanto *m*; *on bracelet etc* colgante *m* **2** *v/t* (*delight*) encantar;
charming encantador

charred [tʃɑːrd] carbonizado

chart [tʃɑːrt] gráfico *m*; (*map*) carta *f* de navegación

charter flight ['tʃɑːrtər] vuelo *m* chárter

chase [tʃeɪs] **1** *n* persecución *f* **2** *v/t* perseguir

♦ **chase away** ahuyentar

chassis ['ʃæsi] *of car* chasis *m inv*

chat [tʃæt] **1** *n* charla *f* **2** *v/i* charlar; **chatline** party line *f*; **chat room** sala *f* de chat

chatter ['tʃætər] **1** *n* cháchara *f* **2** *v/i talk* parlotear; *of teeth* castañetear

chauffeur ['ʃoʊfər] chófer *m*, *L.Am.* chofer *m*

chauvinist ['ʃoʊvɪnɪst] (*male ~*) machista *m*

cheap [tʃiːp] barato; (*nasty*) chabacano; (*mean*) tacaño

cheat [tʃiːt] **1** *n* (*person*) tramposo(-a) *m(f)* **2** *v/t* engañar **3** *v/i in exam* copiar; *in cards etc* hacer trampa

check[1] [tʃek] **1** *adj shirt* a cuadros **2** *n* cuadro *m*

check[2] [tʃek] *n* FIN cheque *m*; *in restaurant etc* cuenta *f*

check[3] [tʃek] **1** *n* **to verify sth** comprobación *f* **2** *v/t* (*verify*) comprobar; *machinery* inspeccionar; *with a ~mark* poner un tic en; *coat* dejar en el guardarropa **3** *v/i* comprobar

◆ **check in** *at airport* facturar; *at hotel* registrarse

◆ **check out 1** *v/i of hotel* dejar el hotel **2** *v/t (look into)* investigar; *club etc* probar

◆ **check up on** investigar
'**checkbook** talonario *m* de cheques, *L.Am.* chequera *f*;
checked *material* a cuadros
checkered ['tʃekərd] *shirt* a cuadros; *career* accidentado
'**check-in (counter)** mostrador *m* de facturación;
checking account cuenta *f* corriente; **checklist** lista *f* de verificación; **check mark** tic *m*; **check-out** caja *f*; **checkpoint** control *m*; **checkroom** *for coats* guardarropa *f*; *for baggage* consigna *f*; **checkup** revisión *f* (médica)
cheek [tʃiːk] ANAT mejilla *f*
cheer [tʃɪr] **1** *n* ovación *f* **2** *v/t* ovacionar **3** *v/i* lanzar vítores

◆ **cheer up 1** *v/i* animarse **2** *v/t* animar
cheerful ['tʃɪrfəl] alegre;
cheering vítores *mpl*;
cheerleader animadora *f*
cheese [tʃiːz] queso *m*
chef [ʃef] chef *m*, jefe *m* de cocina
chemical ['kemɪkl] **1** *adj* químico **2** *n* producto *m* químico; **chemist** *in laboratory* químico(-a) *m(f)*; *Br dispensing* farmacéutico(-a) *m(f)*; **chemistry** química *f*
chemotherapy [kiːmou'θerəpɪ] quimioterapia *f*
cheque [tʃek] *Br* ☞ **check²**
chess [tʃes] ajedrez *m*
chest [tʃest] pecho *m*; *box* cofre *m*
chew [tʃuː] mascar, masticar; *of dog, rats* mordisquear;
chewing gum chicle *m*
chick [tʃɪk] pollito *m*; *young bird* polluelo *m*; F *girl* nena *f*
chicken ['tʃɪkɪn] **1** *n* gallina *f*; *food* pollo *m*
chief [tʃiːf] **1** *n* jefe(-a) *m(f)* **2** *adj* principal; **chiefly** principalmente
child [tʃaɪld] niño(-a) *m(f)*;
childhood infancia *f*; **childish** *pej* infantil; **childlike** infantil
children ['tʃɪldrən] *pl* ☞ **child**
Chile ['tʃɪlɪ] Chile; **Chilean 1** *adj* chileno **2** *n* chileno(-a) *m(f)*
chil(l)i (pepper) ['tʃɪlɪ] chile *m*, *Span* guindilla *f*

◆ **chill out** P relajarse; *(calm down)* tranquilizarse
chilly ['tʃɪlɪ] *also fig* fresco
chimney ['tʃɪmnɪ] chimenea *f*
chin [tʃɪn] barbilla *f*
China ['tʃaɪnə] China
china ['tʃaɪnə] porcelana *f*
Chinese [tʃaɪ'niːz] **1** *adj* chino **2** *n (language)* chino *m*; *(person)* chino(-a) *m(f)*
chip [tʃɪp] **1** *n damage* mella *f*; *in gambling* ficha *f*; ~**s** pata-

chipmunk

tas *fpl* fritas **2** *v/t* (*damage*) mellar; **chipmunk** ardilla *f* listada

chisel ['tʃɪzl] *for stone* cincel *m*; *for wood* formón *m*

chlorine ['klɔːriːn] cloro *m*

chocolate ['tʃɑːkələt] chocolate *m*

choice [tʃɔɪs] **1** *n* elección *f*; (*selection*) selección *f*; **I had no ~** no tuve alternativa **2** *adj* (*top quality*) selecto

choir [kwaɪr] coro *m*

choke [tʃoʊk] **1** *v/i* ahogarse **2** *v/t* estrangular

cholesterol [kəˈlestəroʊl] colesterol *m*

choose [tʃuːz] elegir, escoger; **choosey** F exigente

chop [tʃɑːp] **1** *n meat* chuleta *f* **2** *v/t wood* cortar; *meat* trocear; *vegetables* picar

◆ **chop down** *tree* talar

chore [tʃɔːr] tarea *f*

choreography [kɔːrɪˈɑːɡrəfɪ] coreografía *f*

chorus ['kɔːrəs] *singers* coro *m*; *of song* estribillo *m*

Christ [kraɪst] Cristo

christen ['krɪsn] bautizar

Christian ['krɪstʃən] **1** *n* cristiano(-a) *m(f)* **2** *adj* cristianismo *m*; **Christianity** cristianismo *m*

Christmas ['krɪsməs] Navidad(es) *f(pl)*; **Merry ~!** ¡Feliz Navidad!; **Christmas card** crismas *m inv*; **Christmas Day** día *m* de Navidad; **Christmas Eve** Nochebuena *f*; **Christmas present** re-

312

galo *m* de Navidad; **Christmas tree** árbol *m* de Navidad

chronic ['krɑːnɪk] crónico

chubby ['tʃʌbɪ] rechoncho

chuck [tʃʌk] F tirar

chuckle ['tʃʌkl] **1** *n* risita *f* **2** *v/i* reírse por lo bajo

chunk [tʃʌŋk] trozo *m*

church [tʃɜːrtʃ] iglesia *f*; **church service** oficio *m* religioso; **churchyard** cementerio *m* (al lado de iglesia)

chute [ʃuːt] rampa *f*; *for garbage* colector *m* de basura

cigar [sɪˈɡɑːr] cigarro *m*

cigarette [sɪɡəˈret] cigarrillo *m*; **cigarette lighter** encendedor *m*

cinema ['sɪnɪmə] *Br* cine *m*

circle ['sɜːrkl] **1** *n* círculo *m* **2** *v/i of plane* volar en círculo

circuit ['sɜːrkɪt] circuito *m*; (*lap*) vuelta *f*; **circuit board** COMPUT placa *f or* tarjeta *f* de circuitos

circular ['sɜːrkjʊlər] **1** *n* circular *f* **2** *adj* circular; **circulate 1** *v/i* circular **2** *v/t* memo hacer circular; **circulation** circulación *f*; *of newspaper* tirada *f*

circumstances ['sɜːrkəmstənsɪs] circunstancias *fpl*; **financial** situación *f* económica

circus ['sɜːrkəs] circo *m*

cistern ['sɪstɜːrn] cisterna *f*

citizen ['sɪtɪzn] ciudadano(-a) *m(f)*; **citizenship** ciudadanía *f*

clearance sale

city ['sɪtɪ] ciudad *f*; **city center**, *Br* **city centre** centro *m* de la ciudad; **city hall** ayuntamiento *m*
civic ['sɪvɪk] cívico
civil ['sɪvl] civil; *(polite)* cortés; **civil ceremony** ceremonia *f* civil; **civil engineer** ingeniero(-a) *m(f)* civil; **civilian** civil *m/f*; **civilization** civilización *f*; **civilize** civilizar; **civil rights** derechos *mpl* civiles; **civil servant** funcionario(-a) *m(f)*; **civil service** administración *f* pública; **civil war** guerra *f* civil
claim [kleɪm] **1** *n (request)* reclamación *f* (**for** de); *(assertion)* afirmación *f* **2** *v/t (ask for as a right)* reclamar; *(assert)* afirmar; *lost property* reclamar; **claimant** reclamante *m/f*
clam [klæm] almeja *f*
clammy ['klæmɪ] húmedo
clamp [klæmp] *fastener* abrazadera *f*
◆ **clamp down** actuar contundentemente (**on** contra)
clandestine [klæn'destɪn] clandestino
clap [klæp] *(applaud)* aplaudir
clarification [klærɪfɪ'keɪʃn] aclaración *f*; **clarify** aclarar; **clarity** claridad *f*
clash [klæʃ] **1** *n* choque *m* **2** *v/i* chocar; *of colors* desentonar; *of events* coincidir
clasp [klæsp] **1** *n* broche *m* **2** *v/t in hand* estrechar
class [klæs] **1** *n* clase *f* **2** *v/t* clasificar (**as** como)
classic ['klæsɪk] **1** *adj* clásico **2** *n* clásico *m*; **classical** clásico; **classification** clasificación *f*; **classified** *information* reservado; **classified ad** anuncio *m* por palabras; **classify** clasificar; **classroom** clase *f*, aula *f*; **classy** F de clase
clause [klɔːz] cláusula *f*
claustrophobia [klɒːstrə'foʊbɪə] claustrofobia *f*
claw [klɔː] garra *f*; *of lobster* pinza *f*
clay [kleɪ] arcilla *f*
clean [kliːn] **1** *adj* limpio **2** *adv* F *(completely)* completamente **3** *v/t* limpiar
cleaner ['kliːnər] *person* limpiador(a) *m(f)*; **(dry)** ~ tintorería *f*
cleanse [klenz] *skin* limpiar; **cleanser** *for skin* loción *f* limpiadora
clear [klɪr] **1** *adj* claro; *sky* despejado; *water* transparente; *conscience* limpio **2** *v/t roads etc* despejar; *(acquit)* absolver; *(authorize)* autorizar **3** *v/i of mist* despejarse
◆ **clear out 1** *v/t closet* ordenar, limpiar **2** *v/i* marcharse
◆ **clear up 1** *v/i* ordenar; *of weather* despejarse; *of illness* desaparecer **2** *v/t (tidy)* ordenar; *problem* aclarar
clearance ['klɪrəns] *space* espacio *m*; *(authorization)* autorización *f*; **clearance sale**

liquidación *f*; **clearing** claro *m*; **clearly** claramente
cleavage ['kli:vɪdʒ] escote *m*
clench [klentʃ] apretar
clergy ['klɜ:rdʒɪ] clero *m*; **clergyman** clérigo *m*
clerk [klɜ:rk] oficinista *m/f*; *in store* dependiente(-a) *m/f*
clever [klk] listo; *idea*, *gadget* ingenioso
click [klɪk] **1** *n* COMPUT clic *m* **2** *v/i* hacer clic
◆ **click on** COMPUT hacer clic en
client ['klaɪənt] cliente *m/f*; **clientele** clientela *f*
climate ['klaɪmət] *also fig* clima *m*; **climate catastrophe** catástrofe *f* climática; **climate change** cambio *m* climático
climax ['klaɪmæks] clímax *m*
climb [klaɪm] **1** *n up mountain* ascensión *f* **2** *v/t* & *v/i* subir; **climber** *person* escalador(a) *m(f)*, *L.Am.* andinista *m/f*
clinch [klɪntʃ] *deal* cerrar
cling [klɪŋ] *of clothes* pegarse al cuerpo
◆ **cling to** aferrarse a
clingy ['klɪŋɪ] *person* pegajoso
clinic ['klɪnɪk] clínica *f*; **clinical** clínico
clip[1] [klɪp] **1** *n fastener* clip *m* **2** *v/t*: ~ **sth to sth** sujetar algo a algo
clip[2] [klɪp] **1** *n extract* fragmento *m* **2** *v/t hair, grass* cortar; **clipping** *from press* recorte *m*
clock [klɑ:k] reloj *m*; **clock**

radio radio *m* despertador; **clockwise** en el sentido de las agujas del reloj
clone [kloʊn] **1** *n* clon *m* **2** *v/t* clonar; **cloning** clonación *f*
close[1] [kloʊs] *adv* cerca; ~ **to the school** cerca del colegio; *adj family* cercano; *friend* íntimo; **be** ~ **to s.o.** *emotionally* estar muy unido a alguien
close[2] [kloʊz] *v/t* cerrar
closed-circuit 'television circuito *m* cerrado de televisión; **close-knit** muy unido; **closely** *watch* atentamente; *cooperate* de cerca
closet ['klɑ:zɪt] armario *m*
close-up ['kloʊsʌp] primer plano *m*
closing date ['kloʊzɪŋ] fecha *f* límite
closure ['kloʊʒər] cierre *m*
clot [klɑ:t] **1** *n of blood* coágulo *m* **2** *v/i* coagularse
cloth [klɑ:θ] tela *f*, tejido *m*; *for cleaning* trapo *m*
clothes [kloʊðz] ropa *f*; **clothing** ropa *f*
cloud [klaʊd] nube *f*; **cloudless** despejado; **cloudy** nublado
clout [klaʊt] *fig* influencia *f*
clove of garlic [kloʊv] diente *m* de ajo
clown [klaʊn] *also fig* payaso *m*
club [klʌb] palo *m*; *organization* club *m*
clue [klu:] pista *f*
clumsiness ['klʌmzɪnɪs] tor-

peza *f*; **clumsy** torpe
cluster ['klʌstər] grupo *m*
clutch [klʌʧ] **1** *n* MOT embrague *m* **2** *v/t* agarrar
◆ **clutch at** agarrarse a
Co. (= ***Company***) Cía. (= Compañía *f*)
c/o (= ***care of***) en el domicilio de
coach [kouʧ] **1** *n* (*trainer*) entrenador(a) *m(f)*; *Br* (*bus*) autobús *m* **2** *v/t footballer* entrenar; *singer* preparar; **coaching** entrenamiento *m*
coagulate [kou'ægjuleɪt] *of blood* coagularse
coal [koul] carbón *m*
coalition [kouə'lɪʃn] coalición *f*
coalmine mina *f* de carbón
coarse [kɔːrs] áspero; *hair*, (*vulgar*) basto; **coarsely** (*vulgarly*) de manera grosera
coast [koust] costa *f*; **coastal** costero; **coastguard** servicio *m* de guardacostas; *person* guardacostas *m/f inv*; **coastline** litoral *m*, costa *f*
coat [kout] **1** *n* chaqueta *f*, *L.Am.* saco *m*; (*over~*) abrigo *m*; *of animal* pelaje *m*; *of paint* capa *f* **2** *v/t* (*cover*) cubrir (**with** de); **coathanger** percha *f*; **coating** capa *f*
coax [kouks] persuadir
cocaine [kə'keɪn] cocaína *f*
cock [kɑːk] *chicken* gallo *m*; *any male bird* macho *m*;
cockpit *of plane* cabina *f*;
cockroach cucaracha *f*;
cocktail cóctel *m*

cocoa ['koukou] cacao *m*
coconut ['koukənʌt] coco *m*;
coconut palm cocotero *m*
code [koud] código *m*; **in ~** cifrado
coeducational [kouedu'keɪʃnl] mixto
coerce [kou'ɜːrs] coaccionar
coexist [kouɪg'zɪst] coexistir;
coexistence coexistencia *f*
coffee ['kɑːfɪ] café *m*; **coffee maker** cafetera *f* (para preparar); **coffee pot** cafetera *f* (para servir); **coffee shop** café *m*
cohabit [kou'hæbɪt] cohabitar
coherent [kou'hɪrənt] coherente
coil [kɔɪl] **1** *n of rope* rollo *m*; *of snake* anillo *m* **2** *v/t*: **~** (**up**) enrollar
coin [kɔɪn] moneda *f*
coincide [kouɪn'saɪd] coincidir; **coincidence** coincidencia *f*
Coke® [kouk] Coca-Cola® *f*
cold [kould] **1** *adj* frío; **I'm ~** tengo frío; **it's ~** *of weather* hace frío **2** *n* frío *m*; MED resfriado *m*; **cold-blooded** de sangre fría; *murder* a sangre fría; **coldly** fríamente, con frialdad; **coldness** frialdad *f*; **cold sore** calentura *f*
collaborate [kə'læbəreɪt] colaborar (**on** en); **collaboration** colaboración *f*; **collaborator** colaborador(a) *m(f)*; *with enemy* colaboracionista *m/f*

collapse

collapse [kəˈlæps] desplomarse; **collapsible** plegable
collar [ˈkɑːlər] cuello *m*; *for dog* collar *m*
colleague [ˈkɑːliːg] colega *m/f*
collect [kəˈlekt] **1** *v/t* recoger; *as hobby* coleccionar **2** *v/i* (*gather together*) reunirse; **collect call** llamada *f* a cobro revertido; **collection** colección *f*; *in church* colecta *f*; **collective** colectivo; **collector** coleccionista *m/f*
college [ˈkɑːlɪdʒ] universidad *f*
collide [kəˈlaɪd] chocar, colisionar; **collision** choque *m*, colisión *f*
Colombia [kəˈlʌmbɪə] Colombia; **Colombian 1** *adj* colombiano **2** *n* colombiano(-a) *m(f)*
colon [ˈkoʊlən] *punctuation* dos puntos *mpl*
colonel [ˈkɜːrnl] coronel *m*
colonial [kəˈloʊnɪəl] colonial; **colonize** colonizar; **colony** colonia *f*
color [ˈkʌlər] color *m f*; **colorblind** daltónico; **colored** *person* de color; **colorful** lleno de colores; *account* colorido
colossal [kəˈlɑːsl] colosal
colour *Br* ☞ **color**
colt [koʊlt] potro *m*
Columbus [kəˈlʌmbəs] Colón *m*
column [ˈkɑːləm] columna *f*; **columnist** columnista *m/f*
coma [ˈkoʊmə] coma *m*

comb [koʊm] **1** *n* peine *m* **2** *v/t hair, area* peinar; ~ **one's hair** peinarse
combat [ˈkɑːmbæt] **1** *n* combate *m* **2** *v/t* combatir
combination [kɑːmbɪˈneɪʃn] combinación *f*; **combine 1** *v/t* combinar; *ingredients* mezclar **2** *v/i* combinarse
come [kʌm] venir
◆ **come across** (*find*) encontrar
◆ **come along** (*come too*) venir; (*turn up*) aparecer; (*progress*) marchar
◆ **come back** volver
◆ **come down 1** *v/i* bajar; *of rain, snow* caer **2** *v/t*: **come down the stairs** bajar las escaleras
◆ **come for** (*attack*) atacar; (*collect: thing*) venir a por; (*collect: person*) venir a buscar a
◆ **come forward** presentarse
◆ **come from** (*travel*) venir de; (*originate*) ser de
◆ **come in** entrar; *of train* llegar; *of tide* subir
◆ **come in for** *criticism* recibir
◆ **come off** *of handle etc* soltarse; *of paint etc* quitarse
◆ **come out** salir; *of book* publicarse; *of stain* irse
◆ **come to 1** *v/t place* llegar a; *of hair, water* llegar hasta **2** *v/i* (*regain consciousness*) volver en sí
◆ **come up** subir; *of sun* salir
ˈ**comeback** regreso *m*

comedian [kəˈmiːdɪən] humorista *m/f*; *pej* payaso(-a) *m(f)*; **comedy** comedia *f*
comfort [ˈkʌmfərt] **1** *n* comodidad *f*, confort *m*; (*consolation*) consuelo *m* **2** *v/t* consolar; **comfortable** cómodo
comic [ˈkɒmɪk] **1** *n* to read cómic *m*; (*comedian*) cómico(-a) *m(f)* **2** *adj* cómico; **comical** cómico; **comic book** cómic *m*; **comics** tiras *fpl* cómicas; **comic strip** tira *f* cómica
comma [ˈkɒmə] coma *f*
command [kəˈmænd] **1** *n* orden *f* **2** *v/t* ordenar, mandar
commandeer [kɒmənˈdɪr] requisar
commander [kəˈmændər] comandante *m/f*; **commander-in-chief** comandante *m/f* en jefe
commemorate [kəˈmeməreɪt] conmemorar
commence [kəˈmens] comenzar
commendable [kəˈmendəbl] encomiable; **commendation** *for bravery* mención *f*
comment [ˈkɒment] **1** *n* comentario *m* **2** *v/i* hacer comentarios (**on** sobre); **commentary** comentarios *mpl*; **commentator** comentarista *m/f*
commerce [ˈkɒmɜːrs] comercio *m*; **commercial 1** *adj* comercial **2** *n* (*ad*) anuncio *m* (publicitario); **commercial break** pausa *f* publi-

compact

citaria; **commercialize** comercializar
commission [kəˈmɪʃn] (*payment, committee*) comisión *f*; (*job*) encargo *m*
commit [kəˈmɪt] *crime* cometer; *money* comprometer; **commitment** compromiso *m* (**to** con); **committee** comité *m*
commodity [kəˈmɑːdətɪ] *raw material* producto *m* básico; *product* bien *m* de consumo
common [ˈkɑːmən] común; **have sth in ~** tener algo en común; **commonly** comúnmente; **common sense** sentido *m* común
commotion [kəˈmoʊʃn] alboroto *m*
communal [kəˈmjuːnl] comunal
communicate [kəˈmjuːnɪkeɪt] **1** *v/i* comunicarse **2** *v/t* comunicar; **communication** comunicación *f*; **communicative** comunicativo
Communion [kəˈmjuːnjən] REL comunión *f*
Communism [ˈkɑːmjʊnɪzəm] comunismo *m*; **Communist 1** *adj* comunista **2** *n* comunista *m/f*
community [kəˈmjuːnətɪ] comunidad *f*
commute [kəˈmjuːt] **1** *v/i* viajar al trabajo **2** *v/t* LAW conmutar
compact 1 [kəmˈpækt] *adj* compacto **2** [ˈkɑːmpækt] *n*

companion

MOT utilitario *m*; **companion** [kəmˈpænjən] compañero(-a) *m(f)*

company [ˈkʌmpənɪ] compañía *f*; COM *also* empresa *f*

comparable [ˈkɒmpərəbl] comparable; **comparative** *adj* relativo; *study* comparado; **compare** comparar; **comparison** comparación *f*

compartment [kəmˈpɑːtmənt] compartimento *m*

compass [ˈkʌmpəs] brújula *f*; *for geometry* compás *m*

compassion [kəmˈpæʃn] compasión *f*; **compassionate** compasivo

compatibility [kəmpætəˈbɪlɪtɪ] compatibilidad *f*; **compatible** compatible

compel [kəmˈpel] obligar

compensate [ˈkɒmpənseɪt] 1 *v/t* compensar 2 *v/i*: ~ **for** compensar; **compensation** (*money*) indemnización *f*; (*reward, comfort*) compensación *f*

compete [kəmˈpiːt] competir (**for** por)

competence [ˈkɒmpɪtəns] competencia *f*; **competent** competente

competition [kɒmpəˈtɪʃn] (*contest*) concurso *m*; SP competición *f*; (*competitors*) competencia *f*; **competitive** competitivo; **competitiveness** COM competitividad *f*; *of person* espíritu *m* competitivo; **competitor** *in con-*

test concursante *m/f*; SP competidor(a) *m(f)*, contrincante *m/f*; COM competidor(a) *m(f)*

complacent [kəmˈpleɪsnt] complaciente

complain [kəmˈpleɪn] quejarse; **complaint** queja *f*; MED dolencia *f*

complementary [kɒmplɪˈmentərɪ] complementario

complete [kəmˈpliːt] 1 *adj* (*total*) absoluto, total; (*full*) completo; (*finished*) finalizado 2 *v/t task, building etc* finalizar; *course* completar; *form* rellenar; **completely** completamente; **completion** finalización *f*

complex [ˈkɒmpleks] 1 *adj* complejo 2 *n also* PSYCH complejo *m*; **complexion** facial tez *f*; **complexity** complejidad *f*

compliance [kəmˈplaɪəns] cumplimiento *m* (**with** de)

complicate [ˈkɒmplɪkeɪt] complicar; **complicated** complicado; **complication** complicación *f*

complimentary [kɒmplɪˈmentərɪ] elogioso; (*free*) de regalo, gratis

comply [kəmˈplaɪ] cumplir; ~ **with** cumplir

component [kəmˈpəʊnənt] pieza *f*, componente *m*

compose [kəmˈpəʊz] *also* MUS componer; **composed** (*calm*) sereno; **composer**

MUS compositor(a) *m(f)*; **composition** *also* MUS composición *f*; **composure** compostura *f*

compound ['kɑːmpaʊnd] *chemical* compuesto *m*

comprehend [kɑːmprɪ'hend] comprender; **comprehension** comprensión *f*; **comprehensive** detallado

compress [kəm'pres] comprimir; *information* condensar

comprise [kəm'praɪz] comprender; **be ~d of** constar de

compromise ['kɑːmprəmaɪz] **1** *n* solución *f* negociada **2** *v/i* transigir, efectuar concesiones **3** *v/t principles* traicionar; *(jeopardize)* poner en peligro

compulsion [kəm'pʌlʃn] PSYCH compulsión *f*; **compulsive** *behavior* compulsivo; *reading* absorbente; **compulsory** obligatorio

computer [kəm'pjuːtər] *Span* ordenador *m, L.Am.* computadora *f*; **computer game** juego *m* de *Span* ordenador *or L.Am.* computadora; **computerize** informatizar, *L.Am.* computarizar; **computer science** informática *f, L.Am.* computación *f*; **computing** informática *f, L.Am.* computación *f*

comrade ['kɑːmreɪd] compañero(-a) *m(f)*; POL camarada *m/f*; **comradeship** camaradería *f*

conceal [kən'siːl] ocultar; **concealment** ocultación *f*

conceit [kən'siːt] engreimiento; **conceited** engreído

conceivable [kən'siːvəbl] concebible; **conceive of** *woman* concebir

concentrate ['kɑːnsəntreɪt] **1** *v/i* concentrarse **2** *v/t energies* concentrar; **concentration** concentración *f*

concept ['kɑːnsept] concepto *m*; **conception** *of child* concepción *f*

concern [kən'sɜːrn] **1** *n (anxiety, care)* preocupación *f*; *(business)* asunto *m*; *(company)* empresa *f* **2** *v/t (involve)* concernir; *(worry)* preocupar; **concerned** preocupado (**about** por); *(involved)* en cuestión; **concerning** en relación con

concert ['kɑːnsərt] concierto *m*; **concerted** concertado

concession [kən'seʃn] concesión *f*

concise [kən'saɪs] conciso

conclude [kən'kluːd] concluir (**from** de); **conclusion** conclusión *f*; **conclusive** concluyente

concrete ['kɑːŋkriːt] **1** *adj* concreto **2** *n* hormigón *m, L.Am.* concreto *m*

concussion [kən'kʌʃn] conmoción *f* cerebral

condemn [kən'dem] condenar; **condemnation** condena *f*

condescend [kɑːndɪ'send]:

condescending 320

he ~ed to speak to me se dignó a hablarme; **condescending** condescendiente
condition [kənˈdɪʃn] **1** *n (state)* condiciones *fpl*; *of health* estado *m*; *illness* enfermedad *f*; *(requirement, term)* condición *f* **2** *v/t* PSYCH condicionar; **conditioning** PSYCH condicionamiento *m*
condo [ˈkɑːndoʊ] F apartamento *m*, *Span* piso *m*; *building* bloque de apartamentos
condolences [kənˈdoʊlənsɪz] condolencias *fpl*
condom [ˈkɑːndəm] condón *m*, preservativo *m*
condominium [kɑːndəˈmɪnɪəm] ☞ **condo**
condone [kənˈdoʊn] justificar
conduct 1 [ˈkɑːndʌkt] *n* conducta *f* **2** [kənˈdʌkt] *v/t (carry out)* realizar, hacer; ELEC conducir; MUS dirigir; **conducted tour** visita *f* guiada; **conductor** MUS director(a) *m(f)* de orquesta; *on train* revisor(-a) *m(f)*
cone [koʊn] cono *m*; *for ice cream* cucurucho *m*; *of pine tree* piña *f*
conference [ˈkɑːnfərəns] congreso *m*; *discussion* conferencia *f*; **conference room** sala *f* de conferencias
confess [kənˈfes] **1** *v/t* confesar **2** *v/i* confesar; REL confesarse; **confession** confesión *f*
confide [kənˈfaɪd] **1** *v/t* confiar **2** *v/i*: ~ **in s.o.** confiarse a alguien; **confidence** confianza *f*; **confident** *(self-assured)* seguro de sí mismo; *(convinced)* seguro; **confidential** confidencial; **confidently** con seguridad
confine [kənˈfaɪn] *(imprison)* confinar, recluir; *(restrict)* limitar; **confined space** limitado
confirm [kənˈfɜːrm] confirmar; **confirmation** confirmación *f*
confiscate [ˈkɑːnfɪskeɪt] confiscar
conflict 1 [ˈkɑːnflɪkt] *n* conflicto *m* **2** [kənˈflɪkt] *v/i* chocar
confront [kənˈfrʌnt] hacer frente a; **confrontation** confrontación *f*
confuse [kənˈfjuːz] confundir; **confused** *person* confundido; *situation* confuso; **confusing** confuso; **confusion** confusión *f*
congestion [kənˈdʒestʃn] congestión *f*
congratulate [kənˈgrætʃuleɪt] felicitar; **congratulations** felicitaciones *fpl*
congregate [ˈkɑːŋgrɪgeɪt] congregarse; **congregation** REL congregación *f*
Congress [ˈkɑːŋgres] Congreso *m*; **Congressional** del Congreso; **Congressman** congresista *m*; **Congresswoman** congresista *f*
conjecture [kənˈdʒektʃər] conjetura *f*

construction

con man ['kɑːnmæn] F timador m F

connect [kə'nekt] conectar; (*link*) relacionar, vincular; *to power supply* enchufar; **connected: be well~** estar bien relacionado; **be ~ with** estar relacionado con; **connection** conexión f; (*personal contact*) contacto m

connoisseur [kɒnə'sɜːr] entendido(-a) m(f)

conquer ['kɒŋkər] conquistar; *fear etc* vencer; **conqueror** conquistador(a) m(f); **conquest** conquista f

conscience ['kɒnʃəns] conciencia f; **conscientious** concienzudo; **conscientiousness** aplicación f

conscious ['kɒnʃəs] consciente; **consciously** conscientemente; **consciousness** conciencia f

consecutive [kən'sekjʊtɪv] consecutivo

consensus [kən'sensəs] consenso m

consent [kən'sent] **1** n consentimiento m **2** v/i consentir (**to** en)

consequence ['kɒnsɪkwəns] consecuencia f; **consequently** por consiguiente

conservation [kɒnsər'veɪʃn] conservación f; **conservationist** ecologista m/f; **conservative** conservador; *estimate* prudente; **conserve 1** n (*jam*) compota f **2** v/t conservar

consider [kən'sɪdər] considerar; (*show regard for*) mostrar consideración por; **considerable** considerable; **considerably** considerablemente; **considerate** considerado; **considerately** con consideración; **consideration** consideración f; (*factor*) factor m; **take sth into ~** tomar algo en consideración

♦ **consist of** [kən'sɪst] consistir en

consistency [kən'sɪstənsi] (*texture*) consistencia f; (*unchangingness*) coherencia f; *of player* regularidad f; **consistent** *person* coherente; *improvement* constante

consolidate [kən'sɑːlɪdeɪt] consolidar

conspicuous [kən'spɪkjuəs] llamativo

conspiracy [kən'spɪrəsi] conspiración f; **conspirator** conspirador(a) m(f); **conspire** conspirar

constant ['kɑːnstənt] constante; **constantly** constantemente

constipated ['kɑːnstɪpeɪtɪd] estreñido; **constipation** estreñimiento m

constitute ['kɑːnstɪtuːt] constituir; **constitution** constitución f; **constitutional** POL constitucional

constraint [kən'streɪnt] restricción f, límite m

construct [kən'strʌkt] construir; **construction** cons-

constructive

trucción f; **constructive** constructivo

consul ['kɒnsl] cónsul m/f; **consulate** consulado m

consult [kən'sʌlt] consultar; **consultancy** company consultoría f; (advice) asesoramiento m; **consultant** asesor(a) m(f), consultor(a) m(f); **consultation** consulta f

consume [kən'suːm] consumir; **consumer** consumidor(a) m(f); **consumer confidence** confianza f del consumidor; **consumption** consumo m

contact ['kɒntækt] **1** n contacto **2** v/t contactar con; **contact lens** lentes fpl de contacto, Span lentillas fpl

contagious [kən'teɪdʒəs] contagioso

contain [kən'teɪn] contener; **container** recipiente m; COM contenedor m

contaminate [kən'tæmɪneɪt] contaminar; **contamination** contaminación f

contemporary [kən'tempərərɪ] **1** adj contemporáneo **2** n contemporáneo(-a) m(f)

contempt [kən'tempt] desprecio m; **contemptible** despreciable; **contemptuous** despectivo

contender [kən'tendər] contendiente m/f; against champion aspirante m/f

content¹ ['kɒntent] n contenido m

content² [kən'tent] **1** adj satisfecho **2** v/t: ~ o.s. with contentarse con; **contented** satisfecho; **contentment** satisfacción f

contents ['kɒntents] contenido m

contest¹ ['kɒntest] n (competition) concurso m; (struggle) lucha f

contest² [kən'test] v/t leadership presentarse como candidato a; decision, will impugnar

contestant [kən'testənt] concursante m/f; in sport competidor(a) m(f)

context ['kɒntekst] contexto m

continent ['kɒntɪnənt] continente m; **continental** continental

contraception [kɒntrə'sepʃn] anticoncepción f; **contraceptive** anticonceptivo m

contract¹ ['kɒntrækt] n contrato m

contract² [kən'trækt] **1** v/i (shrink) contraerse **2** v/t illness contraer

contractor [kən'træktər] con-

continual [kən'tɪnjʊəl] continuo; **continually** continuamente; **continuation** continuación f; **continue** continuar; **continuous** continuo; **continuously** continuamente

contort [kən'tɔːrt] face contraer; body contorsionar

cool down

tratista *m/f*; **contractual** [kənˈtræktʊəl] contractual
contradict [kɑːntrəˈdɪkt] *statement* desmentir; *person* contradecir; **contradiction** contradicción *f*; **contradictory** contradictorio
contrary[1] [ˈkɑːntrərɪ] **1** *adj* contrario; **~ to** al contrario de **2** *n*: **on the ~** al contrario
contrary[2] [kənˈtrerɪ] *adj* (*perverse*) difícil
contrast [ˈkɑːntræst] **1** *n* contraste *m* **2** *v/t & v/i* contrastar; **contrasting** opuesto
contravene [kɑːntrəˈviːn] contravenir
contribute [kənˈtrɪbjuːt] **1** *v/i* contribuir (**to** a) **2** *v/t money, suggestion* contribuir con, aportar; **contribution** contribución *f*; *to political party, church* donación *f*; **contributor** *of money* donante *m/f*; *to magazine* colaborador(a) *m(f)*
control [kənˈtroʊl] **1** *n* control *m*; **be in ~ of** controlar **2** *v/t* controlar
controversial [kɑːntrəˈvɜːrʃl] polémico, controvertido; **controversy** polémica *f*, controversia *f*
convenience [kənˈviːnɪəns] conveniencia *f*; **convenience store** tienda *f* de barrio; **convenient** conveniente; *time* oportuno
convent [ˈkɑːnvənt] convento *m*
convention [kənˈvenʃn] convención *f*; (*meeting*) congreso *m*; **conventional** convencional
conversation [kɑːnvərˈseɪʃn] conversación *f*; **conversational** coloquial
conversion [kənˈvɜːrʃn] conversión *f*; **convert 1** *n* converso(-a) *m(f)* (**to** a) **2** *v/t* convertir; **convertible** *car* descapotable *m*
convey [kənˈveɪ] (*transmit*) transmitir; (*carry*) transportar; **conveyor belt** cinta *f* transportadora
convict 1 *n* convicto(-a) *m(f)* **2** [kənˈvɪkt] *v/t* LAW: **~ s.o. of sth** declarar a alguien culpable de algo; **conviction** LAW condena *f*; (*belief*) convicción *f*
convince [kənˈvɪns] convencer
convoy [ˈkɑːnvɔɪ] convoy *m*
cook [kʊk] **1** *n* cocinero(-a) *m(f)* **2** *v/t & v/i* cocinar; **cookbook** libro *m* de cocina; **cookery** cocina *f*; **cookie** galleta *f*; **cooking** cocina *f*
cool [kuːl] **1** *n*: *keep one's* ~ F mantener la calma **2** *adj* fresco; *drink* frío; (*calm*) tranquilo; (*unfriendly*) frío; P (*great*) Span guay P, *L.Am.* chévere P, *Mex* padre P, *Rpl* copante P **3** *v/i* enfriarse; *of tempers* calmarse **4** *v/t*: ~ *it* F cálmate
◆ **cool down 1** *v/i* enfriarse; *of weather* refrescar; *of tempers* calmarse **2** *v/t food* enfriar; *fig* calmar

cooperate 324

cooperate [kou'ɑ:pəreɪt] cooperar; **cooperation** cooperación f; **cooperative** (helpful) cooperativo
coordinate [kou'ɔ:rdɪneɪt] coordinar; **coordination** coordinación f
cop [kɑːp] F poli m/f F
cope [koup] arreglárselas; ~ **with** poder con
copier ['kɑːpɪər] machine fotocopiadora f
copper ['kɑːpər] cobre m
copy ['kɑːpɪ] **1** n copia f; of book ejemplar m **2** v/t copiar
cord [kɔːrd] (string) cuerda f, cordel m; (cable) cable m
cordon ['kɔːrdn] cordón m
cords [kɔːrdz] pants pantalones mpl de pana
core [kɔːr] **1** n of fruit corazón m; of party núcleo m **2** adj issue central
cork [kɔːrk] corcho m; **corkscrew** sacacorchos m inv
corn [kɔːrn] grain maíz m
corner ['kɔːrnər] **1** n of page, street esquina f; of room rincón m; on road curva f; in soccer córner m, saque m de esquina **2** v/t person arrinconar; ~ **a market** monopolizar un mercado **3** v/i of driver, car girar
coronary ['kɔːrənerɪ] **1** adj coronario **2** n infarto m de miocardio
coroner ['kɔːrənər] oficial encargado de investigar muertes sospechosas
corporal ['kɔːrpərəl] cabo m/f; **corporal punishment** castigo m corporal
corporate ['kɔːrpərət] COM corporativo, de empresa; **corporation** (business) sociedad f anónima
corpse [kɔːrps] cadáver m
corral [kə'ræl] corral m
correct [kə'rekt] **1** adj correcto; time exacto **2** v/t corregir; **correction** corrección f; **correctly** correctamente
correspond [kɑːrɪ'spɑːnd] (match) corresponderse; **correspondence** correspondencia f; **correspondent** (reporter) corresponsal m/f
corridor ['kɔːrɪdər] pasillo m
corroborate [kə'rɑːbəreɪt] corroborar
corrosion [kə'rouʒn] corrosión f
corrupt [kə'rʌpt] **1** adj corrupto; COMPUT corrompido **2** v/t corromper; (bribe) sobornar; **corruption** corrupción f
cosmetic [kɑːz'metɪk] cosmético; fig superficial; **cosmetics** cosméticos mpl; **cosmetic surgery** cirugía f estética
cosmopolitan [kɑːzmə'pɑːlɪtən] cosmopolitano
cost [kɑːst] **1** n also fig costo m, Span coste m **2** v/t costar; project estimar el costo de; **how much does it ~?** ¿cuánto cuesta?
Costa Rica [kɑːstə'riːkə] Cos-

ta Rica; **Costa Rican 1** *adj* costarricense **2** *n* costarricense *m/f*
'**cost driver** COM, FIN generador *m* de costes; **cost-effective** rentable; **cost of living** costo *m* or Span coste *m* de la vida
costume ['kɑ:stu:m] *for actor* traje *m*
cosy *Br* ☞ **cozy**
cot [kɑ:t] *(camp-bed)* catre *m*
cottage ['kɑ:tɪdʒ] casa *f* de campo, casita *f*
cotton ['kɑ:tn] **1** *n* algodón *m* **2** *adj* de algodón; **cotton candy** algodón *m* dulce; **cotton wool** *Br* algodón *m* (hidrófilo)
couch [kaʊtʃ] sofá *m*; **couch potato** F teleadicto(-a) *m(f)* F
cough [kɑ:f] **1** *n* tos *f* **2** *v/i* toser; *to get attention* carraspear; **cough medicine** jarabe *m* para la tos
could [kʊd]: ~ *I have my key?* ¿me podría dar la llave?; ~ *you help me?* ¿me podrías ayudar?; *you* ~ *be right* puede que tengas razón; *you* ~ *have warned me!* ¡me podías haber avisado!
council ['kaʊnsl] consejo *m*; **councilor** concejal(a) *m(f)*
counsel ['kaʊnsl] **1** *n (advice)* consejo *m*; *(lawyer)* abogado(-a) *m(f)*; **2** *v/t (advise)* aconsejar; *person* ofrecer apoyo psicológico a; **counseling,** *Br* **counselling** apoyo *m* psicológico; **counsellor** *Br*, **counselor** *of student* orientador(a) *m(f)*; LAW abogado(-a) *m(f)*
count [kaʊnt] **1** *n* cuenta *f*; *(action of ~ing)* recuento *m* **2** *v/t* & *v/i* contar
◆ **count on** contar con
countdown cuenta *f* atrás
counter ['kaʊntər] *in shop* mostrador *m*; *in café* barra *f*; *in game* ficha *f*
'**counteract** contrarrestar; **counter-attack 1** *n* contraataque *m* **2** *v/i* contraatacar; **counterclockwise** en sentido contrario al de las agujas del reloj; **counterespionage** contraespionaje *m*; **counterfeit 1** *v/t* falsificar **2** *adj* falso; **counterpart** *(person)* homólogo(-a) *m(f)*; **counterproductive** contraproducente
countless ['kaʊntlɪs] incontables
country ['kʌntrɪ] país *m*; *as opposed to town* campo *m*
county ['kaʊntɪ] condado *m*
coup [ku:] POL golpe *m* (de Estado); *fig* golpe *m* de efecto
couple ['kʌpl] pareja *f*; *a* ~ *of* un par de
courage ['kʌrɪdʒ] valor *m*, coraje *m*; **courageous** valiente
courier ['kʊrɪr] mensajero(-a) *m(f)*; *with tourist party* guía *m/f*
course [kɔ:rs] *(lessons)* curso

court 326

m; *of meal* plato m; *of ship, plane* rumbo m; *for horse race* circuito m; *for golf* campo m; *for marathon* recorrido m; **of ~** por supuesto

court [kɔːrt] LAW tribunal m; (*courthouse*) palacio m de justicia; SP pista f, cancha f; **court case** proceso m, causa f

courtesy ['kɜːrtəsɪ] cortesía f
'courthouse palacio m de justicia; **courtroom** sala f de juicios; **courtyard** patio m

cousin ['kʌzn] primo(-a) m(f)
cover ['kʌvər] **1** n *protective* funda f; *of book, magazine* portada f; (*shelter*) protección f; (*insurance*) cobertura f **2** v/t cubrir

◆ **cover up 1** v/t cubrir; *scandal* encubrir **2** v/i disimular
coverage ['kʌvərɪdʒ] *by media* cobertura f informativa
covert ['koʊvɜːrt] encubierto
'cover-up encubrimiento m
cow [kaʊ] vaca f
coward ['kaʊərd] cobarde m/f; **cowardice** cobardía f
'cowboy vaquero m
co-worker ['koʊwɜːrkər] compañero(a) m(f) de trabajo
cozy ['koʊzɪ] *room* acogedor; *job* cómodo
crab [kræb] cangrejo m
crack [kræk] **1** n grieta f; *in cup* raja f; (*joke*) chiste m (malo) **2** v/t *cup* rajar; *nut*

cascar; *code* descifrar; F (*solve*) resolver **3** v/i rajarse; **crack** (**cocaine**) crack m; **cracked** *cup* rajado; **cracker** *to eat* galleta f salada
cradle ['kreɪdl] cuna f
craft[1] [kræft] NAUT embarcación f
craft[2] [kræft] (*skill*) arte m; (*trade*) oficio m; **craftsman** artesano m; **crafty** astuto
crag [kræg] *rock* peñasco m
cram [kræm] embutir
cramps [kræmps] calambre m; **stomach ~** retorcijón m
crane [kreɪn] **1** n *machine* grúa f **2** v/t: **~ one's neck** estirar el cuello
crank [kræŋk] *person* maniático(-a) m(f); **cranky** (*bad-tempered*) gruñón
crap [kræp] P mierda f P; (*nonsense*) Span gilipolleces fpl P, *L.Am.* pendejadas fpl P, *Rpl* boludeces fpl P
crash [kræʃ] **1** n *noise* estruendo m; *accident* accidente m; COM quiebra f, crac m; COMPUT bloqueo m **2** v/i *of car, airplane* estrellarse (*into* con); *of market* hundirse; COMPUT bloquearse **3** v/t *car* estrellar; **crash course** curso m intensivo; **crash diet** dieta f drástica; **crash helmet** casco m protector; **crash-land** realizar un aterrizaje forzoso
crate [kreɪt] caja f
crater ['kreɪtər] cráter m
crave [kreɪv] ansiar; **craving**

ansia f m
crawl [krɔːl] **1** n in swimming crol m **2** v/i on floor arrastrarse; of baby andar a gatas; (move slowly) avanzar lentamente
crayon ['kreɪɑːn] lápiz m de color
craze [kreɪz] locura f (**for** de); **crazy** loco
creak [kriːk] of hinge chirriar; of floor, shoes crujir; **creaky** que chirría; floor, shoes que cruje
cream [kriːm] **1** n for skin crema f; for coffee, cake nata f **2** adj crema
crease [kriːs] **1** n arruga f; deliberate raya f **2** v/t arrugar
create [kriːˈeɪt] crear; **creation** creación f; **creative** creativo; **creator** creador(a) m/f
creature ['kriːtʃər] criatura
credibility [kredəˈbɪlɪtɪ] credibilidad f; **credible** creíble
credit ['kredɪt] crédito m; **creditable** estimable; **credit card** tarjeta f de crédito; **credit limit** límite m de crédito; **creditor** acreedor(a) m/f; **creditworthy** solvente
creep [kriːp] **1** n pej asqueroso(-a) m/f **2** v/i moverse sigilosamente; **creepy** F espeluznante F
cremate [krɪˈmeɪt] incinerar; **cremation** incineración f
crest [krest] of hill cima f; of bird cresta f
crevice ['krevɪs] grieta f

cross

crew [kruː] tripulación f; **crew cut** rapado m
crib [krɪb] for baby cuna f
crime [kraɪm] delito m; serious, also fig crimen m; **criminal 1** n delincuente m/f, criminal m/f **2** adj criminal; (LAW: not civil) penal; (shameful) vergonzoso; act delictivo
crimson ['krɪmzn] carmesí
cripple ['krɪpl] **1** n inválido(-a) m/f **2** v/t person dejar inválido; fig paralizar
crisis ['kraɪsɪs] crisis f inv
crisp [krɪsp] weather fresco; lettuce crujiente; dollar bill flamante; **crisps** Br patatas fpl fritas, L.Am papas fpl fritas
criterion [kraɪˈtɪrɪən] criterio m
critic ['krɪtɪk] crítico(-a) m/f; **critical** crítico; **moment** decisivo; **criticism** crítica f; **criticize** criticar
crocodile ['krɑːkədaɪl] cocodrilo m
crony ['kroʊnɪ] F amiguete m/f F
crook [krʊk] ladrón (-ona) m/f; dishonest trader granuja m/f; **crooked** torcido; (dishonest) deshonesto
crop [krɑːp] **1** n also fig cosecha f; plant grown cultivo m **2** v/t hair cortar; photo recortar
◆ **crop up** salir
cross [krɑːs] **1** adj (angry) enfadado **2** n cruz f **3** v/t (go across) cruzar; ~ **o.s.** REL

♦ **cross off**

santiguarse **4** v/i (*go across*) cruzar; *of lines* cruzarse
♦ **cross off** tachar
'crosscheck 1 n comprobación f **2** v/t comprobar; **cross-examine** interrogar; **cross-eyed** bizco; **crossing** NAUT travesía f; **crossroads** *also fig* encrucijada f; **crosswalk** paso m de peatones; **crossword** (*puzzle*) crucigrama m
crotch [krɒtʃ] entrepierna f
crouch [kraʊtʃ] agacharse
crowd [kraʊd] multitud f, muchedumbre f; *at sports event* público m; **crowded** abarrotado (**with** de)
crown [kraʊn] corona f
crucial ['kruːʃl] crucial
crucifix ['kruːsɪfɪks] crucifijo m; **crucifixion** [kruːsɪ'fɪkʃn] crucifixión f; **crucify** *also fig* crucificar
crude [kruːd] **1** adj (*vulgar*) grosero; (*unsophisticated*) primitivo **2** n: ~ (*oil*) crudo m
cruel [krʊəl] cruel (**to** con); **cruelty** crueldad f
cruise [kruːz] **1** n crucero m **2** v/i *of people* hacer un crucero; *of car* ir a la velocidad de crucero; *of plane* volar
crumb [krʌm] miga f
crumble ['krʌmbl] desmigajarse; *of stonework* desmenuzarse; *fig: of opposition* desmoronarse
crumple ['krʌmpl] (*crease*) arrugar
crush [krʌʃ] **1** n (*crowd*) muchedumbre f **2** v/t aplastar; (*crease*) arrugar
crust [krʌst] *on bread* corteza f
crutch [krʌtʃ] *walking aid* muleta f
cry [kraɪ] **1** n (*call*) grito m **2** v/i (*weep*) llorar
♦ **cry out** gritar
cryptic ['krɪptɪk] críptico
crystal ['krɪstl] cristal m
cu [siː'juː] *in texting* A2 (*adiós*)
Cuba ['kjuːbə] Cuba; **Cuban 1** adj cubano **2** n cubano(-a) m(f)
cube [kjuːb] cubo m; **cubic** cúbico
cubicle ['kjuːbɪkl] (*changing room*) cubículo m
cuddle ['kʌdl] abrazar
cue [kjuː] *for actor etc* pie m; *for pool* taco m
cuff [kʌf] *of shirt* puño m; *of pants* vuelta f; (*blow*) cachete m
culminate ['kʌlmɪneɪt] culminar (**in** en); **culmination** culminación f
culprit ['kʌlprɪt] culpable m/f
cult [kʌlt] (*sect*) secta f
cultivate ['kʌltɪveɪt] cultivar; **cultivated** *person* culto; **cultivation** *of land* cultivo m
cultural ['kʌltʃərəl] cultural; **culture** cultura f; **cultured** culto
cumulative ['kjuːmjʊlətɪv] acumulativo

cunning ['kʌnɪŋ] **1** *n* astucia *f* **2** *adj* astuto
cup [kʌp] taza *f*; *trophy* copa *f*
cupboard ['kʌbərd] armario *m*
curb [kɜːrb] **1** *n of street* bordillo *m*; *on powers etc* freno *m* **2** *v/t* frenar
cure [kjʊr] **1** *n* MED cura *f* **2** *v/t* MED, *meat* curar
curiosity [kjʊrɪ'ɑːsətɪ] curiosidad *f*; **curious** curioso
curl [kɜːrl] **1** *n in hair* rizo *m*; *of smoke* voluta *f* **2** *v/t hair* rizar; (*wind*) enroscar **3** *v/i of hair* rizarse; *of paper* ondularse
♦ **curl up** acurrucarse
curly ['kɜːrlɪ] *hair* rizado; *tail* enroscado
currency ['kʌrənsɪ] *money* moneda *f*; **foreign ~** divisas *fpl*; **current 1** *n in sea*, ELEC corriente *f* **2** *adj* actual; **current affairs** la actualidad
curse [kɜːrs] **1** *n* (*spell*) maldición *f*; (*swearword*) palabrota *f* **2** *v/t* maldecir **3** *v/i* (*swear*) decir palabrotas
cursor ['kɜːrsər] COMPUT cursor *m*
cursory ['kɜːrsərɪ] superficial
curt [kɜːrt] brusco, seco
curtain ['kɜːrtn] cortina *f*; THEA telón *m*
curve [kɜːrv] **1** *n* curva *f* **2** *v/i* curvarse
cushion ['kʊʃn] **1** *n* cojín *m* **2** *v/t blow, fall* amortiguar
custody ['kʌstədɪ] *of children* custodia *f*; **in ~** LAW detenido

custom ['kʌstəm] costumbre *f*; COM clientela *f*; **customer** cliente(-a) *m(f)*; **customer service** atención *f* al cliente
customs ['kʌstəmz] aduana *f*; **customs officer** funcionario(-a) *m(f)* de aduanas
cut [kʌt] **1** *n* (*reduction*) recorte (**in** de) **2** *v/t* cortar; (*reduce*) recortar; *hours* acortar; **get one's hair ~** cortarse el pelo
♦ **cut down 1** *v/t tree* talar, cortar **2** *v/i in expenses* gastar menos; *in smoking* fumar menos
♦ **cut off** cortar; (*isolate*) aislar
♦ **cut up** trocear
cutback recorte *m*
cute [kjuːt] guapo, lindo; (*clever*) listo
cut-off date fecha *f* límite; **cut-price** rebajado; *store of products* rebajados; **cutthroat** *competition* despiadado; **cutting 1** *n from newspaper* recorte *m* **2** *adj remark* hiriente
cyber ... ['saɪbər] ciber...
cycle ['saɪkl] **1** *n* bicicleta *f*; *of events* ciclo *m* **2** *v/i* ir en bicicleta; **cycling** ciclismo *m*; **cyclist** ciclista *m/f*
cylinder ['sɪlɪndər] cilindro *m*; **cylindrical** cilíndrico
cynic ['sɪnɪk] escéptico(-a) *m(f)*; **cynical** escéptico; **cynicism** escepticismo *m*
Czech [tʃek] **1** *adj* checo; **the ~**

DA

Republic la República Checa **2** *n person* checo(-a) *m(f)*; *language* checho *m*

D

DA [diːˈeɪ] (= ***district attorney***) fiscal *m/f* (del distrito)
♦ **dabble in** [ˈdæbl] ser aficionado a
dad [dæd] *talking to him* papá *m*; *talking about him* padre *m*
daily [ˈdeɪlɪ] **1** *n* (*paper*) diario *m* **2** *adj* diario
¹**dairy products** productos *mpl* lácteos
dam [dæm] *n for water* presa *f* **2** *v/t river* embalsar
damage [ˈdæmɪdʒ] **1** *n* daños *mpl*; *to reputation etc* daño *m* **2** *v/t also fig* dañar; **damages** LAW daños *mpl* y perjuicios; **damaging** perjudicial
damn [dæm] **F 1** *int* ¡mecachis! F **2** *adj* maldito F **3** *adv* muy; **damning** *evidence* condenatorio; *report* crítico
damp [dæmp] húmedo
dance [dæns] **1** *n* baile *m* **2** *v/i* bailar; **dancer** bailarín (-ina) *m(f)*; **dancing** baile *m*
Dane [deɪn] danés(-esa) *m(f)*
danger [ˈdeɪndʒər] peligro *m*; **dangerous** peligroso
dangle [ˈdæŋgl] **1** *v/t* balancear **2** *v/i* colgar
Danish [ˈdeɪnɪʃ] **1** *adj* danés **2** *n language* danés *m*; **Danish (pastry)** pastel *m* de hojaldre (*dulce*)
dare [der] atreverse; **~ to do**

sth atreverse a hacer algo; **~ s.o. to do sth** desafiar a alguien para que haga algo; **daring** atrevido
dark [daːrk] **1** *n* oscuridad *f* **2** *adj* oscuro; **dark glasses** gafas *fpl* oscuras, *L.Am.* lentes *fpl* oscuras; **darkness** oscuridad *f*
darling [ˈdɑːrlɪŋ] cielo *m*
dart [dɑːrt] **1** *n for throwing* dardo *m* **2** *v/i* lanzarse
dash [dæʃ] **1** *n punctuation* raya *f*; (*small amount*) chorrito *m* **2** *v/t hopes* frustrar; **dashboard** salpicadero *m*
data [ˈdeɪtə] datos *mpl*; **database** base *f* de datos
date¹ [deɪt] *fruit* dátil *m*
date² [deɪt] fecha *f*; (*meeting*) cita *f*; (*person*) pareja *f*; **out of ~** *clothes* pasado de moda; *passport* caducado; **up to ~** al día; **dated** anticuado
daughter [ˈdɔːtər] hija *f*; **daughter-in-law** nuera *f*
dawn [dɔːn] amanecer *m*, alba *f*; *fig* albores *mpl*
day [deɪ] día *m*; **the ~ after** el día siguiente; **the ~ after tomorrow** pasado mañana; **the ~ before** el día anterior; **the ~ before yesterday** anteayer; **in those ~s** en aque-

llos tiempos; ***the other ~*** (*recently*) el otro día; **daybreak** amanecer *m*, alba *f*; **daydream** 1 *n* fantasía *f* 2 *v/i* soñar despierto; **daylight** luz *f* del día; **day spa** centro *m* de salud

dazed [deɪzd] aturdido

dazzle ['dæzl] *also fig* deslumbrar

dead [ded] 1 *adj* muerto; *battery* agotado; *light bulb* fundido; *place* muerto **F 2** *adv* F (*very*) tela de F; **~ *beat*, **~ *tired*** hecho polvo **3** *npl*: ***the ~*** los muertos; **dead end** *street* callejón *m* sin salida; **dead heat** empate *m*; **deadline** fecha *f* tope; *for newspaper* hora *f* de cierre; ***meet a ~*** cumplir un plazo; **deadlock** *in talks* punto *m* muerto; **deadly** mortal

deaf [def] sordo; **deafening** ensordecedor; **deafness** sordera *f*

deal [diːl] 1 *n* acuerdo *m*; ***a great ~ of*** mucho(s) 2 *v/t cards* repartir

◆ **deal in** COM comerciar en

◆ **deal with** tratar; *situation* hacer frente a; *customer, applications* encargarse de; (*do business with*) hacer negocios con

dealer ['diːlər] comerciante *m/f*; (*drug ~*) traficante *m/f*; **dealing** (*drug ~*) tráfico *m*; **dealings** (*business*) tratos *mpl*

dear [dɪr] querido; (*expensive*) caro; ***Dear Sir*** Muy Sr. Mío

death [deθ] muerte *f*; **death toll** saldo *m* de víctimas mortales

debatable [dɪ'beɪtəbl] discutible; **debate** 1 *n* debate *m* 2 *v/t* & *v/i* debatir

debit ['debɪt] 1 *n* cargo *m* 2 *v/t account* cargar en; *amount* cargar; **debit card** tarjeta *f* de débito

debris [də'briː] *nsg of building* escombros *mpl*; *of airplane* restos *mpl*

debt [det] deuda *f*; ***be in ~*** estar endeudado; **debtor** deudor(-a) *m(f)*

debug [diː'bʌɡ] COMPUT depurar

decade [dekeɪd] década *f*

decadent ['dekədənt] decadente

decaffeinated [dɪ'kæfɪneɪtɪd] descafeinado

decay [dɪ'keɪ] 1 *n of plant* putrefacción *f*; *of civilization* declive *m*; *in teeth* caries *f inv* 2 *v/i of plant* pudrirse; *of civilization* decaer; *of teeth* cariarse

deceased [dɪ'siːst]: ***the ~*** el difunto / la difunta

deceit [dɪ'siːt] engaño *m*, mentira *f*; **deceitful** mentiroso; **deceive** engañar

December [dɪ'sembər] diciembre *m*

decency ['diːsənsɪ] decencia *f*; **decent** decente

deception [dɪ'sepʃn] engaño *m*; **deceptive** engañoso

decide

decide [dɪˈsaɪd] decidir; **decided** (*definite*) tajante
decimal [ˈdesɪml] decimal *m*
decipher [dɪˈsaɪfər] descifrar
decision [dɪˈsɪʒn] decisión *f*; **decisive** decidido; (*crucial*) decisivo
deck [dek] *of ship* cubierta *f*; *of cards* baraja *f*
declaration [dekləˈreɪʃn] declaración *f*; **declare** declarar
decline [dɪˈklaɪn] **1** *n* descenso *m*; *in standards* caída *f*; *in health* empeoramiento *m* **2** *v/t invitation* declinar **3** *v/i* (*refuse*) rehusar; (*decrease*) declinar; *of health* empeorar
decode [diːˈkoʊd] descodificar
décor [ˈdeɪkɔːr] decoración *f*
decorate [ˈdekəreɪt] *with paint* pintar; *with paper* empapelar; (*adorn*) decorar; *soldier* condecorar; **decoration** *paint* pintura *f*; *paper* empapelado *m*; (*ornament*) decoración *f*; **decorator** (*interior ~*) decorador(a) *m(f)*
decoy [ˈdiːkɔɪ] señuelo *m*
decrease 1 [ˈdiːkriːs] *n* disminución *f* (**in** de) **2** [dɪˈkriːs] *v/t & v/i* disminuir
dedicate [ˈdedɪkeɪt] *book* dedicar; **dedicated** dedicado; **dedication** dedicación *f*; *in book* dedicatoria *f*
deduce [dɪˈduːs] deducir
deduct [dɪˈdʌkt] descontar; **deduction** deduccción *f*
deed [diːd] (*act*) acción *f*, obra *f*; LAW escritura *f*

332

deep [diːp] profundo; *color* intenso; **deepen 1** *v/t* profundizar **2** *v/i* hacerse más profundo; *of mystery* agudizarse; **deep freeze** congelador *m*
deer [dɪr] ciervo *m*
deface [dɪˈfeɪs] desfigurar
defamation [defəˈmeɪʃn] difamación *f*; **defamatory** difamatorio
defeat [dɪˈfiːt] **1** *n* derrota *f* **2** *v/t* derrotar
defect [ˈdiːfekt] defecto *m*; **defective** defectuoso
de'fence *Br* ☞ **defense**
defend [dɪˈfend] defender; **defendant** acusado(-a) *m(f)*; *in civil case* demandado(-a) *m(f)*; **defense** defensa *f*; **defenseless** indefenso; **Defense Secretary** POL ministro(-a) *m(f)* de Defensa; *in USA* secretario *m* de Defensa; **defensive 1** *n*: **go on the ~** ponerse a la defensiva **2** *adj* defensivo
defer [dɪˈfɜːr] (*postpone*) aplazar, diferir
defiance [dɪˈfaɪəns] desafío *m*; **defiant** desafiante
deficiency [dɪˈfɪʃənsɪ] deficiencia *f*
deficit [ˈdefɪsɪt] déficit *m*
define [dɪˈfaɪn] definir
definite [ˈdefɪnɪt] definitivo; *improvement* claro; (*certain*) seguro; **definitely** con certeza, sin lugar a dudas
definition [defɪˈnɪʃn] definición *f*

Denmark

deformity [dɪˈfɔːrmɪtɪ] deformidad *f*

defrost [diːˈfrɒst] descongelar

defuse [diːˈfjuːz] *bomb* desactivar; *situation* calmar

defy [dɪˈfaɪ] desafiar

degrading [dɪˈɡreɪdɪŋ] degradante

degree [dɪˈɡriː] grado *m*; *from university* título *m*

dehydrated [diːhaɪˈdreɪtɪd] deshidratado

deign [deɪn]: **~ to** dignarse a

dejected [dɪˈdʒektɪd] abatido, desanimado

delay [dɪˈleɪ] **1** *n* retraso *m* **2** *v/t* retrasar; **be ~ed** llevar retraso **3** *v/i* retrasarse

delegate 1 [ˈdelɪɡət] *n* delegado(-a) *m(f)* **2** *v/t task* delegar; *person* delegar en; **delegation** delegación *f*

delete [dɪˈliːt] borrar; (*cross out*) tachar; **deletion** borrado *m*

deliberate 1 [dɪˈlɪbərət] *adj* deliberado **2** [dɪˈlɪbəreɪt] *v/i* deliberar; **deliberately** deliberadamente

delicate [ˈdelɪkət] delicado; *health* frágil

delicatessen [delɪkəˈtesn] *tienda de productos alimenticios de calidad*

delicious [dɪˈlɪʃəs] delicioso

delight [dɪˈlaɪt] placer *m*; **delighted** encantado; **delightful** encantador

deliver [dɪˈlɪvər] entregar, repartir; *message* dar; *baby* dar a luz; *speech* pronunciar; **delivery** entrega *f*, reparto *m*; *of baby* parto *m*; **delivery date** fecha *f* de entrega

de luxe [dəˈluːks] de lujo

demand [dɪˈmænd] **1** *n* exigencia *f*; *by union* reivindicación *f*; COM demanda *f*; **in ~** solicitado **2** *v/t* exigir; (*require*) requirir; **demanding** *job* que exige mucho; *person* exigente

demo [ˈdemoʊ] (*protest*) manifestación *f*; *of video etc* maqueta *f*

democracy [dɪˈmɑːkrəsɪ] democracia *f*; **democrat** demócrata *m/f*; **democratic** democrático

demolish [dɪˈmɑːlɪʃ] demoler; *argument* destruir; **demolition** demolición *f*; *of argument* destrucción *f*

demonstrate [ˈdemənstreɪt] **1** *v/t* demostrar **2** *v/i politically* manifestarse; **demonstration** demostración *f*; (*protest*) manifestación *f*; **demonstrator** (*protester*) manifestante *m/f*

demoralized [dɪˈmɔːrəlaɪzd] desmoralizado; **demoralizing** desmoralizador

demote [diːˈmoʊt] degradar

den [den] (*study*) estudio *m*

denial [dɪˈnaɪəl] *of accusation* negación *f*; *of request* denegación *f*

denim [ˈdenɪm] tela *f* vaquera

Denmark [ˈdenmɑːrk] Dinamarca

denomination [dɪnɑːmɪˈneɪʃn] *of money* valor *m*; *religious* confesión *f*

dense [dens] denso; *foliage* espeso; *crowd* compacto; **density** *of population* densidad *f*

dent [dent] **1** *n* abolladura *f* **2** *v/t* abollar

dental [ˈdentl] dental

dented [ˈdentɪd] abollado

dentist [ˈdentɪst] dentista *m/f*; **dentures** dentadura *f* postiza

Denver boot [ˈdenvər] cepo *m*

deny [dɪˈnaɪ] *charge* negar; *right, request* denegar

deodorant [diːˈoʊdərənt] desodorante *m*

department [dɪˈpɑːrtmənt] departamento *m*; *of government* ministerio *m*; **Department of State** Ministerio *m* de Asuntos Exteriores; **department store** grandes almacenes *mpl*

departure [dɪˈpɑːrtʃər] salida *f*; *from job* marcha *f*; *(deviation)* desviación *f*; **departure lounge** sala *f* de embarque; **departure time** hora *f* de salida

depend [dɪˈpend] depender; *that ~s* depende; **dependence** dependencia *f*

depict [dɪˈpɪkt] describir

deplorable [dɪˈplɔːrəbl] deplorable; **deplore** deplorar

deploy [dɪˈplɔɪ] *(use)* utilizar; *(position)* desplegar

deport [dɪˈpɔːrt] deportar; **deportation** deportación *f*

deposit [dɪˈpɑːzɪt] **1** *n* depósito *m*; *of coal* yacimiento *m* **2** *v/t money* depositar, *Span* ingresar; *(put down)* depositar; **deposition** LAW declaración *f*

depot [ˈdiːpoʊ] *for storage* depósito *m*

depreciation [dɪpriːʃɪˈeɪʃn] FIN depreciación *f*

depress [dɪˈpres] *person* deprimir; **depressed** deprimido; **depressing** deprimente; **depression** depresión *f*; *meteorological* borrasca *f*

deprivation [deprɪˈveɪʃn] privación *f*; **deprive** privar; **deprived** desfavorecido

depth [depθ] profundidad *f*; *of color* intensidad *f*; *in ~* en profundidad

deputy [ˈdepjʊtɪ] segundo(-a) *m(f)*

derail [dɪˈreɪl] *be ~ed* descarrilar

derelict [ˈderəlɪkt] en ruinas

deride [dɪˈraɪd] ridiculizar, mofarse de; **derision** burla *f*, mofa *f*; **derisory** irrisorio

derivative [dɪˈrɪvətɪv] poco original; **derive** obtener; *be ~d from of word* derivar(se) de

dermatologist [dɜːrməˈtɑːlədʒɪst] dermatólogo(-a) *m(f)*

derogatory [dɪˈrɑːgətɔːrɪ] despectivo

descendant [dɪˈsendənt] descendiente *m/f*; **descent** descenso *m*; *(ancestry)* ascendencia *f*

describe [dɪˈskraɪb] describir; **description** descripción *f*

desegregate [diːˈsegrəgeɪt] acabar con la segregación racial en

desert[1] [ˈdezərt] *n* desierto *m*

desert[2] [dɪˈzɜːrt] **1** *v/t* abandonar **2** *v/i of soldier* desertar; **deserted** desierto; **deserter** MIL desertor(a) *m(f)*; **desertion** abandono *m*; MIL deserción *f*

deserve [dɪˈzɜːrv] merecer

design [dɪˈzaɪn] **1** *n* diseño *m*; *(pattern)* motivo *m* **2** *v/t* diseñar

designate [ˈdezɪgneɪt] *person* designar; *area* declarar

designer [dɪˈzaɪnər] diseñador(a) *m(f)*; **designer clothes** ropa *f* de diseño

desirable [dɪˈzaɪrəbl] deseable; *house* apetecible; **desire** deseo *m*

desk [desk] *in classroom* pupitre *m*; *in office* mesa *f*; *in hotel* recepción *f*; **desk clerk** recepcionista *m/f*; **desktop publishing** autoedición *f*

desolate [ˈdesələt] *place* desolado

despair [dɪˈsper] **1** *n* desesperación *f*; **in ~** desesperado **2** *v/i* desesperarse; **desperate** desesperado; **be ~ for sth** necesitar algo desesperadamente; **desperation** desesperación *f*

despicable [dɪsˈpɪkəbl] despreciable; **despise** despreciar

despite [dɪˈspaɪt] a pesar de

dessert [dɪˈzɜːrt] postre *m*

destination [destɪˈneɪʃn] destino *m*

destroy [dɪˈstrɔɪ] destruir; **destroyer** NAUT destructor *m*; **destruction** destrucción *f*; **destructive** destructivo; *child* revoltoso

detach [dɪˈtætʃ] separar, soltar; **detached** *(objective)* distanciado; **detachment** *(objectivity)* distancia *f*

detail [ˈdiːteɪl] detalle *m*; **detailed** detallado

detain [dɪˈteɪn] *(hold back)* entretener; *as prisoner* detener; **detainee** detenido(-a) *m(f)*

detect [dɪˈtekt] percibir; *of device* detectar; **detection** *of criminal* descubrimiento *m*; *of smoke etc* detección *f*; **detective** detective *m/f*; **detector** detector *m*

détente [ˈdeɪtɑːnt] POL distensión *f*

deter [dɪˈtɜːr] disuadir

detergent [dɪˈtɜːrdʒənt] detergente *m*

deteriorate [dɪˈtɪrɪəreɪt] deteriorarse; *of weather* empeorar

determination [dɪtɜːrmɪˈneɪʃn] determinación *f*; **determine** *(establish)* determinar; **determined** resuelto,

decidido
detest [dɪ'test] detestar; **detestable** detestable
detour ['dituːr] rodeo *m*; (*diversion*) desvío *m*
devaluation [diːvæljuˈeɪʃn] devaluación *f*; **devalue** devaluar
devastate ['devəsteɪt] devastar; *fig: person* asolar
develop [dɪ'veləp] **1** *v/t film* revelar; *site* urbanizar; *business* desarrollar; (*improve on*) perfeccionar; *illness* contraer **2** *v/i* (*grow*) desarrollarse; **developing country** país *m* en vías de desarrollo; **development** *of film* revelado *m*; *of site* urbanización *f*; *of business, country* desarrollo *m*; (*event*) acontecimiento *m*; (*improving*) perfeccionamiento *m*
device [dɪ'vaɪs] *tool* aparato *m*, dispositivo *m*
devil ['devl] *also fig* diablo *m*
devise [dɪ'vaɪz] idear
devote [dɪ'vəʊt] dedicar (**to** a); **devoted** *son etc* afectuoso; **devotion** devoción *f*
devour [dɪ'vaʊər] devorar
devout [dɪ'vaʊt] devoto
diabetes [daɪəˈbiːtiːz] *nsg* diabetes *f*; **diabetic** diabético(-a) *m(f)*
diagnose ['daɪəgnəʊz] diagnosticar; **diagnosis** diagnóstico *m*
diagonal [daɪˈægənl] diagonal; **diagonally** diagonalmente, en diagonal

diagram ['daɪəgræm] diagrama *m*
dial ['daɪl] **1** *n of clock* esfera *f*; *of instrument* cuadrante *m* **2** *v/t* & *v/i* TELEC marcar
dialog, *Br* **dialogue** ['daɪəlɒg] diálogo *m*
'dial tone tono *m* de marcar
diameter [daɪˈæmɪtər] diámetro *m*
diamond ['daɪmənd] diamante *m*; *shape* rombo *m*
diaper ['daɪpər] pañal *m*
diaphragm ['daɪəfræm] diafragma *m*
diarrhea, *Br* **diarrhoea** [daɪəˈriːə] diarrea *f*
diary ['daɪrɪ] diario *m*; *for appointments* agenda *f*
dice [daɪs] dado *m*; *pl* dados *mpl*
dictate [dɪkˈteɪt] dictar; **dictator** POL dictador(a) *m(f)*; **dictatorship** dictadura *f*
dictionary ['dɪkʃənerɪ] diccionario *m*
die [daɪ] morir
♦ **die down** *of storm* amainar; *of excitement* calmarse
♦ **die out** desaparecer
diet ['daɪət] **1** *n* dieta *f* **2** *v/i* hacer dieta
differ ['dɪfər] ser distinto; (*disagree*) discrepar; **difference** diferencia *f*; **different** diferente, distinto (**from** de); **differently** de manera diferente
difficult ['dɪfɪkəlt] difícil; **difficulty** dificultad *f*
dig [dɪg] cavar

digest [daɪ'dʒest] *also fig* digerir; **digestion** digestión *f*

digit ['dɪdʒɪt] dígito *m*; **digital** digital; **digital camera** cámara *f* digital; **digital photo** foto *f* digital

dignified ['dɪɡnɪfaɪd] digno; **dignity** dignidad *f*

dilapidated [dɪ'læpɪdeɪtɪd] destartalado

dilemma [dɪ'lemə] dilema *m*

dilute [daɪ'luːt] diluir

dim [dɪm] **1** *adj room* oscuro; *light* tenue; *outline* borroso; *(stupid)* tonto **2** *v/i of lights* atenuarse

dime [daɪm] moneda de diez centavos

dimension [daɪ'menʃn] dimensión *f*

diminish [dɪ'mɪnɪʃ] disminuir

din [dɪn] estruendo *m*

dine [daɪn] *fml* cenar

dinghy ['dɪŋɡɪ] *small yacht* bote *m* de vela; *rubber boat* lancha *f* neumática

dining car ['daɪnɪŋ] RAIL coche *m* comedor; **dining room** comedor *m*

dinner ['dɪnər] cena *f*; *at midday* comida *f*; *(formal)* cena *f* de gala; **dinner party** cena *f*

dip [dɪp] **1** *n for food* salsa *f*; *(slope)* inclinación *f*; *(depression)* hondonada *f* **2** *v/i of road* bajar

diploma [dɪ'pləʊmə] diploma *m*

diplomacy [dɪ'pləʊməsɪ] diplomacia *f*; **diplomat** diplomático(-a) *m(f)*; **diplomatic** diplomático

direct [daɪ'rekt] **1** *adj* directo **2** *v/t* dirigir; **direction** dirección *f*; ~**s** *to a place* indicaciones *fpl*; *(instructions)* instrucciones *fpl*; *for medicine* posología *f*; *to a place* indizioni *fpl*; *for use* istruzioni *fpl*; **directly** *(straight)* directamente; *(soon)* pronto; *(immediately)* ahora mismo; **director** director(a) *m(f)*; **directory** directorio *m*; TELEC guía *f* telefónica

dirt [dɜːrt] suciedad *f*; **dirty 1** *adj* sucio; *(pornographic)* pornográfico **2** *v/t* ensuciar

disability [dɪsə'bɪlɪtɪ] discapacidad *f*; **disabled** discapacitado

disadvantage [dɪsəd'væntɪdʒ] desventaja *f*; **disadvantaged** desfavorecido

disagree [dɪsə'ɡriː] no estar de acuerdo; **disagreeable** desagradable; **disagreement** desacuerdo *m*; *(argument)* discusión *f*

disappear [dɪsə'pɪr] desaparecer; **disappearance** desaparición *f*

disappoint [dɪsə'pɔɪnt] desilusionar, decepcionar; **disappointing** decepcionante; **disappointment** desilusión *f*, decepción *f*

disapproval [dɪsə'pruːvl] desaprobación *f*; **disapprove** desaprobar, estar en contra; **disapproving** desaprobatorio

disarm

disarm [dɪsˈɑːrm] desarmar; **disarmament** desarme *m*
disaster [dɪˈzæstər] desastre *m*; **disastrous** desastroso
disband [dɪsˈbænd] **1** *v/t* disolver **2** *v/i* disolverse
disbelief [dɪsbəˈliːf] incredulidad *f*
disc [dɪsk] (CD) compact *m* (disc)
discard [dɪˈskɑːrd] desechar; *boyfriend* deshacerse de
disciplinary [dɪsɪˈplɪnərɪ] disciplinario; **discipline** disciplina *f*
'disc jockey disc jockey *m/f*, Span pinchadiscos *m/f inv*
disclaim [dɪsˈkleɪm] negar
disclose [dɪsˈkloʊs] revelar
disco [ˈdɪskoʊ] discoteca *f*
discomfort [dɪsˈkʌmfərt] (*pain*) molestia *f*; (*embarrassment*) incomodidad *f*
disconcert [dɪskənˈsɜːrt] desconcertar
disconnect [dɪskəˈnekt] desconectar
discontent [dɪskənˈtent] descontento *m*
discontinue [dɪskənˈtɪnjuː] *product* dejar de producir; *bus service* suspender
discotheque [ˈdɪskətek] discoteca *f*
discount [ˈdɪskaʊnt] descuento *m*
discourage [dɪsˈkʌrɪdʒ] (*dissuade*) disuadir (**from** de); (*dishearten*) desanimar
discover [dɪsˈkʌvər] descubrir; **discovery** descubrimiento *m*
discredit [dɪsˈkredɪt] desacreditar
discreet [dɪsˈkriːt] discreto
discrepancy [dɪˈskrepənsɪ] discrepancia *f*
discretion [dɪˈskreʃn] discreción *f*
discriminate [dɪˈskrɪmɪneɪt] discriminar (**against** contra); **discriminating** entendido; **discrimination** *sexual etc* discriminación *f*
discuss [dɪˈskʌs] discutir; *of article* analizar; **discussion** discusión *f*
disease [dɪˈziːz] enfermedad *f*
disembark [dɪsəmˈbɑːrk] desembarcar
disentangle [dɪsənˈtæŋgl] desenredar
disfigure [dɪsˈfɪgər] desfigurar
disgrace [dɪsˈgreɪs] **1** *n* vergüenza *f* **2** *v/t* deshonrar; **disgraceful** vergonzoso
disguise [dɪsˈgaɪz] **1** *n* disfraz *m* **2** *v/t voice etc* cambiar; *fear, anxiety* disfrazar
disgust [dɪsˈgʌst] **1** *n* asco *m*, repugnancia *f* **2** *v/t* dar asco a, repugnar; **disgusting** asqueroso, repugnante
dish [dɪʃ] plato *m*
disheartening [dɪsˈhɑːrtnɪŋ] descorazonador
dishonest [dɪsˈɑːnɪst] deshonesto; **dishonesty** deshonestidad *f*
dishonor [dɪsˈɑːnər] deshon-

ra *f*; **dishonorable** deshonroso; **dishonour** *etc Br* ☞ **dishonor** *etc*

disillusion [dɪsɪˈluːʒn] desilusionar; **disillusionment** desilusión *f*

disinfect [dɪsɪnˈfekt] desinfectar; **disinfectant** desinfectante *m*

disinherit [dɪsɪnˈherɪt] desheredar

disintegrate [dɪsˈɪntəgreɪt] desintegrarse; *of marriage* deshacerse

disjointed [dɪsˈdʒɔɪntɪd] deshilvanado

disk [dɪsk] *also* COMPUT disco *m*; **disk drive** COMPUT unidad *f* de disco; **diskette** disquete *m*

dislike [dɪsˈlaɪk] **1** *n* antipatía *f* **2** *v/t*: **I ~ him** no me gusta

dislocate [ˈdɪsləkeɪt] dislocar

disloyal [dɪsˈlɔɪəl] desleal

dismal [ˈdɪzməl] *weather* horroroso; *prospect* negro; *person (sad)* triste; *person (negative)* negativo; *failure* estrepitoso

dismantle [dɪsˈmæntl] desmantelar

dismay [dɪsˈmeɪ] *(alarm)* consternación *f*; *(disappointment)* desánimo *m*

dismiss [dɪsˈmɪs] *worker* despedir; *suggestion* rechazar; *idea* descartar; **dismissal** *of worker* despido *m*

disobedience [dɪsəˈbiːdɪəns] desobediencia *f*; **disobedient** desobediente; **disobey** desobedecer

disorganized [dɪsˈɔːrgənaɪzd] desorganizado

disoriented [dɪsˈɔːrɪəntɪd] desorientado

disparaging [dɪˈspærɪdʒɪŋ] despreciativo

disparity [dɪˈspærətɪ] disparidad *f*

dispassionate [dɪˈspæʃənət] desapasionado

dispatch [dɪˈspætʃ] *(send)* enviar

disperse [dɪˈspɜːrs] *of crowd* dispersarse; *of mist* disiparse

display [dɪˈspleɪ] **1** *n* muestra *f*; *in store window* objetos *mpl* expuestos; COMPUT pantalla *f* **2** *v/t emotion* mostrar; *for sale* exponer; COMPUT visualizar

displease [dɪsˈpliːz] desagradar; **displeasure** desagrado *m*

disposable [dɪˈspoʊzəbl] desechable; **disposal** eliminación *f*; **put sth at s.o.'s ~** poner algo a disposición de alguien

◆ **dispose of** [dɪˈspoʊz] *(get rid of)* deshacerse de

disprove [dɪsˈpruːv] refutar

dispute [dɪˈspjuːt] **1** *n* disputa *f*; *industrial* conflicto *m* laboral **2** *v/t* discutir; *(fight over)* disputarse

disqualification [dɪskwɒlɪfɪˈkeɪʃn] descalificación *f*; **disqualify** descalificar

disregard [dɪsrəˈgɑːrd] **1** *n* indiferencia *f* **2** *v/t* no tener en

disreputable 340

cuenta
disreputable [dɪsˈrepjʊtəbl] poco respetable
disrespect [dɪsrəˈspekt] falta *f* de respeto; **disrespectful** irrespetuoso
disrupt [dɪsˈrʌpt] *train service* alterar; *meeting, class* interrumpir; **disruption** *of train service* alteración *f*; *of meeting, class* interrupción *f*
dissatisfaction [dɪssætɪsˈfækʃn] insatisfacción *f*; **dissatisfied** insatisfecho
dissident [ˈdɪsɪdənt] disidente *m/f*
dissolve [dɪˈzɑːlv] **1** *v/t* disolver **2** *v/i* disolverse
distance [ˈdɪstəns] distancia *f*; *in the ~* en la lejanía; **distant** distante
distaste [dɪsˈteɪst] desagrado *m*; **distasteful** desagradable
distinct [dɪˈstɪŋkt] *(clear)* claro; *(different)* distinto; **distinctive** característico; **distinctly** claramente, con claridad; *(decidedly)* verdaderamente
distinguish [dɪˈstɪŋgwɪʃ] distinguir (**between** entre); **distinguished** distinguido
distort [dɪˈstɔːrt] distorsionar
distraught [dɪˈstrɔːt] angustiado, consternado
distress [dɪˈstres] **1** *n* sufrimiento *m* **2** *v/t (upset)* angustiar; **distressing** angustiante
distribute [dɪˈstrɪbjuːt] distri-

buir; **distribution** distribución *f*; **distributor** COM distribuidor(a) *m(f)*
district [ˈdɪstrɪkt] zona *f*; *(neighborhood)* barrio *m*; **district attorney** fiscal *m/f* del distrito
distrust [dɪsˈtrʌst] desconfianza *f*
disturb [dɪˈstɜːrb] *(interrupt)* molestar; *(upset)* preocupar; **disturbance** *(interruption)* molestia *f*; **~s** *(civil unrest)* disturbios *mpl*; **disturbed** preocupado; *mentally* perturbado; **disturbing** inquietante
disused [dɪsˈjuːzd] abandonado
ditch [dɪtʃ] **1** *n* zanja *f* **2** *v/t* F *plan* abandonar
dive [daɪv] **1** *n* salto *m* de cabeza; *underwater* inmersión *f*; *of plane* descenso *m* en picado; F *bar etc* antro *m* F **2** *v/i* tirarse de cabeza; *underwater* bucear; *of plane* descender en picado; **diver** *underwater* buceador(a) *m(f)*
diverge [daɪˈvɜːrdʒ] bifurcarse
diversification [daɪvɜːrsɪfɪˈkeɪʃn] COM diversificación *f*; **diversify** COM diversificarse
diversion [daɪˈvɜːrʃn] *for traffic* desvío *m*; *to distract attention* distracción *f*; **divert** desviar
divide [dɪˈvaɪd] dividir
dividend [ˈdɪvɪdend] FIN divi-

dendo *m*

diving ['daɪvɪŋ] *from board* salto *m* de trampolín; *(scuba* ~*)* buceo *m*; **diving board** trampolín *m*

division [dɪ'vɪʒn] división *f*

divorce [dɪ'vɔːrs] **1** *n* divorcio *m* **2** *v/t* divorciarse de **3** *v/i* divorciarse; **divorced** divorciado; **divorcee** divorciado(-a) *m(f)*

divulge [daɪ'vʌldʒ] divulgar

DIY [diːaɪ'waɪ] (= *do it yourself*) bricolaje *m*

dizziness ['dɪzɪnɪs] mareo *m*; **dizzy** mareado

DJ ['diːdʒeɪ] (= *disc jockey*) disc jockey *m/f*, *Span* pinchadiscos *m/f inv*

DNA [diːen'eɪ] (= *deoxyribonucleic acid*) AND *m* (= ácido *m* desoxirribonucleico)

do [duː] **1** *v/t* hacer; *100 mph etc* ir a; ~ *one's hair* arreglarse el pelo **2** *v/i*: *that'll* ~ *nicely* eso bastará; *that will* ~*!* ¡ya vale!; ~ *ing well* le van bien las cosas; *well done!* (*congratulations?*) ¡bien hecho!; *how* ~ *you* ~*?* encantado de conocerle

♦ **do away with** abolir

♦ **do up** (*renovate*) renovar; *coat* abrocharse; *laces* atarse

♦ **do with**: *I could do with ...* no me vendría mal...

♦ **do without** pasar sin

docile ['dousǝl] dócil

dock[1] [dɑːk] *n* NAUT muelle *m* **2** *v/i of ship* atracar; *of spaceship* acoplarse

dock[2] [dɑːk] *n* LAW banquillo *m* (de los acusados)

doctor ['dɑːktǝr] médico *m*; *form of address* doctor *m*; **doctorate** doctorado *m*

doctrine ['dɑːktrɪn] doctrina *f*

document ['dɑːkjʊmǝnt] documento *m*; **documentary** documental *m*; **documentation** documentación *f*

dodge [dɑːdʒ] *blow, person* esquivar; *question* eludir

dog [dɔːg] **1** *n* perro(-a) *m(f)* **2** *v/t of bad luck* perseguir

dogma ['dɔːgmǝ] dogma *m*; **dogmatic** dogmático

'dog tag MIL chapa *f* de identificación; **dog-tired** F hecho polvo F

do-it-yourself [duːɪtjǝr'self] bricolaje *m*

doldrums ['douldrǝmz]: *be in the* ~ *of economy* estar en una bache; *of person* estar deprimido

doll [dɑːl] *toy* muñeca *f*; F *woman* muñeca *f* F

dollar ['dɑːlǝr] dólar *m*

dolphin ['dɑːlfɪn] delfín *m*

dome [doʊm] cúpula *f*

domestic [dǝ'mestɪk] **1** *adj chores* doméstico; *news, policy* nacional **2** *n* empleado(-a) *m(f)* del hogar; **domestic flight** vuelo *m* nacional

dominant ['dɑːmɪnǝnt] dominante; **dominate** dominar; **domination** dominación *f*;

domineering dominante
donate [dəʊˈneɪt] donar; **donation** donación f
dongle [ˈdɒŋɡl] IT dongle m, mochila f
donkey [ˈdɒŋkɪ] burro m
donor [ˈdəʊnər] donante m/f
donut [ˈdəʊnʌt] dónut m
doom [duːm] (fate) destino m; (ruin) fatalidad f; **doomed project** condenado al fracaso
door [dɔːr] puerta f; **doorbell** timbre m; **doorman** portero m; **doorway** puerta f
dope [dəʊp] (drugs) droga f; F (idiot) lelo(-a) m(f)
dormant [ˈdɔːrmənt] volcano inactivo
dormitory [ˈdɔːrmɪtɔːrɪ] (hall of residence) residencia f de estudiantes; Br dormitorio m (colectivo)
dose [dəʊs] dosis f inv
dot [dɒt] punto m
double [ˈdʌbl] **1** n person doble m/f **2** adj doble **3** v/t doblar **4** v/i doblarse; **double bed** cama f de matrimonio; **doublecheck** volver a comprobar; **double click** COMPUT hacer doble clic (**on** en); **doublecross** engañar; **double park** aparcar en doble fila; **double room** habitación f doble; **doubles** in tennis dobles mpl
doubt [daʊt] **1** n duda f; (uncertainty) dudas fpl; **no** ~ (probably) sin duda **2** v/t dudar; **doubtful** look dubitativo; **be** ~ **of** person tener dudas; **doubtless** sin duda
dough [dəʊ] masa f
dove [dʌv] also fig paloma f
down [daʊn] **1** adv (downward) (hacia) abajo; ~ **there** allá abajo; **$200** ~ (as deposit) una entrada de 200 dólares; ~ **south** hacia el sur; **be** ~ **of** price haber bajado; of numbers haber descendido; (not working) no funcionar; F (depressed) estar deprimido **2** prep: **run** ~ **the stairs** bajar las escaleras corriendo; **walk** ~ **the street** andar por la calle; **down-and-out** vagabundo(-a) m(f); **download** COMPUT **1** v/t descargar, bajar **2** n descarga f; **downmarket** Br barato; **down payment** entrada f; **downplay** quitar importancia a; **downpour** chaparrón m; **downscale** barato; **downside** (disadvantage) desventaja f; **downsize** car reducir el tamaño de; company reajustar la plantilla de; **downstairs** en el piso de abajo; **I ran** ~ bajé corriendo; **downtown 1** n centro m **2** adj del centro **3** adv live en el centro; go al centro
doze [dəʊz] echar una cabezada
dozen [ˈdʌzn] docena f
draft [dræft] **1** n of air corriente f; of document borrador m; MIL reclutamiento m; ~ **beer** cerveza f de barril **2** v/t document redactar un bo-

drawing ['drɔ:ɪŋ] dibujo *m*
drawl [drɔ:l] acento *m* arrastrado
dread [dred] tener pavor a; **dreadful** horrible
dream [dri:m] **1** *n* sueño *m* **2** *v/t/i* soñar
♦ **dream up** inventar
dreary ['drɪrɪ] triste
dress [dres] **1** *n for woman* vestido *m*; (*clothing*) traje *m* **2** *v/t person* vestir; *wound* vendar; **get ~ed** vestirse **3** *v/i* vestirse
♦ **dress up** vestirse elegante; (*wear a disguise*) disfrazarse (**as** de)
'dress circle piso *m* principal; **dresser** (*dressing table*) tocador *m*; *in kitchen* aparador *m*; **dressing** *for salad* aliño *m*, Span arreglo *m*; *for wound* vendaje *m*; **dress rehearsal** ensayo *m* general
dribble ['drɪbl] *of baby* babear; *of water* gotear; SP driblar
dried [draɪd] *fruit etc* seco; **drier** ['draɪr] ☞ **dryer**
drift [drɪft] *of snow* amontonarse; *of ship* ir a la deriva; (*go off course*) desviarse del rumbo; *of person* vagar; **drifter** vagabundo(-a) *m(f)*
drill [drɪl] **1** *n tool* taladro *m*; *exercise* simulacro *m*; MIL instrucción *f* **2** *v/t hole* taladrar **3** *v/i for oil* hacer perforaciones; MIL entrenarse
drily ['draɪlɪ] *say* secamente
drink [drɪŋk] **1** *n* bebida *f* **2** *v/t* beber **3** *v/i* beber, *L.Am.* to-

---

343 drink

rrador de; MIL reclutar; **draft dodger** prófugo(-a) *m(f)*; **draftsman** delineante *m/f*
drag [dræg] **1** *v/t* (*pull*) arrastrar; (*search*) dragar **2** *v/i of movie* ser pesado
drain [dreɪn] **1** *n pipe* sumidero *m*; *under street* alcantarilla *f* **2** *v/t water, vegetables* escurrir; *land* drenar; *tank, oil* vaciar; *person* agotar; **drainage** (**drains**) desagües *mpl*; *of water from soil* drenaje *m*; **drainpipe** tubo *m* de desagüe
drama ['drɑ:mə] drama *m*, (*excitement*) dramatismo *m*; **dramatic** dramático; *scenery* espectacular; **dramatist** dramaturgo(-a) *m(f)*; **dramatize** *also fig* dramatizar
drapes [dreɪps] cortinas *fpl*
drastic ['dræstɪk] drástico
draught [dræft] Br ☞ **draft**
draw [drɔ:] **1** *n in game* empate *m*; *in lottery* sorteo *m*; (*attraction*) atracción *f* **2** *v/t picture* dibujar; *curtain* correr; *knife* sacar; (*attract*) atraer; (*lead*) llevar; *from bank account* sacar **3** *v/i* dibujar; *in game* empatar
♦ **draw back 1** *v/i* (*recoil*) echarse atrás **2** *v/t* (*pull back*) retirar
♦ **draw out** sacar
♦ **draw up 1** *v/t document* redactar; *chair* acercar **2** *v/i of vehicle* pararse
drawback desventaja *f*
drawer [drɔ:r] *of desk* cajón *m*

drinkable 344

mar; **drinker** bebedor(a) *m(f)*; **drinking water** agua *f* potable

drip [drɪp] **1** *n* gota *f*; MED gotero *m* **2** *v/i* gotear

drive [draɪv] **1** *n outing* paseo *m* (en coche); *(energy)* energía *f*; COMPUT unidad *f*; *(campaign)* campaña *f* **2** *v/t vehicle* conducir, *L.Am.* manejar; *(own)* tener; *(take in car)* llevar (en coche); TECH impulsar **3** *v/i* conducir, *L.Am.* manejar

'**drive-in** *movie theater* autocine *m*

drivel ['drɪvl] *n* tonterías *fpl*

driver ['draɪvər] *n* conductor(a) *m(f)*, COMPUT controlador *m*; **driver's license** carné *m* de conducir; **drivethru** restaurante / banco etc en el que se atiende al cliente sin que salga del coche; **driveway** camino *m* de entrada

drizzle ['drɪzl] **1** *n* llovizna *f* **2** *v/i* lloviznar

drop [drɑːp] **1** *n* gota *f*; *in price, temperature* caída *f* **2** *v/t object* dejar caer; *person from car* dejar; *person from team* excluir; *(stop seeing)* abandonar; *charges etc* retirar; *(give up)* dejar **3** *v/i* caer; *of wind* amainar

◆ **drop in** pasar a visitar

◆ **drop off 1** *v/t person* dejar; *(deliver)* llevar **2** *v/i (fall asleep)* dormirse; *(decline)*

disminuir

◆ **drop out** *(withdraw)* retirarse; **drop out of school** abandonar el colegio

drought [draʊt] *n* sequía *f*

drown [draʊn] *v/i* ahogarse

drug [drʌg] **1** *n* droga *f* **2** *v/t* drogar; **drug addict** drogadicto(-a) *m(f)*; **drug dealer** traficante *m/f* (de drogas); **druggist** farmacéutico(-a) *m(f)*; **drugstore** tienda *f* en la que se venden medicinas, cosméticos, periódicos y que a veces tiene un bar; **drug trafficking** tráfico *m* de drogas

drum [drʌm] *n* MUS tambor *m*; *container* barril *m*; **~s** *in band* batería *f*; **drumstick** MUS baqueta *f*

drunk [drʌŋk] **1** *n* borracho(-a) *m(f)* **2** *adj* borracho; *get* **~** emborracharse; **drunk driving** conducción *f* bajo los efectos del alcohol

dry [draɪ] **1** *adj* seco **2** *v/t* & *v/i* secar; **dryclean** limpiar en seco; **dry cleaner** tintorería *f*; **dryer** *machine* secadora *f*

dual ['duːəl] *adj* doble

dub [dʌb] *movie* doblar

dubious ['duːbɪəs] *adj* dudoso; *(having doubts)* inseguro

duck [dʌk] **1** *n* pato *m*, pata *f* **2** *v/i* agacharse

dud [dʌd] F *(false bill)* billete *m* falso

due [duː] *adj* debido; ***payment is now* ~** el pago se debe hacer efectivo ahora

dull [dʌl] *weather* gris; *sound, pain* sordo; (*boring*) aburrido, soso

duly ['duːlɪ] (*as expected*) tal y como se esperaba; (*properly*) debidamente

dumb [dʌm] (*mute*) mudo; F (*stupid*) estúpido

dump [dʌmp] **1** *n for garbage* vertedero *m*; (*unpleasant place*) lugar *m* de mala muerte **2** *v/t* (*deposit*) dejar; (*dispose of*) deshacerse de; *waste* verter

dune [duːn] duna *f*

duplex (apartment) ['duːpleks] dúplex *m*

duplicate ['duːplɪkət] duplicado *m*

durable ['dʊərəbl] duradero

during ['dʊərɪŋ] durante

dusk [dʌsk] crepúsculo *m*

dust [dʌst] **1** *n* polvo *m* **2** *v/t* quitar el polvo a; **duster** trapo *m* del polvo; **dustpan** recogedor *m*; **dusty** polvoriento

Dutch [dʌtʃ] holandés; **Dutchman** holandés *m*; **Dutchwoman** holandesa *f*

duty ['duːtɪ] deber *m*; (*task*) tarea *f*; *on goods* impuesto *m*; **be on ~** estar de servicio; **duty-free** libre de impuestos

DVD [diːviː'diː] (= *digital versatile disk*) DVD *m*; **DVD-ROM** DVD-ROM *m*

dwarf [dwɔːrf] **1** *n* enano *m* **2** *v/t* empequeñecer

dwindle ['dwɪndl] menguar

dye [daɪ] **1** *n* tinte *m* **2** *v/t* teñir

dying ['daɪɪŋ] moribundo; *tradition etc* en vías de desaparición

dynamic [daɪ'næmɪk] dinámico; **dynamism** dinamismo *m*

dynasty ['daɪnəstɪ] dinastía *f*

dyslexic [dɪs'leksɪk] **1** *adj* disléxico **2** *n* disléxico(-a) *m(f)*

E

each [iːtʃ] **1** *adj* cada **2** *adv*: *he gave us one ~* nos dio uno a cada uno; *they're $1.50 ~* valen 1.50 dólares cada uno **3** *pron* cada uno; **~ other** el uno al otro; *we love ~ other* nos queremos

eager ['iːgər] ansioso; **eagerly** ansiosamente; **eagerness** entusiasmo *m*

eagle ['iːgl] águila *f*; **eagle-eyed** con vista de lince

ear[1] [ɪr] oreja *f*

ear[2] [ɪr] *of corn* espiga *f*

earache dolor *m* de oídos

early ['ɜːrlɪ] **1** *adj* (*not late*) temprano; (*ahead of time*) anticipado; (*farther back in time*) primero; (*in the near future*) pronto; *music* antiguo **2** *adv* (*not late*) pronto, temprano; (*ahead of time*) antes de tiempo; **early bird** madrugador(a) *m(f)*

earmark ['ɪrmɑːrk] destinar
earn [ɜːrn] *salary* ganar; *interest* devengar; *holiday, drink etc* ganarse
earnest ['ɜːrnɪst] serio
earnings ['ɜːrnɪŋz] ganancias *fpl*
'**earphones** auriculares *mpl*; **earring** pendiente *m*
earth [ɜːrθ] tierra *f*; **earthenware** loza *f*; **earthly** terrenal; *it's no ~ use* F no sirve para nada; **earthquake** terremoto *m*; **earth-shattering** extraordinario
ease [iːz] **1** *n* facilidad *f*; *feel at ~* sentirse cómodo **2** *v/t (relieve)* aliviar
easel ['iːzl] caballete *m*
easily ['iːzəlɪ] fácilmente; *(by far)* con diferencia
east [iːst] **1** *n* este *m* **2** *adj* oriental, este; *wind* del este **3** *adv travel* hacia el este
Easter ['iːstər] Pascua *f*; *period* Semana *f* Santa; **Easter Day** Domingo *m* de Resurrección; **Easter egg** huevo *m* de pascua
easterly ['iːstərlɪ] del este
Easter 'Monday Lunes *m* Santo
eastern ['iːstərn] del este; *(oriental)* oriental; **easterner** habitante *m* de la costa este estadounidense
Easter 'Sunday Domingo *m* de Resurrección
eastward ['iːstwərd] hacia el este
easy ['iːzɪ] fácil; *(relaxed)* tranquilo; *easy chair* sillón *m*; *easy-going* tratable
eat [iːt] comer
◆ **eat out** comer fuera
eatable ['iːtəbl] comestible
eavesdrop ['iːvzdrɑːp] escuchar a escondidas (*on s.o.* alguien)
ebb [eb] *of tide* bajar
e-bike ['iːbaɪk] bicicleta *f* eléctrica; **e-book** libro *m* electrónico; **e-book reader** IT lector *m* de libros electrónicos; **e-business** comercio *m* electrónico
eccentric [ɪk'sentrɪk] **1** *adj* excéntrico **2** *n* excéntrico(-a) *m(f)*; **eccentricity** excentricidad *f*
echo ['ekoʊ] **1** *n* eco *m* **2** *v/i* resonar **3** *v/t words* repetir; *views* mostrar acuerdo con
eclipse [ɪ'klɪps] **1** *n* eclipse *m* **2** *v/t fig* eclipsar
ecological [iːkə'lɑːdʒɪkl] ecológico; **ecologically** ecológicamente; **ecologically friendly** ecológico; **ecologist** ecologista *m/f*; **ecology** ecología *f*
economic [iːkə'nɑːmɪk] económico; **economical** *(cheap)* económico; *(thrifty)* cuidadoso; **economics** economía *f*; *financial aspects* aspecto *m* económico; **economist** economista *m/f*; **economize** economizar
◆ **economize on** economizar, ahorrar
economy [ɪ'kɑːnəmɪ] econo-

mía f; (saving) ahorro m; **economy class** clase f turista

ecosystem ['iːkousɪstm] ecosistema m; **ecotourism** ecoturismo m

ecstasy ['ekstəsɪ] éxtasis m; **ecstatic** extasiado

Ecuador ['ekwədɔːr] Ecuador; **Ecuadorean 1** adj ecuatoriano **2** n ecuatoriano(-a) m(f)

eczema ['eksmə] eczema f

edge [edʒ] **1** n of knife filo m; of table, road, cliff borde m; **on ~** tenso **2** v/i (move slowly) acercarse despacio; **edgewise**: I couldn't get a word in ~ no me dejó decir una palabra; **edgy** tenso

edible ['edɪbl] comestible

edit ['edɪt] text corregir; book editar; newspaper dirigir; TV program montar; **edition** edición f; **editor** of text, book editor(a) m(f); of newspaper director(a) m(f); of TV program montador(a) m(f); **editorial 1** adj editorial **2** n in newspaper editorial m

educate ['edʒəkeɪt] child educar; consumers concienciar; **educated** culto; **education** educación f; **educational** educativo; (informative) instructivo

eerie ['ɪrɪ] escalofriante

effect [ɪ'fekt] efecto m; **effective** efectivo; (striking) impresionante

effeminate [ɪ'femɪnət] afeminado

efficiency [ɪ'fɪʃənsɪ] of person eficiencia f; of machine rendimiento m; of system eficacia f; in motel cuarto m con cocina; **efficient** person eficiente; machine de buen rendimiento; method eficaz; **efficiently** eficientemente

effort ['efərt] esfuerzo m; **effortless** fácil

e.g. [iː'dʒiː] p. ej.

egg [eg] huevo m; **eggcup** huevera f; **egghead** F cerebrito(-a) m(f) F; **eggplant** berenjena f

ego ['iːgou] PSYCH ego m; (self-esteem) amor m propio; **egocentric** egocéntrico; **egoism** egoísmo m; **egoist** egoísta m/f

eiderdown ['aɪdərdaun] quilt edredón m

eight [eɪt] ocho; **eighteen** dieciocho; **eighteenth** decimoctavo; **eighth** octavo; **eightieth** octogésimo; **eighty** ochenta

either ['aɪðər] **1** adj & pron cualquiera de los dos; with negative constructions ninguno de los dos; (both) cada, ambos **2** adv tampoco; I won't go ~ yo tampoco iré **3** conj: ~ ... or choice o... o; with negative constructions ni... ni

eject [ɪ'dʒekt] **1** v/t expulsar **2** v/i from plane eyectarse

♦ **eke out** [iːk] (make last) hacer durar; **~ a living** ganarse

el   348

la vida a duras penas
el [el] ferrocarril *m* elevado
elaborate 1 [ɪˈlæbərət] *adj* elaborado **2** [ɪˈlæbəreɪt] *v/t* elaborar **3** [ɪˈlæbəreɪt] *v/i* dar detalles
elapse [ɪˈlæps] pasar
elastic [ɪˈlæstɪk] **1** *adj* elástico **2** *n* elástico *m*; **elasticated** elástico
elated [ɪˈleɪtɪd] eufórico; **elation** euforia *f*
elbow [ˈelbəʊ] codo *m*
elder [ˈeldər] **1** *adj* mayor **2** *n* mayor *m/f*; **elderly 1** *adj* mayor **2** *npl*: **the ~** las personas mayores; **eldest 1** *adj* mayor **2** *n* mayor *m/f*
elect [ɪˈlekt] elegir; **elected** elegido; **election** elección *f*; **election campaign** campaña *f* electoral; **election day** día *m* de las elecciones; **electorate** electorado *m*
electric [ɪˈlektrɪk] eléctrico; *fig* atmosphere electrizado; **electrical** eléctrico; **electric chair** silla *f* eléctrica; **electrician** electricista *m/f*; **electricity** electricidad *f*; **electrify** electrificar; *fig* electrizar
electrocute [ɪˈlektrəkjuːt] electrocutar
electron [ɪˈlektrɑːn] electrón *m*; **electronic** electrónico; **electronics** electrónica *f*
elegance [ˈelɪɡəns] elegancia *f*; **elegant** elegante
element [ˈelɪmənt] elemento *m*; **elementary** (*rudimentary*) elemental; **elementary**

school escuela *f* primaria
elephant [ˈelɪfənt] elefante *m*
elevate [ˈelɪveɪt] elevar; **elevated railroad** ferrocarril *m* elevado; **elevation** (*altitude*) altura *f*; **elevator** ascensor *m*
eleven [ɪˈlevn] once; **eleventh** undécimo
eligible [ˈelɪdʒəbl] que reúne los requisitos; *be ~ to do sth* tener derecho a hacer algo
eliminate [ɪˈlɪmɪneɪt] eliminar; *poverty* acabar con; (*rule out*) descartar; **elimination** eliminación *f*
elite [eɪˈliːt] **1** *n* élite *f* **2** *adj* de élite
eloquence [ˈeləkwəns] elocuencia *f*; **eloquent** elocuente
El Salvador [elˈsælvədɔːr] El Salvador
else [els]: *anything ~?* ¿algo más?; *nothing ~* nada más; *no one ~* nadie más; *everyone ~ is going* todos (los demás) van; *someone ~* otra persona; *something ~* algo más; *let's go somewhere ~* vamos a otro sitio; *or ~* si no; **elsewhere** en otro sitio
elude [ɪˈluːd] (*escape from*) escapar de; (*avoid*) evitar; **elusive** evasivo
emaciated [ɪˈmeɪsɪeɪtɪd] demacrado
e-mail [ˈiːmeɪl] **1** *n* correo *m* electrónico **2** *v/t person* mandar un correo electrónico a;

e-mail address dirección *f* electrónica
emancipation [ɪmænsɪˈpeɪʃn] emancipación *f*
embalm [ɪmˈbɑːm] embalsamar
embankment [ɪmˈbæŋkmənt] *of river* dique *m*; RAIL terraplén *m*
embargo [emˈbɑːrɡoʊ] embargo *m*
embark [ɪmˈbɑːrk] embarcar
embarrass [ɪmˈbærəs] avergonzar; **embarrassed** avergonzado; **embarrassing** embarazoso; **embarrassment** embarazo *m*
embassy [ˈembəsɪ] embajada *f*
embezzle [ɪmˈbezl] malversar; **embezzlement** malversación *f*
emblem [ˈembləm] emblema *m*
embodiment [ɪmˈbɑːdɪmənt] personificación *f*; **embody** personificar
embrace [ɪmˈbreɪs] **1** *n* abrazo *m* **2** *v/t* (*hug*) abrazar; (*take in*) abarcar **3** *v/i of two people* abrazarse
embroider [ɪmˈbrɔɪdər] bordar; *fig* adornar
embryo [ˈembrɪoʊ] embrión *m*; **embryonic** *fig* embrionario
emerald [ˈemərəld] esmeralda *f*
emerge [ɪˈmɜːrdʒ] emerger, salir; *of truth* aflorar
emergency [ɪˈmɜːrdʒənsɪ] emergencia *f*; **emergency exit** salida *f* de emergencia; **emergency landing** aterrizaje *m* forzoso; **emergency services** servicios *mpl* de urgencia
emigrate [ˈemɪɡreɪt] emigrar; **emigration** emigración *f*
Eminence [ˈemɪnəns] REL: **His ~** Su Eminencia; **eminent** eminente
emission [ɪˈmɪʃn] *of gases* emisión *f*; **emit** emitir; *heat, odor* desprender
emotion [ɪˈmoʊʃn] emoción *f*; **emotional** *problems* sentimental; (*full of emotion*) emotivo
emphasis [ˈemfəsɪs] *in word* acento *m*; *fig* énfasis *m*; **emphasize** *syllable* acentuar; *fig* hacer hincapié en; **emphatic** enfático
empire [ˈempaɪr] imperio *m*
employ [ɪmˈplɔɪ] emplear; **employee** empleado(-a) *m(f)*; **employer** empresario(-a) *m(f)*; **employment** empleo *m*; (*work*) trabajo *m*
emptiness [ˈemptɪnɪs] vacío *m*; **empty 1** *adj* vacío **2** *v/t drawer, pockets* vaciar; *glass, bottle* acabar **3** *v/i of room, street* vaciarse
emulate [ˈemjʊleɪt] emular
enable [ɪˈneɪbl] permitir
enchanting [ɪnˈtʃæntɪŋ] encantador
encircle [ɪnˈsɜːrkl] rodear
enclose [ɪnˈkloʊz] *in letter* ad-

enclosure

juntar; *area* rodear; **enclosure** *with letter* documento *m* adjunto

encore [ɑːŋkɔːr] bis *m*

encounter [ɪnˈkaʊntər] **1** *v/t* encuentro *m* **2** *v/t person* encontrarse con; *problem, resistance* tropezar con

encourage [ɪnˈkʌrɪdʒ] animar; *violence* fomentar; **encouragement** ánimo *m*; **encouraging** alentador

encyclopedia [ɪsaɪkləˈpiːdɪə] enciclopedia *f*

end [end] **1** *n of journey, month* final *m*; (*extremity*) extremo *m*; (*conclusion, purpose*) fin *m*; **in the ~** al final **2** *v/t* & *v/i* terminar

◆ **end up** acabar

endanger [ɪnˈdeɪndʒər] poner en peligro; **endangered species** especie *f* en peligro de extinción

endeavor, *Br* **endeavour** [ɪnˈdevər] **1** *n* esfuerzo *m* **2** *v/t* procurar

endemic [ɪnˈdemɪk] endémico

ending [ˈendɪŋ] final *m*; GRAM terminación *f*; **endless** interminable

endorse [ɪnˈdɔːrs] apoyar; *product* representar; **endorsement** apoyo *m*; *of product* representación *f*

end 'product producto *m* final

endurance [ɪnˈdʊrəns] resistencia *f*; **endure 1** *v/t* resistir **2** *v/i* (*last*) durar; **enduring** duradero

enemy [ˈenəmɪ] enemigo(-a) *m(f)*

energetic [enərˈdʒetɪk] enérgico; **energy** energía *f*; **energy efficiency** eficiencia *f* energética; **energy supply** suministro *m* de energía

enforce [ɪnˈfɔːrs] hacer cumplir

engage [ɪnˈgeɪdʒ] **1** *v/t* (*hire*) contratar **2** *v/i* TECH engranar; **engaged** *to be married* prometido; *Br* TELEC ocupado; **get ~** prometerse; **engagement** compromiso *m*; MIL combate *m*; **engagement ring** anillo *m* de compromiso

engine [ˈendʒɪn] motor *m*; **engineer** ingeniero(-a) *m(f)*; NAUT, RAIL maquinista *m/f*; **engineering** ingeniería *f*

England [ˈɪŋglənd] Inglaterra; **English 1** *adj* inglés (-esa) **2** *n language* inglés *m*; **the ~** los ingleses; **Englishman** inglés *m*; **Englishwoman** inglesa *f*

engrave [ɪnˈgreɪv] grabar; **engraving** grabado *m*

engrossed [ɪnˈgroʊst] absorto (**in** en)

engulf [ɪnˈgʌlf] devorar

enhance [ɪnˈhæns] realzar

enigma [ɪˈnɪgmə] enigma *m*

enjoy [ɪnˈdʒɔɪ] disfrutar; **~ o.s.** divertirse; **~ (your meal)!** ¡que aproveche!; **enjoyable** agradable; **enjoy-**

ment diversión f
enlarge [ɪnˈlɑːrdʒ] ampliar; **enlargement** ampliación f
enlighten [ɪnˈlaɪtn] educar
enlist [ɪnˈlɪst] MIL alistarse
enmity [ˈenməti] enemistad f
enormous [ɪˈnɔːrməs] enorme; *satisfaction, patience* inmenso
enough [ɪˈnʌf] **1** *adj & pron* suficiente, bastante; *will $50 be ~?* ¿llegará con 50 dólares?; *that's ~!* ¡ya basta! **2** *adv* suficientemente, bastante; *big ~* suficientemente *or* bastante grande
enquire [ɪnˈkwaɪr] ☞ *inquire*
enrol, *Br* **enrol** [ɪnˈroʊl] matricularse
en suite [ɑːnˈswiːt]: ~ *bathroom* baño m privado
ensure [ɪnˈʃʊər] asegurar
entail [ɪnˈteɪl] conllevar
entangle [ɪnˈtæŋgl] *in rope* enredar
enter [ˈentər] **1** *v/t room, house* entrar en; *competition* participar en; COMPUT introducir **2** *v/i* entrar; THEA entrar en escena; *in competition* inscribirse **3** *n* COMPUT intro m
enterprise [ˈentərpraɪz] (*initiative*) iniciativa f; (*venture*) empresa f; **enterprising** con iniciativa
entertain [entərˈteɪn] (*amuse*) entretener; (*consider*) considerar; **entertainer** artista m/f; **entertaining** entretenido; **entertainment** entretenimiento m

enthusiasm [ɪnˈθuːzɪæzm] entusiasmo m; **enthusiast** entusiasta m/f; **enthusiastic** entusiasta; **enthusiastically** con entusiasmo
entire [ɪnˈtaɪr] entero; **entirely** completamente
entitle [ɪnˈtaɪtld]: ~ *s.o. to sth* dar derecho a alguien a algo; *be ~d to* tener derecho a
entrance [ˈentrəns] entrada f
entranced [ɪnˈtrænst] encantado
'**entrance exam(ination)** examen m de acceso
entrant [ˈentrənt] participante m/f
entreat [ɪnˈtriːt] suplicar
entrepreneur [ɑːntrəprəˈnɜːr] empresario(-a) m(f); **entrepreneurial** empresarial
entrust [ɪnˈtrʌst] confiar
entry [ˈentrɪ] entrada f; *for competition* inscripción f; **entryphone** portero m automático
envelop [ɪnˈveləp] cubrir
envelope [ˈenvəloʊp] sobre m
enviable [ˈenvɪəbl] envidiable; **envious** envidioso
environment [ɪnˈvaɪrənmənt] (*nature*) medio m ambiente; (*surroundings*) entorno m, ambiente m; **environmental** medioambiental; **environmentalist** ecologista m/f; **environmentally friendly** ecológico; **environs** alrededores mpl
envisage [ɪnˈvɪzɪdʒ] imaginar
envoy [ˈenvɔɪ] enviado(-a) m(f)

envy ['envɪ] **1** n envidia f **2** v/t envidiar

epic ['epɪk] **1** n epopeya f **2** adj journey épico

epicenter, Br **epicentre** ['epɪsentər] epicentro m

epidemic [epɪ'demɪk] epidemia f

episode ['epɪsoʊd] episodio m

epitaph ['epɪtæf] epitafio m

equal ['iːkwl] **1** adj igual **2** n igual m/f **3** v/t with numbers equivaler; (be as good as) igualar; **be ~ to** a task estar capacitado para; **equality** igualdad f; **equalize 1** v/t igualar **2** v/i Br SP empatar; **equalizer** Br SP gol m del empate; **equally** igualmente; share, divide en partes iguales; **equal rights** igualdad f de derechos

equation [ɪ'kweɪʒn] MATH ecuación f

equator [ɪ'kweɪtər] ecuador m

equip [ɪ'kwɪp] equipar; **equipment** equipo m

equity ['ekwətɪ] FIN acciones fpl ordinarias

equivalent [ɪ'kwɪvələnt] **1** adj equivalente **2** n equivalente m

era ['ɪrə] era f

eradicate [ɪ'rædɪkeɪt] erradicar

erase [ɪ'reɪz] borrar

erect [ɪ'rekt] **1** adj erguido **2** v/t levantar, erigir; **erection** construcción f; of penis erección f

ergonomic [ɜːrgoʊ'nɑːmɪk] ergonómico

erode [ɪ'roʊd] also fig erosionar; **erosion** erosión f

errand ['erənd] recado m

erratic [ɪ'rætɪk] irregular; course errático

error ['erər] error m

erupt [ɪ'rʌpt] of volcano entrar en erupción; of violence brotar; of person explotar; **eruption** of volcano erupción f; of violence brote m

escalate ['eskəleɪt] intensificarse; **escalation** intensificación f; **escalator** escalera f mecánica

escape [ɪ'skeɪp] **1** n fuga f **2** v/i of prisoner, animal, gas escaparse

escort 1 [ˈeskɔːrt] n acompañante m/f; (guard) escolta m/f **2** [ɪ'skɔːrt] v/t escoltar; socially acompañar

especially [ɪ'speʃlɪ] especialmente

espionage ['espɪənɑːʒ] espionaje m

espresso (coffee) [es'presoʊ] café m exprés

essay ['eseɪ] creative redacción f; factual trabajo m

essential [ɪ'senʃl] esencial

establish [ɪ'stæblɪʃ] company fundar; (create, determine) establecer; **establishment** firm, shop etc establecimiento m

estate [ɪ'steɪt] land finca f; of dead person patrimonio m

esthetic [ɪsˈθetɪk] estético
estimate [ˈestɪmət] **1** *n* estimación *f*; *for job* presupuesto *m* **2** *v/t* estimar
estuary [ˈestʃəwerɪ] estuario *m*
etc [et'setrə] etc
eternal [ɪˈtɜːrnl] eterno; **eternity** eternidad *f*
ethical [ˈeθɪkl] ético; **ethics** ética *f*
ethnic [ˈeθnɪk] étnico
EU [iːˈjuː] (= *European Union*) UE *f* (= Unión *f* Europea); **EU citizenship** ciudadanía *f* europea, ciudadanía *f* de la Unión Europea
euphemism [ˈjuːfəmɪzm] eufemismo *m*
euro [ˈjʊroʊ] euro *m*
Europe [ˈjʊrəp] Europa; **European 1** *adj* europeo **2** *n* europeo(-a) *m(f)*
euthanasia [juːθəˈneɪziə] eutanasia *f*
evacuate [ɪˈvækjʊeɪt] evacuar
evade [ɪˈveɪd] evadir
evaluate [ɪˈvæljʊeɪt] evaluar; **evaluation** evaluación *f*
evaporate [ɪˈvæpəreɪt] evaporarse; *of confidence* desvanecerse; **evaporation** evaporación *f*
evasion [ɪˈveɪʒn] evasión *f*; **evasive** evasivo
eve [iːv] víspera *f*
even [ˈiːvn] **1** *adj* (*regular*) regular; (*level*) llano; *number* par; *distribution* igualado; *I'll get ~ with him* me las pa-

evidently

gará **2** *adv* incluso; **~ bigger** incluso *or* aún mayor; **not ~** ni siquiera; **~ so** aun así; **~ if** aunque **3** *v/t*: **~ the score** igualar el marcador
evening [ˈiːvnɪŋ] tarde *f*; *after dark* noche *f*; *in the ~* por la tarde / noche; *yesterday ~* anoche *f*; *good ~* buenas noches; **evening class** clase *f* nocturna; **evening dress** *for woman* traje *f* de noche; *for man* traje *f* de etiqueta
evenly [ˈiːvnlɪ] (*regularly*) regularmente
event [ɪˈvent] acontecimiento *m*; SP prueba *f*; **eventful** agitado, lleno de incidentes
eventually [ɪˈventʃʊəlɪ] finalmente
ever [ˈevər]: *have you ~ been to Colombia?* ¿has estado alguna vez en Colombia?; *for ~* siempre; **~ since** desde entonces; **~ since I've known him** desde que lo conozco; **everlasting** *love* eterno
every [ˈevrɪ] cada; *I see him ~ day* lo veo todos los días; **everybody** ☞ *everyone*; **everyday** cotidiano; **everyone** todo el mundo; **everything** todo; **everywhere** en *or* por todos sitios; (*wherever*) dondequiera que
evict [ɪˈvɪkt] desahuciar
evidence [ˈevɪdəns] prueba(s) *f(pl)*; *give ~* prestar declaración; **evident** evidente; **evidently** (*clearly*) evidente-

evil

mente; *(apparently)* aparentemente, al parecer
evil ['iːvl] **1** *adj* malo **2** *n* mal *m*
evolution [iːvə'luːʃn] evolución *f*; **evolve** evolucionar
ex [eks] F *(former wife, husband)* ex *m/f* F
exact [ɪg'zækt] exacto; **exacting** exigente; *task* duro; **exactly** exactamente
exaggerate [ɪg'zædʒəreɪt] exagerar; **exaggeration** exageración *f*
exam [ɪg'zæm] examen *m*; **examination** examen *m*; *of patient* reconocimiento *m*; **examine** examinar; *patient* reconocer
example [ɪg'zæmpl] ejemplo *m*; **for ~** por ejemplo
excavate ['ekskəveɪt] excavar; **excavation** excavación *f*
exceed [ɪk'siːd] *(be more than)* exceder; *(go beyond)* sobrepasar; **exceedingly** sumamente
excel [ɪk'sel] **1** *v/i* sobresalir (**at** en) **2** *v/t*: **~ o.s.** superarse a sí mismo; **excellence** excelencia *f*; **excellent** excelente
except [ɪk'sept] excepto; **~ for** a excepción de; **exception** excepción *f*; **exceptional** excepcional
excerpt ['eksɜːrpt] extracto *m*
excess [ɪk'ses] **1** *n* exceso *m* **2** *adj* excedente; **excessive** excesivo
exchange [ɪks'tʃeɪndʒ] **1** *n* intercambio *m* **2** *v/t* cambiar; **exchange rate** FIN tipo *m*

354

de cambio
excite [ɪk'saɪt] *(make enthusiastic)* entusiasmar; **excited** emocionado, excitado; **get ~ (about)** emocionarse *or* excitarse (con); **excitement** emoción *f*, excitación *f*; **exciting** emocionante, excitante
exclaim [ɪk'skleɪm] exclamar; **exclamation** exclamación *f*; **exclamation point** signo *m* de admiración
exclude [ɪk'skluːd] excluir; *possibility* descartar; **excluding** excluyendo; **exclusive** exclusivo
excuse [ɪk'skjuːs] *n* excusa *f* **2** [ɪk'skjuːz] *v/t (forgive)* excusar, perdonar; *(allow to leave)* disculpar; **~ me** perdone
ex-di'rectory Br: **be ~** no aparecer en la guía telefónica
execute ['eksɪkjuːt] *criminal*, *plan* ejecutar; **execution** *of criminal*, *plan* ejecución *f*; **executive** ejecutivo(-a) *m(f)*
exempt [ɪg'zempt] exento
exercise ['eksərsaɪz] **1** *n* ejercicio *m* **2** *v/t muscle* ejercitar; *dog* pasear; *caution* proceder con **3** *v/i* hacer ejercicio
exhale [eks'heɪl] exhalar
exhaust [ɪg'zɒːst] **1** *n fumes* gases *mpl* de la combustión; *pipe* tubo *m* de escape **2** *v/t (tire)* cansar; *(use up)* agotar; **exhausted** *(tired)* agotado; **exhausting** agotador; **ex-**

explosive

haustion agotamiento *m*;
exhaustive exhaustivo
exhibit [ɪɡˈzɪbɪt] **1** *n* objeto *m* expuesto **2** *v/t of gallery* exhibir; *of artist* exponer; (*give evidence of*) mostrar; **exhibition** exposición *f*; *of bad behavior, skill* exhibición *f*
exhilarating [ɪɡˈzɪləreɪtɪŋ] estimulante
exile [ˈeksaɪl] **1** *n* exilio *m*; *person* exiliado(-a) *m(f)* **2** *v/t* exiliar
exist [ɪɡˈzɪst] existir; **~ on** subsistir a base de; **existence** existencia *f*; **be in ~** existir; **existing** existente
exit [ˈeksɪt] **1** *n* salida *f* **2** *v/i* COMPUT salir
exonerate [ɪɡˈzɑːnəreɪt] exonerar de
exotic [ɪɡˈzɑːtɪk] exótico
expand [ɪkˈspænd] **1** *v/t* expandir **2** *v/i* expandirse; *of metal* dilatarse; **expanse** extensión *f*; **expansion** expansión *f*; *of metal* dilatación *f*
expect [ɪkˈspekt] **1** *v/t* esperar; (*suppose*) suponer, imaginar(se); (*demand*) exigir **2** *v/i*: **be ~ing** (*be pregnant*) estar en estado; **I ~ so** creo que sí; **expectant mother** futura madre(se); **expectation** expectativa *f*
expedition [ekspɪˈdɪʃn] expedición *f*
expel [ɪkˈspel] expulsar
expendable [ɪkˈspendəbl] prescindible
expenditure [ɪkˈspendɪtʃər]
gasto *m*
expense [ɪkˈspens] gasto *m*; **expenses** gastos *mpl*; **expensive** caro
experience [ɪkˈspɪrɪəns] **1** *n* experiencia *f* **2** *v/t* experimentar; **experienced** experimentado
experiment [ɪkˈsperɪmənt] **1** *n* experimento *m* **2** *v/i* experimentar; **experimental** experimental
expert [ˈekspɜːrt] **1** *adj* experto **2** *n* experto(-a) *m(f)*; **expertise** destreza *f*
expiration date [ɪkspɪˈreɪʃn] fecha *f* de caducidad; **expire** caducar; **expiry** *of contract* vencimiento *m*; *of passport* caducidad *f*; **expiry date** *Br* fecha *f* de caducidad
explain [ɪkˈspleɪn] explicar; **explanation** explicación *f*; **explanatory** explicativo
explicit [ɪkˈsplɪsɪt] explícito
explode [ɪkˈsploʊd] **1** *v/i of bomb* explotar **2** *v/t bomb* hacer explotar
exploit[1] [ˈeksplɔɪt] *n* hazaña *f*
exploit[2] [ɪkˈsplɔɪt] *v/t person, resources* explotar
exploitation [eksplɔɪˈteɪʃn] explotación *f*
exploration [eksplɔˈreɪʃn] exploración *f*; **explore** *country etc* explorar; *possibility* estudiar; **explorer** explorador(a) *m(f)*
explosion [ɪkˈsploʊʒn] explosión *f*; **explosive** explosivo *m*

export 356

export ['ekspɔːrt] **1** *n* exportación *f*; *item* producto *m* de exportación; **~s** exportaciones *fpl* **2** *v/t also* COMPUT exportar; **exporter** exportador(a) *m(f)*

expose [ɪk'spoʊz] (*uncover*) exponer; *scandal* sacar a la luz; **exposure** [ɪk'spoʊʒər] exposición *f*; PHOT foto(grafía) *f*

express [ɪk'spres] **1** *adj* (*fast*) rápido; (*explicit*) expreso **2** *n train* expreso *m* **3** *v/t* expresar; **expression** *voiced* muestra *f*; *phrase, on face* expresión *f*; **expressive** expresivo; **expressly** *state* expresamente; *forbid* terminantemente; **expressway** autopista *f*

expulsion [ɪk'spʌlʃn] expulsión *f*

extend [ɪk'stend] **1** *v/t house* ampliar; *runway, path* alargar; *contract* prorrogar **2** *v/i of garden etc* llegar; **extension** *to house* ampliación *f*; *of contract* prórroga *f*; TELEC extensión *f*; **extensive** *damage* cuantioso; *knowledge* considerable; *search* extenso, amplio; **extent** alcance *m*; **to a certain ~** hasta cierto punto

exterior [ɪk'stɪrɪər] **1** *adj* exterior **2** *n* exterior *m*

exterminate [ɪk'stɜːrmɪneɪt] exterminar

external [ɪk'stɜːrnl] exterior, externo

extinct [ɪk'stɪŋkt] *species* extinguido; **extinction** *of species* extinción *f*; **extinguish** extinguir, apagar; *cigarette* apagar; **extinguisher** extintor *m*

extortion [ɪk'stɔːrʃn] extorsión *f*

extra ['ekstrə] **1** *n* extra *m* **2** *adj* extra; **be~** (*cost more*) pagarse aparte **3** *adv* super

extra 'time *Br* SP prórroga *f*

extract[1] ['ekstrækt] *n* extracto *m*

extract[2] [ɪk'strækt] *v/t* sacar; *oil, tooth* extraer; *information* sonsacar; **extraction** *of oil, tooth* extracción *f*

extradite ['ekstrədaɪt] extraditar; **extradition** extradición *f*

extramarital [ekstrə'mærɪtl] extramarital

extraordinary [ɪk'strɔːrdɪnerɪ] extraordinario

extravagance [ɪk'strævəgəns] *with money* despilfarro *m*; *of claim etc* extravagancia *f*; **extravagant** *with money* despilfarrador; *claim* extravagante

extreme [ɪk'striːm] **1** *n* extremo *m* **2** *adj* extremo; *views* extremista; **extremely** extremadamente; **extremist** extremista *m/f*

extrovert ['ekstrəvɜːrt] **1** *adj* extrovertido **2** *n* extrovertido(-a) *m(f)*

exuberant [ɪɡ'zuːbərənt] exuberante

eye [aɪ] **1** *n* ojo *m* **2** *v/t* mirar;

eye-catching llamativo; **eyeglasses** gafas *fpl*, *L.Am.* anteojos *mpl*, *L.Am.* lentes *mpl*; **eyeliner** lápiz *m* de ojos; **eyeshadow** sombra *f* de ojos; **eyesight** vista *f*; **eyewitness** testigo *m/f* ocular

F

fabric ['fæbrɪk] tejido *m*
fabulous ['fæbjʊləs] fabuloso, estupendo
façade [fə'sɑːd] fachada *f*
face [feɪs] **1** *n* cara *f* **2** *v/t* (*be opposite*) estar enfrente de; (*confront*) enfrentarse a
◆ **face up to** hacer frente a
facebook ['feɪsbʊk] *v/t* IT: **~ sb** agregar a alguien a tu lista de amigos en Facebook
'**facecloth** toalla *f*; **facelift** lifting *m*
facial ['feɪʃl] limpieza *f* de cutis
facilitate [fə'sɪlɪteɪt] facilitar; **facilities** instalaciones *fpl*
fact [fækt] hecho *m*; *in ~, as a matter of ~* de hecho
faction ['fækʃn] facción *f*
factor ['fæktər] factor *m*
faculty ['fækəltɪ] facultad *f*
fad [fæd] moda *f*
fade [feɪd] *of colors* desteñirse; *of memories* desvanecerse; **faded** *color* desteñido, descolorido
fag [fæg] F (*homosexual*) maricón *m* F
fail [feɪl] **1** *v/i* fracasar **2** *v/t exam* suspender; **failing** fallo *m*; **failure** fracaso *m*; *in exam* suspenso *m*

faint [feɪnt] **1** *adj line, smile* tenue; *smell, noise* casi imperceptible **2** *v/i* desmayarse; **faintly** levemente
fair[1] *n* COM feria *f*
fair[2] [fer] *adj hair* rubio; *complexion* claro; (*just*) justo
fairly ['ferlɪ] *treat* justamente, con justicia; (*quite*) bastante; **fairness** *of treatment* imparcialidad *f*
faith [feɪθ] fe *f*; **faithful** fiel; **faithfully** religiosamente
fake [feɪk] **1** *n* falsificación *f* **2** *adj* falso **3** *v/t* (*forge*) falsificar; (*feign*) fingir
fall[1] [fɔːl] *n* season otoño *m*
fall[2] [fɔːl] **1** *v/i* caer; *of person* caerse **2** *n* caída *f*
◆ **fall behind** retrasarse
◆ **fall for** *person* enamorarse de; (*be deceived by*) dejarse engañar por
◆ **fall through** *of plans* venirse abajo
fallible ['fæləbl] falible
false [fɑːls] falso; **false start** *in race* salida *f* nula; **false teeth** dentadura *f* postiza; **falsify** falsificar
fame [feɪm] fama *f*
familiar [fə'mɪljər] familiar; *be ~ with sth* estar familiari-

familiarity

zado con algo; **familiarity** *with subject etc* familiaridad *f*; **familiarize:** ~ *o.s. with* familiarizarse con

family ['fæməlɪ] familia *f*; **family doctor** médico *m/f* de familia; **family planning** planificación *f* familiar; **family tree** árbol *m* genealógico

famine ['fæmɪn] hambruna *f*

famous ['feɪməs] famoso

fan[1] [fæn] *n* (*supporter*) seguidor(a) *m(f)*; *of singer, band* admirador(a) *m(f)*, fan *m/f*

fan[2] [fæn] **1** *n electric* ventilador *m*; *handheld* abanico *m* **2** *v/t* abanicar

fanatical [fə'nætɪkl] fanático; **fanaticism** fanatismo *m*

fantasize ['fæntəsaɪz] fantasear (*about* sobre); **fantastic** (*very good*) fantástico; (*very big*) inmenso; **fantasy** fantasía *f*

fanzine ['fænziːn] fanzine *m*

far [fɑːr] lejos; (*much*) mucho; ~ *bigger* mucho más grande; *how* ~ *is it to* ...? ¿a cuánto está...?; *as* ~ *as the corner* hasta la esquina

farce [fɑːrs] farsa *f*

fare [fer] (*price*) tarifa *f*; *actual money* dinero *m*

Far 'East Lejano Oriente *m*

farewell [fer'wel] despedida *f*

farfetched [fɑːr'fetʃt] inverosímil, exagerado

farm [fɑːrm] granja *f*; **farmer** granjero(-a) *m(f)*; **farming** agricultura *f*; **farmworker** trabajador(a) *m(f)* del campo; **farmyard** corral *m*

'**far-off** lejano; **farsighted** previsor; *optically* hipermétrope; **farther** más lejos; **farthest** más lejos

fascinate ['fæsɪneɪt] fascinar; **fascinating** fascinante; **fascination** fascinación *f*

fascism ['fæʃɪzm] fascismo *m*; **fascist 1** *n* fascista *m/f* **2** *adj* fascista

fashion ['fæʃn] moda *f*; (*manner*) modo *m*, manera *f*; *out of* ~ pasado de moda; **fashionable** de moda; **fashionably** *dressed* a la moda; **fashion-conscious** que sigue la moda; **fashion designer** modisto(-a) *m(f)*; **fashion show** desfile *f* de moda

fast[1] [fæst] **1** *adj* rápido; *be* ~ *of clock* ir adelantado **2** *adv* rápido; ~ *asleep* profundamente dormido

fast[2] [fæst] *n not eating* ayuno *m*

fasten ['fæsn] **1** *v/t lid* cerrar (poniendo el cierre); *dress* abrochar **2** *v/i of dress etc* abrocharse; **fastener** *for dress, lid* cierre *f*

'**fast food** comida *f* rápida; **fast lane** carril *f* rápida; **fast train** rápido *m*

fat [fæt] **1** *adj* gordo **2** *n on meat, for baking* grasa *f*

fatal ['feɪtl] *illness* mortal; *error* fatal; **fatality** víctima *f* mortal; **fatally** mortalmente

fate [feɪt] destino *m*

'**fat-free** sin grasa

father ['fɑːðər] padre *m*; **fatherhood** paternidad *f*; **father-in-law** suegro *m*; **fatherly** F

fatigue [fə'tiːg] fatiga *f*

fatten ['fætn] *animal* engordar; **fatty 1** *adj* graso **2** *n* (*person*) gordinflón (-ona) *m(f)* F

faucet ['fɔːsɪt] *Span* grifo *m*, *L.Am.* llave *f*

fault [fɔːlt] (*defect*) fallo *m*; **it's your ~** es culpa tuya; **faultless** impecable; **faulty** defectuoso

favor ['feɪvər] **1** *n* favor *m* **2** *v/t* (*prefer*) preferir; **favorable** favorable; **favorite 1** *n* favorito(-a) *m(f)*; *food* comida *f* favorita **2** *adj* favorito; **favoritism** favoritismo *m*; **favour** *Br* ☞ **favor**

fax [fæks] **1** *n* fax *m* **2** *v/t* enviar por fax

fear [fɪr] **1** *n* miedo *m*, temor *m* **2** *v/t* temer; **fearless** valiente; **fearlessly** sin miedo

feasibility study [fiːzəˈbɪlətɪ] estudio *m* de viabilidad; **feasible** factible, viable

feast [fiːst] banquete *m*

feat [fiːt] hazaña *f*, proeza *f*

feather ['feðər] pluma *f*

feature ['fiːtʃər] *on face* rasgo *m*, facción *f*; *of city, building, style* característica *f*; *article in paper* reportaje *m*; **feature film** largometraje *m*

February ['februerɪ] febrero *m*

federal ['fedərəl] federal; **federation** federación *f*

'fed up F harto, hasta las narices F

fee [fiː] honorarios *mpl*; *for entrance* entrada *f*; *for membership* cuota *f*

feeble ['fiːbl] *person, laugh* débil; *attempt* flojo; *excuse* pobre

feed [fiːd] alimentar, dar de comer a; **feedback** reacción *f*

feel [fiːl] **1** *v/t* (*touch*) tocar; (*sense*) sentir; (*think*) creer, pensar **2** *v/i*: **it ~s like silk** tiene la textura de la seda; **do you ~ like a drink?** ¿te apetece una bebida?

◆ **feel up to** sentirse con fuerzas para

feeler ['fiːlər] *of insect* antena *f*; **feeling** sentimiento *m*; (*sensation*) sensación *f*

fellow 'citizen conciudadano(-a) *m(f)*

felony ['felənɪ] delito *m* grave

felt [felt] fieltro *m*; **felt tip** rotulador *m*

female ['fiːmeɪl] **1** *adj* hembra; *relating to people* femenino **2** *n* hembra *f*; *person* mujer *f*

feminine ['femɪnɪn] **1** *adj* femenino *f*; GRAM femenino *m*; **feminism** feminismo *m*; **feminist 1** *n* feminista *m/f* **2** *adj* feminista

fence [fens] cerca *f*, valla *f*

fender ['fendər] MOT aleta *f*

fermentation [fɜːrmen'teɪʃn]

ferocious 360

fermentación *f*
ferocious [fəˈrouʃəs] feroz
ferry [ˈferɪ] ferry *m*, transbordador *m*
fertile [ˈfɜːrtəl] fértil; **fertility** fertilidad *f*; **fertilize** fertilizar; **fertilizer** *for soil* fertilizante *m*
fervent [ˈfɜːrvənt] ferviente
fester [ˈfestər] *of wound* enconarse
festival [ˈfestɪvl] festival *m*; **festive** festivo; **festivities** celebraciones *fpl*
fetal [ˈfiːtl] fetal
fetch [fetʃ] *person* recoger; *thing* traer, ir a buscar; *price* alcanzar
fetus [ˈfiːtəs] feto *m*
feud [fjuːd] enemistad *f*
fever [ˈfiːvər] fiebre *f*; **feverish** con fiebre; *excitement* febril
few [fjuː] **1** *adj* pocos; **a ~** unos pocos **2** *pron* pocos(-as); *quite a ~* bastantes; **fewer** menos
fiancé [fiˈɑːnseɪ] prometido *m*, novio *m*; **fiancée** prometida *f*, novia *f*
fiber [ˈfaɪbər] fibra *f*; **fiberglass** fibra *f* de vidrio; **fiber optics** tecnología *f* de la fibra óptica
fibre [ˈfaɪbər] ☞ **fiber**
fickle [ˈfɪkl] inconstante
fiction [ˈfɪkʃn] literatura *f* de ficción; *(made-up story)* ficción *f*; **fictional** de ficción; **fictitious** ficticio
fiddle [ˈfɪdl] **1** *n* violín *m* **2** *v/i*:

~ around with enredar con **3** *v/t accounts, result* amañar
fidgety [ˈfɪdʒɪtɪ] inquieto
field [fiːld] campo *m*; *for sport* campo *m*, *L.Am.* cancha *f*; *(competitors in race)* participantes *mpl*; **fielder** *in baseball* fildeador(-a) *m(f)*
fierce [fɪrs] feroz; *storm* violento; **fiercely** ferozmente
fiery [ˈfaɪrɪ] fogoso, ardiente
fifteen [fɪfˈtiːn] quince; **fifteenth** decimoquinto; **fifth** quinto; **fiftieth** quincuagésimo; **fifty** cincuenta; **fifty-fifty** a medias
fight [faɪt] **1** *n* lucha *f*, pelea *f*; *(argument)* pelea *f*; *for survival etc* lucha *f*; *in boxing* combate *m* **2** *v/t enemy*, *person* luchar contra, pelear contra; *injustice* luchar contra **3** *v/i* luchar, pelear; *(argue)* pelearse; **fighter** combatiente *m/f*; *airplane* caza *m*; *(boxer)* púgil *m*; **fighting** peleas *fpl*; MIL luchas *fpl*
figure [ˈfɪɡər] **1** *n* figura *f*; *(digit)* cifra *f* **2** *v/t* F *(think)* imaginarse, pensar
♦ **figure on** F *(plan)* pensar
♦ **figure out** entender; *calculation* resolver
file[1] [faɪl] **1** *n of documents* expediente *m*; COMPUT archivo *m*, fichero *m* **2** *v/t* archivar
file[2] [faɪl] *n for wood etc* lima *f*
'file cabinet archivador *m*
fill [fɪl] llenar; *tooth* empastar, *L.Am.* emplomar; *prescription* despachar

◆ **fill in** *form, hole* rellenar
◆ **fill out 1** *v/t form* rellenar **2** *v/i (get fatter)* engordar
fillet ['fɪlɪt] *n* filete *m*
filling ['fɪlɪŋ] **1** *n in sandwich* relleno *m*; *in tooth* empaste *m*, *L.Am.* emplomadura *f* **2** *adj*: **be ~ of food** llenar mucho; **filling station** estación *f* de servicio
film [fɪlm] **1** *n* carrete *m*; *(movie)* película *f* **2** *v/t* filmar; **film-maker** cineasta *m/f*; **film star** estrella *f* de cine
filter ['fɪltər] **1** *n* filtro *m* **2** *v/t* filtrar
filth [fɪlθ] suciedad *f*; **filthy** sucio; *language etc* obsceno
final ['faɪnl] **1** *adj* último; *decision* final, definitivo **2** *n* SP final *f*; **finale** final *m*; **finalist** finalista *m/f*; **finalize** ultimar; **finally** finalmente
finance ['faɪnæns] **1** *n* finanzas *fpl* **2** *v/t* financiar; **financial** financiero; **financially** económicamente; **financier** financiero(-a) *m(f)*
find [faɪnd] encontrar
◆ **find out** descubrir
findings ['faɪndɪŋz] *of report* conclusiones *fpl*
fine¹ [faɪn] *adj day* bueno; *wine, performance, city* excelente; *distinction, line* fino
fine² [faɪn] **1** *n* multa *f* **2** *v/t* multar, poner una multa a
finger ['fɪŋɡər] **1** *n* dedo *m* **2** *v/t* tocar; **fingerprint** huella *f* digital *or* dactilar

finicky ['fɪnɪkɪ] *person* quisquilloso; *design* enrevesado
finish ['fɪnɪʃ] **1** *v/t & v/i* acabar, terminar **2** *n of product* acabado *m*; *of race* final *f*
◆ **finish with** *boyfriend etc* cortar con
Finland ['fɪnlənd] Finlandia; **Finn** finlandés(-esa) *m(f)*; **Finnish 1** *adj* finlandés **2** *n language* finés *m*
fire [faɪr] **1** *n* fuego *m*; *electric, gas* estufa *f*; *(blaze)* incendio *m*; *(bonfire, campfire etc)* hoguera *f*; **be on ~** estar ardiendo; **set ~ to sth** prender fuego a algo **2** *v/i (shoot)* disparar *(at* a) **3** *v/t* F *(dismiss)* despedir; **fire alarm** alarma *f* contra incendios; **firearm** arma *f* de fuego; **firecracker** petardo *m*; **fire department** (cuerpo *m* de) bomberos *mpl*; **fire engine** coche *m* de bomberos; **fire escape** salida *f* de incendios; **fire extinguisher** extintor *m*; **fire fighter** bombero (-a) *m(f)*; **fireplace** chimenea *f*, hogar *m*; **fire station** parque *m* de bomberos; **fire truck** coche *m* de bomberos; **fireworks** fuegos *mpl* artificiales
firm¹ [fɜːrm] *adj* firme
firm² [fɜːrm] *n* COM empresa *f*
first [fɜːrst] **1** *adj & adv* primero; **at ~** al principio **2** *n* primero(-a) *m(f)*; **first aid** primeros *mpl* auxilios; **first class 1** *adj ticket, seat* de primera (clase); *(very good)* ex-

first floor 362

celente **2** *adv travel* en primera (clase); **first floor** planta *f* baja, *Br* primer piso *m*; **First Lady** primera dama *f*; **firstly** en primer lugar; **first name** nombre *m* (de pila); **first night** estreno *m*; **first-rate** excelente
fiscal [ˈfɪskl] fiscal; **fiscal year** año *m* fiscal
fish [fɪʃ] **1** *n* pez *m*; *to eat* pescado *m* **2** *v/i* pescar; **fisherman** pescador *m*; **fishing** pesca *f*; **fishing boat** (barco *m*) pesquero *m*; **fish stick** palito *m* de pescado; **fishy** F (*suspicious*) sospechoso
fist [fɪst] puño *m*
fit[1] [fɪt] *n* MED ataque *m*
fit[2] [fɪt] *adj* en forma; *morally* adecuado
fit[3] [fɪt] **1** *v/t* (*attach*) colocar; **these pants don't ~ me any more** estos pantalones ya no me entran **2** *v/i of clothes* quedar bien
fitness [ˈfɪtnɪs] *physical* buena forma *f*; **fitting** apropiado; **fittings** equipamiento *m*
five [faɪv] cinco
fix [fɪks] **1** *n* (*solution*) solución *f* **2** *v/t* (*attach*) fijar; (*repair*) reparar; *meeting etc* organizar; *lunch* preparar; *dishonestly*: *match etc* amañar; **fixed** fijo; **fixings** guarnición *f*
flab [flæb] *on body* grasa *f*; **flabby** *muscles etc* fofo
flag[1] [flæg] *n* bandera *f*
flag[2] [flæg] *v/i* (*tire*) desfalle-

cer
flagpole asta *f* (de bandera)
flagrant [ˈfleɪgrənt] flagrante
flair [fler] (*talent*) don *m*
flake [fleɪk] *of snow* copo *m*; *of skin* escama *f*; *of plaster* desconchón *m*
flamboyant [flæmˈbɔɪənt] extravagante; **flamboyantly** extravagantemente
flame [fleɪm] llama *f*
flamenco [fləˈmeŋkoʊ] flamenco *m*; **flamenco dancer** bailaor(a) *m(f)*
flammable [ˈflæməbl] inflamable
flank [flæŋk] **1** *n of horse etc* costado *m*; MIL flanco *m* **2** *v/t* flanquear
flap [flæp] **1** *n of envelope, pocket* solapa *f*; *of table* hoja *f* **2** *v/t wings* batir **3** *v/i of flag etc* ondear
◆ **flare up** *of violence* estallar; *of illness* exacerbarse; *of fire* llamear; (*get very angry*) estallar
flash [flæʃ] **1** *n of light* destello *m*; PHOT flash *m*; *in a ~ F* en un abrir y cerrar de ojos; *a ~ of lightning* un relámpago **2** *v/i of light* destellar; **flashback** flash-back *m*; **flashlight** linterna *f*; PHOT flash *m*; **flashy** *pej* ostentoso, chillón
flask [flæsk] (*hip ~*) petaca *f*
flat[1] [flæt] **1** *adj* llano, plano; *beer* sin gas; *battery* descargado; *tire* desinflado; *shoes* bajo; MUS bemol **2** *adv* MUS

demasiado bajo **3** *n* (~ *tire*) pinchazo *m*

flat² [flæt] *n Br* apartamento *m*, *Span* piso *m*

flatly ['flætlɪ] *deny* rotundamente; **flat rate** tarifa *f* única; **flatten** *land*, *road* allanar, aplanar; *by bombing*, *demolition* arrasar

flatter ['flætər] halagar; **flatterer** adulador(a) *m(f)*; **flattering** *comments* halagador; *color*, *clothes* favorecedor; **flattery** halagos *mpl*

flavor ['fleɪvər] **1** *n* sabor *m* **2** *v/t food* condimentar; **flavoring** aromatizante *m*; **flavour** *Br* ☞ **flavor**

flaw [flɔː] defecto *m*, fallo *m*; **flawless** impecable

flee [fliː] escapar, huir

fleet [fliːt] NAUT. *of vehicles* flota *f*

fleeting ['fliːtɪŋ] *visit etc* fugaz

flesh [fleʃ] carne *f*; *of fruit* pulpa *f*

flex [fleks] *muscles* flexionar; **flexibility** flexibilidad *f*; **flexible** flexible; **flextime** horario *m* flexible

flicker ['flɪkər] parpadear

flier [flaɪr] (*circular*) folleto *m*

flight [flaɪt] *in airplane* vuelo *m*; (*fleeing*) huida *f*; ~ (**of stairs**) tramo *m* (de escaleras); **flight attendant** auxiliar *m/f* de vuelo; **flight path** ruta *f* de vuelo; **flight recorder** caja *f* negra; **flight time** *departure* hora *f* del vuelo; *duration* duración *f* del vuelo; **flighty** inconstante

flimsy ['flɪmzɪ] *furniture* endeble; *dress*, *material* débil; *excuse* pobre

flinch [flɪntʃ] encogerse

flipper ['flɪpər] aleta *f*

flirt [flɜːrt] **1** *v/i* flirtear, coquetear **2** *n* ligón (-ona) *m(f)*; **flirtatious** coqueto

float [floʊt] *also* FIN flotar

flock [flɑːk] **1** *n of sheep* rebaño *m* **2** *v/i* acudir en masa

flood [flʌd] **1** *n* inundación *f* **2** *v/t of river* inundar; **flooding** inundaciones *fpl*; **floodlight** foco *m*; **flood waters** crecida *f*

floor [flɔːr] suelo *m*; (*story*) piso *m*

flop [flɑːp] **1** *v/i* dejarse caer; F (*fail*) pinchar F **2** *n* F (*failure*) pinchazo *m* F; **floppy** (**disk**) disquete *m*

florist ['flɔːrɪst] florista *m/f*

flour [flaʊr] harina *f*

flourish ['flʌrɪʃ] *of plant* crecer rápidamente; *fig* florecer; **flourishing** *business*, *trade* floreciente

flow [floʊ] **1** *v/i* fluir **2** *n* flujo *m*; **flowchart** diagrama *m* de flujo

flower [flaʊr] **1** *n* flor *f* **2** *v/i* florecer

flu [fluː] gripe *f*

fluctuate ['flʌktʃʊeɪt] fluctuar; **fluctuation** fluctuación *f*

fluency ['fluːənsɪ] *in a language* fluidez *f*; **fluent**: **he**

fluently

speaks ~ Spanish habla español con soltura; **fluently speak, write** con soltura

fluid [fluːɪd] fluido *m*

flunk [flʌŋk] F *subject* suspender, *Span* catear F

flush [flʌʃ] **1** *v/t*: **~ the toilet** tirar de la cadena **2** *v/i* (*go red*) ruborizarse

flutter ['flʌtər] *of wings* aletear; *of flag* ondear; *of heart* latir con fuerza

fly[1] [flaɪ] *n insect* mosca *f*

fly[2] [flaɪ] *n on pants* bragueta *f*

fly[3] [flaɪ] **1** *v/i* volar; *of flag* ondear **2** *v/t airplane* pilotar; *airline* volar con; (*transport by air*) enviar por avión

◆ **fly past** *of time* volar

flying ['flaɪɪŋ] volar *m*

foam [foʊm] *on liquid* espuma *f*; **foam rubber** gomaespuma *f*

focus ['foʊkəs] foco *m*

◆ **focus on** concentrarse en; PHOT enfocar

fodder ['fɑːdər] forraje *m*

fog [fɑːɡ] niebla *f*; **foggy** neblinoso, con niebla

foil[1] [fɔɪl] *n* papel *m* de aluminio

foil[2] [fɔɪl] *v/t* (*thwart*) frustrar

fold [foʊld] **1** *v/t paper etc* doblar; **~ one's arms** cruzarse de brazos **2** *v/i of business* quebrar **3** *n in cloth etc* pliegue *m*

◆ **fold up 1** *v/t* plegar **2** *v/i of chair, table* plegarse

folder ['foʊldər] *for documents*, COMPUT carpeta *f*;

folding plegable

foliage ['foʊliːɪdʒ] follaje *m*

folk [foʊk] (*people*) gente *f*; **folk music** música *f* folk *or* popular; **folk singer** cantante *m/f* de folk

follow ['fɑːloʊ] **1** *v/t* seguir; (*understand*) entender **2** *v/i logically* deducirse

◆ **follow up** *inquiry* hacer el seguimiento de; **follower** seguidor(a) *m(f)*; **following 1** *adj* siguiente **2** *n people* seguidores(-as) *mpl* (*fpl*); **the ~** lo siguiente

fond [fɑːnd] cariñoso; *memory* entrañable; **he's ~ of traveling** le gusta viajar; **I'm very ~ of him** le tengo mucho cariño

fondle ['fɑːndl] acariciar

fondness ['fɑːndnɪs] *for s.o.* cariño *m* (**for** por); *for wine, food* afición *f*

font [fɑːnt] *for printing* tipo *m*; *in church* pila *f* bautismal

food [fuːd] comida *f*; **food poisoning** intoxicación *f* alimentaria

fool [fuːl] **1** *n* tonto(-a) *m(f)*, idiota *m/f* **2** *v/t* engañar; **foolhardy** temerario; **foolish** tonto; **foolproof** infalible

foot [fʊt] *also measurement* pie *m*; *of animal* pata *f*; **put one's ~ in it** F meter la pata F; **footage** secuencias *fpl*; **football** *Br* (*soccer*) fútbol *m*; *American* fútbol *m* americano; *ball* balón *m* or pelota

form

f (de fútbol); **football player** American style jugador(a) *m(f)* de fútbol americano; Br in soccer jugador *m(f)* de fútbol, futbolista *m/f*; **foothills** estribaciones *fpl*; **footnote** nota *f* a pie de página; **footpath** sendero *m*; **footprint** pisada *f*; **footstep** paso *m*

for [fər, fɔːr] para; (in exchange for) por; **what is this ~?** ¿para qué sirve esto?; **what ~?** ¿para qué?; **I bought it ~ $5** lo compré por 5 dólares; **~ three days** durante tres días; **please get it done ~ Monday** por favor tenlo listo (para) el lunes; **I walked ~ a mile** caminé una milla; **I am ~ the idea** estoy a favor de la idea

forbid [fər'bɪd] prohibir; **forbidden** prohibido; **forbidding** *person, look* amenazador; *prospect* intimidador

force [fɔːrs] **1** *n* fuerza *f*; **come into ~** *of law etc* entrar en vigor **2** *v/t door, lock* forzar; **~ s.o. to do sth** forzar a alguien a hacer algo; **forced** forzado; **forced landing** aterrizaje *m* forzoso; **forceful** *argument* poderoso; *speaker* vigoroso; *character* enérgico

forceps ['fɔːrseps] MED fórceps *m inv*

forcibly ['fɔːrsəblɪ] por la fuerza

foreboding [fər'boʊdɪŋ] premonición *f*; **forecast 1** *n* pronóstico *m* **2** *v/t* pronosticar; **forefathers** ancestros *mpl*; **forefinger** (dedo *m*) índice *m*; **foreground** primer plano *m*; **forehead** frente *f*

foreign ['fɑːrən] extranjero; **foreign affairs** asuntos *mpl* exteriores; **foreign body** cuerpo *m* extraño; **foreign currency** divisa *f* extranjera; **foreigner** extranjero(-a) *m(f)*; **foreign exchange** divisas *fpl*

foreman capataz *m*; **foremost** principal

forensic medicine [fə'rensɪk] medicina *f* forense; **forensic scientist** forense *m/f*

'forerunner predecesor(a) *m(f)*; **foresee** prever; **foresight** previsión *f*

forest ['fɑːrɪst] bosque *m*; **forestry** silvicultura *f*

fore'tell predecir

forever [fə'revər] siempre

'foreword prólogo *m*

forfeit ['fɔːrfət] (lose) perder; (give up) renunciar a

forge [fɔːrdʒ] falsificar; **forgery** falsificación *f*

forget [fər'get] olvidar; **forgetful** olvidadizo

forgive [fər'gɪv] perdonar; **forgiveness** perdón *m*

fork [fɔːrk] *for eating* tenedor *m*; *for garden* horca *f*; *in road* bifurcación *f*

form [fɔːrm] **1** *n* (shape) forma *f*; *document* formulario *m*, impreso *m* **2** *v/t in clay etc*

formal

moldear; *friendship* establecer; *opinion* formarse; *(constitute)* formar **3** *v/i (take shape, develop)* formarse; **formal** formal; *recognition etc* oficial; *dress* de etiqueta; **formality** formalidad *f*; **formally** *speak* formalmente; *recognized* oficialmente
format ['fɔːmæt] **1** *v/t text* formatear **2** *n of paper, program etc* formato *m*
formation [fɔːr'meɪʃn] formación *f*
former ['fɔːrmər] antiguo; **the ~** el primero; **formerly** antiguamente
formidable ['fɔːrmɪdəbl] *personality* formidable; *opponent, task* terrible
formula ['fɔːrmjələ] fórmula *f*
fort [fɔːrt] MIL fuerte *m*
forthcoming ['fɔːrθkʌmɪŋ] *(future)* próximo; *personality* comunicativo
'forthright directo
fortieth ['fɔːrtɪθ] cuadragésimo
fortnight ['fɔːrtnaɪt] *Br* quincena *f*
fortress ['fɔːrtrɪs] MIL fortaleza *f*
fortunate ['fɔːrtʃnət] afortunado; **fortunately** afortunadamente; **fortune** fortuna *f*
forty ['fɔːrtɪ] cuarenta
forward ['fɔːrwərd] **1** *adv* hacia delante **2** *adj pej: person* atrevido **3** *n* SP delantero(-a) *m(f)* **4** *v/t letter* reexpedir; **forward-looking** con visión de futuro
fossil ['fɑːsəl] fósil *m*
foster ['fɑːstər] *child* acoger; *attitude, belief* fomentar
foul [faʊl] **1** *n* SP falta *f* **2** *adj smell* asqueroso; *weather* terrible **3** *v/t* SP hacer (una) falta a
found [faʊnd] *school etc* fundar; **foundation** *of theory etc* fundamento *m*; *(organization)* fundación *f*; **foundations** *of building* cimientos *mpl*; **founder** fundador(a) *m(f)*
fountain ['faʊntɪn] fuente *f*
four [fɔːr] cuatro; **four-star** *hotel etc* de cuatro estrellas; **fourteen** catorce; **fourteenth** decimocuarto; **fourth** cuarto; **four-wheel drive** MOT todoterreno *m*
fox [fɑːks] **1** *n* zorro *m* **2** *v/t (puzzle)* dejar perplejo
foyer ['fɔɪər] vestíbulo *m*
fraction ['frækʃn] fracción *f*; **fractionally** ligeramente
fracture ['fræktʃər] **1** *n* fractura *f* **2** *v/t* fracturar
fragile ['frædʒəl] frágil
fragment ['frægmənt] fragmento *m*
fragrance ['freɪgrəns] fragancia *f*; **fragrant** fragante
frail [freɪl] frágil, delicado
frame [freɪm] **1** *n of picture, window* marco *m*; *of eyeglasses* montura *f*; *of bicycle* cuadro *m* **2** *v/t picture* enmarcar; F *person* tender una trampa a; **framework** estruc-

tura *f;* **for agreement** marco *m*

France [fræns] Francia

franchise ['fræntʃaɪz] *for business* franquicia *f*

frank [fræŋk] franco; **frankly** francamente; **frankness** franqueza *f*

frantic ['fræntɪk] frenético

fraternal [frə'tɜːrnl] fraternal

fraud [frɔːd] fraude *m; person* impostor(a) *m(f);* **fraudulent** fraudulento

frayed [freɪd] *cuffs* deshilachado

freak [friːk] **1** *n event* fenómeno *m* anormal; *two-headed animal etc* monstruo *m;* F *strange person* bicho *m* raro F **2** *adj storm etc* anormal

free [friː] **1** *adj* libre; *no cost* gratis, gratuito **2** *v/t prisoners* liberar; **freedom** libertad *f;* **free enterprise** empresa *f* libre; **free kick** golpe *m* franco; **freelance** autónomo, free-lance; **freely** *admit* libremente; **freedom of speech** libertad *f* de expresión; **freeway** autopista *f*

freeze [friːz] **1** *v/t food, wages, video* congelar **2** *v/i of water* congelarse; **freeze-dried** liofilizado; **freezer** congelador *m;* **freezing 1** *adj* muy frío **2** *n:* **10 degrees below ~** diez grados bajo cero

freight [freɪt] transporte *m; costs* flete *m;* **freighter** *ship* carguero *m; airplane* avión *m* de carga

French [frentʃ] **1** *adj* francés **2** *n language* francés *m;* **the ~** los franceses; **French fries** *Span* patatas *fpl* or *L.Am.* papas *fpl* fritas; **Frenchman** francés *m;* **Frenchwoman** francesa *f*

frenzied ['frenzɪd] frenético; *mob* desenfrenado; **frenzy** frenesí *m*

frequency ['friːkwənsɪ] *also* RAD frecuencia *f*

frequent[1] ['friːkwənt] *adj* frecuente

frequent[2] [frɪ'kwent] *v/t bar* frecuentar

frequently ['friːkwəntlɪ] con frecuencia

fresh [freʃ] *fresco; start* nuevo; *(impertinent)* descarado; **fresh air** aire *m* fresco
◆ **freshen up 1** *v/i* refrescarse **2** *v/t paintwork etc* renovar

freshly ['freʃlɪ] recién; **freshman** estudiante *m/f* de primer año; **freshwater** de agua dulce

fret [fret] **1** *v/i* inquietarse **2** *n of guitar* traste *m*

friction ['frɪkʃn] PHYS rozamiento *m; between people* fricción *f*

Friday ['fraɪdeɪ] viernes *m inv*

fridge [frɪdʒ] nevera *f,* frigorífico *m*

friend [frend] amigo(-a) *m(f);* **friendliness** simpatía *f;* **friendly** agradable; *person also* simpático; *argument, relations* amistoso; **friendship** amistad *f*

fries [fraɪz] *Span* patatas *fpl* or *L.Am.* papas *fpl* fritas

fright [fraɪt] susto *m*; **frighten** asustar; **be ~ed of** tener miedo de; **frightening** aterrador, espantoso

frill [frɪl] *on dress etc* volante *m*; *(fancy extra)* extra *m*

fringe [frɪndʒ] *on dress etc* flecos *mpl*; *Br in hair* flequillo *m*; *(edge)* margen *m*; **fringe benefits** ventajas *fpl* adicionales

frisk [frɪsk] cachear

◆ **fritter away** ['frɪtər] *time* desperdiciar; *fortune* despilfarrar

frivolity [frɪ'vɑːlətɪ] frivolidad *f*; **frivolous** frívolo

frizzy ['frɪzɪ] *hair* crespo

frog [frɑːg] rana *f*

'frogman hombre *m* rana

from [frɑːm] *in time* desde; *in space* de, desde; **~ the 18th century** desde el siglo XVIII; **~ 9 to 5** de 9 a 5; **~ today on** a partir de hoy; **~ here to there** de or desde aquí hasta allí; **we drove here ~ Las Vegas** vinimos en coche desde Las Vegas; **a letter ~ Jo** una carta de Jo; **I am ~ New Jersey** soy de Nueva Jersey

front [frʌnt] **1** *n of building, book* portada *f*; *(cover organization)* tapadera *f*; MIL, *of weather* frente *m*; *in a race* en cabeza; **in ~ of** delante de **2** *adj wheel, seat* delantero **3** *v/t TV program* presentar; **front door** puerta *f* principal

frontier ['frʌntɪr] frontera *f*; *of science* límite *m*

front 'line MIL línea *f* del frente; **front page** *of newspaper* portada *f*; **front-wheel drive** tracción *f* delantera

frost [frɑːst] escarcha *f*; **frostbite** congelación *f*; **frosting** *on cake* glaseado *m*; **frosty** *weather* gélido; *welcome* glacial

froth [frɑːθ] espuma *f*

frown [fraʊn] fruncir el ceño

frozen ['froʊzn] *ground, food* congelado

fruit [fruːt] fruta *f*; **fruitful** *discussions etc* fructífero; **fruit juice** *Span* zumo *m* or *L.Am.* jugo *m* de fruta; **fruit salad** macedonia *f*

frustrate ['frʌstreɪt] frustrar; **frustrating** frustrante; **frustration** frustración *f*

fry [fraɪ] freír; **frypan** sartén *f*

fuck [fʌk] V *Span* follar con V, *L.Am.* coger V; **~! ~!** ¡joder! V

fuel ['fjʊəl] **1** *n* combustible *m* **2** *v/t fig* avivar

fugitive ['fjuːdʒətɪv] fugitivo(-a) *m(f)*

fulfill, *Br* **fulfil** [fʊl'fɪl] *dream, task* realizar; *contract* cumplir; **fulfillment**, *Br* **fulfilment** *of contract etc* cumplimiento *m*; *moral, spiritual* satisfacción *f*

full [fʊl] lleno; *account, schedule* completo; *life* pleno; **pay**

in ~ pagar al contado; **full moon** luna *f* llena; **full stop** *Br* punto *m*; **full-time** work**er**, **job** a tiempo completo; **fully** completamente; *describe* en detalle

fumble ['fʌmbl] *ball* dejar caer

fumes [fju:mz] humos *mpl*

fun [fʌn] **1** *n* diversión *f*; **for** ~ para divertirse; **it was great** ~ fue muy divertido **2** *adj* F *person, game* divertido

function ['fʌŋkʃn] **1** *n* función *f*; (*reception etc*) acto *m* **2** *v/i* funcionar; ~ **as** hacer de; **functional** funcional

fund [fʌnd] **1** *n* fondo *m* **2** *v/t* *project etc* financiar

fundamental [fʌndə'mentl] fundamental; (*crucial*) esencial; **fundamentalist** fundamentalista *m/f*; **fundamentally** fundamentalmente

funding ['fʌndɪŋ] (*money*) fondos *mpl*, financiación *f*

funeral ['fju:nərəl] funeral *m*; **funeral home** funeraria *f*

fungus ['fʌŋɡəs] hongos *mpl*

funnies ['fʌniz] F sección de humor; **funnily** de modo extraño; (*comically*) de forma divertida; ~ **enough** curiosamente; **funny** (*comical*) divertido, gracioso; (*odd*) curioso, raro

fur [fɜ:r] piel *f*

furious ['fjʊrɪəs] furioso; *effort* febril

furnace ['fɜ:rnɪs] horno *m*

furnish ['fɜ:rnɪʃ] *room* amueblar; (*supply*) suministrar; **furniture** mobiliario *m*, muebles *mpl*

further ['fɜ:rðər] **1** *adj* adicional; (*more distant*) más lejano **2** *adv* *walk, drive* más lejos **3** *v/t* *cause etc* promover; **furthermore** es más

furtive ['fɜ:rtɪv] furtivo

fury ['fjʊrɪ] furia *f*, ira *f*

fuse [fju:z] **1** *n* ELEC fusible *m* **2** *v/i* ELEC fundirse **3** *v/t* ELEC fundir; **fusebox** caja *f* de fusibles

fusion ['fju:ʒn] fusión *f*

fuss [fʌs] escándalo *m*; **fussy** *person* quisquilloso; *design etc* recargado

futile ['fju:tl] inútil, vano; **futility** inutilidad *f*

future ['fju:tʃər] **1** *n* futuro *m* **2** *adj* futuro; **futuristic** *design* futurista

fuzzy ['fʌzɪ] *hair* crespo; (*out of focus*) borroso

G

gadget ['gædʒɪt] artilugio *m*, chisme *m*
gag [gæg] **1** *n over mouth* mordaza *f*; *(joke)* chiste *m* **2** *v/t also fig* amordazar
gain [geɪn] *(acquire)* ganar; *victory* obtener
gala ['gælə] gala *f*
galaxy ['gæləksɪ] galaxia *f*
gale [geɪl] vendaval *m*
gallery ['gælərɪ] *for art* museo *m*; *private* galería de arte; *in theater* galería *f*
gallon ['gælən] galón *m (0,785 litros, en GB 0,546)*
gallop ['gæləp] galopar
gamble ['gæmbl] jugar; **gambler** jugador(a) *m(f)*; **gambling** juego *m*
game [geɪm] partido *m*; *children's, in tennis* juego *m*
gang [gæŋ] *of criminals* banda *f*; *of friends* cuadrilla *f*; **gangster** gángster *m*; **gangway** pasarela *f*
gap [gæp] *in wall* hueco *m*; *for parking, in figures* espacio *m*; *in time* intervalo *m*; *in conversation* interrupción *f*
gape [geɪp] *of person* mirar boquiabierto; **gaping** *hole* enorme
garage [gə'rɑːʒ] *for parking* garaje *m*; *for repairs* taller *m*; *Br for gas* gasolinera *f*
garbage ['gɑːrbɪdʒ] *also fig* basura *f*; *fig (nonsense)* tonterías *fpl*; **garbage can** cubo *m* de la basura; *in street* papelera *f*; **garbage truck** camión *m* de la basura
garbled ['gɑːrbld] *message* confuso
garden ['gɑːrdn] jardín *m*; **gardening** jardinería *f*
garish ['gerɪʃ] *color* chillón; *design* estridente
garlic ['gɑːrlɪk] ajo *m*
garment ['gɑːrmənt] prenda *f* (de vestir)
garnish ['gɑːrnɪʃ] guarnecer
gas [gæs] gas *m*; *(gasoline)* gasolina *f*, *Rpl* nafta *f*
gash [gæʃ] corte *m* profundo
gasket ['gæskɪt] junta *f*
gasoline ['gæsəliːn] gasolina *f*, *Rpl* nafta *f*
gasp [gæsp] **1** *n* grito *m* apagado **2** *v/i* lanzar un grito apagado
'**gas pedal** acelerador *m*; **gas pump** surtidor *m* (de gasolina); **gas station** gasolinera *f*, *S.Am.* bomba
gate [geɪt] *of house, at airport* puerta *f*; *made of iron* verja *f*; **gateway** *also fig* entrada *f*
gather ['gæðər] **1** *v/t facts* reunir; ~ **speed** ganar velocidad **2** *v/i of crowd* reunirse; **gathering** grupo *m* de personas
gaudy ['gɒːdɪ] chillón
gauge [geɪdʒ] **1** *n* indicador *m* **2** *v/t pressure* medir, calcular;

fuzzy

opinion estimar
gaunt [gɒːnt] demacrado
gawky ['gɔːkɪ] desgarbado
gawp [gɔːp] F mirar boquiabierto
gay [geɪ] gay
gaze [geɪz] **1** n mirada f **2** v/i mirar fijamente
gear [gɪr] (*equipment*) equipo m; *in vehicle* marcha f; **gearbox** MOT caja f de cambios; **gear shift** MOT palanca f de cambios
gel [dʒel] *for hair* gomina f; *for shower* gel m
gem [dʒem] gema f, *fig* (*book etc*) joya f; (*person*) cielo m
gender ['dʒendər] género m
gene [dʒiːn] gen m
general ['dʒenrəl] **1** n MIL general m **2** *adj* general; **generalization** generalización f; **generalize** generalizar; **generally** generalmente, por lo general; ~ *speaking* en términos generales
generate ['dʒenəreɪt] generar; *feeling* provocar; **generation** generación f; **generator** generador m
generosity [dʒenə'rɑːsətɪ] generosidad f; **generous** generoso
genetic [dʒɪ'netɪk] genético; **genetically** genéticamente; ~ *modified* transgénico; ~ *engineered* transgénico; **genetic engineering** ingeniería f genética; **genetic fingerprint** identificación f genética; **genetics** genética f
genial ['dʒiːnjəl] afable
genitals ['dʒenɪtlz] genitales *mpl*
genius ['dʒiːnjəs] genio m
genocide ['dʒenəsaɪd] genocidio m
gentle ['dʒentl] *person* tierno, delicado; *touch, detergent, breeze* suave; *slope* poco inclinado; **gentleman** caballero m; **gentleness** *of person* ternura f, delicadeza; *of touch, detergent, breeze* suavidad f; **gently** con delicadeza
genuine ['dʒenʊɪn] *antique* genuino, auténtico; (*sincere*) sincero; **genuinely** realmente, de verdad
geographical [dʒɪə'græfɪkl] geográfico; **geography** geografía f
geological [dʒɪə'lɑːdʒɪkl] geológico; **geologist** geólogo(-a) m(f); **geology** geología f
geometric, **geometrical** [dʒɪə'metrɪk(l)] geométrico; **geometry** geometría f
geriatric [dʒerɪ'ætrɪk] **1** *adj* geriátrico **2** n anciano(-a) m(f)
germ [dʒɜːrm] *also fig* germen m
German ['dʒɜːrmən] **1** *adj* alemán **2** *n person* alemán (-ana) m(f); *language* alemán m; **German shepherd** pastor m alemán; **Germany** Alemania

gesture ['dʒestʃər] *also fig* gesto *m*

get [get] (*obtain*) conseguir; (*buy*) comprar; (*fetch*) traer; (*receive: letter, knowledge, respect*) recibir; (*catch: bus, train etc*) tomar, *Span* coger; (*understand*) entender; **~ home** llegar a casa; **~ tired** cansarse; **~ the TV fixed** hacer que arreglen la televisión; **~ one's hair cut** cortarse el pelo; **~ s.o. to do sth** hacer que alguien haga algo; **~ to do sth** (*have opportunity*) llegar a hacer algo; **~ sth ready** preparar algo; **~ going** (*leave*) marcharse, irse; **have got** tener; **have got to** tener que; *I have got to see him* tengo que verlo; **~ to know** llegar a conocer

◆ **get at** (*criticize*) meterse con; (*mean*) querer decir

◆ **get by** (*pass*) pasar; *financially* arreglárselas

◆ **get down 1** *v/i from ladder etc* bajarse (*from* de); (*duck etc*) agacharse **2** *v/t* (*depress*) desanimar

◆ **get in 1** *v/i* (*arrive*) llegar; *to car* subir(se) **2** *v/t to suitcase etc* meter

◆ **get into** *house* entrar en; *car* subir(se) a; *computer system* introducirse en

◆ **get off 1** *v/i from bus etc* bajarse; (*finish work*) salir; (*not be punished*) librarse **2** *v/t* (*remove*) quitar; *clothes* quitarse

◆ **get on 1** *v/i to bike, bus* montarse, subirse; (*be friendly*) llevarse bien; (*advance: of time*) hacerse tarde; (*become old*) hacerse mayor; (*make progress*) progresar **2** *v/t*: **get on the bus** montarse en el autobús

◆ **get out 1** *v/i of car, prison etc* salir; **get out!** ¡vete!, ¡fuera de aquí! **2** *v/t nail etc* sacar, extraer; *stain* quitar; *gun, pen* sacar

◆ **get through** *on telephone* conectarse

◆ **get up 1** *v/i* levantarse **2** *v/t* (*climb*) subir

'**getaway** *from robbery* fuga *f*;
get-together reunión *f*
ghastly ['gæstlɪ] terrible
ghetto ['getoʊ] gueto *m*
ghost [goʊst] fantasma *m*;
ghostly fantasmal
ghoul [guːl] macabro(-a) *m(f)*
giant ['dʒaɪənt] **1** *n* gigante *m* **2** *adj* gigantesco, gigante
gibberish ['dʒɪbərɪʃ] F memeces *fpl* F
gibe [dʒaɪb] pulla *f*
giddiness ['gɪdɪnɪs] mareo *m*; **giddy** mareado
gift [gɪft] regalo *m*; *talent* don *m*; **gift certificate** vale *m* de regalo; **gifted** con talento; **giftwrap** envolver para regalo
gig [gɪg] F concierto *m*
gigabyte ['gɪgəbaɪt] COMPUT gigabyte *m*
gigantic [dʒaɪ'gæntɪk] gigan-

tesco

giggle ['gɪgl] **1** v/i soltar risitas **2** n risita f

gimmick ['gɪmɪk] truco m

gin [dʒɪn] ginebra f; **~ and tonic** gin-tonic m

gipsy ['dʒɪpsɪ] gitano(-a) m(f)

girder ['gɜːrdər] viga f

girl [gɜːrl] chica f; **(young)** niña f, chica f; **girlfriend** of boy novia f; of girl amiga f; **girlish** de niñas

gist [dʒɪst] esencia f

give [gɪv] dar; as present regalar; (supply: electricity etc) proporcionar; cry, groan soltar

◆ **give away** as present regalar; (betray) traicionar

◆ **give back** devolver

◆ **give in 1** v/i (surrender) rendirse **2** v/t (hand in) entregar

◆ **give onto** (open onto) dar a

◆ **give out 1** v/t leaflets etc repartir **2** v/i of supplies, strength agotarse

◆ **give up 1** v/t smoking etc dejar de **2** v/i (stop making effort) rendirse

◆ **give way** of bridge etc hundirse

give-and-take toma y daca

gizmo ['gɪzmoʊ] F cacharro m

glad [glæd] contento; **gladly** con mucho gusto

glamor ['glæmər] atractivo m, glamour m; **glamorize** hacer atractivo; **glamorous** atractivo, glamoroso; **glamour** Br ☞ **glamor**

glance [glæns] **1** n ojeada f **2** v/i echar una ojeada

gland [glænd] glándula f

glare [gler] **1** n of sun, lights resplandor m **2** v/i of lights resplandecer

◆ **glare at** mirar con furia a

glaring ['glerɪŋ] mistake garrafal

glass [glæs] vidrio m; for drink vaso m; **glasses** gafas fpl, L.Am. lentes mpl, L.Am. anteojos mpl

glazed [gleɪzd] look vidrioso

gleam [gliːm] **1** n resplandor m **2** v/i resplandecer

glee [gliː] júbilo m, regocijo m; **gleeful** jubiloso

glib [glɪb] fácil; **glibly** con labia

glide [glaɪd] of bird, plane near; of piece of furniture deslizarse; **glider** planeador m; **gliding** sport vuelo m sin motor

glimpse [glɪmps] **1** n vistazo m **2** v/t vislumbrar

glint [glɪnt] **1** n destello m; in eyes centelleo m **2** v/i of light destellar; of eyes centellear

glisten ['glɪsn] relucir

glitter ['glɪtər] destellar

gloat [gloʊt] regodearse

◆ **gloat over** regodearse de

global ['gloʊbl] global; **globalization** COM globalización f; **global warming** calentamiento m global; **globe** globo m; (model of earth) globo

gloom *m* terráqueo

gloom [gluːm] (*darkness*) tinieblas *fpl*; *mood* abatimiento *m*; **gloomy** *room* tenebroso; *mood*, *person* abatido

glorious ['glɔːrɪəs] *weather* espléndido; *victory* glorioso;

glory gloria *f*

gloss [glɑs] (*shine*) lustre *m*; (*general explanation*) glosa *f*; **glossary** glosario *m*; **glossy 1** *adj paper* satinado **2** *n magazine* revista *f* en color

glove [glʌv] guante *m*; **glove compartment** guantera *f*

glow [gloʊ] **1** *n* resplandor *m*, brillo *m*; *in cheeks* rubor *m* **2** *v/i* resplandecer, brillar; *of cheeks* ruborizarse; **glowing** *description* entusiasta

glucose ['gluːkoʊs] glucosa *f*

glue [gluː] **1** *n* pegamento *m*, cola *f* **2** *v/t* pegar, encolar

glum [glʌm] sombrío, triste

glut [glʌt] exceso *m*, superabundancia *f*

gluten gluten *m*; **gluten-free** sin gluten

glutton ['glʌtən] glotón(-ona) *m(f)*

gnaw [nɔː] *bone* roer

go [goʊ] **1** *n* (*try*) in (*to*) a; (*work*, *function*) funcionar; (*come out: of stain etc*) irse; (*cease: of pain etc*) pasarse; (*match: of colors etc*) ir bien, pegar; ~ **shopping** ir de compras; **hamburger to** ~ hamburguesa para llevar

◆ **go away** *of person* irse, marcharse; *of rain*, *pain*, *clouds* desaparecer

◆ **go back** (*return*) volver; (*date back*) remontarse

◆ **go by** *of car*, *time* pasar

◆ **go down** bajar; *of sun* ponerse

◆ **go in** *to room*, *house* entrar; *of sun* ocultarse; (*fit: of part etc*) ir, encajar

◆ **go off** (*leave*) marcharse; *of bomb* explotar; *of gun* dispararse; *of alarm* saltar; *Br of milk etc* echarse a perder

◆ **go on** (*continue*) continuar; (*happen*) pasar

◆ **go out** *of person* salir; *of light*, *fire* apagarse

◆ **go over** (*check*) examinar

◆ **go through** *illness*, *hard times* atravesar; (*check*) revisar; (*read through*) estudiar

◆ **go under** (*sink*) hundirse; *of company* ir a la quiebra

◆ **go up** subir

◆ **go without 1** *v/t food etc* pasar sin **2** *v/i* pasar privaciones

'**go-ahead 1** *n* luz *f* verde **2** *adj* dinámico

goal [goʊl] SP *target* portería *f*, L.Am. arco *m*; SP *point* gol *m*; (*objective*) objetivo *m*, meta *f*; **goalkeeper** portero(-a) *m(f)*, L.Am. arquero(-a) *m(f)*; **goal kick** saque *m* de puerta; **goalpost** poste *m*

goat [goʊt] cabra *f*

gobble ['gɑːbl] engullir

graduate

gobbledygook ['gɑːbldɪguːk] F jerigonza f F
'go-between intermediario(-a) m(f)
god [gɑːd] dios m; **thank God!** ¡gracias a Dios!; **godchild** ahijado(-a) m(f); **godfather** also in mafia padrino m; **godmother** madrina f
gofer ['goʊfər] F recadero(-a) m(f)
goggles ['gɑːglz] gafas fpl
goings-on [goʊɪŋz'ɑːn] actividades fpl
gold [goʊld] **1** n oro m **2** adj de oro; **golden** dorado; **golden wedding** bodas fpl de oro; **gold medal** medalla f de oro; **gold mine** fig mina f
golf [gɑːlf] golf m; **golf ball** pelota f de golf; **golf club** organization club m de golf; stick palo m de golf; **golf course** campo m de golf; **golfer** golfista m/f
good [gʊd] bueno; **goodbye** adiós; **good-for-nothing** inútil m/f; **Good Friday** Viernes m inv Santo; **good-humored**, Br **good-humoured** jovial, afable; **good-looking** guapo; **good-natured** bondadoso; **goodness** moral bondad f; of fruit etc valor m nutritivo; **goods** COM mercancías fpl; **goodwill** buena voluntad f
goof [guːf] F meter la pata F
goose [guːs] ganso m, oca f F; **goose bumps** carne f de gallina

gorgeous ['gɔːrdʒəs] weather maravilloso; dress, hair precioso; woman, man buenísimo; smell estupendo
gospel ['gɑːspl] evangelio m
gossip ['gɑːsɪp] **1** n cotilleo m; person cotilla m/f **2** v/i cotillear; **gossip column** ecos mpl de sociedad
gourmet ['gʊrmeɪ] gourmet m/f
govern ['gʌvərn] gobernar; **government** gobierno m; **governor** gobernador(a) m(f)
gown [gaʊn] long dress vestido m; wedding dress traje m; of academic, judge toga f; of surgeon bata f
grab [græb] agarrar; food tomar
grace [greɪs] of dancer etc gracia f; **say ~** bendecir la mesa; **graceful** elegante; **gracious** person amable; style elegante
grade [greɪd] **1** n in quality grado m; EDU curso m; (mark) nota f **2** v/t clasificar; **grade crossing** paso m a nivel; **grade school** escuela f primaria
gradient ['greɪdɪənt] pendiente f
gradual ['grædʒʊəl] gradual; **gradually** gradualmente, poco a poco
graduate 1 ['grædʒʊət] n licenciado(-a) m(f); from high school bachiller m/f **2** ['grædʒʊeɪt] v/i from univer-

graduation 376

sity licenciarse, *L.Am.* egresarse; *from high school* sacar el bachillerato; **graduation** graduación *f*
graffiti [grəˈfiːtiː] graffiti *m*
grain [greɪn] grano *m*; *in wood* veta *f*
gram [græm] gramo *m*
grammar [ˈgræmər] gramática *f*; **grammatical** gramatical
grand [grænd] **1** *adj* grandioso; F (*very good*) estupendo, genial **2** *n* F (*$1000*) mil dólares; **grandchild** nieto(-a) *m(f)*; **granddaughter** nieta *f*; **grandeur** grandiosidad *f*; **grandfather** abuelo *m*; **grand jury** jurado *m* de acusación, gran jurado; **grandmother** abuela *f*; **grandparents** abuelos *mpl*; **grand piano** piano *m* de cola; **grandson** nieto *m*
granite [ˈgrænɪt] granito *m*
grant [grænt] **1** *n money* subvención *f* **2** *v/t* conceder
granule [ˈgrænjuːl] gránulo *m*
grape [greɪp] uva *f*; **grapefruit** pomelo *m*, *L.Am.* toronja *f*
graph [græf] gráfico *m*, gráfica *f*; **graphic 1** *adj* (*vivid*) gráfico **2** *n* COMPUT gráfico *m*
◆ **grapple with** [ˈgræpl] *attacker* forcejear con; *problem etc* enfrentarse a
grasp [græsp] **1** *n physical* asimiento *m*; *mental* comprensión *f* **2** *v/t physically* agarrar;

(*understand*) comprender
grass [græs] hierba *f*; **grasshopper** saltamontes *m inv*; **grass roots** *people* bases *fpl*; **grassy** lleno de hierba
grate¹ [greɪt] *n metal* parrilla *f*, reja *f*
grate² [greɪt] **1** *v/t in cooking* rallar **2** *v/i of sound* rechinar
grateful [ˈgreɪtfəl] agradecido; **gratefully** con agradecimiento
gratify [ˈgrætɪfaɪ] satisfacer
grating [ˈgreɪtɪŋ] **1** *n* reja *f* **2** *adj sound, voice* chirriante
gratitude [ˈgrætɪtuːd] gratitud *f*
grave¹ [greɪv] *n* tumba *f*
grave² [greɪv] *adj* grave
gravel [ˈgrævl] gravilla *f*
gravestone lápida *f*; **graveyard** cementerio *m*
gravity [ˈgrævətɪ] PHYS gravedad *f*
gray [greɪ] gris; **gray-haired** canoso
graze¹ [greɪz] *v/i of cow etc* pastar, pacer
graze² [greɪz] **1** *v/t arm etc* rozar **2** *n* rozadura *f*
grease [griːs] grasa *f*; **greasy** *food, hands, plate* grasiento; *hair, skin* graso
great [greɪt] grande, *before singular noun* gran; F (*very good*) estupendo, genial F; **Great Britain** Gran Bretaña; **greatly** muy; **greatness** grandeza *f*
Greece [griːs] Grecia
greed [griːd] *for money* codi-

cia f; **for food** glotonería f; **greedily** con codicia; *eat* con glotonería; **greedy for food** glotón; **for money** codicioso

Greek [gri:k] **1** *adj* griego **2** *n* griego(-a) *m(f)*; *language* griego *m*

green [gri:n] verde; *environmentally also* ecologista; **green beans** judías *fpl* verdes, *L.Am.* porotos *mpl* verdes, *Mex* ejotes *mpl*; **green belt** cinturón *m* verde; **green card** (*work permit*) permiso *m* de trabajo; **greenhouse effect** efecto *m* invernadero; **greens** verduras *f*

greet [gri:t] saludar; **greeting** saludo *m*

grenade [grɪˈneɪd] granada *f*

grey *Br* ☞ **gray**

grid [grɪd] reja *f*, rejilla *f*; **gridiron** SP campo de fútbol americano; **gridlock** *in traffic* paralización *f* del tráfico

grief [gri:f] dolor *m*, aflicción *f*; **grief-stricken** afligido; **grievance** queja *f*; **grieve** sufrir; **~ for s.o.** llorar por alguien

grill [grɪl] **1** *n on window* reja *f* **2** *v/t* (*interrogate*) interrogar

grille [grɪl] reja *f*

grim [grɪm] *face* severo; *prospects* desolador; *surroundings* lúgubre

grimace [ˈgrɪməs] gesto *m*, mueca *f*

grime [graɪm] mugre *f*; **grimy** mugriento

grin [grɪn] **1** *n* sonrisa *f* (amplia) **2** *v/i* sonreír abiertamente

grind [graɪnd] *coffee* moler; *meat* picar

grip [grɪp] agarrar; **gripping** apasionante

gristle [ˈgrɪsl] cartílago *m*

grit [grɪt] **1** *n* (*dirt*) arenilla *f*; *for roads* gravilla *f* **2** **~ one's teeth** apretar los dientes; **gritty** F *movie etc* duro F

groan [groʊn] **1** *n* gemido *m* **2** *v/i* gemir

groceries [ˈgroʊsərɪz] comestibles *mpl*; **grocery store** tienda *f* de comestibles *or Mex* abarrotes

groggy [ˈgrɑgɪ] F grogui F

groin [grɔɪn] ANAT ingle *f*

groom [gru:m] **1** *n for bride* novio *m*; *for horse* mozo *m* de cuadra **2** *v/t horse* almohazar; (*train*, *prepare*) preparar

groove [gru:v] ranura *f*

grope [groʊp] **1** *v/i in the dark* caminar a tientas **2** *v/t sexually* manosear

gross [groʊs] (*coarse*, *vulgar*) grosero; *exaggeration* tremendo; *error* craso; FIN bruto

ground [graʊnd] **1** *n* suelo *m*; (*reason*) motivo *m*; ELEC tierra *f* **2** *v/t* ELEC conectar a tierra; **grounding** *in subject* fundamento *m*; **groundless** infundado; **ground meat** carne *f* picada; **groundwork**

group 378

trabajos *mpl* preliminares
group [gruːp] **1** *n* grupo *m* **2** *v/t* agrupar; **groupie** F grupi *f*
grouse [graus] **1** *n* F queja *f* **2** *v/i* F quejarse, refunfuñar
grovel ['grɒvl] *fig* arrastrarse
grow [grou] **1** *v/i* crecer; ~ **old / tired** envejecer / cansarse **2** *v/t flowers* cultivar
◆ **grow up** crecer
growl [graul] **1** *n* gruñido *m* **2** *v/i* gruñir
'grown-up 1 *n* adulto(-a) *m(f)* **2** *adj* maduro
growth [grouθ] crecimiento *m*; *(increase)* incremento *m*; MED bulto *m*
grudge [grʌdʒ] rencor *m*; **grudging** rencoroso; **grudgingly** de mala gana
grueling, *Br* **gruelling** ['gruːəlɪŋ] agotador
gruff [grʌf] seco, brusco
grumble ['grʌmbl] murmurar; **grumbler** quejica *m/f*
grunt [grʌnt] **1** *n* gruñido *m* **2** *v/i* gruñir
guarantee [gærən'tiː] **1** *n* garantía *f* **2** *v/t* garantizar; **guarantor** garante *m/f*
guard [gɑːrd] **1** *n* (*security ~*) guardia *m/f*, guarda *m/f*; MIL guardia *f*; *in prison* guardián (-ana) *m(f)* **2** *v/t* guardar; **guard dog** perro *m* guardián; **guarded** *reply* cauteloso; **guardian** LAW tutor(a) *m(f)*
Guatemala [gwætə'mɑːlə] Guatemala; **Guatemalan 1** *adj* guatemalteco **2** *n* guatemalteco(-a) *m(f)*
guerrilla [gə'rɪlə] guerrillero(-a) *m(f)*; **guerrilla warfare** guerra *f* de guerrillas
guess [ges] **1** *n* conjetura *f*, suposición *f* **2** *v/t the answer* adivinar; *I ~ so* me imagino que sí **3** *v/i* adivinar; **guesswork** conjeturas *fpl*
guest [gest] invitado(-a) *m(f)*; **guestroom** habitación *f* para invitados
guidance ['gaɪdəns] orientación *f*; **guide 1** *n person* guía *m/f*; *book* guía *f* **2** *v/t* guiar; **guidebook** guía *f*; **guided missile** misil *m* teledirigido; **guided tour** visita *f* guiada; **guidelines** directrices *fpl*
guilt [gɪlt] culpa *f*, culpabilidad *f*; LAW culpabilidad *f*; **guilty** *also* LAW culpable
guinea pig ['gɪnɪpɪg] *also fig* conejillo *m* de Indias
guitar [gɪ'tɑːr] guitarra *f*; **guitarist** guitarrista *m/f*
gulf [gʌlf] golfo *m*; *fig* abismo *m*; **Gulf of Mexico** Golfo *m* de México
gull [gʌl] *bird* gaviota *f*
gullet ['gʌlɪt] ANAT esófago *m*
gullible ['gʌlɪbl] crédulo
gulp [gʌlp] **1** *n of water etc* trago *m* **2** *v/i in surprise* tragar saliva
◆ **gulp down** *drink* tragar; *food* engullir
gum[1] [gʌm] *in mouth* encía *f*
gum[2] [gʌm] *(glue)* pegamento *m*, cola *f*; *(chewing ~)* chicle

m

gun [gʌn] pistola *f*; *rifle* rifle *m*; *cannon* cañón *m*
◆ **gun down** matar a tiros
'**gunfire** disparos *mpl*; **gunman** hombre *m* armado; **gunshot** disparo *m*; **gunshot wound** herida *f* de bala

gurgle ['gɜːrgl] *of baby* gorjear; *of drain* gorgotear
guru ['guːruː] *fig* gurú *m*
gush [gʌʃ] *of liquid* manar
gust [gʌst] ráfaga *f*
gusto ['gʌstoʊ] entusiasmo *m*
gusty ['gʌstɪ] con viento racheado
gut [gʌt] **1** *n* intestino *m*; F (*stomach*) tripa *f* F **2** *v/t* (*de-*

stroy) destruir; **guts** F (*courage*) agallas *fpl* F; **gutsy** F (*brave*) valiente, con muchas agallas F

gutter ['gʌtər] *on sidewalk* cuneta *f*; *on roof* canal *m*
guy [gaɪ] F tipo *m* F, *Span* tío *m* F
guzzle ['gʌzl] tragar; *drink* engullir
gym [dʒɪm] gimnasio *m*; **gymnast** gimnasta *m/f*; **gymnastics** gimnasia *f*
gynecology, *Br* **gynaecology** [gaɪnɪ'kɑːlədʒɪ] ginecología *f*
gypsy ['dʒɪpsɪ] gitano(-a) *m(f)*

H

habit ['hæbɪt] hábito *m*, costumbre *f*
habitable ['hæbɪtəbl] habitable; **habitat** hábitat *m*
habitual [hə'bɪtʊəl] habitual
hacker ['hækər] COMPUT pirata *m/f* informático(-a)
hackneyed ['hæknɪd] manido
haemorrhage *Br* ☞ **hemorrhage**
haggard ['hægərd] demacrado
haggle ['hægl] regatear
hail [heɪl] granizo *m*
hair [her] pelo *m*, cabello *m*; *single* pelo *m*; (*body* ~) vello *m*; **hairbrush** cepillo *m*; **haircut** corte *m* de pelo;

have a ~ cortarse el pelo; **hairdo** peinado *m*; **hairdresser** peluquero(-a) *m(f)*; **hairdryer** secador *m* (de pelo); **hairpin** horquilla *f*; **hairpin curve** curva *f* muy cerrada; **hair-raising** espeluznante; **hair remover** depilatorio *m*; **hair-splitting** sutilezas *fpl*; **hairstyle** peinado *m*; **hairstylist** estilista *m/f*, peluquero(-a) *m(f)*; **hairy** *arm, animal* peludo; F (*frightening*) espeluznante
half [hæf] **1** *n* mitad *f*; ~ **past ten**, ~ **after ten** las diez y media; ~ **an hour** media hora **2** *adj* medio **3** *adv* a medias;

half-hearted

half-hearted desganado; **half time** SP descanso *m*; **halfway 1** *adj* stage, point intermedio **2** *adv* a mitad de camino

hall [hɔːl] *large room* sala *f*; (*hallway*) vestíbulo *m*

Halloween [hæloʊˈwiːn] víspera de Todos los Santos

halo [ˈheɪloʊ] halo *m*

halt [hɔːlt] **1** *v/i* detenerse **2** *v/t* detener **3** *n* alto *m*

halve [hæv] *input, costs* reducir a la mitad; *apple* partir por la mitad

ham [hæm] jamón *m*; **hamburger** hamburguesa *f*

hammer [ˈhæmər] **1** *n* martillo *m* **2** *v/i*: ~ *at the door* golpear la puerta

hammock [ˈhæmək] hamaca *f*

hamper[1] [ˈhæmpər] *n for food* cesta *f*

hamper[2] [ˈhæmpər] *v/t* (*obstruct*) estorbar, obstaculizar

hand [hænd] mano *f*; *of clock* manecilla *f*; (*worker*) brazo *m*; *at* ~, *to* ~ a mano; *on the one* ~ ..., *on the other* ~ por una parte, por otra parte; *on your right* ~ a mano derecha; *give s.o. a* ~ echar una mano a alguien

◆ **hand down** transmitir

◆ **hand out** repartir

◆ **hand over** entregar

handbag *Br* bolso *m*, *L.Am.* cartera *f*; **hand baggage** equipaje *m* de mano; **handcuff** esposar; **handcuffs** esposas *fpl*

handicap [ˈhændɪkæp] desventaja *f*; **handicapped** *physically* minusválido

handkerchief [ˈhæŋkərtʃɪf] pañuelo *m*

handle [ˈhændl] **1** *n of door* manilla *f*; *of suitcase* asa *f*; *of pan, knife* mango *m* **2** *v/t goods, person* manejar; *case, deal* llevar; **handlebars** manillar *m*, *L.Am.* manubrio *m*

hand luggage equipaje *m* de mano; **handmade** hecho a mano; **hands-free** manos libres; **handshake** apretón *m* de manos

handsome [ˈhænsəm] guapo, atractivo

handwriting caligrafía *f*; **handwritten** escrito a mano; **handy** *device* práctico

hang [hæŋ] colgar

◆ **hang on** (*wait*) esperar

◆ **hang up** TELEC colgar

hangar [ˈhæŋər] hangar *m*

hanger [ˈhæŋər] *for clothes* percha *f*

hang glider *person* piloto *m* de ala delta; *device* ala *f* delta; **hang gliding** ala *f* delta; **hangover** resaca *f*

hankie, hanky [ˈhæŋkɪ] F pañuelo *m*

haphazard [hæpˈhæzərd] descuidado

happen [ˈhæpn] ocurrir, pasar

happily [ˈhæpɪlɪ] alegremente; (*luckily*) afortunadamente; **happiness** felicidad *f*; **happy** feliz, contento; *coincidence* afortunado; **happy-**

go-lucky despreocupado
harass [həˈræs] acosar; *enemy* asediar, hostigar; **harassed** agobiado; **harassment** acoso *m*
harbor, *Br* **harbour** [ˈhɑːrbər] **1** *n* puerto *m* **2** *v/t criminal* proteger; *grudge* albergar
hard [hɑːrd] **1** *adj* duro; (*difficult*) difícil; *facts, evidence* real **2** *adv* hit, rain fuerte; *work* duro; *try ~* esforzarse; **hardback** libro *m* de tapas duras; **hard-boiled** *egg* duro; **hard copy** copia *f* impresa; **hard core** (*pornography*) porno *m* duro; **hard currency** divisa *f* fuerte; **hard disk** disco *m* duro; **harden 1** *v/t* endurecer **2** *v/i* of glue, attitude endurecerse; **hard hat** casco *m*; (*construction worker*) obrero(-a) *m(f)* (de la construcción); **hardheaded** pragmático; **hardhearted** insensible; **hard line** línea *f* dura; **hardliner** partidario(-a) *m(f)* de la línea dura
hardly [ˈhɑːrdlɪ] apenas
hardness [ˈhɑːrdnɪs] dureza *f*; (*difficulty*) dificultad *f*; **hardship** penuria *f*, privación *f*; **hardware** ferretería *f*; COMPUT hardware *m*; **hardware store** ferretería *f*; **hard-working** trabajador, -a
harm [hɑːrm] **1** *n* daño *m* **2** *v/t* hacer daño a, dañar; **harmful** dañino, perjudicial; **harmless** inofensivo; *fun* inocente
harmonious [hɑːrˈmoʊnɪəs] armonioso; **harmonize** armonizar; **harmony** MUS, *fig* armonía *f*
harsh [hɑːrʃ] *words* duro, severo; *color* chillón; *light* potente; **harshly** con dureza
harvest [ˈhɑːrvɪst] cosecha *f*
hash browns [hæʃ] *Span* patatas *fpl or L.Am.* papas *fpl* fritas; **hash mark** almohadilla *f*, *el signo* '#'
haste [heɪst] prisa *f*; **hastily** precipitadamente; **hasty** precipitado
hat [hæt] sombrero *m*
hatch [hætʃ] *for serving* trampilla *f*; *on ship* escotilla *f*
◆ **hatch out** *of eggs* romperse; *of chicks* salir del cascarón
hatchet [ˈhætʃɪt] hacha *f*
hate [heɪt] **1** *n* odio *m* **2** *v/t* odiar; **hatred** odio *m*
haul [hɒːl] **1** *n of fish* captura *f*; *from robbery* botín *m* **2** *v/t* (*pull*) arrastrar; **haulage** transporte *m*
haunch [hɒːntʃ] *of person* trasero *m*; *of animal* pierna *f*
haunt [hɒːnt] **1** *n* lugar *m* favorito **2** *v/t*: *this place is ~ed* en este lugar hay fantasmas
Havana [həˈvænə] La Habana
have [hæv] **1** *v/t* (*own*) tener; *breakfast, lunch* tomar; *can I ~ a coffee?* ¿me da un café?; *~ (got) to* tener que; *I'll ~ it repaired* haré que lo arreglen; *I had my hair cut*

have on

me corté el pelo; **2** *v/aux (past tense)*: **I ~ eaten** he comido
◆ **have on** (*wear*) llevar puesto
haven ['heɪvn] *fig* refugio *m*
hawk [hɔːk] *also fig* halcón *m*
hay [heɪ] heno *m*; **hay fever** fiebre *f* del heno
hazard ['hæzəd] peligro *m*; **hazard lights** MOT luces *fpl* de emergencia; **hazardous** peligroso
haze [heɪz] neblina *f*; **hazy** *image, memories* vago
he [hiː] él; **~ is a doctor** es médico
head [hed] **1** *n* cabeza *f*; (*boss, leader*) jefe(-a) *m(f)*; Br: *of school* director(a) *m(f)*; *on beer* espuma *f* **2** *v/t* (*lead*) estar a la cabeza de; *ball* cabecear
◆ **head for** dirigirse hacia
'**headache** dolor *m* de cabeza; **headband** cinta *f* para la cabeza; **header** *in soccer* cabezazo *m*; *in document* encabezamiento *m*; **headhunter** COM cazatalentos *m/inv*; **heading** *in list* encabezamiento *m*; **headlamp** faro *m*; **headline** *in newspaper* titular *m*; **head office** *of company* central *f*; **head-on 1** *adv crash* de frente **2** *adj crash* frontal; **headphones** auriculares *mpl*; **headquarters** sede *f*; *of army* cuartel *m* general; **headrest** reposacabezas *f inv*; **headroom** *under bridge* gálibo *m*; *in car* espacio *m* vertical; **headscarf** pañuelo *m* (para la cabeza); **headstrong** cabezudo; **head waiter** maître *m*; **heady** *wine etc* que se sube a la cabeza
heal [hiːl] curar
health [helθ] salud *f*; **health food store** tienda *f* de comida integral; **health insurance** seguro *m* de enfermedad; **healthy** *person* sano; *food, lifestyle* saludable; *economy* saneado
heap [hiːp] montón *m*
hear [hɪr] oír
◆ **hear from** (*have news from*) tener noticias de
hearing ['hɪrɪŋ] oído *m*; LAW vista *f*; **hearing aid** audífono *m*
hearse [hɜːrs] coche *m* fúnebre
heart [hɑːrt] *also fig* corazón *m*; *of problem* meollo *m*; **know sth by ~** saber algo de memoria; **heart attack** infarto *m*; **heartbreaking** desgarrador; **heartbroken** descorazonado; **heartburn** acidez *f* (de estómago)
hearth [hɑːrθ] chimenea *f*
heartless ['hɑːrtlɪs] despiadado; **hearty** *appetite* voraz; *meal* copioso; *person* cordial
heat [hiːt] calor *m*
◆ **heat up** calentar
heated ['hiːtɪd] *pool* climatizado; *discussion* acalorado; **heater** *in room* estufa *f*;

heating calefacción *f*; **heatproof** resistente al calor; **heatwave** ola *f* de calor
heave [hiːv] (*lift*) subir
heaven ['hevn] cielo *m*; **heavenly** F divino F
heavy ['hevɪ] pesado; *cold, rain, accent* fuerte; *smoker* empedernido; *loss of time* grande; *bleeding* abundante; **heavy-duty** resistente; **heavyweight** SP de los pesos pesados
hectic ['hektɪk] frenético
hedge [hedʒ] seto *m*
heel [hiːl] talón *m*; *of shoe* tacón *m*; **heel bar** zapatería *f*
hefty ['heftɪ] *weight* pesado; *person* robusto
height [haɪt] altura *f*; **heighten** *tension* intensificar
heir [er] heredero *m*; **heiress** heredera *f*
helicopter ['helɪkɑːptər] helicóptero *m*
hell [hel] infierno *m*; **what the ~ are you doing?** F ¿qué demonios estás haciendo? F: **go to ~!** F ¡vete a paseo!
hello [hə'loʊ] hola; TELEC ¿sí?, *Span* ¿diga?, *S. Am.* ¿aló?, *Rpl* ¿oigo?, *Mex* ¿bueno?
helmet ['helmɪt] casco *m*
help [help] **1** *n* ayuda *f* **2** *v/t* ayudar; *just ~ yourself to food* toma lo que quieras; *I can't ~ it* no puedo evitarlo; **helper** ayudante *m/f*; **helpful** *advice* útil; *person* servicial; **helping** *of food* ración

f; **helpless** (*unable to cope*) indefenso; (*powerless*) impotente; **helplessness** impotencia *f*
hem [hem] *of dress etc* dobladillo *m*
hemisphere ['hemɪsfɪr] hemisferio *m*
'hemline bajo *m*
hemorrhage ['hemərɪdʒ] **1** *n* hemorragia *f* **2** *v/i* sangrar
hen [hen] gallina *f*; **hen party** despedida *f* de soltera
hepatitis [hepə'taɪtɪs] hepatitis *f*
her [hɜːr] **1** *adj su* **2** *pron direct object* la; *indirect object* le; *after prep* ella; *I know ~* la conozco; *I gave ~ the keys* le di las llaves; *I sold it to ~* se lo vendí; *this is for ~* esto es para ella; *it's ~* es ella
herb [ɜːrb] hierba *f*; **herb(al) tea** infusión *f*
herd [hɜːrd] rebaño *m*
here [hɪr] aquí; *over ~* aquí; *~'s to you!* *as toast* ¡a tu salud!; *~ you are* *giving sth* ¡aquí tienes!
hereditary [hə'redɪterɪ] hereditario; **heredity** herencia *f*; **heritage** patrimonio *m*
hero ['hɪroʊ] héroe *m*; **heroic** heroico; **heroically** heroicamente
heroin ['heroʊɪn] heroína *f*
heroine ['heroʊɪn] heroína *f*
heroism ['heroʊɪzm] heroísmo *m*
herpes ['hɜːrpiːz] herpes *m*
hers [hɜːrz] el suyo, la suya;

herself 384

that ticket is ~ esa entrada es suya; *a cousin of* ~ un primo suyo

herself [hɜːrˈself] *reflexive* se; *emphatic* ella misma; **she hurt** ~ se hizo daño

hesitant [ˈhezɪtənt] indeciso; **hesitantly** con indecisión; **hesitate** dudar, vacilar; **hesitation** vacilación *f*

heterosexual [hetərouˈsekʃuəl] heterosexual

hi [haɪ] ¡hola!

hibernate [ˈhaɪbərneɪt] hibernar

hiccup [ˈhɪkʌp] hipo *m*; *(minor problem)* tropiezo *m*

hidden [ˈhɪdn] oculto

hide[1] [haɪd] **1** *v/t* esconder **2** *v/i* esconderse

hide[2] [haɪd] *n of animal* piel *f*

'hide-and-seek escondite *m*; **hideaway** escondite *m*

hideous [ˈhɪdɪəs] horrendo; *person* repugnante

hiding [ˈhaɪdɪŋ] *(beating)* paliza *f*; **hiding place** escondite *m*

hierarchy [ˈhaɪrɔːrkɪ] jerarquía *f*

high [haɪ] **1** *adj* alto; *wind* fuerte; *(on drugs)* colocado P **2** *n* MOT directa *f*; *in statistics* máximo *m*; EDU escuela *f* secundaria, *Span* instituto *m*; **highbrow** intelectual *m/f*; **highchair** trona *f*; **highclass** de categoría; **highfrequency** de alta frecuencia; **high-grade** de calidad superior; **high-handed** despótico; **high-heeled** de tacón alto; **high jump** salto *m* de altura; **high-level** de alto nivel; **highlight 1** *n (main event)* momento *m* cumbre; *in hair* reflejo *m* **2** *v/t with pen* resaltar; COMPUT seleccionar, resaltar; **highlighter** *pen* fluorescente *m*; **highly** *desirable, likely* muy; **think** ~ **of s.o.** tener una buena opinión de alguien; **high performance** *drill, battery* de alto rendimiento; **high-pitched** agudo; **high point** *of career* punto *m* culminante; **high-powered** *engine* potente; *intellectual* de alto(s) vuelo(s); **high pressure** *weather* altas presiones *fpl*; **high-pressure** TECH a gran presión; *salesman* agresivo; *lifestyle* muy estresante; **high school** escuela *f* secundaria, *Span* instituto *m*; **high-strung** muy nervioso; **high tech 1** *n* alta *f* tecnología **2** *adj* de alta tecnología; **highway** autopista *f*

hijack [ˈhaɪdʒæk] **1** *v/t* secuestrar **2** *n* secuestro *m*; **hijacker** secuestrador(a) *m(f)*

hike[1] [haɪk] **1** *n* caminata *f* **2** *v/i* caminar

hike[2] [haɪk] *n in prices* subida *f*

hiker [ˈhaɪkər] senderista *m/f*; **hiking** senderismo *m*

hilarious [hɪˈlerɪəs] divertidísimo, graciosísimo

hill [hɪl] colina *f*; (*slope*) cuesta *f*; **hillside** ladera *f*; **hilltop** cumbre *f*; **hilly** con colinas
hilt [hɪlt] puño *m*
him [hɪm] *direct object* lo; *indirect object* le; *after prep* él; *I know* ~ lo conozco; *I gave* ~ *the keys* le di las llaves; *I sold it to* ~ se lo vendí; *this is for* ~ esto es para él; *it's* ~ es él; **himself** *reflexive* se; *emphatic* él mismo; *he hurt* ~ se hizo daño
hinder [ˈhɪndər] obstaculizar; ~ *s.o. from doing sth* impedir a alguien hacer algo; **hindrance** obstáculo *m*
hinge [hɪndʒ] bisagra *f*
hint [hɪnt] (*clue*) pista *f*; (*piece of advice*) consejo *m*; (*suggestion*) indirecta *f*; *of red, sadness etc* rastro *m*
hip [hɪp] cadera *f*; **hip pocket** bolsillo *m* trasero
hire [haɪr] alquilar
his [hɪz] **1** *adj* su **2** *pron* el suyo, la suya; *that ticket is* ~ esa entrada es suya; *a cousin of* ~ un primo suyo
Hispanic [hɪˈspænɪk] **1** *n* hispano(-a) *m(f)* **2** *adj* hispano, hispánico
hiss [hɪs] silbar
historian [hɪˈstɔːrɪən] historiador(a) *m(f)*; **historic** histórico; **historical** histórico; **history** historia *f*
hit [hɪt] **1** *v/t* golpear; (*collide with*) chocar contra **2** *n* (*blow*) golpe *m*; MUS, (*success*) éxito *m*; *on website* acceso *m*
hitch [hɪtʃ] **1** *n* (*problem*) contratiempo *m* **2** *v/t* (*fix*) enganchar; **hitchhike** hacer autoestop; **hitchhiker** autoestopista *m/f*
'hi-tech 1 *n* alta tecnología *f* **2** *adj* de alta tecnología
'hitman asesino *m* a sueldo; **hit-or-miss** a la buena ventura
HIV [eɪtʃaɪˈviː] (= *human immunodeficiency virus*) VIH *m* (= virus *m inv* de la inmunodeficiencia humana)
hive [haɪv] *for bees* colmena *f*
HIV-'positive seropositivo
hoard [hɔːrd] **1** *n* reserva *f* **2** *v/t* hacer acopio de; *money* acumular
hoarse [hɔːrs] ronco
hoax [hoʊks] bulo *m*, engaño *m*
hobble [ˈhɑːbl] cojear
hobby [ˈhɑːbɪ] hobby *m*
hobo [ˈhoʊboʊ] F vagabundo(-a) *m(f)*
hockey [ˈhɑːkɪ] (*ice* ~) hockey *m* sobre hielo
hog [hɑːg] (*pig*) cerdo *m*, *L.Am.* chancho *m*
hoist [hɔɪst] **1** *n* montacargas *m inv*; *manual* elevador *m* **2** *v/t* (*lift*) levantar; *flag* izar
hold [hoʊld] **1** *v/t in hand* llevar; (*support, keep in place*) sostener; *passport, license* tener; *prisoner* retener; (*contain*) contener; *post* ocupar; ~ *the line, please* espere, por favor **2** *n in ship, plane*

hold back

bodega f; **take ~ of sth** agarrar algo
◆ **hold back** crowds contener; facts guardar
◆ **hold out 1** v/t hand tender; prospect ofrecer **2** v/i of supply durar; (survive) resistir
◆ **hold up** (hand) levantar; bank etc atracar; (make late) retrasar
holder ['hoʊldər] (container) receptáculo m; of passport, ticket etc titular m/f; of record poseedor(a) m(f); **holding company** holding m; **holdup** (robbery) atraco m; (delay) retraso m
hole [hoʊl] agujero m; in ground hoyo m
holiday ['hɒlədeɪ] día m de fiesta; Br: period vacaciones fpl
Holland ['hɒlənd] Holanda
hollow ['hɒloʊ] hueco; cheeks hundido; promise vacío
holocaust ['hɑːləkɔːst] holocausto m
hologram ['hɑːləgræm] holograma m
holster [hoʊlstər] pistolera f
holy ['hoʊlɪ] santo; **Holy Spirit** Espíritu m Santo
home [hoʊm] **1** n casa f; (native country) tierra f; for old people residencia f; **at ~** also SP en casa; (in country) en mi / su / nuestra tierra; **make yourself at ~** ponte cómodo **2** adv a casa; **go ~** ir a casa; to country ir a mi / tu / su tierra; to town, part of country ir a mi / tu / su ciudad; **home address** domicilio m; **home banking** telebanca f, banca f electrónica; **homecoming** vuelta f a casa; **home computer** Span ordenador m, L.Am. computadora f doméstica; **home game** partido m en casa; **homeless 1** adj sin casa **2** npl: **the ~** los sin casa; **homeloving** hogareño; **homely** (homeloving) hogareño; (not good-looking) feúcho; **homemade** casero; **home page** página f inicial; **homesick** nostálgico; **be ~** tener morriña; **home town** ciudad f natal; **homeward** to own house a casa; to own country a mi / tu / su país; **homework** EDU deberes mpl
homicide ['hɑːmɪsaɪd] homicidio m; department brigada f de homicidios
homophobia [hɑːməˈfoʊbɪə] homofobia f
homosexual [hɑːməˈsekʃʊəl] **1** adj homosexual **2** n homosexual m/f
Honduran [hɑːnˈdʊərən] **1** adj hondureño **2** n hondureño(-a) m(f); **Honduras** Honduras
honest ['ɑːnɪst] honrado; **honestly** honradamente; **~!** ¡desde luego!; **honesty** honradez f
honey ['hʌnɪ] miel f; F (dar-

ling) cariño *m*; **honeymoon** luna *f* de miel
honk [hɑːŋk] *horn* tocar
honor ['ɑːnər] **1** *n* honor *m* **2** *v/t* honrar; **honorable** honorable; **honour** *Br* ☞ **honor**
hood [hʊd] *over head* capucha *f*; *over cooker* campana *f* extractora; MOT capó *m*; F (*gangster*) matón(-ona) *m(f)*
hook [hʊk] gancho *m*; *for coat etc* colgador *m*; *for fishing* anzuelo *m*; **off the ~** TELEC descolgado; **hooked** enganchado (**on** a); **hooker** F fulana *f* F
hoot [huːt] **1** *v/t horn* tocar **2** *v/i of car* dar bocinazos; *of owl* ulular
hop [hɑːp] saltar
hope [hoʊp] **1** *n* esperanza *f* **2** *v/i* esperar; **I ~ so** eso espero **3** *v/t*: **I ~ you like it** espero que te guste; **hopeful** prometedor; **hopefully** *say, wait* esperanzadamente; **~ ...** (*let's hope*) esperemos que...; **hopeless** desesperado; (*useless: person*) inútil
horizon [hə'raɪzn] horizonte *m*; **horizontal** horizontal
hormone ['hɔːrmoʊn] hormona *f*
horn [hɔːrn] *of animal* cuerno *m*; MOT bocina *f*
hornet ['hɔːrnɪt] avispón *m*
horny ['hɔːrnɪ] F *sexually* cachondo F
horrible ['hɑːrɪbl] horrible; *person* muy antipático; **hor-**rify horrorizar; **horrifying** horroroso; **horror** horror *m*
horse [hɔːrs] caballo *m*; **horse race** carrera *f* de caballos; **horseshoe** herradura *f*
horticulture ['hɔːrtɪkʌltʃər] horticultura *f*
hose [hoʊz] manguera *f*
hospitable [hɑː'spɪtəbl] hospitalario
hospital ['hɑːspɪtl] hospital *m*; **hospitality** hospitalidad *f*
host [hoʊst] *at party* anfitrión *m*; *of TV program* presentador(a) *m(f)*
hostage ['hɑːstɪdʒ] rehén *m*; **hostage taker** persona que toma rehenes
hostel ['hɑːstl] *for students* residencia *f*; (*youth ~*) albergue *m*
hostess ['hoʊstɪs] *at party* anfitriona *f*; *on airplane* azafata *f*; *in bar* cabaretera *f*
hostile ['hɑːstl] hostil; **hostility** hostilidad *f*; **hostilities** hostilidades
hot [hɑːt] caliente; *weather* caluroso; (*spicy*) picante; **it's ~** *of weather* hace calor; **I'm ~** tengo calor; **hot dog** perrito *m* caliente
hotel [hoʊ'tel] hotel *m*
hour [aʊr] hora *f*
house [haʊs] casa *f*; **housebreaking** allanamiento *m* de morada; **household** hogar *m*; **household name** nombre *m* conocido; **housekeeper** ama *f* de llaves;

House of Representatives Cámara f de Representantes; **housewarming (party)** fiesta f de estreno de una casa; **housewife** ama f de casa; **housework** tareas fpl domésticas; **housing** vivienda f; TECH cubierta f
hovel ['hɒvl] chabola f
hover ['hɒvər] of bird cernerse; of helicopter permanecer inmóvil en el aire
how [haʊ] cómo?; ~ **are you?** ¿cómo estás?; ~ **about …?** ¿qué te parece…?; ~ **about a drink?** ¿te apetece tomar algo?; ~ **much?** ¿cuánto?; ~ **much is it?** cost ¿cuánto vale or cuesta?; ~ **many?** ¿cuántos?; ~ **often?** ¿con qué frecuencia?; ~ **sad!** ¡qué triste!; **however** sin embargo; ~ **big they are** independientemente de lo grandes que sean
howl [haʊl] of dog aullido m; of pain alarido m; with laughter risotada f
hub [hʌb] of wheel cubo m; **hubcap** tapacubos m inv
◆ **huddle together** ['hʌdl] apiñarse, acurrucarse
hug [hʌɡ] abrazar
huge [hjuːdʒ] enorme
hull [hʌl] of ship casco m
hum [hʌm] tararear; of machine zumbar
human ['hjuːmən] **1** n humano m **2** adj humano; **human being** ser m humano
humane [hjuːˈmeɪn] humano

humanitarian [hjuːmænɪˈterɪən] humanitario
humanity [hjuːˈmænɪtɪ] humanidad f; **human race** raza f humana; **human resources** recursos mpl humanos
humble ['hʌmbl] humilde
humdrum ['hʌmdrʌm] monótono, anodino
humid ['hjuːmɪd] húmedo; **humidifier** humidificador m; **humidity** humedad f
humiliate [hjuːˈmɪlɪeɪt] humillar; **humiliating** humillante; **humiliation** humillación f; **humility** humildad f
humor ['hjuːmər] humor m; **humorous** gracioso; **humour** Br ☞ **humor**
hunch [hʌntʃ] (idea) presentimiento m, corazonada f
hundred ['hʌndrəd] cien m; **a ~ and one** ciento uno; **two ~** doscientos; **hundredth** centésimo
hunger ['hʌŋɡər] hambre f
hung-over: be ~ tener resaca
hungry ['hʌŋɡrɪ] hambriento; **I'm ~** tengo hambre
hunk [hʌŋk] cacho m; F man cachas m inv F
hunt [hʌnt] **1** n caza f **2** v/t cazar; **hunter** cazador(a) m(f); **hunting** caza f
hurdle ['hɜːrdl] SP valla f; fig obstáculo m
hurl [hɜːrl] lanzar
hurray [hʊˈreɪ] ¡hurra!
hurricane ['hʌrɪkən] huracán m

identity

hurried ['hʌrɪd] apresurado; **hurry** 1 *n* prisa *f*; *be in a ~* tener prisa 2 *v/i* darse prisa
◆ **hurry up** *v/i* darse prisa; **hurry up!** ¡date prisa! 2 *v/t* meter prisa a

hurt [hɜːrt] 1 *v/i* doler 2 *v/t* hacer daño a; *emotionally* herir; *I've ~ my hand* me he hecho daño en la mano

husband ['hʌzbənd] marido *m*

hush [hʌʃ] silencio *m*
◆ **hush up** *scandal etc* acallar

husky ['hʌskɪ] *voice* áspero

hut [hʌt] cabaña *f*; *workman's* cobertizo *m*

hybrid ['haɪbrɪd] híbrido *m*

hydrant ['haɪdrənt] hidrante *m* de incendios

hydraulic [haɪ'drɒːlɪk] hidráulico

hydroelectric [haɪdroʊɪ'lektrɪk] hidroeléctrico

hydrogen ['haɪdrədʒən] hidrógeno *m*

hygiene ['haɪdʒiːn] higiene *f*; **hygienic** higiénico

hymn [hɪm] himno *m*

hype [haɪp] bombo *m*

hyperactive [haɪpər'æktɪv] hiperactivo; **hypersensitive** hipersensible; **hypertext** COMPUT hipertexto *m*

hypnosis [hɪp'noʊsɪs] hipnosis *f*; **hypnotize** hipnotizar

hypocrisy [hɪ'pɑːkrəsɪ] hipocresía *f*; **hypocrite** hipócrita *m/f*; **hypocritical** hipócrita

hypothesis [haɪ'pɑːθəsɪs] hipótesis *f inv*; **hypothetical** hipotético

hysterectomy [hɪstə'rektəmɪ] histerectomía *f*

hysteria [hɪ'stɪrɪə] histeria *f*; **hysterical** histérico; F (*very funny*) tronchante F; **hysterics** ataque *f* de histeria; (*laughter*) ataque *f* de risa

I

I [aɪ] yo; *~ am a student* soy estudiante

ice [aɪs] hielo *m*; **icebox** nevera *f*, *Rpl* heladera *f*; **ice cream** helado *m*; **ice cube** cubito *m* de hielo; **iced** *drink* helado; **ice hockey** hockey *m* sobre hielo; **ice rink** pista *f* de hielo; **ice skate** patín *m* de cuchilla; **ice skating** patinaje *m* sobre hielo

icon ['aɪkɑːn] *also* COMPUT icono *m*

icy ['aɪsɪ] *road* con hielo; *surface* helado; *welcome* frío

ID [aɪ'diː] (= *identity*) documentación *f*

idea [aɪ'dɪə] idea *f*; **ideal** ideal; **idealistic** idealista

identical [aɪ'dentɪkl] idéntico; **identification** identificación *f*; *papers etc* documentación *f*; **identify** identificar; **identity** identidad *f*; *~ card* carné

ideological

m de identidad
ideological [aɪdɪəˈlɑːdʒɪkl] ideológico; **ideology** ideología *f*
idiomatic [ɪdɪəˈmætɪk] *natural* natural
idiot [ˈɪdɪət] idiota *m/f*; **idiotic** idiota
idle [ˈaɪdl] **1** *adj not working* desocupado; *(lazy)* vago; *threat* vano; *machinery* inactivo **2** *v/i of engine* funcionar al ralentí
idol [ˈaɪdl] ídolo *m*; **idolize** idolatrar
if [ɪf] si
ignite [ɪgˈnaɪt] inflamar; **ignition** *in car* encendido *m*; **~ key** llave *m* de contacto
ignorance [ˈɪgnərəns] ignorancia *f*; **ignorant** ignorante; *(rude)* maleducado; **ignore** ignorar; COMPUT omitir
ill [ɪl] enfermo; **fall ~, be taken ~** caer enfermo
illegal [ɪˈliːgl] ilegal
illegible [ɪˈledʒəbl] ilegible
illegitimate [ɪlɪˈdʒɪtɪmət] *child* ilegítimo
illicit [ɪˈlɪsɪt] ilícito
illiterate [ɪˈlɪtərət] analfabeto
illness [ˈɪlnɪs] enfermedad *f*
illogical [ɪˈlɑːdʒɪkl] ilógico
illtreat maltratar
illuminating [ɪˈluːmɪneɪtɪŋ] *remarks* iluminador
illusion [ɪˈluːʒn] ilusión *f*
illustrate [ˈɪləstreɪt] ilustrar; **illustration** ilustración *f*; **illustrator** ilustrador(a) *m(f)*
image [ˈɪmɪdʒ] imagen *f*

imaginary [ɪˈmædʒɪnərɪ] imaginario; **imagination** imaginación *f*; **imaginative** imaginativo; **imagine** imaginar, imaginarse; *you're imagining things* son imaginaciones tuyas
IMF [aɪemˈef] (= *International Monetary Fund*) FMI *m* (= Fondo *m* Monetario Internacional)
imitate [ˈɪmɪteɪt] imitar; **imitation** imitación *f*
immaculate [ɪˈmækjʊlət] inmaculado
immature [ɪməˈtʃʊər] inmaduro
immediate [ɪˈmiːdɪət] inmediato; **immediately** inmediatamente
immense [ɪˈmens] inmenso
immerse [ɪˈmɜːrs] sumergir
immigrant [ˈɪmɪgrənt] inmigrante *m/f*; **immigrate** inmigrar; **immigration** inmigración *f*
imminent [ˈɪmɪnənt] inminente
immobilize [ɪˈmoʊbɪlaɪz] *factory* paralizar; *person, car* inmovilizar
immoderate [ɪˈmɑːdərət] desmedido, exagerado
immoral [ɪˈmɔːrəl] inmoral; **immorality** inmoralidad *f*
immortal [ɪˈmɔːrtl] inmortal; **immortality** inmortalidad *f*
immune [ɪˈmjuːn] *to illness* inmune; *from ruling* con inmunidad; **immune system** MED sistema *m* inmunológico;

immunity inmunidad f
impact ['ɪmpækt] impacto m
impair [ɪm'per] dañar
impartial [ɪm'pɑːrʃl] imparcial
impassable [ɪm'pæsəbl] *road* intransitable
impassioned [ɪm'pæʃnd] *speech, plea* apasionado
impatience [ɪm'peɪʃəns] impaciencia f; **impatient** impaciente; **impatiently** impacientemente
impeccable [ɪm'pekəbl] impecable
impede [ɪm'piːd] dificultar; **impediment** *in speech* defecto m del habla
impending [ɪm'pendɪŋ] inminente
imperative [ɪm'perətɪv] **1** *adj* imprescindible **2** *n* GRAM imperativo m
imperfect [ɪm'pɜːrfekt] **1** *adj* imperfecto **2** *n* GRAM imperfecto m
impersonal [ɪm'pɜːrsənl] impersonal; **impersonate** *as a joke* imitar; *illegally* hacerse pasar por
impertinence [ɪm'pɜːrtɪnəns] impertinencia f; **impertinent** impertinente
impervious [ɪm'pɜːrvɪəs]: ~ **to** inmune a
impetuous [ɪm'petʃʊəs] impetuoso
impetus ['ɪmpɪtəs] *of campaign etc* ímpetu m
implement 1 ['ɪmplɪmənt] *n* utensilio m **2** ['ɪmplɪment] *v/t* poner en práctica
implicate ['ɪmplɪkeɪt] implicar; **implication** consecuencia f
implore [ɪm'plɔːr] implorar
imply [ɪm'plaɪ] implicar
impolite [ɪmpə'laɪt] maleducado
import ['ɪmpɔːrt] **1** *n* importación f **2** *v/t* importar
importance [ɪm'pɔːrtəns] importancia f; **important** importante
importer [ɪm'pɔːrtər] importador(a) m(f)
impose [ɪm'poʊz] *tax* imponer; **imposing** imponente
impossibility [ɪmpɑːsɪ'bɪlɪtɪ] imposibilidad f; **impossible** imposible
impotence ['ɪmpətəns] impotencia f; **impotent** impotente
impractical [ɪm'præktɪkəl] poco práctico
impress [ɪm'pres] impresionar; **impression** impresión f; *(impersonation)* imitación f; **impressive** impresionante
imprint ['ɪmprɪnt] *of credit card* impresión f
imprison [ɪm'prɪzn] encarcelar; **imprisonment** encarcelamiento m
improbable [ɪm'prɑːbəbəl] improbable
improve [ɪm'pruːv] mejorar; **improvement** mejora f, mejoría f
improvise ['ɪmprəvaɪz] improvisar

impudent ['ɪmpjudənt] insolente, desvergonzado
impulse ['ɪmpʌls] impulso *m*; **impulsive** impulsivo
in [ɪn] **1** *prep* en; ~ **two hours from now** dentro de dos horas; (*over period of*) en dos horas; ~ **the morning** por la mañana; ~ **yellow** de amarillo; ~ **crossing the road** (*while*) al cruzar la calle; ~ **agreeing to this** (*by virtue of*) al expresar acuerdo con esto; **one** ~ **ten** uno de cada diez **2** *adv* dentro; **is he** ~? *at home* ¿está en casa?; ~ **here** aquí dentro **3** *adj* (*fashionable*) de moda
inability [ɪnə'bɪlɪtɪ] incapacidad *f*
inaccurate [ɪn'ækjərət] inexacto
inadequate [ɪn'ædɪkwət] insuficiente
inadvisable [ɪnəd'vaɪzəbl] poco aconsejable
inanimate [ɪn'ænɪmət] inanimado
inappropriate [ɪnə'prəupriət] inadecuado, improcedente; *choice* inapropiado
inaudible [ɪn'ɔːdəbl] inaudible
inaugural [ɪ'nɔːgjurəl] *speech* inaugural; **inaugurate** inaugurar
inborn ['ɪnbɔːrn] innato
Inc. (= *Incorporated*) S.A. (= sociedad *f* anónima)
incalculable [ɪn'kælkjuləbl] *damage* incalculable

incapable [ɪn'keɪpəbl]] incapaz
incentive [ɪn'sentɪv] incentivo *m*
incessant [ɪn'sesnt] incesante; **incessantly** incesantemente
incest ['ɪnsest] incesto *m*
inch [ɪntʃ] pulgada *f*
incident ['ɪnsɪdənt] incidente *m*; **incidental** sin importancia; ~ **expenses** gastos *mpl* varios; **incidentally** a propósito
incision [ɪn'sɪʒn] incisión *f*; **incisive** incisivo
incite [ɪn'saɪt] incitar
inclination [ɪnklɪ'neɪʃn] inclinación *f*
inclose ☞ **enclose**
include [ɪn'kluːd] incluir; **including** incluyendo; **inclusive 1** *adj price* total, global **2** *prep*: ~ **of** incluyendo, incluido **3** *adv*: **from Monday to Thursday** ~ de lunes al jueves, ambos inclusive; **$1000** ~ 1.000 dólares todo incluido
incoherent [ɪnkəu'hɪrənt] incoherente
income ['ɪnkəm] ingresos *mpl*; **income tax** impuesto *m* sobre la renta
incomparable [ɪn'kɑːmpərəbl] incomparable
incompatibility [ɪnkəmpætɪ'bɪlɪtɪ] incompatibilidad *f*; **incompatible** incompatible
incompetence [ɪn'kɑːm-

indiscreet

pitəns] incompetencia *f*; **incompetent** incompetente
incomplete [ɪnkəmˈpliːt] incompleto
incomprehensible [ɪnkɑːmprɪˈhensɪbl] incomprensible
inconceivable [ɪnkənˈsiːvəbl] inconcebible
inconsiderate [ɪnkənˈsɪdərət] desconsiderado
inconsistent [ɪnkənˈsɪstənt] incoherente, inconsecuente; *player* irregular
inconspicuous [ɪnkənˈspɪkjuəs] discreto
inconvenience [ɪnkənˈviːnɪəns] inconveniencia *f*; **inconvenient** inconveniente
incorporate [ɪnˈkɔːrpəreɪt] incorporar
incorrect [ɪnkəˈrekt] incorrecto
increase 1 [ɪnˈkriːs] *v/t & v/i* aumentar **2** [ˈɪnkriːs] *n* aumento *m*; **increasing** creciente; **increasingly** cada vez más
incredible [ɪnˈkredɪbl] increíble
incur [ɪnˈkɜːr] *costs* incurrir en; *debts* contraer; *anger* provocar
incurable [ɪnˈkjʊərəbl] incurable
indecent [ɪnˈdiːsnt] indecente
indecisive [ɪndɪˈsaɪsɪv] indeciso; **indecisiveness** indecisión *f*
indeed [ɪnˈdiːd] (*in fact*) ciertamente, efectivamente,

yes, agreeing ciertamente, en efecto
indefinable [ɪndɪˈfaɪnəbl] indefinible
indefinite [ɪnˈdefɪnɪt] indefinido; **indefinitely** indefinidamente
indelicate [ɪnˈdelɪkət] poco delicado
independence [ɪndɪˈpendəns] independencia *f*; **Independence Day** Día *m* de la Independencia; **independent** independiente
indescribable [ɪndɪˈskraɪbəbl] indescriptible
index [ˈɪndeks] *for book* índice *m*
India [ˈɪndɪə] (la) India; **Indian 1** *adj neg* indio **2** *n from India* indio(-a) *m(f)*, hindú *m/f*; *neg: native American* indio(-a) *m(f) neg*
indicate [ˈɪndɪkeɪt] **1** *v/t* indicar **2** *v/i Br when driving* poner el intermitente; **indication** indicio *m*
indict [ɪnˈdaɪt] acusar
indifference [ɪnˈdɪfrəns] indiferencia *f*; **indifferent** indiferente; (*mediocre*) mediocre
indigestion [ɪndɪˈdʒestʃn] indigestión *f*
indignant [ɪnˈdɪgnənt] indignado; **indignation** indignación *f*
indirect [ɪndɪˈrekt] indirecto; **indirectly** indirectamente
indiscreet [ɪndɪˈskriːt] indiscreto

indiscriminate

indiscriminate [ɪndɪˈskrɪmɪnət] indiscriminado
indispensable [ɪndɪˈspensəbl] indispensable
indisposed [ɪndɪˈspəʊzd] *(not well)* indispuesto
indisputable [ɪndɪˈspjuːtəbl] indiscutible
indistinct [ɪndɪˈstɪŋkt] indistinto, impreciso
indistinguishable [ɪndɪˈstɪŋgwɪʃəbl] indistinguible
individual [ɪndɪˈvɪdjʊəl] **1** *n* individuo *m* **2** *adj* individual; **individually** individualmente
indoctrinate [ɪnˈdɒktrɪneɪt] adoctrinar
Indonesia [ɪndəˈniːʒə] Indonesia; **Indonesian 1** *adj* indonesio **2** *n person* indonesio(-a) *m(f)*
indoor [ˈɪndɔːr] *activities* de interior; *sport* de pista cubierta; *arena* cubierto; **indoors** dentro
indorse ☞ **endorse**
indulgent [ɪnˈdʌldʒənt] indulgente
industrial [ɪnˈdʌstrɪəl] industrial; **industrial dispute** conflicto *m* laboral; **industrialist** industrial *m/f*; **industrious** trabajador, aplicado; **industry** industria *f*
ineffective [ɪnɪˈfektɪv] ineficaz
inefficient [ɪnɪˈfɪʃənt] ineficiente
inept [ɪˈnept] inepto
inequality [ɪnɪˈkwɒlɪtɪ] desigualdad *f*
inescapable [ɪnɪˈskeɪpəbl] inevitable
inevitable [ɪnˈevɪtəbl] inevitable; **inevitably** inevitablemente
inexcusable [ɪnɪkˈskjuːzəbl] inexcusable
inexhaustible [ɪnɪɡzɒˈstəbl] *supply* inagotable
inexpensive [ɪnɪkˈspensɪv] barato, económico
inexperienced [ɪnɪkˈspɪərɪənst] inexperto
inexplicable [ɪnɪkˈsplɪkəbl] inexplicable
infallible [ɪnˈfæləbl] infalible
infamous [ˈɪnfəməs] infame
infancy [ˈɪnfənsɪ] infancia *f*; **infant** bebé *m*; **infantile** *pej* infantil
infantry [ˈɪnfəntrɪ] infantería *f*
infect [ɪnˈfekt] infectar; **infection** infección *f*; **infectious** infeccioso; *laughter* contagioso
infer [ɪnˈfɜːr] inferir (**from** de)
inferior [ɪnˈfɪərɪər] inferior (**to** a); **inferiority** inferioridad *f*; **inferiority complex** complejo *m* de inferioridad
infertile [ɪnˈfɜːtaɪl] *woman*, *plant* estéril; *soil* estéril, yermo; **infertility** esterilidad *f*
infidelity [ɪnfɪˈdelɪtɪ] infidelidad *f*
infinite [ˈɪnfɪnət] infinito; **infinitive** infinitivo *m*; **infinity** infinidad *f*
inflammable [ɪnˈflæməbl] in-

inner

flamable; **inflammation** MED inflamación f
inflatable [ɪnˈfleɪtəbl] *dinghy* hinchable, inflable; **inflate** *tire, dinghy* hinchar, inflar; *economy* inflar; **inflation** inflación f; **inflationary** inflacionario, inflacionista
inflexible [ɪnˈfleksɪbl] inflexible
inflict [ɪnˈflɪkt] infligir (**on** a)
influence [ˈɪnfluəns] **1** *n* influencia f **2** v/t influir en, influenciar; **influential** influyente
inform [ɪnˈfɔːrm] **1** v/t informar **2** v/t: ~ **on s.o.** delatar a alguien
informal [ɪnˈfɔːrml] informal; **informality** informalidad f
informant [ɪnˈfɔːrmənt] confidente m/f; **information** información f; **information technology** tecnologías fpl de la información; **informative** informativo; **informer** confidente m/f
infra-red [ɪnfrəˈred] infrarrojo
infrastructure [ˈɪnfrətrʌktʃər] infraestructura f
infrequent [ɪnˈfriːkwənt] poco frecuente
infuriate [ɪnˈfjʊrɪeɪt] enfurecer, exasperar; **infuriating** exasperante
ingenious [ɪnˈdʒiːnɪəs] ingenioso
ingot [ˈɪŋɡət] lingote m
ingratitude [ɪnˈɡrætɪtuːd] ingratitud f
ingredient [ɪnˈɡriːdɪənt] *also fig* ingrediente m
inhabit [ɪnˈhæbɪt] habitar; **inhabitant** habitante m/f
inhale [ɪnˈheɪl] **1** v/t inhalar **2** v/i *when smoking* tragarse el humo
inherit [ɪnˈherɪt] heredar; **inheritance** herencia f
inhibited [ɪnˈhɪbɪtɪd] inhibido, cohibido; **inhibition** inhibición f
inhospitable [ɪnhɑːˈspɪtəbl] *person* inhospitalario; *city, climate* inhóspito
inhuman [ɪnˈhjuːmən] inhumano
initial [ɪˈnɪʃl] **1** *adj* inicial **2** *n* inicial f **3** v/t (*write* ~s *on*) poner las iniciales en; **initially** inicialmente; **initiate** iniciar; **initiation** iniciación f, inicio m; **initiative** iniciativa f
inject [ɪnˈdʒekt] inyectar; **injection** inyección f
injure [ˈɪndʒər] lesionar; **injury** lesión f; *wound* herida f
injustice [ɪnˈdʒʌstɪs] injusticia f
ink [ɪŋk] tinta f
inland [ˈɪnlənd] interior; *mail* nacional
in-laws [ˈɪnlɔːz] familia f política
inmate [ˈɪnmeɪt] *of prison* recluso(-a) m(f); *of mental hospital* paciente m/f
inn [ɪn] posada f, mesón m
innate [ɪˈneɪt] innato
inner [ˈɪnər] interior

innocence 396

innocence ['ɪnəsəns] inocencia *f*; **innocent** inocente
innocuous [ɪ'nɒkjʊəs] inocuo
innovation [ɪnə'veɪʃn] innovación *f*; **innovative** innovador; **innovator** innovador(a) *m(f)*
inoculate [ɪ'nɒkjʊleɪt] inocular; **inoculation** inoculación *f*
inoffensive [ɪnə'fensɪv] inofensivo
'in-patient paciente *m/f* interno(-a)
input ['ɪnpʊt] **1** *n into project etc* contribución *f*; COMPUT entrada *f* **2** *v/t into project* contribuir; COMPUT introducir
inquest ['ɪnkwest] investigación *f* (*into* sobre)
inquire [ɪn'kwaɪr] preguntar; **inquiry** consulta *f*, pregunta *f*; *into rail crash etc* investigación *f*
inquisitive [ɪn'kwɪzətɪv] curioso, inquisitivo
insane [ɪn'seɪn] *person* loco, demente; *idea* descabellado
insanitary [ɪn'sænɪterɪ] antihigiénico
insanity [ɪn'sænətɪ] locura *f*, demencia *f*
inscription [ɪn'skrɪpʃn] inscripción *f*
insect ['ɪnsekt] insecto *m*; **insecticide** insecticida *f*
insecure [ɪnsɪ'kjʊr] inseguro; **insecurity** inseguridad *f*
insensitive [ɪn'sensɪtɪv] insensible
insert 1 ['ɪnsɜːrt] *n in magazine etc* encarte *m* **2** [ɪn'sɜːrt] *v/t* introducir, meter; *extra text* insertar
inside [ɪn'saɪd] **1** *n* interior *m*; **~ out** del revés **2** *prep* dentro de; **~ of 2 hours** dentro de 2 horas **3** *adv stay, remain* dentro; *go, carry* adentro; **we went ~** entramos **4** *adj*: **~ information** información *f* confidencial; **~ lane** SP calle *f* de dentro; **inside pocket** bolsillo *m* interior; **insider** persona con acceso a información confidencial; **insider trading** FIN uso *m* de información privilegiada; **insides** (*stomach*) tripas *fpl*
insignificant [ɪnsɪg'nɪfɪkənt] insignificante
insincere [ɪnsɪn'sɪr] poco sincero, falso; **insincerity** falta *f* de sinceridad
insinuate [ɪn'sɪnʊeɪt] (*imply*) insinuar
insist [ɪn'sɪst] insistir (**on** en); **insistent** insistente
insolent ['ɪnsələnt] insolente
insolvent [ɪn'sɑːlvənt] insolvente
insomnia [ɪn'sɑːmnɪə] insomnio *m*
inspect [ɪn'spekt] inspeccionar; **inspection** inspección *f*; **inspector** *in factory* inspector(a) *m(f)*
inspiration [ɪnspə'reɪʃn] inspiración *f*; **inspire** *respect etc* inspirar

instability [ɪnstəˈbɪlɪtɪ] inestabilidad *f*

install [ɪnˈstɔːl] instalar; **installation** instalación *f*; **installment**, *Br* **instalment** *of story etc* episodio *m*; *payment* plazo *m*; **installment plan** compra *f* a plazos

instance [ˈɪnstəns] ejemplo *m*; **for ~** por ejemplo

instant [ˈɪnstənt] **1** *adj* instantáneo **2** *n* instante *m*; **instantaneous** instantáneo; **instant coffee** café *m* instantáneo; **instantly** al instante

instead [ɪnˈsted]: **would you like coffee ~?** ¿preferiría mejor café?; **~ of me** en mi lugar; **~ of going** en vez de ir, en lugar de ir

instinct [ˈɪnstɪŋkt] instinto *m*; **instinctive** instintivo

institute [ˈɪnstɪtuːt] **1** *n* instituto *m* **2** *v/t new law* establecer; *inquiry* iniciar; **institution** institución *f*; *(setting up)* iniciación *f*

instruct [ɪnˈstrʌkt] *(order)* dar instrucciones a; *(teach)* instruir; **instruction** instrucción *f*; **instructive** instructivo; **instructor** instructor(a) *m(f)*

instrument [ˈɪnstrəmənt] instrumento *m*

insubordinate [ɪnsəˈbɔːrdɪnət] insubordinado

insufficient [ɪnsəˈfɪʃnt] insuficiente

insulate [ˈɪnsəleɪt] aislar; **insulation** aislamiento *m*

insulin [ˈɪnsəlɪn] insulina *f*

insult 1 [ˈɪnsʌlt] insulto *m* **2** [ɪnˈsʌlt] *v/t* insultar

insurance [ɪnˈʃʊrəns] seguro *m*; **insurance company** compañía *f* de seguros, aseguradora *f*; **insurance policy** póliza *f* de seguros; **insurance premium** prima *f* (del seguro); **insure** asegurar

insurmountable [ɪnsərˈmaʊntəbl] insuperable

intact [ɪnˈtækt] intacto

integrate [ˈɪntɪɡreɪt] integrar (**into** en); **integrity** *(honesty)* integridad *f*; **a man of ~** un hombre íntegro

intellect [ˈɪntəlekt] intelecto *m*; **intellectual 1** *adj* intelectual **2** *n* intelectual *m/f*

intelligence [ɪnˈtelɪdʒəns] inteligencia *f*; *(information)* información *f* secreta; **intelligent** inteligente

intelligible [ɪnˈtelɪdʒəbl] inteligible

intend [ɪnˈtend]: **~ to do sth** tener la intención de hacer algo

intense [ɪnˈtens] intenso; *personality* serio; **intensify 1** *v/t* intensificar **2** *v/i* intensificarse; **intensity** intensidad *f*; **intensive** intensivo; **intensive care** cuidados *mpl* intensivos

intention [ɪnˈtenʃn] intención *f*; **intentional** intencionado; **intentionally** a propósito,

interaction 398

adrede
interaction [ɪntərˈækʃn] interacción *f*; **interactive** interactivo
intercept [ɪntərˈsept] interceptar
interchange [ˈɪntərtʃeɪndʒ] *of highways* nudo *m* vial; **interchangeable** intercambiable
intercom [ˈɪntərkɑːm] interfono *m*; *for front door* portero *m* automático
intercourse [ˈɪntərkɔːrs] *sexual* coito *m*
interdependent [ɪntərdɪˈpendənt] interdependiente
interest [ˈɪntrəst] **1** *n also* FIN interés *m* **2** *v/t* interesar; **interested** interesado; **interesting** interesante; **interest rate** tipo *m* de interés
interface [ˈɪntərfeɪs] **1** *n* interface *m*, interfaz *f* **2** *v/i* relacionarse
interfere [ɪntərˈfɪr] interferir; **interference** intromisión *f*; *on radio* interferencia *f*
interior [ɪnˈtɪriər] **1** *adj* interior **2** *n* interior *m*; **interior design** interiorismo *m*; **interior designer** interiorista *m/f*
interlude [ˈɪntərluːd] *at theater, concert* intermedio *m*; *(period)* intervalo *m*
intermediary [ɪntərˈmiːdɪəri] intermediario; **intermediate** intermedio *m*
intermission [ɪntərˈmɪʃn] *in theater* intermedio *m*
internal [ɪnˈtɜːrnl] interno; **in-**

ternally internamente; **Internal Revenue (Service)** Hacienda *f*, *Span* Agencia *f* Tributaria
international [ɪntərˈnæʃnl] internacional; **internationally** internacionalmente
Internet [ˈɪntərnet] Internet *f*; **on the ~** en Internet
interpret [ɪnˈtɜːrprɪt] interpretar; **interpretation** interpretación *f*; **interpreter** intérprete *m/f*
interrogate [ɪnˈterəgeɪt] interrogar; **interrogation** interrogatorio *m*; **interrogator** interrogador(a) *m(f)*
interrupt [ɪntərˈrʌpt] interrumpir; **interruption** interrupción *f*
intersect [ɪntərˈsekt] **1** *v/t* cruzar **2** *v/i* cruzarse; **intersection** *of roads* intersección *f*
interstate [ˈɪntərsteɪt] autopista *f* interestatal
interval [ˈɪntərvl] intervalo *m*; *in theater* intermedio *m*
intervene [ɪntərˈviːn] intervenir; **intervention** intervención *f*
interview [ˈɪntərvjuː] **1** *n* entrevista *f* **2** *v/t* entrevistar; **interviewer** entrevistador(a) *m(f)*
intimate [ˈɪntɪmət] íntimo
intimidate [ɪnˈtɪmɪdeɪt] intimidar; **intimidation** intimidación *f*
into [ˈɪntu] en; *translate ~ English* traducir al inglés; *he's ~ classical music* F

(*likes*) le gusta *or* Span le va mucho la música clásica; **he's ~ local politics** F (*is involved with*) está muy metido en el mundillo de la política local

intolerable [ɪnˈtɑːlərəbl] intolerable; **intolerant** intolerante

intoxicated [ɪnˈtɑːksɪkeɪtɪd] ebrio, embriagado

intravenous [ɪntrəˈviːnəs] intravenoso

intricate [ˈɪntrɪkət] intrincado

intrigue 1 [ˈɪntriːg] *n* intriga *f* **2** [ɪnˈtriːg] *v/t* intrigar; **intriguing** intrigante

introduce [ɪntrəˈduːs] presentar; *new technique etc* introducir; **introduction** *to person* presentación *f*; *to a new food, sport etc* iniciación *f*; *in book, of new techniques etc* introducción *f*

intrude [ɪnˈtruːd] molestar; **intruder** intruso(-a) *m(f)*; **intrusion** intromisión *f*

intuition [ɪntuːˈɪʃn] intuición *f*

invade [ɪnˈveɪd] invadir

invalid[1] [ɪnˈvælɪd] *adj* nulo

invalid[2] [ˈɪnvəlɪd] *n* MED minusválido(-a) *m(f)*

invalidate [ɪnˈvælɪdeɪt] invalidar

invaluable [ɪnˈvæljʊbl] inestimable

invariably [ɪnˈveɪrɪəblɪ] (*always*) invariablemente

invasion [ɪnˈveɪʒn] invasión *f*

invent [ɪnˈvent] inventar; **in-**

vention *action* invención *f*; *thing invented* invento *m*; **inventive** inventivo; **inventor** inventor(a) *m(f)*

inventory [ˈɪnvəntɔːrɪ] inventario *m*

invert [ɪnˈvɜːrt] invertir

invest [ɪnˈvest] invertir

investigate [ɪnˈvestɪgeɪt] investigar; **investigation** investigación *f*

investment [ɪnˈvestmənt] inversión *f*; **investor** inversor(a) *m(f)*

invincible [ɪnˈvɪnsəbl] invencible

invisible [ɪnˈvɪzɪbl] invisible

invitation [ɪnvɪˈteɪʃn] invitación *f*; **invite** invitar

invoice [ˈɪnvɔɪs] **1** *n* factura *f* **2** *v/t customer* enviar la factura a

involuntary [ɪnˈvɑːləntərɪ] involuntario

involve [ɪnˈvɑːlv] *work, expense* involucrar, entrañar; **what does it ~?** ¿en qué consiste?; **involved** (*complex*) complicado; **involvement** *in project, crime* participación *f*, intervención *f*

invulnerable [ɪnˈvʌlnərəbl] invulnerable

inward [ˈɪnwərd] **1** *adj feeling, smile* interior **2** *adv* hacia dentro; **inwardly** por dentro

IP [aɪˈpiː] IT IP *f*; **IP address** IT dirección *f* IP

IQ [aɪˈkjuː] (= ***intelligence quotient***) cociente *m* intelectual

Iran

Iran [ɪ'rɑːn] Irán; **Iranian 1** *adj* iraní **2** *n* iraní *m/f*

Iraq [ɪ'rɑːk] Iraq, Irak; **Iraqi 1** *adj* iraquí **2** *n* iraquí *m/f*

Ireland ['aɪrlənd] Irlanda; **Irish** irlandés

iron ['aɪərn] **1** *n* hierro *m*; *for clothes* plancha *f* **2** *v/t* planchar

ironic(al) [aɪ'rɑːnɪk(l)] irónico

'ironing board tabla *f* de planchar

irony ['aɪrəni] ironía *f*

irrational [ɪ'ræʃənl] irracional

irreconcilable [ɪrekən'saɪləbl] irreconciliable

irregular [ɪ'regjʊlər] irregular

irrelevant [ɪ'relevənt] irrelevante

irreplaceable [ɪrɪ'pleɪsəbl] irreemplazable

irrepressible [ɪrɪ'presəbl] *sense of humor* incontenible; *person* irreprimible

irresistible [ɪrɪ'zɪstəbl] irresistible

irresponsible [ɪrɪ'spɑːnsəbl] irresponsable

irreverent [ɪ'revərənt] irreverente

irrevocable [ɪ'revəkəbl] irrevocable

irrigate ['ɪrɪgeɪt] regar; **irrigation** riego *m*

irritable ['ɪrɪtəbl] irritable; **irritate** irritar; **irritating** irritante; **irritation** irritación *f*

Islam ['ɪzlɑːm] (el) Islam; **Islamic** islámico

island ['aɪlənd] isla *f*

isolate ['aɪsəleɪt] aislar; **isolated** aislado; **isolation** aislamiento *m*

ISP [aɪes'piː] (= *Internet service provider*) proveedor *m* de (acceso a) Internet

Israel ['ɪzreɪl] Israel; **Israeli 1** *adj* israelí **2** *n person* israelí *m/f*

issue ['ɪʃuː] **1** *n* (*matter*) tema *m*, asunto *m*; *of magazine* número *m* **2** *v/t coins* emitir; *passport etc* expedir; *warning* dar

IT [aɪ'tiː] (= *information technology*) tecnologías *fpl* de la información

it [ɪt] *as object* lo, la, le; **what color is ~?** - **~ is red** ¿de qué color es? - es rojo; **~'s raining** llueve; **~'s me / him** soy yo / es él; **that's ~!** (*that's right*) ¡eso es!; (*finished*) ¡ya está!

Italian [ɪ'tæljən] **1** *adj* italiano **2** *n person* italiano(-a) *m(f)*; *language* italiano *m*

italics [ɪ'tælɪks] cursiva *f*

Italy ['ɪtəlɪ] Italia

itch [ɪtʃ] **1** *n* picor *m* **2** *v/i* picar

item ['aɪtəm] artículo *m*; *on agenda* punto *m*; *of news* noticia *f*; **itemize** *invoice* detallar

itinerary [aɪ'tɪnərerɪ] itinerario *m*

its [ɪts] su

it's [ɪts] *it is*; **it has**

itself [ɪt'self] *reflexive* se; **by ~** (*alone*, *automatically*) solo

J

jab [dʒæb] clavar
jack [dʒæk] MOT gato *m*; *in cards* jota *f*
jacket ['dʒækɪt] chaqueta *f*; *of book* sobrecubierta *f*
jackpot gordo *m*
jagged ['dʒægɪd] accidentado
jaguar ['dʒægʊər] jaguar *m*
jail [dʒeɪl] cárcel *f*
jam[1] [dʒæm] *n for bread* mermelada *f*
jam[2] [dʒæm] **1** *n* atasco *m*; F (*difficulty*) aprieto *m* **2** *v/t* (*ram*) meter, embutir; (*cause to stick*) atascar **3** *v/i* (*stick*) atascarse
janitor ['dʒænɪtər] portero(-a) *m(f)*
January ['dʒænʊerɪ] enero *m*
Japan [dʒə'pæn] Japón *m*; **Japanese 1** *adj* japonés **2** *n* japonés(-esa) *m(f)*; *language* japonés *m*; **the ~** los japoneses
jar [dʒɑːr] *container* tarro *m*
jargon ['dʒɑːrgən] jerga *f*
jaw [dʒɔː] mandíbula *f*
jaywalker ['dʒeɪwɔːkər] peatón(-ona) *m(f)* imprudente
jazz [dʒæz] jazz *m*
jealous ['dʒeləs] celoso; **jealousy** celos *mpl*; *of possessions* envidia *f*
jeans [dʒiːnz] vaqueros *mpl*, jeans *mpl*
jeep [dʒiːp] jeep *m*
jeer [dʒɪr] **1** *n* abucheo *m* **2** *v/i*
abuchear
Jello® ['dʒeloʊ] gelatina *f*
jelly ['dʒelɪ] mermelada *f*; **jellyfish** medusa *f*
jeopardize ['dʒepərdaɪz] poner en peligro
jerk[1] [dʒɜːrk] **1** *n* sacudida *f* **2** *v/t* dar un tirón a
jerk[2] [dʒɜːrk] *n* F imbécil *m/f*, *Span* gilipollas *m/f inv* F
jerky ['dʒɜːrkɪ] brusco
jet [dʒet] (*airplane*) reactor *m*; *of water* chorro *m*; (*nozzle*) boquilla *f*; **jetlag** desfase *m* horario, jet lag *m*
jettison ['dʒetɪsn] tirar por la borda
jetty ['dʒetɪ] malecón *m*
Jew [dʒuː] judío(-a) *m(f)*
jewel ['dʒuːəl] *also fig* joya *f*; **jeweler** *Br* **jeweller** joyero(-a) *m(f)*; **jewellery** *Br*, **jewelry** joyas *fpl*
Jewish ['dʒuːɪʃ] judío
jigsaw ['dʒɪgsɔː] rompecabezas *m inv*, puzzle *m*
jilt [dʒɪlt] dejar plantado
jingle ['dʒɪŋgl] **1** *n song* melodía *f* publicitaria **2** *v/i of keys, coins* tintinear
jinx [dʒɪŋks] gafe *m*; **there's a ~ on this project** este proyecto está gafado
jittery ['dʒɪtərɪ] F nervioso
job [dʒɑːb] trabajo *m*; **jobless** desempleado, *Span* parado

jockey ['dʒɑːkɪ] jockey m/f
jog [dʒɑːg] *as exercise* hacer jogging *or* footing; **jogger** persona f que hace jogging *or* footing; **jogging: go ~** ir a hacer jogging *or* footing
john [dʒɑːn] P *(toilet)* baño m, váter m
join [dʒɔɪn] **1** n juntura f **2** v/i *of roads, rivers* juntarse; *(become a member)* hacerse socio **3** v/t *(connect)* unir; *person* unirse a; *club* hacerse socio de; *of road* desembocar en
◆ **join in** participar
joint [dʒɔɪnt] ANAT articulación f; *in woodwork* junta f; *of meat* pieza f; **joint account** cuenta f conjunta; **joint venture** empresa f conjunta
joke [dʒoʊk] **1** n chiste m; *(practical ~)* broma f **2** v/i bromear; **joker** bromista m/f; *in cards* comodín m; **jokingly** en broma
jostle ['dʒɑːsl] empujar
journal ['dʒɜːrnl] *(magazine)* revista f; *(diary)* diario m; **journalism** periodismo m; **journalist** periodista m/f
journey ['dʒɜːrnɪ] viaje m
joy [dʒɔɪ] alegría f, gozo m
jubilant ['dʒuːbɪlənt] jubiloso; **jubilation** júbilo m
judge [dʒʌdʒ] **1** n juez m/f **2** v/t juzgar; *(estimate)* calcular **3** v/i juzgar; **judg(e)ment** LAW fallo m; *(opinion)* juicio m; **Judg(e)ment Day** Día m del Juicio Final
judicial [dʒuː'dɪʃl] judicial
juggle ['dʒʌgl] *also fig* hacer malabarismos con
juice [dʒuːs] Span zumo m, L.Am. jugo m; **juicy** *also fig* jugoso
July [dʒʊ'laɪ] julio m
jumbo (jet) ['dʒʌmboʊ] jumbo m; **jumbo(-sized)** gigante
jump [dʒʌmp] **1** n salto m; *(increase)* incremento m, subida f **2** v/i saltar; *(increase)* dispararse **3** v/t *fence etc* saltar; F *(attack)* asaltar; **~ the lights** saltarse el semáforo
◆ **jump at** *opportunity* no dejar escapar
jumper ['dʒʌmpər] *dress* pichi m; **jumpy** nervioso
June [dʒuːn] junio m
jungle ['dʒʌŋgl] selva f, jungla f
junior ['dʒuːnjər] **1** adj de rango inferior; *(younger)* más joven **2** n *in rank* subalterno(-a) m/f; **junior high** escuela f secundaria *(para alumnos de entre 12 y 14 años)*
junk [dʒʌŋk] trastos mpl; **junk food** comida f basura; **junkie** F drogota m/f F; **junk mail** propaganda f postal
jurisdiction [dʒʊrɪs'dɪkʃn] jurisdicción f
juror ['dʒʊrər] miembro m del jurado; **jury** jurado m
just [dʒʌst] **1** adj *cause* justo **2** adv *(barely)* justo; *(exactly)* justo, justamente; *(only)* só-

lo, solamente; ***have ~ done sth*** acabar de hacer algo; ***~ about*** (*almost*) casi; ***I was ~ about to leave when ...*** estaba a punto de salir cuando...; ***~ now*** (*at the moment*) ahora mismo; ***I saw her ~ now*** a few moments ago la acabo de ver

justice ['dʒʌstɪs] justicia *f*
justifiable [dʒʌstɪ'faɪəbl] justificable; **justifiably** justificadamente; **justification** justificación *f*; **justify** *also text* justificar
justly ['dʒʌstlɪ] (*fairly*) con justicia; (*rightly*) con razón
jut out v/i sobresalir
juvenile ['dʒuːvənəl] *crime* juvenil; *court* de menores; *pej* infantil; **juvenile delinquent** delincuente *m/f* juvenil

K

k [keɪ] (= ***kilobyte***) k (= kilobyte *m*); (= ***thousand***) mil
keel [kiːl] NAUT quilla *f*
keen [kiːn] *interest* gran
keep [kiːp] **1** v/t guardar; (*not lose*) conservar; (*detain*) entretener; *family* mantener; *animals* tener, criar; ***~ trying!*** ¡sigue intentándolo!; ***don't ~ interrupting!*** ¡deja de interrumpirme!; ***~ sth from s.o.*** ocultar algo a alguien **2** v/i of *food, milk* aguantar; ***~ calm!*** ¡tranquilízate!
◆ **keep back** (*hold in check*) contener; *information* ocultar
◆ **keep down** *voice* bajar; *costs etc* reducir; *food* retener
◆ **keep to** *path* seguir; *rules* cumplir, respetar
◆ **keep up 1** v/i *when walking, running etc* seguir el ritmo (*with* de) **2** v/t *pace* seguir, mantener; *payments* estar al corriente de; *bridge, pants* sujetar
'**keepsake** recuerdo *m*
kennel ['kenl] caseta *f* del perro; **kennels** residencia *f* canina
kerosene ['kerəsiːn] queroseno *m*
ketchup ['ketʃəp] ketchup *m*
kettle ['ketl] hervidor *m*
key [kiː] **1** *n* llave *f*; *on keyboard, piano* tecla *f*; *of piece of music* clave *f*; *on map* leyenda *f* **2** *adj* (*vital*) clave **3** v/t *and* v/i COMPUT teclear
◆ **key in** *data* teclear
'**keyboard** COMPUT, MUS teclado *m*; **keyboarder** COMPUT operador(a) *m*(*f*), teclista *m/f*; **keycard** tarjeta *f* (de hotel); **keyed-up** nervioso; **keyring** llavero *m*
kick [kɪk] **1** *n* patada *f* **2** v/t dar

kick around

una patada a; F *habit* dejar **3** *v/i of horse* cocear
◆ **kick around** *ball* dar patadas a; F *(discuss)* comentar
◆ **kick off** comenzar, sacar de centro; F *(start)* empezar
◆ **kick out** *of bar, company* echar; *of country* expulsar
'**kickback** *(bribe)* soborno *m*; **kickoff** SP saque *m*
kid [kɪd] F **1** *n (child)* crío *m* F, niño *m* **2** *v/t* tomar el pelo a F **3** *v/i* bromear
kidnap ['kɪdnæp] secuestrar; **kidnapper** secuestrador *m*; **kidnapping** secuestro *m*
kidney ['kɪdnɪ] ANAT riñón *m*; *in cooking* riñones *mpl*
kill [kɪl] matar; **killer** *(murderer)* asesino *m*; **killing** asesinato *m*
kiln [kɪln] horno *m*
kilo ['kiːloʊ] kilo *m*; **kilobyte** kilobyte *m*; **kilogram** kilogramo *m*; **kilometer**, Br **kilometre** kilómetro *m*
kind[1] [kaɪnd] *adj* amable
kind[2] [kaɪnd] *n (sort)* tipo *m*; *(make, brand)* marca *f*; **~ of** ... *sad, lonely etc* un poco ...
kind-hearted [kaɪnd'hɑːrtɪd] agradable, amable; **kindly** amable, agradable; **kindness** amabilidad *f*
king [kɪŋ] rey *m*; **kingdom** reino *m*
kinky ['kɪŋkɪ] F vicioso
kiosk ['kiːɑːsk] quiosco *m*
kiss [kɪs] **1** *n* beso *m* **2** *v/t* besar **3** *v/i* besarse
kit [kɪt] *(equipment)* equipo *m*

kitchen ['kɪtʃɪn] cocina *f*
kitten ['kɪtn] gatito *m*
kitty ['kɪtɪ] *money* fondo *m*
klutz [klʌts] F *(clumsy person)* manazas *m* F
knack [næk] habilidad *f*
knee [niː] rodilla *f*; **kneecap** rótula F *f*
kneel [niːl] arrodillarse
knee-length hasta la rodilla
knife [naɪf] *for food* cuchillo *m*; *carried outside* navaja *f*
knit [nɪt] **1** *v/t* tejer **2** *v/i* tricotar; **knitwear** prendas *fpl* de punto
knob [nɑːb] *on door* pomo *m*; *on drawer* tirador *m*; *of butter* nuez *f*
knock [nɑːk] **1** *n* golpe *m* **2** *v/t (hit)* golpear; F *(criticize)* criticar **3** *v/i on door* llamar
◆ **knock down** *of car* atropellar; *building* tirar; *object* tirar al suelo; F *(reduce price of)* rebajar
◆ **knock out** dejar K.O.; *of medicine* dejar para el arrastre F; *power lines etc* destruir; *(eliminate)* eliminar
◆ **knock over** tirar; *of car* atropellar
knockout ['nɑːkaʊt] K.O. *m*
knot [nɑːt] **1** *n* nudo *m* **2** *v/t* anudar
know [noʊ] *v/t* saber; *person, place* conocer; *(recognize)* reconocer **2** *v/i* saber; **I don't ~** no (lo) sé; **knowhow** pericia *f*; **knowing** cómplice; **knowingly** deliberadamente; *smile etc* con complicidad

know-it-all F sabiondo F; **knowledge** conocimiento m; **to the best of my ~** por lo que sé
knuckle ['nʌkl] nudillo m
Koran [kə'ræn] Corán m
Korea [kə'riːə] Corea; **Korean 1** adj coreano **2** n coreano(a) m(f); language coreano m
kosher ['koʊʃər] REL kosher; F legal F
kudos ['kjuːdɑːs] prestigio m

L

lab [læb] laboratorio m
label ['leɪbl] **1** n etiqueta f **2** v/t etiquetar
labor ['leɪbər] trabajo m; in pregnancy parto m
laboratory ['læbrətɔːrɪ] laboratorio m
labored ['leɪbərd] style, speech elaborado; **laborer** obrero(-a) m(f); **laborious** laborioso; **labor union** sindicato m; **labour** Br ☞ **labor**
lace [leɪs] encaje m; for shoe cordón m
lack [læk] **1** n falta f, carencia f **2** v/t carecer de; **he~s confidence** le falta confianza
lacquer ['lækər] laca f
lactose lactosa f; **lactose intolerance** MED intolerancia f a la lactosa; **lactose-free** sin lactosa
ladder ['lædər] escalera f (de mano)
laden ['leɪdn] cargado (**with** de)
ladies room ['leɪdiːz] servicio m de señoras
lady ['leɪdɪ] señora f; **ladybug** mariquita f; **ladylike** femenino

lager ['lɑːgər] Br cerveza f rubia
laidback [leɪd'bæk] tranquilo, despreocupado
lake [leɪk] lago m
lamb [læm] cordero m
lame [leɪm] cojo; excuse pobre
laminated ['læmɪneɪtɪd] laminado; paper plastificado
lamp [læmp] lámpara f; **lamppost** farola f; **lampshade** pantalla f (de lámpara)
land [lænd] **1** n tierra f; **by ~** por tierra **2** v/t airplane aterrizar; job conseguir **3** v/i of airplane aterrizar; of ball caer; **landing** of airplane aterrizaje m; of staircase rellano m; **landing strip** pista f de aterrizaje m; **landlady** of hostel etc dueña f; of rented room casera f; Br: of bar patrona f; **landline** TELEC número m fijo; **I'll call you later on the ~** se llamo luego al fijo; **landline number** número m de teléfono fijo; **landlord** of hostel etc dueño m; of rented room casero m; Br: of bar patrón m; **landmark** punto m de referencia; fig

land owner

hito *m*; **land owner** terrateniente *m/f*; **landscape 1** *n* (*also painting*) paisaje *m* **2** *adv* print en formato apaisado; **landslide** corrimiento *m* de tierras; **landslide victory** victoria *f* arrolladora

lane [leɪn] *n* (*country*) camino *m*; (*alley*) callejón *m*; MOT carril *m*

language ['læŋgwɪdʒ] lenguaje *m*; *of nation* idioma *f*, lengua *f*; **language lab** laboratorio *m* de idiomas

lap¹ [læp] *of track* vuelta *f*

lap² [læp] *of water* chapoteo *m*

lap³ [læp] *of person* regazo *m*

lapel [lə'pel] solapa *f*

lapse [læps] **1** *n* (*mistake*) desliz *m*; *of time* lapso *m* **2** *v/i of membership* vencer

laptop ['læptɒːp] COMPUT ordenador *m* portátil, *L.Am.* computadora *f* portátil

larceny ['lɑːrsənɪ] latrocinio *m*

larder ['lɑːrdər] despensa *f*

large [lɑːdʒ] grande; **largely** (*mainly*) en gran parte, principalmente

laryngitis [lærɪn'dʒaɪtɪs] laringitis *f*

laser ['leɪzər] láser *m*; **laser printer** impresora *f* láser

lash¹ [læʃ] *v/t with whip* azotar

lash² [læʃ] *n* (*eyelash*) pestaña *f*

last¹ [læst] **1** *adj in series* último; (*preceding*) anterior; ~ **Friday** el viernes pasado; ~ **night** anoche **2** *adv at* ~

por fin, al fin

last² [læst] *v/i* durar; **lasting** duradero; **lastly** por último

late [leɪt] **1** *adj*: **be ~** *of person, bus etc* llegar tarde; *it's ~ at night* es tarde **2** *adv* arrive, leave tarde; **lately** últimamente, recientemente; **later** más tarde; **latest** último

Latin A'merica Latinoamérica, América Latina; **Latin American 1** *n* latinoamericano(-a) *m(f)* **2** *adj* latinoamericano

Latino [læ'tiːnou] **1** *adj* latino **2** *n* latino(-a)

latitude ['lætɪtuːd] latitud *f*; (*freedom*) libertad *f*

latter ['lætər] último

laugh [læf] **1** *n* risa *f* **2** *v/i* reírse

◆ **laugh at** reírse de

laughter ['læftər] risas *fpl*

launch [lɒːntʃ] **1** *n small boat* lancha *f*; *of ship* botadura *f*; *of rocket, product* lanzamiento *m* **2** *v/t rocket, product* lanzar; *ship* botar

launder ['lɒːndər] *clothes* lavar (y planchar); *money* blanquear; **laundromat** lavandería *f*; **laundry** *place* lavadero *m*; *dirty clothes* ropa *f* sucia; *clean clothes* ropa *f* lavada

lavatory ['lævətɒːrɪ] *place* cuarto *m* de baño, lavabo *m*; *equipment* retrete *m*

lavish ['lævɪʃ] espléndido

law [lɒː] ley *f*; *subject* derecho *m*; **be against the ~** estar prohibido; **law-abiding** respetuoso con la ley; **law court** juzgado *m*; **lawful** legal; **law** legítimo; **lawless** sin ley

lawn [lɔːn] césped *m*; **lawn mower** cortacésped *m*

'lawsuit pleito *m*; **lawyer** abogado(-a) *m(f)*

lax [læks] poco estricto

laxative ['læksətɪv] laxante *m*

lay [leɪ] *(put down)* dejar, poner; *eggs* poner; V *sexually* tirarse a V

◆ **lay off** *workers* despedir

◆ **lay out** *objects* colocar; *page* diseñar, maquetar

layer ['leɪər] estrato *m*; *of soil, paint* capa *f*

'layman laico *m*

'lay-out diseño *m*

lazy ['leɪzɪ] *person* holgazán, perezoso; *day* ocioso

lb (= **pound**) libra *f* (*de peso*)

lead[1] [liːd] v/t *procession* ir al frente de; *company* dirigir; *(guide, take)* conducir **2** v/i *in race, competition* ir en cabeza; *(provide leadership)* tener el mando

lead[2] [liːd] *n for dog* correa *f*

lead[3] [led] *n substance* plomo *m*; **leaded** *gas* con plomo

leader ['liːdər] líder *m*; **leadership** liderazgo *m*

lead-free ['ledfriː] *gas* sin plomo

leading ['liːdɪŋ] *runner* en cabeza; *company, product* puntero; **leading-edge** *company* en la vanguardia; *technology* de vanguardia

leaf [liːf] hoja *f*

◆ **leaf through** hojear

leaflet ['liːflət] folleto *m*

league [liːg] liga *f*

leak [liːk] **1** *n in roof* gotera *f*; *in pipe* agujero *m*; *of air, gas* fuga *f*; *of information* filtración *f* **2** *v/i of boat* hacer agua; *of pipe* tener un agujero; *of liquid, gas* fugarse

lean[1] [liːn] **1** v/i estar inclinado; **~ against sth** apoyarse en algo **2** v/t apoyar

lean[2] [liːn] *adj meat* magro

leap [liːp] **1** *n* salto *m* **2** v/i saltar; **leap year** año *m* bisiesto

learn [lɜːrn] **1** v/t aprender **2** v/i aprender; **~ about** *(hear about)* enterarse de; **learner** estudiante *m/f*; **learning** *(knowledge)* conocimientos *mpl*; *act* aprendizaje *m*

lease [liːs] **1** *n* arrendamiento *m* **2** v/t arrendar

◆ **lease out** arrendar

leash [liːʃ] *for dog* correa *f*

least [liːst] **1** *adj (slightest)* menor **2** *adv* menos **3** *n* lo menos; **at ~** por lo menos

leather ['leðər] **1** *n* piel *f*, cuero *m* **2** *adj* de piel, de cuero

leave [liːv] *n (vacation)* permiso *m* **1** v/t *city, place* marcharse de, irse de; *person, food, memory, (forget)* dejar; **~ s.o. / sth alone** dejar a alguien / algo en paz; **be left** quedar **3** v/i *of person* marcharse, irse; *of plane, train, bus* salir

leave behind

♦ **leave behind** *intentionally* dejar; *(forget)* dejarse
♦ **leave out** omitir; *(not put away)* no guardar
leaving party ['liːvɪŋ] fiesta *f* de despedida
lecture ['lektʃər] **1** *n* clase *f*; *to general public* conferencia *f* **2** *v/i at university* dar clases (**in** de); **lecturer** profesor(a) *m(f)*
ledge [ledʒ] *of window* alféizar *f*; *on rock face* saliente *m*; **ledger** COM libro *m* mayor
left [left] **1** *adj* izquierdo **2** *n also* POL izquierda *f*; **on / to the** ~ a la izquierda **3** *adv turn, look* a la izquierda; **left-hand** de la izquierda; **left-handed** zurdo; **left luggage (office)** *Br* consigna *f*; **left-overs** *food* sobras *fpl*; **left-wing** POL izquierdista, de izquierdas
leg [leg] *of person* pierna *f*; *of animal, table* pata *f*
legacy ['legəsɪ] legado *m*
legal ['liːgl] legal; **legal adviser** asesor(a) *m(f)* jurídico(-a); **legality** legalidad *f*; **legalize** legalizar
legend ['ledʒənd] leyenda *f*; **legendary** legendario
legible ['ledʒəbl] legible
legislate ['ledʒɪsleɪt] legislar; **legislation** legislación *f*; **legislative** legislativo; **legislature** POL legislativo *m*
legitimate [lɪ'dʒɪtɪmət] legítimo

'leg room espacio *m* para las piernas
leisure ['liːʒər] ocio *m*; **leisurely** tranquilo, relajado
lemon ['lemən] limón *m*; **lemonade** limonada *f*
lend [lend] prestar
length [leŋθ] longitud *f*; *(piece: of material etc)* pedazo *m*; **at** ~ *describe* detalladamente; *(finally)* finalmente; **lengthen** alargar; **lengthy** largo
lenient ['liːnɪənt] indulgente, poco severo
lens [lenz] *of camera* objetivo *m*, lente *f*; *of eyeglasses* cristal *m*; *of eye* cristalino *m*; *(contact ~)* lente *m* de contacto, *Span* lentilla *f*
Lent [lent] REL Cuaresma *f*
leotard ['liːoʊtɑːrd] malla *f*
lesbian ['lezbɪən] **1** *n* lesbiana *f* **2** *adj* lésbico, lesbiano
less [les] menos; ~ **than $200** menos de 200 dólares; **lessen** disminuir
lesson ['lesn] lección *f*
let [let] *(allow)* dejar, permitir; *Br house* alquilar; ~ **me go!** ¡déjame!; ~**'s go** vamos; ~**'s stay** vaquedémonos; ~ **go of sth** soltar algo
♦ **let down** *hair* soltarse; *blinds* bajar; *(disappoint)* decepcionar
♦ **let in** *to house* dejar pasar
♦ **let out** *from room, building* dejar salir; *jacket etc* agrandar; *groan* soltar; *Br room* alquilar, *Mex* rentar

lift-off

♦ **let up** (*stop*) amainar
lethal ['li:θl] letal
lethargic [lɪ'θɑːrdʒɪk] aletargado; **lethargy** sopor *m*
letter ['letər] *of alphabet* letra *f*; *in mail* carta *f*; **letterbox** *Br* buzón *m*; **letterhead** (*heading*) membrete *m*; (*headed paper*) papel *m* con membrete
lettuce ['letɪs] lechuga *f*
leukemia [lu:'kiːmɪə] leucemia *f*
level ['levl] **1** *adj surface* nivelado, llano; *in competition* igualado **2** *n* nivel *m*; **on the ~** F (*honest*) honrado; **level-headed** ecuánime
lever ['levər] palanca *f*; **leverage** apalancamiento *m*; (*influence*) influencia *f*
levy ['levɪ] *taxes* imponer
liability [laɪə'bɪlətɪ] responsabilidad *f*; (*likeliness*) propensión *f* (**for** de); **liable** responsable (**for** de); **be ~ to** (*likely*) ser propenso a
♦ **liaise with** [lɪ'eɪz] (*contacts*) actuar de enlace con
liaison [lɪ'eɪzɑːn] (*contacts*) contacto *m*, enlace *m*
liar [laɪr] mentiroso(-a) *m(f)*
libel ['laɪbl] **1** *n* calumnia *f* **2** *v/t* calumniar
liberal ['lɪbərəl] liberal; *portion etc* abundante
liberate ['lɪbəreɪt] liberar; **liberated** liberado; **liberation** liberación *f*; **liberty** libertad *f*
librarian [laɪ'brerɪən] bibliotecario(-a) *m(f)*; **library** biblioteca *f*
Libya ['lɪbɪə] Libia; **Libyan 1** *adj* libio **2** *n* libio(-a) *m(f)*
licence *Br* ☞ **license** *n*
license ['laɪsns] **1** *n* permiso *m*, licencia *f* **2** *v/t* autorizar; **license number** (número *m* de) matrícula *f*; **license plate** *of car* (placa *f* de) matrícula *f*
lick [lɪk] lamer
lid [lɪd] (*top*) tapa *f*
lie[1] [laɪ] **1** *n* (*untruth*) mentira *f* **2** *v/i* mentir
lie[2] [laɪ] *v/i of person* estar tumbado; *of object* estar; (*be situated*) estar, encontrarse

♦ **lie down** tumbarse
lieutenant [luː'tenənt] teniente *m/f*
life [laɪf] vida *f*; **life expectancy** esperanza *f* de vida; **lifeguard** socorrista *m/f*; **life imprisonment** cadena *f* perpetua; **life insurance** seguro *m* de vida; **life jacket** chaleco *m* salvavidas; **lifeless** sin vida; **lifelike** realista; **lifelong** de toda la vida; **life-sized** de tamaño natural; **life support** máquina *f* de respiración asistida; **life-threatening** que puede ser mortal; **lifetime** vida *f*; *in my ~* durante mi vida
lift [lɪft] **1** *v/t* levantar **2** *v/i of fog* disiparse **3** *n Br* (*elevator*) ascensor *m*; **give s.o. a ~** llevar a alguien (en coche); **lift-**

ligament 410

off of rocket despegue *m*
ligament ['lɪgəmənt] ligamento *m*
light¹ [laɪt] **1** *n* luz *f*; **do you have a ~?** ¿tienes fuego? **2** *v/t fire, cigarette* encender; *(illuminate)* iluminar **3** *adj color, sky* claro; *room* luminoso
light² [laɪt] *adj (not heavy)* ligero
◆ **light up 1** *v/i* iluminar **2** *v/i (start to smoke)* encender un cigarrillo
'**light bulb** bombilla *f*
lighten¹ ['laɪtn] *color* aclarar
lighten² ['laɪtn] *load* aligerar
lighter ['laɪtər] *for cigarettes* encendedor *m*, *Span* mechero *m*; **light-headed** mareado; **lighting** iluminación *f*; **lightness** *of room*, *color* claridad *f*; *in weight* ligereza *f*; **lightning: a flash of ~** un relámpago; **lightweight** *in boxing* peso *m* ligero; **light year** año *m* luz
like¹ [laɪk] **1** *prep* como; **what is she ~?** ¿cómo es?; **it's not ~ him** *(not his character)* no es su estilo **2** *conj* como; **~ I said** como dije
like² [laɪk] *v/t*: **I ~ it / her** me gusta; **I would ~ ...** querría ...; **I would ~ to ...** me gustaría...; **would you ~ ...?** ¿querrías...?; **she ~s to swim** le gusta nadar; **if you ~** si quieres
likeable ['laɪkəbl] simpático;
likelihood probabilidad *f*;
likely probable; **likeness**
(resemblance) parecido *m*;
likewise igualmente; **liking**
afición *f* **(for** a)
limb [lɪm] miembro *m*
lime¹ [laɪm] *fruit, tree* lima *f*
lime² [laɪm] *substance* cal *f*
limit ['lɪmɪt] **1** *n* límite *m* **2** *v/t*
limitar; **limitation** limitación
f; **limited company** *Br* sociedad *f* limitada
limousine ['lɪməziːn] limusina *f*
limp¹ [lɪmp] *adj* flojo
limp² [lɪmp] *n*: **he has a ~** cojea
line¹ [laɪn] *n* línea *f*; *of trees* fila *f*; *of people* fila *f*, cola *f*;
the ~ is busy está ocupado,
Span está comunicando;
stand in ~ hacer cola
line² [laɪn] *v/t with lining* forrar
linear ['lɪnɪər] lineal
linen ['lɪnɪn] *material* lino *m*;
(sheets etc) ropa *f* blanca
liner ['laɪnər] *ship* transatlántico *m*
linesman ['laɪnzmən] *SP* juez *m* de línea, linier *m*
linger ['lɪŋgər] *of person* entretenerse; *of pain* persistir
lingerie ['lænʒəri:] lencería *f*
linguist ['lɪŋgwɪst] lingüista *m/f*; **linguistic** lingüístico
lining ['laɪnɪŋ] *of clothes* forro *m*; *of brakes, pipe* revestimiento *m*
link [lɪŋk] **1** *n* conexión *f*; *between countries* vínculo *m*; *in chain* eslabón *m*; *in Internet* enlace *m* **2** *v/t* conectar

local elections

lion ['laɪən] león *m*
lip [lɪp] labio *m*
liposuction ['lɪpoʊsʌkʃn] liposucción *f*
'lipread leer los labios; **lipstick** barra *f* de labios
liqueur [lɪ'kjʊr] licor *m*
liquid ['lɪkwɪd] **1** *n* líquido *m* **2** *adj* líquido; **liquidate** ['lɪkwɪdeɪt] *assets* liquidar; F (*kill*) cepillarse a F; **liquidation** liquidación *f*; **go into ~** ir a la quiebra; **liquidity** FIN liquidez *f*; **liquidize** licuar; **liquidizer** licuadora *f*
liquor ['lɪkər] bebida *f* alcohólica; **liquor store** tienda *f* de bebidas alcohólicas
lisp [lɪsp] **1** *n* ceceo *m* **2** *v/i* cecear
list [lɪst] **1** *n* lista *f* **2** *v/t* enumerar
listen ['lɪsn] escuchar
◆ **listen to** escuchar
listener ['lɪsnər] *to radio* oyente *m/f*
listless ['lɪstlɪs] apático
liter ['li:tər] litro *m*
literal ['lɪtərəl] literal; **literally** literalmente
literary ['lɪtəreri] literario; **literature** literatura *f*; *about product* folletos *mpl*
litre *Br* ☞ **liter**
litter ['lɪtər] basura *f*; *of animal* camada *f*
little ['lɪtl] **1** *adj* pequeño **2** *n* poco *m*; **a ~ wine** un poco de vino **3** *adv* poco; **a ~ bigger** un poco más grande
live¹ [lɪv] *v/i* vivir

◆ **live up to** *expectations* responder a; *reputation* estar a la altura de
live² [laɪv] *adj broadcast* en directo; *ammunition* real; *wire* con corriente
livelihood ['laɪvlihʊd] vida *f*, sustento *m*; **liveliness** vivacidad *f*; *of debate* lo animado; **lively** animado
liver ['lɪvər] hígado *m*
livestock ['laɪvstɑːk] ganado *m*
livid ['lɪvɪd] (*angry*) enfurecido, furioso
living ['lɪvɪŋ] **1** *adj* vivo **2** *n* vida *f*; **living room** sala *f* de estar, salón *m*
lizard ['lɪzərd] lagarto *m*
load [loʊd] **1** *n* carga *f* **2** *v/t car, truck, gun* cargar; *camera* poner le el carrete a; *software* cargar (*in memoria*)
loaf [loʊf] pan *m*
◆ **loaf around** F gandulear F
loafer ['loʊfər] *shoe* mocasín *m*
loan [loʊn] **1** *n* préstamo *m*; **on ~** prestado **2** *v/t* prestar
loathe [loʊð] detestar, aborrecer; **loathing** odio *m*, aborrecimiento *m*
lobby ['lɑːbɪ] *in hotel, theater* vestíbulo *m*; POL lobby *m*
lobe [loʊb] *of ear* lóbulo *m*
lobster ['lɑːbstər] langosta *f*
local ['loʊkl] **1** *adj* local **2** *n are you a ~?* ¿eres de aquí?; **local call** TELEC llamada *f* local; **local elections** elecciones *fpl* municipales; **local**

locality

government administración f municipal; **locality** localidad f; **localize** localizar; **locally** live, work cerca, en la zona; **local time** hora f local

locate [lou'keɪt] new factory etc emplazar, ubicar; (identify position of) situar; **be ~d** encontrarse; **location** (siting) emplazamiento m; (identifying position of) localización f; **on ~** movie en exteriores

lock¹ [lɑːk] n of hair mechón m

lock² [lɑːk] **1** n on door cerradura f **2** v/t door cerrar (con llave)

◆ **lock up** in prison encerrar

locker ['lɑːkər] taquilla f; **locker room** vestuario m

locust ['loukəst] langosta f

lodge [lɑːdʒ] **1** v/t complaint presentar **2** v/i of bullet alojarse

lofty ['lɑːftɪ] elevado

log [lɑːg] wood tronco m; written record registro m

◆ **log in** entrar
◆ **log off** salir
◆ **log on** entrar (**to** a)
◆ **log off** salir

'log cabin cabaña f

logic ['lɑːdʒɪk] lógica f; **logical** lógico; **logically** lógicamente

logistics [lə'dʒɪstɪks] logística f

logo ['lougou] logotipo m

loiter ['lɔɪtər] holgazanear

lollipop ['lɑːlɪpɑːp] pirulet a f

London ['lʌndən] Londres

loneliness ['lounlɪnɪs] soledad f; **lonely** person solo; place solitario; **loner** solitario(-a) m(f)

long¹ [lɔːŋ] **1** adj largo **2** adv mucho tiempo; **that was ~ ago** eso fue hace mucho tiempo; **how ~ will it take?** ¿cuánto se tarda?; **we can't wait any ~er** no podemos esperar más tiempo; **so ~ as** (provided) siempre que ; **so ~!** ¡hasta la vista!

long² [lɔːŋ] v/i: **~ for sth** home echar en falta algo; change anhelar algo; **be ~ing to do sth** anhelar hacer algo; **long-distance** race de fondo; flight, call de larga distancia; **longevity** longevidad f; **longing** anhelo m; **longitude** longitud f; **long jump** salto m de longitud; **long-range** missile de largo alcance; forecast a largo plazo; **long-sleeved** de manga larga; **long-standing** antiguo; **long-term** a largo plazo

loo [luː] Br F baño m

look [luk] **1** n (appearance) aspecto m; (glance) mirada f; **~s** (beauty) atractivo m, guapura f **2** v/i mirar; (search) buscar; (seem) parecer

◆ **look after** children cuidar (de); property proteger
◆ **look ahead** fig mirar hacia el futuro
◆ **look around 1** v/i mirar **2** v/t museum, city dar una

vuelta por
- **look at** mirar; (*examine*) estudiar; (*consider*) considerar
- **look back** mirar atrás
- **look down on** mirar por encima del hombro a
- **look for** buscar
- **look into** (*investigate*) investigar
- **look onto** *garden etc* dar a
- **look out** *through window etc* mirar; (*pay attention*) tener cuidado
- **look over** *translation* revisar; *house* inspeccionar
- **look through** *magazine, notes* echar un vistazo a
- **look up 1** *v/i from paper etc* levantar la mirada; (*improve*) mejorar **2** *v/t word, phone number* buscar; (*visit*) visitar
- **look up to** (*respect*) admirar

'**lookout** *person* centinela *m*
loop [luːp] bucle *m*; **loophole** *in law etc* vacío *m* legal
loose [luːs] *connection, clothes* suelto; *morals* disoluto; *wording* impreciso; **loosely** *worded* vagamente; **loosen** aflojar
lop-sided [lɑːpˈsaɪdɪd] torcido
Lord [lɔːrd] (*God*) Señor *m*
lorry [ˈlɔːrɪ] *Br* camión *m*
lose [luːz] **1** *v/t* perder **2** *v/i* SP perder; *of clock* retrasarse; **loser** perdedor(a) *m(f)*; F *in life* fracasado(-a) *m(f)*
loss [lɑːs] pérdida *f*
lost [lɑːst] perdido; **lost-and-**

loyalty

found, *Br* **lost property** (**office**) oficina *f* de objetos perdidos
lot [lɑːt]: **a ~ (of),** **~s (of)** mucho, muchos; **a ~ easier** mucho más fácil
lotion [ˈloʊʃn] loción *f*
lottery [ˈlɑːtərɪ] lotería *f*
loud [laʊd] fuerte; *color* chillón; **loudspeaker** altavoz *m*, *L.Am.* altoparlante *m*
louse [laʊs] piojo *m*; **lousy** F asqueroso F
lout [laʊt] gamberro *m*
lovable [ˈlʌvəbl] adorable, encantador; **love 1** *n* amor *m*; *in tennis* nada *f*; **fall in ~** enamorarse (**with** de); **make ~** hacer el amor **2** *v/t* amar; **love affair** aventura *f* amorosa; **lovely** *face, hair, color, tune* precioso, lindo; *person, character* encantador; *holiday, weather, meal* estupendo; **lover** amante *m/f*; **lovingly** con cariño
low [loʊ] **1** *adj* bajo **2** *n in weather* zona *f* de bajas presiones; *in statistics* mínimo *m*; **lowbrow** poco intelectual; **low-calorie** bajo en calorías; **low-cut** escotado; **lower** *to the ground, hemline, price* bajar; *flag* arriar; *pressure* reducir; **low-fat** de bajo contenido graso; **lowkey** discreto
loyal [ˈlɔɪəl] leal (**to** a); **loyally** lealmente; **loyalty** lealtad *f* (**to** a)

Ltd (= *limited*) S.L. (= sociedad *f* limitada)
lubricant ['luːbrɪkənt] lubricante *m*; **lubricate** lubricar; **lubrication** lubricación *f*
lucid ['luːsɪd] lúcido
luck [lʌk] suerte *f*; **good ~!** ¡buena suerte!; **luckily** por suerte; **lucky** *person, coincidence* afortunado; *day, number* de la suerte; **you were ~** tuviste suerte!
lucrative ['luːkrətɪv] lucrativo
ludicrous ['luːdɪkrəs] ridículo
lug [lʌg] arrastrar
luggage ['lʌgɪdʒ] equipaje *m*
lukewarm ['luːkwɔːrm] tibio; *reception* indiferente
lull [lʌl] *in storm, fighting* tregua *f*; *in conversation* pausa *f*
lumber ['lʌmbər] (*timber*) madera *f*
luminous ['luːmɪnəs] luminoso
lump [lʌmp] *of sugar, earth* terrón *m*; (*swelling*) bulto *m*; **lump sum** pago *m* único;

lumpy *liquid, sauce* grumoso; *mattress* lleno de bultos
lunacy ['luːnəsɪ] locura *f*
lunar ['luːnər] lunar
lunatic ['luːnətɪk] lunático(-a) *m(f)*
lunch [lʌntʃ] almuerzo *m*, comida *f*; **have ~** almorzar, comer; **lunch box** fiambrera *f*; **lunch break** pausa *f* para el almuerzo; **lunchtime** hora *f* del almuerzo
lung [lʌŋ] pulmón *m*
lurch [lɜːrtʃ] *of drunk* tambalearse; *of ship* dar sacudidas
lure [lʊr] **1** *n* atractivo *m* **2** *v/t* atraer
lurk [lɜːrk] *of person* estar oculto
lush [lʌʃ] *vegetation* exuberante
lust [lʌst] lujuria *f*
luxurious [lʌgˈʒʊriəs] lujoso; **luxuriously** lujosamente; **luxury 1** *n* lujo *m* **2** *adj* de lujo
lynch [lɪntʃ] linchar
lyrics ['lɪrɪks] letra *f*

M

ma'am [mæm] señora *f*
machine [məˈʃiːn] máquina *f*; **machine gun** ametralladora *f*; **machinery** maquinaria *f*
machismo [məˈkɪzmoʊ] machismo *m*
macho ['mætʃoʊ] macho
macro ['mækroʊ] COMPUT macro *m*

mad [mæd] (*insane*) loco; F (*angry*) enfadado; **madden** (*infuriate*) sacar de quici; **maddening** exasperante; **madhouse** *fig* casa *f* de locos; **madman** loco *m*; **madness** locura *f*
Madonna [məˈdɒnə] madona *f*

Mafia ['mɑːfɪə]: **the ~** la mafia
magazine [mægə'ziːn] *printed* revista *f*
Magi ['meɪdʒaɪ] REL: **the ~** los Reyes Magos
magic ['mædʒɪk] **1** *n* magia *f* **2** *adj* mágico, **magical** mágico; **magician** *performer* mago(-a) *m(f)*
magnet ['mægnɪt] imán *m*; **magnetic** magnético; *fig*: *personality* cautivador; **magnetism** *of person* magnetismo *m*
magnificence [mæg'nɪfɪsəns] magnificencia *f*; **magnificent** magnífico
magnify ['mægnɪfaɪ] aumentar; *difficulties* magnificar; **magnifying glass** lupa *f*
magnitude ['mægnɪtuːd] magnitud *f*
maid [meɪd] (*servant*) criada *f*; *in hotel* camarera *f*
maiden name ['meɪdn] apellido *m* de soltera
mail [meɪl] **1** *n* correo *m* **2** *v/t letter* enviar (por correo); **mailbox** *also* COMPUT buzón *m*; **mailing list** lista *f* de direcciones; **mailman** cartero *m*; **mailshot** mailing *m*
maim [meɪm] mutilar
main [meɪn] principal; **main course** plato *m* principal; **mainframe** *Span* ordenador *m* central, *L.Am.* computadora *f* central; **mainly** principalmente; **main road** carretera *f* general; **main street** calle *f* principal

maintain [meɪn'teɪn] mantener; **maintenance** mantenimiento *m*
majestic [mə'dʒestɪk] majestuoso
major ['meɪdʒər] **1** *adj* (*significant*) importante, principal **2** *n* MIL comandante *m*
◆ **major in** especializarse en
majority [mə'dʒɑːrətɪ] *also* POL mayoría *f*
make [meɪk] **1** *n* (*brand*) marca *f v/t* hacer; *cars* fabricar, producir; *movie* rodar; *speech* pronunciar; *decision* tomar; (*earn*) ganar; MATH hacer; **two and two ~ four** dos y dos son cuatro; **~ s.o. do sth** (*force to*) obligar a alguien a hacer algo; (*cause to*) hacer que alguien haga algo; **~ s.o. happy / angry** hacer feliz / enfadar a alguien; **~ it** (*catch bus, train*) llegar a tiempo; (*come*) ir; (*succeed*) tener éxito; (*survive*) sobrevivir; *what time do you ~ it?* ¿qué hora llevas?; **~ do with** conformarse con; *what do you ~ of it?* ¿qué piensas?
◆ **make out** *list* hacer, elaborar; *check* extender; (*see*) distinguir; (*imply*) pretender
◆ **make up 1** *v/i of woman, actor* maquillarse; *after quarrel* reconciliarse **2** *v/t story* inventar; *face* maquillar; (*constitute*) suponer, formar
◆ **make up for** compensar por

'**make-believe** ficción *f*, fantasía *f*

maker ['meɪkər] (*manufacturer*) fabricante *m*; **makeshift** improvisado; **make-up** (*cosmetics*) maquillaje *m*

maladjusted [mæləˈdʒʌstɪd] inadaptado

male [meɪl] **1** *adj* masculino; *animal* macho **2** *n man* hombre *m*, varón *m*; *animal, bird* macho *m*; **male chauvinism** machismo *m*; **male chauvinist pig** machista *m*

malevolent [məˈlevələnt] malévolo

malfunction [mælˈfʌŋkʃn] **1** *n* fallo *m* (*in de*) **2** *v/i* fallar

malice [ˈmælɪs] malicia *f*; **malicious** malicioso

malignant [məˈlɪgnənt] *tumor* maligno

mall [mɔːl] (*shopping* ~) centro *m* comercial

malnutrition [mælnjuːˈtrɪʃn] desnutrición *f*

maltreat [mælˈtriːt] maltratar; **maltreatment** maltrato *m*

mammal [ˈmæml] mamífero *m*

man [mæn] **1** *n* hombre *m*; (*humanity*) el hombre; *in checkers* ficha *f* **2** *v/t telephones, front desk* atender; *spacecraft* tripular

manage [ˈmænɪdʒ] **1** *v/t business* dirigir; *money* gestionar; *suitcase* poder con; ~ **to ...** conseguir ... **2** *v/i* (*cope*) arreglárselas; **manageable** (*easy to handle*) manejable; (*feasible*) factible; **management** (*managing*) gestión *f*, administración *f*; (*managers*) dirección *f*; **management consultant** consultor(a) *m(f)* en administración de empresas; **manager** *of hotel, company* director(a) *m(f)*; *of shop, restaurant* encargado(a) *m(f)*; **managerial** de gestión; **managing director** director(a) *m(f)* gerente

mandate [ˈmændeɪt] (*authority*) mandato *m*; (*task*) tarea *f*; **mandatory** obligatorio

maneuver [məˈnuːvər] **1** *n* maniobra *f* **2** *v/t* maniobrar

mangle [ˈmæŋgl] (*crush*) destrozar

manhandle [ˈmænhændl] mover a la fuerza

manhood [ˈmænhʊd] madurez *f*; (*virility*) virilidad *f*;

manhunt persecución *f*

mania [ˈmeɪnɪə] (*craze*) pasión *f*; **maniac** F chiflado(-a) *m(f)* F

manicure [ˈmænɪkjʊr] manicura *f*

manifest [ˈmænɪfest] **1** *adj* manifiesto **2** *v/t* manifestar

manipulate [məˈnɪpjəleɪt] *person, bones* manipular; **manipulation** *of person, bones* manipulación *f*; **manipulative** manipulador

man'kind la humanidad; **'manly** (*brave*) de hombres; (*strong*) varonil; **man-made** *materials* sintético; *structure*

artificial
manner ['mænər] *of doing sth* manera *f*, modo *m*; *(attitude)* actitud *f*; **manners** modales *mpl*; **good / bad ~** buena / mala educación

manoeuvre *Br* ☞ **maneuver**

'manpower *(workers)* mano *f* de obra; *for other tasks* recursos *mpl* humanos

manual ['mænjuəl] **1** *adj* manual **2** *n* manual *m*; **manually** a mano

manufacture [mænju'fæktʃər] **1** *n* fabricación *f* **2** *v/t* fabricar; **manufacturer** fabricante *m*; **manufacturing** *industry* manufacturero

manuscript ['mænjuskrɪpt] manuscrito *m*

many ['menɪ] **1** *adj* muchos; *take as ~ apples as you like* toma todas las manzanas que quieras; *too ~ problems* demasiados problemas *pl* **2** *pron* muchos; *a great ~, a good ~* muchos; *how ~ do you need?* ¿cuántos necesitas?; *as ~ as 200* hasta 200

map [mæp] mapa *m*

maple ['meɪpl] arce *m*

mar [mɑːr] empañar

marathon ['mærəθɑːn] *race* maratón *m or f*

marble ['mɑːrbl] *material* mármol *m*

March [mɑːrtʃ] marzo *m*

march [mɑːrtʃ] **1** *n* marcha *f* **2** *v/i* marchar; **marcher** manifestante *m/f*

Mardi Gras ['mɑːrdɪgrɑː] martes *m inv* de Carnaval

margin ['mɑːrdʒɪn] *also* COM margen *m*; **marginal** *(slight)* marginal; **marginally** *(slightly)* ligeramente

marihuana, marijuana [mærɪ'hwɑːnə] marihuana *f*

marina [mə'riːnə] puerto *m* deportivo

marine [mə'riːn] **1** *adj* marino **2** *n* MIL marine *m/f*, infante *m/f* de marina

marital ['mærɪtl] marital; **marital status** estado *m* civil

maritime ['mærɪtaɪm] marítimo

mark [mɑːrk] **1** *n* señal *f*, marca *f*; *(stain)* marca *f*, mancha *f*; *(sign, token)* signo *m*, señal *f*; *(trace)* señal *f*; *Br* EDU nota *f* **2** *v/t* *(stain)* manchar; *Br* EDU calificar; *(indicate, commemorate)* marcar **3** *v/i of fabric* mancharse; **marked** *(definite)* marcado, notable; **marker** *(highlighter)* rotulador *m*

market ['mɑːrkɪt] **1** *n* mercado *m*; *(stock ~)* bolsa *f* **2** *v/t* comercializar; **marketable** comercializable; **market economy** economía *f* de mercado; **marketing** marketing *m*; **market leader** líder *m* del mercado; **marketplace** *in town* plaza *f* del mercado; *for commodities* mercado *m*; **market research** investigación *f* de mercado; **market share** cuo-

mark-up ['mɑːrkʌp] margen *m*

marriage ['mærɪdʒ] matrimonio *m*; *event* boda *f*; **marriage certificate** certificado *m* de matrimonio; **married** casado; **be ~ to ...** estar casado con...; **married life** vida *f* matrimonial; **marry** casarse con; *of priest* casar; **get married** casarse

marsh [mɑːrʃ] *Br* pantano *m*, ciénaga *f*

marshal ['mɑːrʃl] *in police* jefe(-a) *m(f)* de policía; *in security service* miembro *m* del servicio de seguridad

martial 'law ley *f* marcial

martyr ['mɑːrtər] mártir *m/f*

marvel ['mɑːrvl] maravilla *f*; **marvelous**, *Br* **marvellous** maravilloso

Marxism ['mɑːrksɪzm] marxismo *m*; **Marxist 1** *adj* marxista **2** *n* marxista *m/f*

mascara [mæ'skærə] rímel *m*

mascot ['mæskət] mascota *f*

masculine ['mæskjʊlɪn] masculino; **masculinity** (*virility*) masculinidad *f*

mash [mæʃ] hacer puré de, majar

mask [mæsk] **1** *n* máscara *f*; *to cover mouth, nose* mascarilla *f* **2** *v/t feelings* enmascarar

masochism ['mæsəkɪzm] masoquismo *m*; **masochist** masoquista *m/f*

mass[1] [mæs] **1** *n* (*great amount*) gran cantidad *f*; (*body*) masa *f*; **~es of** *F* un montón de *F* **2** *v/i* concentrarse

mass[2] [mæs] *n* REL misa *f*

massacre ['mæsəkər] **1** *n* masacre *f*, matanza *f*; *F in sport* paliza *f* **2** *v/t* masacrar; *F in sport* dar una paliza a

massage ['mæsɑːʒ] **1** *n* masaje *m* **2** *v/t* dar un masaje en; *figures* maquillar

massive ['mæsɪv] enorme; *heart attack* muy grave

mass 'media medios *mpl* de comunicación; **mass-produce** fabricar en serie; **mass production** fabricación *f* en serie

mast [mæst] *of ship* mástil *m*; *for radio signal* torre *f*

master ['mæstər] **1** *n of dog* dueño *m*, amo *m*; *of ship* patrón *m* **2** *v/t skill* dominar; **master bedroom** dormitorio *m* principal; **master key** llave *f* maestra; **masterly** magistral; **mastermind 1** *n* cerebro *m* **2** *v/t* dirigir, organizar; **masterpiece** obra *f* maestra; **master's (degree)** máster *m*; **mastery** dominio *m*

mat [mæt] *for floor* estera *f*; *for table* salvamanteles *m inv*

match[1] [mætʃ] *for cigarette* cerilla *f*, fósforo *m*

match[2] [mætʃ] **1** *n* SP partido *m*; *in chess* partida *f* **2** *v/t* (*be the same as*) coincidir con; (*be in harmony with*) hacer juego con; (*equal*) igua-

matching a juego; **match stick** cerilla *f*, fósforo *m*
mate [meɪt] **1** *n of animal* pareja *f*; NAUT oficial *m/f* **2** *v/i* aparearse
material [məˈtɪrɪəl] **1** *n* (*fabric*) tejido *m*; (*substance*) material *m* **2** *adj* material; **materialism** materialismo *m*; **materialist** materialista *m/f*; **materialistic** materialista; **materialize** (*appear*) aparecer; (*come into existence*) hacerse realidad
maternal [məˈtɜːrnl] maternal; **maternity** maternidad *f*; **maternity leave** baja *f* por maternidad
math [mæθ] matemáticas *fpl*; **mathematical** matemático; **mathematician** matemático(-a) *m(f)*
maths Br ☞ **math**
matinée [ˈmætɪneɪ] sesión *f* de tarde
matriarch [ˈmeɪtrɪɑːrk] matriarca *f*
matrimony [ˈmætrəmoʊnɪ] matrimonio *m*
matt [mæt] mate
matter [ˈmætər] **1** *n* (*affair*) asunto *m*; PHYS materia *f*; **what's the ~?** ¿qué pasa? **2** *v/i* importar; **it doesn't ~** no importa; **matter-of-fact** tranquilo
mattress [ˈmætrɪs] colchón *m*
mature [məˈtʃʊr] **1** *adj* maduro **2** *v/i of person* madurar; *of insurance policy* vencer; **maturity** madurez *f*
maximize [ˈmæksɪmaɪz] maximizar; **maximum 1** *adj* máximo **2** *n* máximo *m*
May [meɪ] mayo *m*
may [meɪ] *v/aux* ◊ *possibility*: **it ~ rain** puede que llueva; **you ~ be right** puede que tengas razón; **it ~ not happen** puede que no ocurra ◊ *permission* poder; **~ I help?** ¿puedo ayudar
maybe [ˈmeɪbiː] quizás, tal vez
mayo, mayonnaise [ˈmeɪoʊ, meɪəˈneɪz] mayonesa *f*
mayor [mer] alcalde *m*
maze [meɪz] laberinto *m*
MB (= *megabyte*) MB (= megabyte *m*)
MBA [embiːˈeɪ] (= *Master of Business Administration*) MBA *m* (= Máster *m* en Administración de Empresas)
MD [emˈdiː] (= *Doctor of Medicine*) Doctor(a) *m(f)* en Medicina; (= *managing director*) director(a) *m(f)* gerente
me [miː] *object* me; *after prep* mí; **he knows ~** me conoce; **he sold it to ~** me lo vendió; **this is for ~** esto es para mí; **with ~** conmigo; **it's ~** soy yo; **taller than ~** más alto que yo
meadow [ˈmedoʊ] prado *m*
meager, *Br* **meagre** [ˈmiːɡər] escaso, exiguo
meal [miːl] comida *f*
mean[1] [miːn] *adj with money* tacaño; (*nasty*) malo, cruel

mean² ** [miːn] v/t (*intend to say*) querer decir; (*signify*) querer decir, significar; **be ~t for ser para; *of remark* ir dirigido a; **meaning** *of word* significado *m*; **meaningful** (*comprehensible*) con sentido; (*constructive*), *glance* significativo; **meaningless** sin sentido

means [miːnz] *financial* medios *mpl*; (*way*) medio *m*; **by all ~** (*certainly*) por supuesto; **by ~ of** mediante

meantime ['miːntaɪm] mientras tanto

measles ['miːzlz] sarampión *m*

measure ['meʒər] **1** *n* (*step*) medida *f* **2** v/t & v/i medir

◆ **measure up** estar a la altura (**to** de)

measurement ['meʒərmənt] medida *f*; **measuring tape** cinta *f* métrica

meat [miːt] carne *f*; **meatball** albóndiga *f*

mechanic [mɪ'kænɪk] mecánico(-a) *m(f)*; **mechanical** *also fig* mecánico; **mechanical engineer** ingeniero(-a) *m(f)* industrial; **mechanically** *also fig* mecánicamente; **mechanism** mecanismo *m*; **mechanize** mecanizar

medal ['medl] medalla *f*; **medalist**, *Br* **medallist** medallista *m/f*

meddle ['medl] entrometerse

media ['miːdɪə]: **the ~** los medios de comunicación; **media coverage** cobertura *f* informativa

median strip [miːdɪən'strɪp] mediana *f*

'media studies ciencias *fpl* de la información

mediate ['miːdɪeɪt] mediar; **mediation** mediación *f*; **mediator** mediador(a) *m(f)*

medical ['medɪkl] **1** *adj* médico **2** *n* reconocimiento *m* médico; **medicated** medicinal; **medication** medicamento *m*, medicina *f*; **medicinal** medicinal; **medicine science** medicina *f*; (*medication*) medicina *f*, medicamento *m*

medieval [medɪ'iːvl] medieval

mediocre [miːdɪ'oʊkər] mediocre; **mediocrity** *of work etc*, *person* mediocridad *f*

meditate ['medɪteɪt] meditar; **meditation** meditación *f*

Mediterranean [medɪtə'reɪnɪən] **1** *adj* mediterráneo **2** *n*: **the ~** el Mediterráneo

medium ['miːdɪəm] **1** *adj* (*average*) medio; *steak* a punto **2** *n size* talla *f* media; (*means*) medio *m*; (*spiritualist*) médium *m/f*

medley ['medlɪ] (*assortment*) mezcla *f*

meet [miːt] **1** v/t *by appointment* encontrarse con, reunirse con; *by chance, of eyes* encontrarse con; (*get to know*) conocer; (*collect*) ir a buscar; *in competition* enfrentarse con; (*satisfy*) satis-

merchandise

facer **2** v/i encontrarse; *in competition* enfrentarse; *of committee etc* reunirse **3** n SP reunión f; **meeting** *by chance* encuentro m; *in business* reunión f

megabyte ['megəbaɪt] COMPUT megabyte m

mellow ['meloʊ] **1** adj suave **2** v/i *of person* suavizarse, sosegarse

melodious [mɪ'loʊdɪəs] melodioso

melodramatic [melədrə'mætɪk] melodramático

melody ['melədɪ] melodía f

melon ['melən] melón m

melt [melt] **1** v/i fundirse, derretirse **2** v/t fundir, derretir; **melting pot** *fig* crisol m

member ['membər] miembro m; **Member of Congress** diputado(-a) m(f); **membership** afiliación f; *number of members* número m de miembros

membrane ['membreɪn] membrana f

memento [me'mentoʊ] recuerdo m

memo ['memoʊ] nota f

memoirs ['memwɑːrz] memorias fpl

memorable ['memərəbl] memorable

memorial [mɪ'mɔːrɪəl] **1** adj conmemorativo **2** n monumento m conmemorativo; **Memorial Day** Día m de los Caídos

memorize ['meməraɪz] memorizar; **memory** (*recollection*) recuerdo m; (*power of recollection*), COMPUT memoria f

men [men] pl ☞ **man**

menace ['menɪs] **1** n amenaza f; *person* peligro m **2** v/t amenazar; **menacing** amenazador

mend [mend] v/t reparar; *clothes* coser, remendar; *shoes* remendar

menial ['miːnɪəl] ingrato, penoso

menopause ['menəpɔːz] menopausia f

men's room servicio m de caballeros

menstruate ['menstrʊeɪt] menstruar

mental ['mentl] mental; F (*crazy*) chiflado F, pirado F; **mental hospital** hospital m psiquiátrico; **mental illness** enfermedad f mental; **mentality** mentalidad f; **mentally** mentalmente

mention ['menʃn] **1** n mención f **2** v/t mencionar; **don't ~ it** (*you're welcome*) no hay de qué

mentor ['mentɔːr] mentor(a) m(f)

menu ['menuː] *for food*, COMPUT menú m

mercenary ['mɜːrsɪnərɪ] **1** adj mercenario **2** n MIL mercenario(-a) m(f)

merchandise ['mɜːrtʃəndaɪz] mercancías fpl, *L.Am.* mercadería f

merchant

merchant ['mɜːrtʃənt] comerciante *m/f*
merciful ['mɜːrsɪfəl] compasivo, piadoso; **mercifully** (*thankfully*) afortunadamente; **merciless** despiadado; **mercy** clemencia *f*, compasión *f*
mere [mɪr] mero, simple; **merely** meramente, simplemente
merge [mɜːrdʒ] *of two lines etc* juntarse, unirse; *of companies* fusionarse; **merger** COM fusión *f*
merit ['merɪt] **1** *n* (*worth*) mérito *m*; (*advantage*) ventaja *f* **2** *v/t* merecer
mesh [meʃ] malla *f*
mess [mes] (*untidiness*) desorden *m*; (*trouble*) lío *m*
message ['mesɪdʒ] *also of movie etc* mensaje *m*
messenger ['mesɪndʒər] (*courier*) mensajero(-a) *m(f)*
messy ['mesɪ] *room, person* desordenado; *job* sucio; *divorce* desagradable
metabolism [mə'tæbəlɪzm] metabolismo *m*
metal ['metl] **1** *n* metal *m* **2** *adj* metálico; **metallic** metálico
metaphor ['metəfər] metáfora *f*
meteor ['miːtɪər] meteoro *m*; **meteoric** *fig* meteórico; **meteorite** meteorito *m*
meteorological [miːtɪərə'lɑːdʒɪkl] meteorológico; **meteorologist** meteorólogo(-a) *m(f)*; **meteorology** meteorología *f*
meter[1] ['miːtər] *for gas, electricity* contador *m*; (*parking* ~) parquímetro *m*
meter[2] ['miːtər] *unit of length* metro *m*
method ['meθəd] método *m*; **methodical** metódico
meticulous [mə'tɪkjʊləs] meticuloso, minucioso
metre *Br* ☞ **meter**[2]
metropolis [mɪ'trɑːpəlɪs] metrópolis *f inv*; **metropolitan** metropolitano
mew [mjuː] ☞ **miaow**
Mexican ['meksɪkən] **1** *adj* mexicano, mejicano **2** *n* mexicano(-a) *m(f)*, mejicano(-a) *m(f)*; **Mexico** Méjico, Méjico; **Mexico City** Ciudad *f* de México, *Mex* México, *Mex* el Distrito Federal, *Mex* el D.F.
miaow [mɪaʊ] **1** *n* maullido *m* **2** *v/i* maullar
mice [maɪs] *pl* ☞ **mouse**
'**microchip** microchip *m*; **microclimate** microclima *m*; **microcosm** microcosmos *m inv*; **microorganism** microorganismo *m*; **microphone** micrófono *m*; **microprocessor** microprocesador *m*; **microscope** microscopio *m*; **microscopic** microscópico; **microwave** *oven* microondas *m inv*
midday [mɪd'deɪ] mediodía *m*
middle ['mɪdl] **1** *adj* del medio **2** *n* medio *m*; **be in the ~ of doing sth** estar ocupado ha-

ciendo algo; **middle-aged** de mediana edad; **middle-class** de clase media; *middle class(es)* clases *fpl* medias; **Middle East** Oriente *m* Medio; **middleman** intermediario *m*; **middle name** segundo nombre *m*; **middleweight** *boxer* peso *m* medio

midfielder [mɪdˈfiːldər] centrocampista *m/f*

midget [ˈmɪdʒɪt] en miniatura

midnight [ˈmɪdnaɪt] medianoche *f*; **midsummer** pleno verano *m*; **midweek** a mitad de semana; **Midwest** Medio Oeste *m* (de Estados Unidos); **midwife** comadrona *f*; **midwinter** pleno invierno *m*

might[1] [maɪt] *v/aux* poder, ser posible que; *I ~ be late* puede *or* es posible que llegue tarde; *you ~ have told me!* ¡me lo podías haber dicho!

might[2] [maɪt] *n (power)* poder *m*, fuerza *f*

mighty [ˈmaɪtɪ] **1** *adj* poderoso *m* **2** *adv* F *(extremely)* muy, cantidad de F

migraine [ˈmiːgreɪn] migraña *f*

migrant worker [ˈmaɪgrənt] trabajador(a) *m(f)* itinerante; **migrate** emigrar; **migration** emigración *f*

mike [maɪk] F micro *m* F

mild [maɪld] *weather* apacible; *cheese, voice* suave; *curry etc* no muy picante; **mildly** *say sth* con suavidad; *spicy* ligeramente; **mildness** *of weather, voice* suavidad *f*

mile [maɪl] milla *f*; **milestone** *fig* hito *m*

militant [ˈmɪlɪtənt] **1** *adj* militante **2** *n* militante *m/f*

military [ˈmɪlɪterɪ] **1** *adj* militar **2** *n*: *the ~* el ejército, las fuerzas armadas

militia [mɪˈlɪʃə] milicia *f*

milk [mɪlk] **1** *n* leche *f* **2** *v/t* ordeñar; **milk chocolate** chocolate *m* con leche; **milkshake** batido *m*

mill [mɪl] *for grain* molino *m*; *for textiles* fábrica *f* de tejidos

millennium [mɪˈlenɪəm] milenio *m*

milligram [ˈmɪlɪgræm] miligramo *m*

millimeter, *Br* **millimetre** [ˈmɪlɪmiːtər] milímetro *m*

million [ˈmɪljən] millón *m*; **millionaire** millonario(-a) *m(f)*

mime [maɪm] representar con gestos

mimic [ˈmɪmɪk] **1** *n* imitador(a) *m(f)* **2** *v/t* imitar

mince [mɪns] picar

mind [maɪnd] **1** *n* mente *f*; *bear or keep sth in ~* recordar algo; *change one's ~* cambiar de opinión; *make up one's ~* decidirse; *have something on one's ~* tener algo en la cabeza; *keep one's ~ on sth* concentrarse en algo **2** *v/t (look after)* cuidar (de); *(heed)* prestar atención a; *I don't ~ what we do* no me importa lo que haga-

mind-boggling

mos; *do you ~ if I smoke?* ¿le importa que fume? **3** v/i: *never ~!* ¡no importa!; *I don't ~* no me importa, me da igual; **mind-boggling** increíble; **mindless** *violence* gratuito

mine[1] [main] *pron* el mío, la mía; *that book is ~* eso libro es mío; *a cousin of ~* un primo mío

mine[2] [main] *n for coal etc* mina *f*

mine[3] [main] **1** *n* (*explosive*) mina *f* **2** *v/t* minar

'**minefield** MIL campo *m* de minas; *fig* campo *m* minado; **miner** minero(-a) *m(f)*

mineral ['mɪnərəl] mineral *m*; **mineral water** agua *f* mineral

'**minesweeper** NAUT dragaminas *m inv*

mingle ['mɪŋɡl] *of sounds etc* mezclarse; *at party* alternar

mini ['mɪnɪ] *skirt* minifalda *f*

miniature ['mɪnɪtʃər] en miniatura

minimal ['mɪnɪməl] mínimo; **minimalism** minimalismo *m*; **minimize** minimizar; **minimum 1** *adj* mínimo **2** *n* mínimo *m*

mining ['maɪnɪŋ] minería *f*

'**miniskirt** minifalda *f*

minister ['mɪnɪstər] POL ministro(-a) *m(f)*; REL ministro(-a) *m(f)*, pastor(a) *m(f)*; **ministerial** ministerial

'**minivan** monovolumen *m*

mink [mɪŋk] visón *m*; *coat* abrigo *m* de visón

minor ['maɪnər] **1** *adj problem, setback* menor, pequeño; *operation, argument* de poca importancia; *aches and pains* leve **2** *n* LAW menor *m/f* de edad; **minority** minoría *f*

mint [mɪnt] *herb* menta *f*; *chocolate* pastilla *f* de chocolate con sabor a menta; *hard candy* caramelo *m* de menta

minus ['maɪnəs] **1** *n* (*~ sign*) (signo *m* de) menos *m* **2** *prep* menos

minuscule ['mɪnəskju:l] minúsculo

minute[1] ['mɪnɪt] *n of time* minuto *m*

minute[2] [maɪ'nu:t] *adj* (*tiny*) diminuto, minúsculo; (*detailed*) minucioso

'**minute hand** [mɪnɪt] minutero *m*

minutely [maɪ'nu:tlɪ] *in detail* minuciosamente; (*very slightly*) mínimamente

minutes ['mɪnɪts] *of meeting* acta(s) *f(pl)*

miracle ['mɪrəkl] milagro *m*; **miraculous** milagroso; **miraculously** milagrosamente

mirror ['mɪrər] **1** *n* espejo *m*; MOT (espejo *m*) retrovisor *m* **2** *v/t* reflejar

misanthropist [mɪ'zænθrəpɪst] misántropo(-a) *m(f)*

misbehave [mɪsbɪ'heɪv] portarse mal; **misbehavior**, *Br* **misbehaviour** mal comportamiento *m*

miscalculate [mɪs'kælkju-

leit] calcular mal; **miscalculation** error *m* de cálculo
miscarriage ['mɪskærɪdʒ] MED aborto *m* (espontáneo)
miscellaneous [mɪsə'leɪnɪəs] diverso
mischief ['mɪstʃɪf] (*naughtiness*) travesura *f*, trastada *f*; **mischievous** (*naughty*) travieso; (*malicious*) malicioso
misconception [mɪskən'sepʃn] idea *f* equivocada
misconduct [mɪs'kɑːndʌkt] mala conducta *f*
misconstrue [mɪskən'struː] malinterpretar
misdemeanor, *Br* **misdemeanour** [mɪsdə'miːnər] falta *f*, delito *m* menor
miserable ['mɪzrəbl] (*unhappy*) triste, infeliz; *weather*, *performance* horroroso
miserly ['maɪzərlɪ] *person* avaro
misery ['mɪzərɪ] (*unhappiness*) tristeza *f*, infelicidad *f*; (*wretchedness*) miseria *f*
misfire [mɪs'faɪr] *of joke*, *scheme* salir mal
misfit ['mɪsfɪt] *in society* inadaptado(-a) *m(f)*
misfortune [mɪs'fɔːrtʃən] desgracia *f*
misguided [mɪs'gaɪdɪd] *person* equivocado; *attempt*, *plan* desacertado
mishandle [mɪs'hændl] *situation* llevar mal
misinform [mɪsɪn'fɔːrm] informar mal
misinterpret [mɪsɪn'tɜːrprɪt]

malinterpretar; **misinterpretation** mala interpretación *f*
misjudge [mɪs'dʒʌdʒ] *person*, *situation* juzgar mal
mislay [mɪs'leɪ] perder
mislead [mɪs'liːd] engañar; **misleading** engañoso
mismanage [mɪs'mænɪdʒ] gestionar mal; **mismanagement** mala gestión *f*
misprint ['mɪsprɪnt] errata *f*
mispronounce [mɪsprə'naʊns] pronunciar mal; **mispronunciation** pronunciación *f* incorrecta
misread [mɪs'riːd] *word*, *figures* leer mal; *situation* malinterpretar
misrepresent [mɪsrɪprɪ'zent] deformar, tergiversar
miss[1] [mɪs]: *Miss Smith* la señorita Smith; *~!* ¡señorita!
miss[2] [mɪs] **1** *n* SP fallo *m* **2** *v/t target* no dar en; *emotionally* echar de menos; *bus*, *train* perder; (*not notice*) pasar por alto; (*not be present at*) perderse; *~ a class* faltar a una clase **3** *v/i* fallar
misshapen [mɪs'ʃeɪpən] deforme
missile ['mɪsəl] misil *m*; (*sth thrown*) arma *f* arrojadiza
missing ['mɪsɪŋ] desaparecido; *be ~ of person*, *plane* haber desaparecido
mission [mɪʃn] *task* misión *f*; *people* delegación *f*
misspell [mɪs'spel] escribir incorrectamente

mist

mist [mɪst] neblina f

mistake [mɪˈsteɪk] **1** n error m, equivocación f; **make a ~** cometer un error, equivocarse; v/t confundir; **~ X for Y** confundir X con Y; **mistaken** erróneo, equivocado; **be ~** estar equivocado

mister [ˈmɪstər] ☞ **Mr**

mistress [ˈmɪstrɪs] lover amante f, querida f; of servant ama f; of dog dueña f, ama f

mistrust [mɪsˈtrʌst] **1** n desconfianza f (**of** en) **2** v/t desconfiar de

misunderstand [mɪsʌndərˈstænd] entender mal; **misunderstanding** (mistake) malentendido m; (argument) desacuerdo m

misuse [mɪsˈjuːs] n uso m indebido **2** [mɪsˈjuːz] v/t usar indebidamente

mitigating circumstances [ˈmɪtɪgeɪtɪŋ] circunstancias fpl atenuantes

mitt [mɪt] in baseball guante m de béisbol; **mitten** mitón m

mix [mɪks] **1** n (mixture) mezcla f; cooking: ready to use preparado m **2** v/t mezclar; cement preparar **3** v/i socially relacionarse

◆ **mix up** (confuse) confundir (**with** con); (put in wrong order) revolver, desordenar; **be mixed up in** estar metido en

mixed [mɪkst] feelings contradictorio; reviews variado; **mixer** for food batidora f; drink refresco m (para mezclar con bebida alcohólica); **mixture** mezcla f; medicine preparado m; **mix-up** confusión f

moan [moʊn] **1** n of pain gemido m **2** v/i in pain gemir

mob [maːb] **1** n muchedumbre f **2** v/t asediar, acosar

mobile [ˈmoʊbəl] **1** adj person con movilidad; (that can be moved) móvil **2** n móvil m; **mobile home** casa f caravana; **mobile phone** Br teléfono m móvil; **mobility** movilidad f

mobster [ˈmaːbstər] gángster m

mock [maːk] **1** adj fingido, simulado **2** v/t burlarse de

mode [moʊd] (form), COMPUT modo m

model [ˈmaːdl] **1** adj employee, husband modélico, modelo **2** n miniature maqueta f, modelo m; (pattern) modelo m; (fashion ~) modelo m/f **3** v/t for designer trabajar de modelo; for artist, photographer posar

modem [ˈmoʊdem] módem m

moderate 1 [ˈmaːdərət] adj moderado **2** [ˈmaːdərət] n POL moderado(-a) m(f) **3** [ˈmaːdəreɪt] v/t moderar; **moderately** medianamente, razonablemente; **moderation** moderación f

modern [ˈmaːdn] moderno; **modernization** moderniza-

ción *f*; **modernize 1** *v/t* modernizar **2** *v/i of business, country* modernizarse
modest ['mɑːdɪst] modesto; **modesty** modestia *f*
modification [mɑːdɪfɪ'keɪʃn] modificación *f*; **modify** modificar
module ['mɑːduːl] módulo *m*
moist [mɔɪst] húmedo; **moisten** humedecer; **moisture** humedad *f*; **moisturizer** *for skin* crema *f* hidratante
molasses [mə'læsɪz] melaza *f*
mold[1] [moʊld] *n on food* moho *m*
mold[2] [moʊld] **1** *n* molde *m* **2** *v/t clay, character* moldear
moldy ['moʊldɪ] *food* mohoso
molecule ['mɑːlɪkjuːl] molécula *f*
molest [mə'lest] *child, woman* abusar sexualmente de
mollycoddle ['mɑːlɪkɑːdl] F mimar, consentir
molten ['moʊltən] fundido
mom [mɑːm] F mamá *f*
moment ['moʊmənt] momento *m*; **at the ~** en estos momentos, ahora mismo; **momentarily** (*for a moment*) momentáneamente; (*in a moment*) de un momento a otro; **momentary** momentáneo; **momentous** trascendental, muy importante
momentum [mə'mentəm] impulso *m*
monarch ['mɑːnərk] monarca *m/f*

mood

monastery ['mɑːnəsterɪ] monasterio *m*; **monastic** monástico
Monday ['mʌndeɪ] lunes *m inv*
monetary ['mɑːnɪterɪ] monetario
money ['mʌnɪ] dinero *m*; **money belt** faltriquera *f*; **money market** mercado *m* monetario; **money order** giro *m* postal
mongrel ['mʌŋgrəl] perro *m* cruzado
monitor ['mɑːnɪtər] **1** *n* COMPUT monitor *m* **2** *v/t* controlar
monk [mʌŋk] monje *m*
monkey ['mʌŋkɪ] mono *m*; F *child* diablillo *m* F; **monkey wrench** llave *f* inglesa
monolog, *Br* **monologue** ['mɑːnəlɑːg] monólogo *m*
monopolize [mə'nɑːpəlaɪz] monopolizar; **monopoly** monopolio *m*
monotonous [mə'nɑːtənəs] monótono; **monotony** monotonía *f*
monster ['mɑːnstər] monstruo *m*; **monstrosity** monstruosidad *f*
month [mʌnθ] mes *m*; **monthly 1** *adj* mensual **2** *adv* mensualmente **3** *n magazine* revista *f* mensual
monument ['mɑːnʊmənt] monumento *m*
mood [muːd] (*frame of mind*) humor *m*; (*bad* ~) mal humor *m*; *of meeting, country*

moody

atmósfera *f*; **moody** temperamental; *(bad-tempered)* malhumorado

moon [muːn] luna *f*; **moonlight** luz *f* de luna; **moonlit** iluminado *p* por la luna

moor [mʊr] *boat* atracar

moose [muːs] alce *m* americano

mop [mɑːp] **1** *n for floor* fregona *f*; *for dishes* estropajo *m (con mango)* **2** *v/t floor* fregar; *face* limpiar

moral ['mɔːrəl] **1** *adj* moral; *person, behavior* moralista **2** *n of story* moraleja *f*; **~s** moral *f*, moralidad *f*

morale [məˈræl] moral *f*

morality [məˈrælətɪ] moralidad *f*

morbid ['mɔːrbɪd] morboso

more [mɔːr] **1** *adj* más; **there are no ~ eggs** no quedan huevos; **some ~ tea?** ¿más té?; **~ and ~ students** cada vez más estudiantes **2** *adv* (*very*) muy, sumamente; **~ important** más importante; **~ and ~** cada vez más; **~ or less** más o menos; **once ~** una vez más; **~ than $100** más de 100 dólares; **he earns ~ than I do** gana más que yo; **I don't live there any ~** ya no vivo allí **3** *pron* más; **a little ~** un poco más; **moreover** además

morgue [mɔːrg] depósito *m* de cadáveres

morning ['mɔːrnɪŋ] mañana *f*; **in the ~** por la mañana; **tomorrow ~** mañana por la mañana; **good ~** buenos días

moron ['mɔːrɑːn] F imbécil *m/f* F, subnormal *m/f* F

morphine ['mɔːrfiːn] morfina *f*

mortal ['mɔːrtl] **1** *adj* mortal **2** *n* mortal *m/f*; **mortality** mortalidad *f*

mortar ['mɔːrtər] MIL, *cement* mortero *m*

mortgage ['mɔːrɡɪdʒ] **1** *n* hipoteca *f* **2** *v/t* hipotecar

mosaic [moʊˈzeɪɪk] mosaico *m*

Moscow ['mɑːskaʊ] Moscú

Moslem ['mʊzlɪm] **1** *adj* musulmán **2** *n* musulmán(-ana) *m(f)*

mosque [mɑːsk] mezquita *f*

mosquito [mɑːsˈkiːtoʊ] mosquito *m*

moss [mɑːs] musgo *m*

most [moʊst] **1** *adj* la mayoría de **2** *adv* (*very*) muy, sumamente; **the ~ beautiful** el más hermoso; **that's the one I like** ~, ése es el que más me gusta; **~ of all** sobre todo **3** *pron* la mayoría de; **~ of her novels** la mayoría de sus novelas; **at (the) ~** como mucho; **make the ~ of** aprovechar al máximo; **mostly** principalmente, sobre todo

motel [moʊˈtel] motel *m*

moth [mɑːθ] mariposa *f* nocturna; *(clothes ~)* polilla *f*

mother ['mʌðər] **1** *n* madre *f* **2** *v/t* mimar; **motherhood** maternidad *f*; **Mothering Sunday** ☞ *Mother's Day*; **moth-**

er-in-law suegra *f*; **motherly** maternal; **Mother's Day** Día *m* de la Madre; **mother tongue** lengua *f* materna

motif [mou'ti:f] motivo *m*

motion ['mouʃn] (*movement*) movimiento *m*; (*proposal*) moción *f*; **motionless** inmóvil

motivate ['moutiveit] *person* motivar; **motivation** motivación *f*; **motive** motivo *m*

motor ['moutər] motor *m*; **motorbike** moto *f*; **motorcycle** motocicleta *f*; **motorcyclist** motociclista *m/f*; **motor home** autocaravana *f*; **motor mechanic** mecánico(-a) *m(f)* (de automóviles); **motor racing** carreras *fpl* de coches; **motor vehicle** vehículo *m* de motor

motto ['mɒtou] lema *m*

mould *etc Br* ☞ **mold** *etc*

mound [maʊnd] montículo *m*

mount [maʊnt] **1** *n* (*mountain*) monte *m*; (*horse*) montura *f* **2** *v/t steps* subir; *horse, bicycle* montar en; *campaign, photo* montar **3** *v/i* aumentar, crecer

◆ **mount up** acumularse

mountain ['maʊntɪn] montaña *f*; **mountaineer** montañero(-a) *m(f)*, alpinista *m/f*, *L.Am.* andinista *m/f*; **mountaineering** montañismo *m*, alpinismo *m*, *L.Am.* andinismo *m*; **mountainous** montañoso

mourn [mɔːrn] llorar; **mourn-er** doliente *m/f*; **mournful** *voice, face* triste

mouse [maʊs] (*pl* **mice** [maɪs]) *also* COMPUT ratón *m*; **mouse mat** alfombrilla *f*

moustache ☞ **mustache**

mouth [maʊθ] boca *f*; *of river* desembocadura *f*; **mouthful** *of food* bocado *m*; *of drink* trago *m*; **mouthpiece** *of instrument* boquilla *f*; (*spokesperson*) portavoz *m/f*; **mouthwash** enjuague *m* bucal; **mouthwatering** apetitoso

move [muːv] **1** *n* in chess, checkers movimiento *m*; (*step, action*) paso *m*; (*change of house*) mudanza *f* **2** *v/t object* mover; (*transfer*) trasladar; *emotionally* conmover; ~ **house** mudarse de casa **3** *v/i* moverse; (*transfer*) trasladarse

◆ **move around** in room andar; *from place to place* trasladarse, mudarse

◆ **move in** *to house, neighborhood* mudarse; *to office* trasladarse

movement ['muːvmənt] *also organization*, MUS movimiento *m*; **movers** firm empresa *f* de mudanzas; (*men*) empleados *mpl* de una empresa de mudanzas

movie ['muːvɪ] película *f*; **go to a ~ / the ~s** ir al cine; **moviegoer** aficionado(a) *m/f* al cine; **movie theater** cine *m*, sala *f* de cine

moving ['mu:vɪŋ] movible; *emotionally* conmovedor

mow [moʊ] *grass* cortar; **mower** cortacésped *m*

mph [empi:'eɪtʃ] (= *miles per hour*) millas *fpl* por hora

Mr ['mɪstər] Sr.

Mrs ['mɪsɪz] Sra.

Ms [mɪz] Sra. (*casada o no casada*)

much [mʌtʃ] **1** *adj* mucho; **~ money** tanto dinero; **as ~ ... as ...** tanto... como **2** *adv* mucho; **~ too large** demasiado grande; **very ~** mucho; **thank you very ~** muchas gracias; **I love you very ~** te quiero muchísimo; **too ~** demasiado; **as ~ as ...** tanto... como... **3** *pron* mucho; **what did she say? – nothing** ¿qué dijo? – no demasiado; **as ~ as ...** tanto... como...

mud [mʌd] barro *m*

muddle ['mʌdl] **1** *n* lío *m* **2** *v/t person* liar

muddy ['mʌdɪ] embarrado

muffin ['mʌfɪn] magdalena *f*

muffle ['mʌfl] ahogar, amortiguar; **muffler** MOT silenciador *m*

mug¹ [mʌɡ] *n* taza *f*; F (*face*) jeta *f* F, *Span* careto *m* F

mug² [mʌɡ] *v/t* (*attack*) atracar

mugger ['mʌɡər] atracador(a) *m(f)*; **mugging** atraco *m*; **muggy** bochornoso

mule [mju:l] *animal* mulo(-a) *m(f)*; (*slipper*) pantufla *f*

multicultural [mʌltɪ'kʌltʃərəl] multicultural; **multilateral** POL multilateral; **multimedia 1** *n* multimedia *f* **2** *adj* multimedia; **multinational 1** *adj* multinacional **2** *n* COM multinacional *f*

multiple ['mʌltɪpl] múltiple; **multiple sclerosis** esclerosis *f* múltiple

multiplex ['mʌltɪpleks] *movie theater* (cine *m*) multisalas *m inv*, multicine *m*

multiplication [mʌltɪplɪ'keɪʃn] multiplicación *f*; **multiply 1** *v/t* multiplicar **2** *v/i* multiplicarse

multi-tasking ['mʌltɪtæskɪŋ] multitarea *f*

mumble ['mʌmbl] **1** *n* murmullo *m* **2** *v/t* farfullar **3** *v/i* hablar entre dientes

munch [mʌntʃ] mascar

municipal [mju:'nɪsɪpl] municipal

mural ['mjʊrəl] mural *m*

murder ['mɜ:rdər] **1** *n* asesinato *m* **2** *v/t person* asesinar, matar; *song* destrozar; **murderer** asesino(-a) *m(f)*

murky ['mɜ:rkɪ] *water* turbio, oscuro; *fig* turbio

murmur ['mɜ:rmər] **1** *n* murmullo *m* **2** *v/t* murmurar

muscle ['mʌsl] músculo *m*; **muscular** *pain* muscular; *person* musculoso

museum [mju:'zɪəm] museo *m*

mushroom ['mʌʃrʊm] **1** *n* seta *f*, hongo *m*; (*button ~*) champiñón *m* **2** *v/i* crecer

rápidamente
music ['mjuːzɪk] música *f*; *in written form* partitura *f*; **musical 1** *adj* musical; *person* con talento para la música **2** *n* musical *m*; **musician** músico(-a) *m(f)*
mussel ['mʌsl] mejillón *m*
must [mʌst] *v/aux* ◊ *necessity* tener que, deber; *I ~ be on time* tengo que *or* debo llegar a la hora; *I ~n't be late* no tengo que llegar tarde, no debo llegar tarde ◊ *probability* deber de; *it ~ be about 6 o'clock* deben de ser las seis
mustache [məˈstæʃ] bigote *m*
mustard ['mʌstərd] mostaza *f*
musty ['mʌstɪ] *room* que huele a humedad; *smell* a humedad
mutilate ['mjuːtɪleɪt] mutilar
mutiny ['mjuːtɪnɪ] **1** *n* motín *m* **2** *v/i* amotinarse
mutter ['mʌtər] murmurar
mutual ['mjuːtʃʊəl] mutuo
muzzle ['mʌzl] **1** *n of animal* hocico *m*; *for dog* bozal *m* **2** *v/t* poner un bozal a; *~ the press* amordazar a la prensa
my [maɪ] mi; **myself** *reflexive* me; *emphatic* yo mismo(-a); *I hurt ~* me hizo daño
mysterious [mɪˈstɪrɪəs] misterioso; **mysteriously** misteriosamente; **mystery** misterio *m*; **mystify** dejar perplejo
myth [mɪθ] *also fig* mito *m*; **mythical** mítico

N

nag [næg] *of person* dar la lata; **nagging** *person* quejica; *doubt* persistente; *pain* continuo
nail [neɪl] *for wood* clavo *m*; *on finger, toe* uña *f*; **nail polish** esmalte *m* de uñas; **nail polish remover** quitaesmaltes *m inv*
naive [naɪˈiːv] ingenuo
naked ['neɪkɪd] desnudo
name [neɪm] **1** *n* nombre *m*; *what's your~?* ¿cómo te llamas? **2** *v/t* llamar; **namely** a saber; **namesake** tocayo(-a) *m(f)*, homónimo(-a) *m(f)*
nanny ['nænɪ] niñera *f*
nap [næp] cabezada *f*
napkin ['næpkɪn] *(table ~)* servilleta *f*; *(sanitary ~)* compresa *f*
narcotic [nɑːrˈkɑːtɪk] narcótico *m*, estupefaciente *m*
narrate [nəˈreɪt] narrar; **narrative 1** *n (story)* narración *f* **2** *adj poem, style* narrativo; **narrator** narrador(a) *m(f)*
narrow ['næroʊ] *street* estrecho; *views, mind* cerrado; **narrowly** *win* por poco; **nar-**

nasty

row-minded cerrado
nasty ['næstɪ] *person, smell* desagradable; *thing to say* malintencionado; *weather* horrible; *cut, wound* feo; *disease* serio
nation ['neɪʃn] nación *f*; **national 1** *adj* nacional **2** *n* ciudadano(-a) *m(f)*; **national anthem** himno *m* nacional; **national debt** deuda *f* pública; **nationalism** nacionalismo *m*; **nationality** nacionalidad *f*; **nationalize** *industry etc* nacionalizar
native ['neɪtɪv] **1** *adj* nativo **2** *n* nativo(-a) *m(f)*, natural *m/f*; *tribesman* nativo(-a) *m(f)*, indígena *m/f*; **Native American** indio(-a) *m* (*f*) americano(-a)
NATO ['neɪtoʊ] (= *North Atlantic Treaty Organization*) OTAN *f* (= Organización *f* del Tratado del Atlántico Norte)
natural ['nætʃrəl] natural; **naturalist** naturalista *m/f*; **naturalize**: **become ~d** naturalizarse, nacionalizarse; **naturally** (*of course*) naturalmente; (*behave, speak*) con naturalidad; (*by nature*) por naturaleza
nature naturaleza *f*; **nature reserve** reserva *f* natural
naughty ['nɔːtɪ] travieso, malo; *photograph, word etc* picante
nausea ['nɔːzɪə] náusea *f*; **nauseate** dar náuseas a;

nauseating *smell, taste* nauseabundo; *person* repugnante; **nauseous** nauseabundo; **feel ~** tener náuseas
nautical ['nɔːtɪkl] náutico
naval ['neɪvl] naval
navel ['neɪvl] ombligo *m*
navigate ['nævɪgeɪt] navegar; *in car* hacer de copiloto; **navigation** navegación *f*; *in car* direcciónes *fpl*; **navigator** *on ship* oficial *m* de derrota; *in airplane* navegante *m/f*; *in car* copiloto *m/f*
navy ['neɪvɪ] armada *f*, marina *f* (de guerra); **navy blue 1** *n* azul *m* marino **2** *adj* azul marino
near [nɪr] **1** *adv* cerca **2** *prep* cerca de **3** *adj* cercano, próximo; **nearby** cerca; **nearly** casi; **near-sighted** miope
neat [niːt] ordenado; *whiskey* solo, seco; *solution* ingenioso; F (*terrific*) genial F
necessarily ['nesəserəlɪ] necesariamente; **necessary** necesario, preciso; **necessity** necesidad *f*
neck [nek] cuello *m*; **necklace** collar *m*; **neckline** *of dress* escote *m*; **necktie** corbata *f*
née [neɪ] de soltera
need [niːd] **1** *n* necesidad *f*; **if ~ be** si fuera necesario **2** *v/t* necesitar; **you don't ~ to wait** no hace falta que esperes; **I ~ to talk to you** necesito hablar contigo
needle ['niːdl] aguja *f*; **nee-**

dlework costura *f*
needy ['niːdɪ] necesitado
negative ['negətɪv] negativo
neglect [nɪ'glekt] **1** *n* abandono *m*, descuido *m* **2** *v/t* garden, health descuidar, desatender; **neglected** *garden* abandonado, descuidado; *author* olvidado
negligence ['neglɪdʒəns] negligencia *f*; **negligent** negligente; **negligible** *amount* insignificante
negotiable [nɪ'gouʃəbl] negociable; **negotiate 1** *v/i* negociar **2** *v/t* deal negociar; obstacles franquear, salvar; bend in road tomar; **negotiation** negociación *f*; **negotiator** negociador(a) *m(f)*
neighbor ['neɪbər] vecino(-a) *m(f)*; **neighborhood** vecindario *m*, barrio *m*; **neighboring** house, state vecino, colindante; **neighborly** amable
neighbour etc *Br* ☞ **neighbor** etc
neither ['niːðər] **1** *adj* ninguno; ~ *applicant* ninguno de los candidatos **2** *pron* ninguno(-a) *m(f)*; **3** *adv*: ~ ... *nor* ... ni... ni... **4** *conj*: ~ *do I* yo tampoco; ~ *can I* yo tampoco
neon light ['niːɑːn] luz *f* de neón
nephew ['nefjuː] sobrino *m*
nerve [nɜːrv] nervio *m*; (*courage*) valor *m*; (*impudence*) descaro *m*; **nerve-racking** angustioso, exasperante;

nervous nervioso; **nervous breakdown** crisis *f inv* nerviosa; **nervousness** nerviosismo *m*; **nervy** (*fresh*) descarado
nest [nest] nido *m*
net¹ [net] *n* red *f*; *the* ~ COMPUT la Red; *on the* ~ en Internet
net² [net] *adj* price, weight neto
nettle ['netl] ortiga *f*
'network *of contacts, cells,* COMPUT red *f*
neurologist [nuː'rɑːlədʒɪst] neurólogo(-a) *m(f)*
neurosis [nuː'rousɪs] neurosis *f inv*; **neurotic** neurótico
neuter ['nuːtər] *animal* castrar; **neutral 1** *adj* country neutral; *color* neutro **2** *n* gear punto *m* muerto; **neutrality** neutralidad *f*; **neutralize** neutralizar
never ['nevər] nunca; *you're* ~ *going to believe this* no te vas a creer esto; **nevertheless** sin embargo, no obstante
new [nuː] nuevo; **newborn** recién nacido; **newcomer** recién llegado(-a) *m(f)*; **newly** (*recently*) recientemente, recién; **newly-weds** recién casados *mpl*
news [nuːz] *also* RAD noticias *fpl*; *on TV* noticias *fpl*, telediario *m*; **newscast** TV noticias *fpl*, telediario *m*; *on radio* noticias *fpl*; **newscaster** TV presentador(a) *m(f)* de

informativos; **news flash** flash *m* informativo; **newspaper** periódico *m*; **newsreader** TV *etc* presentador(a) *m(f)*; **news report** reportaje *m*; **newsstand** quiosco *m*; **newsvendor** vendedor(a) *m(f)* de periódicos

New Year año *m* nuevo; *Happy ~!* ¡Feliz Año Nuevo!; **New Year's Day** Día *m* de Año Nuevo; **New Year's Eve** Nochevieja *f*; **New York 1** *n*: **~** (*City*) Nueva York **2** *adj* neoyorquino; **New Yorker** neoyorquino(-a) *m(f)*; **New Zealand** ['ziːlənd] Nueva Zelanda; **New Zealander** neozelandés(-esa) *m(f)*

next [nekst] **1** *adj in time* próximo, siguiente; *in space* siguiente **2** *adv* luego, después; **~ to** (*beside*) al lado de; (*in comparison with*) en comparación con; **nextdoor 1** *adj* neighbor de al lado **2** *adv live* al lado; **next of kin** pariente *m* más cercano

nibble ['nɪbl] mordisquear

Nicaragua [nɪkə'raːgwə] Nicaragua; **Nicaraguan 1** *adj* nicaragüense **2** *n* nicaragüense *m/f*

nice [naɪs] *trip, house, hair* bonito, *L.Am.* lindo; *person* agradable, simpático; *weather* bueno, agradable; *meal, food* bueno, rico; **nicely** *written, presented* bien; (*pleasantly*) amablemente

niche [niːʃ] *in market* hueco *m*, nicho *m*; (*special position*) hueco *m*

nick [nɪk] (*cut*) muesca *f*, mella *f*

nickel ['nɪkl] níquel *m*; (*coin*) moneda de cinco centavos

'nickname apodo *m*, mote *m*

niece [niːs] sobrina *f*

night [naɪt] noche *f*; *tomorrow ~* mañana por la noche; *11 o'clock at ~* las 11 de la noche; *during the ~* por la noche; *good ~* buenas noches; **nightcap** *drink* copa *f* (*tomada antes de ir a dormir*); **nightclub** club *m* nocturno, discoteca *f*; **nightdress** camisón *m* de dormir; **night flight** vuelo *m* nocturno; **nightlife** vida *f* nocturna; **nightly** todas las noches; **nightmare** *also fig* pesadilla *f*; **night porter** portero *m* de noche; **night school** escuela *f* nocturna; **night shift** turno *m* de noche; **nightshirt** camisa *f* de dormir; **nightspot** local *m* nocturno; **nighttime**: *at ~, in the ~* por la noche

nimble ['nɪmbl] ágil

nine [naɪn] nueve; **nineteen** diecinueve; **nineteenth** decimonoveno; **ninetieth** nonagésimo; **ninety** noventa; **ninth** noveno

nip [nɪp] (*pinch*) pellizco *m*; (*bite*) mordisco *m*

nipple ['nɪpl] pezón *m*

no [noʊ] **1** *adv* no **2** *adj*: *there's ~ coffee left* no que-

da café; **I have ~ money** no tengo dinero; **I'm ~ expert** no soy un experto; **~ smoking** prohibido fumar
noble ['nǝʊbl] noble
nobody ['nǝʊbǝdɪ] nadie
no-brainer [nǝʊ'breɪnǝr] juego m de niños; **the math test was a ~** a la prueba de matemáticas estaba chupada
nod [nɒd] **1** n movimiento m de la cabeza **2** v/i asentir con la cabeza
noise [nɔɪz] ruido m; **noisy** ruidoso
nominal ['nɒmɪnl] simbólico
nominate ['nɒmɪneɪt] (appoint) nombrar; **nomination** nombramiento m; (proposal) nominación f; **nominee** candidato(-a) m(f)
nonalco'holic sin alcohol
noncommissioned officer ['nɒnkǝmɪʃnd] suboficial m/f
noncommittal [nɒnkǝ'mɪtl] evasivo
nondescript ['nɒndɪskrɪpt] anodino
none [nʌn] **~ of the students** ninguno de los estudiantes; **~ of the water** nada del agua; **there are ~ left** no queda ninguno; **there is ~ left** no queda nada
nonentity [nɒ'nentǝtɪ] nulidad f
none'xistent inexistente
non'fiction no ficción f
noninter'ference no intervención f

noninter'vention no intervención f
no-'nonsense approach directo
non'payment impago m
nonpol'luting que no contamina
non'resident no residente m/f
nonsense ['nɒnsǝns] disparate m, tontería f
non'smoker no fumador(a) m(f)
non'standard no estándar
non'stop 1 adj flight directo, sin escalas; chatter ininterrumpido **2** adv travel directamente; chatter sin parar
non'union no sindicado
non'violence no violencia f; **nonviolent** no violento
noodles ['nuːdlz] tallarines mpl (chinos)
noon [nuːn] mediodía m
'no-one ☞ **nobody**
noose [nuːs] lazo m corredizo
nor [nɔːr] ni; **~ do I** yo tampoco, ni yo
norm [nɔːrm] norma f; **normal** normal; **normality** normalidad f; **normally** normalmente
north [nɔːrθ] **1** n norte m **2** adj norte **3** adv travel al norte; **North America** América del Norte, Norteamérica; **North American(-a)** m(f) **2** adj norteamericano; **northeast** nordeste m, noreste m; **northerly** norte, del norte;

northern norteño, del norte; **northerner** norteño(-a) m(f); **North Korea** Corea del Norte; **North Korean** 1 adj norcoreano 2 n norcoreano(-a) m(f); **North Pole** Polo m Norte; **northward** travel hacia el norte; **northwest** noroeste m

Norway ['nɔːrweɪ] Noruega; **Norwegian** 1 adj noruego 2 n person noruego(-a) m(f); language noruego m

nose [nouz] nariz m; of animal hocico m

◆ **nose around** F husmear

nostalgia [nɑːˈstældʒə] nostalgia f; **nostalgic** nostálgico

nostril ['nɑːstrəl] ventana f de la nariz

nosy ['nouzɪ] F entrometido

not [nɑːt] no; ~ *this one, that one* éste no, ése; ~ *now* ahora no; ~ *for me, thanks* para mí no, gracias; *I don't know* no lo sé; *he didn't help* no ayudó

notable ['noutəbl] notable

notch [nɑːtʃ] muesca f, mella f

note [nout] written, MUS nota f; **notebook** cuaderno m, libreta f; COMPUT Span ordenador m portátil, L.Am. computadora f portátil; **noted** destacado; **notepad** bloc m de notas; **notepaper** papel m de carta

nothing ['nʌθɪŋ] nada; ~ *but* sólo; ~ *much* no mucho;

for ~ (*for free*) gratis; (*for no reason*) por nada

notice ['noutɪs] 1 n on bulletin board cartel m, letrero m; (advance warning) aviso m; in newspaper anuncio m; *at short* ~ con poca antelación; *until further* ~ hasta nuevo aviso; *hand in one's* ~ to employer presentar la dimisión; *take no* ~ *of* no hacer caso de 2 v/t notar, fijarse en; **noticeable** apreciable, evidente

notify ['noutɪfaɪ] notificar, informar

notion ['nouʃn] noción f, idea f

notorious [nouˈtɔːrɪəs] de mala fama

noun [naun] nombre m, sustantivo m

nourishing ['nʌrɪʃɪŋ] nutritivo; **nourishment** alimento m, alimentación f

novel ['nɑːvl] novela f; **novelist** novelista m/f; **novelty** (*being new*) lo novedoso; (*sth new*) novedad f

November [nouˈvembər] noviembre m

novice ['nɑːvɪs] principiante m/f

now [nau] ahora; ~ *and again*, ~ *and then* de vez en cuando; *by* ~ ya; **nowadays** hoy en día

nowhere ['nouwer] en ningún lugar; *it's* ~ *near finished* no está acabado ni mucho menos; *he was* ~ *to be seen*

objectivity

no se le veía en ninguna parte
nuclear ['nuːklɪər] nuclear; **nuclear energy** energía *f* nuclear; **nuclear power** energía *f* nuclear; POL potencia *f* nuclear; **nuclear power station** central *f* nuclear; **nuclear reactor** reactor *m* nuclear
nude [nuːd] **1** *adj* desnudo **2** *n painting* desnudo *m*
nudge [nʌdʒ] dar un toque con el codo a; *parked car* dar un empujoncito a
nudist ['nuːdɪst] nudista *m/f*
nuisance ['nuːsns] incordio *m*, molestia *f*; **make a ~ of o.s.** dar la lata
null and 'void [nʌl] nulo y sin efecto
numb [nʌm] entumecido; *emotionally* insensible
number ['nʌmbər] **1** *n* número *m* **2** *v/t* (*put a ~ on*) numerar
numeral ['nuːmərəl] número *m*
numerous ['nuːmərəs] numeroso
nun [nʌn] monja *f*
nurse [nɜːrs] enfermero(-a) *m(f)*; **nursery** guardería *f*; *for plants* vivero *m*; **nursery rhyme** canción *f* infantil; **nursery school** parvulario *m*, jardín *m* de infancia; **nursing** enfermería *f*; **nursing home** *for old people* residencia *f*
nut [nʌt] nuez *f*; *for bolt* tuerca *f*; **nutcrackers** cascanueces *m inv*
nutrient ['nuːtrɪənt] nutriente *m*; **nutrition** nutrición *f*; **nutritious** nutritivo
nuts [nʌts] F (*crazy*) chalado F, pirado F

O

oar [ɔːr] remo *m*
oasis [oʊ'eɪsɪs] *also fig* oasis *m inv*
oath [oʊθ] LAW, (*swearword*) juramento *m*
'oatmeal harina *f* de avena
obedience [oʊ'biːdɪəns] obediencia *f*; **obedient** obediente; **obediently** obedientemente
obese [oʊ'biːs] obeso; **obesity** obesidad *f*
obey [oʊ'beɪ] obedecer
obituary [ə'bɪtʊeri] necrología *f*, obituario *m*
object[1] ['ɑːbdʒɪkt] *n also* gram objeto *m*; (*aim*) objetivo *m*
object[2] [əb'dʒekt] *v/i* oponerse
objection [əb'dʒekʃn] objeción *f*; **objectionable** (*unpleasant*) desagradable; **objective 1** *adj* objetivo **2** *n* objetivo *m*; **objectively** objetivamente; **objectivity** objeti-

obligation

vidad f
obligation [ɑːblɪˈgeɪʃn] obligación f; **obligatory** obligatorio; **obliging** atento, servicial
oblique [əˈbliːk] **1** *adj reference* indirecto **2** *n in punctuation* barra f inclinada
obliterate [əˈblɪtəreɪt] *city* arrasar; *memory* borrar
oblivion [əˈblɪvɪən] olvido m
oblong [ˈɑːblɒŋ] rectangular
obscene [əːbˈsiːn] obsceno; *salary, poverty* escandaloso; **obscenity** obscenidad f
obscure [əbˈskjʊr] oscuro; **obscurity** oscuridad f
observant [əbˈzɜːrvnt] observador; **observation** observación f; **observe** observar; **observer** observador(a) m(f)
obsess [əːbˈses] obsesionar; **obsession** obsesión f
obsolete [ˈɑːbsəliːt] obsoleto
obstacle [ˈɑːbstəkl] obstáculo m
obstetrician [ɑːbstəˈtrɪʃn] obstetra m/f, tocólogo(-a) m(f); **obstetrics** obstetricia f, tocología f
obstinacy [ˈɑːbstɪnəsɪ] obstinación f; **obstinate** obstinado
obstruct [əːbˈstrʌkt] *road* obstruir; *investigation, police* obstaculizar; **obstruction** *on road etc* obstrucción f; **obstructive** *behavior* obstruccionista
obtain [əbˈteɪn] obtener, lograr; **obtainable** *products* disponible
obtuse [əbˈtuːs] *fig* duro de mollera
obvious [ˈɑːbvɪəs] obvio, evidente; **obviously** obviamente

occasion [əˈkeɪʒn] ocasión f; **occasional** ocasional, esporádico; **occasionally** ocasionalmente
occupant [ˈɑːkjʊpənt] ocupante m/f; **occupation** ocupación f; **occupy** ocupar
occur [əˈkɜːr] ocurrir, suceder; **occurrence** acontecimiento m
ocean [ˈoʊʃn] océano m
o'clock [əˈklɑːk]: *at five ~* a las cinco
October [ɑːkˈtoʊbər] octubre m
odd [ɑːd] *(strange)* raro, extraño; *(not even)* impar
odometer [oʊˈdɑːmətər] cuentakilómetros *m inv*
odor, *Br* **odour** [ˈoʊdər] olor m
of [ɑːv] de; *the name ~ the street / hotel* el nombre de la calle / del hotel; *five minutes ~ twelve* las doce menos cinco, *L.Am* cinco para los doce; *die ~ cancer* morir de cáncer; *love ~ money* amor por el dinero
off [ɑːf] **1** *prep*: *~ the main road (away from)* apartado de la carretera principal; *(leading off)* saliendo de la carretera principal; *$20 ~*

the price una rebaja en el precio de 20 dólares; *he's ~ his food* no come nada, está desganado **2** *adv*: *be ~ of light, TV, machine* estar apagado; *of brake, lid, top* no estar puesto; *not work* faltar; *on vacation* estar de vacaciones; *we're ~ tomorrow leaving* nos vamos mañana; *take a day ~* tomarse un día de fiesta; *it's 3 miles ~* está a tres millas de distancia; *it's a long way ~ in distance* está muy lejos; *in future todavía* queda mucho tiempo **3** *adj*: *the ~ switch* el interruptor de apagado

offence *Br* ☞ **offense**

offend [ə'fend] (*insult*) ofender; **offender** LAW delincuente *m/f*; **offense** LAW delito *m*; *take ~ at sth* ofenderse por algo; **offensive 1** *adj behavior*, *remark* ofensivo; *smell* repugnante **2** *n* (MIL: *attack*) ofensiva *f*

offer ['ɑːfər] **1** *n* oferta *f* **2** *v/t* ofrecer

off'hand *attitude* brusco

office ['ɑːfɪs] *building* oficina *f*; *room* oficina *f*, despacho *m*; *position* cargo *m*; **officer** MIL oficial *m/f*; *in police* agente *m/f*; **official 1** *adj* oficial **2** *n* funcionario(-a) *m(f)*; **officially** oficialmente; **officious** entrometido

'off-line *work* fuera de línea; *go ~* desconectarse

'offpeak *rates* en horas valle, fuera de las horas punta

'off-season temporada *f* baja

'offset *losses* compensar

'offshore *drilling rig* cercano a la costa; *investment* en el exterior

'offside SP fuera de juego

'offspring *of person* vástagos *mpl*, hijos *mpl*; *of animal* crías *fpl*

off-the-'record confidencial

often ['ɑːfn] a menudo, frecuentemente

oil [ɔɪl] **1** *n* aceite *m*; *petroleum* petróleo *m* **2** *v/t hinges, bearings* engrasar; **oil change** cambio *m* del aceite; **oil company** compañía *f* petrolera; **oilfield** yacimiento *m* petrolífero; **oil painting** óleo *m*; **oil refinery** refinería *f* de petróleo; **oil rig** plataforma *f* petrolífera; **oil slick** marea *f* negra; **oil tanker** petrolero *m*; **oil well** pozo *m* petrolífero; **oily** grasiento

ointment ['ɔɪntmənt] ungüento *m*, pomada *f*

ok [oʊ'keɪ] *can I? – ~* ¿puedo? – de acuerdo *or* Span vale; *is it ~ with you if ...?* ¿te parecería bien si ...?; *are you ~?* (*well, not hurt*) ¿estás bien?

old [oʊld] viejo; (*previous*) anterior, antiguo; *how ~ is he?* ¿cuántos años tiene?; **old age** vejez *f*; **old-fashioned** anticuado

olive ['ɑːlɪv] aceituna *f*, oliva

olive oil

f; **olive oil** aceite m de oliva
Olympic 'Games [ə'lɪmpɪk] Juegos mpl Olímpicos
omelet, Br omelette ['ɒmlɪt] tortilla f (francesa)
ominous ['ɒmɪnəs] siniestro
omission [oʊ'mɪʃn] omisión f; **omit** omitir
on 1 *prep* en; **~ the table** en la mesa; **~ TV** en la televisión; **~ Sunday** el domingo; **~ the 1st of ...** el uno de...; **this is ~ me** (*I'm paying*) invito yo; **have you any money ~ you?** ¿llevas dinero encima?; **~ his arrival** cuando llegue; **~ hearing this** al escuchar esto **2** *adv*: **be ~** *of light, TV, computer etc* estar encendido *o L.Am.* prendido; *of brake, lid* estar puesto; *of meeting etc*: *be scheduled to happen* haber sido acordado; **what's ~ tonight?** *on TV etc* ¿qué dan *o Span* ponen esta noche?; (*what's planned?*) ¿qué planes hay para esta noche?; **with his hat ~** con el sombrero puesto; **you're ~** (*I accept*) trato hecho; **~ you go** (*go ahead*) adelante; **talk ~** seguir hablando; **and so ~** etcétera; **~ and ~** *talk etc* sin parar **3** *adj*: **the ~ switch** el interruptor de encendido
once [wʌns] **1** *adv* (*one time, formerly*) una vez; **~ again, ~ more** una vez más; **at ~** (*immediately*) de inmediato **2** *conj* una vez que; **~ you have**

finished una vez que hayas acabado
one [wʌn] **1** *n number* uno m **2** *adj* un(a); **~ day** un día **3** *pron* uno(-a); **which ~?** ¿cuál?; **~ by ~** uno por uno; **we help ~ another** nos ayudamos mutuamente; **what can ~ say?** ¿qué puede uno decir?; **the little ~s** los pequeños; **I for ~** yo personalmente; **what can ~ say?** ¿qué puede uno decir?; **one-parent family** familia f monoparental; **one-self** uno(-a) mismo(-a) m(f); **do sth by ~** hacer algo sin ayuda; **look after ~** cuidarse; **be by ~** estar solo; **one-way street** calle f de sentido único; **one-way ticket** billete m de ida
onion ['ʌnjən] cebolla f
'on-line en línea; **go ~ to** conectarse a; **on-line banking** banca f electrónica; **on-line dating** encuentros mpl online; **on-line service** IT servicio m en línea; **on-line shopping** compras fpl online
onlooker ['ɒnlʊkər] espectador(a) m(f), curioso(-a) m(f)
only ['oʊnlɪ] **1** *adv* sólo, solamente; **not ~ ... but ... also** no sólo... sino también... **2** *adj* único
onset comienzo m
on-the-job 'training formación f continua

opaque [oʊ'peɪk] opaco
open ['oʊpən] **1** *adj also honest* abierto; ***in the ~ air*** al aire libre **2** *v/t* abrir **3** *v/i of door, shop* abrir; *of flower* abrirse; **open-air** *meeting, concert* al aire libre; *pool* descubierto; **open day** jornada *f* de puertas abiertas; **open-ended** *contract etc* abierto; **opening** *in wall etc* abertura *f*; *of film, novel etc* comienzo *m*; *(job)* puesto *m* vacante; **openly** *(honestly, frankly)* abiertamente; **open-minded** de mentalidad abierta; **open ticket** billete *m* abierto
opera ['ɑːpərə] ópera *f*; **opera house** teatro *m* de la ópera *f*; **opera singer** cantante *m/f* de ópera
operate ['ɑːpəreɪt] **1** *v/i* operar; *of machine* funcionar (**on** con) **2** *v/t machine* manejar
♦ **operate on** MED operar
'operating room MED quirófano *m*; **operating system** COMPUT sistema *m* operativo; **operation** MED operación *f*; *of machine* manejo *m*; **operator** TELEC operador(a) *m/f*; *of machine* operario(-a) *m/f*; (*tour*) ~ operador *m* turístico
opinion [ə'pɪnjən] opinión *f*; **opinion poll** encuesta *f* de opinión
opponent [ə'poʊnənt] oponente *m/f*, adversario(-a) *m/f*

opportunist [ɑːpər'tuːnɪst] oportunista *m/f*; **opportunity** oportunidad *f*
oppose [ə'poʊz] oponerse a; ***be ~d to ...*** estar en contra de ...
opposite ['ɑːpəzɪt] **1** *adj* contrario; *views, meaning* opuesto **2** *adv* enfrente; ***the house ~*** la casa de enfrente **3** *prep* enfrente de; **opposite number** homólogo(-a) *m(f)*
opposition [ɑːpə'zɪʃn] *to plan*, POL oposición *f*
oppress [ə'pres] *the people* oprimir; **oppressive** *rule* opresor; *weather* agobiante
optician [ɑːp'tɪʃn] óptico(-a) *m(f)*
optimism ['ɑːptɪmɪzm] optimismo *m*; **optimist** optimista *m/f*; **optimistic** optimista; **optimistically** con optimismo
optimum ['ɑːptɪməm] óptimo
option ['ɑːpʃn] opción *f*; **optional** optativo
or [ɔːr] o; *before a word beginning with the letter o* u
oral ['ɔːrəl] *exam; hygiene* bucal
orange ['ɔːrɪndʒ] **1** *adj* naranja **2** *n fruit* naranja *f*; *color* naranja *m*; **orange juice** *Span* zumo *m* or *L.Am.* jugo *m* de naranja
orator ['ɔːrətər] orador(a) *m(f)*
orbit ['ɔːrbɪt] **1** *n of earth* órbita *f* **2** *v/t the earth* girar alrededor de
orchard ['ɔːrtʃərd] huerta *f*

orchestra

(de frutales)
orchestra [ˈɔːrkɪstrə] orquesta *f*
orchid [ˈɔːrkɪd] orquídea *f*
ordain [ɔːrˈdeɪn] ordenar
ordeal [ɔːrˈdiːl] calvario *m*, experiencia *f* penosa
order [ˈɔːrdər] **1** *n* (*command, sequence*) orden *m*; *for goods* pedido *m*; *an ~ of fries* unas patatas fritas; *in ~ to* para; *out of ~* (*not functioning*) estropeado; (*not in sequence*) desordenado **2** *v/t* (*put in sequence, proper layout*) ordenar; *goods, meal* pedir; *~ s.o. to do sth* ordenar a alguien hacer algo *or* que haga algo **3** *v/i in restaurant* pedir; **orderly 1** *adj lifestyle* ordenado, metódico **2** *n in hospital* celador(a) *m(f)*
ordinarily [ɔːrdɪˈnerɪlɪ] (*as a rule*) normalmente; **ordinary** común, normal
ore [ɔːr] mineral *m*, mena *f*
organ [ˈɔːrɡən] ANAT, MUS órgano *m*; **organic** *food* ecológico, biológico; *fertilizer* orgánico; **organically** *grown* ecológicamente, biológicamente; **organism** organismo *m*
organization [ɔːrɡənaɪˈzeɪʃn] organización *f*; **organize** organizar; **organizer** *person* organizador(a) *m(f)*
orient [ˈɔːrɪənt] (*direct*) orientar; **Oriental** oriental
origin [ˈɒːrɪdʒɪn] origen *m*; **original 1** *adj* original **2** *n*

painting etc original *m*; **originality** originalidad *f*; **originally** originalmente; **originate 1** *v/t idea* crear **2** *v/i of idea, belief* originarse; *of family* proceder
ornamental [ɔːrnəˈmentl] ornamental
ornate [ɔːrˈneɪt] recargado
orphan [ˈɔːrfn] huérfano(-a) *m(f)*
orthodox [ˈɔːrθədɑːks] ortodoxo
orthopedic [ɔːrθəˈpiːdɪk] ortopédico
ostensibly [ɑːˈstensəblɪ] aparentemente
ostentatious [ɑːstenˈteɪʃəs] ostentoso
ostracize [ˈɑːstrəsaɪz] condenar al ostracismo
other [ˈʌðər] **1** *adj* otro; *the ~ day* (*recently*) el otro día; *every ~ day* cada dos días **2** *n*: *the ~* el otro; *the ~s* los otros
otherwise [ˈʌðərwaɪz] **1** *conj* si no **2** *adv* (*differently*) de manera diferente
ought [ɔːt]: *I / you ~ to know* debo / debes saberlo; *you ~ to have done it* deberías haberlo hecho
ounce [auns] onza *f*
our [aur] nuestro(-a)
ours [aurz] el nuestro, la nuestra; *that book is ~* ese libro es nuestro; *a friend of ~* un amigo nuestro; **ourselves** *reflexive* nos; *emphatic* nosotros mismos *mpl*, nosotras mismas *fpl*; *we hurt*

~ nos hicimos daño
oust [aʊst] *from office* derrocar
out [aʊt]: **be ~** *of light, fire* estar apagado; *of flower* estar en flor; *(not at home),* *of sun* haber salido; *of calculations* estar equivocado; *(be published)* haber sido publicado; *(no longer in competition)* estar eliminado; *(no longer in fashion)* estar pasado de moda; **here in Dallas** aquí en Dallas; **(get) ~!** ¡vete!; **(get) ~ of my room!** ¡fuera de mi habitación!; **that's ~!** *(out of the question)* ¡eso es imposible!; **he's ~ to win** *(fully intends to)* va a por la victoria
'**outbreak** estallido *m*
'**outcast** paria *m/f*
'**outcome** resultado *m*
'**outcry** protesta *f*
out'dated anticuado
out'do superar
'**outdoor** *toilet, life* al aire libre; **out'doors** fuera
outer ['aʊtər] *wall etc* exterior
'**outfit** *(clothes)* traje *m*, conjunto *m*; *(company, organization)* grupo *m*
out'last durar más que
'**outlet** *of pipe* desagüe *m*; *for sales* punto *m* de venta; ELEC enchufe *m*
'**outline 1** *n of person, building etc* perfil *m*, contorno *m*; *of plan, novel* resumen *m* **2** *v/t plans etc* resumir
out'live sobrevivir a

outlook *(prospects)* perspectivas *fpl*
out'number superar en número
out of ◇ *motion* fuera de; **run ~ the house** salir corriendo de la casa; ◇ *position*: **100 miles ~ Detroit** a 100 millas de Detroit ◇ *cause* por; **~ curiosity** por curiosidad ◇ *without*: **we're ~ gas** no nos queda gasolina ◇ *from a group* de cada **2 ~ 10** 2 de cada 10
out-of-'date anticuado, desfasado
'**output 1** *n of factory* producción *f*, COMPUT salida *f* **2** *v/t (produce)* producir
out'rage 1 *n feeling* indignación *f*; *act* ultraje *m* **2** *v/t* indignar, ultrajar; **outrageous** *acts* atroz; *prices* escandaloso
out'right 1 *adj winner* absoluto **2** *adv win* completamente; *kill* en el acto
'**outset** principio *m*
out'shine eclipsar
out'side 1 *adj wall* exterior; *lane* de fuera **2** *adv sit, go* fuera **3** *prep* fuera de; *(apart from)* aparte de **4** *n of building, case etc* exterior *m*
out'sider *clothing* de talla especial
'**outskirts** afueras *fpl*
out'smart → **outwit**
out'source subcontratar
out'standing *quality* destacado; *writer, athlete* excepcio-

outstretched ['aʊtstretʃt] *hands* extendido
outward ['aʊtwərd] *appearance* externo; ~ *journey* viaje *m* de ida; **outwardly** aparentemente
out'weigh pesar más que
out'wit mostrarse más listo que
oval ['oʊvl] oval, ovalado
oven ['ʌvn] horno *m*
over ['oʊvər] **1** *prep* (*above*) sobre, encima de; (*across*) al otro lado de; (*more than*) más de; (*during*) durante; *she walked ~ the street* cruzó la calle; *travel all ~ Brazil* viajar por todo Brasil; *we're ~ the worst* lo peor ya ha pasado; ~ *and above* además de **2** *adv*: *be* ~ (*finished*) haber acabado; *there were just 6 ~* sólo quedaban seis; ~ *in Japan* allá en Japón; ~ *here / there* por aquí / allá; *it hurts all* ~ me duele por todas partes; *painted white all* ~ pintado todo de blanco; *it's all* ~ se ha acabado; ~ *and again* una y otra vez; *do sth* ~ (*again*) volver a hacer algo; **overall** (*in general*) en general; **overalls** *Span* mono *m*, *L.Am.* overol *m*
over'awe intimidar
over'balance perder el equilibrio
over'bearing dominante
'**overcast** *day* nublado; *sky* cubierto
over'charge *customer* cobrar de más a
'**overcoat** abrigo *m*
over'come *difficulties* superar, vencer
over'crowded *train* atestado; *city* superpoblado
over'do (*exaggerate*) exagerar; *in cooking* recocer, cocinar demasiado; **over'done** *meat* demasiado hecho
'**overdose** sobredosis *f inv*
'**overdraft** descubierto *m*; **overdraw** *account* dejar al descubierto
over'dressed demasiado trajeado
over'estimate sobreestimar
over'expose sobreexponer
'**overflow**[1] *n pipe* desagüe *m*, rebosadero *m*
over'flow[2] *v/i of water* desbordarse
over'haul revisar
'**overhead 1** *adj lights*, *railway* elevado **2** *n* FIN gastos *mpl* generales
over'hear oír por casualidad
over'heated recalentado
overjoyed [oʊvər'dʒɔɪd] contentísimo, encantado
'**overland 1** *adj route* terrestre **2** *adv travel* por tierra
over'lap *of tiles etc* solaparse; *of periods of time* coincidir; *of theories* tener puntos en común
over'load sobrecargar
over'look *of tall building etc* dominar; (*not see*) pasar

por alto
overly ['ouvərlı] excesivamente, demasiado
'overnight *travel* por la noche; *fig change etc* de la noche a la mañana
'overpass paso *m* elevado
over'power *physically* dominar
overpriced [ouvər'praɪst] demasiado caro
overrated [ouvə'reɪtɪd] sobrevalorado
over'ride anular; **overriding** *concern* primordial
over'rule *decision* anular
over'seas 1 *adv* live, work en el extranjero; *go* al extranjero **2** *adj* extranjero
over'see supervisar
over'shadow *fig* eclipsar
'oversight descuido *m*
over'sleep quedarse dormido
over'state exagerar; **over'statement** exageración *f*
over'take *in work, development* adelantarse a; *Br* MOT adelantar
over'throw *v/t* derrocar
'overthrow *n* derrocamiento *m*

'overtime 1 *n* SP: *in ~* en la prórroga **2** *adv*: *work ~* hacer horas extras
over'turn *v/t vehicle* volcar; *object* dar la vuelta a; *government* derribar **2** *v/i of vehicle* volcar
'overview visión *f* general
overwhelming [ouvər'welmɪŋ] *feeling* abrumador; *majority* aplastante
over'work 1 *n* exceso *m* de trabajo **2** *v/i* trabajar en exceso
owe [ou] deber; **owing to** debido a
owl [aul] búho *m*
own[1] [oun] *v/t* poseer
own[2] [oun] **1** *adj* propio; **2** *pron*: *an apartment of my ~* mi propio apartamento; *on my ~* yo solo
◆ **own up** confesar
owner ['ounər] dueño(-a) *m(f)*, propietario(-a) *m(f)*; **ownership** propiedad *f*
oxygen ['ɑːksɪdʒən] oxígeno *m*
oyster ['ɔɪstər] ostra *f*
ozone ['ouzoun] ozono *m*; **ozone layer** capa *f* de ozono

P

PA [piː'eɪ] (= *personal assistant*) secretario(-a) *m(f)* personal
pace [peɪs] (*step*) paso *m*; (*speed*) ritmo *m*; **pacemaker**

MED marcapasos *m inv*; SP liebre *f*
Pacific [pə'sɪfɪk]: *the ~* (*Ocean*) el (Océano) Pacífico

pacifier ['pæsɪfaɪər] *for baby* chupete *m*; **pacifism** pacifismo *m*; **pacifist** pacifista *m/f*; **pacify** tranquilizar; *country* pacificar

pack [pæk] **1** *n (back~)* mochila *f*; *of food, cigarettes* paquete *m* **2** *v/t item of clothing etc* meter en la maleta; *goods* empaquetar; *groceries* meter en una bolsa; **~ one's bag** hacer la bolsa **3** *v/i* hacer la maleta; **package 1** *n* paquete *m* **2** *v/t in packs* embalar; *idea* presentar; **packaging** *of product* embalaje *m*; *of idea* presentación *f*; **packet** paquete *m*

pact [pækt] pacto *m*

pad[1] [pæd] **1** *n for protection* almohadilla *f*; *for absorbing liquid* compresa *f*; *for writing* bloc *m* **2** *v/t with material* acolchar; *speech, report* meter paja en

pad[2] [pæd] *v/i (move quietly)* caminar silenciosamente

padding ['pædɪŋ] *material* relleno *m*; *in speech etc* paja *f*

paddle ['pædəl] **1** *n for canoe* canalete *m*, remo *m* **2** *v/i in canoe* remar; *in water* chapotear

paddock ['pædək] potrero *m*

page[1] [peɪdʒ] *n of book etc* página *f*

page[2] [peɪdʒ] *v/t (call)* llamar; *by PA* llamar por megafonía; *by beeper* llamar por el buscapersonas *or* Span busca

pager ['peɪdʒər] buscaperso-

nas *m inv*, Span busca *m*

paid employment [peɪd] empleo *m* remunerado

pain [peɪn] dolor *m*; **be in ~** sentir dolor; **painful** dolorido; *blow, condition, subject* doloroso; *(laborious)* difícil; **painfully** *(extremely, acutely)* extremadamente; **painkiller** analgésico *m*; **painless** indoloro; **painstaking** meticuloso

paint [peɪnt] **1** *n* pintura *f* **2** *v/t* pintar; **paintbrush** *large* brocha *f*; *small* pincel *m*; **painter decorator** pintor(a) *m(f)* (de brocha gorda); *artist* pintor(a) *m(f)*; **painting** *activity* pintura *f*; *picture* cuadro *m*; **paintwork** pintura *f*

pair [per] *of shoes etc* par *m*; *of people, animals* pareja *f*; **a ~ of pants** unos pantalones

pajamas [pə'dʒɑːməz] pijama *m*

Pakistan [pɑːkɪ'stɑːn] Paquistán, Pakistán; **Pakistani 1** *n* paquistaní *m/f*, pakistaní *m/f* **2** *adj* paquistaní, pakistaní

pal [pæl] F *(friend)* amigo(-a) *m(f)*, Span colega *m/f* F

palace ['pælɪs] palacio *m*

palate ['pælət] paladar *m*

palatial [pə'leɪʃl] palaciego

pale [peɪl] *person* pálido; **she went ~** palideció

Palestine ['pæləstaɪn] Palestina; **Palestinian 1** *n* palestino(-a) *m(f)* **2** *adj* palestino

pallet ['pælɪt] palé *m*

pallor ['pælər] palidez *f*
palm [pɑːm] *of hand* palma *f*;
palm tree palmera *f*
paltry ['pɔːltrɪ] miserable
pamper ['pæmpər] mimar
pamphlet ['pæmflɪt] *for information* folleto *m*; *political* panfleto *m*
pan [pæn] *for cooking* cacerola *f*; *for frying* sartén *f*
Panama ['pænəmɑː] Panamá;
Panama Canal: the ~ el Canal de Panamá; **Panama City** Ciudad *f* de Panamá; **Panamanian 1** *adj* panameño **2** *n* panameño(-a) *m(f)*
pancake ['pænkeɪk] crepe *m*, *L.Am.* panqueque *m*
pane [peɪn] *of glass* hoja *f*
panel ['pænl] panel *m*; *people* grupo *m*, panel *m*; **paneling,** *Br* **panelling** paneles *mpl*
panic ['pænɪk] **1** *n* pánico *m* **2** *v/i* ser preso del pánico; **panic-stricken** preso del pánico
panorama [pænə'rɑːmə] panorama *m*; **panoramic** panorámico
pant [pænt] jadear
panties ['pæntɪz] *Span* bragas *fpl*, *L.Am.* calzones *mpl*
pantihose ☞ **pantyhose**
pants [pænts] pantalones *mpl*
pantyhose ['pæntɪhoʊz] medias *fpl*, pantis *mpl*
papal ['peɪpəl] papal
paparazzi [pæpə'rætsiː] paparazzi *mpl*
paper ['peɪpər] **1** *n* papel *m*; *(news~)* periódico *m*; *academic* estudio *m*; *at confer-*

paramilitary

ence ponencia *f*; *(examination ~)* examen *m*; ~**s** *(documents)* documentos *mpl*; *of vehicle, (identity ~s)* papeles *mpl*, documentación *f* **2** *v/t room* empapelar; **paperback** libro *m* en rústica; **paper clip** clip *m*; **paperwork** papeleo *m*
parachute ['pærəʃuːt] **1** *n* paracaídas *m inv* **2** *v/i* saltar en paracaídas **3** *v/t troops, supplies* lanzar en paracaídas
parade [pə'reɪd] **1** *n procession* desfile *m* **2** *v/i* desfilar; *(walk about)* pasearse
paradise ['pærədaɪs] paraíso *m*
paradox ['pærədɑːks] paradoja *f*; **paradoxical** paradójico; **paradoxically** paradójicamente
paragraph ['pærəgræf] párrafo *m*
Paraguay ['pærəgwaɪ] Paraguay; **Paraguayan 1** *adj* paraguayo **2** *n* paraguayo(-a) *m(f)*
parallel ['pærəlel] **1** *n* paralela *f*; GEOG paralelo *m*; *fig* paralelismo *m* **2** *adj also fig* paralelo **3** *v/t (match)* equipararse a
paralysis [pə'rælɪsɪs] parálisis *f*; **paralyze** *also fig* paralizar
paramedic [pærə'medɪk] auxiliar *m/f* sanitario(-a)
parameter [pə'ræmɪtər] parámetro *m*
paramilitary [pærə'mɪlɪterɪ] **1**

paranoia

adj paramilitar **2** *n* paramilitar *m/f*

paranoia [pærə'nɔɪə] paranoia *f*; **paranoid** paranoico

paraphrase ['pærəfreɪz] parafrasear

parasite ['pærəsaɪt] *also fig* parásito *m*

parasol ['pærəsɒːl] sombrilla *f*

parcel ['pɑːrsl] paquete *m*

pardon ['pɑːrdn] **1** *n* LAW indulto *m*; *I beg your ~?* (*what did you say?*) ¿cómo ha dicho?; *I beg your ~* (*I'm sorry*) discúlpeme **2** *v/t* perdonar; LAW indultar; **~ me?** ¿perdón?

parent ['perənt] *father* padre *m*; *mother* madre *f*; *my ~s* mis padres; **parental** de los padres; **parent company** empresa *f* matriz; **parent-teacher association** asociación *f* de padres y profesores

parish ['pærɪʃ] parroquia *f*

park[1] ['pɑːrk] *n* parque *m*

park[2] [pɑːrk] *v/t* & *v/i* MOT estacionar, *Span* aparcar; **parking** MOT estacionamiento *m*, *Span* aparcamiento *m*; **parking brake** freno *m* de mano; **parking garage** párking *m*, *Span* aparcamiento *m*; **parking lot** estacionamiento *m*, *Span* aparcamiento *m* (*al aire libre*); **parking meter** parquímetro *m*; **parking ticket** multa *f* de estacionamiento

parliament ['pɑːrləmənt] parlamento *m*

parole [pə'roʊl] **1** *n* libertad *f* condicional **2** *v/t* poner en libertad condicional

parrot ['pærət] loro *m*

part [pɑːrt] **1** *n* parte *f*; *of machine* pieza *f* (de repuesto); *in movie* papel *m*; *in hair* raya *f*; *take ~ in* tomar parte en **2** *adv* (*partly*) en parte **3** *v/i* separarse; **partial** (*incomplete*) parcial; **partially** parcialmente

participant [pɑːr'tɪsɪpənt] participante *m/f*; **participate** participar; **participation** participación *f*

particular [pər'tɪkjələr] (*specific*) particular, concreto; (*demanding*) exigente; *about friends etc* selectivo; *pej* especial, quisquilloso; **particularly** particularmente

partition [pɑːr'tɪʃn] (*screen*) tabique *m*; *of country* partición *f*, división *f*

partly ['pɑːrtlɪ] en parte

partner ['pɑːrtnər] COM socio(-a) *m(f)*; *in relationship* compañero(-a) *m(f)*; *in tennis, dancing* pareja *f*; **partnership** COM sociedad *f*; *in particular activity* colaboración *f*

'part-time a tiempo parcial

party ['pɑːrtɪ] **1** *n* (*celebration*) fiesta *f*; POL partido *m*; (*group of people*) grupo *m* **2** *v/i* F salir de marcha F

pass [pæs] **1** *n for entry*, SP pase *m*; *in mountains* desfilade-

ro *m* **2** *v/t* (*hand*) pasar; (*go past*) pasar por delante de; (*overtake*) adelantar; (*go beyond*) sobrepasar; (*approve*) aprobar **3** *v/i of time* pasar; *in exam* aprobar; (*go away*) pasarse
◆ **pass away** *euph* fallecer, pasar a mejor vida
◆ **pass on 1** *v/t information, book* pasar **2** *v/i* (*euph: die*) fallecer, pasar a mejor vida
◆ **pass out** (*faint*) desmayarse
◆ **pass up** *opportunity* dejar pasar
passable ['pæsəbl] *road* transitable; (*acceptable*) aceptable
passage ['pæsɪdʒ] (*corridor*) pasillo *m*; *from book* pasaje *m*; *of time* paso *m*
passenger ['pæsɪndʒər] pasajero(-a) *m(f)*
passer-by [pæsər'baɪ] transeúnte *m/f*
passion ['pæʃn] pasión *f*; **passionate** *lover* apasionado; (*fervent*) fervoroso
passive ['pæsɪv] **1** *adj* pasivo **2** *n* GRAM (voz *f*) pasiva *f*; **passive smoking** (el) fumar pasivamente
'**passport** pasaporte *m*; **passport control** control *m* de pasaportes; **password** contraseña *f*
past [pæst] **1** *adj* (*former*) pasado; **the ~ few days** los últimos días **2** *n* pasado *m* **3** *prep in position* después de; *it's*

half ~ two son las dos y media **4** *adv*: **run / walk ~** pasar
pasta ['pæstə] pasta *f*
paste [peɪst] **1** *n* (*adhesive*) cola *f* **2** *v/t* (*stick*) pegar
pastime ['pæstaɪm] pasatiempo *m*
past 'participle GRAM participio *m* pasado
pastry ['peɪstrɪ] *for pie* masa *f*; *small cake* pastel *m*
'**past tense** GRAM (tiempo *m*) pasado *m*
pasty ['peɪstɪ] *face* pálido
pat [pæt] **1** *n* palmadita *f* **2** *v/t* dar palmaditas a
patch [pætʃ] **1** *n on clothing* parche *m*; (*area*) mancha *f*; **a bad ~ of time** un mal momento, una mala racha **2** *v/t clothing* remendar
◆ **patch up** (*repair*) hacer un remiendo a, arreglar de remiendos; *quarrel* solucionar
patchy ['pætʃɪ] *quality* desigual; *work* irregular
patent ['peɪtnt] **1** *adj* patente, evidente **2** *n for invention* patente *f* **3** *v/t invention* patentar
paternal [pə'tɜːrnl] *relative* paterno; *pride, love* paternal; **paternalism** paternalismo *m*; **paternalistic** paternalista; **paternity** paternidad *f*
path [pæθ] *also fig* camino *m*
pathetic [pə'θetɪk] *invoking pity* patético; F (*very bad*) lamentable F
pathological [pæθə'lɑːdʒɪkl] patológico

patience ['peɪʃns] paciencia *f*;
patient 1 *n* paciente *m/f* **2** *adj* paciente; **patiently** pacientemente
patio ['pætɪoʊ] *Br* patio *m*
patriot ['peɪtrɪət] patriota *m/f*; **patriotic** patriótico; **patriotism** patriotismo *m*
patrol [pə'troʊl] **1** *n* patrulla *f* **2** *v/t streets, border* patrullar; **patrol car** coche *m* patrulla; **patrolman** policía *m*, patrullero *m*; **patrol wagon** furgón *m* policial
patron ['peɪtrən] *of store, movie theater* cliente *m/f*; *of artist, charity etc* patrocinador(a) *m(f)*; **patronize** *person* tratar con condescendencia; **patronizing** condescendiente; **patron saint** santo(-a) *m(f)* patrón(-ona), patrón(-ona) *m(f)*
pattern ['pætərn] *on fabric* estampado *m*; *for sewing* diseño *m*; *(model)* modelo *m*; *in behavior, events* pauta *f*
paunch [pɒːntʃ] barriga *f*
pause [pɒːz] **1** *n* pausa *f* **2** *v/i* parar; *when speaking* hacer una pausa **3** *v/t tape* poner en pausa
pave [peɪv] *with concrete* pavimentar; *with slabs* adoquinar; **pavement** *in US* calzada *f*; *Br (sidewalk)* acera *f*
paw [pɒː] **1** *n of animal* pata *f*; F *(hand)* pezuña *f* F **2** *v/t* F sobar F
pawn [pɒːn] *in chess* peón *m*;

450

fig títere *m*
pay [peɪ] **1** *n* paga *f*, sueldo *m* **2** *v/t* pagar; **~ attention** prestar atención **3** *v/i* pagar; *(be profitable)* ser rentable; **~ for** *purchase* pagar
♦ **pay back** *person* devolver el dinero a; *loan* devolver
♦ **pay off 1** *v/t debt* liquidar; *(bribe)* sobornar **2** *v/i (be profitable)* valer la pena
♦ **pay up** pagar
payable ['peɪəbl] pagadero; **pay check**, *Br* **pay cheque** cheque *m* del sueldo; **payday** día *m* de paga; **payee** beneficiario(-a) *m(f)*; **payment** pago *m*; **pay phone** teléfono *m* público
PC [piː'siː] (= *personal computer*) PC *m*, *Span* ordenador *m* or *L.Am.* computadora personal; (= *politically correct*) políticamente correcto
pea [piː] *Span* guisante *m*, *L.Am.* arveja *f*, *Mex* chícharo *m*
peace [piːs] paz *f*; *(quietness)* tranquilidad; **peaceful** pacífico; *demonstration* pacífico; **peacefully** pacíficamente
peach [piːtʃ] *fruit* melocotón *m*, *L.Am.* durazno *m*; *tree* melocotonero *m*, *L.Am.* duraznero *m*
peak [piːk] **1** *n of mountain* cima *f*; *mountain* pico *m*; *fig* clímax *m* **2** *v/i* alcanzar el máximo; **peak hours** horas

fpl punta
peanut ['pi:nʌt] cacahuete *m*, *L.Am.* maní *m*, *Mex* cacahuate *m*; **get paid ~s** F cobrar una miseria F; **peanut butter** crema *f* de cacahuete
pear [per] pera *f*
pearl [pɜ:rl] perla *f*
pecan [pɪ'kæn] pacana *f*
peck [pek] **1** *n bite* picotazo *m*; *kiss* besito *m* **2** *v/t bite* picotear; *kiss* dar un besito a
peculiar [pɪ'kju:ljər] (*strange*) raro; **peculiarity** rareza *f*; (*special feature*) peculiaridad *f*
pedal ['pedl] **1** *n of bike* pedal *m* **2** *v/i* pedalear; (*cycle*) recorrer en bicicleta
pedestrian [pɪ'destrɪən] peatón(-ona) *m(f)*
pediatric [pi:dɪ'ætrɪk] pediátrico; **pediatrician** pediatra *m/f*; **pediatrics** pediatría *f*
pedicure ['pedɪkjʊr] pedicura *f*
pedigree ['pedɪgri:] **1** *n of animal* pedigrí; *of person* linaje *m* **2** *adj* con pedigrí
pee [pi:] F hacer pis F
peek [pi:k] **1** *n* ojeada *f* **2** *v/i* echar una ojeada
peel [pi:l] **1** *n* piel *f* **2** *v/t fruit, vegetables* pelar **3** *v/i of nose, shoulders* pelarse; *of paint* levantarse
peep [pi:p] ☞ **peek**; **peephole** mirilla *f*
peer[1] [pɪr] *n* (*equal*) igual *m*
peer[2] [pɪr] *v/i* mirar
peg [peg] *for hat, coat* percha *f*; *for tent* clavija *f*; **off the ~** de confección
pejorative [pɪ'dʒɔ:rətɪv] peyorativo
pellet ['pelɪt] pelotita *f*; (*bullet*) perdigón *m*
pen[1] [pen] (*ballpoint ~*) bolígrafo *m*
pen[2] [pen] (*enclosure*) corral *m*
pen[3] [pen] ☞ **penitentiary**
penalize ['pi:nəlaɪz] penalizar
penalty ['penltɪ] sanción *f*; SP penalti *m*; **penalty area** SP área *f* de castigo; **penalty clause** LAW cláusula *f* de penalización; **penalty kick** (lanzamiento *m* de) penalti *m*
pencil ['pensɪl] lápiz *m*; **pencil sharpener** sacapuntas *m inv*
pendant ['pendənt] *necklace* colgante *m*
penetrate ['penɪtreɪt] (*pierce*) penetrar; *market* penetrar en; **penetration** penetración *f*; *of defenses* incursión *f*; *of market* entrada *f*
penguin ['peŋgwɪn] pingüino *m*
penicillin [penɪ'sɪlɪn] penicilina *f*
peninsula [pə'nɪnsʊlə] península *f*
penitence ['penɪtəns] (*remorse*) arrepentimiento *m*; **penitentiary** prisión *f*, cárcel *f*
'pen name seudónimo *m*
pennant ['penənt] banderín *f*

penniless

penniless ['penɪlɪs] sin un centavo
'**pen pal** amigo(-a) *m(f)* por correspondencia
pension ['penʃn] pensión *f*
◆ **pension off** jubilar
pensive ['pensɪv] pensativo
Pentagon ['pentəgɑːn]: **the ~** el Pentágono
pentathlon [pen'tæθlən] pentatlón *m*
penthouse ['penthaʊs] ático *m (de lujo)*
pent-up ['pentʌp] reprimido
penultimate [pe'nʌltɪmət] penúltimo
people ['piːpl] gente *f*; *(individuals)* personas *fpl*; *(race, tribe)* pueblo *m*; **the ~** *(citizens)* el pueblo, los ciudadanos; **~ say ...** se dice que...
pepper ['pepər] *spice* pimienta *f*; *vegetable* pimiento *m*; **peppermint** *candy* caramelo *m* de menta
per [pɜːr] por; **~ annum** al año, por año
perceive [pər'siːv] percibir; *(view, interpret)* interpretar
percent [pər'sent] por ciento
percentage [pər'sentɪdʒ] porcentaje *m*, tanto *m* por ciento
perceptible [pər'septəbl] perceptible; **perceptibly** visiblemente; **perception** *through senses* percepción *f*; *of situation* apreciación *f*; *(insight)* perspicacia *f*; **perceptive** perceptivo
percolate ['pɜːrkəleɪt] *of coffee* filtrarse; **percolator** cafetera *f* de filtro
perfect 1 ['pɜːrfɪkt] *n* GRAM pretérito *m* perfecto **2** ['pɜːrfɪkt] *adj* perfecto **3** [pər'fekt] *v/t* perfeccionar; **perfection** perfección *f*; **perfectionist** perfeccionista *m/f*; **perfectly** perfectamente; *(totally)* completamente
perforated ['pɜːrfəreɪtɪd] *line* perforado
perform [pər'fɔːrm] **1** *v/t (carry out)* realizar; *of actors etc* interpretar **2** *v/i of actor, musician, dancer* actuar; *of machine* funcionar; **performance** *by actor etc* actuación *f*, interpretación *f*; *of play* representación *f*; *of employee* rendimiento *m*; *of official, company, in sport* actuación *f*; *of machine* rendimiento *m*; **performer** intérprete *m/f*
perfume ['pɜːrfjuːm] perfume *m*
perfunctory [pər'fʌŋktərɪ] superficial
perhaps [pər'hæps] quizá(s), tal vez
peril ['perəl] peligro *m*
perimeter [pə'rɪmɪtər] perímetro *m*
period ['pɪrɪəd] período *m*, período *m*; *(menstruation)* período *m*, regla *f*; *punctuation mark* punto *m*; **periodic** periódico; **periodical** publicación *f* periódica
peripheral [pə'rɪfərəl] **1** *adj (not crucial)* secundario **2** *n* COMPUT periférico *m*; **pe-**

riphery periferia f
perish ['perɪʃ] *of rubber* estropearse; *of person* perecer; **perishable** *food* perecedero
perjure ['pɜːrdʒər]: ~ **o.s.** perjurar; **perjury** perjurio m
perm [pɜːrm] **1** n permanente f **2** v/t hacer la permanente
permanent ['pɜːrmənənt] permanente; **permanently** permanentemente
permeate ['pɜːrmɪeɪt] impregnar
permissible [pərˈmɪsəbl] permisible; **permission** permiso m; **permissive** permisivo; **permit 1** n licencia f **2** v/t permitir
perpendicular [pɜːrpənˈdɪkjʊlər] perpendicular
perpetual [pərˈpetʃʊəl] perpetuo; *interruptions* continuo; **perpetually** constantemente
perplex [pərˈpleks] dejar perplejo; **perplexity** perplejidad f
persecute ['pɜːrsɪkjuːt] perseguir; (*hound*) acosar; **persecution** persecución f; (*harassment*) acoso m; **persecutor** perseguidor(a) m(f)
perseverance [pɜːrsɪˈvɪrəns] perseverancia f; **persevere** perseverar
persist [pərˈsɪst] persistir; **persistent** *person, questions* perseverante; *rain, unemployment etc* persistente; **persistently** (*continually*) constantemente
person ['pɜːrsn] persona f; **personal** (*private*) personal; *life* privado; **personal computer** *Span* ordenador m personal, *L.Am.* computadora f personal; **personality** personalidad f; **personally** (*for my part*) personalmente; (*in person*) en persona; **personal organizer** organizador m personal; **personal stereo** walkman m ®; **personify** *of person* personificar
personnel [pɜːrsəˈnel] personal m
perspective [pərˈspektɪv] *in art* perspectiva f; **get sth into ~** poner algo en perspectiva
perspiration [pɜːrspɪˈreɪʃn] sudor m, transpiración f; **perspire** sudar, transpirar
persuade [pərˈsweɪd] persuadir; **persuasion** persuasión f; **persuasive** persuasivo
perturb [pərˈtɜːrb] perturbar; **perturbing** perturbador
Peru [pəˈruː] Perú; **Peruvian 1** *adj* peruano **2** *n* peruano(-a) m(f)
pervasive [pərˈveɪsɪv] *influence, ideas* dominante
perversion [pərˈvɜːrʃn] *sexual* perversión f; **pervert** *sexual* pervertido(-a) m(f)
pessimism ['pesɪmɪzm] pesimismo m; **pessimist** pesimista m/f; **pessimistic** pesimista
pest [pest] plaga f; F *person*

pester

tostón m F
pester ['pestər] acosar; **~ s.o. to do sth** dar la lata a alguien para que haga algo
pesticide ['pestɪsaɪd] pesticida f
pet [pet] **1** n animal m doméstico; *favorite* preferido(-a) m(f) **2** adj preferido **3** v/t *animal* acariciar **4** v/i *of couple* magrearse
petite [pə'tiːt] chiquito(-a); *size* menudo
petition [pə'tɪʃn] petición f
petrify ['petrɪfaɪ] dejar petrificado
petrochemical [petroʊ'kemɪkl] petroquímico
petrol ['petrl] *Br* gasolina f, *Arg* nafta f
petroleum [pɪ'troʊlɪəm] petróleo m
petting ['petɪŋ] magreo m F
petty ['petɪ] *person, behavior* mezquino; *details* sin importancia
pew [pjuː] banco m *(de iglesia)*
pharmaceutical [fɑːrmə'suːtɪkl] farmacéutico; **pharmaceuticals** fármacos mpl
pharmacist ['fɑːrməsɪst] *in store* farmacéutico(-a) m(f); **pharmacy** *store* farmacia f
phase [feɪz] fase f
phenomenal [fɪ'nɑːmɪnl] fenomenal; **phenomenon** fenómeno m
philanthropic [fɪlən'θrɑːpɪk] filantrópico; **philanthropist** filántropo(-a) m(f); **philanthropy** filantropía f

Philippines ['fɪlɪpiːnz]: **the ~** las Filipinas
philosopher [fɪ'lɑːsəfər] filósofo(-a) m(f); **philosophical** filosófico; **philosophy** filosofía f
phobia ['foʊbɪə] fobia f
phone [foʊn] **1** n teléfono m **2** v/t llamar (por teléfono) a **3** v/i llamar (por teléfono); **phone book** guía f (de teléfonos); **phone booth** cabina f (de teléfonos); **phonecall** llamada f (telefónica); **phone card** tarjeta f telefónica; **phone number** número m de teléfono
photo ['foʊtoʊ] foto f; **photocopier** fotocopiadora f; **photocopy 1** n fotocopia f **2** v/t fotocopiar; **photogenic** fotogénico; **photograph 1** n fotografía f **2** v/t fotografiar; **photographer** fotógrafo(-a) m(f); **photography** fotografía f
phrase [freɪz] **1** n frase f **2** v/t expresar
physical ['fɪzɪkl] **1** adj físico **2** n MED reconocimiento m médico; **physically** físicamente
physician [fɪ'zɪʃn] médico(-a) m(f)
physicist ['fɪzɪsɪst] físico(-a) m(f); **physics** física f
physiotherapist [fɪzɪoʊ'θerəpɪst] fisioterapeuta m/f; **physiotherapy** fisioterapia f
physique [fɪ'ziːk] físico m
pianist ['pɪənɪst] pianista m/f;

piano piano *m*
pick (*choose*) escoger, elegir; *flowers, fruit* recoger
◆ **pick up 1** *v/t* recoger, *Span* coger; *habit* adquirir, *Span* coger; *illness* contraer, *Span* coger; *telephone* descolgar; *language, skill* aprender; (*buy*) comprar; *sexually* ligar con **2** *v/i* (*improve*) mejorar
picket [ˈpɪkɪt] **1** *n of strikers* piquete *m* **2** *v/t* hacer piquete delante de
'**pickpocket** carterista *m/f*
pick-up (truck) [ˈpɪkʌp] camioneta *f*
picky [ˈpɪkɪ] F tiquismiquis F
picnic [ˈpɪknɪk] **1** *n* picnic *m* **2** *v/i* ir de picnic
picture [ˈpɪktʃər] **1** *n* (*photo*) fotografía *f*; (*painting*) cuadro *m*; (*illustration*) dibujo *m*; (*movie*) película *f*; *on TV* imagen *f* **2** *v/t* imaginar
picturesque [pɪktʃəˈresk] pintoresco
pie [paɪ] pastel *m*
piece [piːs] (*fragment*) fragmento *m*; (*component, in game*) pieza *f*; **a ~ of advice** un consejo; **take to ~s** desmontar
◆ **piece together** *broken plate* recomponer; *evidence* reconstruir
pier [pɪr] *Br at seaside* malecón *m*
pierce [pɪrs] (*penetrate*) perforar; *ears* agujerear; **piercing** *scream* desgarrador; *gaze* penetrante; *wind* cortante

pig [pɪg] *also fig* cerdo *m*; *greedy* glotón(-a) *m(f)*
pigeon [ˈpɪdʒɪn] paloma *f*; **pigeonhole** casillero *m*
pigheaded [pɪgˈhedɪd] F cabezota F; **pigpen** *also fig* pocilga *f*
pile [paɪl] montón *m*, pila *f*
◆ **pile up 1** *v/i of work, bills* acumularse **2** *v/t* amontonar
pile-up [ˈpaɪlʌp] MOT choque *m* múltiple
pill [pɪl] pastilla *f*; **be on the ~** tomar la píldora
pillar [ˈpɪlər] pilar *m*
pillow [ˈpɪloʊ] almohada *f*; **pillowcase** funda *f* de almohada
pilot [ˈpaɪlət] **1** *n of airplane* piloto *m/f*; *for ship* práctico *m* **2** *v/t airplane* pilotar
pimp [pɪmp] proxeneta *m*, *Span* chulo *m* F
pimple [ˈpɪmpl] grano *m*
PIN [pɪn] (= *personal identification number*) PIN *m* (= número de identificación personal)
pin [pɪn] **1** *n for sewing* alfiler *m*; *in bowling* bolo *m*; (*badge*) pin *m*; ELEC clavija *f* **2** *v/t* (*hold down*) mantener; (*attach*) sujetar
◆ **pin up** *notice* sujetar con chinchetas
pincers [ˈpɪnsərz] *of crab* pinzas *fpl*; *tool* tenazas *fpl*
pinch [pɪntʃ] **1** *n* pellizco *m*; *of salt etc* pizca *f* **2** *v/t* pellizcar **3** *v/i of shoes* apretar
pine [paɪn] *tree, wood* pino *m*;

pineapple

pineapple piña *f*, *L.Am.* ananá(s) *f*
pink [pɪŋk] rosa
pinnacle ['pɪnəkl] *fig* cima *f*
pinpoint determinar; **pins and needles** hormigueo *m*; **pin-up** modelo *m/f* de revista
pioneer [paɪə'nɪr] **1** *n* pionero(-a) *m(f)* **2** *v/t* ser pionero en; **pioneering** work pionero
pious ['paɪəs] piadoso
pip [pɪp] *Br of fruit* pepita *f*
pipe [paɪp] **1** *n* tubería *f*; *for smoking* pipa *f*; **2** *v/t* conducir por tuberías; **pipeline** *for oil* oleoducto *m*; *for gas* gasoducto *m*
pirate ['paɪrət] **1** *n* pirata *m/f* **2** *v/t software* piratear
pissed [pɪst] P (*annoyed*) cabreado *P*; *Br* P (*drunk*) borracho, pedo F
pistol ['pɪstl] pistola *f*
piston ['pɪstən] pistón *m*
pit [pɪt] (*hole*) hoyo *m*; (*coal mine*) mina *f*; *in fruit* hueso *m*
pitch¹ [pɪtʃ] *n* MUS tono *m*
pitch² [pɪtʃ] **1** *v/i in baseball* lanzar la pelota **2** *v/t tent* montar; *ball* lanzar
pitcher¹ ['pɪtʃər] *baseball player* lanzador(a) *m(f)*, pítcher *m*
pitcher² ['pɪtʃər] *container* jarra *f*
pitfall ['pɪtfɔːl] dificultad *f*
pitiful ['pɪtɪfəl] *sight* lastimoso; *excuse*, *attempt* lamentable; **pitiless** despiadado

pittance ['pɪtns] miseria *f*
pity ['pɪtɪ] **1** *n* pena *f*, lástima *f*; **what a ~!** ¡qué pena! **2** *v/t person* compadecerse de
pizza ['piːtsə] pizza *f*
placard ['plækɑːrd] pancarta *f*
place [pleɪs] **1** *n* sitio *m*, lugar *m*; *in race, competition* puesto *m*; (*seat*) sitio *m*; **at my / his ~** en mi / su casa; **in ~ of** en lugar de; **take ~** tener lugar **2** *v/t* (*put*) poner, colocar; *order* hacer
placid ['plæsɪd] apacible
plagiarism ['pleɪdʒərɪzm] plagio *m*; **plagiarize** plagiar
plain¹ [pleɪn] *n* llanura *f*
plain² [pleɪn] **1** *adj* (*clear, obvious*) claro; (*not fancy*) simple; (*not pretty*) feíllo; (*not patterned*) liso; (*blunt*) directo **2** *adv* verdaderamente; **plainly** (*clearly*) evidentemente; (*bluntly*) directamente; (*simply*) con sencillez; **plain spoken** directo
plaintive ['pleɪntɪv] quejumbroso
plan [plæn] **1** *n* plan *m*; (*drawing*) plano *m* **2** *v/t* planear; (*design*) hacer los planos de **3** *v/i* hacer planes
plane¹ [pleɪn] *n* (*airplane*) avión *m*
plane² [pleɪn] *tool* cepillo *m*
planet ['plænɪt] planeta *f*
plank [plæŋk] *of wood* tablón *m*; *fig: of policy* punto *m*
planning ['plænɪŋ] planificación *f*
plant¹ [plænt] **1** *n* planta *f* **2** *v/t*

plantar
plant² [plænt] *n* (*factory*) fábrica *f*, planta *f*; (*equipment*) maquinaria *f*
plantation [plæn'teɪʃn] plantación *f*
plaque [plæk] *on wall, teeth* placa *f*
plaster ['plæstər] **1** *n* yeso *m* **2** *v/t* enyesar
plastic ['plæstɪk] **1** *n* plástico *m* **2** *adj* (*made of* ~) de plástico; **plastic (money)** carta *m*, tarjetas *fpl* de pago; **plastic surgeon** cirujano(-a) *m(f)* plástico(-a); **plastic surgery** cirugía *f* estética
plate [pleɪt] plato *m*; *of metal* chapa *f*
plateau ['plætoʊ] meseta *f*
platform ['plætfɔːrm] (*stage*) plataforma *f*; *of railroad station* andén *m*; *fig: political* programa *m*
platinum ['plætɪnəm] **1** *n* platino *m* **2** *adj* de platino
platonic [plə'tɑːnɪk] platónico
platoon [plə'tuːn] *of soldiers* sección *f*
plausible ['plɔːzəbl] plausible
play [pleɪ] **1** *n* juego *m*; *in theater, on TV* obra *f* (de teatro) *m* MUS tocar; *game* jugar; *tennis, football* jugar a; *opponent* jugar contra; (*perform: Macbeth etc*) representar; *particular role* interpretar
♦ **play around** F (*be unfaithful*) acostarse con otras personas
♦ **play down** quitar importancia a
player ['pleɪər] SP jugador(a) *m(f)*; (*musician*) intérprete *m/f*; (*actor*) actor *m*, actriz *f*; **playful** *punch etc* de broma; **playground** zona *f* de juegos; **playing card** carta *f*; **playwright** autor(a) *m(f)*
plaza ['plɑːzə] *for shopping* centro *m* comercial
plc [piːel'siː] *Br* (= *public limited company*) S.A. *f* (= sociedad *f* anónima)
plea [pliː] súplica *f*
plead [pliːd]: ~ *guilty / not guilty* declararse culpable / inocente; ~ *with* suplicar
pleasant ['pleznt] agradable
please [pliːz] **1** *adv* por favor; ~ *do* claro que sí, por supuesto **2** *v/t* complacer; ~ *yourself!* ¡haz lo que quieras!; **pleased** contento; (*satisfied*) satisfecho; ~ *to meet you* encantado de conocerle; **pleasing** agradable; **pleasure** satisfacción *f*; *as opposed to work* placer *m*; **with** ~ faltaría más
pleat [pliːt] *in skirt* tabla *f*
pledge [pledʒ] **1** *n* (*promise*) promesa *f*, (*guarantee*) compromiso *m*; (*money*) donación *f*; **Pledge of Allegiance** *juramento de lealtad a la bandera estadounidense* **2** *v/t* (*promise*) prometer; (*guarantee*) comprometerse; *money*

donar

plentiful ['plentɪfəl] abundante; **plenty** abundancia f; **~ of books / food** muchos libros / mucha comida

pliable ['plaɪəbl] flexible

pliers ['plaɪərz] alicates mpl

plight [plaɪt] situación f difícil

plod [plɒd] (walk) arrastrarse

plot¹ [plɒt] n (land) terreno m

plot² [plɒt] **1** n (conspiracy) complot m; of novel argumento m **2** v/t tramar **3** v/i conspirar

plotter ['plɒtər] conspirador(a) m(f); COMPUT plóter m

plow, Br **plough** [plaʊ] **1** n arado m **2** v/t & v/i arar

♦ **plow back** profits reinvertir

pluck [plʌk] eyebrows depilar; chicken desplumar

plug [plʌg] **1** n for sink, bath tapón m; electrical enchufe m; (spark ~) bujía f **2** v/t hole tapar; new book etc hacer publicidad de

♦ **plug in** enchufar

plumage ['pluːmɪdʒ] plumaje m

plumber ['plʌmər] Span fontanero(-a) m(f); L.Am. plomero(-a) m(f); **plumbing** pipes tuberías fpl

plummet ['plʌmɪt] caer en picado

plump [plʌmp] rellenito

plunge [plʌndʒ] **1** n salto m; in prices caída f **2** v/i precipitarse; of prices caer en picado **3** v/t hundir; (into water) sumergir; **plunging** neckline escotado

plural ['plʊərəl] plural m

plus [plʌs] **1** prep más **2** adj más de **3** n symbol signo m más; (advantage) ventaja f **4** conj (moreover, in addition) además

plush [plʌʃ] lujoso

plywood ['plaɪwʊd] madera f contrachapada

PM [piː'em] Br (= **Prime Minister**) Primer(a) m(f) Ministro(a)

p.m. [piː'em] (= **post meridiem**) p.m.; **at 2 ~** a las 2 de la tarde; **at 11 ~** a las 11 de la noche

pneumonia [nuːˈmoʊnɪə] pulmonía f, neumonía f

poach¹ [poʊtʃ] cook hervir

poach² [poʊtʃ] (hunt) cazar furtivamente; fish pescar furtivamente

poached egg [poʊtʃt'eg] huevo m escalfado

P.O. Box [piːˈoʊbɑːks] apartado m de correos

pocket ['pɑːkɪt] **1** n bolsillo m **2** adj radio, dictionary de bolsillo **3** v/t meter en el bolsillo; **pocketbook** (purse) bolso m; (billfold) cartera f; book libro m de bolsillo; **pocket calculator** calculadora f de bolsillo

podium ['poʊdɪəm] podio m

poem ['poʊɪm] poema m; **poet** poeta m/f, poetisa f; **poet-**

ic poético; **poetry** poesía *f*
poignant ['pɔɪnjənt] conmovedor
point [pɔɪnt] **1** *n of pencil, knife* punta *f*; *in competition* punto *m*; *(purpose)* motivo *m*; *(moment)* momento *m*; *in decimals* coma *f*; **what's the ~ of telling him?** ¿qué se consigue diciéndoselo?; **that's beside the ~** eso no viene a cuento; **be on the ~ of** estar a punto de; **get to the ~** ir al grano **2** *v/i* señalar con el dedo

♦ **point out** *sights* indicar; *advantages etc* destacar
♦ **point to** señalar con el dedo; *fig (indicate)* indicar

pointed ['pɔɪntɪd] *remark* mordaz; **pointer** *for teacher* puntero *m*; *(hint)* consejo *m*; *(sign, indication)* indicador *m*; **pointless** inútil; **point of view** punto *m* de vista
poise [pɔɪz] confianza *f*; **poised** *person* con aplomo
poison ['pɔɪzn] **1** *n* veneno *m* **2** *v/t* envenenar; **poisonous** venenoso
poke [poʊk] **1** *n* empujón *m* **2** *v/t (prod)* empujar; *(stick)* clavar

♦ **poke around** F husmear

poker ['poʊkər] *game* póquer *m*
polar ['poʊlər] polar
pole[1] [poʊl] *for support* poste *m*; *for tent, pushing things* palo *m*

pole[2] [poʊl] *of earth* polo *m*
police [pə'liːs] policía *f*; **police car** coche *m* de policía; **policeman** policía *m*; **police state** estado *m* policial; **police station** comisaría *f* (de policía); **policewoman** (mujer *f*) policía *f*
policy[1] ['pɑːlɪsɪ] política *f*
policy[2] ['pɑːlɪsɪ] *(insurance ~)* póliza *f*
polio ['poʊlioʊ] polio *f*
polish ['pɑːlɪʃ] **1** *n* abrillantador *m*; *(nail ~)* esmalte *m* de uñas **2** *v/t* dar brillo a; *speech* pulir; **polished** *performance* brillante
polite [pə'laɪt] educado; **politely** educadamente; **politeness** educación *f*
political [pə'lɪtɪkl] político; **politically correct** políticamente correcto; **politician** político(-a) *m(f)*; **politics** política *f*
poll [poʊl] **1** *n (survey)* encuesta *f*, sondeo *m*; **go to the ~s** *(vote)* acudir a las urnas **2** *v/t people* sondear; *votes* obtener
pollen ['pɑːlən] polen *m*
pollster ['poʊlstər] encuestador(a) *m(f)*
pollutant [pə'luːtənt] contaminante *m*; **pollute** contaminar; **pollution** contaminación *f*
'polo shirt polo *m*
polyester [pɑːlɪ'estər] poliéster *m*
polystyrene [pɑːlɪ'staɪriːn]

polyunsaturated

poliestireno *m*
polyunsaturated [pɑːlɪʌnˈsætʃəreɪtɪd] poliinsaturado
pond [pɑːnd] estanque *m*
pontiff [ˈpɑːntɪf] pontífice *m*
pony [ˈpoʊnɪ] poni *m*; **ponytail** coleta *f*
pool[1] [puːl] *n* (*swimming* ~) piscina *f*, *L.Am.* pileta *f*, *Mex* alberca *f*; *of water, blood* charco *m*
pool[2] [puːl] *n game* billar *m* americano
pool[3] [puːl] **1** *n* (*common fund*) bote *m*, fondo *m* común **2** *v/t resources* juntar
'**pool hall** sala *f* de billares
'**pool table** mesa *f* de billar americano
poop [puːp] F caca *f* F
pooped [puːpt] F hecho polvo F
poor [pʊr] **1** *adj* pobre; (*not good*) mediocre, malo **2** *npl:* **the** ~ los pobres; **poorly** mal
pop[1] [pɑːp] MUS pop *m*
pop[2] [pɑːp] F (*father*) papá *m* F
'**popcorn** palomitas *fpl* de maíz
pope [poʊp] papa *m*
Popsicle® [ˈpɑːpsɪkl] polo *m* (*helado*)
popular [ˈpɑːpjʊlər] popular; **popularity** popularidad *f*
populate [ˈpɑːpjʊleɪt] poblar; **population** población *f*
porch [pɔːrtʃ] porche *m*
pork [pɔːrk] cerdo *m*

porn [pɔːrn] F porno *m* F; **pornographic** pornográfico; **pornography** pornografía *f*
port[1] [pɔːrt] *n* puerto *m*
port[2] [pɔːrt] *adj* (*left-hand*) a babor
portable [ˈpɔːrtəbl] **1** *adj* portátil **2** *n* COMPUT portátil *m*; *TV* televisión *f* portátil
porter [ˈpɔːrtər] *for luggage* mozo(-a) *m(f)*
portion [ˈpɔːrʃn] parte *f*; *of food* ración *f*
portrait [ˈpɔːrtreɪt] **1** *n* retrato *m* **2** *adv print* en formato vertical; **portray** *of artist* retratar; *of actor* interpretar; *of author* describir
Portugal [ˈpɔːrtjʊgl] Portugal; **Portuguese 1** *adj* portugués **2** *n person* portugués(-esa) *m(f)*; *language* portugués *m*
pose [poʊz] **1** *n* (*pretense*) pose *f* **2** *v/i for artist* posar **3** *v/t problem, threat* representar
position [pəˈzɪʃn] **1** *n* posición *f*; (*stance, point of view*) postura *f*; (*job*) puesto *m* **2** *v/t* situar, colocar
positive [ˈpɑːzətɪv] positivo; **positively** (*decidedly*) verdaderamente; (*definitely*) claramente
possess [pəˈzes] poseer; **possession** posesión *f*; **possessive** posesivo
possibility [pɑːsəˈbɪlətɪ] posibilidad *f*; **possible** posible; **possibly** (*perhaps*) puede ser, quizás

post¹ [poust] **1** *n* of wood, metal poste *m* **2** *v/t* notice pegar; on bulletin board poner; profits presentar

post² [poust] **1** *n* (place of duty) puesto *m* **2** *v/t* soldier, employee destinar; guards apostar

post³ [poust] *Br* **1** *n* (mail) correo *m* **2** *v/t* letter echar al correo

postage ['poustɪdʒ] franqueo *m*; **postage stamp** *fml* sello *m*, *L.Am.* estampilla *f*, *Mex* timbre *m*; **postal** postal; **postcard** (tarjeta *f*) postal *f*; **postdate** posfechar

poster ['poustər] póster *m*, *L.Am.* afiche *m*

postgraduate ['poustgrædʒuət] posgraduado(-a) *m(f)*

posthumous ['pɑːstuməs] póstumo

posting ['poustɪŋ] (*assignment*) destino *m*

'**postmark** matasellos *m inv*

post-mortem [poust-'mɔːrtəm] autopsia *f*

'**post office** oficina *f* de correos

postpone [poust'poun] posponer, aplazar; **postponement** aplazamiento *m*

pot¹ [pɑːt] for cooking olla *f*; for coffee cafetera *f*; for tea tetera *f*; for plant maceta *f*

pot² [pɑːt] F (*marijuana*) maría *f* F

potato [pə'teɪtoʊ] *Span* patata *f*, *L.Am.* papa *f*; **potato chips**, *Br* **potato crisps** *Span* patatas *fpl* fritas, *L.Am.* papas *fpl* fritas

potent ['poutənt] potente

potential [pə'tenʃl] **1** *adj* potencial **2** *n* potencial *m*; **potentially** potencialmente

pothole ['pɑːthoul] *in road* bache *m*

potter ['pɑːtər] alfarero(-a) *m(f)*; **pottery** alfarería *f*

pouch [pautʃ] *bag* bolsa *f*; for mail saca *f*

poultry ['poultri] *birds* aves *fpl* de corral; *meat* carne *f* de ave

pound¹ [paund] *n weight* libra *f* (453,6 gr)

pound² [paund] *n for strays* perrera *f*; for cars depósito *m*

pound³ [paund] *v/i of heart* palpitar con fuerza

pour [pɔːr] **1** *v/t into a container* verter; (*spill*) derramar **2** *v/i*: **it's ~ing (with rain)** está lloviendo a cántaros

◆ **pour out** *liquid* servir; *troubles* contar

poverty ['pɑːvərti] pobreza *f*

powder ['paudər] **1** *n* polvo *m*; for face polvos *mpl* **2** *v/t face* empolvarse

power ['pauər] (*strength*) fuerza *f*; of engine potencia *f*; (*authority*) poder *m*; (*energy*) energía *f*; (*electricity*) electricidad *f*; **power cut** apagón *m*; **power failure** apagón *m*; **powerful** poderoso; *car* potente; *drug* fuerte; **powerless** impotente; **power line** línea *f* de conducción eléc-

power outage

trica; **power outage** apagón *m*; **power station** central *f* eléctrica; **power steering** dirección *f* asistida
PR [piːˈɑːr] (= ***public relations***) relaciones *fpl* públicas
practical [ˈpræktɪkl] práctico; *layout* funcional; **practically** de manera práctica; *(almost)* prácticamente
practice [ˈpræktɪs] **1** *n* práctica *f*; *(rehearsal)* ensayo *m*; *(custom)* costumbre *f* **2** *v/i* practicar; *of musician* ensayar; *of footballer* entrenarse **3** *v/t* practicar; *law, medicine* ejercer
practise *Br* ☞ **practice** *v/i* & *v/t*
prairie [ˈpreri] pradera *f*
praise [preɪz] **1** *n* elogio *m*, alabanza *f* **2** *v/t* elogiar; **praiseworthy** elogiable
pray [preɪ] rezar; **prayer** oración *f*
preach [priːtʃ] **1** *v/i* predicar; *(moralize)* sermonear **2** *v/t sermon* predicar; **preacher** predicador(a) *m(f)*
precaution [prɪˈkɔːʃn] precaución *f*; **precautionary** *measure* preventivo
precede [prɪˈsiːd] preceder; *(walk in front of)* ir delante de; **precedent** precedente *m*; **preceding** anterior
precious [ˈpreʃəs] preciado; *gem* precioso
precise [prɪˈsaɪs] preciso; **precisely** exactamente; **pre-**

cision precisión *f*
preconceived [ˈpriːkənsiːvd] *idea* preconcebido
precondition [priːkənˈdɪʃn] condición *f* previa
predator [ˈpredətər] *animal* depredador(a) *m(f)*; **predatory** depredador
predecessor [ˈpriːdɪsesər] *in job* predecesor(a) *m(f)*; *machine* modelo *m* anterior
predicament [prɪˈdɪkəmənt] apuro *m*
predict [prɪˈdɪkt] predecir, pronosticar; **prediction** predicción *f*, pronóstico *m*
predominant [prɪˈdɑːmɪnənt] predominante; **predominantly** predominantemente
prefabricated [priːˈfæbrɪkeɪtɪd] prefabricado
preface [ˈprefɪs] prólogo *m*, prefacio *m*
prefer [prɪˈfɜːr] preferir; **preferable** preferible; **preferably** preferentemente; **preference** preferencia *f*; **preferential** preferente
pregnancy [ˈpregnənsi] embarazo *m*; **pregnant** embarazada; *animal* preñada
prehistoric [priːhɪsˈtɑːrɪk] prehistórico
prejudice [ˈpredʒʊdɪs] **1** *n* prejuicio *m* **2** *v/t person* predisponer, influir; *chances* perjudicar; **prejudiced** parcial, predispuesto
preliminary [prɪˈlɪmɪneri] preliminar
premarital [priːˈmærɪtl] pre-

matrimonial
premature ['pri:mətʊr] prematuro
premier ['premɪr] (*Prime Minister*) primer(a) ministro(-a) *m(f)*
première ['premɪer] estreno *m*
premises ['premɪsɪz] local *m*
premium ['pri:mɪəm] *in insurance* prima *f*
prenatal [pri:'neɪtl] prenatal
preoccupied [prɪ'ɑ:kjʊpaɪd] preocupado
preparation [prepə'reɪʃn] preparación *f*; **~s** preparativos *mpl*; **prepare 1** *v/t* preparar; **be ~d to do sth** *be willing* estar dispuesto a hacer algo **2** *v/i* prepararse
preposition [prepə'zɪʃn] preposición *f*
prerequisite [pri:'rekwɪzɪt] requisito *m* previo
prescribe [prɪ'skraɪb] MED recetar; **prescription** MED receta *f*
presence ['prezns] presencia *f*
present[1] ['preznt] **1** *adj* (*current*) actual; **be ~** estar presente **2** *n*: **the ~** *also* gram el presente
present[2] ['preznt] *n* (*gift*) regalo *m*
present[3] [prɪ'zent] *v/t* presentar; *award* entregar
presentation [preznˈteɪʃn] presentación *f*; **present-day** actual; **presenter** presentador(a) *m(f)*; **presently**

(*at the moment*) actualmente; (*soon*) pronto
preservative [prɪ'zɜ:rvətɪv] conservante *m*; **preserve 1** *n* (*domain*) dominio *m* **2** *v/t standards, peace etc* mantener; *food, wood* conservar
preside [prɪ'zaɪd] presidir; **presidency** presidencia *f*; **president** presidente(-a) *m(f)*; **presidential** presidencial
press [pres] **1** *n*: **the ~** la prensa **2** *v/t button* pulsar, presionar; (*urge*) presionar; (*squeeze*) apretar; *clothes* planchar; **pressing** urgente; **pressure 1** *n* presión *f* **2** *v/t* presionar
prestige [pre'sti:ʒ] prestigio *m*; **prestigious** prestigioso
presumably [prɪ'zu:məblɪ] presumiblemente; **presume** suponer; **presumption** *of innocence, guilt* presunción *f*
presuppose [pri:sə'poʊs] presuponer
pre-tax ['pri:tæks] antes de impuestos
pretence *Br* ☞ **pretense**
pretend [prɪ'tend] **1** *v/t* fingir, hacer como si; *claim* pretender **2** *v/i* fingir; **pretense** farsa *f*; **pretentious** pretencioso
pretext ['pri:tekst] pretexto *m*
pretty ['prɪtɪ] **1** *adj village, house, fabric etc* bonito, lindo; *child, woman* guapo, lindo **2** *adv* (*quite*) bastante
prevail [prɪ'veɪl] (*triumph*)

prevailing 464

prevalecer; **prevailing** predominante
prevent [prɪˈvent] impedir, evitar; **prevention** prevención *f*; **preventive** preventivo
preview [ˈpriːvjuː] **1** *n* of movie etc preestreno *m* **2** *v/t* hacer la presentación previa de
previous [ˈpriːvɪəs] anterior, previo; **previously** anteriormente, antes
prey [preɪ] presa *f*
price [praɪs] **1** *n* precio *m* **2** *v/t* COM poner precio a; **priceless** que no tiene precio
prick[1] [prɪk] **1** *n* pain punzada *f* **2** *v/t (jab)* pinchar
prick[2] [prɪk] *n* V *(penis)* polla *f* V, carajo *m* V; V *person* Span gilipollas *m inv* V, L.Am. pendejo *m* V
prickle [ˈprɪkl] *on plant* espina *f*; **prickly** *beard*, *plant* que pincha; *(irritable)* irritable
pride [praɪd] *in person*, *achievement* orgullo *m*; *(self-respect)* amor *m* propio
priest [priːst] sacerdote *m*; *(parish ~)* cura *m*
primarily [praɪˈmerɪlɪ] principalmente; **primary 1** *adj* principal **2** *n* POL elecciones *fpl* primarias
prime 'minister primer(a) ministro *m(f)*
primitive [ˈprɪmɪtɪv] primitivo
prince [prɪns] príncipe *m*; **princess** princesa *f*
principal [ˈprɪnsəpl] **1** *adj* principal **2** *n* of school director(a) *m(f)*; of university rector(a) *m(f)*; **principally** principalmente
principle [ˈprɪnsəpl] principio *m*; **on ~** por principios; **in ~** en principio
print [prɪnt] **1** *n* in book etc letra *f*; *(photograph)* grabado *m*; **out of ~** agotado **2** *v/t* imprimir; *(use block capitals)* escribir en mayúsculas.; **printer** *person* impresor(a) *m(f)*; *machine* impresora *f*; *company* imprenta *f*; **printout** copia *f* impresa
prior [praɪr] **1** *adj* previo **2** *prep*: **~ to** antes de
prioritize [praɪˈɔːrətaɪz] *(put in order of priority)* ordenar atendiendo a las prioridades; *(give priority to)* dar prioridad a; **priority** prioridad *f*
prison [ˈprɪzn] prisión *f*, cárcel *f*; **prisoner** prisionero(-a) *m(f)*; **take s.o. ~** hacer prisionero a alguien; **prisoner of war** prisionero(-a) *m(f)* de guerra
privacy [ˈprɪvəsɪ] intimidad *f*; **private 1** *adj* privado **2** *n* MIL soldado *m/f* raso; **privately** *(in private)* en privado; *with one other* a solas; *(inwardly)* para sí
privilege [ˈprɪvəlɪdʒ] *(special treatment)* privilegio *m*; *(honor)* honor *m*; **privileged** privilegiado
prize [praɪz] **1** *n* premio *m* **2**

progressively

v/t apreciar, valorar; **prizewinner** premiado(-a) m(f); **prizewinning** premiado
probability [prɑːbəˈbɪlətɪ] probabilidad f; **probable** probable; **probably** probablemente
probation [prəˈbeɪʃn] *in job* período m de prueba; LAW libertad f condicional
probe [proʊb] **1** n *(investigation)* investigación f; *scientific* sonda f **2** v/t examinar; *(investigate)* investigar
problem [ˈprɑːbləm] problema m; **no ~!** ¡claro!
procedure [prəˈsiːdʒər] procedimiento m; **proceed** *(go: of people)* dirigirse; *of work etc* proseguir, avanzar; **proceedings** *(events)* actos mpl; **proceeds** recaudación f
process [ˈprɑːses] **1** n proceso m **2** v/t *food* tratar; *raw materials, data* procesar; *application* tramitar; **procession** desfile m; *religious* procesión f; **processor** procesador m
prod [prɑːd] **1** n empujoncito m **2** v/t dar un empujoncito a; *with elbow* dar un codazo a
prodigy [ˈprɑːdɪdʒɪ]: **(child) ~** niño(-a) m(f) prodigio
produce[1] [ˈprɑːduːs] n productos mpl del campo
produce[2] [prəˈduːs] v/t producir; *(manufacture)* fabricar; *(bring out)* sacar

producer [prəˈduːsər] productor(a) m(f); *(manufacturer)* fabricante m/f; **product** producto m; **production** producción f; **productive** productivo; **productivity** productividad f
profess [prəˈfes] manifestar; **profession** profesión f; **professional 1** adj profesional **2** n profesional m/f; **professionally** *play sport* profesionalmente; *(well, skillfully)* con profesionalidad
professor [prəˈfesər] catedrático(-a) m(f)
proficient [prəˈfɪʃnt] competente; *(skillful)* hábil
profile [ˈproʊfaɪl] *of face* perfil m; *biographical* reseña f
profit [ˈprɑːfɪt] **1** n beneficio m **2** v/i: **~ from** beneficiarse de; **profitability** rentabilidad f; **profitable** rentable
profound [prəˈfaʊnd] profundo
prognosis [prɑːgˈnoʊsɪs] pronóstico m
program [ˈproʊgræm] **1** n programa m **2** v/t COMPUT programar; **programme** Br ☞ **program**; **programmer** programador(a) m(f)
progress 1 [ˈprɑːgres] n progreso m **2** [prəˈgres] v/i *(advance in time)* avanzar; *(move on)* pasar; *(make ~)* progresar; **progressive** *(enlightened)* progresista; *(which progresses)* progresivo; **progressively** progresivamente

prohibit [prəˈhɪbɪt] prohibir; **prohibitive** *prices* prohibitivo

project[1] [ˈprɑːdʒekt] *n* proyecto *m*; edu trabajo *m*; (*housing area*) barriada *f* de viviendas sociales

project[2] [prəˈdʒekt] **1** *v/t movie* proyectar; *figures, sales* calcular **2** *v/i* (*stick out*) sobresalir

projection [prəˈdʒekʃn] (*forecast*) previsión *f*; **projector** *for slides* proyector *m*

prolog, Br prologue [ˈproʊlɑːg] prólogo *m*

prolong [prəˈlɔːŋ] prolongar

prominent [ˈprɑːmɪnənt] *nose, chin* prominente; (*significant*) destacado

promiscuity [prɑːmɪˈskjuːətɪ] promiscuidad *f*; **promiscuous** promiscuo

promise [ˈprɑːmɪs] **1** *n* promesa *f* **2** *v/t* prometer; **promising** prometedor

promote [prəˈmoʊt] *employee* ascender; (*encourage, foster*) promover; com promocionar; **promoter** *of sports event* promotor(a) *m(f)*; **promotion** *of employee* ascenso *m*; *of scheme, idea,* com promoción *f*

prompt [prɑːmpt] **1** *adj* (*on time*) puntual; (*speedy*) rápido **2** *v/t* (*cause*) provocar; *actor* apuntar; **promptly** (*on time*) puntualmente; (*immediately*) inmediatamente

prone [proʊn]: **be ~ to** ser propenso a

pronoun [ˈproʊnaʊn] pronombre *m*

pronounce [prəˈnaʊns] *word* pronunciar; (*declare*) declarar

pronto [ˈprɑːntoʊ] F ya, en seguida

pronunciation [prənʌnsɪˈeɪʃn] pronunciación *f*

proof [pruːf] prueba(s) *f(pl)*

prop [prɑːp] THEA accesorio *m*

◆ **prop up** apoyar

propaganda [prɑːpəˈgændə] propaganda *f*

propel [prəˈpel] propulsar; **propeller** hélice *f*

proper [ˈprɑːpər] (*real*) de verdad; (*correct, fitting*) adecuado; **properly** (*correctly*) bien; (*fittingly*) adecuadamente; **property** propiedad *f*; (*land*) propiedad(es) *f(pl)*

proportion [prəˈpɔːrʃn] proporción *f*; **proportional** proporcional

proposal [prəˈpoʊzl] propuesta *f*; *of marriage* proposición *f*; **propose** *v/t* sugerir, proponer; (*plan*) proponerse **2** *v/i* (*make offer of marriage*) pedir la mano (**to** a); **proposition 1** *n* propuesta *f* **2** *v/t woman* hacer proposiciones a

proprietor [prəˈpraɪətər] propietario(-a) *m(f)*

prosecute [ˈprɑːsɪkjuːt] LAW procesar; **prosecution** LAW procesamiento *m*; *lawyers*

acusación f
prospect ['prɒspekt] (*chance, likelihood*) probabilidad f; (*thought of something in the future*) perspectiva f; **~s** perspectivas fpl (de futuro); **prospective** potencial
prosper ['prɒspər] prosperar; **prosperity** prosperidad f; **prosperous** próspero
prostitute ['prɒstɪtuːt] prostituta f; **male ~** prostituto m; **prostitution** prostitución f
protect [prə'tekt] proteger; **protection** protección f; **protective** protector; **protector** protector(a) m(f)
protein ['prəʊtiːn] proteína f
protest 1 ['prəʊtest] n protesta f **2** [prə'test] v/t protestar, quejarse de; (*object to*) protestar contra **3** [prə'test] v/i protestar
Protestant ['prɒtɪstənt] **1** n protestante m/f **2** adj protestante
protester [prə'testər] manifestante m/f
prototype ['prəʊtətaɪp] prototipo m
protrude [prə'truːd] sobresalir; **protruding** saliente; *ears, teeth* prominente
proud [praʊd] orgulloso; **proudly** con orgullo, orgullosamente
prove [pruːv] demostrar, probar
proverb ['prɒvɜːrb] proverbio m, refrán m

provide [prə'vaɪd] proporcionar; **~d (that)** (*on condition that*) con la condición de que, siempre que
province ['prɒvɪns] provincia f; **provincial** *city* provincial; *pej: attitude* de pueblo, provinciano
provision [prə'vɪʒn] (*supply*) suministro m; *of law, contract* disposición f; **provisional** provisional
provocation [prɒvə'keɪʃn] provocación f; **provocative** provocador; *sexually* provocativo; **provoke** provocar
prowl [praʊl] merodear; **prowler** merodeador(a) m(f)
proximity [prɒk'sɪmətɪ] proximidad f
proxy ['prɒksɪ] (*authority*) poder m; *person* apoderado(-a) m(f)
prudence ['pruːdns] prudencia f; **prudent** prudente
pry [praɪ] entrometerse
PS ['piːes] (= *postscript*) PD (= posdata f)
pseudonym ['suːdənɪm] pseudónimo m
psychiatric [saɪkɪ'ætrɪk] psiquiátrico; **psychiatrist** psiquiatra m/f; **psychiatry** psiquiatría f
psychoanalysis [saɪkəʊə'nælɪsɪs] psicoanálisis m; **psychoanalyst** psicoanalista m/f; **psychoanalyze** psicoanalizar
psychological [saɪkə'lɑːdʒ-

psychologist ɪkl] psicológico; **psychologist** psicólogo(-a) *m(f)*; **psychology** psicología *f*
psychopath [ˈsaɪkoʊpæθ] psicópata *m/f*
psychosomatic [saɪkoʊsəˈmætɪk] psicosomático
pub [pʌb] *Br* bar *m*
public [ˈpʌblɪk] **1** *adj* público **2** *n*: **the ~** el público
publication [pʌblɪˈkeɪʃn] publicación *f*
public 'holiday día *m* festivo *Br* colegio *m* privado
publicity [pʌbˈlɪsətɪ] publicidad *f*; **publicize** (*make known*) publicar, hacer público; COM dar publicidad a
publicly [ˈpʌblɪklɪ] públicamente
'public school colegio *m* público; *Br* colegio *m* privado
publish [ˈpʌblɪʃ] publicar; **publisher** *person* editor(a) *m(f)*; *company* editorial *f*; **publishing** industria *f* editorial; **publishing company** editorial *f*
Puerto Rican [pwertoʊˈriːkən] **1** *adj* portorriqueño, puertorriqueño **2** *n* portorriqueño(-a) *m(f)*, puertorriqueño(-a) *m(f)*; **Puerto Rico** Puerto Rico
puff [pʌf] **1** *n of wind* racha *f*; *from cigarette* calada *f*; *of smoke* bocanada *f* **2** *v/i* (*pant*) resoplar; **puffy** *eyes*, *face* hinchado
pull [pʊl] **1** *n on rope* tirón *m*; F (*appeal*) gancho *m* F, Sp (*influence*) enchufe *m* F **2** *v/t*

(*drag*) arrastrar; (*tug*) tirar de; *tooth* sacar **3** *v/i* tirar
♦ **pull ahead** *in race* adelantarse
♦ **pull down** (*lower*) bajar; (*demolish*) derribar
♦ **pull in** *of bus*, *train* llegar
♦ **pull up 1** *v/t* (*raise*) subir; *item of clothing* subirse; *weeds* arrancar **2** *v/i of car etc* parar
pulley [ˈpʊlɪ] polea *f*
pulsate [pʌlˈseɪt] *of heart* palpitar; *of music* vibrar
pulse [pʌls] pulso *m*
pulverize [ˈpʌlvəraɪz] pulverizar
pump [pʌmp] **1** *n* bomba *f*; (*gas ~*) surtidor *m* **2** *v/t* bombear
pumpkin [ˈpʌmpkɪn] calabaza *f*
pun [pʌn] juego *m* de palabras
punch [pʌntʃ] **1** *n blow* puñetazo *m*; *implement* perforadora *f* **2** *v/t with fist* dar un puñetazo a; *hole*, *ticket* agujerear
punctual [ˈpʌŋktʊəl] puntual; **punctuality** puntualidad *f*
punctuation [pʌŋktʊˈeɪʃn] puntuación *f*
puncture [ˈpʌŋktʃər] **1** *n* perforación *f* **2** *v/t* perforar
punish [ˈpʌnɪʃ] castigar; **punishing** *schedule* exigente; *pace* fuerte; **punishment** castigo *m*
puny [ˈpjuːnɪ] *person* enclenque

pup [pʌp] cachorro *m*
pupil[1] ['pju:pl] *of eye* pupila *f*
pupil[2] ['pju:pl] *(student)* alumno(-a) *m(f)*
puppet ['pʌpɪt] *also fig* marioneta *f*
purchase[1] ['pɜ:rtʃəs] **1** *n* adquisición *f*, compra *f* **2** *v/t* adquirir, comprar
purchase[2] ['pɜ:rtʃəs] *n (grip)* agarre *m*
purchaser ['pɜ:rtʃəsər] comprador(a) *m(f)*
pure [pjʊr] puro; **purely** puramente
purge [pɜ:rdʒ] **1** *n of political party* purga *f* **2** *v/t* purgar *f*
purify ['pjʊrɪfaɪ] *water* depurar
puritan ['pjʊrɪtən] puritano(-a) *m(f)*
purity ['pjʊrɪtɪ] pureza *f*
purpose ['pɜ:rpəs] propósito *m*, objeto *m*; **on** ~ a propósito; **purposely** decididamente
purr [pɜ:r] *of cat* ronronear
purse [pɜ:rs] *(pocket book)* bolso *m*; *Br for money* monedero *m*
pursue [pər'su:] *person* perseguir; *career* ejercer; *course of action* proseguir; **pursuer** perseguidor(a) *m(f)*; **pursuit** *(chase)* persecución *f*; *of happiness etc* búsqueda *f*; *(activity)* actividad *f*
push [pʊʃ] **1** *n* empujón *m* **2** *v/t (shove)* empujar; *button* apretar, pulsar; *(pressurize)* presionar; F *drugs* pasar F

3 *v/i* empujar; **pusher** F *of drugs* camello *m* F; **push-up** flexión *f* (de brazos); **pushy** F avasallador, agresivo

puss, pussy (cat) [pʊs, 'pʊsɪ (kæt)] F minino *m* F

put [pʊt] poner; *question* hacer; ~ **the cost at** estimar el costo en

◆ **put across** *idea etc* hacer llegar

◆ **put aside** *money* apartar; *work* dejar a un lado

◆ **put away** *in closet etc* guardar; *in institution* encerrar; F *(consume)* cepillarse F; *money* apartar; *animal* sacrificar

◆ **put back** *(replace)* volver a poner

◆ **put down** dejar; *deposit* entregar; *rebellion* reprimir; *(belittle)* dejar en mal lugar

◆ **put forward** *idea etc* proponer, presentar

◆ **put in** meter; *time* dedicar; *request, claim* presentar

◆ **put off** *light, TV* apagar; *(postpone)* posponer, aplazar; *(deter)* desalentar; *(repel)* desagradar

◆ **put on** *light, TV* encender, L.Am. prender; *tape, music* poner; *jacket, eye glasses* ponerse; *(perform)* representar; *(assume)* fingir

◆ **put out** *hand* extender; *fire, light* apagar

◆ **put together** *(assemble, organize)* montar

◆ **put up** *hand, building* le-

put up with

vantar; *person for the night* alojar; *prices* subir; *poster* colocar; *money* aportar
◆ **put up with** aguantar
putty ['pʌtɪ] masilla *f*
puzzle ['pʌzl] **1** *n* (*mystery*) enigma *m*; *game* pasatiempos *mpl*; (*jigsaw*) puzzle *m*; (*crossword*) crucigrama *m* **2** *v/t* desconcertar; **puzzling**
PVC [piːviːˈsiː] (**=** *polyvinyl chloride*) PVC *m* (= cloruro *m* de polivinilo)
pyjamas *Br* ☞ **pajamas**
pylon ['paɪlən] torre *f* de alta tensión
Pyrenees [pɪrəˈniːz]: **the ~** los Pirineos

Q

quadrangle ['kwɑːdræŋgl] cuadrángulo *m*; *courtyard* patio *m*
quadruped ['kwɑːdruped] cuadrúpedo *m*
quail [kweɪl] temblar (*at* ante)
quaint [kweɪnt] *cottage* pintoresco; *ideas etc* extraño
quake [kweɪk] **1** *n* (*earthquake*) terremoto *m* **2** *v/i of earth*, *with fear* temblar
qualification [kwɑːlɪfɪˈkeɪʃn] *from university etc* título *m*; (*restricted*) limitado; **qualify 1** *v/t of degree*, *course etc* habilitar; *remark etc* matizar **2** *v/i* (*get degree etc*) titularse, *L.Am.* egresar; *in competition* calificarse
quality ['kwɑːlətɪ] calidad *f*; (*characteristic*) cualidad *f*; **quality control** control *m* de calidad
quandary ['kwɑːndərɪ] dilema *m*
quantify ['kwɑːntɪfaɪ] cuantificar
quantity ['kwɑːntətɪ] cantidad *f*
quarantine ['kwɑːrəntiːn] cuarentena *f*
quarrel ['kwɑːrəl] **1** *n* pelea *f* **2** *v/i* pelearse
quarry[1] ['kwɑːrɪ] *in hunt* presa *f*
quarry[2] ['kwɑːrɪ] *for mining* cantera *f*
quart [kwɔːrt] cuarto *m* de galón (*0,946 litre*)
quarter ['kwɔːrtər] cuarto *m*; *25 cents* cuarto *m* de dólar; *part of town* barrio *m*; **a ~ of an hour** un cuarto de hora; **a ~ of 5** las cinco menos cuarto, *L.Am.* un cuarto para las cinco; **a ~ after 5** las cinco y cuarto; **quarter-final** cuarto *m* de final; **quarter-finalist** cuartofinalista *m/f*;
quarterly 1 *adj* trimestral **2** *adv* trimestralmente; **quarters** MIL alojamiento *m*;
quartet MUS cuarteto *m*

quartz [kwɔːrts] cuarzo *m*
quash [kwɑːʃ] *rebellion* aplastar, sofocar; *court decision* revocar
quaver ['kweɪvər] **1** *n* in voice temblor *m* **2** *v/i of voice* temblar
queasy ['kwiːzɪ] mareado
queen [kwiːn] reina *f*
queer [kwɪr] (*peculiar*) raro, extraño
quell [kwel] *protest* acallar; *riot* aplastar, sofocar
quench [kwentʃ] *thirst* apagar, saciar; *flames* apagar
query ['kwɪrɪ] **1** *n* duda *f*, pregunta *f* **2** *v/t* (*express doubt about*) cuestionar; (*check*) comprobar
quest [kwest] busca *f*
question ['kwestʃn] **1** *n* pregunta *f*; (*matter*) cuestión *f*, asunto *m* **2** *v/t person* preguntar a; LAW interrogar; (*doubt*) cuestionar; **questionable** cuestionable; **questioning 1** *adj look* inquisitivo **2** *n* interrogatorio *m*; **question mark** signo *m* de interrogación; **questionnaire** cuestionario *m*
queue [kjuː] **1** *n Br* cola *f* **2** *v/i* hacer cola
quibble ['kwɪbl] discutir (*por algo insignificante*)
quick [kwɪk] rápido; *be ~!* ¡date prisa!; **quickly** rápidamente, rápido, deprisa; **quickwitted** agudo
quiet ['kwaɪət] tranquilo; *engine* silencioso; *~!* ¡silencio!; **quietly** (*not loudly*) silenciosamente; (*without fuss*) discretamente; (*peacefully*) tranquilamente; *speak ~* hablar en voz baja; **quietness** *of voice* suavidad *f*; *of night, street* silencio *m*, calma *f*
quilt [kwɪlt] *on bed* edredón *m*
quinine ['kwɪniːn] quinina *f*
quip [kwɪp] **1** *n joke* broma *f*; *remark* salida *f* **2** *v/i* bromear
quirk [kwɜːrk] peculiaridad *f*, rareza *f*; **quirky** peculiar, raro
quit [kwɪt] **1** *v/t job* dejar, abandonar **2** *v/i* (*leave job*) dimitir; COMPUT salir
quite [kwaɪt] (*fairly*) bastante; (*completely*) completamente; *~ a lot* bastante
quiver ['kwɪvər] estremecerse
quiz [kwɪz] **1** *n* concurso *m* (*de preguntas y respuestas*) **2** *v/t* interrogar (*about* sobre)
quota ['kwoʊtə] cuota *f*
quotation [kwoʊ'teɪʃn] *from author* cita *f*; (*price*) presupuesto *m*; **quotation marks** comillas *fpl*; **quote 1** *n from author* cita *f*; (*price*) presupuesto *m*; (*quotation mark*) comilla *f*; *in ~s* entre comillas **2** *v/t text* citar; *price* dar

R

rabbit ['ræbɪt] conejo *m*
rabble ['ræbl] chusma *f*, multitud *f*; **rabble-rouser** agitador(a) *m(f)*
rabies ['reɪbiːz] rabia *f*
raccoon [rə'kuːn] mapache *m*
race[1] [reɪs] *n of people* raza *f*
race[2] [reɪs] **1** *n* SP carrera *f* **2** *v/i (run fast)* correr **3** *v/t* correr contra; **I'll ~ you** te corro una carrera
'**racecourse** hipódromo *m*; **racehorse** caballo *m* de carreras; **race riot** disturbios *mpl* raciales; **racetrack** circuito *m*; *for horses* hipódromo *m*
racial ['reɪʃl] racial
racing ['reɪsɪŋ] carreras *fpl*
racism ['reɪsɪzm] racismo *m*; **racist 1** *n* racista *m/f* **2** *adj* racista
rack [ræk] **1** *n for bags on train* portaequipajes *m inv*; *for CDs* mueble *m* **2** *v/t*: **~ one's brains** devanarse los sesos
racket[1] ['rækɪt] SP raqueta *f*
racket[2] ['rækɪt] *(noise)* jaleo *m*; *(criminal activity)* negocio *m* sucio
radar ['reɪdɑːr] radar *m*
radiance ['reɪdɪəns] esplendor *m*; **radiant** resplandeciente; **radiate** *of heat, light* irradiar; **radiation** PHYS radiación *f*; **radiator** radiador *m*

radical ['rædɪkl] **1** *adj* radical **2** *n* POL radical *m/f*; **radicalism** POL radicalismo *m*; **radically** radicalmente
radio ['reɪdɪoʊ] radio *f*; **radioactive** radiactivo; **radioactivity** radiactividad *f*; **radio alarm** radio *m* despertador; **radiographer** técnico(-a) *m(f)* de rayos X; **radiography** radiografía *f*; **radio station** emisora *f* de radio
radius ['reɪdɪəs] radio *m*
raft [ræft] balsa *f*
rafter ['ræftər] viga *f*
rag [ræg] *for cleaning etc* trapo *m*
rage [reɪdʒ] **1** *n* ira *f*, cólera *f* **2** *v/i of storm* bramar
ragged ['rægɪd] andrajoso
raid [reɪd] **1** *n by troops*, FIN incursión *f*; *by police* redada *f*; *by robbers* atraco *m* **2** *v/t of troops* realizar una incursión en; *of police* realizar una redada en; *of robbers* atracar; *fridge* saquear; **raider** *on bank etc* atracador(a) *m(f)*
rail [reɪl] *on track* riel *m*, carril *m*; *(hand~)* pasamanos *m inv*, baranda *f*; *for towel* barra *f*; **by ~** en tren; **railings** *around park etc* verja *f*; **railroad** ferrocarril *m*; *track* vía *f* férrea; **railroad station** estación *f* de ferrocarril *or* de tren; **railway** Br ferrocarril

m; **track** vía *f* férrea
rain [reɪn] **1** *n* lluvia *f* **2** *v/i* llover; *it's ~ing* llueve; **rainbow** arco *m* iris; **raincheck:** *can I take a ~ on that?* F ¿lo podríamos aplazar para algún otro momento?; **raincoat** impermeable *m*; **raindrop** gota *f* de lluvia; **rainfall** pluviosidad *f*; **rain forest** selva *f*; **rainproof** *fabric* impermeable; **rainstorm** tormenta *f*, aguacero *m*; **rainy** lluvioso
raise [reɪz] **1** *n* in salary aumento *m* de sueldo **2** *v/t shelf etc* levantar; *offer* incrementar; *children* criar; *question* plantear; *money* reunir
rake [reɪk] *n for garden* rastrillo *m*
rally ['rælɪ] (*meeting, reunion*) concentración *f*; *political* mitin *m*; MOT rally *m*; *in tennis* peloteo *m*
RAM [ræm] COMPUT (= *random access memory*) RAM *f* (= memoria *f* de acceso aleatorio)
ram [ræm] **1** *n* carnero *m* **2** *v/t ship, car* embestir
ramble ['ræmbl] **1** *n walk* caminata *f* **2** *v/i walk* caminar; *in speaking* divagar; (*talk incoherently*) hablar sin decir nada coherente; **rambling** *speech* inconexo
ramp [ræmp] rampa *f*; *for raising vehicle* elevador *m*
rampant ['ræmpənt] *inflation* galopante
rampart ['ræmpɑːrt] muralla *f*

ramshackle ['ræmʃækl] destartalado, desvencijado
ranch [ræntʃ] rancho *m*; **rancher** ranchero(-a) *m(f)*; **ranchhand** peón(-ona) *m(f)*
rancid ['rænsɪd] rancio
rancor, *Br* **rancour** ['ræŋkər] rencor *m*
R & D [ɑːrən'diː] (= *research and development*) I+D *f* (= investigación *f* y desarrollo)
random ['rændəm] **1** *adj* al azar; *~ sample* muestra *f* aleatoria **2** *n*: *at ~* al azar
range [reɪndʒ] **1** *n of products* gama *f*; *of gun, airplane* alcance *m*; *of voice* registro *m*; *of mountains* cordillera *f*; *at close ~* de cerca **2** *v/i*: *~ from X to Y* ir desde X a Y; **ranger** guardabosques *m/f inv*
rank [ræŋk] **1** *n* MIL, *in society* rango *m* **2** *v/t* clasificar
◆ **rank among** figurar entre
ransack ['rænsæk] saquear
ransom ['rænsəm] rescate *m*
rap [ræp] **1** *n at door etc* golpe *m*; MUS rap *m* **2** *v/t table etc* golpear
rape¹ [reɪp] **1** *n* violación *f* **2** *v/t* violar
rape² [reɪp] *n* BOT colza *f*
rapid ['ræpɪd] rápido; **rapidity** rapidez *f*; **rapidly** rápidamente; **rapids** rápidos *mpl*
rapist ['reɪpɪst] violador(a) *m(f)*
rare [rer] raro; *steak* poco hecho; **rarely** raramente, raras veces; **rarity** rareza *f*

rash

rash¹ [ræʃ] *n* MED sarpullido *m*, erupción *f* cutánea

rash² [ræʃ] *adj act* precipitado; **rashly** precipitadamente

rat [ræt] rata *f*

rate [reɪt] *n of exchange* tipo *m*; *of pay* tarifa *f*; *(price)* tarifa *f*, precio *m*; *(speed)* ritmo *m*; **at this ~** *(at this speed)* a este ritmo; *(if we carry on like this)* si seguimos así; **at any ~** *(anyway)* en todo caso; *(at least)* por lo menos

rather [ˈrɑːðər] *(fairly, quite)* bastante; **I would ~ stay here** preferiría quedarme aquí

ratification [rætɪfɪˈkeɪʃn] ratificación *f*; **ratify** ratificar

rating agency [ˈreɪtɪŋ] FIN agencia *f* de calificación de riesgos, agencia *f* de calificación de deuda

ratings [ˈreɪtɪŋz] índice *m* de audiencia

ratio [ˈreɪʃɪoʊ] proporción *f*

ration [ˈræʃn] **1** *n* ración *f* **2** *v/t supplies* racionar

rational [ˈræʃnl] racional; **rationality** racionalidad *f*; **rationalization** racionalización *f*; **rationalize 1** *v/t* racionalizar **2** *v/i* buscar una explicación racional; **rationally** racionalmente

rattle [ˈrætl] **1** *n noise* traqueteo *m*; *toy* sonajero *m* **2** *v/t chains etc* entrechocar **3** *v/i of chains etc* entrechocarse; *of crates* traquetear; **rattlesnake** serpiente *f* de cascabel

raucous [ˈrɔːkəs] estridente

rave [reɪv] **1** *v/i (talk deliriously)* delirar; *(talk wildly)* desvariar; **~ about sth** *(be very enthusiastic)* estar muy entusiasmado con algo **2** *n party* fiesta *f* tecno

ravenous [ˈrævənəs] famélico

ravine [rəˈviːn] barranco *m*

raw [rɔː] *meat, vegetable* crudo; *sugar* sin refinar; *iron* sin tratar; **raw materials** *fpl* primas

ray [reɪ] rayo *m*

razor [ˈreɪzər] maquinilla *f* de afeitar; **razor blade** cuchilla *f* de afeitar

re [riː] COM con referencia a

reach [riːtʃ] **1** *n*: **within ~** al alcance; **out of ~** fuera del alcance **2** *v/t* llegar a; *decision, agreement* alcanzar

react [rɪˈækt] reaccionar; **reaction** reacción *f*; **reactionary** *n* POL reaccionario(-a) *m(f)* **2** *adj* POL reaccionario; **reactor** *nuclear* reactor *m*

read [riːd] leer

◆ **read out** *aloud* leer en voz alta

readable [ˈriːdəbl] *writing* legible; *book* ameno; **reader** *person* lector(a) *m(f)*

readily [ˈredɪlɪ] *admit, agree* de buena gana

reading [ˈriːdɪŋ] lectura *f*

readjust [riːəˈdʒʌst] **1** *v/t* reajustar **2** *v/i to conditions* volver a adaptarse

ready ['redɪ] (*prepared*) listo, preparado; (*willing*) dispuesto; **get sth ~** preparar algo; **ready cash** dinero *m* contante y sonante; **ready-made** *stew etc* precocinado; *solution* ya hecho; **ready-to-wear** de confección

real [rɪːl] real; *surprise, genius* auténtico; **real estate** bienes *mpl* inmuebles; **real estate agent** agente *m/f* inmobiliario(-a); **realism** realismo *m*; **realist** realista *m/f*; **realistic** realista; **realistically** realísticamente; **reality** realidad *f*; **realize** darse cuenta de; FIN (*yield*) producir; (*sell*) realizar, liquidar; **really** in truth de verdad; *big, small* muy; **I am ~ sorry** lo siento en el alma; **real time** COMPUT tiempo *m* real; **real-time** COMPUT en tiempo real

realtor ['riːltər] agente *m/f* inmobiliario(-a); **realty** bienes *mpl* inmuebles

reappear [riːə'pɪr] reaparecer; **reappearance** reaparición *f*

rear [rɪr] **1** *n* parte *f* de atrás **2** *adj* legs de atrás; *seats, wheels, lights* trasero

rearm [riː'ɑːrm] **1** *v/t* rearmar **2** *v/i* rearmarse

rearrange [riːə'reɪndʒ] *flowers* volver a colocar; *furniture* reordenar; *schedule* cambiar

rear-view 'mirror espejo *m* retrovisor

reason ['riːzn] razón *f*; **reasonable** razonable; **reasonably** *act* razonablemente; (*quite*) bastante; **reasoning** razonamiento *m*

reassure [riːə'ʃʊr] tranquilizar; **reassuring** tranquilizador

rebate ['riːbeɪt] *money back* reembolso *m*

rebel 1 ['rebl] *n* rebelde *m/f* **2** [rɪ'bel] *v/i* rebelarse; **rebellion** rebelión *f*; **rebellious** rebelde; **rebelliousness** rebeldía *f*

rebound [rɪ'baʊnd] *of ball etc* rebotar

rebuild ['riːbɪld] reconstruir

recall [rɪ'kɔːl] *goods* retirar del mercado; (*remember*) recordar

recap ['riːkæp] recapitular

recapture [riː'kæptʃər] MIL reconquistar; *criminal* volver a detener

recede [rɪ'siːd] *of flood waters* retroceder

receipt [rɪ'siːt] *for purchase* recibo *m*; **~s** FIN ingresos *mpl*; **receive** recibir; **receiver** *of letter* destinatario(-a) *m(f)*; TELEC auricular *m*; *for radio* receptor *m*; **receivership: be in ~** estar en suspensión de pagos

recent ['riːsnt] reciente; **recently** recientemente

reception [rɪ'sepʃn] recepción *f*; (*welcome*) recibimiento *m*; **reception desk** recepción *f*; **receptionist** recepcionista *m/f*; **receptive**:

recess

be ~ to sth ser receptivo a algo
recess ['riːses] *in wall etc* hueco *m*; EDU recreo *m*; *of legislature* periodo *m* vacacional; **recession** *economic* recesión *f*
recharge [riːˈtʃɑːrdʒ] *battery* recargar
recipe ['resəpɪ] receta *f*
recipient [rɪˈsɪpɪənt] *of parcel etc* destinatario(-a) *m(f)*; *of payment* receptor(a) *m(f)*
reciprocal [rɪˈsɪprəkl] recíproco
recite [rɪˈsaɪt] *poem* recitar; *details, facts* enumerar
reckless [ˈreklɪs] imprudente; *driving* temerario; **recklessly** con imprudencia; *drive* con temeridad
reckon [ˈrekən] (*think, consider*) estimar, considerar
◆ **reckon with** contar con
reclaim [rɪˈkleɪm] *land from sea* ganar, recuperar; *lost property, rights* reclamar
recline [rɪˈklaɪn] reclinarse; **recliner** *chair* sillón *m* reclinable
recluse [rɪˈkluːs] solitario(-a) *m(f)*
recognition [rekəɡˈnɪʃn] *of state, achievements* reconocimiento *m*; **recognizable** reconocible; **recognize** reconocer
recoil [rɪˈkɔɪl] echarse atrás
recollect [rekəˈlekt] recordar; **recollection** recuerdo *m*
recommend [rekəˈmend] re-

comendar; **recommendation** recomendación *f*
recompense [ˈrekəmpens] recompensa *f*
reconcile [ˈrekənsaɪl] *people* reconciliar; *differences, facts* conciliar; **reconciliation** *of people* reconciliación *f*; *of differences, facts* conciliación *f*
recondition [riːkənˈdɪʃn] reacondicionar
reconnaissance [rɪˈkɒnɪsns] MIL reconocimiento *m*
reconsider [riːkənˈsɪdər] reconsiderar
reconstruct [riːkənˈstrʌkt] reconstruir
record[1] [ˈrekɔːrd] *n* MUS disco *m*; SP *etc* récord *m*; *written document, in database* registro *m*; **~s** archivos *mpl*; **have a criminal ~** tener antecedentes penales
record[2] [rɪˈkɔːrd] *v/t electronically* grabar; *in writing* anotar
ˈrecord-breaking récord *inv*; **record holder** plusmarquista *m/f*
recording [rɪˈkɔːrdɪŋ] grabación *f*
recount [rɪˈkaʊnt] (*tell*) relatar
re-count [ˈriːkaʊnt] **1** *n of votes* segundo recuento *m* **2** *v/t* (*count again*) volver a contar
recoup [rɪˈkuːp] *financial losses* resarcirse de

recover [rɪ'kʌvər] 1 v/t sth lost recuperar; *composure* recobrar 2 v/i *from illness* recuperarse; **recovery** recuperación f

recreation [rekrɪ'eɪʃn] ocio m; **recreational** done for pleasure recreativo

recruit [rɪ'kruːt] 1 n MIL recluta m/f; to company nuevo(-a) trabajador(a) m/f 2 v/t new staff contratar; **recruitment** MIL reclutamiento m; to company contratación f

rectangle ['rektæŋgl] rectángulo m; **rectangular** rectangular

rectify ['rektɪfaɪ] rectificar

recuperate [rɪ'kuːpəreɪt] recuperarse

recur [rɪ'kɜːr] *of event* repetirse; *of symptoms* reaparecer; **recurrent** recurrente

recycle [riː'saɪkl] reciclar; **recycling** reciclaje m

red [red] rojo; **in the ~** en números rojos; **Red Cross** Cruz f Roja

redecorate [riː'dekəreɪt] *paint* volver a pintar; *paper* volver a empapelar

redeem [rɪ'diːm] *debt* amortizar; REL redimir

redevelop [riːdɪ'veləp] *part of town* reedificar

'**redhead** pelirrojo(-a) m/f; **red light** *at traffic light* semáforo m (en) rojo; **red light district** zona f de prostitución; **red meat** carne f roja; **redneck** F *individuo racista y reaccionario, normalmente de clase trabajadora*; **red tape** F burocracia f, papeleo m

reduce [rɪ'duːs] reducir; *price* rebajar; **reduction** reducción f; *in price* rebaja f

reek [riːk] apestar (**of** a)

reel [riːl] *of film* rollo m; *of thread* carrete m

re-elect reelegir; **re-election** reelección f

re-entry *of spacecraft* reentrada f

ref [ref] F árbitro(-a) m(f)

◆ **refer to** referirse a; *dictionary etc* consultar

referee [refə'riː] SP árbitro(-a) m(f); *for job*: persona que pueda dar referencias; **reference** referencia f; **reference book** libro m de consulta; **reference number** número m de referencia

referendum [refə'rendəm] referéndum m

refill ['riːfɪl] volver a llenar

refine [rɪ'faɪn] refinar; *technique* perfeccionar; **refinement** *to process, machine* mejora f; **refinery** refinería f

reflect [rɪ'flekt] 1 v/t *light* reflejar 2 v/i (*think*) reflexionar; **reflection** *in water, glass etc* reflejo m; (*consideration*) reflexión f

reflex ['riːfleks] *in body* reflejo m

reform [rɪ'fɔːrm] 1 n reforma f 2 v/t reformar; **reformer** reformador(a) m(f)

refresh [rɪ'freʃ] refrescar; re-

refreshing

freshing *drink* refrescante; *experience* reconfortante; **refreshments** refrigerio *m*
refrigerate [rɪˈfrɪdʒəreɪt] *v/t* refrigerar; **refrigerator** frigorífico *m*, refrigerador *m*
refuel [riːˈfjuːəl] **1** *v/t airplane* reabastecer de combustible a **2** *v/i of airplane* repostar
refuge [ˈrefjuːdʒ] refugio *m*; **take** ~ *from storm etc* refugiarse; **refugee** refugiado(-a) *m(f)*
refund 1 [ˈriːfʌnd] *n* reembolso *m* **2** [rɪˈfʌnd] *v/t* reembolsar
refusal [rɪˈfjuːzl] negativa *f*; **refuse** *v/i* negarse **2** *v/t help, food* rechazar; ~ **to do sth** negarse a hacer algo
regain [rɪˈgeɪn] recuperar
regard [rɪˈgɑːrd] **1** *n*: **with** ~ **to** con respecto a; **(kind)** ~**s** saludos; **with no** ~ **for** sin tener en cuenta **2** *v/t*: **regarding** con respecto a; **regardless** a pesar de todo; ~ **of** sin tener en cuenta
regime [reɪˈʒiːm] (*government*) régimen *m*
regiment [ˈredʒɪmənt] regimiento *m*
region [ˈriːdʒən] región *f*; **regional** regional
register [ˈredʒɪstər] **1** *n* registro *m*; *at school* lista *f* **2** *v/t birth, death* registrar; *vehicle* matricular; *letter* certificar; *emotion* mostrar **3** *v/i at university* matricularse; *with police* registrarse; **registered letter** carta *f* certificada; **registration** registro *m*; *at university* matriculación *f*
regret [rɪˈgret] **1** *v/t* lamentar, sentir **2** *n* arrepentimiento *m*, pesar *m*; **regretful** arrepentido; **regrettable** lamentable
regular [ˈregjʊlər] **1** *adj* regular; (*normal*) normal **2** *n* at bar etc habitual *m/f*; **regularity** regularidad *f*; **regularly** regularmente
regulate [ˈregʊleɪt] regular; **regulation** (*rule*) regla *f*, norma *f*
rehabilitate [riːhəˈbɪlɪteɪt] *ex-criminal* rehabilitar
rehearsal [rɪˈhɜːrsl] ensayo *m*; **rehearse** ensayar
reign [reɪn] **1** *n* reinado *m* **2** *v/i* reinar
reimburse [riːɪmˈbɜːrs] reembolsar
reinforce [riːɪnˈfɔːrs] *structure* reforzar; *beliefs* reafirmar; **reinforced concrete** hormigón *m* armado; **reinforcements** MIL refuerzos *mpl*
reinstate [riːɪnˈsteɪt] *in office* reincorporar; *in text* volver a colocar
reject [rɪˈdʒekt] rechazar; **rejection** rechazo *m*
relapse [ˈriːlæps] MED recaída *f*
related [rɪˈleɪtɪd] *by family* emparentado; *events, ideas etc* relacionado; **relation** *in family* pariente *m/f*, (*connec-*

remnant

tion) relación f; **relationship** relación f; **relative 1** n pariente m/f **2** adj relativo; **relatively** relativamente

relax [rɪˈlæks] **1** v/i relajarse **2** v/t muscle, pace relajar; ~! ¡tranquilízate!; **relaxation** relajación f; **relaxed** relajado; **relaxing** relajante

relay 1 [ˈriːleɪ] v/t message pasar; radio, TV signals retransmitir **2** [ˈriːleɪ] n: ~ (**race**) carrera f de relevos

release [rɪˈliːs] **1** n from prison liberación f; of CD etc lanzamiento m; CD, record trabajo m **2** v/t prisoner liberar; parking brake soltar; information hacer público

relegate [ˈrelɪɡeɪt] relegar

relent [rɪˈlent] ablandarse; **relentless** (determined) implacable; rain etc que no cesa

relevance [ˈreləvəns] pertinencia f; **relevant** pertinente

reliability [rɪlaɪəˈbɪlɪtɪ] fiabilidad f; **reliable** fiable; **reliance** confianza f, dependencia f

relic [ˈrelɪk] reliquia f

relief [rɪˈliːf] alivio m; **relieve** pain aliviar; (take over from) relevar

religion [rɪˈlɪdʒən] religión f; **religious** religioso

relinquish [rɪˈlɪŋkwɪʃ] renunciar a

relish [ˈrelɪʃ] **1** n sauce salsa f; (enjoyment) goce m **2** v/t idea, prospect gozar con

relive [riːˈlɪv] event revivir

relocate [riːləˈkeɪt] of business, employee trasladarse

reluctance [rɪˈlʌktəns] reticencia f; **reluctant** reticente, reacio

♦ **rely on** [rɪˈlaɪ] depender de; **rely on s.o. to do sth** contar con alguien para hacer algo

remain [rɪˈmeɪn] (be left) quedar; (stay) permanecer; **remainder** also MATH resto m; **remaining** restante; **remains** of body restos mpl (mortales)

remake [ˈriːmeɪk] of movie nueva versión f

remark [rɪˈmɑːrk] **1** n comentario m, observación f **2** v/t comentar, observar; **remarkable** extraordinario; **remarkably** extraordinariamente

remarry [riːˈmærɪ] volver a casarse

remedy [ˈremədɪ] MED, fig remedio m

remember [rɪˈmembər] **1** v/t recordar, acordarse de **2** v/i recordar, acordarse

remind [rɪˈmaɪnd]: ~ **s.o. of sth** recordar algo a alguien; ~ **s.o. of s.o.** recordar alguien a alguien; ~ **s.o. to do sth** recordar a alguien que haga algo; **reminder** recordatorio m

reminisce [remɪˈnɪs] contar recuerdos

remission [rɪˈmɪʃn] remisión f; **go into** ~ MED remitir

remnant [ˈremnənt] resto m

remorse [rɪˈmɔːrs] remordimientos *mpl*; **remorseless** *person* despiadado; *pace*, *demands* implacable

remote [rɪˈmoʊt] *village, possibility* remoto; (*aloof*) distante; *ancestor* lejano; **remote control** control *m* remoto; *for TV* mando *m* a distancia; **remotely** remotamente

removable [rɪˈmuːvəbl] de quita y pon; **removal** eliminación *f*; **remove** eliminar; *lid* quitar; *coat etc* quitarse; *doubt, suspicion* despejar; *growth, organ* extirpar

rename [riːˈneɪm] cambiar el nombre a

rendez-vous [ˈrɑːndeɪvuː] *romantic* cita *f*, MIL encuentro *m*

renew [rɪˈnuː] *contract* renovar; *discussions* reanudar; **renewal** *f of contract etc* renovación *f*; *of discussions* reanudación *f*

renounce [rɪˈnaʊns] renunciar a

renovate [ˈrenəveɪt] renovar; **renovation** renovación *f*

rent [rent] **1** *n* alquiler *m*; **for ~** se alquila **2** *v/t* alquilar, *Mex* rentar; **rental** *for apartment, TV* alquiler *m*, *Mex* renta *f*; **rental car** coche *m* de alquiler; **rent-free** sin pagar alquiler

reopen [riːˈoʊpn] **1** *v/t* reabrir; *negotiations* reanudar **2** *v/i of theater etc* volver a abrir

reorganization [riːɔːrgənaɪˈzeɪʃn] reorganización *f*; **reorganize** reorganizar

repaint [riːˈpeɪnt] repintar

repair [rɪˈper] **1** *v/t* reparar; *shoes* arreglar **2** *n* reparación *f*; *of shoes* arreglo *m*; **repairman** técnico *m*

repatriate [riːˈpætrieɪt] repatriar; **repatriation** repatriación *f*

repay [riːˈpeɪ] *money* devolver; *person* pagar; **repayment** devolución *f*; *installment* plazo *m*

repeal [rɪˈpiːl] *law* revocar

repeat [rɪˈpiːt] **1** *v/t* repetir **2** *n* TV *program* repetición *f*; **repeatedly** repetidamente, repetidas veces

repel [rɪˈpel] *attack* rechazar; *insects* repeler, ahuyentar; (*disgust*) repeler, repugnar; **repellent 1** *n* (*insect* ~) repelente **m 2** *adj* repelente

repercussions [riːpərˈkʌʃnz] repercusiones *fpl*

repertoire [ˈrepərtwɑːr] repertorio *m*

repetition [repɪˈtɪʃn] repetición *f*; **repetitive** repetitivo

replace [rɪˈpleɪs] (*put back*) volver a poner; (*take place of*) reemplazar, sustituir; **replacement** *person* sustituto(-a) *m(f)*; *thing* recambio *m*, reemplazo *m*; **replacement part** (pieza *f* de) recambio *m*

replay [ˈriːpleɪ] **1** *n recording* repetición *f* (de la jugada);

match repetición *f* (del partido) **2** *v/t match* repetir

replenish [rɪˈplenɪʃ] *container* rellenar; *supplies* reaprovisionar

replica [ˈreplɪkə] réplica *f*

reply [rɪˈplaɪ] **1** *n* respuesta *f*, contestación *f* **2** *v/t & v/i* responder, contestar

report [rɪˈpɔːrt] **1** *n* (*account*) informe *m*; *by journalist* reportaje *m* **2** *v/t facts* informar; *to authorities* informar de **3** *v/i of journalist* informar; (*present o.s.*) presentarse (**to** ante); **reporter** reportero(-a) *m(f)*

repossess [riːpəˈzes] COM embargar

represent [reprɪˈzent] representar; **representative 1** *n* representante *m/f*; POL representante *m/f*, diputado(-a) *m(f)* **2** *adj* (*typical*) representativo

repress [rɪˈpres] *revolt* reprimir; *feelings, laughter* reprimir, controlar; **repression** POL represión *f*; **repressive** POL represivo

reprieve [rɪˈpriːv] **1** *n* LAW indulto *m*; *fig* aplazamiento *m* **2** *v/t prisoner* indultar

reprimand [ˈreprɪmænd] reprender

reprint [ˈriːprɪnt] **1** *n* reimpresión *f* **2** *v/t* reimprimir

reprisal [rɪˈpraɪzl] represalia *f*

reproach [rɪˈprəʊtʃ] **1** *n* reproche *m* **2** *v/t*: ~ *s.o. for sth* reprochar algo a alguien; **re-**

proachful de reproche

reproduce [riːprəˈdjuːs] **1** *v/t atmosphere, mood* reproducir **2** *v/i* BIO reproducirse; **reproduction** reproducción *f*; **reproductive** reproductivo

reptile [ˈreptaɪl] reptil *m*

republic [rɪˈpʌblɪk] república *f*; **republican** *n* republicano(-a) *m(f)*

repulsive [rɪˈpʌlsɪv] repulsivo

reputable [ˈrepjʊtəbl] reputado, acreditado; **reputation** reputación *f*

request [rɪˈkwest] **1** *n* petición *f*, solicitud *f*; **on ~** por encargo **2** *v/t* pedir, solicitar

require [rɪˈkwaɪr] (*need*) requerir, necesitar; **required** (*necessary*) necesario; **requirement** (*need*) necesidad *f*; (*condition*) requisito *m*

requisition [rekwɪˈzɪʃn] requisar

re-route [riːˈruːt] desviar

rerun [ˈriːrʌn] **1** *n of TV program* reposición *f* **2** *v/t tape* volver a poner

reschedule [riːˈʃedjuːl] volver a programar

rescue [ˈreskjuː] **1** *n* rescate *m* **2** *v/t* rescatar

research [rɪˈsɜːrtʃ] investigación *f*; **research and development** investigación *f* y desarrollo; **researcher** investigador(a) *m(f)*

resemblance [rɪˈzembləns] parecido *m*, semejanza *f*; **resemble** parecerse a

resent [rɪˈzent] estar molesto

resentful

por; **resentful** resentido; **resentment** resentimiento *m*

reservation [rezər'veɪʃn] reserva *f*; **reserve** 1 *n* reserva *f*; SP reserva *m*/*f* 2 *v*/*t* reservar; *judgment* reservarse; **reserved** *table*, *manner* reservado

reservoir ['rezərvwɑːr] *for water* embalse *m*

residence ['rezɪdəns] *fml*: *house etc* residencia *f*; (*stay*) estancia *f*; **resident** residente *m*/*f*; **residential** residencial

residue ['rezɪduː] residuo *m*

resign [rɪ'zaɪn] 1 *v*/*t position* dimitir de; **~ o.s. to** resignarse a 2 *v*/*i from job* dimitir; **resignation** *from job* dimisión *f*, *mental* resignación *f*

resilient [rɪ'zɪlɪənt] *personality* fuerte; *material* resistente

resist [rɪ'zɪst] 1 *v*/*t* resistir; *new measures* oponer resistencia a 2 *v*/*i* resistir; **resistance** resistencia *f*; **resistant** *material* resistente

resolution [rezə'luːʃn] resolución *f*; *at New Year etc* propósito *m*

resort [rɪ'zɔːrt] *place* centro *m* turístico; **as a last ~** como último recurso

♦ **resort to** recurrir a

♦ **resound with** [rɪ'zaʊnd] resonar con

resounding [rɪ'zaʊndɪŋ] *success*, *victory* clamoroso

resource [rɪ'sɔːrs] recurso *m*; **resourceful** *person* lleno de recursos; *approach* ingenioso

respect [rɪ'spekt] 1 *n* respeto *m*; **in this / that** en cuanto a esto / eso; **in many ~s** en muchos aspectos 2 *v*/*t* respetar; **respectability** respetabilidad *f*; **respectable** respetable; **respectful** respetuoso; **respective** respectivo; **respectively** respectivamente

respiration [respɪ'reɪʃn] respiración *f*; **respirator** MED respirador *m*

respond [rɪ'spɑːnd] responder; **response** respuesta *f*

responsibility [rɪspɑːnsɪ'bɪlətɪ] responsabilidad *f*; **responsible** responsable (**for** de); *job* de responsabilidad

rest¹ [rest] 1 *n* descanso *m* 2 *v*/*i* descansar 3 *v*/*t* (*lean*, *balance*) apoyar

rest² [rest]: **the ~** el resto

restaurant ['restrɑːnt] restaurante *m*

restful ['restfəl] tranquilo; **rest home** residencia *f* de ancianos; **restless** inquieto; **restlessly** sin descanso

restoration [restə'reɪʃn] restauración *f*; **restore** *building etc* restaurar; (*bring back*) devolver

restrain [rɪ'streɪn] contener; **restraint** (*moderation*) moderación *f*

restrict [rɪ'strɪkt] restringir; **restricted** *view* limitado; **restriction** restricción *f*

'rest room aseo *m*, servicios *mpl*
result [rɪ'zʌlt] resultado *m*; **as a ~ of this** como resultado de esto
resume [rɪ'zuːm] **1** *v/t* reanudar **2** *v/i* continuar
résumé ['rezʊmeɪ] currículum *m* (vitae)
resumption [rɪ'zʌmpʃn] reanudación *f*
resurface [riː'sɜːfɪs] **1** *v/t roads* volver a asfaltar **2** *v/i* (*reappear*) reaparecer
resurrection [rezə'rekʃn] REL resurrección *f*
retail ['riːteɪl] **1** *adv*: **sell sth ~** vender algo al por menor **2** *v/i*: **it ~s at** su precio de venta al público es de; **retailer** minorista *m/f*
retain [rɪ'teɪn] conservar; *heat* retener; **retainer** FIN anticipo *m*
retaliate [rɪ'tælɪeɪt] tomar represalias; **retaliation** represalias *fpl*
rethink [riː'θɪŋk] replantear
reticence ['retɪsns] reserva *f*; **reticent** reservado
retire [rɪ'taɪr] *from work* jubilarse; **retired** jubilado; **retirement** jubilación *f*; **retiring** retraído
retort [rɪ'tɔːrt] **1** *n* réplica *f* **2** *v/t* replicar
retract [rɪ'trækt] *claws* retraer; *undercarriage* replegar; *statement* retirar
're-train reciclarse
retreat [rɪ'triːt] **1** *v/i* retirarse **2** *n* MIL retirada *f*; *place* retiro *m*
retrieve [rɪ'triːv] recuperar
retroactive [retroʊ'æktɪv] retroactivo; **retroactively** con retroactividad
retrograde ['retrəgreɪd] retrógrado
retrospective [retrə'spektɪv] retrospectiva *f*
return [rɪ'tɜːrn] **1** *n to a place* vuelta *f*, regreso *m*; (*giving back*) devolución *f*; COMPUT retorno *m*; *in tennis* resto *m*; (*profit*) rendimiento *m*; *Br ticket* billete *m* or *L.Am.* boleto *m* de ida y vuelta; **many happy ~s (of the day)** feliz cumpleaños; **in ~ for** a cambio de **2** *v/t* devolver; (*put back*) volver a colocar **3** *v/i* (*go back*, *come back*) volver, regresar; *of good times*, *doubts* volver
reunification [riːjuːnɪfɪ'keɪʃn] reunificación *f*
reunion [riː'juːnjən] reunión *f*; **reunite** reunir
reusable [riː'juːzəbl] reutilizable; **reuse** reutilizar
◆ **rev up** [rev] *engine* revolucionar
revaluation [riːvæljʊ'eɪʃn] revaluación *f*
reveal [rɪ'viːl] revelar; **revealing** *remark* revelador; *dress* insinuante, atrevido; **revelation** revelación *f*
revenge [rɪ'vendʒ] venganza *f*; **take one's ~** vengarse
revenue ['revənuː] ingresos

reverberate *mpl*
reverberate [rɪ'vɜːrbəreɪt] *of sound* reverberar
revere [rɪ'vɪr] reverenciar; **reverence** reverencia *f*; **reverent** reverente
reverse [rɪ'vɜːrs] **1** *adj sequence* inverso **2** *n (back)* dorso *m*; MOT marcha *f* atrás; **the ~** *(the opposite)* lo contrario **3** *v/t* MOT hacer marcha atrás
review [rɪ'vjuː] **1** *n of book, movie* reseña *f*; *of troops* revista *f*; *of situation etc* revisión *f* **2** *v/t book, movie* reseñar; *troops* pasar revista a; *situation etc* revisar; EDU repasar; **reviewer** *of book, movie* crítico(-a) *m(f)*
revise [rɪ'vaɪz] *opinion, text* revisar; **revision** revisión *f*
revival [rɪ'vaɪvl] *of custom, old style* resurgimiento *m*; *of patient* reanimación *f*; **revive 1** *v/t custom, old style* hacer resurgir; *patient* reanimar **2** *v/t of business, exchange rate etc* reactivarse
revoke [rɪ'vouk] *law* derogar; *license* revocar
revolt [rɪ'voult] **1** *n* rebelión *f* **2** *v/i* rebelarse; **revolting** repugnante; **revolution** POL, *(turn)* revolución *f*; **revolutionary 1** *n* POL revolucionario(-a) *m(f)* **2** *adj* revolucionario; **revolutionize** revolucionar
revolve [rɪ'vɑːlv] girar (**around** en torno a); **revolv-**

484

er revólver *m*
revulsion [rɪ'vʌlʃn] repugnancia *f*
reward [rɪ'wɔːrd] **1** *n* recompensa *f* **2** *v/t financially* recompensar; **rewarding** *experience* gratificante
rewind [riː'waɪnd] *film, tape* rebobinar
rewrite [riː'raɪt] reescribir
rhetoric ['retərɪk] retórica *f*
rhyme [raɪm] **1** *n* rima *f* **2** *v/i* rimar
rhythm ['rɪðm] ritmo *m*
rib [rɪb] ANAT costilla *f*
ribbon ['rɪbən] cinta *f*
rice [raɪs] arroz *m*
rich [rɪtʃ] **1** *adj* rico; *food* sabroso **2** *npl*: **the ~** los ricos
ricochet ['rɪkəʃeɪ] rebotar
rid [rɪd]: **get ~ of** deshacerse de
ride [raɪd] **1** *n on horse, in vehicle* paseo *m*, vuelta *f*; *(journey)* viaje *m*; **do you want a ~ into town?** ¿quieres que te lleve al centro? **2** *v/t horse* montar a; *bike* montar en **3** *v/i on horse* montar; **rider** *on horse* jinete *m*, amazona *f*; *on bicycle* ciclista *m/f*; *on motorbike* motorista *m/f*
ridge [rɪdʒ] borde *m*; *of mountain* cresta *f*; *of roof* caballete *m*
ridicule ['rɪdɪkjuːl] **1** *n* burlas *fpl* **2** *v/t* ridiculizar; **ridiculous** ridículo; **ridiculously** *expensive, difficult* terriblemente
riding ['raɪdɪŋ] *on horseback*

equitación f
rifle ['raɪfl] rifle *m*
rift [rɪft] *in earth* grieta *f*; *in party etc* escisión *f*
rig [rɪg] **1** *n* (*oil* ~) plataforma *f* petrolífera; (*truck*) camión *m* **2** *v/t elections* amañar

right [raɪt] **1** *adj* (*correct*) correcto; (*suitable*) adecuado, apropiado; (*not left*) derecho; *be* ~ *of answer* estar correcto; *of person* tener razón; *of clock* ir bien; *putting things* ~ arreglar las cosas; *that's all* ~ *doesn't matter* no te preocupes; *when s.o. says thank you* de nada; *is quite good* está bastante bien; *I'm all* ~ *not hurt* estoy bien; *have got enough* no, gracias **2** *adv* (*directly*) justo; (*correctly*) correctamente; (*not left*) a la derecha; ~ *now* ahora mismo **3** *n civil, legal etc* derecho *m*; *not left*, POL derecha *f*; *be in the* ~ tener razón
right-'angle ángulo *m* recto; **rightful** *owner etc* legítimo; **right-handed** *person* diestro; **right-hand man** mano *f* derecha; **right of way** *in traffic* preferencia *f*; *across land* derecho *m* de paso; **right wing** POL derecha *f*, SP banda *f* derecha; **right-wing** POL derecha *f*, SP banda *f* derecha; **right-wing** POL de derechas
rigid ['rɪdʒɪd] rígido
rigor ['rɪgər] rigor *m*; **rigorous** riguroso; **rigorously** *check* rigurosamente
rigour *Br* ☞ **rigor**

rile [raɪl] F fastidiar, *Span* mosquear F
rim [rɪm] *of wheel* llanta *f*; *of cup* borde *m*; *of eye glasses* montura *f*
ring¹ [rɪŋ] *n* (*circle*) círculo *m*; *on finger* anillo *m*; *in boxing* cuadrilátero *m*, ring *m*; *at circus* pista *f*
ring² [rɪŋ] **1** *n of bell* timbrazo *m*; *of voice* tono *m* **2** *v/t bell* hacer sonar; *Br* TELEC llamar **3** *v/i of bell* sonar
'**ringleader** cabecilla *m* / *f*; '**ring-pull** anilla *f*
rink [rɪŋk] pista *f* de patinaje
rinse [rɪns] **1** *n for hair color* reflejo *m* **2** *v/t* aclarar
riot ['raɪət] **1** *n* disturbio *m* **2** *v/i* causar disturbios; **rioter** alborotador(a) *m(f)*; **riot police** policía *f* antidisturbios
rip [rɪp] **1** *n in cloth etc* rasgadura *f* **2** *v/t cloth* rasgar
♦ **rip off** F *customers* robar F
ripe [raɪp] *fruit* maduro; **ripen** *of fruit* madurar; **ripeness** madurez *f*
'**rip-off** F robo *m* F
ripple ['rɪpl] *on water* onda *f*
rise [raɪz] **1** *v/i from chair etc* levantarse; *of sun* salir; *of rocket* ascender, subir; *of price, temperature, water* subir **2** *n in price, temperature* subida *f*, aumento *m*; *in water level* subida *f*; *in salary* aumento *m*
risk [rɪsk] **1** *n* riesgo *m*; *take a* ~ arriesgarse **2** *v/t* arriesgar; **risky** arriesgado

ritual ['rɪtʊəl] **1** *n* ritual *m* **2** *adj* ritual

rival ['raɪvl] **1** *n* rival *m/f* **2** *v/t* rivalizar con; **rivalry** rivalidad *f*

river ['rɪvər] río *m*; **riverbank** ribera *f*; **riverbed** lecho *m*; **River Plate: the ~** el Río de la Plata; **riverside 1** *adj* a la orilla del río **2** *n* ribera *f*, orilla *f* del río

riveting ['rɪvɪtɪŋ] fascinante

road [roʊd] *in country* carretera *f*; *in city* calle *f*; **roadblock** control *m* de carretera; **road-holding** *of vehicle* adherencia *f*; **road map** mapa *m* de carreteras; **road safety** seguridad *f* vial; **roadsign** señal *f* de tráfico; **roadway** calzada *f*; **roadworthy** en condiciones de circular

roam [roʊm] vagar; **roaming** IT roaming *m*, itinerancia *f*

roar [rɔːr] **1** *n of traffic* estruendo *m*; *of lion* rugido *m*; *of person* grito *m*, bramido *m* **2** *v/i of engine, lion* rugir; *of person* gritar, bramar

roast [roʊst] **1** *n of beef* asado *m* **2** *v/t* asar **3** *v/i of food* asarse; **roast beef** rosbif *m*

rob [rɑːb] *person* robar a; *bank* atracar, robar; **robber** atracador(a) *m(f)*; **robbery** atraco *m*, robo *m*

robe [roʊb] *of judge* toga *f*; *of priest* sotana *f*; (*bath~*) bata *f*

robot ['roʊbɑːt] robot *m*

robust [roʊ'bʌst] robusto;

material resistente

rock [rɑːk] **1** *n* roca *f*; MUS rock *m* **2** *v/t baby* acunar; *cradle* mecer; (*surprise*) impactar **3** *v/i on chair* mecerse; *of boat* balancearse; **rock-bottom** *prices* mínimo; **rock climber** escalador(a) *m(f)*; **rock climbing** escalada *f* (en roca)

rocket ['rɑːkɪt] **1** *n* cohete *m* **2** *v/i of prices etc* dispararse

rocking chair mecedora *f*; **rock 'n' roll** rock and roll *m*; **rocky** *beach* pedregoso

rod [rɑːd] vara *f*; *for fishing* caña *f*

rodent ['roʊdnt] roedor *m*

rogue [roʊg] granuja *m/f*

role [roʊl] papel *m*; **role model** ejemplo *m*

roll [roʊl] **1** *n* (*bread ~*) panecillo *m*; *of film* rollo *m*; (*list, register*) lista *f* **2** *v/i of ball etc* rodar

◆ **roll over 1** *v/i* darse la vuelta **2** *v/t* dar la vuelta a; *object* dar la vuelta a; (*renew*) renovar; (*extend*) refinanciar

'roll-call lista *f*; **roller** *for hair* rulo *m*; **roller blade®** patín *m* en línea; **roller coaster** montaña *f* rusa; **roller skate** patín *m* (de ruedas)

ROM [rɑːm] COMPUT (= *read only memory*) ROM *f* (= memoria *f* de sólo lectura)

Roman 'Catholic 1 *n* REL católico(-a) *m(f)* romano(-a) *m(f)* **2** *adj* católico romano

romance [rəˈmæns] (*affair*) aventura f (*amorosa*); *novel* novela f rosa; *movie* película f romántica; **romantic** romántico

roof [ruːf] techo m, tejado m; **roof-rack** MOT baca f

rookie [ˈrʊkɪ] F novato(-a) m(f)

room [ruːm] habitación f; (*space*) espacio m, sitio m; **room clerk** recepcionista m/f; **roommate** compañero(-a) m(f) de habitación; *sharing apartment* compañero(-a) m(f) de piso; **room service** servicio m de habitaciones; **room temperature** temperatura f ambiente; **roomy** *car etc* espacioso; *clothes* holgado

root [ruːt] raíz f

rope [roʊp] cuerda f; *thick* soga f

rosary [ˈroʊzərɪ] REL rosario m

rose [roʊz] BOT rosa f

roster [ˈrɑːstər] turnos mpl; *actual document* calendario m con los turnos

rostrum [ˈrɑːstrəm] estrado m

rosy [ˈroʊzɪ] *cheeks* sonrosado; *future* de color de rosa

rot [rɑːt] **1** n *in wood* putrefacción f **2** v/i *of food, wood* pudrirse; *of teeth* cariarse

rotate [roʊˈteɪt] **1** v/i girar **2** v/t hacer girar; *crops* rotar; **rotation** rotación f

rotten [ˈrɑːtn] *food, wood etc* podrido; F *weather, luck* horrible

rough [rʌf] **1** *adj surface, ground* accidentado; *hands, skin* áspero; *voice* ronco; (*violent*) bruto; *crossing* movido; *seas* bravo; (*approximate*) aproximado **2** n *in golf* rough m; **roughage** *in food* fibra f; **roughly** (*approximately*) aproximadamente; (*harshly*) brutalmente

roulette [ruːˈlet] ruleta f

round [raʊnd] **1** *adj* redondo **2** n *of mailman, drinks, competition* ronda f; *in boxing* round m, asalto m **3** v/t *corner* doblar **4** *adv & prep* ☞ **around**

◆ **round up** *figure* redondear (hacia la cifra más alta); *suspects, criminals* detener

roundabout [ˈraʊndəbaʊt] **1** *adj* indirecto **2** n *Br on road* rotonda f, *Span* glorieta f; **round-the-world** alrededor del mundo; **round trip** viaje m de ida y vuelta; **round-up** *of cattle* rodeo m; *of suspects* redada f; *of news* resumen m

rouse [raʊz] *from sleep* despertar; *emotions* excitar; **rousing** emocionante

route [raʊt] ruta f, recorrido m

routine [ruːˈtiːn] **1** *adj* habitual **2** n rutina f

row[1] [roʊ] n (*line*) hilera f; **3 days in a ~** 3 días seguidos

row[2] [roʊ] v/i *in boat* remar; **rowboat** bote m de remos

rowdy [ˈraʊdɪ] alborotador,

royal

Span follonero

royal ['rɔɪəl] real; **royalty** realeza *f*; *on book etc* derechos *mpl* de autor

rub [rʌb] frotar

rubber ['rʌbər] **1** *n material* goma *f*, caucho *m* **2** *adj* de goma *or* caucho; **rubber band** goma *f* elástica

rubble ['rʌbl] escombros *mpl*

ruby ['ru:bɪ] *jewel* rubí *m*

rudder ['rʌdər] timón *m*

ruddy ['rʌdɪ] *face* rubicundo

rude [ru:d] *person, behavior* maleducado, grosero; *language* grosero; **rudely** (*impolitely*) groseramente; **rudeness** mala *f* educación, grosería *f*

rudimentary [ru:dɪ'mentərɪ] rudimentario; **rudiments** rudimentos *mpl*

rueful ['ru:fl] arrepentido; **ruefully** con arrepentimiento

ruffian ['rʌfɪən] rufián *m*

ruffle ['rʌfl] **1** *n on dress* volante *m* **2** *v/t hair* despeinar; *clothes* arrugar; *person* alterar

rug [rʌg] alfombra *f*; (*blanket*) manta *f* (de viaje)

rugby ['rʌgbɪ] rugby *m*

rugged ['rʌgɪd] *scenery* escabroso; *face* de rasgos duros; *resistance* decidido

ruin ['ru:ɪn] **1** *n* ruina *f* **2** *v/t* arruinar

rule [ru:l] **1** *n* regla *f*; *of monarch* reinado *m*; **as a ~** por regla general **2** *v/t country*

gobernar **3** *v/i of monarch* reinar; **ruler** *for measuring* regla *f*; *of state* gobernante *m/f*; **ruling 1** *n* fallo *m*, decisión *f* **2** *adj party* gobernante, en el poder

rum [rʌm] *drink* ron *m*

rumble ['rʌmbl] *of stomach* gruñir; *of thunder* retumbar

rumor, *Br* **rumour** ['ru:mər] **1** *n* rumor *m* **2** *v/t*: **it is ~ed that** ... se rumorea que...

rump [rʌmp] *of animal* cuartos *mpl* traseros

rumple ['rʌmpl] arrugar

rump 'steak filete *m* de lomo

run [rʌn] **1** *n on foot, in pantyhose* carrera *f*; *Br: of play* temporada *f*; **in the short / long ~** a corto / largo plazo **2** *v/i correr*; *of river* correr, discurrir; *of paint, make-up* correrse; *of play* estar en cartel; *of engine, software* funcionar, ir; *in election* presentarse; **~ for President** presentarse a las elecciones presidenciales **3** *v/t race* correr; *business etc* dirigir; *software* usar; *car* tener; (*use*) usar

◆ **run away** salir corriendo, huir; *from home* escaparse

◆ **run down 1** *v/t* (*knock down*) atropellar; (*criticize*) criticar; *stocks* reducir **2** *v/i of battery* agotarse

◆ **run off 1** *v/i* salir corriendo **2** *v/t* (*print off*) tirar

◆ **run out** *of contract* vencer; *of supplies* agotarse

- ◆ **run out of** quedarse sin
- ◆ **run over 1** v/t (*knock down*) atropellar **2** v/i *of water etc* desbordarse
- ◆ **run up** *debts* acumular
- **runaway** ['rʌnəweɪ] *persona que se ha fugado de casa*; **run-down** *person* débil; *part of town* ruinoso
- **rung** [rʌŋ] *of ladder* peldaño *m*
- **runner** ['rʌnər] *athlete* corredor(a) *m(f)*; **runner beans** judías *fpl* verdes, *L.Am.* porotos *mpl* verdes, *Mex* ejotes *mpl*; **runner-up** subcampeón(-ona) *m(f)*; **running 1** *n* SP el correr; (*jogging*) footing *m*; *of business* gestión *f* **2** *adj*: **for two days ~** durante dos días seguidos; **running water** agua *f* corriente; **runny** *mixture* fluido; *nose* que moquea; **run-up** SP élan *m*; **in the ~ to** en el periodo previo a; **runway** pista *f* (de aterrizaje / despegue)
- **rupture** ['rʌptʃər] **1** *n* ruptura *f* **2** v/i *of pipe etc* romperse
- **rural** ['rʊrəl] rural
- **ruse** [ru:z] artimaña *f*
- **rush** [rʌʃ] **1** *n* prisa *f* **2** v/t *person* meter prisa a; *meal* comer a toda prisa **3** v/i darse prisa; **rush hour** hora *f* punta
- **Russia** ['rʌʃə] Rusia; **Russian 1** *adj* ruso **2** *n* ruso(-a) *m(f)*; *language* ruso *m*
- **rust** [rʌst] **1** *n* óxido *m* **2** v/i oxidarse; **rust-proof** inoxidable; **rusty** oxidado
- **rut** [rʌt] *in road* rodada *f*; **be in a ~** *fig* estar estancado
- **ruthless** ['ru:θlɪs] implacable, despiadado; **ruthlessly** sin compasión, despiadadamente; **ruthlessness** falta *f* de compasión
- **rye** [raɪ] centeno *m*; **rye bread** pan *m* de centeno

S

- **sabotage** ['sæbəta:ʒ] **1** *n* sabotaje *m* **2** v/t sabotear; **saboteur** saboteador(a) *m(f)*
- **sachet** ['sæʃeɪ] sobrecito *m*
- **sack** [sæk] **1** *n* bag saco *m*; *for groceries* bolsa *f* **2** v/t F echar
- **sacred** ['seɪkrɪd] sagrado
- **sacrifice** ['sækrɪfaɪs] **1** *n* sacrificio *m* **2** v/t sacrificar
- **sacrilege** ['sækrɪlɪdʒ] sacrilegio *m*
- **sad** [sæd] triste; *state of affairs* lamentable
- **saddle** ['sædl] **1** *n* silla *f* de montar **2** v/t *horse* ensillar
- **sadism** ['seɪdɪzm] sadismo *m*; **sadist** sádico(-a) *m(f)*; **sadistic** sádico
- **sadly** ['sædlɪ] con tristeza; (*regrettably*) lamentablemente; **sadness** tristeza *f*
- **safe** [seɪf] **1** *adj* seguro; *driver*

safeguard

prudente; (*not in danger*) a salvo **2** *n* caja *f* fuerte; **safeguard 1** *n* garantía *f* **2** *v/t* salvaguardar; **safely** *arv* sin percances; *drive* prudentemente; *assume* con certeza; **safety** seguridad *f*; **safety pin** imperdible *m*

sag [sæg] *of ceiling* combarse; *of rope* destensarse; *of tempo* disminuir

saga ['sɑːgə] saga *f*

sage [seɪdʒ] *herb* salvia *f*

sail [seɪl] **1** *n of boat* vela *f*; *trip* viaje *m* (en barco) **2** *v/i* navegar; (*depart*) zarpar; **sailboard 1** *n* tabla *f* de windsurf **2** *v/i* hacer windsurf; **sailboarding** windsurf *m*; **sailboat** barco *m* de vela, velero *m*; **sailing** SP vela *f*; **sailor** marinero(-a) *m(f)*; *in the navy* marino *m/f*

saint [seɪnt] santo *m*

sake [seɪk]: *for my* ~ por mí

salad ['sæləd] ensalada *f*

salary ['sælərɪ] sueldo *m*, salario *m*

sale [seɪl] venta *f*; *reduced prices* rebajas *fpl*; *be on* ~ estar a la venta; *at reduced prices* estar de rebajas; **sales department** ventas *fpl*; **sales clerk** dependiente(-a) *m(f)*; **sales figures** cifras *fpl* de ventas; **salesman** vendedor *m*; **saleswoman** vendedora *f*

salient ['seɪlɪənt] sobresaliente, destacado

saliva [sə'laɪvə] saliva *f*

salmon ['sæmən] salmón *m*

saloon [sə'luːn] (*bar*) bar *m*; *Br* MOT turismo *m*

salt [sɒːlt] sal *f*; **salty** salado

salute [sə'luːt] **1** *n* MIL saludo *m* **2** *v/t* & *v/i* MIL saludar

Salvador(e)an [sælvə'dɔːrən] **1** *adj* salvadoreño **2** *n* salvadoreño(-a) *m(f)*

salvage ['sælvɪdʒ] *from wreck* rescatar

salvation [sæl'veɪʃn] *also fig* salvación *f*

same [seɪm] **1** *adj* mismo **2** *pron*: *the* ~ lo mismo; *Happy New Year* – *the* ~ *to you* Feliz Año Nuevo – igualmente; *all the* ~ (*even so*) aun así **3** *adv*: *the* ~ igual

sample ['sæmpl] muestra *f*

sanction ['sæŋkʃn] **1** *n* (*approval*) consentimiento *m*; (*penalty*) sanción *f* **2** *v/t* (*approve*) sancionar

sand [sænd] **1** *n* arena *f* **2** *v/t with sandpaper* lijar

sandal ['sændl] sandalia *f*

'sandbag saco *m* de arena; **sand dune** duna *f*; **sander** *tool* lijadora *f*; **sandpaper 1** *n* lija *f* **2** *v/t* lijar

sandwich ['sænwɪtʃ] *Span* bocadillo *m*, *L.Am.* sándwich *m*

sandy ['sændɪ] *soil* arenoso; *feet, towel etc* lleno de arena; *hair* rubio oscuro; ~ *beach* playa *f* de arena

sane [seɪn] cuerdo

sanitarium [sænɪ'terɪəm] sanatorio *m*

sanitary ['sænɪtərɪ] salubre, higiénico; **sanitary napkin** compresa f; **sanitation** instalaciones fpl sanitarias; (removal of waste) saneamiento m

sanity ['sænətɪ] razón f, juicio m

Santa Claus ['sæntəklɔːz] Papá Noel m, Santa Claus m

sap [sæp] **1** n in tree savia f **2** v/t s.o.'s energy consumir

sapphire ['sæfaɪr] zafiro m

sarcasm ['sɑːrkæzm] sarcasmo m; **sarcastic** sarcástico; **sarcastically** sarcásticamente

sardine [sɑːr'diːn] sardina f

sardonic [sɑːr'dɑːnɪk] sardónico

satellite ['sætəlaɪt] satélite m; **satellite dish** antena f parabólica; **satellite TV** televisión f por satélite

satin ['sætɪn] satín m

satire ['sætaɪr] sátira f; **satirical** satírico; **satirize** satirizar

satisfaction [sætɪs'fækʃn] satisfacción f; **satisfactory** satisfactorio; (just good enough) suficiente; **satisfy** satisfacer; conditions cumplir

Saturday ['sætərdeɪ] sábado m

sauce [sɔːs] salsa f; **saucepan** cacerola f; **saucer** plato m (de taza)

Saudi Arabia [saʊdɪə'reɪbɪə] Arabia Saudí or Saudita; **Saudi Arabian 1** adj saudita, saudí **2** n saudita m/f, saudí m/f

sausage ['sɒːsɪdʒ] salchicha f

savage ['sævɪdʒ] **1** adj salvaje; criticism feroz **2** n salvaje m/f; **savagery** crueldad f

save [seɪv] **1** v/t (rescue) rescatar, salvar; money, time ahorrar; (collect), COMPUT guardar; goal parar; REL salvar **2** v/i (put money aside) ahorrar; SP hacer una parada **3** n SP parada f; **saver** person ahorrador(a) m(f); **savings** ahorros mpl; **savings account** cuenta f de ahorros; **savings and loan** caja f de ahorros; **savings bank** caja f de ahorros

savior, Br **saviour** ['seɪvjər] REL salvador m

savor ['seɪvər] saborear; **savory** not sweet salado

savour etc Br ☞ **savor** etc

saw [sɔː] **1** n tool serrucho m, sierra f **2** v/t aserrar; **sawdust** serrín m, aserrín m

saxophone ['sæksəfoʊn] saxofón m

say [seɪ] decir; **that is to ~** es decir; **saying** dicho m

scab [skæb] on skin costra f

scaffolding ['skæfəldɪŋ] on building andamiaje m

scald [skɒːld] escaldar

scale[1] [skeɪl] n on fish escama f

scale[2] [skeɪl] **1** n (size) escala f, tamaño m; on thermometer, map, MUS escala f **2** v/t cliffs etc escalar

scales [skeɪlz] *for weighing* báscula *f*, peso *m*

scallop ['skæləp] *shellfish* vieira *f*

scalp [skælp] cuero *m* cabelludo

scalpel ['skælpl] bisturí *m*

scam [skæm] F chanchullo *m* F

scampi ['skæmpɪ] gambas *fpl* rebozadas

scan [skæn] **1** *v/t horizon* otear; *page* ojear; COMPUT escanear; COMPUT escáner *m*; *of fetus* ecografía *f*
◆ **scan in** COMPUT escanear

scandal ['skændl] escándalo *m*; **scandalize** escandalizar; **scandalous** escandaloso

scanner ['skænər] MED, COMPUT escáner *m*; *for fetus* ecógrafo *m*

scanty ['skæntɪ] *skirt* cortísimo; *bikini* mínimo

scapegoat ['skeɪpgoʊt] cabeza *f* de turco

scar [skɑːr] **1** *n* cicatriz *f* **2** *v/t* cicatrizar

scarce [skers] *in short supply* escaso; **scarcely**: ~ **anything** nada; *I* ~ **know her** apenas la conozco; **scarcity** escasez *f*

scare [sker] **1** *v/t* asustar, **be ~d of** tener miedo de **2** *n* (*panic, alarm*) miedo *m*, temor *m*; **scaremonger** alarmista *m/f*

scarf [skɑːrf] pañuelo *m*; *woollen* bufanda *f*

scarlet ['skɑːrlət] escarlata

scary ['skerɪ] espeluznante

scathing ['skeɪðɪŋ] feroz

scatter ['skætər] **1** *v/t leaflets* esparcir; *seeds* diseminar **2** *v/i of people* dispersarse; **scattered** disperso

scavenge ['skævɪndʒ] rebuscar; **scavenger** carroñero *m*; (*person*) persona *que* busca comida entre la basura

scenario [sɪˈnɑːrɪoʊ] situación *f*

scene [siːn] escena *f*; *of accident, crime etc* lugar *m*; (*argument*) escena *f*, número *m*; **behind the ~s** entre bastidores; **scenery** paisaje *m*; THEA escenario *m*

scent [sent] olor *m*; Br (*perfume*) perfume *m*, fragancia *f*

sceptic *etc* Br ☞ **skeptic** *etc*

schedule ['skedʒuːl] **1** *n* *of events, work* programa *m*; *of exams* calendario *m*; *for train, work, of lessons* horario *m*; **be on** ~ *of work* ir según lo previsto; *of train* ir a la hora prevista; **be behind** ~ ir con retraso **2** *v/t* (*put on* ~) programar; **scheduled flight** vuelo *m* regular

scheme [skiːm] **1** *n* (*plan*) plan *m*; (*plot*) confabulación *f* **2** *v/i* (*plot*) confabularse; **scheming** maquinador

schizophrenia [skɪtsəˈfriːnɪə] esquizofrenia *f*; **schizophrenic 1** *n* esquizofrénico(-a) *m(f)* **2** *adj* esquizofrénico

scholar ['skɑːlər] erudito(-a) m(f); **scholarly** erudito; **scholarship** work estudios mpl; financial award beca f

school [skuːl] escuela f, colegio m; (university) universidad f; **school bag** cartera f; **schoolchildren** escolares mpl

science ['saɪəns] ciencia f; **scientific** científico; **scientist** científico(-a) m(f)

scissors ['sɪzərz] tijeras fpl

scoff[1] [skɑːf] F (eat fast) zamparse F

scoff[2] [skɑːf] (mock) burlarse, mofarse

scold [skoʊld] regañar

scoop [skuːp] implement cuchara f; story exclusiva f

scooter ['skuːtər] with motor escúter m; child's patinete m

scope [skoʊp] alcance m; (freedom, opportunity) oportunidad f

scorch [skɔːrtʃ] quemar; **scorching** abrasador

score [skɔːr] 1 n SP resultado m; in competition puntuación f; (written music) partitura f; of movie etc banda f sonora 2 v/t goal, line marcar; point anotar 3 v/i marcar; (keep the ~) llevar el tanteo; **scoreboard** marcador m; **scorer** of goal goleador(a) m(f); of point anotador(a) m(f)

scorn [skɔːrn] 1 n desprecio m 2 v/t idea despreciar; **scornful** despreciativo;   **scornfully** con desprecio

Scot [skɑːt] escocés(-esa) m(f); **Scotch** (whiskey) whisky m escocés; **Scotch tape**® celo m, L.Am. Durex® m; **Scotland** Escocia; **Scottish** escocés

scoundrel ['skaʊndrəl] canalla m / f

scour [skaʊər] (search) rastrear, peinar

scowl [skaʊl] 1 n ceño m 2 v/i fruncir el ceño

scramble ['skræmbl] 1 n (rush) prisa f 2 v/t message cifrar 3 v/i (climb) trepar; **scrambled eggs** huevos mpl revueltos

scrap [skræp] 1 n metal chatarra f; (fight) pelea f; of food trocito m; of common sense pizca f 2 v/t plan abandonar; paragraph borrar

scrape [skreɪp] 1 n on paintwork etc arañazo m 2 v/t paintwork rayar

'**scrap metal** chatarra f

scrappy ['skræpɪ] work, play desorganizado

scratch [skrætʃ] 1 n mark marca f; **start from ~** empezar desde cero; **not up to ~** insuficiente 2 v/t (mark: skin) arañar; (mark: paint) rayar; because of itch rascarse 3 v/i of cat etc arañar; because of itch rascarse

scrawl [skrɔːl] 1 n garabato m 2 v/t garabatear

scrawny ['skrɔːnɪ] escuálido

scream [skriːm] 1 n grito m 2

screech v/i *gritar*

screech [skri:tʃ] **1** *n of tires* chirrido *m*; *(scream)* chillido *m* **2** *v/i of tires* chirriar; *(scream)* chillar

screen [skri:n] **1** *n in room, hospital* mampara *f*; *protective* cortina *f*; *in movie theater,* COMPUT pantalla *f*; *in TV (protect, hide)* ocultar; *movie* proyectar; *for security reasons* investigar; **screenplay** guión *m*; **screen saver** COMPUT salvapantallas *m inv*; **screen test** prueba *f*

screw [skru:] **1** *n* tornillo *m* **2** v/t atornillar (**to** a); V *(have sex with)* echar un polvo con V; F *(cheat)* timar F; **screwdriver** destornillador *m*; **screwed up** F acomplejado; **screwy** F chiflado F; *idea, film* descabellado F

scribble ['skrɪbl] **1** *n* garabato *m* **2** v/t & v/i garabatear

script [skrɪpt] *for play* guión *m*; *form of writing* caligrafía *f*; **scripture: the (Holy) Scriptures** las Sagradas Escrituras; **scriptwriter** guionista *m / f*

◆ **scroll down** [skroʊl] COMPUT avanzar

◆ **scroll up** COMPUT retroceder

scrounge [skraʊndʒ] gorronear; **scrounger** gorrón (-ona) *m(f)*

scrub [skrʌb] *floors* fregar; *hands* frotar

scruples ['skru:plz] escrúpulos *mpl*; **scrupulous** *with moral principles* escrupuloso; *(thorough)* meticuloso; *attention to detail* minucioso; **scrupulously** *(meticulously)* minuciosamente

scrutinize ['skru:tɪnaɪz] estudiar, examinar; **scrutiny** escrutinio *m*

scuba diving ['sku:bə] submarinismo *m*

scuffle ['skʌfl] riña *f*

sculptor ['skʌlptər] escultor(a) *m(f)*; **sculpture** escultura *f*

scum [skʌm] *on liquid* película *f* de suciedad; *pej: people* escoria *f*

sea [si:] mar *m*; **seabird** ave *f* marina; **seafood** marisco *m*; **seagull** gaviota *f*

seal[1] [si:l] *n animal* foca *f*

seal[2] [si:l] **1** *n on document, tech* sello *m* **2** v/t *container* sellar

'**sea level**: **above ~** sobre el nivel del mar; **below ~** bajo el nivel del mar

seam [si:m] *on garment* costura *f*; *of ore* filón *m*

'**seaman** marinero *m*; **seaport** puerto *m* marítimo

search [sɜ:rtʃ] **1** *n* búsqueda *f* **2** v/t registrar

◆ **search for** buscar

searching ['sɜ:rtʃɪŋ] *look* escrutador; *question* difícil; **searchlight** reflector *m*

seashore orilla *f*; **seasick** mareado; **get ~** marearse; **seaside** costa *f*, playa *f*

season ['siːzn] estación *f*; *for tourism etc* temporada *f*; **seasonal** *fruit, vegetables* del tiempo; *employment* temporal; **seasoned** *wood* seco; *traveler, campaigner* experimentado; **seasoning** condimento *m*; **season ticket** abono *m*

seat [siːt] asiento *m*; *in theater* butaca *f*; *of pants* culera *f*; *please take a ~* por favor, siéntese; **seat belt** cinturón *m* de seguridad

'seaweed alga(s) *f(pl)*

secluded [sɪ'kluːdɪd] apartado

second ['sekənd] **1** *n of time* segundo *m* **2** *adj* segundo **3** *adv come in* en segundo lugar **4** *v/t motion* apoyar; **secondary** secundario; **second floor** primer piso *m*, *Br* segundo piso *m*; **second-hand** de segunda mano; **secondly** en segundo lugar; **second-rate** inferior

secrecy ['siːkrəsɪ] secretismo *m*; **secret 1** *n* secreto *m* **2** *adj* secreto

secretarial [sekrə'terɪəl] de secretario; **secretary** secretario(-a) *m(f)*; POL ministro(-a) *m(f)*; **Secretary of State** *in USA* Secretario(-a) *m(f)* de Estado

secretive ['siːkrətɪv] reservado; **secretly** en secreto

sect [sekt] secta *f*

section ['sekʃn] sección *f*; *of building* zona *f*; *of apple* parte *f*

sector ['sektər] sector *m*

secular ['sekjələr] laico

secure [sɪ'kjʊr] **1** *adj shelf etc* seguro; *job, contract* fijo **2** *v/t shelf etc* asegurar; *help* conseguir; **se'curities market** FIN mercado *m* de valores; **security** seguridad *f*; *for investment* garantía *f*; **security alert** alerta *f*; **security forces** fuerzas *fpl* de seguridad; **security guard** guardia *m/f* de seguridad; **security risk** *person* peligro *m* (para la seguridad)

sedan [sɪ'dæn] MOT turismo *m*

sedate [sɪ'deɪt] sedar

sedative ['sedətɪv] sedante *m*

sedentary ['sedəntərɪ] *job* sedentario

sediment ['sedɪmənt] sedimento *m*

seduce [sɪ'duːs] seducir; **seduction** seducción *f*; **seductive** *dress* seductor; *offer* tentador

see [siː] ver; *~ you!* F ¡hasta la vista!, ¡chao! F

♦ **see off** *at airport etc* despedir; *(chase away)* espantar

seed [siːd] semilla *f*; *in tennis* cabeza *f* de serie; **seedy** *bar, district* de mala calaña

seeing 'eye dog [siːɪŋ] perro *m* lazarillo; **seeing (that)** dado que, ya que

seek [siːk] buscar

seem [siːm] parecer; **seemingly** aparentemente

seesaw

seesaw ['siːsɔː] subibaja *m*
'see-through transparente
segment ['segmənt] segmento *m*
segregate ['segrɪgeɪt] segregar; **segregation** segregación *f*
seismology [saɪz'mɒlədʒɪ] sismología *f*
seize [siːz] *s.o., s.o.'s arm* agarrar; *opportunity* aprovechar; *of Customs, police etc* incautarse de; **seizure** MED ataque *m*; *of drugs etc* incautación *f*; *amount seized* alijo *m*
seldom ['seldəm] raramente, casi nunca
select [sɪ'lekt] **1** *v/t* seleccionar **2** *adj* (*exclusive*) selecto; **selection** selección *f*; (*choosing*) elección *f*; **selective** selectivo
self [self] ego *m*; **self-assurance** confianza *f* en sí mismo; **self-assured** seguro de sí mismo; **self-centered,** *Br* **self-centred** egoísta; **self-confidence** confianza *f* en sí mismo; **self-confident** seguro de sí mismo; **self-conscious** tímido; **self-consciousness** timidez *f*; **self-control** autocontrol *m*; **self-defence** *Br*, **self-defense** autodefensa *f*; ***in* ~** en defensa propia; **self-employed** autónomo; **self-evident** obvio; **self-expression** autoexpresión *f*; **self-government** autogobierno *m*; **self-interest** interés *m* propio; **selfish** egoísta; **selfless** desinteresado; **self-made man** hombre *m* hecho a sí mismo; **self-pity** autocompasión *f*; **self-portrait** autorretrato *m*; **self-reliant** autosuficiente; **self-respect** amor *m* propio; **self-satisfied** *pej* pagado de sí mismo; **self-service** de autoservicio; **self-service restaurant** (restaurante *m*) autoservicio *m*; **self-taught** autodidacta
sell [sel] **1** *v/t* vender **2** *v/i of products* venderse; **sell-by date** fecha *f* límite de venta; **seller** vendedor(a) *m(f)*; **selling** COM ventas *fpl*; **selling point** COM ventaja *f*
Sellotape® ['seləteɪp] *Br* celo *m*, *L.Am.* Durex® *m*
semester [sɪ'mestər] semestre *m*
semi ['semɪ] *truck* camión *m* semirremolque; **semicircle** semicírculo *m*; **semiconductor** ELEC semiconductor *m*; **semifinal** semifinal *f*; **semifinalist** semifinalista *m/f*
seminar ['semɪnɑːr] seminario *m*
semi'skilled semicualificado
senate ['senət] senado *m*; **senator** senador(a) *m(f)*
send [send] enviar, mandar
◆ **send back** devolver
◆ **send for** mandar buscar
sender ['sendər] *of letter* remitente *m / f*
senile ['siːnaɪl] senil; **senility**

senilidad *f*
senior ['si:njər] (*older*) mayor; *in rank* superior; **senior citizen** persona *f* de la tercera edad; **seniority** *in job* antigüedad *f*
sensation [sen'seɪʃn] sensación *f*; **sensational** sensacional
sense [sens] **1** *n* (*meaning, point, hearing etc*) sentido *m*; (*feeling*) sentimiento *m*; (*common sense*) sentido *m* común, sensatez *f*; **come to one's ~s** entrar en razón; **it doesn't make ~** no tiene sentido **2** *v/t s.o.'s presence* sentir, notar; **senseless** (*pointless*) absurdo
sensible ['sensəbl] sensato; *shoes etc* práctico, apropiado; **sensibly** con sensatez
sensitive ['sensətɪv] sensible; **sensitivity** sensibilidad *f*
sensor ['sensər] sensor *m*
sensual ['senʃuəl] sensual; **sensuality** sensualidad *f*
sensuous ['senʃuəs] sensual
sentence ['sentəns] **1** *n* GRAM oración *f*; LAW sentencia *f* **2** *v/t* LAW sentenciar, condenar
sentiment ['sentɪmənt] (*sentimentality*) sentimentalismo *m*; (*opinion*) opinión *f*; **sentimental** sentimental; **sentimentality** sentimentalismo *m*
sentry ['sentrɪ] centinela *m*
separate 1 ['sepərət] *adj* separado **2** ['sepəreɪt] *v/t* separar **3** ['sepəreɪt] *v/i of couple*

separarse; **separated** *couple* separado; **separately** *pay, treat* por separado; **separation** separación *f*
September [sep'tembər] septiembre *m*
septic ['septɪk] séptico
sequel ['si:kwəl] continuación *f*
sequence ['si:kwəns] secuencia *f*
serene [sɪ'ri:n] sereno
sergeant ['sɑ:rdʒənt] sargento *m / f*
serial ['sɪrɪəl] serie *f*, serial *m*; *in magazine* novela *f* por entregas; **serialize** *novel on TV* emitir en forma de serie; *in newspaper* publicar por entregas; **serial number** *of product* número *m* de serie
series ['sɪri:z] serie *f*
serious ['sɪrɪəs] *situation, damage, illness* grave; (*person: earnest*) serio; *company* serio; **seriously** *injured* gravemente; **take s.o. ~** tomar a alguien en serio; **seriousness** *of person* seriedad *f*; *of situation* seriedad *f*, gravedad *f*; *of illness* gravedad *f*
sermon ['sɜːrmən] sermón *m*
servant ['sɜːrvənt] sirviente(-a) *m(f)*
serve [sɜːrv] **1** *n in tennis* servicio *m*, saque *m* **2** *v/t food, meal* servir; *customer in shop* atender; *one's country* servir a **3** *v/i* servir; *in tennis* servir, sacar; **server** *in tennis* jugador(a) *m(f)* al servicio; COM-

service

PUT servidor *m*; **service 1** *n to customers, community* servicio *m*; *for vehicle, machine* revisión *f*; *in tennis* servicio *m*, saque *m*; **~s** (*~ sector*) el sector servicios **2** *v/t vehicle, machine* revisar; **service charge** servicio *m* (*tarifa*); **serviceman** MIL militar *m*; **service station** estación *f* de servicio; **serving** *of food* ración *f*

session ['seʃn] sesión *f*; *with boss etc* reunión *f*

set [set] **1** *n of tools* juego *m*; *of books* colección *f*; (*group of people*) grupo *m*; MATH conjunto *m*; (THEA: *scenery*) decorado *m*; *where a movie is made* plató *m*; *in tennis* set *m* **2** *v/t* (*place*) colocar; *movie, novel etc* ambientar; *date, time, limit* fijar; *alarm* poner; *clock* poner en hora; *broken limb* recomponer; *jewel* engastar; **~ the table** poner la mesa **3** *v/i of sun* ponerse; *of glue* solidificarse **4** *adj* (*ready*) preparado

◆ **set off 1** *v/i on journey* salir **2** *v/t bomb* hacer explotar; *chain reaction* desencadenar; *alarm* activar

◆ **set out 1** *v/i on journey* salir (**for** hacia) **2** *v/t ideas, goods* exponer

◆ **set up 1** *v/t company* establecer; *equipment, machine* instalar; *market stall* montar; *meeting* organizar; F (*frame*) tender una trampa **2** *v/i in*

business emprender un negocio

'**setback** contratiempo *m*

settee [se'tiː] *Br* sofá *m*

setting ['setɪŋ] *of novel etc* escenario *m*; *of house* ubicación *f*

settle ['setl] **1** *v/i of bird, dust* posarse; *of building* hundirse; *to live* establecerse **2** *v/t dispute, uncertainty* resolver; *debts* saldar; *nerves, stomach* calmar

◆ **settle down** (*stop being noisy*) tranquilizarse; (*stop wild living*) sentar la cabeza; *in an area* establecerse

◆ **settle for** (*accept*) conformarse con

settled ['setld] *weather* estable; **settlement** *of claim* resolución *f*; *of debt* liquidación *f*; *of dispute* acuerdo *m*; (*payment*) suma *f*; *of building* hundimiento *m*; **settler** *in new country* colono *m*

'**set-up** (*structure*) estructura *f*; (*relationship*) relación *f*; F (*frame-up*) trampa *f*

seven ['sevn] siete; **seventeen** diecisiete; **seventeenth** decimoséptimo; **seventh** séptimo; **seventieth** septuagésimo; **seventy** setenta

sever ['sevər] cortar; *relations* romper

several ['sevrl] **1** *adj* varios **2** *pron* varios(-as) *mpl* (*fpl*)

severe [sɪ'vɪr] *illness* grave;

shareholder

penalty, winter, weather severo; *teacher* estricto; **severely** *punish, speak* con severidad; *injured, disrupted* gravemente; **severity** severidad *f*; *of illness* gravedad *f*
Seville [sə'vɪl] Sevilla
sew [soʊ] coser
sewage ['suːɪdʒ] aguas *fpl* residuales; **sewer** alcantarilla *f*, cloaca *f*
sewing ['soʊɪŋ] *skill* costura *f*; *that being sewn* labor *f*
sex [seks] sexo *m*; **have ~ with** tener relaciones sexuales con; **sexist** 1 *adj* sexista 2 *n* sexista *m / f*; **sexual** sexual; **sexuality** sexualidad *f*; **sexually** sexualmente; **~ transmitted disease** enfermedad *f* de transmisión sexual; **sexy** sexy *inv*
shabbily ['ʃæbɪlɪ] *dressed* con desaliño; *treat* muy mal; **shabby** *coat etc* desgastado; *treatment* malo
shack [ʃæk] choza *f*
shade [ʃeɪd] 1 *n* for lamp pantalla *f*; *of color* tonalidad *f*; *on window* persiana *f*; **in the ~** a la sombra 2 *v/t from sun, light* proteger de la luz
shadow ['ʃædoʊ] sombra *f*
shady ['ʃeɪdɪ] *spot* umbrío; *character* sospechoso
shaft [ʃæft] TECH eje *m*, árbol *m*; *of mine* pozo *m*
shake [ʃeɪk] 1 *n* sacudida *f* 2 *v/t* agitar; *emotionally* conmocionar; **he shook his head** negó con la cabeza;

hands with s.o. estrechar *or* dar la mano a alguien 3 *v/i of voice, building* temblar; **shaken** *emotionally* conmocionado; **shake-up** reestructuración *f*; **shaky** *table etc* inestable; *after illness* débil; *after shock* conmocionado; *grasp of sth* flojo; *voice, hand* tembloroso
shall [ʃæl] ◇ *future:* **I ~ do my best** haré todo lo que pueda
◇ *suggesting:* **~ we go?** ¿nos vamos?
shallow ['ʃæloʊ] *water* poco profundo; *person* superficial
shame [ʃeɪm] 1 *n* vergüenza *f*, *Col, Mex, Ven* pena *f*; **what a ~!** ¡qué pena *or* lástima! 2 *v/t* avergonzar, *Col, Mex, Ven* apenar; **shameful** vergonzoso; **shameless** desvergonzado
shampoo [ʃæm'puː] champú *m*
shanty town ['ʃæntɪ] *Span* barrio *m* de chabolas, *L.Am.* barriada *f*, *Arg* villa *f* miseria, *Chi* callampa *f*, *Mex* ciudad *f* perdida, *Urug* cantegril *m*
shape [ʃeɪp] 1 *n* forma *f* 2 *v/t clay* modelar; *character* determinar; *the future* dar forma a; **shapeless** *dress etc* amorfo; **shapely** *figure* esbelto
share [ʃer] 1 *n* parte *f*; FIN acción *f* 2 *v/t* & *v/i* compartir; **shareholder** accionista *m / f*

shark [ʃɑːrk] tiburón *m*

sharp [ʃɑːrp] **1** *adj knife* afilado; *mind* vivo; *pain* agudo; *taste* ácido **2** *adv* MUS demasiado alto; **at 3 o'clock ~** a las tres en punto; **sharpen** *knife* afilar; *skills* perfeccionar

shatter ['ʃætər] **1** *v/t glass* hacer añicos; *illusions* destrozar **2** *v/i of glass* hacerse añicos; **shattered** F destrozado F; **shattering** *news* demoledor

shave [ʃeɪv] **1** *v/t* afeitar **2** *v/i* afeitarse **3** *n* afeitado *m*; **shaven** *head* afeitado; **shaver** *electric* máquinilla *f* de afeitar (eléctrica)

shawl [ʃɔːl] chal *m*

she [ʃiː] ella; **~ is a student** es estudiante

sheath [ʃiːθ] *for knife* funda *f*; *contraceptive* condón *m*

shed[1] [ʃed] *v/t blood, tears* derramar; *leaves* perder

shed[2] [ʃed] *n* cobertizo *m*

sheep [ʃiːp] oveja *f*; **sheepdog** perro *m* pastor; **sheep-herder** pastor *m*; **sheepish** avergonzado

sheer [ʃɪr] verdadero; *cliffs* escarpado

sheet [ʃiːt] sábana *f*; *of paper, glass* hoja *f*; *of metal* chapa *f*

shelf [ʃelf] estante *m*; **shelves** estanterías *fpl*

shell [ʃel] **1** *n of mussel etc* concha *f*; *of egg* cáscara *f*; *of tortoise* caparazón *m*; MIL proyectil *m* **2** *v/t peas* pelar; MIL bombardear (*con artillería*); **shellfire** fuego *m* de artillería; **shellfish** marisco *m*

shelter ['ʃeltər] **1** *n* refugio *m*; (*bus* ~) marquesina *f* **2** *v/i* refugiarse **3** *v/t* (*protect*) proteger; **sheltered** *place* resguardado; **lead a ~ life** llevar una vida protegida

shelve [ʃelv] *fig* posponer

shepherd ['ʃepərd] pastor *m*

sheriff ['ʃerɪf] sheriff *m/f*

shield [ʃiːld] **1** *n* escudo *m*; TECH placa *f* protectora; *of policeman* placa *f* **2** *v/t* (*protect*) proteger

shift [ʃɪft] **1** *n* cambio *m*; *at work* turno *m* **2** *v/t* (*move*) mover; *stains etc* eliminar **3** *v/i* (*move*) moverse; (*change*) trasladarse; *of wind* cambiar; **shifty** *pej* sospechoso

shin [ʃɪn] espinilla *f*

shine [ʃaɪn] **1** *v/i* brillar; *fig: of student etc* destacar (**at** en) **2** *n on shoes etc* brillo *m*; **shiny** brillante

ship [ʃɪp] **1** *n* barco *m*, buque *m* **2** *v/t* (*send*) enviar; **3** *v/i of new product* distribuirse; **shipment** envío *m*; **shipowner** naviero(-a) *m(f)*, armador(a) *m(f)*; **shipping** (*sea traffic*) navíos *mpl*, buques *mpl*; (*sending*) envío *m*; **shipwreck** naufragio *m*; **shipyard** astillero *m*

shirt [ʃɜːrt] camisa *f*

shit [ʃɪt] **1** *n* P mierda *f* P **2** *v/i* P cagar P **3** *int* P mierda P;

shitty F asqueroso F
shiver ['ʃɪvər] tiritar
shock [ʃɑːk] **1** n choque m, impresión f; ELEC descarga f; **be in ~** MED estar en estado de shock **2** v/t impresionar, dejar boquiabierto; **shock absorber** MOT amortiguador m; **shocking** escandaloso; F *weather, spelling* terrible
shoddy ['ʃɑːdɪ] *goods* de mala calidad; *behavior* vergonzoso
shoe [ʃuː] zapato m; **shoelace** cordón m; **shoemaker** zapatero(-a) m(f); **shoe mender** zapatero(-a) m(f) remendón(-ona); **shoestore** zapatería f
shoot [ʃuːt] **1** n BOT brote m **2** v/t disparar; *and kill* matar de un tiro; *movie* rodar
◆ **shoot down** *airplane* derribar; *fig: suggestion* echar por tierra
◆ **shoot up** *of prices* dispararse; *of children* crecer mucho; *of new buildings etc* aparecer de repente
shooting star ['ʃuːtɪŋ] estrella f fugaz
shop [ʃɑːp] **1** n tienda f **2** v/i comprar; **go ~ping** ir de compras; **shopkeeper** tendero(-a) m(f); **shoplifter** ladrón(-ona) m(f) (en tienda); **shoplifting** hurtos mpl (en tiendas); **shopper** comprador(a) m(f); **shopping items** compra f; **shopping bag** bolsa f de la compra; **shopping list** lista f de la compra; **shopping mall** centro m comercial
shore [ʃɔːr] orilla f
short [ʃɔːrt] **1** adj corto; *in height* bajo; **we're ~ of fuel** nos queda poco combustible **2** adv: **cut ~** interrumpir; **go ~ of** pasar sin; **in ~** en resumen; **shortage** escasez f, falta f; **shortcoming** defecto m; **shortcut** atajo m; **shorten** *dress, hair, vacation* acortar; *chapter, article* abreviar; *work day* reducir; **shortfall** déficit m; **short-lived** efímero; **shortly** (*soon*) pronto; **~ before / after** justo antes / después; **shortness** *of visit* brevedad f; *in height* baja f estatura; **shorts** pantalones mpl cortos, shorts mpl; *underwear* calzoncillos mpl; **shortsighted** miope; *fig* corto de miras; **short-sleeved** de manga corta; **short-tempered** irascible; **short-term** a corto plazo
shot [ʃɑːt] *from gun* disparo m; (*photo*) fotografía f; (*injection*) inyección f; **shotgun** escopeta f
should [ʃʊd]: **what ~ I do?** ¿qué debería hacer?; **you ~n't do that** no deberías hacer eso; **you ~ have heard him!** ¡tendrías que haberle oído!
shoulder ['ʃoʊldər] ANAT hombro m

shout

shout [ʃaʊt] **1** *n* grito *m* **2** *v/t & v/i* gritar; **shouting** griterío *m*

shove [ʃʌv] **1** *n* empujón *m* **2** *v/t & v/i* empujar

shovel [ˈʃʌvl] pala *f*

show [ʃoʊ] **1** *n* THEA espectáculo *m*; *TV* programa *m*; *of emotion* muestra *f* **2** *v/t* mostrar; *at exhibition* exponer; *movie* proyectar **3** *v/i* (*be visible*) verse
◆ **show in** hacer pasar a
◆ **show off 1** *v/t skills* mostrar **2** *v/i pej* presumir, alardear
◆ **show up 1** *v/t shortcomings etc* poner de manifiesto **2** *v/i* (*be visible*) verse; F (*arrive*) aparecer

'**show business** el mundo del espectáculo; **showcase** vitrina *f*; *fig* escaparate *m*; **showdown** enfrentamiento *m*

shower [ˈʃaʊər] **1** *n of rain* chaparrón *m*; *to wash* ducha *f*, *Mex* regadera *f*; (*party*) *fiesta con motivo de un bautizo, una boda etc., en la que los invitados llevan obsequios*; *take a ~* ducharse **2** *v/i* ducharse

'**show-off** *pej* fanfarrón(-ona) *m(f)*; **showroom** sala *f* de exposición *f*; **showy** llamativo

shred [ʃred] **1** *n of paper etc* trozo *m*; *of fabric* jirón *m* **2** *v/t paper* hacer trizas; *in cooking* cortar en tiras; **shredder** *for documents* trituradora *f* (de documentos)

shrewd [ʃruːd] *person* astuto; *investment* inteligente; **shrewdness** *of person* astucia *f*; *of decision* inteligencia *f*

shriek [ʃriːk] **1** *n* alarido *m*, chillido *m* **2** *v/i* chillar

shrill [ʃrɪl] estridente, agudo

shrimp [ʃrɪmp] gamba *f*; *larger Span* langostino *m*, *L.Am.* camarón *m*

shrine [ʃraɪn] santuario *m*

shrink[1] [ʃrɪŋk] *v/i of material* encoger(se); *of support etc* reducirse

shrink[2] [ʃrɪŋk] *n* F (*psychiatrist*) psiquiatra *m/f*

shrivel [ˈʃrɪvl] *of skin* arrugarse; *of leaves* marchitarse

shrub [ʃrʌb] arbusto *m*; **shrubbery** arbustos *mpl*

shrug [ʃrʌɡ]: **~ (one's shoulders)** encoger los hombros

shudder [ˈʃʌdər] **1** *n of fear, disgust* escalofrío *m*; *of earth* temblor *m* **2** *v/i with fear, disgust* estremecerse; *of earth* temblar

shuffle [ˈʃʌfl] **1** *v/t cards* barajar **2** *v/i in walking* arrastrar los pies

shun [ʃʌn] rechazar

shut [ʃʌt] cerrar
◆ **shut down 1** *v/t business* cerrar; *computer* apagar **2** *v/i of business* cerrarse; *of computer* apagarse
◆ **shut up** F (*be quiet*) callar-

simple

se; **shut up!**¡cállate!
shutter ['ʃʌtər] *on window* contraventana *f*; PHOT obturador *m*
'shuttlebus *at airport* autobús *m* de conexión
shy [ʃaɪ] tímido; **shyness** timidez *f*
sick [sɪk] enfermo; *sense of humor* morboso, macabro; **be ~** *Br* (*vomit*) vomitar; **sicken 1** *v/t* (*disgust*) poner enfermo; (*make ill*) hacer enfermar **2** *v/i*: **be ~ing for sth** estar incubando algo; **sickening** *stench* nauseabundo; *crime* repugnante; **sick leave** baja *f* (por enfermedad); **sickness** enfermedad *f*; (*vomiting*) vómitos *mpl*
side [saɪd] lado *m*; *of mountain* ladera *f*; *of person* costado *m*; SP equipo *m*; **take ~s** (*favor one ~*) tomar partido (**with** por); **~ by ~** uno al lado del otro; **side effect** efecto *m* secundario; **side street** bocacalle *f*; **sidewalk** acera *f*, *Rpl* vereda *f*, *Mex* banqueta *f*; **sideways** de lado
siege [siːdʒ] sitio *m*
sieve [sɪv] tamiz *m*
sift [sɪft] tamizar; *data* examinar a fondo
sigh [saɪ] **1** *n* suspiro *m* **2** *v/i* suspirar
sight [saɪt] vista *f*; **~s** *of city* lugares *mpl* de interés; *know by ~* conocer de vista; **sight-

seeing: **go ~** hacer turismo; **sightseer** turista *m/f*
sign [saɪn] **1** *n* señal *f*; *outside shop* cartel *m*, letrero *m* **2** *v/t & v/i* firmar
signal ['sɪgnl] **1** *n* señal *f* **2** *v/i of driver* poner el intermitente
signatory ['sɪgnətɔːrɪ] signatario(-a) *m(f)*, firmante *m/f*
signature ['sɪgnətʃər] firma *f*
significance [sɪg'nɪfɪkəns] importancia *f*, relevancia *f*; **significant** *event etc* importante, relevante; (*quite large*) considerable; **significantly** *larger, more expensive* considerablemente
signify ['sɪgnɪfaɪ] significar, suponer
'sign language lenguaje *m* por señas; **signpost** señal *f*
silence ['saɪləns] **1** *n* silencio *m* **2** *v/t* hacer callar; **silent** silencioso
silhouette [sɪluː'et] silueta *f*
silicon ['sɪlɪkən] silicio *m*
silicone ['sɪlɪkoʊn] silicona *f*
silk [sɪlk] **1** *n* seda *f* **2** *adj shirt etc* de seda; **silky** sedoso
silliness ['sɪlɪnɪs] tontería *f*; **silly** tonto
silo ['saɪloʊ] silo *m*
silver ['sɪlvər] **1** *n* plata *f* **2** *adj ring* de plata; *hair* canoso; **silverware** plata *f*
similar ['sɪmɪlər] parecido, similar; **similarity** parecido *m*, similitud *f*; **similarly** de la misma manera
simple ['sɪmpl] sencillo; *per-*

simple-minded

son simple; **simple-minded** *pej* simplón; **simplicity** sencillez *f*, simplicidad *f*; **simplify** simplificar; **simplistic** simplista; **simply** sencillamente

simultaneous [saɪml'teɪnɪəs] simultáneo; **simultaneously** simultáneamente

sin [sɪn] **1** *n* pecado *m* **2** *v/i* pecar

since [sɪns] **1** *prep* desde **2** *adv* desde entonces **3** *conj* in expressions of time desde que; (*seeing that*) ya que, dado que

sincere [sɪn'sɪr] sincero; **sincerely** sinceramente; *Sincerely Yours* ~ atentamente; **sincerity** sinceridad *f*

sinful ['sɪnfʊl] *person* pecador; *things* pecaminoso

sing [sɪŋ] cantar

singe [sɪndʒ] chamuscar

singer ['sɪŋər] cantante *m/f*

single ['sɪŋgl] **1** *adj* único; (*not married*) soltero **2** *n* MUS sencillo *m*; (~ *room*) habitación *f* individual; *person* soltero(-a) *m(f)*; *Br ticket* billete *m* or *L.Am.* boleto *m* de ida; ~**s** *in tennis* individuales *mpl*; **single-handed** en solitario; **single-minded** determinado, resuelto; **single parent** padre *m* / madre *f* soltero(-a); **single parent family** familia *f* monoparental; **single room** habitación *f* individual

singular ['sɪŋgjʊlər] GRAM **1**

504

adj singular **2** *n* singular *m*

sinister ['sɪnɪstər] siniestro; *sky* amenazador

sink [sɪŋk] **1** *n in kitchen* fregadero *m*; *in bathroom* lavabo *m* **2** *v/i of ship, object* hundirse; *of sun* ponerse; *of interest rates etc* descender, bajar **3** *v/t ship* hundir; *funds* invertir

sinner ['sɪnər] pecador(a) *m(f)*

sip [sɪp] **1** *n* sorbo *m* **2** *v/t* sorber

sir [sɜːr] señor *m*; *excuse me*, ~ perdone, caballero

siren ['saɪrən] sirena *f*

sirloin ['sɜːrlɔɪn] solomillo *m*

sister ['sɪstər] hermana *f*; **sister-in-law** cuñada *f*

sit [sɪt] estar sentado; (~ *down*) sentarse

♦ **sit down** sentarse

sitcom ['sɪtkɑːm] telecomedia *f*, comedia *f* de situación

site [saɪt] **1** *n* emplazamiento *m*; *of battle* lugar *m* **2** *v/t new offices etc* situar

sitting ['sɪtɪŋ] *of committee, for artist* sesión *f*; *for meals* turno *m*; **sitting room** sala *f* de estar, salón *m*

situated ['sɪtʊeɪtɪd] situado; **situation** situación *f*

six [sɪks] seis; **sixteen** dieciséis; **sixteenth** decimosexto; **sixth** sexto; **sixtieth** sexagésimo; **sixty** sesenta

size [saɪz] tamaño *m*; *of loan* importe *m*; *of jacket* talla *f*; *of shoes* número *m*; **sizeable** *house*, *order* considerable;

slaughter

meal copioso
skate [skeɪt] **1** *n* patín *m* **2** *v/i* patinar; **skateboard** monopatín *m*; **skateboarding** patinaje *m* en monopatín; **skater** patinador(a) *m(f)*; **skating** patinaje *m*; **skating rink** pista *f* de patinaje
skeleton ['skelɪtn] esqueleto *m*
skeptic ['skeptɪk] escéptico(-a) *m(f)*; **skeptical** escéptico; **skepticism** escepticismo *m*
sketch [sketʃ] **1** *n* boceto *m*, esbozo *m*; THEA sketch *m* **2** *v/t* bosquejar; **sketchy** *knowledge etc* básico, superficial
ski [skiː] **1** *n* esquí *m* **2** *v/i* esquiar
skid [skɪd] **1** *n of car* patinazo *m*; *of person* resbalón *m* **2** *v/i of car* patinar; *of person* resbalar
skier ['skiːər] esquiador(a) *m(f)*; **skiing** esquí *m*
skilful *etc Br* ☞ **skillful** *etc*
skill [skɪl] destreza *f*, habilidad *f*; **skilled** capacitado; **skillful** hábil, habilidoso; **skillfully** con habilidad *or* destreza
skim [skɪm] *surface* rozar; *milk* desnatar, descremar
skimpy ['skɪmpɪ] *account etc* superficial; *dress* cortísimo; *bikini* mínimo
skin [skɪn] **1** *n* piel *f* **2** *v/t* despellejar, desollar; **skin diving** buceo *m*; **skinny** escuá-

lido; **skin-tight** ajustado
skip [skɪp] **1** *n* (*little jump*) brinco *m*, saltito *m* **2** *v/i* brincar **3** *v/t* (*omit*) pasar por alto; **skipper** capitán(-ana) *m(f)*
skirt [skɜːrt] falda *f*
skull [skʌl] cráneo *m*
skunk [skʌŋk] mofeta *f*
sky [skaɪ] cielo *m*; **skylight** claraboya *f*; **skyline** horizonte *m*; **skyscraper** rascacielos *m inv*
slab [slæb] *of stone* losa *f*; *cake etc* trozo *m* grande
slack [slæk] *rope* flojo; *work* descuidado; *period* tranquilo; **slacken** *rope, pace* aflojar; **slacks** pantalones *mpl*
slam [slæm] **1** *v/t door* cerrar de un golpe **2** *v/i of door* cerrarse de golpe
slander ['slændər] **1** *n* difamación *f* **2** *v/t* difamar; **slanderous** difamatorio
slang [slæŋ] argot *m*, jerga *f*; *of a specific group* jerga *f*
slant [slænt] **1** *v/i* inclinarse **2** *n* inclinación *f*; *given to a story* enfoque *m*; **slanting** *roof* inclinado; *eyes* rasgado
slap [slæp] **1** *n* (*blow*) bofetada *f* **2** *v/t* dar una bofetada a
slash [slæʃ] **1** *n cut* corte *m*, raja *f*; *in punctuation* barra *f* **2** *v/t skin etc* cortar; *prices* recortar drásticamente
slaughter ['slɒːtər] **1** *n of animals* sacrificio *m*; *of people, troops* matanza *f* **2** *v/t animals* sacrificar; *people,*

slaughterhouse

troops masacrar; **slaughterhouse** matadero *m*
slave [sleɪv] esclavo(-a) *m(f)*
slay [sleɪ] asesinar; **slaying** (*murder*) asesinato *m*
sleaze [sliːz] POL corrupción *f*; **sleazy** *bar* sórdido; *person* de mala calaña
sleep [sliːp] **1** *n* sueño *m*; **go to ~** dormirse **2** *v/i* dormir
◆ **sleep with** (*have sex with*) acostarse con
sleeping bag ['sliːpɪŋ] saco *m* de dormir; **sleeping car** RAIL coche *m* cama; **sleeping pill** somnífero *m*, pastilla *f* para dormir; **sleepwalker** sonámbulo(-a) *m(f)*; **sleepwalking** sonambulismo *m*; **sleepy** adormilado, somnoliento; *town* tranquilo; *I'm ~* tengo sueño
sleet [sliːt] aguanieve *f*
sleeve [sliːv] manga *f*; **sleeveless** sin mangas
slender ['slendər] *figure, arms* esbelto; *margin* escaso; *chance* remoto
slice [slaɪs] **1** *n of bread* rebanada *f*; *of cake* trozo *m*; *of salami, cheese* loncha *f*; *fig: of profits etc* parte *f* **2** *v/t loaf etc* cortar (en rebanadas)
slick [slɪk] **1** *adj performance* muy logrado; (*pej: cunning*) con mucha labia **2** *n of oil* marea *f* negra
slide [slaɪd] **1** *n for kids* tobogán *m*; PHOT diapositiva *f* **2** *v/i* deslizarse; *of exchange rate etc* descender **3** *v/t* deslizar
slight [slaɪt] *person, figure* menudo; (*small*) pequeño; *accent* ligero; **no, not in the ~est** no, en absoluto; **slightly** un poco
slim [slɪm] delgado; *chance* remoto
slime [slaɪm] (*mud*) lodo *m*; *of slug etc* baba *f*; **slimy** *liquid* viscoso; *river bed* lleno de lodo
sling [slɪŋ] **1** *n for arm* cabestrillo *m* **2** *v/t* F (*throw*) tirar
slip [slɪp] **1** *n* (*mistake*) desliz *m* **2** *v/i on ice etc* resbalar; *of quality etc* empeorar
◆ **slip up** (*make mistake*) equivocarse
slipped 'disc [slɪpt] hernia *f* discal
slipper ['slɪpər] zapatilla *f* (*de estar por casa*)
slippery ['slɪpərɪ] *surface, road* resbaladizo; *fish* escurridizo
'slip-up (*mistake*) error *m*
slit [slɪt] **1** *n* (*tear*) raja *f*; (*hole*) rendija *f*; *in skirt* corte *m* **2** *v/t* abrir
sliver ['slɪvər] trocito *m*; *of wood, glass* astilla *f*
slob [slɑːb] *pej* dejado(-a) *m/f*, guarro(-a) *m/f*
slog [slɑːɡ] paliza *f*
slogan ['sloʊɡən] eslogan *m*
slop [slɑːp] derramar
slope [sloʊp] **1** *n* inclinación *f*; *of mountain* ladera *f* **2** *v/i* inclinarse
sloppy ['slɑːpɪ] descuidado;

smooth

too sentimental sensiblero
slot [slɑːt] ranura *f*; *in schedule* hueco *m*; **slot machine** *for cigarettes*, *food* máquina *f* expendedora; *for gambling* máquina *f* tragaperras
slovenly [ˈslʌvnlɪ] descuidado
slow [sloʊ] lento; **be ~** *of clock* ir retrasado
◆ **slow down 1** *v/t work*, *progress* restrasar; *traffic*, *production* ralentizar **2** *v/i economically*, *of person* desplomarse
slur [slɜːr] **1** *n on character* difamación *f* **2** *v/t words* arrastrar
slush [slʌʃ] nieve *f* derretida; *(pej: sentimental stuff)* sensiblería *f*; **slush fund** fondo *m* para corrupciones
slut [slʌt] *pej* fulana *f*
sly [slaɪ] taimado
small [smɔːl] pequeño, *L.Am.* chico
smart[1] [smɑːrt] *adj* elegante; *(intelligent)* inteligente; *pace* rápido
smart[2] [smɑːrt] *v/i (hurt)* escocer
'smart card tarjeta *f* inteligente; **smartly** *dressed* con elegancia
smash [smæʃ] **1** *n noise* estruendo *m*; *(car crash)* choque *m*; *in tennis* smash *m* **2** *v/t break* hacer pedazos *or* añicos **3** *v/i break* romperse
smattering [ˈsmætərɪŋ] *of a language* nociones *fpl*
smear [smɪr] **1** *n of ink* borrón *m*; *of paint* mancha *f*; *BrMED* citología *f*; *on character* difamación *f* **2** *v/t character* difamar
smell [smel] **1** *n* olor *m*; **sense of ~** sentido *m* del olfato **2** *v/t* oler **3** *v/i unpleasantly* oler (mal); *(sniff)* olfatear; **smelly** apestoso
smile [smaɪl] **1** *n* sonrisa *f* **2** *v/i* sonreír
smirk [smɜːrk] sonrisa *f* maligna
smoke [smoʊk] **1** *n* humo *m* **2** *v/t cigarettes* fumar; *bacon* ahumar **3** *v/i of person* fumar; **smoke-free** *zone* de no fumadores; **smoker** fumador(-a) *m(f)*; **smoking no ~** prohibido fumar; **smoky** lleno de humo
smolder, *Br* **smoulder** [ˈsmoʊldər] *of fire* arder
smooth [smuːð] **1** *adj surface*, *skin* liso, suave; *sea* in calma; *(peaceful)* tranquilo; *ride*, *drive* sin vibraciones; *transition* sin problemas; *pej: person* meloso **2** *v/t hair*

smoothly

alisar; **smoothly** *without problems* sin incidentes
smother ['smʌðər] *flames* sofocar; *person* asfixiar
smudge [smʌdʒ] **1** *n of paint* mancha *f*; *of ink* borrón *m* **2** *v/t ink* emborronar; *paint* difuminar
smug [smʌg] engreído
smuggle ['smʌgl] pasar de contrabando; **smuggler** contrabandista *m/f*; **smuggling** contrabando *m*
smutty ['smʌtɪ] *joke* obsceno
snack [snæk] tentempié *m*, aperitivo *m*
snag [snæg] (*problem*) inconveniente *m*, pega *f*
snake [sneɪk] serpiente *f*
snap [snæp] **1** *n* chasquido *m*; PHOT foto *f* **2** *v/t break* romper **3** *v/i break* romperse **4** *adj decision, judgment* rápido, súbito; **snappy** *person, mood* irascible; *decision* rápido; (*elegant*) elegante; **snapshot** foto *f*
snarl [snɑːrl] **1** *n of dog* gruñido *m* **2** *v/i* gruñir
snatch [snætʃ] arrebatar; (*steal*) robar; (*kidnap*) secuestrar
snazzy ['snæzɪ] F vistoso, *Span* chulo F
sneakers ['sniːkərz] zapatillas *fpl* de deporte
sneaky ['sniːkɪ] F (*crafty*) ladino, cuco F
sneer [snɪr] **1** *n* mueca *f* desdeñosa **2** *v/i* burlarse (**at** de)
sneeze [sniːz] **1** *n* estornudo

m **2** *v/i* estornudar
snicker ['snɪkər] reírse (*en voz baja*)
sniff [snɪf] **1** *v/i to clear nose* sorberse los mocos; *of dog* olfatear **2** *v/t* (*smell*) oler; *of dog* olfatear
sniper ['snaɪpər] francotirador(a) *m(f)*
snitch [snɪtʃ] F **1** *n* (*telltale*) chivato(-a) *m(f)* **2** *v/i* chivarse
snivel ['snɪvl] gimotear
snob [snɑːb] presuntuoso(-a) *m(f)*; **snobbery** presuntuosidad *f*; **snobbish** presuntuoso
snoop [snuːp] fisgón(-ona) *m(f)*
snooty ['snuːtɪ] presuntuoso
snooze [snuːz] **1** *n* cabezada *f* **2** *v/i* echar una cabezada
snore [snɔːr] roncar; **snoring** ronquidos *mpl*
snorkel ['snɔːrkl] snorkel *m*, tubo *m* para buceo
snort [snɔːrt] *of bull, person* bufar, resoplar
snow [snoʊ] **1** *n* nieve *f* **2** *v/i* nevar; **snowball** bola *f* de nieve; **snowdrift** nevero *m*; **snowman** muñeco *m* de nieve; **snowplow** quitanieves *m inv*; **snowstorm** tormenta *f* de nieve; **snowy** *weather* de nieve; *hills* nevado
snub [snʌb] **1** *n* desaire *m* **2** *v/t* desairar; **snub-nosed** con la nariz respingona
snug [snʌg] (*tight-fitting*)

solemnity

ajustado

so [soʊ] **1** *adv* tan; *it was ~ easy* fue tan fácil; *I'm ~ cold* tengo tanto frío; *that was ~ kind of you* fue muy amable de tu parte; **not ~ much** no tanto; *~ much easier* mucho más fácil; *you shouldn't drink ~ much* no deberías beber tanto; *I miss you ~* te echo tanto de menos; *~ am I do I* yo también; *~ is she / does she* ella también; *and ~ on* etcétera **2** *pron*: *I hope I think ~* eso espero / creo; *you didn't tell me – I did ~* no me lo dijiste – sí que lo hice; *15 or ~* unos 15 **3** *conj* for that reason así que; *in order that* para que; *~ (that) I could come too* para que yo también pudiera venir; *~ what?* F ¿y qué? F

soak [soʊk] (*steep*) poner en remojo; *of water* empapar; **soaked** empapado

soap [soʊp] *for washing* jabón *m*; **soap (opera)** telenovela *f*; **soapy** jabonoso

soar [sɔːr] *of rocket* elevarse; *of prices* dispararse

sob [saːb] **1** *n* sollozo *m* **2** *v/i* sollozar

sober ['soʊbər] sobrio; (*serious*) serio

soccer ['saːkər] fútbol *m*

sociable ['soʊʃəbl] sociable

social ['soʊʃl] social; **social democrat** socialdemócrata *m/f*; **socialism** socialismo *m*; **socialist 1** *adj* socialista **2** *n* socialista *m/f*; **socialize** socializar; **social worker** asistente(-a) *m(f)* social

society [sə'saɪətɪ] sociedad *f*

sociologist [soʊsɪ'aːlədʒɪst] sociólogo(-a) *m(f)*; **sociology** sociología *f*

sock[1] [saːk] *n for wearing* calcetín *m*

sock[2] [saːk] *v/t* (*punch*) dar un puñetazo a

socket ['saːkɪt] *for light bulb* casquillo *m*; *of arm* cavidad *f*; *of eye* cuenca *f*; *Br* ELEC enchufe *m*

soda ['soʊdə] (*~ water*) soda *f*; (*soft drink*) refresco *m*; (*ice-cream ~*) refresco de soda con helado

sofa ['soʊfə] sofá *m*

soft [saːft] *voice, light, skin* suave; *pillow, attitude* blando; **soften** *position* ablandar; *impact, blow* amortiguar; **softly** suavemente; **software** software *m*

soggy ['saːgɪ] empapado

soil [sɔɪl] **1** *n* (*earth*) tierra *f* **2** *v/t* ensuciar

solar energy ['soʊlər] energía *f* solar

soldier ['soʊldʒər] soldado *m*

sole[1] [soʊl] *n of foot* planta *f*; *of shoe* suela *f*

sole[2] [soʊl] *adj* único

solely ['soʊlɪ] únicamente

solemn ['saːləm] solemne; **solemnity** solemnidad *f*;

solemnly solemnemente
solicit [sə'lɪsɪt] *of prostitute* abordar clientes
solid ['sɑːlɪd] sólido; *(without holes)* compacto; *gold, silver* macizo; **solidarity** solidaridad *f*; **solidify** solidificarse; **solidly** *built* sólidamente; *in favor of* unánimente
solitaire [sɑːlˈter] *card game* solitario *m*
solitary ['sɑːlɪterɪ] *life* solitario; *(single)* único; **solitude** soledad *f*
solo ['soʊloʊ] **1** *n* MUS solo *m* **2** *adj* en solitario; **soloist** solista *m/f*
soluble ['sɑːljʊbl] *substance, problem* soluble; **solution** *also mixture* solución *f*
solve [sɑːlv] *problem* solucionar, resolver; *mystery* resolver; **solvent** *financially* solvente
somber, *Br* **sombre** ['sɑːmbər] *(dark)* oscuro; *(serious)* sombrío
some [sʌm] **1** *adj*: **would you like ~ water / cookies?** ¿quieres agua / galletas?; **~ countries** algunos países; **I gave him ~ money** le di (algo de) dinero; **~ people say that ...** hay quien dice ... **2** *pron*: **~ of the group** parte del grupo; **would you like ~?** ¿quieres? **3** *adv* (*a bit*): **we'll have to wait ~** tendremos que esperar algo *or* un poco; **somebody** alguien; **someday** algún día; **somehow** (*by one means or another*) de alguna manera; (*for some unknown reason*) por alguna razón; **someone** ☞ **somebody**; **someplace** ☞ **somewhere**
somersault ['sʌmərsɔːlt] **1** *n* voltereta *f* **2** *v/i of vehicle* dar una vuelta de campana
'**something** algo; **sometime**: **~ last year** en algún momento del año pasado; **sometimes** a veces; **somewhat** un tanto; **somewhere 1** *adv* en alguna parte *or* algún lugar **2** *pron*: **let's go ~ quiet** vamos a algún sitio tranquilo; **~ to park** un sitio donde aparcar
son [sʌn] hijo *m*
song [sɔːŋ] canción *f*
'**son-in-law** yerno *m*; **son of a bitch** V hijo *m* de puta P
soon [suːn] pronto; **as ~ as** tan pronto como; **as ~ as possible** lo antes posible; **~er or later** tarde o temprano; **the ~er the better** cuanto antes mejor
soothe [suːð] calmar
sophisticated [səˈfɪstɪkeɪtɪd] sofisticado; **sophistication** sofisticación *f*
sophomore ['sɑːfəmɔːr] estudiante *m/f* de segundo año
soprano [səˈprænoʊ] *singer* soprano *m/f*; *voice* voz *f* de soprano
sordid ['sɔːrdɪd] sórdido
sore [sɔːr] **1** *adj* (*painful*) dolorido; F (*angry*) enojado,

Spaniard

Span mosqueado F; ***is it ~?*** ¿duele? **2** *n* llaga *f*
sorrow ['sɑːroʊ] pena *f*
sorry ['sɑːrɪ] *day, sight, (sad) triste;* **(I'm) ~!** *apologizing* ¡lo siento!
sort [sɔːrt] **1** *n* clase *f*, tipo *m*; **~ of** F un poco, algo **2** *v/t* ordenar, clasificar; COMPUT ordenar
SOS [esoʊ'es] SOS *m*; *fig* llamada *f* de auxilio
so-'so F así así F
soul [soʊl] REL, *fig* alma *f*; *character* personalidad *f*
sound[1] [saʊnd] **1** *adj* (*sensible*) sensato; (*healthy*) sano; *sleep* profundo **2** *adv*: **be ~ asleep** estar profundamente dormido
sound[2] [saʊnd] **1** *n* sonido *m*; (*noise*) ruido *m* **2** *v/i* parecer; ***that ~s interesting*** parece interesante
soundly ['saʊndlɪ] *sleep* profundamente; *beaten* rotundamente; **soundproof** insonorizado; **soundtrack** banda *f* sonora
soup [suːp] sopa *f*
sour [saʊr] agrio
source [sɔːrs] fuente *f*; *of river* nacimiento *m*
south [saʊθ] **1** *adj* sur, del sur **2** *n* sur *m* **3** *adv* al sur; **South Africa** Sudáfrica; **South African** **1** *adj* sudafricano **2** *n* sudafricano(-a) *m(f)*; **South America** Sudamérica, América del Sur; **South American** **1** *adj* sudamericano **2**

n sudamericano(-a) *m(f)*; **south-east** **1** *n* sudeste *m*, sureste *m* **2** *adj* sudeste, sureste **3** *adv* al sudeste or sureste; **southeastern** del sudeste; **southerly** *wind* sur, del sur; *direction* sur; **southern** sureño; **southerner** sureño(-a) *m(f)*; **southernmost** más al sur; **South Pole** Polo *m* Sur; **southward** hacia el sur; **southwest** **1** *n* sudoeste *m*, suroeste *m* **2** *adj* sudoeste, suroeste **3** *adv* al sudoeste *or* suroeste; **southwestern** del sudoeste *or* suroeste
souvenir [suːvə'nɪr] recuerdo *m*
sovereign ['sɑːvrɪn] *state* soberano; **sovereignty** *of state* soberanía *f*
sow[1] [saʊ] *n* (*female pig*) cerda *f*, puerca *f*
sow[2] [soʊ] *v/t seeds* sembrar
space [speɪs] espacio *m*; **space shuttle** transbordador *m* espacial; **space station** estación *f* espacial; **spacious** espacioso
spade [speɪd] pala *f*; **~s** *in card game* picas *fpl*
spaghetti [spə'ɡetɪ] espaguetis *mpl*
spa hotel hotel *m* spa
Spain [speɪn] España *f*
spam [spæm] COMPUT propaganda *f* electrónica
span [spæn] abarcar; *of bridge* cruzar
Spaniard ['spænjərd] espa-

ñol(a) *m(f)*; **Spanish 1** *adj* español **2** *n language* español *m*; **the ~** los españoles
spanner ['spænər] *Br* llave *f*
spare [sper] **1** *v/t*: **can you ~ me $50?** ¿me podrías dejar 50 dólares?; **can you ~ the time?** ¿tienes tiempo? **2** *adj pair of glasses, set of keys* de repuesto **3** *n* recambio *m*, repuesto *m*; **spare part** pieza *f* de recambio or repuesto; **spare ribs** costillas *fpl* de cerdo; **spare room** habitación *f* de invitados; **spare time** tiempo *m* libre; **spare wheel** MOT rueda *f* de recambio; **sparing** moderado, **sparingly** con moderación
spark [spɑːrk] chispa *f*
sparkle ['spɑːrkl] destellar; **sparkling wine** vino *m* espumoso; **spark plug** bujía *f*
sparse [spɑːrs] *vegetation* escaso
spartan ['spɑːrtn] *room* espartano
spasmodic [spæz'mɑːdɪk] intermitente
spate [speɪt] *fig* oleada *f*
spatial ['speɪʃl] espacial
speak [spiːk] **1** *v/i* hablar (**to, with** con); (*make a speech*) dar una charla; **~ing** TELEC al habla **2** *v/t foreign language* hablar; **speaker** *at conference* conferenciante *m/f*; (*orator*) orador(a) *m(f)*; *of sound system* altavoz *m*, *L.Am.* altoparlante *m*; *of language* hablante *m/f*

special ['speʃl] especial; **specialist** especialista *m/f*; **specialize** especializarse (**in** en); **specially** *☞* **especially**; **specialty** especialidad *f*
species ['spiːʃiːz] especie *f*
specific [spə'sɪfɪk] específico; **specifically** específicamente; **specifications** *of machine etc* especificaciones *fpl*; **specify** especificar
specimen ['spesɪmən] muestra *f*
spectacular [spek'tækjʊlər] espectacular
spectator [spek'teɪtər] espectador(a) *m(f)*
spectrum ['spektrəm] *fig* espectro *m*
speculate ['spekjʊleɪt] *also* FIN especular; **speculation** *also* FIN especulación *f*; **speculator** FIN especulador(a) *m(f)*
speech [spiːtʃ] (*address*) discurso *m*; *in play* parlamento *m*; (*ability to speak*) habla *f*, dicción *f*; (*way of speaking*) forma *f* de hablar; **speechless** sin habla
speed [spiːd] **1** *n* velocidad *f*; (*promptness*) rapidez *f* **2** *v/i run* correr; *drive too quickly* sobrepasar el límite de velocidad; **speedboat** motora *f*, planeadora *f*; **speed bump** resalto *m* (*para reducir la velocidad del tráfico*), *Arg* despertador *m*, *Mex* tope *m*; **speed-dial button** botón *m* de marcado rápido; **speedi-

ly con rapidez; **speeding: fined for ~** multado por exceso de velocidad; **speed limit** límite m de velocidad; **speedometer** velocímetro m; **speedy** rápido

spell[1] [spel] 1 v/t word deletrear; **how do you ~ ...?** ¿cómo se escribe... ? 2 v/i deletrear

spell[2] [spel] n of time período m, temporada f

spelling ['speliŋ] ortografía f

spend [spend] money gastar; time pasar; **spendthrift** pej derrochador(a) m(f)

sperm [spɜːrm] espermatozoide m; (semen) esperma f

sphere [sfɪr] also fig esfera f

spice [spaɪs] (seasoning) especia f; **spicy** food con especias; (hot) picante

spider ['spaɪdər] araña f; **spiderweb** telaraña f

spike [spaɪk] pincho m; on running shoe clavo m

spill [spɪl] 1 v/t derramar 2 v/i derramarse 3 n derrame m

spin[1] [spɪn] 1 n (turn) giro m 2 v/t hacer girar 3 v/i of wheel girar

spin[2] [spɪn] v/t cotton hilar; web tejer

spinach ['spɪnɪdʒ] espinacas fpl

spinal ['spaɪnl] de la columna vertebral; **spinal column** columna f vertebral; **spinal cord** médula f espinal; **spine** of person, animal columna f vertebral; of book lomo m; on plant, hedgehog espina f; **spineless** (cowardly) débil

'spin-off producto m derivado

spiny ['spaɪnɪ] espinoso

spiral ['spaɪrəl] 1 n espiral 2 v/i (rise quickly) subir vertiginosamente

spire [spaɪr] aguja f

spirit ['spɪrɪt] espíritu m; (courage) valor m; **spirited** (energetic) enérgico; **spirits** (morale) la moral; **be in good / poor ~** tener la moral alta / baja; **spiritual** espiritual

spit [spɪt] of person escupir

spite [spaɪt] rencor m; **in ~ of** a pesar de; **spiteful** malo, malicioso; **spitefully** con maldad or malicia

splash [splæʃ] 1 n small amount of liquid chorrito m; of color mancha f 2 v/t person salpicar 3 v/i chapotear; of water salpicar

◆ **splash down** of spacecraft amerizar

splendid ['splendɪd] espléndido; **splendor,** Br **splendour** esplendor m

splint [splɪnt] MED tablilla f

splinter ['splɪntər] 1 n astilla f 2 v/i astillarse

split [splɪt] 1 n damage raja f; (disagreement) escisión f; (division, share) reparto m 2 v/t damage rajar; logs partir en dos; (cause disagreement in)

split up

escindir; (*share*) repartir **3** *v/i* (*tear*) rajarse; (*disagree*) escindirse

◆ **split up** *of couple* separarse

spoil [spɔɪl] estropear, arruinar; **spoilsport** F aguafiestas *m/f inv* F; **spoilt child** consentido, mimado

spoke [spouk] *of wheel* radio *m*

spokesperson ['spoʊkspɜːrsən] portavoz *m/f*

sponge [spʌndʒ] esponja *f*; **sponger** F gorrón(-ona) *m(f)* F

sponsor ['spɑːnsər] **1** *n* patrocinador *m* **2** *v/t* patrocinar; **sponsorship** patrocinio *m*

spontaneous [spɑːn'teɪniəs] espontáneo; **spontaneously** espontáneamente

spool [spuːl] carrete *m*

spoon [spuːn] cuchara *f*; **spoonful** cucharada *f*

sporadic [spə'rædɪk] esporádico

sport [spɔːrt] deporte *m*; **sporting** deportivo; **sports car** (coche *m*) deportivo *m*; **sportsman** deportista *m*; **sportswoman** deportista *f*; **sporty** *person* deportista; *clothes* deportivo

spot[1] [spɑːt] *n* (*pimple etc*) grano *m*; (*in pattern*) lunar *m*

spot[2] [spɑːt] *n in* (*place*) lugar *m*, sitio *m*

spot[3] [spɑːt] *v/t* (*notice*) ver

'**spot check** control *m* al azar; **spotless** inmaculado; **spotlight** foco *m*; **spotty**

with pimples con granos

spouse [spaʊs] *fml* cónyuge *m/f*

spout [spaʊt] **1** *n* pitorro *m* **2** *v/i of liquid* chorrear **3** *v/t* F soltar F

sprain [spreɪn] **1** *n* esguince *m* **2** *v/t* hacerse un esguince en

sprawl [sprɔːl] despatarrarse; *of city* expandirse; **sprawling** *city* extendido

spray [spreɪ] **1** *n of sea water* rociada *f*; *for hair* spray *m*; *container* aerosol *m*, spray *m* **2** *v/t* rociar; **spraygun** pistola *f* pulverizadora

spread [spred] **1** *n of disease, religion etc* propagación *f*; F (*big meal*) comilona *f* F **2** *v/t* (*lay*) extender; *butter* untar; *rumor* difundir; *disease* propagar; *arms, legs* extender **3** *v/i of disease, fire* propagarse; *of rumor, news* difundirse; **spreadsheet** COMPUT hoja *f* de cálculo

sprightly ['spraɪtlɪ] lleno de energía

spring[1] [sprɪŋ] *n in season* primavera *f*

spring[2] [sprɪŋ] *n device* muelle *m*

spring[3] [sprɪŋ] **1** *n* (*jump*) salto *m*; (*stream*) manantial *m* **2** *v/i* saltar

'**springboard** trampolín *m*; **springtime** primavera *f*

sprinkle ['sprɪŋkl] espolvorear; **sprinkler** *for garden* aspersor *m*; *in ceiling* rociador *m* contra incendios

sprint [sprɪnt] **1** n esprint m; SP carrera f de velocidad **2** v/i (run fast) correr a toda velocidad; of runner esprintar; **sprinter** SP esprínter m/f, velocista m/f

spy [spaɪ] **1** n espía m/f **2** v/i espiar **3** v/t (see) ver
♦ **spy on** espiar

squabble ['skwɒbl] **1** n riña f **2** v/i reñir

squalid ['skwɒlɪd] inmundo, miserable; **squalor** inmundicia f

squander ['skwɒndər] money despilfarrar

square [skwer] **1** adj in shape cuadrado; ~ **miles** millas cuadradas **2** n also MATH cuadrado m; in town plaza f; in board game casilla f

squash[1] [skwɒʃ] n vegetable calabacera f

squash[2] [skwɒʃ] n game squash m

squash[3] [skwɒʃ] v/t (crush) aplastar

squat [skwɒt] **1** adj person chaparro; figure, buildings bajo **2** v/i sit agacharse

squeak [skwi:k] **1** n of mouse chillido m; of hinge chirrido m **2** v/i of mouse chillar; of hinge chirriar

squeal [skwi:l] **1** n chillido m **2** v/i chillar; of brakes armar un estruendo

squeamish ['skwi:mɪʃ] aprensivo

squeeze [skwi:z] (press) apretar; (remove juice from) exprimir

squid [skwɪd] calamar m

squirm [skwɜ:rm] retorcerse

St (= **saint**) Sto; Sta (= santo m; santa f); (= **street**) c/ (= calle f)

stab [stæb] apuñalar

stability [stə'bɪlətɪ] estabilidad f; **stabilize 1** v/t prices, boat estabilizar **2** v/i of prices etc estabilizarse; **stable 1** adj estable; patient's condition estacionario **2** n for horses establo m

stack [stæk] **1** n (pile) pila f **2** v/t apilar

stadium ['steɪdɪəm] estadio m

staff [stæf] (employees) personal m; (teachers) profesorado m

stage[1] [steɪdʒ] n in project etc etapa f

stage[2] [steɪdʒ] **1** n THEA escenario m **2** v/t play escenificar; demonstration llevar a cabo

stagger ['stægər] **1** v/i tambalearse **2** v/t (amaze) dejar anonadado; coffee breaks etc escalonar; **staggering** asombroso

stagnant ['stægnənt] also fig estancado; **stagnate** fig estancarse

'stag party despedida f de soltero

stain [steɪn] **1** n (dirty mark) mancha f; for wood tinte m **2** v/t (dirty) manchar; wood teñir; **stained-glass window** vidriera f; **stainless**

stair

steel acero *m* inoxidable

stair [ster] escalón *m*; **the ~s** la(s) escalera(s); **staircase** escalera(s) *f(/pl)*

stake [steɪk] **1** *n of wood* estaca *f*; *when gambling* apuesta *f*; (*investment*) participación *f*; **be at ~** estar en juego **2** *v/t money* apostar; *reputation* jugarse; *person* ayudar (económicamente)

stale [steɪl] *bread* rancio; *air* viciado; *fig: news* viejo

stalk[1] [stɔːk] *n of fruit, plant* tallo *m*

stalk[2] [stɔːk] *v/t* (*follow*) acechar; *person* seguir

stall[1] [stɔːl] *n at market* puesto *m*; *for cow, horse* casilla *f*

stall[2] [stɔːl] **1** *v/i of engine* calarse; (*play for time*) intentar ganar tiempo **2** *v/t engine* calar; *person* retener

stalls [stɔːlz] *patio m de butacas*

stalwart ['stɔːlwərt] *support* incondicional

stamina ['stæmɪnə] resistencia *f*

stammer ['stæmər] **1** *n* tartamudeo *m* **2** *v/i* tartamudear

stamp[1] [stæmp] **1** *n for letter* sello *m*, *L.Am.* estampilla *f*, *Mex* timbre *m*; *device* tampón *m*; *mark made with device* sello *m* **2** *v/t* sellar

stamp[2] [stæmp] *v/t*: **~ one's feet** patear

stance [stæns] (*position*) postura *f*

stand [stænd] **1** *n at exhibition* puesto *m*, stand *m*; (*witness ~*) estrado *m*; (*support, base*) soporte *m*; **take the ~** LAW subir al estrado **2** *v/i of building* encontrarse, hallarse; *as opposed to sit* estar de pie; (*rise*) ponerse de pie **3** *v/t* (*tolerate*) soportar; (*put*) colocar

◆ **stand by 1** *v/i* (*not take action*) quedarse sin hacer nada; (*be ready*) estar preparado **2** *v/t person* apoyar; *decision* atenerse a

◆ **stand down** (*withdraw*) retirarse

◆ **stand for** (*tolerate*) aguantar; (*represent*) significar

◆ **stand out** destacar

◆ **stand up 1** *v/i* levantarse **2** *v/t* F plantar F

◆ **stand up for** defender

◆ **stand up to** hacer frente a

standard ['stændərd] **1** *adj* (*usual*) habitual **2** *n* (*level*) nivel *m*; TECH estándar *m*; **standardize** normalizar; **standard of living** nivel *m* de vida

'**standby** *fly con un billete* stand-by; **standing** *in society etc* posición *f*; (*repute*) reputación *f*; **standoffish** distante; **standpoint** punto *m* de vista; **standstill**: **be at a ~** estar paralizado; **bring to a ~** paralizar

staple[1] ['steɪpl] *n foodstuff* alimento *m* básico

staple[2] ['steɪpl] **1** *n* (*fastener*) grapa *f* **2** *v/t* grapar

stapler ['steɪplər] grapadora *f*
star [stɑːr] **1** *n also person* estrella *f* **2** *v/t of movie* estar protagonizado por; **starboard** de estribor
stare [ster] mirar fijamente; ~ **at** mirar fijamente
stark [stɑːrk] **1** *adj landscape* desolado; *reminder, picture etc* desolador **2** *adv*: ~ **naked** completamente desnudo
starry ['stɑːrɪ] *night* estrellado; **Stars and Stripes** la bandera estadounidense
start [stɑːrt] **1** *n* comienzo *m*, principio *m*; *of race* salida *f* **2** *v/t* & *v/i* empezar, comenzar; ~*ing from tomorrow* a partir de mañana **3** *v/t business* montar; **starter** (*of meal*) entrada *f*; *of car* motor *m* de arranque
startle ['stɑːrtl] sobresaltar; **startling** sorprendente
starvation [stɑːr'veɪʃn] inanición *f*, hambre *f*; **starve** pasar hambre; *I'm starving* F me muero de hambre F
state[1] [steɪt] **1** *n* (*condition, country*) estado *m*; **the States** (los) Estados Unidos **2** *adj capital etc* estatal; *banquet etc* de estado
state[2] [steɪt] *v/t* declarar
'State Department Departamento *m* de Estado, Ministerio *m* de Asuntos Exteriores; **statement** declaración *f*; (*bank* ~) extracto *m*; **state of emergency** estado *m* de

emergencia; **state-of-the-art** modernísimo; **statesman** hombre *m* de estado
static (elec'tricity) ['stætɪk] electricidad *f* estática
station ['steɪʃn] **1** *n* RAIL estación *f*; RAD emisora *f*; TV canal *m* **2** *v/t guard etc* apostar; **stationary** parado
stationery ['steɪʃənerɪ] artículos *mpl* de papelería
'station wagon ranchera *f*
statistical [stə'tɪstɪkl] estadístico; **statistically** estadísticamente; **statistician** estadístico(-a) *m*(*f*); **statistics** *science* estadística *f*; *figures* estadísticas *fpl*
statue ['stætʃuː] estatua *f*; **Statue of Liberty** Estatua *f* de la Libertad
status ['stætəs] categoría *f*, posición *f*; **status symbol** símbolo *m* de estatus
statute ['stætuːt] estatuto *m*
staunch [stɒːntʃ] *supporter* incondicional; *friend* fiel
stay [steɪ] **1** *n* estancia *f*, *L.Am.* estadía *f* **2** *v/i in a place* quedarse; *in a condition* permanecer; ~ *in a hotel* alojarse en un hotel
♦ **stay behind** quedarse
♦ **stay up** (*not go to bed*) quedarse levantado
steadily ['stedɪlɪ] *improve etc* constantemente; **steady 1** *adj* (*not shaking*) firme; (*continuous*) continuo; *beat* regular; *boyfriend* estable **2** *adv*: *they've been going* ~ *for*

steak 518

two years llevan saliendo dos años **3** *v/t* afianzar; *voice* calmar

steak [steɪk] filete *m*

steal [stiːl] **1** *v/t* robar **2** *v/i* (*be a thief*) robar; **~ in** / **out** entrar / salir furtivamente

stealthy [ˈstelθɪ] sigiloso

steam [stiːm] **1** *n* vapor *m* **2** *v/t food* cocinar al vapor; **steamed up** F (*angry*) enojado, *Span* mosqueado F; **steamer** *for cooking* olla *f* para cocinar al vapor

steel [stiːl] **1** *n* acero *m* **2** *adj* (*made of ~*) de acero; **steelworker** trabajador(a) *m(f)* del acero

steep¹ [stiːp] *adj hill etc* empinado; F *prices* caro

steep² [stiːp] *v/t* (*soak*) poner en remojo

steer¹ [stɪr] *n animal* buey *m*

steer² [stɪr] *v/t car* conducir, *L.Am.* manejar; *boat* gobernar; *person* guiar; *conversation* llevar; **steering** MOT dirección *f*; **steering wheel** volante *m*, *S.Am.* timón *m*

stem¹ [stem] *n of plant* tallo *m*; *of glass* pie *m*; *of word* raíz *f*

stem² [stem] *v/t* (*block*) contener

stench [stentʃ] peste *f*

stencil [ˈstensl] **1** *n* plantilla *f* **2** *v/t pattern* estarcir

step [step] **1** *n* (*pace*) paso *m*; (*stair*) escalón *m*; (*measure*) medida *f* **2** *v/i*: **~ on sth** pisar algo

◆ **step down** *from post etc* dimitir

◆ **step up** (*increase*) incrementar

'**stepbrother** hermanastro *m*; **stepdaughter** hijastra *f*; **stepfather** padrastro *m*; **stepladder** escalera *f* de tijera; **stepmother** madrastra *f*; **stepsister** hermanastra *f*; **stepson** hijastro *m*

stereo [ˈsterɪoʊ] (*sound system*) equipo *m* de música; **stereotype** estereotipo *m*

sterile [ˈsteraɪl] estéril; **sterilize** esterilizar

sterling [ˈstɜːrlɪŋ] FIN libra *f* esterlina

stern¹ [stɜːrn] *adj* severo

stern² [stɜːrn] *n* NAUT popa *f*

sternly con severidad

steroids [ˈsterɔɪdz] esteroides *mpl*

stew [stuː] *n* guiso *m*

steward [ˈstuːərd] *on plane* auxiliar *m* de vuelo; *on ship* camarero *m*; *at demonstration* miembro *m* de la organización; **stewardess** *on plane* auxiliar *f* de vuelo; *on ship* camarera *f*

stick¹ [stɪk] *n* palo *m*; *of policeman* porra *f*; (*walking ~*) bastón *m*

stick² [stɪk] **1** *v/t with adhesive* pegar; F (*put*) meter **2** *v/i* (*jam*) atascarse; (*adhere*) pegarse

◆ **stick by** F apoyar, no abandonar

◆ **stick to** *of sth sticky* pegar-

se a; F *plan etc* seguir; F *(trail, follow)* pegarse a F
◆ **stick up for** F defender
sticker ['stɪkər] pegatina *f*; **stick-in-the-mud** F aburrido(-a) *m(f)* F; **sticky** pegajoso; *label* adhesivo
stiff [stɪf] *board, manner* rígido; *brush, penalty, competition* duro; *muscle* agarrotado; *drink* cargado; **stiffness** *of muscles* agarrotamiento *m*; *of manner* rigidez *f*
stifle ['staɪfl] reprimir; **stifling** sofocante
stigma ['stɪgmə] estigma *m*
still¹ [stɪl] **1** *adj (not moving)* quieto; *with no wind* sin viento **2** *adv*: **keep ~!** ¡estate quieto!
still² [stɪl] *adv (yet)* todavía, aún; *(nevertheless)* de todas formas
'stillborn: be ~ nacer muerto; **still life** naturaleza *f* muerta
stilted ['stɪltɪd] forzado
stimulant ['stɪmjʊlənt] estimulante *m*; **stimulate** estimular; **stimulating** estimulante; **stimulation** estimulación *f*; **stimulus** *(incentive)* estímulo *m*
sting [stɪŋ] **1** *n from bee, jellyfish* picadura *f* **2** *v/t of bee, jellyfish* picar **3** *v/i of eyes, scratch* escocer; **stinging** *criticism* punzante
stink [stɪŋk] **1** *n (bad smell)* peste *f*; F *(fuss)* escándalo F **2** *v/i (smell bad)* apestar; F *(be very bad)* dar asco

stipulate ['stɪpjʊleɪt] estipular; **stipulation** estipulación *f*
stir [stɜːr] **1** *v/t* remover, dar vueltas a **2** *v/i of sleeping person* moverse; **stirring** *music, speech* conmovedor
stitch [stɪtʃ] **1** *n in sewing* puntada *f*; *in knitting* punto *m*; **~es** MED puntos *mpl* **2** *v/t sew* coser; **stitching** *(stitches)* cosido *m*
stock [stɑːk] **1** *n (reserves)* reservas *fpl*; COM *of store* existencias *fpl*; *(animals)* ganado *m*; *for soup etc* caldo *m*; **in ~** en existencias; **out of ~** agotado **2** *v/t* COM *(have)* tener en existencias; COM *(sell)* vender; **stockbreeder** ganadero(-a) *m(f)*; **stockbroker** corredor(a) *m(f)* de bolsa; **stock exchange** bolsa *f* (de valores); **stockholder** accionista *m/f*; **stockist** distribuidor(a) *m(f)*; **stock market** mercado *m* de valores; **stockpile 1** *n of food, weapons* reservas *fpl* **2** *v/t* acumular
stocky ['stɑːkɪ] bajo y robusto
stodgy ['stɑːdʒɪ] *food* pesado
stoical ['stoʊɪkl] estoico; **stoicism** estoicismo *m*
stomach ['stʌmək] **1** *n* estómago *m*, tripa *f* **2** *v/t (tolerate)* soportar
stone [stoʊn] piedra *f*; **stoned** F *(on drugs)* colocado F
stool [stuːl] *(seat)* taburete *m*

stoop¹ [stu:p] *v/i* (*bend down*) agacharse

stoop² [stu:p] *n* (*porch*) porche *m*

stop [stɑ:p] **1** *n* for train, bus parada *f* **2** *v/t* (*put an end to*) poner fin a; (*prevent*) impedir; (*cease*), *person in street* parar; *car, bus, train: of driver* detener; *check* bloquear; ~ **doing sth** dejar de hacer algo **3** *v/i* (*come to a halt*) pararse, detenerse; *in a particular place: of bus, train* parar
◆ **stop over** hacer escala

'stopgap solución *f* intermedia; **stoplight** (*traffic light*) semáforo *m*; (*brake light*) luz *m* de freno; **stopover** parada *f*; *in air travel* escala *f*; **stopper** *for bottle* tapón *m*; **stop sign** (señal *f* de) stop *m*; **stopwatch** cronómetro *m*

storage ['stɔ:rɪdʒ] almacenamiento *m*; **store 1** *n* tienda *f*; (*stock*) reserva *f*; (*storehouse*) almacén *m* **2** *v/t* almacenar; COMPUT guardar; **storefront** fachada *f* de tienda; **storekeeper** tendero(-a) *m(f)*; **store window** vidriera *f*, Mex aparador *m*

storey *Br* ◆ **story**²

storm [stɔ:rm] tormenta *f*; **stormy** tormentoso

story¹ ['stɔ:rɪ] (*tale*) cuento *m*; (*account*) historia *f*; (*newspaper article*) artículo *m*; F (*lie*) cuento *m*

story² ['stɔ:rɪ] *of building* piso *m*, planta *f*

stout [staʊt] *person* relleno, corpulento

stove [stoʊv] *for cooking* cocina *f*, *Col, Mex, Ven* estufa *f*; *for heating* estufa *f*

stow [stoʊ] guardar
◆ **stow away** viajar de polizón

'stowaway polizón *m*

straight [streɪt] **1** *adj* line, back recto; *hair* liso; (*honest, direct*) franco; *whiskey* solo; (*tidy*) en orden; (*conservative*) serio; (*not homosexual*) heterosexual **2** *adv* (*in a straight line*) recto; (*directly, immediately*) directamente; (*clearly*) con claridad; **go ~** F (*of criminal*) reformarse; **~away, ~ off** en seguida; **~ out** directamente; **~ up** *without ice* solo; **~ ahead** be situated todo derecho; *walk, drive* todo recto; *look* hacia delante; **straighten** enderezar; **straightforward** (*honest, direct*) franco; (*simple*) simple

strain¹ [streɪn] **1** *n* on rope tensión *f*; *on engine, heart* esfuerzo *m*; *on person* agobio *m* **2** *v/t* finances crear presión en; **~ one's back** hacerse daño en la espalda

strain² [streɪn] *v/t* vegetables escurrir; *oil, fat etc* colar

strained [streɪnd] *relations* tirante; **strainer** *for vegetables etc* colador *m*

strait [streɪt] estrecho *m*; **straitlaced** mojigato

strange [streɪndʒ] (*odd, curious*) extraño, raro; (*unknown, foreign*) extraño; **strangely** (*oddly*) de manera extraña; **~ enough** aunque parezca extraño; **stranger** (*person you don't know*) extraño(-a) *m(f)*, desconocido(-a) *m(f)*; **I'm a ~ here myself** yo tampoco soy de aquí

strangle ['stræŋgl] estrangular

strap [stræp] *of purse, watch* correa *f*; *of bra, dress* tirante *m*; *of shoe* tira *f*; **strapless** sin tirantes

strategic [strə'tiːdʒɪk] estratégico; **strategy** estrategia *f*

straw [strɔː] paja *f*; *for drink* pajita *f*; **strawberry** fresa *f*, *S.Am.* frutilla *f*

stray [streɪ] **1** *adj animal* callejero; *bullet* perdido **2** *n dog* perro *m* callejero; *cat* gato *m* callejero **3** *v/i* extraviarse, perderse; *fig: of eyes, thoughts* desviarse

streak [striːk] **1** *n of dirt, paint* raya *f*; *in hair* mechón *m*; *fig: of nastiness* vena *f* **2** *v/i move quickly* pasar disparado

stream [striːm] riachuelo *m*; *fig: of people* oleada *f*; **streamline** *fig* racionalizar; **streamlined** *car, plane* aerodinámico; *organization* racionalizado

street [striːt] calle *f*; **streetcar** tranvía *m*; **streetlight** farola *f*; **street people** los sin techo; **street value** *of drugs* valor *m* en la calle

strength [streŋθ] fuerza *f*; *fig* (*strong point*) punto *m* fuerte; *of friendship etc* solidez *f*; *of emotion* intensidad *f*; *of currency* fortaleza *f*; **strengthen 1** *v/t muscles, currency* fortalecer; *bridge* reforzar; *country, relationship* consolidar **2** *v/i of bonds, ties* consolidarse; *of currency* fortalecerse

strenuous ['strenjuəs] agotador; **strenuously** *deny* tajantemente

stress [stres] **1** *n* (*emphasis*) énfasis *m*; (*tension*) estrés *m*; *on syllable* acento *m* **2** *v/t syllable* acentuar; *importance etc* hacer hincapié en; **stressed out** F estresado; **stressful** estresante

stretch [stretʃ] **1** *n of land, water* extensión *f*; *of road* tramo *m* **2** *of fabric* elástico **3** *v/t material, income* estirar; F *rules* ser flexible con **4** *v/i to relax, reach* estirarse; (*spread*) extenderse; **stretcher** camilla *f*

strict [strikt] estricto; **strictly** con rigor; **it is ~ forbidden** está terminantemente prohibido

stride [straɪd] **1** *n* zancada *f* **2** *v/i* caminar dando zancadas

strident ['straɪdnt] estridente

strike [straɪk] **1** *n of workers*

make-believe

huelga f; *in baseball* strike m; *of oil* descubrimiento m; **be on ~** estar en huelga **2** v/i *of workers* hacer huelga; (*attack*) atacar; *of disaster* sobrevenir; *of clock* dar las horas **3** v/t (*hit*) golpear; *of disaster* sacudir; *match* encender; *oil* descubrir

♦ **strike out** (*delete*) tachar; *in baseball* eliminar a, *L.Am.* ponchar

'**strikebreaker** esquirol(a) m(f); **striker** (*person on strike*) huelguista m / f; *in soccer* delantero(-a) m(f); **striking** (*marked*) sorprendente, llamativo; (*eye-catching*) deslumbrante

string [strɪŋ] cuerda f; **stringed instrument** instrumento m de cuerda

stringent ['strɪndʒənt] riguroso

strip [strɪp] **1** n *of land* franja f; (*comic ~*) tira f cómica **2** v/t (*remove*) quitar; (*undress*) desnudar **3** v/i (*undress*) desnudarse; *of stripper* hacer striptease; **strip club** club m de striptease

stripe [straɪp] raya f; *indicating rank* galón m; **striped** a rayas

stripper ['strɪpər] artista m/f de striptease; **striptease** striptease m

stroke [stroʊk] **1** n MED derrame m cerebral; *in painting* pincelada f; (*style of swimming*) estilo m **2** v/t acariciar

stroll [stroʊl] **1** n paseo m **2** v/i caminar; **stroller** *for baby* silla f de paseo

strong [strɔːŋ] fuerte; *structure* resistente; *candidate* claro, con muchas posibilidades; *support, supporter, views, objection* firme; **strongly** fuertemente; **strong-minded** decidido; **strong point** (punto m) fuerte m; **strongroom** cámara f acorazada; **strong-willed** tenaz

structural ['strʌktʃərl] estructural; **structure 1** n (*something built*) construcción f; *of novel, society etc* estructura f **2** v/t estructurar

struggle ['strʌɡl] **1** n lucha f **2** v/i *with a person* forcejear; (*have a hard time*) luchar

strut [strʌt] pavonearse

stub [stʌb] *of cigarette* colilla f; *of check* matriz f; *of ticket* resguardo m

stubborn ['stʌbərn] *person* testarudo, terco; *defense, refusal* tenaz, pertinaz

stubby ['stʌbɪ] regordete

stuck [stʌk] F: **be ~ on** s.o. estar colado por alguien F

student ['stuːdnt] estudiante m/f; *at high school* alumno(-a) m(f)

studio ['stuːdɪoʊ] estudio m

studious ['stuːdɪəs] estudioso; **study 1** n estudio m **2** v/t & v/i estudiar

stuff [stʌf] **1** n (*things*) cosas fpl; **what's that ~?** ¿qué es eso? **2** v/t *turkey* rellenar;

sth* into *sth meter algo dentro de algo; **stuffing** relleno *m*; **stuffy** *room* cargado; *person* estirado
stumble ['stʌmbl] tropezar; **stumbling-block** escollo *m*
stump [stʌmp] **1** *n of tree* tocón *m* **2** *v/t of question* dejar perplejo
stun [stʌn] *of blow* dejar sin sentido; *of news* dejar atonito; **stunning** *(amazing)* increíble; *(very beautiful)* imponente
stunt [stʌnt] *for publicity* truco *m*; *in movie* escena *f* peligrosa; **stuntman** *in movie* doble *m*, especialista *m*
stupefy ['stu:pɪfaɪ] dejar perplejo
stupendous [stu:'pendəs] extraordinario
stupid ['stu:pɪd] estúpido; **stupidity** estupidez *f*
sturdy ['stɜːrdɪ] *person* robusto; *table, plant* resistente
stutter ['stʌtər] tartamudear
style [staɪl] estilo *m*; *(fashion)* moda *f*; **stylish** elegante; **stylist** *(hair ~)* estilista *m/f*
subcommittee ['sʌbkəmɪtɪ] subcomité *m*
subconscious [sʌb'kɑːnʃəs] subconsciente; **subconsciously** inconscientemente
subcontract [sʌbkən'trækt] subcontratar; **subcontractor** subcontratista *m/f*
subdivide [sʌbdɪ'vaɪd] subdividir
subdue [səb'duː] someter
subheading ['sʌbhedɪŋ] subtítulo *m*
subhuman [sʌb'hjuːmən] inhumano
subject 1 ['sʌbdʒɪkt] *n (topic)* tema *m*; *(branch of learning)* asignatura *f*, materia *f*; GRAM sujeto *m*; *of monarch* súbdito(-a) *m(f)* **2** ['sʌbdʒɪkt] *adj*: **be ~ to** *have tendency to* ser propenso a; *be regulated by* estar sujeto a **3** [səb'dʒekt] *v/t* someter; **subjective** subjetivo
sublet ['sʌblet] realquilar
submachine gun [sʌbmə'ʃiːngʌn] metralleta *f*
submarine ['sʌbməriːn] submarino *m*
submission [səb'mɪʃn] *(surrender)* sumisión *f*; *to committee etc* propuesta *f*; **submissive** sumiso; **submit 1** *v/t plan* presentar **2** *v/i* someterse
subordinate [sə'bɔːrdɪneɪt] **1** *adj position* subordinado **2** *n* subordinado(-a) *m(f)*
subpoena [sə'piːnə] **1** *n* citación *f* **2** *v/t person* citar
♦ **subscribe to** [səb'skraɪb] *magazine etc* suscribirse a; *theory* suscribir
subscriber [səb'skraɪbər] *to magazine* suscriptor(a) *m(f)*; **subscription** suscripción *f*
subsequent ['sʌbsɪkwənt] posterior
subside [səb'saɪd] *of waters*

subsidiary 524

bajar; *of winds* amainar; *of building* hundirse; *of fears* calmarse
subsidiary [səbˈsɪdɪərɪ] filial *f*
subsidize [ˈsʌbsɪdaɪz] subvencionar; **subsidy** subvención *f*
substance [ˈsʌbstəns] sustancia *f*
substandard [sʌbˈstændərd] deficiente
substantial [səbˈstænʃl] sustancial, considerable; **substantially** (*considerably*) considerablemente; (*in essence*) sustancialmente
substantive [səbˈstæntɪv] significativo
substitute [ˈsʌbstɪtuːt] **1** *n* sustituto *m*; SP suplente *m/f* **2** *v/t* sustituir; ~ **X for Y** sustituir Y por X; **substitution** sustitución *f*
subtitle [ˈsʌbtaɪtl] subtítulo *m*
subtle [ˈsʌtl] sutil
subtract [səbˈtrækt] restar
suburb [ˈsʌbɜːrb] zona *f* residencial de la periferia; **suburban** de la periferia; *attitudes, lifestyle* aburguesado
subversive [səbˈvɜːrsɪv] **1** *adj* subversivo **2** *n* subversivo(-a) *m(f)*
subway [ˈsʌbweɪ] metro *m*
succeed [səkˈsiːd] **1** *v/i* tener éxito; ~ *to the throne* suceder en el trono; ~ *in doing sth* conseguir hacer algo **2** *v/t* (*come after*) suceder; **suc-**

cess éxito *m*; **successful person** con éxito; *be* ~ *in doing sth* lograr hacer algo; **successfully** con éxito; **successive** sucesivo; **successor** sucesor(a) *m(f)*
succinct [səkˈsɪŋkt] sucinto
succumb [səˈkʌm] (*give in*) sucumbir
such [sʌtʃ] **1** *adj* (*of that kind*) tal; ~ *men are dangerous* los hombres así son peligrosos; *don't make* ~ *a fuss* no armes tanto alboroto; ~ *as* como; *there is no* ~ *word as ...* no existe la palabra... **2** *adv* tan; *as* ~ como tal; ~ *a nice day* un día tan bueno; *as* ~ como tal
suck [sʌk] **1** *v/t candy etc* chupar **2** *v/i* P: *it* ~*s* es una mierda P; **sucker** F (*person*) primo(-a) *m/f* F; F (*lollipop*) piruleta *f*; **suction** succión *f*
sudden [ˈsʌdn] repentino; **suddenly** de repente
sue [suː] demandar
suede [sweɪd] ante *m*
suffer [ˈsʌfər] **1** *v/i* sufrir; (*deteriorate*) deteriorarse **2** *v/t loss, setback* sufrir; **suffering** sufrimiento *m*
sufficient [səˈfɪʃnt] suficiente; **sufficiently** suficientemente
suffocate [ˈsʌfəkeɪt] **1** *v/i* asfixiarse **2** *v/t* asfixiar; **suffocation** asfixia *f*
sugar [ˈʃʊgər] **1** *n* azúcar *m or f* **2** *v/t* echar azúcar a
suggest [səˈdʒest] sugerir; **suggestion** sugerencia *f*

suicide ['su:ɪsaɪd] suicidio *m*
suit [su:t] **1** *n* traje *m*; *in cards* palo *m* **2** *v/t of clothes, color* sentar bien a; **suitable** apropiado; **suitably** apropiadamente; **suitcase** maleta *f*, *L.Am.* valija *f*
suite [swi:t] *of rooms*, MUS suite *f*; *furniture* tresillo *m*
sulk [sʌlk] enfurruñarse; **sulky** enfurruñado
sullen ['sʌlən] malhumorado, huraño
sultry ['sʌltrɪ] sofocante, bochornoso; *sexually* sensual
sum [sʌm] *(total), in arithmetic* suma *f*; *(amount)* cantidad *f*
♦ **sum up 1** *v/t (summarize)* resumir; *(assess)* catalogar **2** *v/i* LAW recapitular
summarize ['sʌməraɪz] resumir; **summary** resumen *m*
summer ['sʌmər] verano *m*
summit ['sʌmɪt] *also* POL cumbre *f*
summon ['sʌmən] llamar; *meeting* convocar; **summons** LAW citación *f*
sun [sʌn] sol *m*; **sunbathe** tomar el sol; **sunbed** cama *f* de rayos UVA; **sunblock** crema *f* solar de alta protección; **sunburn** quemadura *f* (del sol); **sunburnt** quemado (por el sol); **Sunday** domingo *m*; **sunglasses** gafas *fpl or L.Am.* anteojos *mpl* de sol; **sunrise** amanecer *m*; **sunset** atardecer *m*, puesta *f* de sol; **sunshade** sombrilla *f*; **sunshine** sol *m*; **sunstroke** insolación *f*; **suntan** bronceado *m*

super ['su:pər] **1** *adj* F genial F, estupendo F **2** *n (janitor)* portero(-a) *m(f)*
superb [su'pɜ:rb] excelente
superficial [su:pər'fɪʃl] superficial
superfluous [su'pɜ:rfluəs] superfluo
superintendent [su:pərɪn'tendənt] *of apartment block* portero(-a) *m(f)*
superior [su:'pɪrɪər] **1** *adj (better)* superior; *pej: attitude* arrogante **2** *n in organization* superior *m*
superlative [su:'pɜ:rlətɪv] **1** *adj* excelente **2** *n* GRAM superlativo *m*
'supermarket supermercado *m*
'superpower POL superpotencia *f*
supersonic [su:pər'sɑ:nɪk] supersónico
superstition [su:pər'stɪʃn] superstición *f*; **superstitious** supersticioso
supervise ['su:pərvaɪz] *class* vigilar; *workers* supervisar; *activities* dirigir; **supervisor** *at work* supervisor(a) *m(f)*
supper ['sʌpər] cena *f*, *L.Am.* comida *f*
supplement ['sʌplɪmənt] *(extra payment)* suplemento *m*
supplier [sə'plaɪər] COM proveedor *m*; **supply** *n* suminis-

supplies

tro *m*, abastecimiento *m*; **supplies** *of food* provisiones *fpl*; **~ and demand** la oferta y la demanda **2** *v/t goods* suministrar

support [sə'pɔːrt] **1** *n for structure* soporte *m*; *(backing)* apoyo *m* **2** *v/t structure* soportar; *financially* mantener; *(back)* apoyar; **supporter** partidario(-a) *m(f)*; *of football team etc* seguidor(a) *m(f)*; **supportive** comprensivo; **be ~** apoyar (**toward, of a**)

suppose [sə'pouz] *(imagine)* suponer; **you are not ~d to ...** *(not allowed to)* no deberías...; **supposing ...** y si...; **supposedly** supuestamente

suppress [sə'pres] reprimir, sofocar; **suppression** represión *f*

supremacy [suː'preməsɪ] supremacía *f*; **supreme** supremo; **Supreme Court** Tribunal *m* Supremo, *L.Am.*Corte *f* Suprema

surcharge ['sɜːrtʃɑːrdʒ] recargo *m*

sure [ʃʊr] **1** *adj* seguro; **make ~ that ...** asegurarse de que...; **2** *adv*: **~ enough** efectivamente; **it ~ is hot today** F vaya calor que hace F; **~!** F ¡claro!; **surety** *for loan* fianza *f*

surf [sɜːrf] **1** *n* surf *m* **2** *v/t*: **~ the Net** navegar por Internet
surface ['sɜːrfɪs] **1** *n* superficie *f* **2** *v/i from water* salir a la superficie; *(appear)* aparecer; **surface mail** correo *m* terrestre
'surfboard tabla *f* de surf; **surfer** surfista *m/f*; **surfing** surf *m*; **go ~** ir a hacer surf

surge [sɜːrdʒ] *in electric current* sobrecarga *f*; *in demand etc* incremento *m* repentino

surgeon ['sɜːrdʒən] cirujano(-a) *m(f)*; **surgery** cirugía *f*; **surgical** quirúrgico; **surgically** quirúrgicamente

surly ['sɜːrlɪ] arisco, hosco

surmount [sər'maʊnt] *difficulties* superar

surpass [sər'pæs] superar

surplus ['sɜːrpləs] **1** *n* excedente *m* **2** *adj* excedente

surprise [sər'praɪz] **1** *n* sorpresa *f* **2** *v/t* sorprender; **be / look ~d** quedarse / parecer sorprendido; **surprising** sorprendente; **surprisingly** sorprendentemente

surrender [sə'rendər] **1** *v/i army* rendirse **2** *v/t weapons etc* entregar **3** *n* rendición *f*; *(handing in)* entrega *f*

surrogate 'mother ['sʌrəgət] madre *f* de alquiler

surround [sə'raʊnd] **1** *v/t* rodear **2** *n of picture etc* marco *m*; **surrounding** circundante; **surroundings** *of village etc* alrededores *mpl*; *(environment)* entorno *m*

survey 1 ['sɜːrveɪ] *n of modern literature etc* estudio *m*;

sweet

Br: of building tasación *f*, peritaje; **poll** encuesta *f* **2** [sər'veɪ] *v/t* (*look at*) contemplar; *Br: building* tasar, peritar; **surveyor** *Br* tasador(a) *m(f)* or perito (-a) *m(f)* de la propiedad

survival [sər'vaɪvl] supervivencia *f*; **survive 1** *v/i* sobrevivir **2** *v/t accident etc* sobrevivir a; (*outlive*) sobrevivir a; **survivor** superviviente *m/f*

suspect 1 ['sʌspekt] *n* sospechoso(-a) *m(f)* **2** [sə'spekt] *v/t person* sospechar de; (*suppose*) sospechar; **suspected** *murderer* presunto; *cause, heart attack etc* supuesto

suspend [sə'spend] colgar; *from office* suspender; **suspenders** *for pants* tirantes *mpl*, *S.Am.* suspensores *mpl*; *Br: for stockings* liga *f*

suspense [sə'spens] *Span* suspense *m*, *L.Am.* suspenso *m*; **suspension** MOT, *from duty* suspensión *f*

suspicion [sə'spɪʃn] sospecha *f*; **suspicious** (*causing suspicion*) sospechoso; (*feeling suspicion*) receloso; **suspiciously** *behave* de manera sospechosa; *ask* con recelo

sustain [sə'steɪn] sostener; **sustainable** sostenible

SUV [esjuː'viː] (*= sport utility vehicle*) SUV *m*, todoterreno *m* ligero

swab [swɑːb] *material* torunda *f*; *test* muestra *f*

swallow[1] ['swɑːloʊ] *v/t & v/i* tragar

swallow[2] ['swɑːloʊ] *n bird* golondrina *f*

swamp [swɑːmp] **1** *n* pantano *m* **2** *v/t*: **be ~ed with** estar inundado de; **swampy** pantanoso

swap [swɑːp] **1** *v/t* cambiar **2** *v/i* hacer un cambio

swarm [swɔːrm] **1** *n of bees* enjambre *m* **2** *v/i*: **the town was ~ing with ...** la ciudad estaba abarrotada de ...

swarthy ['swɔːrðɪ] moreno

swat [swɑːt] *insect* aplastar

sway [sweɪ] **1** *n* (*influence*) dominio *m* **2** *v/i* tambalearse

swear [swer] **1** *v/i* (*use swearword*) decir palabrotas *or* tacos **2** *v/t* (*promise*), LAW jurar

♦ **swear in** *witnesses etc* tomar juramento a

'swearword palabrota *f*, taco *m*

sweat [swet] **1** *n* sudor *m* **2** *v/i* sudar; **sweatband** banda *f* (en la frente); *on wrist* muñequera *f*; **sweater** suéter *m*, *Span* jersey *m*; **sweatshirt** sudadera *f*; **sweaty** sudoroso

Swede [swiːd] sueco(-a) *m(f)*; **Sweden** Suecia; **Swedish 1** *adj* sueco **2** *n* sueco *m*

sweep [swiːp] **1** *v/t floor, leaves* barrer **2** *n* (*long curve*) curva *f*; **sweeping** *statement* demasiado generalizado; *changes* radical

sweet [swiːt] dulce; F (*kind*)

sweetcorn 528

amable; F (*cute*) mono; **sweetcorn** maíz *m*, *S.Am.* choclo *m*; **sweeten** endulzar; **sweetheart** novio(-a) *m(f)*

swell [swel] **1** *v/i of wound, limb* hincharse **2** *adj* F (*good*) genial **F 3** *n of the sea* oleaje *m*; **swelling** MED hinchazón *f*

swerve [swɜːrv] *of driver, car* girar bruscamente

swift [swɪft] rápido

swim [swɪm] **1** *v/i* nadar **2** *n* baño *m*; *go for a ~* ir a darse un baño; **swimmer** nadador(a) *m(f)*; **swimming** natación *f*; **swimming pool** piscina *f*, *Mex* alberca *f*, *Rpl* pileta *f*; **swimsuit** traje *m* de baño, bañador *m*

swindle ['swɪndl] **1** *n* estafa *f* **2** *v/t* estafar; *~ s.o. out of sth* estafar algo a alguien

swing [swɪŋ] **1** *n* oscilación *f*; *for child* columpio *m* **2** *v/t* balancear; *hips* menear **3** *v/i* balancearse; (*turn*) girar; *of opinion etc* cambiar

Swiss [swɪs] **1** *adj* suizo **2** *n person* suizo(-a) *m(f)*; *the ~* los suizos

switch [swɪtʃ] **1** *n for light* interruptor *m*; (*change*) cambio *m* **2** *v/t* (*change*) cambiar de **3** *v/i* (*change*) cambiar

◆ **switch off** apagar

◆ **switch on** encender, *L.Am.* prender

Switzerland ['swɪtsərlənd] Suiza

swivel ['swɪvl] girar

swollen ['swoʊlən] hinchado

'swordfish pez *f* espada

syllabus ['sɪləbəs] plan *m* de estudios

symbol ['sɪmbəl] símbolo *m*; **symbolic** simbólico; **symbolism** simbolismo *m*; **symbolist** simbolista *m/f*; **symbolize** simbolizar

symmetrical [sɪ'metrɪkl] simétrico; **symmetry** simetría *f*

sympathetic [sɪmpə'θetɪk] (*showing pity*) compasivo; (*understanding*) comprensivo

◆ **sympathize with** ['sɪmpə-θaɪz] comprender

sympathizer ['sɪmpəθaɪzər] POL simpatizante *m/f*; **sympathy** (*pity*) compasión *f*; (*understanding*) comprensión *f*

symphony ['sɪmfənɪ] sinfonía *f*

symptom ['sɪmptəm] *also fig* síntoma *f*

synchronize ['sɪŋkrənaɪz] sincronizar

synonym ['sɪnənɪm] sinónimo *m*; **synonymous** sinónimo

synthesizer ['sɪnθəsaɪzər] MUS sintetizador *m*; **synthetic** sintético

syphilis ['sɪfɪlɪs] sífilis *f*

Syria ['sɪrɪə] Siria; **Syrian 1** *adj* sirio **2** *n* sirio(-a) *m(f)*

syringe [sɪ'rɪndʒ] jeringuilla *f*

syrup ['sɪrəp] almíbar *m*

system ['sɪstəm] sistema *m*; **systematic** sistemático; **systematically** sistemáticamente; **systems analyst** COMPUT analista *m/f* de sistemas

T

table ['teɪbl] mesa *f*; *of figures* cuadro *m*; **tablecloth** mantel *m*; **table lamp** lámpara *f* de mesa; **table of contents** índice *m* (de contenidos); **tablespoon** *object* cuchara *f* grande; *quantity* cucharada *f* grande
tablet ['tæblɪt] MED pastilla *f*; IT tableta *f*; **tablet computer** IT ordenador *m* tableta, *L.Am.* computadora *f* tableta; **tablet PC** IT PC *m* tableta
tabloid ['tæblɔɪd] *newspaper* periódico *m* sensacionalista (*de tamaño tabloide*)
taboo [təˈbuː] tabú *inv*
tacit ['tæsɪt] tácito
tack [tæk] **1** *n* (*nail*) tachuela *f* **2** *v/t* (*sew*) hilvanar **3** *v/i of yacht* dar bordadas
tackle ['tækl] **1** *n* (*equipment*) equipo *m*; SP entrada *f* **2** *v/t* SP entrar a; *problem* abordar; *intruder* hacer frente a
tacky ['tækɪ] *glue* pegajoso; F (*poor quality*) chabacano, *Span* hortera F; *behavior* impresentable
tact [tækt] tacto *m*; **tactful** diplomático; **tactfully** diplomáticamente
tactical ['tæktɪkl] táctico; **tactics** táctica *f*

tactless ['tæktlɪs] indiscreto
tag [tæg] (*label*) etiqueta *f*
tail [teɪl] cola *f*; **tail light** luz *f* trasera
tailor ['teɪlər] sastre *m*; **tailor-made** *also fig* hecho a la medida
'tailpipe *of car* tubo *m* de escape
take [teɪk] (*remove*) llevarse, *Span* coger; (*steal*) llevarse; (*transport, accompany*) llevar; (*accept: money, credit cards*) aceptar; (*study: math, French*) hacer, estudiar; *photograph, photocopy* hacer, sacar; *exam, degree* hacer; *shower* darse; *stroll* dar; *medicine, s.o.'s temperature, taxi* tomar; (*endure*) aguantar
◆ **take after** parecerse a
◆ **take away** *pain* hacer desaparecer; *object* quitar; MATH restar
◆ **take back** (*return: object*) devolver; *person* llevar de vuelta; (*accept back: husband etc*) dejar volver
◆ **take down** *from shelf* bajar; *scaffolding* desmontar; *trousers* bajarse; (*write down*) anotar, apuntar
◆ **take in** (*take indoors*) recoger; (*give accommodation to*)

take off 530

acoger; *(make narrower)* meter; *(deceive)* engañar; *(include)* incluir
♦ **take off 1** v/t *clothes, hat* quitarse; *10% etc* descontar; *(mimic)* imitar; *(cut off)* cortar **2** v/i *of airplane* despegar, L.Am. decolar; *(become popular)* empezar a cuajar
♦ **take on** *job* aceptar; *staff* contratar
♦ **take out** *from bag, from bank, tooth* sacar; *word from text* quitar; *insurance policy* suscribir; **he took her out to dinner** la llevó a cenar
♦ **take over 1** v/t *company etc* adquirir **2** v/i *of new management etc* asumir el cargo; *of new government* asumir el poder; *(do sth in s.o.'s place)* tomar el relevo
♦ **take up** *carpet etc* levantar; *(carry up)* subir; *(shorten: dress etc)* acortar; *hobby* empezar a hacer; *subject* empezar a estudiar; *offer* aceptar; *new bid* comenzar; *space, time* ocupar
'takeoff *of airplane* despegue *m*, L.Am. decolaje *m*; *(impersonation)* imitación *f*; **takeover** COM adquisición *f*; **takeover bid** oferta *f* pública de adquisición, OPA *f*; **takings** recaudación *f*
tale [teɪl] *n* cuento *m*, historia *f*
talent ['tælənt] talento *m*; **talented** con talento; **talent scout** cazatalentos *m inv*
talk [tɔːk] **1** v/t & v/i hablar; ~

business hablar de negocios **2** *n (conversation)* charla *f*, C.Am., Mex plática *f*; *(lecture)* conferencia *f*, **~s** negociaciones *fpl*
♦ **talk back** responder, contestar
talkative ['tɔːkətɪv] hablador; **talk show** programa *m* de entrevistas
tall [tɔːl] alto
tally ['tælɪ] **1** *n* cuenta *f* **2** v/i cuadrar, encajar
tame [teɪm] *animal* manso, domesticado; *joke etc* soso
♦ **tamper with** ['tæmpər] *lock* intentar forzar; *brakes* tocar
tampon ['tæmpɑːn] tampón *m*
tan [tæn] **1** *n from sun* bronceado *m*; *(color)* marrón *m* claro **2** v/i *in sun* broncearse **3** v/t *leather* curtir
tangent ['tændʒənt] MATH tangente *f*
tangible ['tændʒɪbl] tangible
tangle ['tæŋɡl] lío *m*
tango ['tæŋɡoʊ] tango *m*
tank [tæŋk] *for water* depósito *m*, tanque *m*; *for fish* pecera *f*; MOT depósito *m*; MIL, *for skin diver* tanque *m*; **tanker truck** camión *m* cisterna; *ship* buque *m* cisterna; *for oil* petrolero *m*
tanned [tænd] moreno, bronceado
tantalizing ['tæntəlaɪzɪŋ] sugerente
tantrum ['tæntrəm] rabieta *f*

tap [tæp] **1** *n Br (faucet)* grifo *m*, *L.Am.* llave *f* **2** *v/t (knock)* dar un golpecito en; *phone* intervenir

tape [teɪp] **1** *n* cinta *f* **2** *v/t conversation etc* grabar; **with sticky tape** pegar con cinta adhesiva; **tape deck** pletina *f*; **tape drive** COMPUT unidad *f* de cinta; **tape measure** cinta *f* métrica

taper ['teɪpər] estrecharse

'**tape recorder** magnetofón *m*, *L.Am.* grabador *m*; **tape recording** grabación *f* (magnetofónica)

tar [tɑːr] alquitrán *m*

tardy ['tɑːrdɪ] tardío

target ['tɑːrgɪt] **1** *n in shooting* blanco *m*; *for sales, production* objetivo *m* **2** *v/t market* apuntar a; **target audience** audiencia *f* objetivo; **target date** fecha *f* fijada; **target market** mercado *m* objetivo

tariff ['tærɪf] *(price)* tarifa *f*; *(tax)* arancel *m*

tarmac ['tɑːrmæk] *for road surface* asfalto *m*; *at airport* pista *f*

tarnish ['tɑːrnɪʃ] *metal* deslucir; *reputation* empañar

tarpaulin [tɑːrˈpɔːlɪn] lona *f (impermeable)*

tart [tɑːrt] tarta *f*, pastel *m*

task [tæsk] tarea *f*; **task force** *for a special job* equipo *m* de trabajo; MIL destacamento *m*

taste [teɪst] **1** *n* gusto *m*; *of food etc* sabor *m* **2** *v/t also fig* probar **3** *v/i*: **it ~s like ...** sabe a ...; **tasteful** de buen gusto; **tastefully** con buen gusto; **tasteless** *food* insípido; *remark* de mal gusto; **tasting** *of wine* cata *f*, degustación *f*; **tasty** sabroso, rico

tattered ['tætərd] *clothes* andrajoso; *book* destrozado

tattoo [təˈtuː] tatuaje *m*

taunt [tɔːnt] **1** *n* pulla *f* **2** *v/t* mofarse de

taut [tɔːt] tenso

tax [tæks] **1** *n* impuesto *m* **2** *v/t people* cobrar impuestos a; *product* gravar; **taxable income** ingresos *mpl* gravables; **taxation** *(act of taxing)* imposición *f* de impuestos; *(taxes)* fiscalidad *f*, impuestos *mpl*; **tax bracket** banda *f* impositiva; **tax-deductible** desgravable; **tax evasion** evasión *f* fiscal; **tax-free** libre de impuestos; **tax haven** paraíso *m* fiscal

taxi ['tæksɪ] taxi *m*; **taxi driver** taxista *m/f*

taxing ['tæksɪŋ] difícil

'**taxi stand**, *Br* '**taxi rank** parada *f* de taxis

'**taxpayer** contribuyente *m/f*; **tax return** declaración *f* de la renta; **tax year** año *m* fiscal

TB [tiːˈbiː] (= **tuberculosis**) tuberculosis *f*

tea [tiː] *drink* té *m*; *meal* merienda *f*; **teabag** bolsita *f* de té

teach 532

teach [ti:tʃ] **1** v/t enseñar **2** v/i: *he always wanted to ~* siempre quiso ser profesor; **teacher** *at primary school* maestro(-a) *m(f)*; *at secondary school, university* profesor(a) *m(f)*; **teaching** *profession* enseñanza *f*, docencia *f*

'tea-cup taza *f* de té

teak [ti:k] teca *f*

team [ti:m] equipo *m*; **team spirit** espíritu *m* de equipo; **teamster** camionero(-a) *m(f)*; **teamwork** trabajo *m* en equipo

'teapot tetera *f*

tear[1] [ter] **1** *n* in cloth etc desgarrón *m*, rotura *f* **2** v/t *paper, cloth* rasgar **3** v/i (*run fast, drive fast*) ir a toda velocidad
♦ **tear down** *poster* arrancar; *building* derribar
♦ **tear out** *page* arrancar
♦ **tear up** romper

tear[2] [tɪr] *n in eye* lágrima *f*; *be in ~s* estar llorando; **tearful** lloroso; **tear gas** gas *m* lacrimógeno

tease [ti:z] tomar el pelo a; *animal* hacer rabiar

'teaspoon *object* cucharilla *f*; *quantity* cucharadita *f*

technical ['teknɪkl] técnico; **technically** técnicamente; **technician** técnico(-a) *m(f)*; **technique** técnica *f*

technological [teknə'lɑ:dʒɪkl] tecnológico; **technology** tecnología *f*; **technophobia** rechazo *m* de las nuevas tecnologías

teddy bear ['tedɪber] osito *m* de peluche

tedious ['ti:dɪəs] tedioso

tee [ti:] *in golf* tee *m*

teenage ['ti:neɪdʒ] *fashions* adolescente, juvenil; **teenager** adolescente *m/f*

teens [ti:nz] adolescencia *f*

teeny ['ti:nɪ] F chiquitín F

teeth [ti:θ] *pl* ☞ **tooth**

teethe [ti:ð] echar los dientes

telecommunications [telɪkəmju:nɪ'keɪʃnz] telecomunicaciones *fpl*

telegraph pole ['telɪgræf] Br poste *m* telegráfico

telepathic [telɪ'pæθɪk] telepático; **telepathy** telepatía *f*

telephone ['telɪfoʊn] **1** *n* teléfono *m* **2** v/t & v/i telefonear; **telephone book** guía *f* telefónica, listín *m* telefónico; **telephone booth** cabina *f* telefónica; **telephone call** llamada *f* telefónica; **telephone conversation** conversación *f* por teléfono *or* telefónica; **telephone directory** guía *f* telefónica, listín *m* telefónico; **telephone number** número *m* de teléfono

telephoto lens [telɪ'foʊtoʊlenz] teleobjetivo *m*

telesales ['telɪseɪlz] televentas *fpl*

telescope ['telɪskoʊp] telescopio *m*

televise ['telɪvaɪz] televisar

television ['telɪvɪʒn] televisión *f*; *on ~* en la televisión;

television program, *Br* **television programme** programa *m* televisivo; **television studio** estudio *m* de televisión

tell [tel] 1 *v/t* contar; *I can't ~ the difference* no veo la diferencia; *~ s.o. sth* decir algo a alguien; *~ s.o. to do sth* decir a alguien que haga algo 2 *v/i (have effect)* hacerse notar; **teller** *in bank* cajero(-a) *m(f)*; **telling off** regañina *f*; **telltale** 1 *adj signs* revelador 2 *n* chivato(-a) *m(f)*

temp [temp] 1 *n employee* trabajador(a) *m(f)* temporal 2 *v/i* hacer trabajo temporal

temper ['tempər] *(bad ~)* mal humor *m*; *lose one's ~* perder los estribos

temperament ['tempərənt] temperamento *m*; **temperamental** *(moody)* temperamental

temperate ['tempərət] templado

temperature ['temprətʃər] temperatura *f*; *(fever)* fiebre *f*

temple[1] ['templ] REL templo *m*

temple[2] ['templ] ANAT sien *f*
tempo ['tempoʊ] tempo *m*
temporarily [tempə'rerɪlɪ] temporalmente; **temporary** temporal

tempt [tempt] tentar; **temptation** tentación *f*; **tempting** tentador

ten [ten] diez

tenacious [tɪ'neɪʃəs] tenaz; **tenacity** tenacidad *f*

tenant ['tenənt] *of building* inquilino(-a) *m(f)*; *of land* arrendatario(-a) *m(f)*

tend[1] [tend] *v/t (look after)* cuidar (de)

tend[2] [tend] *v/i: ~ to do sth* soler hacer algo

tendency ['tendənsɪ] tendencia *f*

tender[1] ['tendər] *adj (sore)* sensible(o); *(affectionate)* cariñoso, tierno; *steak* tierno

tender[2] ['tendər] *n* COM oferta *f*

tenderness ['tendərnɪs] *(soreness)* dolor *m*; *of kiss etc* cariño *m*, ternura *f*

tendon ['tendən] tendón *m*

tennis ['tenɪs] tenis *m*; **tennis ball** pelota *f* de tenis; **tennis court** pista *f* de tenis, cancha *f* de tenis; **tennis player** tenista *m/f*

tenor ['tenər] MUS tenor *m*

tense[1] [tens] *n* gram tiempo *m*

tense[2] [tens] *adj muscle, voice* tenso

tension ['tenʃn] tensión *f*

tent [tent] tienda *f*

tentative ['tentətɪv] *move, offer* provisional

tenth [tenθ] 1 *adj* décimo 2 *n of second, degree* décima *f*

tepid ['tepɪd] tibio

term [tɜːrm] *in office etc* mandato *m*; *Br* EDU trimestre *m*; *(condition, word)* término *m*;

terminal 534

be on good / bad ~s with s.o. llevarse bien / mal con alguien; *in the long / short ~* a largo / corto plazo

terminal ['tɜːrmɪnl] **1** *n at airport, for buses* terminal *f*; ELEC, COMPUT terminal *m*; *of battery* polo *m* **2** *adj illness* terminal; **terminally:** *~ ill* en la fase terminal de una enfermedad; **terminate** *v/t contract* rescindir; *pregnancy* interrumpir *v/i* finalizar; **termination** *of contract* rescisión *f*; *of pregnancy* interrupción *f*

terminus ['tɜːrmɪnəs] *for buses* final *m* de trayecto; *for trains* estación *f* terminal

terrace ['terəs] terraza *f*
terrain [te'reɪn] terreno *m*
terrible ['terəbl] terrible; **terribly** (*very*) tremendamente
terrific [tə'rɪfɪk] estupendo; **terrifically** (*very*) tremendamente
terrify ['terɪfaɪ] aterrorizar; **terrifying** aterrador
territorial [terɪ'tɔːrɪəl] territorial; **territory** territorio *m*
terror ['terər] terror *m*; **terrorism** terrorismo *m*; **terrorist** terrorista *m/f*; **terrorist attack** atentado *m* terrorista; **terrorize** aterrorizar
terse [tɜːrs] tajante, seco
test [test] **1** *n* prueba *f*; *academic, for driving* examen *m* **2** *v/t* probar; **test-drive** *car* probar en carretera
testicle ['testɪkl] testículo *m*

testify ['testɪfaɪ] LAW testificar, prestar declaración
testimony ['testɪmənɪ] LAW testimonio *m*
testy ['testɪ] irritable
tetanus ['tetənəs] tétanos *m*
text [tekst] **1** *n* texto *m*; (*~ message*) mensaje *m* **2** *v/t* mandar un mensaje a; **textbook** libro *m* de texto
textile ['tekstaɪl] textil *m*
text message mensaje *m* de texto
texture ['tekstʃər] textura *f*
than [ðæn] que; *with numbers* de; *bigger ~ me* más grande que yo
thank [θæŋk] dar las gracias a; *~ you* gracias; **thankful** agradecido; **thankfully** (*luckily*) afortunadamente; **thankless** *task* ingrato; **thanks** gracias *fpl*; **Thanksgiving (Day)** Día *m* de Acción de Gracias
that [ðæt] **1** *adj* ese *m*, esa *f*; *more remote* aquel *m*, aquella; *~ one* ése **2** *pron* ése *m*, ésa; *more remote* aquél *m*, aquélla *f*; *what is ~?* ¿qué es eso?; *who is ~?* ¿quién es ése?; *~'s tea* es té; *~'s very kind* qué amable; **3** *rel pron* que; *the car ~ you see* el coche que ves **4** *conj* que; *I think ~ ...* creo que... **5** *adv* (*so*) tan; *~ expensive* tan caro
thaw [θɔː] *of snow* derretirse, fundirse; *of frozen food* descongelarse

the [ðə] el, la; *plural* los, las; **~ sooner ~ better** cuanto antes, mejor

theater, *Br theatre* ['θɪətər] teatro *m*; **theatrical** *also fig* teatral

theft [θeft] robo *m*

their [ðer] su; **theirs** el suyo, la suya; *that book is* **~** ese libro es suyo; *a friend of* **~** un amigo suyo

them [ðem] *direct object* los *mpl*, las *fpl*; *indirect object* les; *after prep* ellos *mpl*, ellas *fpl*; *I know* **~** los / las conozco; *I gave* **~** *the keys* les di las llaves; *I sold it to* **~** se lo vendí; *with* **~** con ellos / ellas; *it's* **~** son ellos / ellas; *if a person asks for help, you should help* **~** si una persona pide ayuda, hay que ayudarla

theme [θi:m] tema *m*; **theme park** parque *m* temático

themselves [ðem'selvz] *reflexive* se; *emphatic* ellos mismos *mpl*, ellas mismas *fpl*; *they hurt* **~** se hicieron daño

then [ðen] (*at that time, deducing*) entonces; (*after that*) luego, después; *by* **~** para entonces

theoretical [θɪəˈretɪkl] teórico; **theoretically** en teoría; **theory** teoría *f*

therapeutic [θerəˈpjuːtɪk] terapéutico; **therapist** terapeuta *m/f*; **therapy** terapia *f*

there [ðer] allí, ahí, allá; *down* **~** allí *or* ahí *or* allá abajo; **~** *is / are ...* hay...; **~** *is / are not ...* no hay...; **~** *you are* *giving sth* aquí tienes; *finding sth* aquí está; *completing sth* ya está; **~** *and back* ida y vuelta; *it's 5 miles* **~** *and back* entre ida y vuelta hay cinco millas; **~** *he is!* ¡ahí está!; **~**, **~**! ¡venga!; **thereabouts** aproximadamente; **therefore** por (lo) tanto

thermometer [θərˈmɑːmɪtər] termómetro *m*

thermos flask ['θɜːrməs] termo *m*

these [ðiːz] **1** *adj* estos(-as) **2** *pron* éstos *mpl*, éstas *fpl*

thesis ['θiːsɪs] tesis *f inv*

they [ðeɪ] ellos *mpl*, ellas *fpl*; **~** *are Mexican* son mexicanos; *if anyone looks at this*, **~** *will see that ...* si alguien mira esto, verá que...; **~** *say that ...* dicen que...

thick [θɪk] *soup* espeso; *fog* denso; *wall, book* grueso; *hair* poblado; F (*stupid*) corto; **thicken** *sauce* espesar; **thickskinned** *fig* insensible

thief [θiːf] ladrón(-ona) *m(f)*

thigh [θaɪ] muslo *m*

thin [θɪn] *person* delgado; *hair* ralo, escaso; *soup* claro; *coat, line* fino

thing [θɪŋ] cosa *f*

think [θɪŋk] pensar; *hold an opinion* pensar, creer; *I* **~** *so* creo que sí; *I don't* **~** *so* creo que no; *what do you* **~** *of it?* ¿qué te parece

♦ **think over** reflexionar so-

think through 536

bre
◆ **think through** pensar bien
◆ **think up** *plan* idear
'**think tank** grupo *m* de expertos
thin-skinned [θɪn'skɪnd] sensible
third [θɜːrd] **1** *adj* tercero **2** *n* tercero(a) *m(f)*; *fraction* tercio *m*, tercera parte *f*; **thirdly** en tercer lugar; **third party** tercero *m*; **third-party insurance** seguro *m* a terceros; **Third World** Tercer Mundo *m*
thirst [θɜːrst] sed *f*; **thirsty** [θɜːrstɪ] sediento; **be ~** tener sed
thirteen [θɜːr'tiːn] trece; **thirteenth** decimotercero; **thirtieth** trigésimo; **thirty** treinta
this [ðɪs] **1** *adj* este *m*, esta *f*; **~ one** éste **2** *pron* esto *m*, esta *f*; **~ is good** esto es bueno; **~ is ... introducing s.o.** éste / ésta es...; TELEC soy... **3** *adv*: **~ high** así de alto
thorn [θɔːrn] espina *f*; **thorny** *also fig* espinoso
thorough [θɜːroʊ] *search* minucioso; *knowledge* profundo; *person* concienzudo; **thoroughbred** *horse* purasangre *m*; **thoroughly** completamente; *clean up* a fondo; *search* minuciosamente
those [ðoʊz] **1** *adj* esos *mpl*, esas *fpl*; *more remote* aquellos *mpl*, aquellas *fpl* **2** *pron* ésos *mpl*, ésas *fpl*; *more remote* aquéllos *mpl*, aquéllas

mpl
though [ðoʊ] **1** *conj* (*although*) aunque; **as ~** como si **2** *adv* sin embargo
thought [θɔːt] *single idea f*; *collective* pensamiento *m*; **thoughtful** pensativo; *book* serio; (*considerate*) atento; **thoughtless** desconsiderado
thousand ['θaʊzənd] mil *m*; **thousandth** milésimo
thrash [θræʃ] *also* SP dar una paliza a
◆ **thrash out** *solution* alcanzar
thrashing ['θræʃɪŋ] *also* SP paliza *f*
thread [θred] **1** *n* hilo *m*; *of screw* rosca *f* **2** *v/t* *needle* enhebrar; *beads* ensartar; **threadbare** raído
threat [θret] amenaza *f*; **threaten** amenazar; **threatening** amenazador
three [θriː] tres; **three-quarters** tres cuartos *mpl*
threshold ['θreʃhoʊld] *of house, new age* umbral *m*
thrifty ['θrɪftɪ] ahorrativo
thrill [θrɪl] **1** *n* emoción *f*, estremecimiento *m* **2** *v/t*: **be ~ed** estar entusiasmado
thriller *movie* película *f* de Span suspense o L.Am. suspenso; *novel* novela *f* de Span suspense o L.Am. suspenso; **thrilling** emocionante
thrive [θraɪv] *of plant* medrar; *of business* prosperar

throat [θroʊt] garganta *f*; **throat lozenge** pastilla *f* para la garganta

throb [θrɑːb] **1** *n* of heart latido *m*; of music zumbido *m* **2** *v/i* of heart latir; of music zumbar

throne [θroʊn] trono *m*

throttle [ˈθrɑːtl] **1** *n* on motorbike acelerador *m*; on boat palanca *f* del gas **2** *v/t* (*strangle*) estrangular

through [θruː] **1** *prep* ◇ (*across*) a través de; **go ~ the city** atravesar la ciudad ◇ (*during*) durante; **Monday ~ Friday** de lunes a viernes ◇ (*by means of*) por medio de; **arranged ~ him** acordado por él **2** *adv*: **wet ~** completamente mojado **3** *adj*: **be ~ of couple** haber terminado; **I'm ~ with ...** (*finished with*) he terminado con...; **throughout 1** *prep* durante, a lo largo de **2** *adv* (*in all parts*) en su totalidad

throw [θroʊ] **1** *v/t* tirar; (*disconcert*) desconcertar; *party* dar **2** *n* lanzamiento *m*

♦ **throw away** tirar, *L.Am.* botar

♦ **throw out** *old things* tirar, *L.Am.* botar; *from bar, job, home* echar; *from country* expulsar; *plan* rechazar

♦ **throw up 1** *v/t ball* lanzar hacia arriba **2** *v/i* (*vomit*) vomitar

'throw-away *remark* insustancial, pasajero; (*disposable*) desechable; **throw-in** SP saque *m* de banda

thru [θruː] ☞ **through**

thrust [θrʌst] (*push hard*) empujar; *knife* hundir

thud [θʌd] golpe *m* sordo

thug [θʌɡ] matón *m*

thumb [θʌm] **1** *n* pulgar *m* **2** *v/t*: **~ a ride** hacer autoestop; **thumbtack** chincheta *f*

thunder [ˈθʌndər] truenos *mpl*; **thunderous** *applause* tormenta *f*; **thunderstorm** tormenta *f* (*con truenos*); **thunderstruck** atónito; **thundery** *weather* tormentoso

Thursday [ˈθɜːrzdeɪ] jueves *m inv*

thus [ðʌs] (*in this way*) así

thwart [θwɔːrt] frustrar

tick [tɪk] **1** *n* of clock tictac *m*; Br (*checkmark*) señal *f* de visto bueno **2** *v/i* of clock hacer tictac

ticket [ˈtɪkɪt] *for bus, train, lottery* billete *m*, *L.Am.* boleto *m*; *for airplane* billete *m*, *L.Am.* pasaje *m*; *for theater, museum* entrada *f*, *L.Am.* boleto *m*; *for speeding etc* multa *f*; **ticket machine** máquina *f* expendedora de billetes; **ticket office** *at station* ostrador *m* de venta de billetes; THEA taquilla *f*, *L.Am.* boletería *f*

ticking [ˈtɪkɪŋ] *noise* tictac *m*

tickle [ˈtɪkl] *v/t person* hacer cosquillas a **2** *v/i* of material

hacer cosquillas
tidal wave ['taɪdlweɪv] maremoto *m* (*ola*)
tide [taɪd] marea *f*
tidiness ['taɪdɪnɪs] orden *m*; **tidy** ordenado
◆ **tidy up** 1 *v/t* ordenar; **tidy o.s. up** arreglarse 2 *v/i* recoger
tie [taɪ] 1 *n* (*necktie*) corbata *f*; SP (*even result*) empate *m*; **he doesn't have any ~s** no está atado a nada 2 *v/t knot, hands* atar 3 *v/i* SP empatar
◆ **tie down** *also fig* atar
◆ **tie up** *person, laces* atar; *boat* amarrar; *hair* recoger
tier [tɪr] *of hierarchy* nivel *m*; *in stadium* grada *f*
tight [taɪt] 1 *adj clothes* ajustado, estrecho; *security* estricto; (*hard to move*) apretado; (*properly shut*) cerrado; (*not leaving much time*) justo de tiempo, F (*drunk*) como una cuba F 2 *adv hold* fuerte; *shut* bien; **tighten** *screw* apretar; *control* endurecer; *security* intensificar; **tightfisted** agarrado; **tightly** → *tight*; **tightrope** cuerda *f* floja; **tights** *Br* medias *fpl*, pantis *mpl*
tile [taɪl] *on floor* baldosa *f*; *on wall* azulejo *m*; *on roof* teja *f*
till[1] [tɪl] ☞ *until*
till[2] [tɪl] (*cash register*) caja *f* (registradora)
tilt [tɪlt] 1 *v/t* inclinar 2 *v/i* inclinarse
timber ['tɪmbər] madera *f* (de construcción)
time [taɪm] 1 *n* tiempo *m*; (*occasion*) vez *f*; **have a good ~** pasarlo bien; **what's the ~?** ¿qué hora es?; **the first ~** la primera vez; **all the ~** todo el rato; **at the same ~** *speak, reply etc* a la vez; (*however*) al mismo tiempo; **on ~** puntual; **in ~** con tiempo 2 *v/t* cronometrar; **time bomb** bomba *f* de relojería; **time difference** diferencia *f* horaria; **time-lag** intervalo *m*; **time limit** plazo *m*; **timely** oportuno; **time out** SP tiempo *m* muerto; **timer** *device* temporizador *m*; **timesaving** ahorro *m* de tiempo; **timescale** *of project* plazo *m* (de tiempo); **time switch** temporizador *m*; **time zone** huso *m* horario
timid ['tɪmɪd] tímido
tin [tɪn] *metal* estaño *m*; *Br* (*can*) lata *f*; **tinfoil** papel *m* de aluminio
tinge [tɪndʒ] matiz *m*
tingle ['tɪŋgl] hormigueo *m*
tinkle ['tɪŋkl] *of bell* tintineo *m*
tinsel ['tɪnsl] espumillón *m*
tint [tɪnt] 1 *n of color* matiz *m*; *in hair* tinte *m* 2 *v/t hair* teñir; **tinted** *glasses* con un tinte; *paper* coloreado
tiny ['taɪnɪ] diminuto, minúsculo
tip[1] [tɪp] *n of stick, finger* punta *f*; *of mountain* cumbre *f*; *of cigarette* filtro *m*

tip² [tɪp] **1** *n advice* consejo *m*; *money* propina *f* **2** *v/t waiter etc* dar propina a
♦ **tip off** avisar
'tip-off soplo *m*
tipped [tɪpt] *cigarettes* con filtro
tippy-toe ['tɪpitoʊ]: **on** ~ de puntillas
tipsy ['tɪpsɪ] achispado
tire¹ [taɪr] *n* neumático *m*, *L.Am.* llanta *f*
tire² [taɪr] **1** *v/t* cansar, fatigar **2** *v/i* cansarse, fatigarse
tired [taɪrd] cansado, fatigado; **tiredness** cansancio *m*, fatiga *f*; **tireless** *efforts* incansable, infatigable; **tiresome** (*annoying*) pesado; **tiring** agotador
tissue ['tɪʃuː] ANAT tejido *m*; (*handkerchief*) pañuelo *m* de papel, Kleenex® *m*; **tissue paper** papel *m* de seda
title ['taɪtl] título *m*; LAW título *m* de propiedad; **title-holder** SP campeón(-ona) *m(f)*
to [tuː] **1** *prep* a; ~ **Japan** / **Chicago** a Japón / Chicago; ~ **the north of ...** al norte de...; *give sth* ~ *s.o.* dar algo a alguien; *from Monday* ~ *Wednesday* de lunes a miércoles; *from 10* ~ *15 people* de 10 a 15 personas; *with verbs:* ~ *speak* hablar; *learn* ~ *swim* aprender a nadar; *too heavy* ~ *carry* demasiado pesado para llevarlo **2** *adv:* ~ *and fro* de un lado para otro
toast [toʊst] **1** *n* pan *m* tostado; *when drinking* brindis *m inv* **2** *v/t when drinking* brindar por; **toaster** tostador(a) *m(f)*
tobacco [təˈbækoʊ] tabaco *m*
today [təˈdeɪ] hoy
toddler ['tɑːdlər] niño *m* pequeño
to-do [təˈduː] F revuelo *m*
toe [toʊ] dedo *m* del pie; *of shoe* puntera *f*; **toenail** uña *f* del pie
together [təˈgeðər] juntos (-as); (*at the same time*) a la vez
toilet ['tɔɪlɪt] *place* cuarto *m* de baño, servicio *m*; *equipment* retrete *m*; **toilet paper** papel *m* higiénico; **toiletries** artículos *mpl* de tocador
token ['toʊkən] (*sign*) muestra *f*; *Br* (*gift* ~) vale *m*; (*disk*) ficha *f*
tolerable ['tɑːlərəbl] *pain etc* soportable; (*quite good*) aceptable; **tolerance** tolerancia *f*; **tolerant** tolerante; **tolerate** tolerar
toll¹ [toʊl] *v/i of bell* tañer
toll² [toʊl] *n* (*deaths*) mortandad *f*
toll³ [toʊl] *n for bridge, road* peaje *m*; **telec** tarifa *f*; **'toll booth** cabina *f* de peaje; **toll-free** TELEC gratuito
tomato [təˈmeɪtoʊ] tomate *m*, *Mex* jitomate *m*; **tomato ketchup** ketchup *m*
tomb [tuːm] tumba *f*; **tomb-**

tomcat 540

stone lápida *f*
tomcat ['tɑːmkæt] gato *m*
tomorrow [təˈmɔːrou] mañana; *the day after* ~ pasado mañana; ~ *morning* mañana por la mañana
ton [tʌn] tonelada *f* (*907 kg*)
tone [toun] *of color, conversation* tono *m*; *of musical instrument* timbre *m*; *of neighborhood* nivel *m*; **toner** tóner *m*
tongue [tʌŋ] lengua *f*
tonic ['tɑːnɪk] MED tónico *m*; **tonic (water)** (agua *f*) tónica *f*
tonight [təˈnaɪt] esta noche
too [tuː] (*also*) también; (*excessively*) demasiado; *me* ~ yo también; ~ *much rice* demasiado arroz
tool [tuːl] herramienta *f*
tooth [tuːθ] diente *m*; **toothache** dolor *m* de muelas; **toothbrush** cepillo *m* de dientes; **toothpaste** pasta *f* de dientes, dentífrico *m*; **toothpick** palillo *m*
top [tɑːp] **1** *n of mountain* cima *f*; *of tree* copa *f*; *of wall, screen, page* parte *f* superior; (*lid: of bottle etc*) tapón *m*; *of pen* capucha *f*; *clothing* camiseta *f*, top *m*; (MOT: *gear*) directa *f*; *on* ~ *of* encima de, sobre; *be* ~ *of the league* ser el primero de la liga; *get to the* ~ *of company, mountain* llegar a la cumbre **2** *adj branches* superior; *floor* de arriba, último; *management, official* alto; *player* mejor; *speed, note* máximo
topic ['tɑːpɪk] tema *m*; **topical** de actualidad
topless ['tɑːplɪs] en topless; **topmost** superior; **topping** *on pizza* ingrediente *m*
topple ['tɑːpl] **1** *v/i* derrumbarse **2** *v/t government* derrocar
top 'secret altamente confidencial
topsy-turvy [tɑːpsɪˈtɜːrvɪ] (*in disorder*) desordenado; *world* al revés
torment 1 ['tɔːrment] *n* tormento *m* **2** [tɔːrˈment] *v/t* atormentar
tornado [tɔːrˈneɪdou] tornado *m*
torpedo [tɔːrˈpiːdou] **1** *n* torpedo *m* **2** *v/t also fig* torpedear
torrent ['tɑːrənt] *also fig* torrente *m*; *of lava* colada *f*
torture ['tɔːrtʃər] **1** *n* tortura *f* **2** *v/t* torturar
toss [tɑːs] *ball* lanzar; *rider* desmontar; *salad* remover
total ['toutl] **1** *n* total *m* **2** *adj amount* total; *disaster, stranger* completo; *idiot* de tomo y lomo; **totalitarian** totalitario; **totally** totalmente
totter ['tɑːtər] tambalearse
touch [tʌtʃ] **1** *n* toque *m*; *sense* tacto *m*; **lose** ~ **s.o.** perder el contacto con alguien; *in* ~ SP fuera **2** *v/t* tocar; *emotionally* conmover **3** *v/i* tocar; *of two lines etc* tocarse

◆ **touch down** of airplane aterrizar; SP marcar un ensayo
'**touchdown** of airplane aterrizaje m; SP touchdown m, ensayo m; **touching** conmovedor; **touchline** SP línea f de banda; **touch screen** pantalla f táctil; **touchy** person susceptible
tough [tʌf] person, meat, punishment duro; question, exam difícil; material resistente, fuerte
tour [tur] **1** n of museum etc recorrido m; of area viaje m (**of** por); of band etc gira f **2** v/t area recorrer **3** v/i of band etc estar de gira; **tour guide** guía m/f turístico(-a); **tourism** turismo m; **tourist** turista m/f; **tourist industry** industria f turística; **tourist (information) office** oficina f de turismo
tournament ['turnəmənt] torneo m
'**tour operator** operador m turístico
tow [tou] remolcar
◆ **tow away** car llevarse
toward [tɔːrd] hacia
towel ['tauəl] toalla f
tower ['tauər] torre f
town [taun] ciudad f; small pueblo m; **town center**, Br **town centre** centro m de la ciudad / del pueblo; **town council** ayuntamiento m; **town hall** ayuntamiento m
toxic ['tɑːksɪk] tóxico; **toxin**

toxina f
toy [tɔɪ] juguete m
trace [treɪs] **1** n of substance resto m **2** v/t (find) localizar; (follow: footsteps of) seguir el rastro a; (draw) trazar
track [træk] (path) senda f, camino; for horses hipódromo m; for cars circuito m; for athletics pista f; on CD canción f, corte m; RAIL vía f; **keep ~ of sth** llevar la cuenta de algo
◆ **track down** localizar
'**tracksuit** Br chándal m
tractor ['træktər] tractor m
trade [treɪd] **1** n (commerce) comercio m; (profession, craft) oficio m **2** v/i (do business) comerciar **3** v/t (exchange) intercambiar; **trade fair** feria f de muestras; **trademark** marca f registrada; **trade mission** misión f comercial; **trader** comerciante m
tradition [trə'dɪʃn] tradición f; **traditional** tradicional; **traditionally** tradicionalmente
traffic ['træfɪk] tráfico m
◆ **traffic in** drugs traficar con
'**traffic circle** rotonda f, Span glorieta; **traffic cop** F poli m de tráfico F; **traffic jam** atasco m; **traffic light** semáforo m; **traffic sign** señal f de tráfico
tragedy ['trædʒədɪ] tragedia f; **tragic** tragico
trail [treɪl] **1** n (path) camino

trailer

m, senda f; *of blood* rastro m **2** v/t (*follow*) seguir la pista de; (*tow*) arrastrar **3** v/i (*lag behind*) ir a la zaga; **trailer** *pulled by vehicle* remolque m; (*mobile home*) caravana f; *of movie* avance m, tráiler m

train[1] [treɪn] n tren m

train[2] [treɪn] **1** v/t *team, athlete* entrenar; *employee* formar; *dog* adiestrar **2** v/i *of team, athlete* entrenarse; *of teacher etc* formarse

trainee aprendiz(a) m(f);
trainer SP entrenador(a) m(f); *of dog* adiestrador(a) m(f); **~s** Br: *shoes* zapatillas fpl de deporte; **training** *of staff* formación f; SP entrenamiento m

'**train station** estación f de tren

traitor ['treɪtər] traidor(a) m(f)

♦ **trample on** pisotear

trampoline ['træmpəlin] cama f elástica

tranquil ['træŋkwɪl] tranquilo; **tranquility**, *Br* **tranquillity** tranquilidad f; **tranquilizer**, *Br* **tranquillizer** tranquilizante m

transaction [træn'zækʃn] *action* transacción f; *deal* negociación f

transatlantic [trænzət'læntɪk] transatlántico

transcript ['trænskrɪpt] transcripción f

transfer 1 [træns'fɜːr] v/t transferir **2** [træns'fɜːr] v/i *in traveling* hacer transbordo **3** ['trænsfɜːr] n *also of money* transferencia f; *in travel* transbordo m; *of football ticket* transferible; **transfer fee** *for football player* traspaso m

transform [træns'fɔːrm] transformar; **transformation** transformación f; **transformer** ELEC transformador m

transfusion [træns'fjuːʒn] transfusión f

transit ['trænzɪt] **in ~** en tránsito; **transition** transición f; **transitional** de transición; **transit lounge** *at airport* sala f de tránsito; **transit passenger** pasajero m en tránsito

translate [træns'leɪt] traducir; **translation** traducción f; **translator** traductor(a) m(f)

transmission [trænz'mɪʃn] *of news, program* emisión f; *of disease*, MOT transmisión f; **transmit** *program* emitir; *disease* transmitir; **transmitte** *for radio, TV* emisora f

transparency [træns'pærənsɪ] PHOT diapositiva f; **transparent** transparente; (*obvious*) obvio

transplant MED **1** [træns'plænt] v/t trasplantar **2** ['trænsplænt] n trasplante m

transport 1 [træn'spɔːrt] v/t

transportar **2** ['trænspɔːrt] *n* transporte *m*; **transportation** transporte *m*

transvestite [træns'vestaɪt] travestí *m*, travestido *m*

trap [træp] **1** *n* trampa *f* **2** *v/t* atrapar; **trappings** *of power* parafernalia *f*

trash [træʃ] (*garbage*) basura *f*; (*poor product*) bazofia *f*; (*despicable person*) escoria *f*; **trashcan** cubo *m* de la basura; **trashy** *goods* barato

traumatic [trə'mætɪk] traumático; **traumatize** traumatizar

travel ['trævl] **1** *n* viajes *mpl* **2** *v/t* & *v/i* viajar; **travel agency** agencia *f* de viajes; **travel agent** agente *m* de viajes; **traveler**, *Br* **traveller** viajero(-a) *m(f)*; **traveler's check**, *Br* **traveller's cheque** cheque *m* de viaje; **travel expenses** gastos *mpl* de viaje; **travel insurance** seguro *m* de asistencia en viaje

trawler ['trɔːlər] (barco *m*) arrastrero *m*

tray [treɪ] bandeja *f*

treacherous ['tretʃərəs] traicionero; **treachery** traición *f*

tread [tred] **1** *n* pasos *mpl*; *of staircase* huella *f* (del peldaño); *of tire* dibujo *m* **2** *v/i* andar

treason ['triːzn] traición *f*

treasure ['treʒər] **1** *n* *also person* tesoro *m* **2** *v/t* *gift etc* apreciar mucho; **treasurer** tesorero(-a) *m(f)*; **Treasury Department** Ministerio *m* de Hacienda

treat [triːt] **1** *n* placer *m*; *it's my ~* (*I'm paying*) yo invito **2** *v/t* tratar; *~ s.o. to sth* invitar a alguien a algo; **treatment** tratamiento *m*

treaty ['triːtɪ] tratado *m*

treble ['trebl] **1** *adv*: *~ the price* el triple del precio **2** *v/i* triplicarse

tree [triː] árbol *m*

trekking ['trekɪŋ] SP trekking *m*; **trekking bike** SP bicicleta *f* de trekking; **trekking boot** SP bota *f* de trekking; **trekking shoe** SP zapato *m* de trekking

tremble ['trembl] temblar

tremendous [trɪ'mendəs] (*very good*) estupendo; (*enormous*) enorme; **tremendously** (*very*) tremendamente; (*a lot*) enormemente

tremor ['tremər] *of earth* temblor *m*

trench [trentʃ] trinchera *f*

trend [trend] tendencia *f*; (*fashion*) moda *f*; **trendy** de moda; *views* moderno

trespass ['trespəs] entrar sin autorización; *no ~ing* prohibido el paso; **trespasser** intruso(-a) *m(f)*

trial ['traɪəl] LAW juicio *m*; *of equipment* prueba *f*; *be on ~* LAW estar siendo juzgado

triangle ['traɪæŋgl] triángulo *m*; **triangular** triangular

tribe 544

tribe [traɪb] tribu *f*
tribunal [traɪˈbjuːnl] tribunal *m*
tributary [ˈtrɪbjətərɪ] *of river* afluente *m*
trick [trɪk] **1** *n (to deceive, knack)* truco *m* **2** *v/t* engañar; **trickery** engaños *mpl*
trickle [ˈtrɪkl] **1** *n* hilo *m*, reguero *m*; *fig: of money* goteo *m* **2** *v/i* gotear
tricky [ˈtrɪkɪ] *(difficult)* difícil
trifling [ˈtraɪflɪŋ] insignificante
trigger [ˈtrɪgər] *on gun* gatillo *m*
♦ **trigger off** desencadenar
trim [trɪm] **1** *adj (neat)* muy cuidado; *figure* delgado **2** *v/t hair, costs* recortar; *(decorate: dress)* adornar **3** *n (light cut)* recorte *m*
trinket [ˈtrɪŋkɪt] baratija *f*
trip [trɪp] **1** *n (journey)* viaje *m* **2** *v/i (stumble)* tropezar **3** *v/t (make fall)* poner la zancadilla a
♦ **trip up 1** *v/t (make fall)* poner la zancadilla a; *(cause to go wrong)* confundir **2** *v/i (stumble)* tropezar; *(make a mistake)* equivocarse
triple [ˈtrɪpl] = **treble**
trite [traɪt] manido
triumph [ˈtraɪʌmf] triunfo *m*
trivial [ˈtrɪvɪəl] trivial; **triviality** trivialidad *f*
trolley [ˈtrɑːlɪ] *(streetcar)* tranvía *m*
troops [truːps] tropas *fpl*
trophy [ˈtroʊfɪ] trofeo *m*

tropic [ˈtrɑːpɪk] trópico *m*; **tropical** tropical; **tropics** trópicos *mpl*
trot [trɑːt] trotar
trouble [ˈtrʌbl] **1** *n (difficulties)* problema *m*, problemas *mpl*; *(inconvenience)* molestia *f*; *(disturbance)* conflicto *m*; **get into ~** meterse en líos **2** *v/t (worry)* preocupar; *(bother, disturb)* molestar; **troublemaker** alborotador(a) *m(f)*; **troubleshooting** resolución *f* de problemas; **troublesome** problemático
trousers [ˈtraʊzərz] *Br* pantalones *mpl*
trout [traʊt] trucha *f*
truant [ˈtruːənt]: **play ~** hacer novillos, *Mex* irse de pinta, *S.Am.* hacerse la rabona
truce [truːs] tregua *f*
truck [trʌk] camión *m*; **truck driver** camionero(-a) *m(f)*; **truck stop** restaurante *m* de carretera
trudge [trʌdʒ] **1** *v/i* caminar fatigosamente **2** *n* caminata *f*
true [truː] verdadero, cierto; *friend, American* auténtico; **come ~** *of hopes, dream* hacerse realidad; **truly** verdaderamente; **Yours ~** le saluda muy atentamente
trumpet [ˈtrʌmpɪt] trompeta *f*
trunk [trʌŋk] *of tree, body* tronco *m*; *of elephant* trompa *f*; *(large case)* baúl *m*; *of car* maletero *m*, *C.Am., Mex* ca-

juela *f*, *Rpl* baúl *m*
trust [trʌst] **1** *n* confianza *f*; FIN fondo *m* de inversión **2** *v/t* confiar en; **trusted** de confianza; **trustee** fideicomisario(-a) *m(f)*; **trustful**, **trusting** confiado; **trustworthy** de confianza
truth [truːθ] verdad *f*; **truthful** sincero; *account* verdadero
try [traɪ] LAW juzgar; ~ **to do sth** intentar hacer algo, tratar de hacer algo; **trying** (*annoying*) molesto
T-shirt [ˈtiːʃɜːrt] camiseta *f*
tub [tʌb] (*bath*) bañera *f*, *L.Am.* tina *f*; *for liquid* cuba *f*; *of yoghurt* envase *m*; **tubby** rechoncho
tube [tuːb] tubo *m*; **tubeless** *tire* sin cámara de aire
Tuesday [ˈtuːzdeɪ] martes *m inv*
tuft [tʌft] *of hair* mechón *m*; *of grass* mata *f*
tug [tʌɡ] **1** *n* (*pull*) tirón *m*; NAUT remolcador *m* **2** *v/t* (*pull*) tirar de
tuition [tuːˈɪʃn] clases *fpl*
tumble [ˈtʌmbl] caer, caerse; **tumbledown** destartalado; **tumbler** *for drink* vaso *m*; *in circus* acróbata *m / f*
tummy [ˈtʌmɪ] F tripa *f* F, barriga *f* F; **tummy ache** dolor *m* de tripa *or* barriga
tumor, *Br* **tumour** [ˈtuːmər] tumor *m*
tumult [ˈtʌmʌlt] tumulto *m*; **tumultuous** tumultuoso
tuna [ˈtuːnə] atún *m*

tune [tuːn] **1** *n* melodía *f* **2** *v/t instrument* afinar
◆ **tune up 1** *v/i of orchestra* afinar **2** *v/t engine* poner a punto
tuneful [ˈtuːnfəl] melodioso; **tune-up** *of engine* puesta *f* a punto
tunnel [ˈtʌnl] túnel *m*
turbine [ˈtɜːrbaɪn] turbina *f*
turbulence [ˈtɜːrbjələns] *in air travel* turbulencia *f*; **turbulent** turbulento
turf [tɜːrf] césped *m*; *piece* tepe *m*
turkey [ˈtɜːrkɪ] pavo *m*
turmoil [ˈtɜːrmɔɪl] desorden *m*, agitación *f*
turn [tɜːrn] **1** *n* (*rotation*) vuelta *f*; *in road* curva *f*; *junction* giro *m*; *in vaudeville* número *m*; **take ~s in doing sth** turnarse para hacer algo; **it's my~** me toca a mí **2** *v/t wheel* girar; *corner* dar la vuelta a **3** *v/i of driver, car, wheel* girar; *of person*: *turn around* volverse; **it has ~ed cold** ha enfriado
◆ **turn around 1** *v/t object* dar la vuelta a; *company* dar un vuelco a; COM (*deal with*) procesar **2** *v/i of person* volverse; *of driver* dar la vuelta
◆ **turn away 1** *v/t* (*send away*) rechazar **2** *v/i* (*walk away*) marcharse; (*look away*) desviar la mirada
◆ **turn back 1** *v/t edges* doblar **2** *v/i of walkers etc* vol-

turn down

ver; *in course of action* echarse atrás

♦ **turn down** *offer* rechazar; *volume, heating* bajar; *edge* doblar

♦ **turn off 1** *v/t TV, engine* apagar; *faucet* cerrar; *heater* apagar **2** *v/i of car, driver* doblar

♦ **turn on 1** *v/t TV, engine, heating* encender, *L.Am.* prender; *faucet* abrir; F *sexually* excitar **2** *v/i of machine* encenderse, *L.Am.* prenderse

♦ **turn over 1** *v/i in bed* darse la vuelta; *of vehicle* volcar **2** *v/t (put upside down)* dar la vuelta a; *page* pasar; FIN facturar

♦ **turn up 1** *v/t collar* subirse; *volume, heating* subir **2** *v/i (arrive)* aparecer

turning ['tɜːrnɪŋ] giro *m*; **turning point** punto *m* de inflexión; **turnout** *of people* asistencia *f*; **turnover** FIN facturación *f*; **turnpike** autopista *f* de peaje; **turn signal** *on car* intermitente *m*

turquoise ['tɜːrkwɔɪz] turquesa

turtle ['tɜːrtl] tortuga *f* (marina); **turtleneck sweater** suéter *m* de cuello alto

tusk [tʌsk] colmillo *m*

tutor ['tuːtər] *Br: at university* tutor *m*; **(private)** ~ profesor(a) *m(f)* particular

tuxedo [tʌkˈsiːdoʊ] esmoquin *m*

TV [tiːˈviː] televisión *f*; **on** ~ en la televisión; **TV dinner** menú *m* precocinado; **TV guide** guía *f* televisiva; **TV program**, *Br* **TV programme** programa *m* de televisión

twang [twæŋ] **1** *n in voice* entonación *f* nasal **2** *v/t guitar string* puntear

tweezers ['twiːzərz] pinzas *fpl*

twelfth [twelfθ] duodécimo; **twelve** doce

twentieth ['twentɪɪθ] vigésimo; **twenty** veinte

twice [twaɪs] dos veces; ~ **as much** el doble

twig [twɪɡ] ramita *f*

twilight ['twaɪlaɪt] crepúsculo *m*

twin [twɪn] gemelo *m*; **twin beds** camas *fpl* gemelas

twinge [twɪndʒ] *of pain* punzada *f*

twinkle ['twɪŋkl] *of stars* parpadeo *m*; *of eyes* brillo *m*

twin 'room habitación *f* con camas gemelas

twirl [twɜːrl] **1** *v/t* hacer girar **2** *n of cream etc* rosca *f*

twist [twɪst] **1** *v/t* retorcer; ~ **one's ankle** torcerse el tobillo **2** *v/i of road, river* serpentear **3** *n in rope, road* vuelta *f*; *in plot* giro *m* inesperado; **twisty road** serpenteante

twitch [twɪtʃ] *nervous tic m*

twitter ['twɪtər] gorjear; IT twittear

two [tuː] dos; **the** ~ **of them** los dos, ambos

tycoon [taɪˈkuːn] magnate *m*
type [taɪp] **1** *n* (*sort*) tipo *m*, clase *f* **2** *v/i* (*use a keyboard*) escribir a máquina **3** *v/t with a typewriter* escribir a máquina
typhoon [taɪˈfuːn] tifón *m*
typhus [ˈtaɪfəs] tifus *m*
typical [ˈtɪpɪkl] típico; **typi-** **cally** típicamente
typist [ˈtaɪpɪst] mecanógrafo(-a) *m(f)*
tyrannical [tɪˈrænɪkl] tiránico; **tyrannize** tiranizar; **tyranny** tiranía *f*; **tyrant** tirano(-a) *m(f)*
tyre *Br* ☞ **tire¹**

U

ugly [ˈʌglɪ] feo
UK [juːˈkeɪ] (= **United Kingdom**) RU *m* (= Reino *m* Unido)
ulcer [ˈʌlsər] úlcera *f*; *in mouth* llaga *f*
ultimate [ˈʌltɪmət] (*final*) final; (*fundamental*) esencial; **ultimately** (*in the end*) en última instancia
ultimatum [ʌltɪˈmeɪtəm] ultimátum *m*
ultrasound [ˈʌltrəsaʊnd] MED ultrasonido *m*; (*scan*) ecografía *f*
ultraviolet [ʌltrəˈvaɪələt] ultravioleta
umbrella [ʌmˈbrelə] paraguas *m inv*
umpire [ˈʌmpaɪr] árbitro *m*; *in tennis* juez *m/f* de silla
UN [juːˈen] (= **United Nations**) ONU *f* (= Organización *f* de las Naciones Unidas)
unable [ʌnˈeɪbl]: **be ~ to do sth** *not know how* no saber hacer algo; *not be in a posi-* *tion* no poder hacer algo
unacceptable [ʌnəkˈseptəbl] inaceptable
unaccountable [ʌnəˈkaʊntəbl] inexplicable
un-American [ʌnəˈmerɪkən] poco americano; *activities* antiamericano
unanimous [juːˈnænɪməs] *verdict* unánime; **unanimously** unánimemente
unapproachable [ʌnəˈprəʊtʃəbl] *person* inaccesible
unarmed [ʌnˈɑːrmd] *person* desarmado
unassuming [ʌnəˈsuːmɪŋ] sin pretensiones
unattached [ʌnəˈtætʃt] *without a partner* sin compromiso, sin pareja
unattended [ʌnəˈtendɪd] desatendido
unauthorized [ʌnˈɔːθəraɪzd] no autorizado
unavoidable [ʌnəˈvɔɪdəbl] inevitable
unbalanced [ʌnˈbælənst] *also* PSYCH desequilibrado

unbearable

unbearable [ʌnˈberəbl] insoportable

unbeatable [ʌnˈbiːtəbl] *team* invencible; *quality* insuperable

unbeaten [ʌnˈbiːtn] *team* invicto

unbelievable [ʌnbɪˈliːvəbl] *also* F increíble

unbias(ed) [ʌnˈbaɪəst] imparcial

unblock [ʌnˈblɑːk] *pipe* desatascar

unbreakable [ʌnˈbreɪkəbl] *plates* irrompible; *world record* inalcanzable

unbutton [ʌnˈbʌtn] desabotonar

uncanny [ʌnˈkænɪ] *resemblance* increíble; *skill* inexplicable; (*worrying: feeling*) extraño, raro

unceasing [ʌnˈsiːsɪŋ] incesante

uncertain [ʌnˈsɜːrtn] *future, origins* incierto; **uncertainty** incertidumbre *f*

uncle [ˈʌŋkl] tío *m*

uncomfortable [ʌnˈkʌmftəbl] *chair* incómodo

uncommon [ʌnˈkɑːmən] poco corriente, raro

uncompromising [ʌnˈkɑːmprəmaɪzɪŋ] inflexible

unconditional [ʌnkənˈdɪʃnl] incondicional

unconscious [ʌnˈkɑːnʃəs] MED, PSYCH inconsciente

uncontrollable [ʌnkənˈtrəʊləbl] incontrolable

unconventional [ʌnkənˈvenʃnl] poco convencional

uncooperative [ʌnkoʊˈɑːpərətɪv]: **be ~** no estar dispuesto a colaborar

uncover [ʌnˈkʌvər] *remove cover from* destapar; *plot, remains* descubrir

undamaged [ʌnˈdæmɪdʒd] intacto

undecided [ʌndɪˈsaɪdɪd] *question* sin resolver; **be ~ about** estar indeciso sobre

undeniable [ʌndɪˈnaɪəbl] innegable

under [ˈʌndər] debajo de, bajo; (*less than*) menos de; **it is ~ investigation** está siendo investigado

'undercarriage tren *m* de aterrizaje

'undercover *agent* secreto

under'cut COM vender más barato que

under'done *meat* poco hecho

under'estimate subestimar

under'fed malnutrido

under'go *surgery* ser sometido a; *experiences* sufrir

under'graduate estudiante *m/f* universitario(-a) (*todavía no licenciado(a)*)

'underground 1 *adj* subterráneo; POL clandestino **2** *adv work* bajo tierra

under'hand (*devious*) poco honrado

under'line *text* subrayar

under'lying subyacente

under'mine *position* minar

underneath [ʌndərˈniːθ] **1** *prep* debajo de, bajo **2** *adv*

debajo
'underpants calzoncillos *mpl*
'underpass *for pedestrians* paso *m* subterráneo
underprivileged [ʌndərˈprɪvɪlɪdʒd] desfavorecido
under'rate subestimar
understaffed [ʌndərˈstæft] sin suficiente personal
under'stand entender, comprender; *language* entender; **understandable** comprensible; **understandably** comprensiblemente; **understanding 1** *adj person* comprensivo **2** *n* interpretación *f*; *(agreement)* acuerdo *m*
under'take *task* emprender; ~ **to do sth** *(agree to)* encargarse de hacer algo; **undertaking** *(enterprise)* proyecto *m*, empresa *f*
under'value infravalorar
'underwear ropa *f* interior
'underworld *criminal* hampa *f*; *in mythology* Hades *m*
under'write FIN asegurar
undeserved [ʌndɪˈzɜːrvd] inmerecido
undesirable [ʌndɪˈzaɪrəbl] *features* no deseado; *person* indeseable
undisputed [ʌndɪˈspjuːtɪd] *champion* indiscutible
undo [ʌnˈduː] *parcel* abrir; *buttons*, *shirt* desabrochar; *shoelaces* desatar; *s.o.'s work* deshacer
undoubtedly [ʌnˈdaʊtɪdlɪ] indudablemente
undress [ʌnˈdres] **1** *v/t* desvestir; **get ~ed** desvestirse **2** *v/i* desvestirse
undue [ʌnˈduː] *(excessive)* excesivo; **unduly** injustamente; *(excessively)* excesivamente
unearth [ʌnˈɜːrθ] descubrir; *remains* desenterrar
uneasy [ʌnˈiːzɪ] *relationship*, *peace* tenso
uneatable [ʌnˈiːtəbl] incomible
uneconomic [ʌniːkəˈnɑːmɪk] antieconómico
uneducated [ʌnˈedʒəkeɪtɪd] inculto, sin educación
unemployed [ʌnɪmˈplɔɪd] desempleado, *Span* parado; **unemployment** desempleo *m*, *Span* paro *m*
unequal [ʌnˈiːkwəl] desigual
unerring [ʌnˈerɪŋ] *judgement*, *instinct* infalible
uneven [ʌnˈiːvn] *quality* desigual; *surface* irregular
uneventful [ʌnɪˈventfəl] *day*, *journey* sin incidentes
unexpected [ʌnɪkˈspektɪd] inesperado; **unexpectedly** inesperadamente
unfair [ʌnˈfer] injusto
unfaithful [ʌnˈfeɪθfəl] *husband*, *wife* infiel; **be ~ to s.o.** ser infiel a alguien
unfamiliar [ʌnfəˈmɪljər] desconocido, extraño
unfasten [ʌnˈfæsn] *belt* desabrochar
unfavorable, *Br* **unfavourable** [ʌnˈfeɪvərəbl] desfavorable

unfinished 550

unfinished [ʌnˈfɪnɪʃt] inacabado

unfold [ʌnˈfoʊld] **1** v/t *letter* desdoblar; *arms* descruzar **2** v/i *of story etc* desarrollarse; *of view* abrirse

unforeseen [ʌnfɔːrˈsiːn] imprevisto

unforgettable [ʌnfərˈgetəbl] inolvidable

unforgivable [ʌnfərˈgɪvəbl] imperdonable

unfortunate [ʌnˈfɔːrtʃənət] desafortunado; *event* desgraciado; **unfortunately** desgraciadamente

unfounded [ʌnˈfaʊndɪd] infundado

unfriendly [ʌnˈfrendlɪ] *person* antipático; *place* desagradable; *welcome* hostil

ungrateful [ʌnˈgreɪtfəl] desagradecido

unhappiness [ʌnˈhæpɪnɪs] infelicidad *f*; **unhappy** infeliz; *day* triste; *customer etc* descontento

unharmed [ʌnˈhɑːrmd] ileso

unhealthy [ʌnˈhelθɪ] enfermizo; *food, economy* poco saludable

unheard-of [ʌnˈhɜːrdəv] inaudito

unhygienic [ʌnhaɪˈdʒiːnɪk] antihigiénico

unification [juːnɪfɪˈkeɪʃn] unificación *f*

uniform [ˈjuːnɪfɔːrm] **1** *n* uniforme *m* **2** *adj* uniforme

unify [ˈjuːnɪfaɪ] unificar

unilateral [juːnɪˈlætərəl] unilateral

unimaginable [ʌnɪˈmædʒɪnəbl] inimaginable

unimaginative [ʌnɪˈmædʒɪnətɪv] sin imaginación

unimportant [ʌnɪmˈpɔːrtənt] poco importante

uninhabitable [ʌnɪnˈhæbɪtəbl] inhabitable; **uninhabited** *building* deshabitado; *region* desierto

unintentional [ʌnɪnˈtenʃnl] no inintencionado; **unintentionally** sin querer

uninteresting [ʌnˈɪntrəstɪŋ] sin interés

uninterrupted [ʌnɪntəˈrʌptɪd] ininterrumpido

union [ˈjuːnjən] POL unión *f*; (*labor* ~) sindicato *m*

unique [juːˈniːk] único

unit [ˈjuːnɪt] unidad *f*

unite [juːˈnaɪt] **1** v/t unir **2** v/i unirse; **united** unido; **United Kingdom** Reino *m* Unido; **United Nations** Naciones *fpl* Unidas; **United States (of America)** Estados *mpl* Unidos (de América)

unity [ˈjuːnətɪ] unidad *f*

universal [juːnɪˈvɜːrsl] universal; **universe** universo *m*

university [juːnɪˈvɜːrsətɪ] universidad *f*

unjust [ʌnˈdʒʌst] injusto

unkind [ʌnˈkaɪnd] desagradable, cruel

unknown [ʌnˈnoʊn] desconocido

unleaded [ʌnˈledɪd] sin plomo

unreliable

unless [ənˈles] a menos que, a no ser que

unlikely [ʌnˈlaɪklɪ] improbable; *explanation* inverosímil

unlimited [ʌnˈlɪmɪtɪd] ilimitado

unload [ʌnˈloʊd] descargar

unlock [ʌnˈlɑːk] abrir

unluckily [ʌnˈlʌkɪlɪ] desgraciadamente, por desgracia; **unlucky** *day* aciago, funesto; *person* sin suerte; *that was so ~ for you!* ¡qué mala suerte tuviste!

unmanned [ʌnˈmænd] *spacecraft* no tripulado

unmarried [ʌnˈmærɪd] soltero

unmistakable [ʌnmɪˈsteɪkəbl] inconfundible

unnatural [ʌnˈnætʃrəl] anormal

unnecessary [ʌnˈnesəserɪ] innecesario

unnerving [ʌnˈnɜːrvɪŋ] desconcertante

unobtainable [ʌnəbˈteɪnəbl] *goods* no disponible; TELEC desconectado

unobtrusive [ʌnəbˈtruːsɪv] discreto

unoccupied [ʌnˈɑːkjʊpɑɪd] *building* desocupado; *post* vacante

unofficial [ʌnəˈfɪʃl] no oficial; **unofficially** extraoficialmente

unorthodox [ʌnˈɔːrθədɑːks] poco ortodoxo

unpack [ʌnˈpæk] **1** *v/t* deshacer **2** *v/i* deshacer el equipaje

unpaid [ʌnˈpeɪd] *work* no remunerado

unpleasant [ʌnˈpleznt] desagradable

unplug [ʌnˈplʌg] TV, *computer* desenchufar

unpopular [ʌnˈpɑːpjələr] impopular

unprecedented [ʌnˈpresɪdentɪd] sin precedentes

unpredictable [ʌnprɪˈdɪktəbl] imprevisible, impredecible

unpretentious [ʌnprɪˈtenʃəs] modesto, sin pretensiones

unproductive [ʌnprəˈdʌktɪv] *meeting* infructuoso; *soil* improductivo

unprofessional [ʌnprəˈfeʃnl] poco profesional

unprofitable [ʌnˈprɑːfɪtəbl] no rentable

unprovoked [ʌnprəˈvoʊkt] *attack* no provocado

unqualified [ʌnˈkwɑːlɪfɑɪd] sin titulación

unquestionably [ʌnˈkwestʃnəblɪ] indiscutiblemente; **unquestioning** *attitude* incondicional

unreadable [ʌnˈriːdəbl] *book* ilegible

unrealistic [ʌnrɪəˈlɪstɪk] poco realista

unreasonable [ʌnˈriːznəbl] irrazonable

unrelated [ʌnrɪˈleɪtɪd] *issues* no relacionado; *people* no emparentado

unrelenting [ʌnrɪˈlentɪŋ] implacable

unreliable [ʌnrɪˈlaɪəbl] ma-

unrest

chine poco fiable; *person* informal
unrest [ʌnˈrest] malestar *m*; *(rioting)* disturbios *mpl*
unrestrained [ʌnrɪˈstreɪnd] *emotions* incontrolado
unroll [ʌnˈroʊl] desenrollar
unruly [ʌnˈruːlɪ] revoltoso
unsanitary [ʌnˈsænɪtərɪ] insalubre
unsatisfactory [ʌnsætɪsˈfæktərɪ] insatisfactorio
unscathed [ʌnˈskeɪðd] *(not injured)* ileso; *(not damaged)* intacto
unscrew [ʌnˈskruː] *top* desenroscar; *hooks* desatornillar
unscrupulous [ʌnˈskruːpjələs] sin escrúpulos
unselfish [ʌnˈselfɪʃ] generoso
unsettled [ʌnˈsetld] *issue* sin decidir; *weather*, *lifestyle* inestable; *bills* sin pagar
unshaven [ʌnˈʃeɪvn] sin afeitar
unskilled [ʌnˈskɪld] no cualificado
unsophisticated [ʌnsəˈfɪstɪkeɪtɪd] sencillo; *equipment* simple
unstable [ʌnˈsteɪbl] inestable
unsteady [ʌnˈstedɪ] *hand* tembloroso; *ladder* inestable
unsuccessful [ʌnsəkˈsesful] *writer etc* fracasado; *candidate* perdedor; *party, attempt* fallido; **unsuccessfully** sin éxito
unsuitable [ʌnˈsuːtəbl] inadecuado; *thing to say* inoportuno
unswerving [ʌnˈswɜːrvɪŋ] *loyalty* inquebrantable
unthinkable [ʌnˈθɪŋkəbl] impensable
untidy [ʌnˈtaɪdɪ] *room, desk* desordenado; *hair* revuelto
untie [ʌnˈtaɪ] desatar
until [ənˈtɪl] **1** *prep* hasta; *not~Friday* no antes del viernes **2** *conj* hasta que; *can you wait ~ I'm ready?* ¿puedes esperar hasta que esté listo?
untiring [ʌnˈtaɪrɪŋ] *efforts* incansable
untold [ʌnˈtoʊld] *suffering* indecible; *riches* inconmensurable; *story* nunca contado
untrue [ʌnˈtruː] falso
unused [ʌnˈjuːzd] *goods* sin usar
unusual [ʌnˈjuːʒl] poco corriente; *it is ~ ...* es raro or extraño...; **unusually** inusitadamente
unveil [ʌnˈveɪl] *statue etc* desvelar
unwell [ʌnˈwel] indispuesto, mal
unwilling [ʌnˈwɪlɪŋ] poco dispuesto, reacio; **unwillingly** de mala gana
unwind [ʌnˈwaɪnd] *of story* irse desarrollando; *(relax)* relajarse
unwise [ʌnˈwaɪz] imprudente
unwrap [ʌnˈræp] desenvolver
unzip [ʌnˈzɪp] abrir la cremallera de; COMPUT descomprimir
up [ʌp] **1** *adv position* arriba;

movement hacia arriba; ~ *here* / *there* aquí / allí arriba; *be* ~ (*out of bed*) estar levantado; *of sun* haber salido; *of temperature* haber subido; (*have expired*) haberse acabado; *what's* ~? F ¿qué pasa?; ~ *to 1989* hasta el año 1989; *he came* ~ *to me* se me acercó; *what are you* ~ *to these days?* ¿qué es de tu vida?; *be* ~ *to something* (*bad*) estar tramando algo; *I don't feel* ~ *to it* no me siento en condiciones de hacerlo; *it's* ~ *to you* tú decides; *it is* ~ *to them to solve it* (*their duty*) les corresponde a ellos resolverlo **2** *prep*: *further* ~ *the mountain* más arriba de la montaña; *they ran* ~ *the street* corrieron por la calle; *we traveled* ~ *to Chicago* subimos hasta Chicago **3** *n*: ~*s and downs* altibajos *mpl*

'up·bringing educación *f*
up'date *file* actualizar
up'grade modernizar; ~ *s.o.* *to business class* cambiar a alguien a clase ejecutiva
upheaval [ʌpˈhiːvl] *emotional* conmoción *f*; *physical* trastorno *m*; *political, social* sacudida *f*
up'hold *rights* defender, conservar; (*vindicate*) confirmar
'upkeep mantenimiento *m*
'upload COMPUT cargar
'upmarket *Br restaurant, hotel* de categoría

upon [əˈpɑːn] ☞ **on**
upper [ˈʌpər] superior
'upright **1** *adj citizen* honrado **2** *adv sit* derecho; **upright (piano)** piano *m* vertical
'uprising levantamiento *m*
'uproar alboroto *m*; (*protest*) tumulto *m*
up'set **1** *v/t* tirar; *emotionally* disgustar **2** *adj emotionally* disgustado; **upsetting** triste
upside 'down boca abajo
up'stairs **1** *adv* arriba **2** *adj room* de arriba
'upstream río arriba
up'tight F (*nervous*) tenso; (*inhibited*) estrecho
up-to-'date *information* actualizado
'upturn *in economy* mejora *f*
upward [ˈʌpwərd] hacia arriba; ~ *of 100* más de 100
uranium [juˈreɪniəm] uranio *m*
urban [ˈɜːrbən] urbano
urge [ɜːrdʒ] **1** *n* impulso *m* *v/t*: ~ *s.o. to do sth* rogar a alguien que haga algo; **urgency** urgencia *f*; **urgent** urgente
urinate [ˈjʊrəneɪt] orinar; urine orina *f*
Uruguay [ˈjʊrəɡwaɪ] Uruguay; **Uruguayan 1** *adj* uruguayo **2** *n* uruguayo(-a) *m(f)*
US [juːˈes] (= *United States*) EE.UU. *mpl* (= *Estados Unidos mpl Unidos*)
us [ʌs] nos; *after prep* nosotros (-as); *that's for* ~ eso es para nosotros; *who's that?* – *it's* ~

USA

¿quién es? - ¡somos nosotros!
USA [juːesˈeɪ] (= *United States of America*) EE.UU. *mpl* (= Estados *mpl* Unidos)
usage [ˈjuːzɪdʒ] uso *m*
USB cable IT cable *m* USB; **USB drive** IT memoria *f* USB, llave *f* de memoria USB; **USB stick** IT memoria *f* USB, llave *f* de memoria USB
use 1 [juːz] *v/t tool, word* utilizar, usar; *skills, car* usar; *a lot of gas* consumir; *pej: person* utilizar **2** [juːs] *n* uso *m*, utilización *f*; *it's no ~ waiting* no sirve de nada esperar
◆ **use up** agotar
used¹ [juːzd] *adj car etc* de segunda mano
used² [juːst]: *be ~ to* estar acostumbrado a; *get ~ to* acostumbrarse a

used³ [juːst]: *I ~ to like him* antes me gustaba; *they ~ to meet every Saturday* solían verse todos los sábados
useful [ˈjuːsfʊl] útil; **usefulness** utilidad *f*; **useless** inútil; *machine* inservible; **user** usuario(-a) *m(f)*; **user account** IT cuenta *f* de usuario; **user-friendly** de fácil manejo; **user ID, user identification** IT identidad *f* de usuario; **user name** IT nombre *m* de usuario
usual [ˈjuːʒl] habitual; *as ~* como de costumbre; **usually** normalmente
utensil [juːˈtensl] utensilio *m*
utilize [ˈjuːtɪlaɪz] utilizar
utter [ˈʌtər] **1** *adj* completo **2** *v/t sound* decir; **utterly** completamente

V

vacant [ˈveɪkənt] *building* vacío; *position* vacante; *look* vago, distraído; **vacantly** distraídamente; **vacate** *room* desalojar
vacation [veɪˈkeɪʃn] vacaciones *fpl*; *be on ~* estar de vacaciones
vaccinate [ˈvæksɪneɪt] vacunar; **vaccination** *action* vacunación *f*; (*vaccine*) vacuna *f*; **vaccine** vacuna *f*
vacuum [ˈvækjʊəm] **1** *n* vacío *m* **2** *v/t floors* aspirar
vagrant [ˈveɪɡrənt] vagabundo(-a) *m(f)*
vague [veɪɡ] vago; **vaguely** vagamente
vain [veɪn] **1** *adj* vanidoso; *hope* vano **2** *in ~* en vano
valiant [ˈvæljənt] valiente
valid [ˈvælɪd] válido; **validate** *with official stamp* sellar; *alibi* dar validez a; **validity** validez *f*
valley [ˈvælɪ] valle *m*

valuable ['væljubl] **1** *adj* valioso **2** *n*: **~s** objetos *mpl* de valor; **valuation** tasación *f*, valoración *f*; **value 1** *n* valor *m* **2** *v/t* valorar

valve [vælv] válvula *f*

van [væn] camioneta *f*, furgoneta *f*

vandal ['vændl] vándalo *m*; **vandalism** vandalismo *m*; **vandalize** destrozar (*intencionadamente*)

vanilla [və'nɪlə] **1** *n* vainilla *f* **2** *adj* de vainilla

vanish ['vænɪʃ] desaparecer

vanity ['vænətɪ] vanidad *f*

vapor ['veɪpər] vapor *m*; **vaporize** vaporizar; **vapour** *Br* ☞ **vapor**

variable ['verɪəbl] **1** *adj* variable **2** *n* variable *f*; **variant** variante *f*; **variation** variación *f*; **varied** variado; **variety** variedad *f*; **various** (*several*) varios; (*different*) diversos

varnish ['vɑːrnɪʃ] **1** *n* for wood barniz *m*; for fingernails esmalte *m* **2** *v/t* wood barnizar

vary ['verɪ] variar; **it varies** depende

vase [veɪz] jarrón *m*

vast [væst] vasto; *number, improvement* enorme; **vastly** enormemente

Vatican ['vætɪkən]: **the ~** el Vaticano

vault[1] ['vɒːlt] *n in roof* bóveda *f*; **~s** (*cellar*) sótano *m*; *of bank* cámara *f* acorazada

vault[2] ['vɒːlt] **1** *n* SP salto *m* **2** *v/t beam etc* saltar

VCR [viːsiː'ɑːr] (= *video cassette recorder*) aparato *m* de *Span* vídeo *o L.Am.* video

veal [viːl] ternera *f*

veer [vɪr] girar, torcer

vegetable ['vedʒtəbl] hortaliza *f*; **~s** verduras *fpl*; **vegetarian 1** *n* vegetariano(-a) *m(f)* **2** *adj* vegetariano; **vegetation** vegetación *f*

vehement ['viːəmənt] vehemente

vehicle ['viːɪkl] vehículo *m*

veil [veɪl] velo *m*

vein [veɪn] ANAT vena *f*

velocity [vɪ'lɑːsətɪ] velocidad *f*

velvet ['velvɪt] terciopelo *m*

vendetta [ven'detə] vendetta *f*

vending machine ['vendɪŋ] máquina *f* expendedora; **vendor** LAW parte *f* vendedora

veneer [və'nɪr] *on wood* chapa *f*; *of politeness etc* apariencia *f*

venerable ['venərəbl] venerable; **veneration** veneración *f*

venereal disease [vɪ'nɪrɪəl] enfermedad *f* venérea

venetian 'blind [və'niːʃn] persiana *f* veneciana

Venezuela [venɪz'weɪlə] Venezuela; **Venezuelan 1** *adj* venezolano **2** *n* venezolano(-a) *m(f)*

venom ['venəm] veneno *m*

ventilate ['ventɪleɪt] ventilar;

ventilation ventilación *f*;
ventilator ventilador *m*;
MED respirador *m*
venture ['ventʃər] **1** *n* (*undertaking*) iniciativa *f*; COM empresa *f* **2** *v/i* aventurarse
venue ['venjuː] *for meeting* lugar *m*; *for concert* local *m*, sala *f*
veranda [və'rændə] porche *m*
verb [vɜːrb] verbo *m*; **verbal** (*spoken*) verbal; **verbally** de palabra
verdict ['vɜːrdɪkt] veredicto *m*
verge [vɜːrdʒ] *of road* arcén *m*; **be on the ~ of** *ruin* estar al borde de; *tears* estar a punto de
verification [verɪfɪ'keɪʃn] (*checking*) verificación *f*; (*confirmation*) confirmación *f*; **verify** (*check*) verificar; (*confirm*) confirmar
vermin ['vɜːrmɪn] bichos *mpl*, alimañas *fpl*
vermouth [vɜːr'muːθ] vermut *m*
versatile ['vɜːrsətəl] polifacético, versátil; **versatility** polivalencia *f*, versatilidad *f*
verse [vɜːrs] verso *m*
version ['vɜːrʃn] versión *f*
versus ['vɜːrsəs] contra
vertical ['vɜːrtɪkl] vertical
vertigo ['vɜːrtɪɡoʊ] vértigo *m*
very ['verɪ] **1** *adv* muy; **the ~ best** el mejor de todos **2** *adj*: **at that ~ moment** en ese mismo momento; **that's the ~ thing I need** eso es precisamente lo que necesito
vessel ['vesl] NAUT buque *m*
vest [vest] chaleco *m*; *Br* camiseta *f* interior
vestige ['vestɪdʒ] vestigio *m*
vet¹ [vet] *n* (*veterinary surgeon*) veterinario(-a) *m(f)*
vet² [vet] *v/t applicants etc* examinar, investigar
vet³ [vet] *n* MIL veterano(-a) *m(f)*
veteran ['vetərən] **1** *n* veterano(-a) *m(f)* **2** *adj* veterano
veterinarian [vetərə'neriən] veterinario(-a) *m(f)*
veto ['viːtoʊ] **1** *n* veto *m* **2** *v/t* vetar
via ['vaɪə] vía
viable ['vaɪəbl] viable
vibrate [vaɪ'breɪt] vibrar; **vibration** vibración *f*
vice¹ [vaɪs] *n* vicio *m*
vice² [vaɪs] *Br* ☞ **vise**
vice 'president vicepresidente(-a) *m(f)*
vice versa [vaɪs'vɜːrsə] viceversa
vicious ['vɪʃəs] *dog* fiero; *attack, temper* feroz; **viciously** con brutalidad
victim ['vɪktɪm] víctima *f*; **victimize** tratar injustamente
victorious [vɪk'tɔːriəs] victorioso; **victory** victoria *f*
video ['vɪdɪoʊ] **1** *n Span* vídeo *m*, *L.Am.* video *m* **2** *v/t* grabar en *Span* vídeo *or L.Am.* video; **video call** IT, TELEC videollamada *f*; **video camera** videocámara *f*; **video**

cassette videocasete *m*; **video recorder** aparato *m* de Span vídeo or L.Am. video; **videotape** cinta *f* de Span vídeo or L.Am. video

vie [vaɪ] competir

Vietnam [vɪetˈnɑːm] Vietnam; **Vietnamese** [-ˈmiːz] 1 *adj* vietnamita 2 *n* vietnamita *m/f*; *language* vietnamita *m*

view [vjuː] 1 *n* vista *f*; *of situation* opinión *f*; **in ~ of** teniendo en cuenta 2 *v/t ver* 3 *v/i* (*watch TV*) ver la televisión; **viewer** TV telespectador(a) *m(f)*; **viewpoint** punto *m* de vista

vigor [ˈvɪgər] vigor *m*; **vigorous** vigoroso; *person* enérgico; *denial* rotundo; **vigorously** *run*: deny, defend rotundamente; **vigour** Br ☞ **vigor**

village [ˈvɪlɪdʒ] pueblo *m*; **villager** aldeano(-a) *m(f)*

villain [ˈvɪlən] malo(a) *m(f)*

vindicate [ˈvɪndɪkeɪt] (*show to be correct*) dar la razón a; (*show to be innocent*) vindicar

vindictive [vɪnˈdɪktɪv] vengativo

vine [vaɪn] vid *f*

vinegar [ˈvɪnɪgər] vinagre *m*

vineyard [ˈvɪnjɑːrd] viñedo *m*

vintage [ˈvɪntɪdʒ] 1 *n of wine* cosecha *f* 2 *adj* clásico *m*

violate [ˈvaɪəleɪt] violar; **violation** violación *f*; (*traffic ~*) infracción *f*

violence [ˈvaɪələns] violencia *f*; **violent** violento

violin [vaɪəˈlɪn] violín *m*; **violinist** violinista *m/f*

VIP [viːaɪˈpiː] (= ***very important person***) VIP *m*

viral [ˈvaɪrəl] vírico, viral

virgin [ˈvɜːrdʒɪn] virgen *m/f*; **virginity** virginidad *f*

virile [ˈvɪrəl] viril; **virility** virilidad *f*

virtual [ˈvɜːrtʃʊəl] virtual; **virtually** (*almost*) virtualmente

virtue [ˈvɜːrtʃuː] virtud *f*; **virtuous** virtuoso

virus [ˈvaɪrəs] virus *m inv*

visa [ˈviːzə] visa *f*, visado *m*

vise [vaɪs] torno *m* de banco

visibility [vɪzəˈbɪlətɪ] visibilidad *f*; **visible** visible; *anger* evidente

vision [ˈvɪʒn] visión *f*

visit [ˈvɪzɪt] 1 *n* visita *f* 2 *v/t* visitar; **visitor** visita *f*; (*tourist*), *to museum etc* visitante *m/f*

visor [ˈvaɪzər] visera *f*

visual [ˈvɪʒʊəl] visual; **visualize** visualizar; (*foresee*) prever; **visually** visualmente

vital [ˈvaɪtl] (*essential*) vital; **vitality** vitalidad *f*; **vitally**: ***~ important*** de importancia vital

vitamin [ˈvaɪtəmɪn] vitamina *f*; **vitamin pill** pastilla *f* vitamínica

vivacious [vɪˈveɪʃəs] vivaz; **vivacity** vivacidad *f*

vivid [ˈvɪvɪd] *color* vivo; *imagination* vívido; **vividly** (*brightly*) vivamente; (*clear-*

V-neck

ly) vívidamente
V-neck ['viːnek] cuello *m* de pico
vocabulary [vouˈkæbjʊlərɪ] vocabulario *m*
vocal ['voʊkl] vocal; *expressing opinions* ruidoso; **vocalist** MUS vocalista *m/f*
vocation [vəˈkeɪʃn] vocación *f*; *(profession)* profesión *f*; **vocational** *guidance* profesional
vodka ['vɑːdkə] vodka *m*
vogue [voʊg] moda *f*; *be in ~* estar en boga
voice [vɔɪs] **1** *n* voz *f* **2** *v/t opinions* expresar; **voicemail** correo *m* de voz
volcano [vɑːlˈkeɪnoʊ] volcán *m*
volley ['vɑːlɪ] *of shots* ráfaga *f*; *in tennis* volea *f*
volt [voʊlt] voltio *m*; **voltage** voltaje *m*
volume ['vɑːljəm] volumen

m; *of container* capacidad *f*
voluntarily [vɑːlənˈterɪlɪ] voluntariamente; **voluntary** voluntario; **volunteer 1** *n* voluntario(-a) *m(f)* **2** *v/i* ofrecerse voluntariamente
vomit ['vɑːmət] **1** *n* vómito *m* **2** *v/i* vomitar
voracious [vəˈreɪʃəs] voraz
vote [voʊt] **1** *n* voto *m* **2** *v/i* POL votar; *~ for* / *against* votar a favor / en contra; **voter** POL votante *m/f*; **voting** POL votación *f*
◆ **vouch for** [vaʊtʃ] *truth* dar fe de; *person* responder por
vow [vaʊ] **1** *n* voto *m* **2** *v/t*: *~ to do* prometer hacer
vowel [vaʊl] vocal *f*
voyage ['vɔɪɪdʒ] viaje *m*
vulgar ['vʌlgər] vulgar, grosero
vulnerable ['vʌlnərəbl] vulnerable
vulture ['vʌltʃər] buitre *m*

W

waddle ['wɑːdl] *of duck* caminar; *of person* anadear
wade [weɪd] caminar en el agua
wafer ['weɪfər] *cookie* barquillo *m*; REL hostia *f*
waffle ['wɑːfl] *to eat* gofre *m*
wag [wæg] **1** *v/t* menear **2** *v/i of tail* menearse
wages ['weɪdʒɪz] salario *m*, sueldo *m*
waggle ['wægl] *hips* menear;

loose screw etc mover
wail [weɪl] *of person* gemir; *of siren* sonar, aullar
waist [weɪst] cintura *f*
wait [weɪt] **1** *n* espera *f* **2** *v/i* esperar
◆ **wait for** esperar
◆ **wait on** *(serve)* servir; *(wait for)* esperar
◆ **wait up** esperar levantado
waiter ['weɪtər] camarero *m*; **waiting list** lista *f* de espera;

waiting room sala *f* de espera; **waitress** camarera *f*
waive [weɪv] *right* renunciar; *requirement* no aplicar
wake [weɪk] **1** *v/i*: ~ (**up**) despertarse **2** *v/t*: ~ (**up**) despertar
walk [wɔːk] **1** *n* paseo *m*; *longer* caminata *f*; (*path*) camino *m*; **go for a** ~ salir a dar un paseo **2** *v/i* caminar, andar; *as opposed to driving* ir a pie **3** *v/t dog* sacar a pasear
◆ **walk out** *of spouse* marcharse; *from theater etc* salir; (*go on strike*) declararse en huelga
walker ['wɔːkər] (*hiker*) excursionista *m/f*; *for baby, old person* andador *m*; **walking** (*hiking*) excursionismo *m*; **walkout** (*strike*) huelga *f*; **walkover** (*easy win*) paseo *m*
wall [wɔːl] muro *m*; *inside* pared *f*
wallet ['wɒlɪt] (*billfold*) cartera *f*
'**wallpaper 1** *n* papel *m* pintado **2** *v/t* empapelar; **wall-to-wall carpet** *Span* moqueta *f*, *L.Am.* alfombra *f*
waltz [wɔːlts] vals *m*
wan [wɒn] *face* pálido *m*
wander ['wɒndər] (*roam*) vagar, deambular; (*stray*) extraviarse
wangle ['wæŋɡl] F agenciarse F
want [wɒnt] **1** *n*: **for** ~ **of** por falta de **2** *v/t* querer; (*need*) necesitar; ~ **to do sth** querer hacer algo; **I** ~ **to stay here** quiero quedarme aquí; **she** ~**s you to go back** quiere que vuelvas **3** *v/i*: **he** ~**s for nothing** no le falta nada; **wanted** *by police* buscado por la policía
war [wɔːr] *also fig* guerra *f*
ward [wɔːrd] *in hospital* sala *f*; *child* pupilo(-a) *m(f)*
◆ **ward off** *blow* parar; *attacker* rechazar; *cold* evitar
warden ['wɔːrdn] *of prison* director(-a) *m(f)*; *Br of hostel* vigilante *m/f*
'**wardrobe** *for clothes* armario *m*; (*clothes*) guardarropa *m*
warehouse ['werhaʊs] almacén *m*
'**warfare** guerra *f*; **warhead** ojiva *f*
warily ['werɪlɪ] cautelosamente
warm [wɔːrm] *hands, room, water* caliente; *weather, welcome* cálido; *coat* de abrigo
◆ **warm up 1** *v/t* calentar **2** *v/i* calentarse; *of athlete etc* calentar
warmly ['wɔːrmlɪ] calurosamente; **warmth** calor *m*; **warm-up** SP calentamiento *m*
warn [wɔːrn] advertir, avisar; **warning** advertencia *f*, aviso *m*
warp [wɔːrp] *of wood* combarse; **warped** *fig* retorcido
warrant ['wɔːrənt] **1** *n* orden *f* judicial **2** *v/t* justificar; **war-

warrior 560

ranty garantía f
warrior ['wɔːrɪər] guerrero(-a) m(f)
wart [wɔːrt] verruga f
wary ['werɪ] cauto
wash [wɑːʃ] **1** n lavado m; **have a ~** lavarse **2** v/t lavar **3** v/i lavarse
◆ **wash up** (wash one's hands and face) lavarse
washable ['wɑːʃəbl] lavable; **washbasin, washbowl** lavabo m; **washcloth** toalla f; **washed out** agotado; **washer** for faucet etc arandela f; **washing** (clothes washed) ropa f limpia; (dirty clothes) ropa f sucia; **do the ~** lavar la ropa; **washing machine** lavadora f; **washroom** lavabo m, aseo m
wasp [wɑːsp] avispa f
waste [weɪst] **1** n desperdicio m; from industrial process desechos mpl; **it's a ~ of time / money** es una pérdida de tiempo / dinero **2** adj residual **3** v/t derrochar; money gastar; time perder; **waste basket** papelera f; **waste disposal (unit)** trituradora f de basuras; **wasteful** derrochador; **wasteland** erial m; **wastepaper** papel m usado
watch [wɑːtʃ] **1** n timepiece reloj m; **keep ~** hacer la guardia, vigilar **2** v/t film, TV ver; (look after) vigilar **3** v/i mirar, observar; **watchful** vigilante

water ['wɔːtər] **1** n agua f **2** v/t plant regar **3** v/i: **my mouth is ~ing** se me hace la boca agua; **watercolor**, Br **watercolour** acuarela f; **watered down** fig dulcificado; **waterfall** cascada f; **waterline** línea f de flotación; **waterlogged** anegado; **boat** lleno de agua; **watermelon** sandía f; **waterproof** impermeable; **waterside** orilla f; **waterskiing** esquí m acuático; **watertight** compartment estanco, fig irrefutable; **waterway** curso m de agua navegable, **watery** aguado
watt [wɑːt] vatio m
wave[1] [weɪv] n in sea ola f
wave[2] [weɪv] **1** n of hand saludo m **2** v/i with hand saludar con la mano **3** v/t flag etc agitar
'**wavelength** RAD longitud f de onda; **be on the same ~** fig estar en la misma onda
waver ['weɪvər] vacilar
wavy ['weɪvɪ] ondulado
wax [wæks] cera f
way [weɪ] **1** n (method) manera f; (manner also) modo m; (route) camino m; **this ~** (like this) así; (in this direction) por aquí; **by the ~** (incidentally) a propósito; **in a ~** (in certain respects) en cierto sentido; **lose one's ~** perderse; **be in the ~** (be an obstruction) estar en medio; **no ~!** ¡ni hablar!; **way in** entrada f; **way of life** modo m de vida; **way**

out salida *f*
we [wiː] nosotros *mpl*, nosotras *fpl*; **~ are the best** somos los mejores
weak [wiːk] débil; *tea, coffee* poco cargado; **weaken 1** *v/t* debilitar **2** *v/i* debilitarse; **weakness** debilidad *f*
wealth [welθ] riqueza *f*; **wealthy** rico
weapon ['wepən] arma *f*
wear [wer] **1** *n*: **~ (and tear)** desgaste *m* **2** *v/t (have on)* llevar; *(damage)* desgastar **3** *v/i (wear out)* desgastarse; *(last)* durar
◆ **wear down** agotar
◆ **wear off** *of effect* pasar
◆ **wear out 1** *v/t (tire)* agotar; *shoes* desgastar **2** *v/i of shoes, carpet* desgastarse
wearily ['wɪrɪlɪ] cansinamente; **weary** cansado
weather ['weðər] **1** *n* tiempo *m* **2** *v/t crisis* capear, superar; **weather-beaten** curtido; **weather forecast** pronóstico *m* del tiempo; **weatherman** hombre *m* del tiempo
weave [wiːv] **1** *v/t* tejer **2** *v/i move* zigzaguear
web [web] *of spider* tela *f*; **the Web** COMPUT la Web; **web page** página *f* web; **web site** sitio *m* web
wedding ['wedɪŋ] boda *f*; **wedding anniversary** aniversario *m* de boda; **wedding day** día *m* de la boda; **wedding dress** vestido *m* de boda *or* novia; **wedding ring** anillo *m* de boda
wedge [wedʒ] cuña *f*; *of cheese etc* trozo *m*
Wednesday ['wenzdeɪ] miércoles *m inv*
weed [wiːd] **1** *n* mala hierba **2** *v/t* escardar; **weed-killer** herbicida *m*; **weedy** F esmirriado, enclenque
week [wiːk] semana *f*; **a ~ tomorrow** de mañana en una semana; **weekday** día *m* de la semana; **weekend** fin *m* de semana; **on the ~** el fin de semana; **weekly 1** *adj* semanal **2** *n magazine* semanario *m* **3** *adv* semanalmente
weep [wiːp] llorar
wee-wee ['wiːwiː] F pipí *m*; **do a ~** hacer pipí
weigh [weɪ] pesar
◆ **weigh up** *(assess)* sopesar
weight [weɪt] peso *m*; **weightlessness** ingravidez *f*; **weightlifter** levantador(a) *m(f)* de pesas; **weightlifting** halterofilia *f*, levantamiento *m* de pesas; **weighty** *fig (important)* serio
weir [wɪr] presa *f (rebasadero)*
weird [wɪrd] extraño, raro; **weirdo** F bicho *m* raro F
welcome ['welkəm] **1** *adj* bienvenido; **you're ~!** ¡de nada! **2** *n* bienvenida *f* **3** *v/t guests etc* dar la bienvenida a; *decision etc* acoger positivamente
weld [weld] soldar
welfare ['welfer] bienestar *m*; *financial assistance* subsidio

welfare check

m estatal; **welfare check** cheque con el importe del subsidio estatal; **welfare state** estado *m* del bienestar; **welfare worker** asistente *m*/*f* social

well¹ [wel] *n* for water, oil pozo *m*

well² [wel] **1** *adv* bien; **as ~** (*too*) también; **as ~ as** (*in addition to*) así como; **very ~** muy bien; **~, ~ !** surprise ¡caramba!; **~ ...** uncertainty bueno... **2** *adj*: **be ~** estar bien; **well-balanced** equilibrado; **well-behaved** educado; **well-being** bienestar *m*; **well-done** meat muy hecho; **well-dressed** bien vestido; **well-earned** merecido; **well-heeled** F adinerado, *Span* con pasta F; **well-informed** bien informado; **well-known** conocido; **well-meaning** bienintencionado; **wellness** bienestar *m*; **wellness center**, *Br* **wellness centre** centro *m* de bienestar; **wellness hotel** hotel *m* de bienestar; **well-off** acomodado; **well-timed** oportuno; **well-wisher** admirador(a) *m(f)*

west [west] **1** *n* oeste *m*; **the West** (*Western nations*) el Occidente; (*western part of a country*) el oeste **2** *adj* del oeste **3** *adv* travel hacia el oeste; **westerly** wind del oeste; *direction* hacia el oeste; **western 1** *adj* occidental **2** *n* movie western *m*, película *f* del oeste; **Westerner** occidental *m*/*f*; **westernized** occidentalizado; **West Indian 1** *adj* antillano **2** *n* antillano(a) *m(f)*; **West Indies: the ~** las Antillas; **westward** hacia el oeste

wet [wet] mojado; (*damp*) húmedo; (*rainy*) lluvioso; **wet suit** traje *m* de neopreno

whack [wæk] F (*blow*) porrazo *m* F

whale [weɪl] ballena *f*

what [wɒt] **1** *pron* qué; **~ is it?** (*what do you want*) ¿qué quieres?; **~ about heading home?** ¿y si nos fuéramos a casa?; **~ for?** (*why*) ¿para qué?; **so ~?** ¿y qué?; **take ~ you need** toma lo que te haga falta **2** *adj* qué; **~ color is the car?** ¿de qué color es el coche?; **whatever: ~ the season** en cualquier estación; **ok ~** vale, lo que tú digas

wheat [wiːt] trigo *m*

wheel [wiːl] rueda *f*; (*steering ~*) volante *m*; **wheelchair** silla *f* de ruedas; **wheel clamp** *Br* cepo *m*

wheeze [wiːz] resoplido *m*

when [wen] **1** *adv* cuándo; **~ do you open?** ¿a qué hora abren? **2** *conj* cuando; **~ I was a child** cuando era niño; **whenever** (*each time*) cada vez que; **~ you like** cuando quieras

where [wer] **1** *adv* dónde;

from? ¿de dónde?; **~ to?** ¿a dónde? **2** *conj* desde; **this is ~ I used to live** aquí es donde vivía antes; *whereas* mientras que; *wherever* **1** *conj* dondequiera que; **sit ~ you like** siéntate donde prefieras **2** *adv* dónde; **~ can it be?** ¿dónde puede estar?

whet [wet] *appetite* abrir

whether ['weðər] si; **~ you approve or not** te parezca bien o no

which [wɪtʃ] **1** *adj* qué; **~ one is yours?** ¿cuál es tuyo? **2** *pron interrogative* cuál; *relative* que; **take one, it doesn't matter ~** toma uno, no importa cuál

whiff [wɪf] *(smell)* olorcillo *m*

while [waɪl] **1** *conj* mientras; *(although)* si bien **2** *n* rato *m*

whim [wɪm] capricho *m*

whimper ['wɪmpər] gimotear

whine [waɪn] *of dog* gimotear; F *(complain)* quejarse

whip [wɪp] **1** *n* látigo *m* **2** *v/t (beat)* azotar; *cream* batir; F *(defeat)* dar una paliza a F

whirlpool ['wɜːrlpuːl] *in river* remolino *m*; *for relaxation* bañera *f* de hidromasaje

whisk [wɪsk] **1** *n kitchen implement* batidora *f* **2** *v/t* regs batir

whiskey ['wɪski] whisky *m*

whisper ['wɪspər] susurrar

whistle ['wɪsl] **1** *n sound* silbido *m*; *device* silbato *m* **2** *v/t & v/i* silbar

white [waɪt] **1** *n* blanco *m*; *of egg* clara *f*; *person* blanco(-a) *m(f)* **2** *adj* blanco; **white-collar worker** persona que trabaja en una oficina; **White House** Casa *f* Blanca; **white lie** mentira *f* piadosa; **white-wash 1** *n* cal *f*; *fig* encubrimiento *m* **2** *v/t* encalar; **white wine** vino *m* blanco

whittle ['wɪtl] *wood* tallar

◆ **whittle down** reducir

who [huː] *interrogative* ¿quién?; *relative* que; **~ do you want to speak to?** ¿con quién quieres hablar?; **whoever** quienquiera

whole [hoʊl] **1** *adj* entero; **the ~ country** todo el país **2** *n* totalidad *f*; **on the ~** en general; **whole-hearted** incondicional; **wholesale** al por mayor; *fig* indiscriminado; **wholesaler** mayorista *m/f*; **wholesome** saludable, sano; **wholly** completamente

whom [huːm] *fml* quién

whore [hɔːr] prostituta *f*

whose [huːz] *interrogative* de quién; *relative* cuyo(-a); **~ is this?** ¿de quién es esto?; **a country ~ economy ...** un país cuya economía...

why [waɪ] por qué

wicked ['wɪkɪd] malvado

wicker ['wɪkər] de mimbre

wicket ['wɪkɪt] *in station, bank etc* ventanilla *f*

wide [waɪd] ancho; *experience, range* amplio; **be 12 feet ~** tener 12 pies de an-

widely 564

cho; **widely** ampliamente; **widen 1** v/t ensanchar **2** v/i ensancharse; **wide-open** abierto de par en par; **wide-ranging** amplio; **widespread** extendido
widow [ˈwɪdoʊ] viuda f; **widower** viudo m
width [wɪdθ] anchura f, ancho m
wield [wiːld] *weapon* empuñar; *power* detentar
wife [waɪf] mujer f, esposa f
wi-fi [ˈwaɪfaɪ] IT Wi-Fi m or f
wig [wɪg] peluca f
wiggle [ˈwɪgl] menear
wild [waɪld] *animal* salvaje; *flower* silvestre; *teenager, party* descontrolado; *(crazy: scheme)* descabellado; *applause* arrebatado
wilderness [ˈwɪldərnɪs] desierto m, yermo m
'wildlife flora f y fauna f
wilful Br ☞ **willful**
will[1] [wɪl] n law testamento m
will[2] [wɪl] n (willpower) voluntad f
will[3] [wɪl] v/i/aux: *I ~ let you know tomorrow* te lo diré mañana; *the car won't start* el coche no arranca; *~ you tell her that ...?* ¿le quieres decir que...?; *~ you stop that!* ¡basta ya!
willful [ˈwɪlfəl] *person* tozudo, obstinado; *action* deliberado, intencionado; **willing** dispuesto; **willingly** gustosamente; **willingness** buena disposición f; **willpower**

fuerza f de voluntad
willy-nilly [wɪlɪˈnɪlɪ] *(at random)* a la buena de Dios
wilt [wɪlt] *of plant* marchitarse
wily [ˈwaɪlɪ] astuto
wimp [wɪmp] F enclenque m/f F, blandengue m/f F
win [wɪn] **1** n victoria f, triunfo m **2** v/t & v/i ganar
wince [wɪns] hacer una mueca de dolor
wind[1] [wɪnd] m viento m; *(flatulence)* gases mpl
wind[2] [waɪnd] **1** v/i serpentear **2** v/t enrollar
◆ **wind up 1** v/t *clock* dar cuerda a; *car window* subir, cerrar; *speech* finalizar; *business* concluir; *company* cerrar **2** v/i *(finish)* concluir
windfall fig dinero m inesperado
winding [ˈwaɪndɪŋ] serpenteante
window [ˈwɪndoʊ] *also* COMPUT ventana f; *in the ~ of store* en el escaparate *or* L.Am. la vidriera; **window seat** asiento m de ventana; **window-shop:** *go ~ping* ir de escaparates *or* L.Am. vidrieras; **windowsill** alféizar m; **windshield**, Br **windscreen** parabrisas m inv; **windshield wiper** limpiaparabrisas m; **windsurfer** windsurfista m/f; **windsurf** tabla f de windsurf; **windsurfing** el windsurf; **windy** ventoso
wine [waɪn] vino m; **wine cellar** bodega f; **wine list** lista f

de vinos; **winery** bodega *f*
wing [wɪŋ] ala *f*; SP lateral *m/f*, extremo *m/f*; **wingspan** envergadura *f*
wink [wɪŋk] *of person* guiñar, hacer un guiño
winner ['wɪnər] ganador(a) *m(f)*, vencedor(a) *m(f)*; *of lottery* acertante *m(f)*; **winning** ganador; **winning post** meta *f*; **winnings** ganancias *fpl*
winter ['wɪntər] invierno *m*; **winter sports** deportes *mpl* de invierno; **wintry** invernal
wipe [waɪp] limpiar; *tape* borrar
wiper ['waɪpər] ☞ **windshield wiper**
wire [waɪr] alambre *m*; ELEC cable *m*; **wireless hotspot** IT hotspot *m* Wi-Fi; **wireless phone** teléfono *m* inalámbrico; **wiring** ELEC cableado *m*; **wiry** *person* fibroso
wisdom ['wɪzdəm] *of person* sabiduría *f*; *of action* prudencia *f*, sensatez *f*
wise [waɪz] sabio; *action, decision* prudente, sensato; **wisecrack** F chiste *m*; **wisely** *act* prudentemente, sensatamente
wish [wɪʃ] **1** *n* deseo *m*; **best ~es** un saludo cordial **2** *v/t* desear
◆ **wish for** desear
wisp [wɪsp] *of hair* mechón *m*; *of smoke* voluta *f*

wistful ['wɪstfəl] nostálgico; **wistfully** con nostalgia
wit [wɪt] ingenio *m*; *person* ingenioso(-a) *m(f)*
witch [wɪtʃ] bruja *f*; **witch-hunt** *fig* caza *f* de brujas
with [wɪð] con; *shivering ~ fear* temblando de miedo; *a girl ~ brown eyes* una chica de ojos castaños; *are you ~ me?* (*do you understand*) ¿me sigues?; *~ no money* sin dinero
withdraw [wɪð'drɔː] **1** *v/t* retirar **2** *v/i* retirarse; **withdrawal** retirada *f*; *of money* reintegro *m*; **withdrawal symptoms** síndrome *m* de abstinencia; **withdrawn** *person* retraído
wither ['wɪðər] marchitarse
with'hold *information* ocultar; *payment* retener; *consent* negar
with'in dentro de; *in expressions of time* en menos de
with'out sin
with'stand resistir, soportar
witness ['wɪtnɪs] **1** *n* testigo *m/f* **2** *v/t* ser testigo de
witticism ['wɪtɪsɪzm] comentario *m* gracioso; **witty** ingenioso, agudo
wobble ['wɑːbl] tambalearse; **wobbly** tambaleante
wolf [wʊlf] **1** *n* lobo *m* **2** *v/t*: *~ (down)* engullir
woman ['wʊmən] mujer *f*; **womanizer** mujeriego(-a) *m(f)*; **womanly** femenino
womb [wuːm] matriz *f*, útero

women 566

m
women ['wɪmɪn] pl ☞ **woman**; **women's lib** la liberación de la mujer
wonder ['wʌndər] **1** n (*amazement*) asombro m; **no ~!** ¡no me sorprende! **2** v/i preguntarse; **I ~ if you could help** ¿le importaría ayudarme?; **wonderful** maravilloso; **wonderfully** ☞ **maravillosamente**
won't [wəʊnt] ☞ **will not**
wood [wʊd] madera f; for fire leña f; (*forest*) bosque m; **wooded** arbolado; **wooden** (*made of wood*) de madera; **woodpecker** pájaro m carpintero; **woodwork** carpintería f
wool [wʊl] lana f; **woolen**, Br **woollen 1** adj de lana **2** n prenda f de lana
word [wɜːrd] **1** n palabra f **2** v/t letter redactar; **word processor** procesador m de textos
work [wɜːrk] **1** n trabajo m; **out of ~** desempleado, Span en el paro **2** v/i of person trabajar; of machine, (*succeed*) funcionar

◆ **work out 1** v/t problem resolver; solution encontrar **2** v/i at gym hacer ejercicios; of relationship etc funcionar, ir bien

workable ['wɜːrkəbl] solution viable; **workaholic** F persona adicta al trabajo; **workday** (*hours of work*) jornada f laboral; (*not a holiday*) día m de trabajo; **worker** trabajador(a) m(f); **workforce** trabajadores mpl; **work hours** horas fpl de trabajo; **working class** clase f trabajadora; **working-class** de clase trabajadora; **working hours** ☞ **workhours**; **workload** cantidad f de trabajo; **workman** obrero m; **workmanlike** competente; **workmanship** factura f, confección f; **work of art** obra f de arte; **workout** sesión f de ejercicios; **work permit** permiso m de trabajo; **workshop** also seminar taller m

world [wɜːrld] mundo m; **world-class** de categoría mundial; **World Cup** Mundial m, Copa f del Mundo; **world-famous** mundialmente famoso; **worldly** mundano; **world record** récord m mundial or del mundo; **world war** guerra f mundial; **worldwide 1** adj mundial **2** adv en todo el mundo
worn-out [wɔːrn'aʊt] gastado; person agotado
worried ['wʌrɪd] preocupado; **worry 1** n preocupación f **2** v/t preocupar **3** v/i preocuparse; **worrying** preocupante
worse [wɜːrs] peor; **get ~** empeorar; **worsen** empeorar
worship ['wɜːrʃɪp] **1** n culto m **2** v/t adorar
worst [wɜːrst] peor

worth [wɜːrθ]: *be ~ ...* valer...; *be ~ it* valer la pena; **worthwhile** que vale la pena

worthy ['wɜːrði] digno; *cause* justo

would [wʊd]: *I ~ help if I could* te ayudaría si pudiera; *~ you like to go to the movies?* ¿te gustaría ir al cine?; *~ you close the door?* ¿podrías cerrar la puerta?

wound [wuːnd] **1** *n* herida *f* **2** *v/t* herir

wrap [ræp] envolver; **wrapping** envoltorio *m*; **wrapping paper** papel *m* de envolver

wrath [ræθ] ira *f*

wreath [riːθ] corona *f* de flores

wreck [rek] **1** *n* restos *mpl* **2** *v/t ship* hundir; *car* destrozar; *plans, marriage* arruinar; **wreckage** *of car, plane* restos *mpl*; *of marriage, career* ruina *f*; **wrecker** grúa *f*

wrench [rentʃ] **1** *n tool* llave *f* **2** *v/t* (*pull*) arrebatar

wrestle ['resl] luchar; **wrestler** luchador(a) *m(f)* (de lucha libre); **wrestling** lucha *f* libre

wriggle ['rɪɡl] (*squirm*) menearse; *along the ground* arrastrarse; *into small space* escurrirse

wrinkle ['rɪŋkl] arruga *f*

wrist [rɪst] muñeca *f*; **wristwatch** reloj *m* de pulsera

write [raɪt] escribir; *check* extender

◆ **write off** *debt* cancelar; *car* destrozar

writer ['raɪtər] escritor(a) *m(f)*; *of book, song* autor(a) *m(f)*; **write-up** reseña *f*

writhe [raɪð] retorcerse

writing ['raɪtɪŋ] *words, text* escritura *f*; (*hand-~*) letra *f*; *in ~* por escrito; **writing paper** papel *m* de escribir

wrong [rɔːŋ] **1** *adj answer* equivocado; *decision* erróneo; *be ~ of person* estar equivocado; *of answer* ser incorrecto; *morally* ser injusto; *what's ~?* ¿qué pasa?; *you have the ~ number* TELEC se ha equivocado **2** *adv* mal **3** *n* mal *m*; **wrongful** ilegal; **wrongly** erróneamente

wry [raɪ] socarrón

X

xenophobia [zenoʊˈfoʊbɪə] xenofobia *f*

X-ray ['eksreɪ] **1** *n picture* radiografía *f* **2** *v/t* radiografiar

Y

yacht [jɑːt] yate *m*; **yachting** vela *f*

Yank [jæŋk] F yanqui *m/f*

yank [jæŋk] tirar de

yard¹ [jɑːrd] (*of prison etc*) patio *m*; *behind house* jardín *m*; *for storage* almacén *m* (*al aire libre*)

yard² [jɑːrd] *measurement* yarda *f*

'yardstick patrón *m*

yarn [jɑːrn] hilo *m*; F (*story*) batallita *f* F

yawn [jɔːn] **1** *n* bostezo *m* **2** *v/i* bostezar

year [jɪr] año *m*; **be six ~s old** tener seis años (de edad); **yearly 1** *adj* anual **2** *adv* anualmente

yeast [jiːst] levadura *f*

yell [jel] **1** *n* grito *m* **2** *v/t* & *v/i* gritar

yellow ['jeloʊ] amarillo

yelp [jelp] **1** *n* aullido *m* **2** *v/i* aullar

yes [jes] sí; **yes man** *pej* pelotillero *m*

yesterday ['jestərdeɪ] ayer; **the day before ~?** anteayer

yet [jet] **1** *adv* todavía, aún; **have you finished ~?** ¿has acabado ya?; **he hasn't arrived ~** todavía *or* aún no ha llegado **2** *conj* (*however*) sin embargo

yield [jiːld] **1** *n from fields etc* cosecha *f*; *from investment* rendimiento *m* **2** *v/t fruit, good harvest* proporcionar; *interest* rendir **3** *v/i* (*give way*) ceder; *of driver* ceder el paso

yoga ['joʊgə] yoga *m*

yoghurt ['joʊgərt] yogur *m*

yolk [joʊk] yema *f*

you [juː] ◊ *as subject, singular* tú, *L.Am.* usted, *Rpl, C.Am.* vos; *formal* usted; *plural: Span* vosotros, vosotras, *L.Am.* ustedes; *formal* ustedes; **do ~ know him?** ¿lo conoces / conoce?

◊ *as object, singular* te, *L.Am.* le; *formal* le; *plural: Span* os, *L.Am.* les; *formal* les

◊ *with preps, singular* ti (*other forms as subject*)

◊ *people, one*: **~ never know** nunca se sabe; **~ have to pay** hay que pagar; **exercise is good for ~** es bueno hacer ejercicio

young [jʌŋ] joven; **youngster** joven *m/f*

your [jɔr] *singular* tu, *L.Am.* su; *formal* su; *plural: Span* vuestro, *L.Am.* su; *formal* su

yours [jɔrz] *singular* el tuyo, la tuya, *L.Am.* el suyo, la suya; *formal* el suyo, la suya; *plural* el vuestro, la vuestra, *L.Am.* el suyo, la suya; *formal* el suyo, la suya; **it's ~**

es tuyo etc; *a friend of* ~ un amigo tuyo / suyo / vuestro; ~ *at end of letter* un saludo

yourself [jʊrˈself] *reflexive* te, *L.Am.* se; *formal* se; *emphatic* tú mismo *m*, tú misma *f*, *L.Am.* usted mismo, usted misma; *Rpl*, *C.Am.* vos mismo, vos misma; *formal* usted mismo, usted misma; *emphatic* vosotros mismos *mpl*, vosotras mismas *fpl*, *L.Am.* ustedes mismos, ustedes mismas; *formal* ustedes mismos, ustedes mismas; *did you hurt* ~*?* ¿te hiciste / se hizo daño?; **yourselves** *reflexive* os, *L.Am.* se; *formal* se; *emphatic* vosotros mismos *mpl*, vosotras mismas *fpl*, *L.Am.* ustedes mismos, ustedes mismas; *formal* ustedes mismos, ustedes mismas; *did you hurt* ~*?* ¿os hicisteis / se hicieron daño?

youth [juːθ] juventud *f*; (*young man*) joven *m/f*; **youth club** club *m* juvenil; **youthful** joven; *fashion, idealism* juvenil

yuppie [ˈjʌpɪ] F yupi *m/f*

Z

zap [zæp] F (COMPUT: *delete*) borrar; (*kill*) liquidar F; (*hit*) golpear; (*send*) enviar cremallera de; COMPUT compactar

zeal [ziːl] celo *m*

zero [ˈzɪroʊ] cero *m*

zest [zest] entusiasmo *m*

zigzag [ˈzɪɡzæɡ] **1** *n* zigzag *m* **2** *v/i* zigzaguear

zilch [zɪltʃ] F nada de nada

zip [zɪp] *Br* cremallera *f*

◆ **zip up** *dress, jacket* cerrar la

'**zip code** código *m* postal; **zipper** cremallera *f*

zone [zoʊn] zona *f*

zoo [zuː] zoo *m*

zoology [zuːˈɑːlədʒɪ] zoología *f*

'**zoom lens** zoom *m*

zucchini [zuːˈkiːnɪ] calabacín *m*

Los verbos irregulares ingleses

Se citan las tres partes principales de cada verbo: infinitivo, pretérito, participio del pasado.

arise – arose – arisen
awake – awoke – awoken, awaked
be (am, is, are) – was (were) – been
bear – bore – borne
beat – beat – beaten
become – became – become
begin – began – begun
bend – bent – bent
bet – bet, betted – bet, betted
bid – bid – bid
bind – bound – bound
bite – bit – bitten
bleed – bled – bled
blow – blew – blown
break – broke – broken
breed – bred – bred
bring – brought – brought
broadcast – broadcast – broadcast
build – built – built
burn – burnt, burned – burnt, burned
burst – burst – burst
buy – bought – bought
cast – cast – cast
catch – caught – caught
choose – chose – chosen
cling – clung – clung
come – came – come

cost (v/i) – cost – cost
creep – crept – crept
cut – cut – cut
deal – dealt – dealt
dig – dug – dug
dive – dived, dove [doʊv] (1) – dived
do – did – done
draw – drew – drawn
dream – dreamt, dreamed – dreamt, dreamed
drink – drank – drunk
drive – drove – driven
eat – ate – eaten
fall – fell – fallen
feed – fed – fed
feel – felt – felt
fight – fought – fought
find – found – found
flee – fled – fled
fling – flung – flung
fly – flew – flown
forbid – forbad(e) – forbidden
forecast – forecast(ed) – forecast(ed)
forget – forgot – forgotten
forgive – forgave – forgiven
freeze – froze – frozen
get – got – got, gotten (2)
give – gave – given

- **go** – went – gone
- **grind** – ground – ground
- **grow** – grew – grown
- **hang** – hung, hanged – hung, hanged (3)
- **have** – had – had
- **hear** – heard – heard
- **hide** – hid – hidden
- **hit** – hit – hit
- **hold** – held – held
- **hurt** – hurt – hurt
- **keep** – kept – kept
- **kneel** – knelt, kneeled – knelt, kneeled
- **know** – knew – known
- **lay** – laid – laid
- **lead** – led – led
- **lean** – leaned, leant – leaned, leant (4)
- **leap** – leaped, leapt – leaped, leapt (4)
- **learn** – learned, learnt – learned, learnt (4)
- **leave** – left – left
- **lend** – lent – lent
- **let** – let – let
- **lie** – lay – lain
- **light** – lighted, lit – lighted, lit
- **lose** – lost – lost
- **make** – made – made
- **mean** – meant – meant
- **meet** – met – met
- **mow** – mowed – mowed, mown
- **pay** – paid – paid
- **plead** – pleaded, pled – pleaded, pled (5)
- **prove** – proved – proved, proven
- **put** – put – put
- **quit** – quit(ted) – quit(ted)
- **read** – read [red] – read [red]
- **ride** – rode – ridden
- **ring** – rang – rung
- **rise** – rose – risen
- **run** – ran – run
- **saw** – sawed – sawn, sawed
- **say** – said – said
- **see** – saw – seen
- **seek** – sought – sought
- **sell** – sold – sold
- **send** – sent – sent
- **set** – set – set
- **sew** – sewed – sewed, sewn
- **shake** – shook – shaken
- **shed** – shed – shed
- **shine** – shone – shone
- **shit** – shit(ted), shat – shit(ted), shat
- **shoot** – shot – shot
- **show** – showed – shown
- **shrink** – shrank – shrunk
- **shut** – shut – shut
- **sing** – sang – sung
- **sink** – sank – sunk
- **sit** – sat – sat
- **slay** – slew – slain
- **sleep** – slept – slept
- **slide** – slid – slid

sling – slung – slung
slit – slit – slit
smell – smelt, smelled – smelt, smelled
sow – sowed – sown, sowed
speak – spoke – spoken
speed – sped, speeded – sped, speeded
spell – spelt, spelled – spelt, spelled (4)
spend – spent – spent
spill – spilt, spilled – spilt, spilled
spin – spun – spun
spit – spat – spat
split – split – split
spoil – spoiled, spoilt – spoiled, spoilt
spread – spread – spread
spring – sprang, sprung – sprung
stand – stood – stood
steal – stole – stolen
stick – stuck – stuck
sting – stung – stung
stink – stunk, stank – stunk
stride – strode – stridden
strike – struck – struck
swear – swore – sworn
sweep – swept – swept
swell – swelled – swollen
swim – swam – swum
swing – swung – swung
take – took – taken
teach – taught – taught
tear – tore – torn
tell – told – told
think – thought – thought
thrive – throve – thriven, thrived (6)
throw – threw – thrown
thrust – thrust – thrust
tread – trod – trodden
wake – woke, waked – woken, waked
wear – wore – worn
weave – wove – woven (7)
weep – wept – wept
win – won – won
wind – wound – wound
write – wrote – written

(1) **dove** no se usa en inglés británico
(2) **gotten** no se usa en inglés británico
(3) **hung** para un cuadro; **hanged** para un ajusticiado
(4) en inglés americano se suele emplear la forma terminada en **-ed**
(5) **pled** se usa en inglés americano y escocés
(6) **thrived** es la forma más común
(7) aunque **weaved** en la acepción *zigzaguear*

Numbers – Numerales

Cardinal Numbers – Números cardinales

0	cero *zero*, *Br tb nought*	
1	uno, una *one*	
2	dos *two*	
3	tres *three*	
4	cuatro *four*	
5	cinco *five*	
6	seis *six*	
7	siete *seven*	
8	ocho *eight*	
9	nueve *nine*	
10	diez *ten*	
11	once *eleven*	
12	doce *twelve*	
13	trece *thirteen*	
14	catorce *fourteen*	
15	quince *fifteen*	
16	dieciséis *sixteen*	
17	diecisiete *seventeen*	
18	dieciocho *eighteen*	
19	diecinueve *nineteen*	
20	veinte *twenty*	
21	veintiuno *twenty-one*	
22	veintidós *twenty-two*	
30	treinta *thirty*	
31	treinta y uno *thirty-one*	
40	cuarenta *forty*	
50	cincuenta *fifty*	
60	sesenta *sixty*	
70	setenta *seventy*	

80	ochenta	*eighty*
90	noventa	*ninety*
100	cien(to)	*a hundred, one hundred*
101	ciento uno	*a hundred and one*
110	ciento diez	*a hundred and ten*
200	doscientos, -as	*two hundred*
300	trescientos, -as	*three hundred*
324	trescientos, -as venticuatro	*three hundred and twenty-four*
400	cuatrocientos, -as	*four hundred*
500	quinientos, -as	*five hundred*
600	seiscientos, -as	*six hundred*
700	setecientos, -as	*seven hundred*
800	ochocientos, -as	*eight hundred*
900	novecientos, -as	*nine hundred*
1000	mil	*a thousand, one thousand*
1959	mil novecientos cincuenta y nueve	*one thousand nine hundred and fifty-nine*
2000	dos mil	*two thousand*
1 000 000	un millón	*a million, one million*
2 000 000	dos millones	*two million*

Notes:

i) In Spanish numbers a comma is used for decimals:
   1,25 **one point two five** uno coma veinticinco

ii) A period is used where, in English, we would use a comma:
   1.000.000 = 1,000,000

   Numbers like this can also be written using a space instead of a comma:
   1 000 000 = 1,000,000

Ordinal Numbers – Números ordinales

1°	primero	**1st**	*first*
2°	segundo	**2nd**	*second*
3°	tercero	**3rd**	*third*
4°	cuarto	**4th**	*fourth*
5°	quinto	**5th**	*fifth*
6°	sexto	**6th**	*sixth*
7°	séptimo	**7th**	*seventh*
8°	octavo	**8th**	*eighth*
9°	noveno, nono	**9th**	*ninth*
10°	décimo	**10th**	*tenth*
11°	undécimo	**11th**	*eleventh*
12°	duodécimo	**12th**	*twelfth*
13°	decimotercero	**13th**	*thirteenth*
14°	decimocuarto	**14th**	*fourteenth*
15°	decimoquinto	**15th**	*fifteenth*
16°	decimosexto	**16th**	*sixteenth*
17°	decimoséptimo	**17th**	*seventeenth*
18°	decimoctavo	**18th**	*eighteenth*
19°	decimonoveno, decimonono	**19th**	*nineteenth*
20°	vigésimo	**20th**	*twentieth*
21°	vigésimo prim(er)o	**21st**	*twenty-first*
22°	vigésimo segundo	**22nd**	*twenty-second*
30°	trigésimo	**30th**	*thirtieth*
31°	trigésimo prim(er)o	**31st**	*thirty-first*
40°	cuadragésimo	**40th**	*fortieth*
50°	quincuagésimo	**50th**	*fiftieth*
60°	sexagésimo	**60th**	*sixtieth*
70°	septuagésimo	**70th**	*seventieth*
80°	octogésimo	**80th**	*eightieth*
90°	nonagésimo	**90th**	*ninetieth*

100°	centésimo	100th	*hundredth*
101°	centésimo primero	101st	*hundred and first*
110°	centésimo décimo	110th	*hundred and tenth*
200°	ducentésimo	200th	*two hundredth*
300°	tricentésimo	300th	*three hundredth*
400°	cuadringentésimo	400th	*four hundredth*
500°	quingentésimo	500th	*five hundredth*
600°	sexcentésimo	600th	*six hundredth*
700°	septingentésimo	700th	*seven hundredth*
800°	octingentésimo	800th	*eight hundredth*
900°	noningentésimo	900th	*nine hundredth*
1000°	milésimo	1000th	*thousandth*
2000°	dos milésimo	2000th	*two thousandth*
1 000 000°	millonésimo	1,000,000th	*millionth*
2 000 000°	dos millonésimo	2,000,000th	*two millionth*

Note:
Spanish ordinal numbers are ordinary adjectives and consequently must agree:

> **her 13th granddaughter**
> su decimotercera nieta

Dates – Fechas

1996	mil novecientos noventa y seis	*nineteen ninety-six*
2005	dos mil cinco	*two thousand (and) five*

el diez de noviembre, el 10 de noviembre
(on) November 10, *Br* (on) the 10th of November

el uno de marzo, *L.Am.* **el primero de marzo, el 1° de marzo**
(on) March 1, *Br* (on) the 1st of March